Das Vorsorgeprinzip in Zusammenhang mit der absichtlichen Freisetzung von mittels Gene Drive gentechnisch veränderten Organismen

AF877323

Isabel Albrecht

Das Vorsorgeprinzip in Zusammenhang mit der absichtlichen Freisetzung von mittels Gene Drive gentechnisch veränderten Organismen

Eine Betrachtung aus der Perspektive des Völkerrechts und des US-amerikanischen Rechts

Springer

Isabel Albrecht
Juristische Fakultät
Universität Passau
Passau, Deutschland

Die Juristische Fakultät der Universität Passau hat diese Arbeit im Jahre 2025 als Dissertation angenommen.

ISBN 978-3-658-50875-3 ISBN 978-3-658-50876-0 (eBook)
https://doi.org/10.1007/978-3-658-50876-0

Die Deutsche Nationalbibliothek verzeichnet diese Publikation in der Deutschen Nationalbibliografie; detaillierte bibliografische Daten sind im Internet über https://portal.dnb.de abrufbar.

© Der/die Herausgeber bzw. der/die Autor(en), exklusiv lizenziert an Springer Fachmedien Wiesbaden GmbH, ein Teil von Springer Nature 2026

Das Werk einschließlich aller seiner Teile ist urheberrechtlich geschützt. Jede Verwertung, die nicht ausdrücklich vom Urheberrechtsgesetz zugelassen ist, bedarf der vorherigen Zustimmung des Verlags. Das gilt insbesondere für Vervielfältigungen, Bearbeitungen, Übersetzungen, Mikroverfilmungen und die Einspeicherung und Verarbeitung in elektronischen Systemen.
Die Wiedergabe von allgemein beschreibenden Bezeichnungen, Marken, Unternehmensnamen etc. in diesem Werk bedeutet nicht, dass diese frei durch jede Person benutzt werden dürfen. Die Berechtigung zur Benutzung unterliegt, auch ohne gesonderten Hinweis hierzu, den Regeln des Markenrechts. Die Rechte des/der jeweiligen Zeicheninhaber*in sind zu beachten.
Der Verlag, die Autor*innen und die Herausgeber*innen gehen davon aus, dass die Angaben und Informationen in diesem Werk zum Zeitpunkt der Veröffentlichung vollständig und korrekt sind. Weder der Verlag noch die Autor*innen oder die Herausgeber*innen übernehmen, ausdrücklich oder implizit, Gewähr für den Inhalt des Werkes, etwaige Fehler oder Äußerungen. Der Verlag bleibt im Hinblick auf geografische Zuordnungen und Gebietsbezeichnungen in veröffentlichten Karten und Institutionsadressen neutral.

Planung/Lektorat: Karina Kowatsch
Springer ist ein Imprint der eingetragenen Gesellschaft Springer Fachmedien Wiesbaden GmbH und ist ein Teil von Springer Nature.
Die Anschrift der Gesellschaft ist: Abraham-Lincoln-Str. 46, 65189 Wiesbaden, Germany

Wenn Sie dieses Produkt entsorgen, geben Sie das Papier bitte zum Recycling.

Meinen Eltern

Vorwort

Die vorliegende Arbeit wurde der Juristischen Fakultät der Universität Passau im Februar 2024 vorgelegt und im Mai 2025 als Dissertation angenommen. Stand der zugrundeliegenden naturwissenschaftlichen Erkenntnisse sowie der verwendeten Materialien, Rechtsprechung und Literatur ist Februar 2024. Eingearbeitet wurde im August 2025 die jüngste Rechtsprechung des U.S. Supreme Court zur Überprüfung von Rechtsfehlern.

Mein ganz besonderer Dank gilt meinem Doktorvater Herrn Prof. Dr. Hans-Georg Dederer für die hervorragende Betreuung dieser Arbeit, vor allem für die jederzeitige Gesprächsbereitschaft und für die wertvollen Anregungen und Hinweise während des gesamten Entstehungsprozesses dieser Arbeit.

Herrn Prof. Dr. Jörg Fedtke danke ich für die freundliche Erstellung des Zweitgutachtens.

Besonders bedanken möchte ich mich bei Stefan Naßl, der die Entstehung dieser Arbeit während aller Höhen und Tiefen verständnisvoll begleitet hat und bei jeglichen Fragen der Erstellung des Manuskripts mit LaTeX eine fachkundige und große Hilfe war.

Amelie Albrecht danke ich sehr für Ihre Diskussionsfreude, ihren sachkundigen Rat und ihr offenes Ohr.

Vor allem danken möchte ich schließlich meinen Eltern für Ihre bedingungslose Unterstützung und dafür, mir diesen Weg ermöglicht zu haben.

Germering, September 2025

Isabel Albrecht

Interessenkonflikt Der/die Autor*in hat keine relevanten Interessenskonflikte im Zusammenhang mit dieser Publikation.

Inhaltsverzeichnis

Abkürzungsverzeichnis

AAS	Australian Academy of Science
AHTEG	Ad Hoc Technical Expert Group
AGMR	Amerikanischer Gerichtshof für Menschenrechte
APA	Administrative Procedure Act
AMRK	Amerikanische Menschenrechtskonvention
ANADA	Abbreviated Approved New Animal Drug Application
APHIS	Animal and Plant Health Inspection Service
AU	African Union
AVR	Archiv des Völkerrechts
BAT	Best available technology
Bzw.	Beziehungsweise
CAA	Clean Air Act
CEQ	Council on Environmental Quality
CFRB	Coordinated Framework on the Regulation of Biotechnology
CNADA	Conditional Approved New Animal Drug Application
CRISPR	Clustered Regularly Interspaced Short Palindromic Repeats
CRISPR-Cas9	Clustered Regularly Interspaced Short Palindromic Repeats-CRISPR-associated 9
COP	Conference of the Parties
COP-MOP	Conference of the Parties serving as the Meeting of the Parties of the Protocol
CVM	Center for Veterinary Medicine
CWA	Clean Water Act
DARPA	Defence Advanced Research Projects Agency
Ders.	Derselbe
DNA	Deoxyribonucleic acid
EASAC	European Academies Science Advisory Council
EFB	Europäische Föderation für Biotechnologie
ECDC	European Centre for Disease Prevention and Control
EAA	Environment Agency Austria
EEA	European Environment Agency

EGMR	Europäischer Gerichtshof für Menschenrechte
EKAH	Eidgenössische Ethikkommission für die Biotechnologie im Außerhumanbereich
EPA	Environmental Protection Agency
ESA	Endangered Species Act
ESTO	European Science and Technology Observatory
EU	Europäische Union
EuGH	Europäischer Gerichtshof
FAO	Food and Agriculture Organization on the United Nations
FDA	Food and Drug Administration
FIFRA	Federal Insecticide, Fungicide and Rodenticide Act
FDCA	Federal Food, Drug and Cosmetic Act
GESAMP	Joint Group of Experts on the Scientific Aspects of Marine Pollution
Ggf.	Gegebenenfalls
GMO	Gentechnisch modifizierter Organismus
GVO	Gentechnisch veränderter Organismus
HDR	Homologous directed repair
HE	Homing-Endonuklease
HRC	Human Rights Committee
IAKMR	Interamerikanische Kommission für Menschenrechte
IAGMR	Interamerikanischer Gerichtshof für Menschenrechte
IBC	Institutional Biosafety Committee
IGH	Internationaler Gerichtshof
ILC	International Law Commission
ILM	International Legal Materials
IMO	International Maritime Organization
IQA	Information Quality Act
ITLOS	International Tribunal of the Sea
ISGH	Internationaler Seegerichtshof
IUCN	International Union for Conservation of Nature and Natural Resources
LMO	Lebender modifizierter Organismus
MEDEA	Maternal effect dominant embryonic arrest
m.w.N.	Mit weiteren Nachweisen
NADA	Approved New Animal Drug Application
NASEM	National Academy of Science, Engineering and Medicine
NEPA	National Environmental Policy Act

NEPAD	The New Partnership for Africa's Development
NExTRAC	Novel and Exceptional Technology and Research Advisory Committee
NHEJ	Non-homologous end joining
NIH	National Institutes of Health
NGO	Non governmental Organisation
NRC	National Research Council
NRC	Nuclear Regulatory Commission
OCSPP	Office of Chemical Safety and Pollution Prevention
ODM	Oligonucleotide directed mutagenesis
OECD	Organisation für wirtschaftliche Zusammenarbeit und Entwicklung
OIRA	Office of Regulation and Regulatory Affairs
OMB	Office of Management and Budget
OPP	Office of Pesticide Programs
OPPT	Office of Pollution Prevention and Toxics
OPPTS	Office of Prevention, Pesticides and Toxic Substances
OSHA	Occupational Safety and Health Administration
OSHA	Occupational Safety and Health Act
OSTP	Office of Science and Technology Policy
PCA	Permanent Court of Arbitration
PELJ	Potchefstroom Electronic Law Journal
PLOS	Public Library of Science
PNAS	Proceedings of the National Academy of Sciences of the United States of America
PSH	Public Health Service Act
PIP	Plant-Incorporated Protectant
RECIEL	Review of European, Comparative and International Environmental Law
RNA	Ribonucleic acid
RaDM	RNA-abhängige DNA-Methylierung
SAB	Science Advisory Board
SAP	Scientific Advisory Panel
SBSTTA	Subsidiary Body on Scientific, Technical and Technological Advice
SDN	Site-directed nucleases
sgRNA	Single-guide-RNA
SIT	Sterile-Insekten-Technik
Sog.	Sogenannte/r/s

SRU	Sachverständigenrat für Umweltfragen
TALENs	Transcription Activator-Like Effektor Nucleases
TSCA	Toxic Substances Control Act
UN	United Nations
UNCED	United Nations Conference on Environment and Development
UNECE	United Nations Economic Commission for Europe
UNEP	United Nations Environment Programme
UNTS	United Nations Treaty Service
USDA	United States Department of Agriculture
UVP	Umweltverträglichkeitsprüfung
Vgl.	Vergleiche
WHO	World Health Organisation
WTO	World Trade Organisation
z.B.	Zum Beispiel
ZFN	Zinkfingernukleasen
ZKBS	Zentrale Kommission für die Biologische Sicherheit
ZUR	Zeitschrift für Umweltrecht

Teil 1: Einführung

Kapitel 1: Gegenstand der Untersuchung und Problemstellung

Mit der Entdeckung der CRISPR-Cas9-Methode gelang im Jahr 2012 der technische Durchbruch, um DNA zielgerichtet, schnell und kostengünstig zu verändern und damit beliebige genetische Modifikationen einfach und präzise vornehmen zu können.[1] Im Zuge dessen gewann die Forschung an der bereits in der ersten Hälfte des 20. Jahrhunderts entwickelten Idee, mit Hilfe der Genetik Wildpopulationen zu verändern, die Populationsgröße zu reduzieren oder Schädlingspopulationen auszurotten, eine neue Dynamik.

Als besonders vielversprechend gilt die sogenannte Gene Drive-Technik, bei der eine gentechnische Veränderung nicht mehr wie bislang nach den Mendel'schen Vererbungsregeln an die nachfolgende Generation weitergegeben wird.[2] Während nach den Mendel'schen Vererbungsregeln die Wahrscheinlichkeit der Vererbung eines genetischen Merkmals an die nachfolgende Generation bei etwa fünfzig Prozent liegt und sich ein Merkmal insbesondere dann in einer Population oder Art durchsetzt, wenn damit Fitnessvorteile einhergehen, steigt die Vererbungswahrscheinlichkeit eines bestimmten genetischen Merkmals auf bis zu hundert Prozent an, sodass sich dieses über einige Generationen hinweg auf eine gesamte wildlebende Population ausbreiten kann; dies insbesondere auch dann, wenn mit einem solchen Merkmal Fitnessnachteile einhergehen.[3] Eine wildlebende Population könnte so gezielt und innerhalb eines relativ kurzen Zeitraums genetisch verändert, in ihrer Größe verringert oder ausgerottet werden.[4]

Tiefgreifende und wirkmächtige technologische Neuerungen wie die Gene Drive-Technik werden, gerade, wenn die technische Entwicklung noch am Anfang steht, häufig von großen Hoffnungen und erheblichen Befürchtungen begleitet. Exemplarisch verdeutlicht dies die polarisierte Diskussion um den Einsatz der Gentechnik als Methode zur Neukombination genetischen Materials, wie sie in den 1980er und 1990er Jahren geführt wurde. Während die Gentechnik auf der einen Seite als Schlüsseltechnologie angesehen wurde, die einen Beitrag zur Lösung erheblicher Probleme wie des Welthungers, der Umweltzerstörung oder der Bedrohung der menschlichen Gesundheit durch Krankheiten wie Krebs leisten kann, wurde auf der anderen Seite auf die mit deren Einsatz verbundenen Risiken wie möglicherweise irreversible ökologische Folgen, die fehlende Beherrschbarkeit und das Missbrauchspotential zu militärischen Zwecken verwiesen.[5]

Zu den mit der Gene Drive-Technik verbundenen Hoffnungen gehört, vektorübertragene Infektionskrankheiten wie Malaria, die jährlich viele Menschenleben fordern, zurückzudrängen, die

[1] *Doudna/Charpentier*, Science 346 (6213), 2014, 1077 (S. 1077).
[2] Zum Begriff „Gene Drive": *Alphey* u. a., PNAS 117 (49), 2020, 30864 (S. 30864ff.).
[3] *Alphey* u. a., PNAS 117 (49), 2020, 30864 (S. 30865); *Giese*, Blätter für deutsche und internationale Politik 7, 2018, 103 (S. 103); *Rabitz*, RECIEL 28 (3), 2018, 339 (S. 340).
[4] *Esvelt* u. a., eLife, 2014, 1 (S. 14f.); *Rabitz*, RECIEL 28 (3), 2018, 339 (S. 341).
[5] *Enquete-Kommission*, Chancen und Risiken der Gentechnologie, BT-Drs. 10/6775, 06.01.1987, S. IIIf.

© Der/die Autor(en), exklusiv lizenziert an
Springer Fachmedien Wiesbaden GmbH, ein Teil von Springer Nature 2026
I. Albrecht, *Das Vorsorgeprinzip in Zusammenhang mit der absichtlichen Freisetzung von mittels Gene Drive gentechnisch veränderten Organismen*,
https://doi.org/10.1007/978-3-658-50876-0_1

Ernteerträge, die durch die klimatischen Veränderungen, diverse Schädlingsarten und zunehmende Resistenzbildung gegen Pestizide und Herbizide bedroht sind, zu steigern und Populationen, die durch invasive Arten bedroht sind, zu schützen und so deren Erhalt sicherzustellen.[6]
Die Gene Drive-Technik wird somit als Technologie angesehen, die einen Beitrag zur Lösung einiger der drängendsten Probleme im Bereich von öffentlicher Gesundheit, Naturschutz und Ernährungssicherheit leisten kann.[7] Auf der anderen Seite besteht die Befürchtung, dass eine Freisetzung von mittels Gene Drive veränderten Organismen zum Verlust ganzer Arten oder dem Zusammenbruch ganzer Ökosysteme führt und die Umwelt in tiefgreifender und unwiderruflicher Weise geschädigt wird.[8] Auch auf das Missbrauchspotential zu militärischen Zwecken wird hingewiesen.[9] Wie bereits in Bezug auf die Gentechnik hat sich im Hinblick auf die Gene Drive-Technik eine Diskussion entwickelt, in der Utopien Worst-Case-Szenarien gegenübergestellt werden.[10]

Festzuhalten ist, dass sowohl der Beitrag der Gene Drive-Technik zum Schutz der menschlichen Gesundheit und der Umwelt, als auch die mit dem Einsatz der Gene Drive-Technik möglicherweise einhergehenden nachteiligen Folgen derzeit mit erheblichen wissenschaftlichen Ungewissheiten behaftet sind.[11]

Da die Verbreitung einer genetischen Veränderung mittels Gene Drive innerhalb einer Wildpopulation erfolgt, hierzu ein selbsttätiges System in die freie Wildbahn eingebracht wird, die Verbreitung vor Staatsgrenzen nicht Halt macht und gegenwärtig keine gesicherte Möglichkeit eines „Opt-Out" besteht, stellt sich auf internationaler Ebene die Frage nach einer ausreichenden Regulierung.[12] Weil in der beabsichtigten Einbringung künstlich geschaffener Systeme in Wildpopulationen ein wesentliches Unterscheidungsmerkmal zu herkömmlichen Gentechnikanwendungen liegt[13], ist zu befürchten, dass die Regulierung, wie sie bislang erfolgt, den Besonderheiten der Gene Drive-Technik nicht ausreichend Rechnung trägt. Im Zentrum steht die Frage, wie sich Staaten angesichts einer neuartigen Technologie zur Veränderung natürlicher Ökosysteme, deren Anwendung erhebliche Vorteile, aber auch erhebliche Nachteile bringen kann, die aber zugleich mit wissenschaftlicher Ungewissheit behaftet ist, zu verhalten haben. An Brisanz gewinnt die Problematik dadurch, dass eine neuartige Technologie, ist sie einmal in der Welt, in der Regel auch Verwendung findet. Zwar haben bislang Freisetzungsversuche mit Gene Drive-

[6] *Esvelt* u. a., eLife, 2014, 1 (S. 14); *Giese*, Blätter für deutsche und internationale Politik 7, 2018, 103 (S. 104f.).
[7] *Alphey* u. a., PNAS 117 (49), 2020, 30864 (S. 30864); *Kolleck/Sauter*, in: Fünfter Gentechnologiebericht – Sachstand und Perspektiven für Forschung und Anwendung, 251–260 (S. 252).
[8] *Giese*, Blätter für deutsche und internationale Politik 7, 2018, 103 (S. 109).
[9] *Deutscher Ethikrat*, Jahresbericht 2017, 2017, S. 34; *Esvelt/Gemmell*, PLOS Biology 15 (11) 2017, 1 (S. 57f.).
[10] *Kolleck/Sauter*, in: Fünfter Gentechnologiebericht – Sachstand und Perspektiven für Forschung und Anwendung, 251–260 (S. 252f.).
[11] *Kolleck/Sauter*, in: Fünfter Gentechnologiebericht – Sachstand und Perspektiven für Forschung und Anwendung, 251–260 (S. 254).
[12] *Oye* u. a., Science 345 (6197), 2014, 626 (S. 627f.).
[13] *Kolleck/Sauter*, in: Fünfter Gentechnologiebericht – Sachstand und Perspektiven für Forschung und Anwendung, 251–260 (S. 256f.).

Organismen noch nicht stattgefunden, allerdings ist davon auszugehen, dass solche spätestens in einigen Jahren erfolgen werden.

Eines der bedeutendsten Prinzipen zur Steuerung staatlicher Entscheidungen in Situationen wissenschaftlicher Ungewissheit und nicht abschätzbaren Risiken ist das Vorsorgeprinzip, das als eine der neuesten und zugleich umstrittensten Entwicklungen des modernen Umweltrechts gilt.[14] Kein anderes umweltrechtliches Prinzip hat Auseinandersetzungen ähnlichen Ausmaßes hervorgerufen, viele sich in Zusammenhang mit vorsorgendem staatlichen Handeln stellende Fragen sind trotz intensiver wissenschaftlicher Auseinandersetzungen nicht ausreichend geklärt.[15] Den diversen Standpunkten gemeinsam ist, dass vorsorgendes Handeln in Zusammenhang mit staatlicher Entscheidungsfindung in Konstellationen eine Rolle spielt, in denen eindeutige Aussagen nicht möglich sind. Das Konzept der Vorsorge befindet sich damit in einem Spannungsfeld zwischen Sicherheit und Innovation. Einerseits sollen durch vorsorgendes Handeln Schäden verhindert oder wenigstens gemindert werden, andererseits darf vorsorgendes Handeln nicht dazu führen, jegliche Innovation und damit gesellschaftlichen Fortschritt zu verhindern.[16] Während die Befürworter des Vorsorgeprinzips darin ein nützliches Instrument zum Schutz der menschlichen Gesundheit und der Umwelt vor neuartigen und komplexen Gefahren sehen, das fundiertere Entscheidungen ermöglicht, halten Kritiker das Konzept entweder für ungeeignet, nicht wissenschaftlich und überflüssig oder sogar für fortschrittshemmend und gefährlich.[17]

> „The precautionary principle may well be the most innovative, pervasive and significant new concept in environmental policy over the past quarter century. It may also be the most reckless, arbitrary and ill-advised.“[18]

Sowohl von Befürwortern, als auch von Kritikern der Gene Drive-Technik und dabei vonseiten der Wissenschaft, Expertengruppen, politischer Gremien und Nichtregierungsorganisationen (NGOs) wird in Zusammenhang mit der Freisetzung von Gene Drive-Organismen die Bedeutung von Vorsorge hervorgehoben, ohne dass aber Einigkeit dahingehend besteht, was unter vorsorgendem Agieren in Zusammenhang mit Freisetzungsvorhaben zu verstehen ist. Beispielsweise betont sowohl *Esvelt* als einer der ersten Wissenschaftler, der sich nach der Entdeckung der CRISPR-Cas9-Methode mit der Gene Drive-Technik befasst hat, als auch die gentechnikkritische Organisation „Safe Our Seeds“ die Wichtigkeit vorsorgenden Handelns.[19] Während

[14] *Wiener*, in: The Oxford Handbook of International Environmental Law, 598–612 (S. 599); *de Sadeleer*, in: Research Handbook on International Environmental Law, 182–199 (S. 184); *Arcuri*, in: Frontiers in the Economics of Environmental Regulation and Liability, 19–63 (S. 19f.).

[15] *Sands/Peel*, S. 230.

[16] *Bourguignon*, Das Vorsorgeprinzip – Begriffsbestimmungen, Anwendungsbereiche und Steuerung, 2015, S. 27.

[17] *Sands/Peel*, S. 230; *Bourguignon*, Das Vorsorgeprinzip – Begriffsbestimmungen, Anwendungsbereiche und Steuerung, 2015, S. 14.

[18] *Marchant/Mossman*, S. 1.

[19] *Esvelt* u. a., eLife, 2014, 1 (S. 16); zur Position von „Safe Our Seeds“: *https://www.stop-*

unter Berufung auf das Vorsorgeprinzip teils ein Freisetzungsverbot oder Moratorium gefordert wird[20], wird anderer Stelle die Notwendigkeit einer Einbeziehung verschiedener Akteure in den Entscheidungsprozess oder ein schrittweiser Ansatz für erforderlich erachtet.[21]

genedrives.eu/regulierung-von-gene-drive-organismen-auf-internationaler-ebene/, zuletzt aufgerufen am 31.01.2024.

[20]Entschließung des Europäischen Parlaments vom 16. Januar 2020 zur 15. Tagung der Konferenz der Vertragsparteien (COP) des Übereinkommens über die biologische Vielfalt, P9_TA(2020)0015, Ziff. 13; Moratoriumsaufruf der Organisation „Safe Our Seeds", abrufbar unter: *https://www.stop-genedrives.eu/en/policy-recommendations/*, zuletzt aufgerufen am 31.01.2024.

[21]*National Academy of Science Engineering and Medicine*, Gene Drives on the Horizon: Advancing Science, Navigating Uncertainty and Aligning Research with Public Values, 2016, S. 5; *Esvelt*, Science 355 (6325), 2017, 589 (S. 590).

Kapitel 2: Zielsetzung und Gang der Untersuchung

I. Zielsetzung

Ausgehend von dieser Problematik ist das Ziel der vorliegenden Arbeit, zu analysieren, welche rechtlichen Vorgaben aus dem Vorsorgeprinzip in Zusammenhang mit absichtlichen (experimentellen) Freisetzungsvorhaben mit mittels Gene Drive veränderten Organismen ableitbar sind und ob und wie das Vorsorgeprinzip staatliches Handeln zu steuern vermag.

Das Vorsorgeprinzip hat in diversen nationalen Rechtsordnungen und auf der Ebene des Völkerrechts Umsetzung erfahren und stellt ausweislich Art. 191 Abs. 2 Satz 2 AEUV einen der tragenden Grundsätze des Umweltrechts der Europäischen Union sowie der Unionsrechts insgesamt dar.[22]

Angesichts der Tatsache, dass nicht ausgeschlossen ist, dass einmal in die Umwelt eingebrachte Gene Drive-Organismen Staatsgrenzen überschreiten, bildet das Vorsorgeprinzip auf der Ebene des Völkerrechts den Schwerpunkt der Analyse.

Aufgezeigt werden soll, in welchen Konstellationen dem Vorsorgeprinzip auf der völkerrechtlichen Ebene Bedeutung zukommt und wie das Vorsorgeprinzip von anderen Prinzipien des internationalen Umweltrechts abzugrenzen ist. Vor dem Hintergrund, dass das Vorsorgeprinzip mittlerweile in zahlreichen völkerrechtlichen Verträgen und nicht rechtsverbindlichen Erklärungen seinen Niederschlag gefunden hat, ist das Ziel, einen Kerngehalt herauszuarbeiten und so zu konkretisieren, in welcher Weise das Vorsorgeprinzip staatliches Verhalten zu steuern in der Lage ist, wo aber auch dessen Grenzen liegen und wo infolgedessen ein rechtlicher und politischer Gestaltungsspielraum verbleibt. Wie bereits die unterschiedlichen Begrifflichkeiten und die Bezeichnung als „Vorsorgeprinzip", „Vorsorgeansatz" oder „Vorsorgegrundsatz" vermuten lassen, ist die Rechtsnatur des Vorsorgeprinzips nach wie vor umstritten. Ein besonderes Augenmerk gilt daher der Beantwortung der Frage nach dessen Rechtsnatur. Denn ob das Vorsorgeprinzip in seinem Kerngehalt jenseits der Aufnahme in völkerrechtliche Verträge mittlerweile völkergewohnheitsrechtliche Anerkennung erfahren hat, einen allgemeinen Rechtsgrundsatz darstellt oder es sich lediglich um „soft law" handelt, ist für die Beantwortung der dieser Arbeit zugrundeliegenden Fragestellung nach der Steuerungswirkung des Vorsorgeprinzips von erheblicher Bedeutung.

Basierend auf diesen Erkenntnissen soll geklärt werden, welche Vorgaben sich aus dem Vorsorgeprinzip, wie es auf der Ebene des Völkerrechts seinen Niederschlag gefunden hat, für das staatliche Verhalten in Zusammenhang mit der Freisetzung von Gene Drive-Organismen ableiten lassen. Hierzu sollen die auf einer allgemeinen Ebene erarbeiteten Vorgaben auf die

[22] Zum Vorsorgeprinzip auf unionsrechtlicher Ebene näher: *Arndt*, S. 69ff. sowie *Kommission der Europäischen Gemeinschaften*, Mitteilung der Kommission über die Anwendbarkeit des Vorsorgeprinzips, KOM 2000 (1) endg., Ziff. 3.

© Der/die Autor(en), exklusiv lizenziert an
Springer Fachmedien Wiesbaden GmbH, ein Teil von Springer Nature 2026
I. Albrecht, *Das Vorsorgeprinzip in Zusammenhang mit der absichtlichen Freisetzung von mittels Gene Drive gentechnisch veränderten Organismen*,
https://doi.org/10.1007/978-3-658-50876-0_2

Freisetzung von Gene Drive-Organismen angewandt werden. Untersucht werden soll darüber hinaus, wie das Vorsorgeprinzip in den für die Steuerung des Umgangs mit gentechnisch veränderten Organismen bedeutsamen völkerrechtlichen Verträgen – dem Übereinkommen über die biologische Vielfalt[23] sowie dem Cartagena-Protokoll[24] – Umsetzung erfahren hat. Da sowohl die Biodiversitätskonvention als auch das Cartagena-Protokoll Vorgaben für den Umgang mit gentechnisch veränderten Organismen enthalten, aber mit Blick auf herkömmliche gentechnisch veränderte Organismen ausgehandelt wurden und nicht auf die Regulierung einer Anwendung gentechnisch veränderter Organismen in freier Wildbahn und damit außerhalb von Menschen kontrollierter Ökosysteme zugeschnitten sind, soll analysiert werden, inwieweit Regelungslücken vorhanden sind und eine Anpassung der Vorgaben erforderlich ist und wie eine Fortentwicklung der Vorgaben im Lichte des Vorsorgeprinzips auszugestalten ist.

Da ein Großteil der Forschung an der Gene Drive-Technik und Entwicklung von Gene Drive-Organismen in den USA stattfindet, soll darüber hinaus untersucht werden, wie Vorsorge im US-amerikanischen Recht ausgestaltet ist und in Zusammenhang mit absichtlichen (experimentellen) Freisetzungsvorhaben mit Gene Drive-Organismen auf Bundesebene Umsetzung erfährt. Zwar wurden in den USA bislang noch keine Gene Drive-Organismen freigesetzt, allerdings wurden in den Florida Keys im Rahmen eines Freisetzungsversuchs bereits gentechnisch veränderte Mücken der Art *Aedes aegypti* in die Umwelt eingebracht, die die Ausbreitung der Ägyptischen Tigermücke, die Krankheiten wie Chikungunya, Gelbfieber oder Dengue-Fieber übertragen kann, eindämmen sollen.[25] Besonders interessant erweist sich gerade die Untersuchung des US-amerikanischen Rechts auch deshalb, da die USA als einziger Staat nicht Vertragspartei der Biodiversitätskonvention sind und auch das Cartagena-Protokoll nicht unterzeichnet haben, die dort enthaltenen vertraglichen Vorgaben also für die USA keine Bindungswirkung entfalten. Ziel ist es, das US-amerikanische Vorsorgeverständnis zu untersuchen, den Regelungsrahmen für den Umgang mit und die Freisetzung von Gene Drive-Organismen im US-amerikanischen Recht abzustecken und sodann zu analysieren, inwieweit in Zusammenhang mit Freisetzungsvorhaben mit Gene Drive-Organismen eine vorsorgende Regulierung erfolgt. Begrenzt bleibt die Untersuchung auf US-Bundesrecht, das Recht der einzelnen Bundesstaaten ist nicht Gegenstand der Betrachtung.

Die in verschiedenen Wissenschaftsdisziplinen und der Öffentlichkeit geführte Diskussion um die Freisetzung von Gene Drive-Organismen soll damit durch eine rechtswissenschaftliche Un-

[23] Convention on Biological Diversity, 05. Juni 1992, 1760 U.N.T.S. 79, in Kraft getreten am 29.12.1993, im Folgenden: Biodiversitätskonvention oder CBD. Die Biodiversitätskonvention hat mit Stand vom 31.01.2024 einschließlich der EU 196 Vertragsparteien. Die USA haben die Biodiversitätskonvention bislang nicht ratifiziert.

[24] Cartagena Protocol on Biosafety to the Convention on Biological Diversity, 29. Januar 2000, 2226 U.N.T.S. 208, in Kraft getreten am 11.09.2003, im Folgenden: Cartagena-Protokoll oder CP. Das Cartagena-Protokoll hat mit Stand vom 31.01.2024 einschließlich der EU 173 Vertragsparteien. Die USA haben das Cartagena-Protokoll nicht ratifiziert.

[25] *Waltz*, Nature 593 (7858), 2021, 175 (S. 175).

tersuchung des Vorsorgeprinzips auf völkerrechtlicher Ebene und im US-amerikanischen Recht und dessen Bedeutung in Zusammenhang mit der absichtlichen Freisetzung von Gene Drive-Organismen bereichert werden.

II. Gang der Untersuchung

Da für die rechtliche Analyse ein Grundverständnis der Gene Drive-Technik, deren Funktionsweise und Besonderheiten und möglicher Anwendungsbereiche unabdingbar ist, ist der *Erste Teil* dieser Arbeit insbesondere der Darstellung der naturwissenschaftlichen Grundlagen und der möglichen Einsatzfelder der Gene Drive-Technik gewidmet. Angesichts dessen, dass es sich bei der Gene Drive-Technik um eine neuartige Technik handelt, wird der derzeitige Forschungsstand beleuchtet und auf bestehende Herausforderungen eingegangen. Darüber hinaus werden die in Zusammenhang mit der Freisetzung von Gene Drive-Organismen bestehenden Ungewissheiten dargestellt, wobei auch der Begriff der Freisetzung nähere Betrachtung erfährt. Der *Zweite Teil* dieser Arbeit befasst sich mit der Analyse des Vorsorgeprinzips auf der Ebene des Völkerrechts. Nachdem in einem ersten Kapitel aufgezeigt wird, wie sich das Verhältnis zwischen wissenschaftlichen Erkenntnissen und rechtlicher Regulierung im Laufe der Zeit gewandelt hat, der Begriff der wissenschaftlichen Ungewissheit und der Risikobegriff näher betrachtet werden und dargestellt wird, dass das Vorsorgeprinzip im Völkerrecht im Kontext wissenschaftlicher Ungewissheit Bedeutung erlangt, in einem zweiten Kapitel die Entwicklung des Vorsorgeprinzips nachvollzogen wird und in einem dritten Kapitel eine Abgrenzung zu anderen Prinzipien des internationalen Umweltrechts erfolgt, wird in einem vierten Kapitel der Versuch einer inhaltlichen Konkretisierung vorgenommen. Ausgehend von der Feststellung, dass zwischen verschiedenen Versionen des Vorsorgeprinzips differenziert werden kann, wird der Frage nachgegangen, ob sich den verschiedenen Ausgestaltungen gemeinsame Kernelemente ableiten lassen und worin diese Kernelemente bestehen. Unterschieden wird dabei danach, welche Voraussetzungen für das Eingreifen des Vorsorgeprinzips gegeben sein müssen und welche Folgen eine Anwendung des Vorsorgeprinzips nach sich zieht. Nachdem in einem fünften Kapitel das Vorsorgeprinzip rechtstheoretisch eingeordnet wird, um dessen Wirkweise besser zu verstehen, erfolgt in einem sechsten Kapitel eine Untersuchung der Rechtsnatur des Vorsorgeprinzips. Analysiert wird, ob das Vorsorgeprinzip mittlerweile völkergewohnheitsrechtliche Geltung beansprucht. Während nämlich das Vorsorgeprinzip, wie es in einem spezifischen völkerrechtlichen Vertrag Ausdruck gefunden hat, stets nur die jeweiligen Vertragsparteien rechtlich bindet, entfaltet das Vorsorgeprinzip, wenn und soweit es völkergewohnheitsrechtlich anerkannt ist, Bindungswirkung für sämtliche Staaten mit Ausnahme solcher Staaten, die sich als „persistent objectors“ einer völkergewohnheitsrechtlichen Geltung widersetzen. Näher untersucht wird mit Blick auf die später vorgenommene Analyse des Vorsorgeprinzips in Zusammenhang mit der Freisetzung von Gene Drive-Organismen im US-amerikanischen Recht, ob die USA als „persistent objector" anzusehen sind.

In einem *Dritten Teil* wird das Vorsorgeprinzip, wie es in Zusammenhang mit der Freisetzung von Gene Drive-Organismen auf völkerrechtlicher Ebene Umsetzung erfährt, analysiert. In einem ersten Kapitel wird zu diesem Zweck herausgearbeitet, ob und wie die im vorherigen Teil abstrakt erarbeiteten Kriterien auf Freisetzungsvorhaben mit Gene Drive-Organismen Anwendung finden, ob also das Vorsorgeprinzip in Zusammenhang mit Gene Drive-Organismen Anwendung findet und welche Rechtsfolgen eine Anwendung nach sich zieht. Vor dem Hintergrund, dass insbesondere die Biodiversitätskonvention und das Cartagena-Protokoll Vorgaben für den Umgang mit lebenden modifizierten Organismen entfalten, wird in einem zweiten und dritten Kapitel herausgearbeitet, ob die Biodiversitätskonvention und das Cartagena-Protokoll in Zusammenhang mit Gene Drive-Organismen anwendbar sind, welche vertraglichen Vorgaben in Zusammenhang mit Freisetzungsvorhaben der Umsetzung des Vorsorgeprinzips dienen und wie das Vorsorgeprinzip durch die Organe und Institutionen der Biodiversitätskonvention bzw. des Cartagena-Protokolls in Bezug auf Freisetzungsvorhaben mit Gene Drive-Organismen konkretisiert und ausgestaltet wurde. Daran anschließend wird in einem vierten Kapitel dargelegt, inwieweit der Regelungsrahmen für die Freisetzung von Gene Drive-Organismen im Lichte des Vorsorgeprinzips der Fortentwicklung und Anpassung bedarf, wobei auch die rechtlichen Möglichkeiten der Anpassung des Regelungsrahmens erörtert werden.

Im *Vierten Teil* dieser Arbeit wird das Vorsorgeprinzip in Zusammenhang mit der Freisetzung von Gene Drive-Organismen im US-amerikanischen Bundesrecht untersucht. Eingangs wird dargestellt, ob und wie der Umgang mit Gene Drive-Organismen auf Basis des „Coordinated Framework for Regulation of Biotechnology" im US-amerikanischen Recht reguliert ist, welche Behörden also auf Grundlage welcher Vorgaben für die Regulierung zuständig sind. In einem zweiten Kapitel wird losgelöst von der Gene Drive-Technik das US-amerikanische Vorsorgeverständnis untersucht. Dabei wird insbesondere das Verhältnis zwischen wissenschaftlichen Nachweisen und behördlicher Regulierung und die Relevanz von Kosten-Nutzen-Erwägungen bei der Entscheidungsfindung beleuchtet. In einem dritten Kapitel wird angesichts der produktspezifischen Regulierung und entsprechender behördlicher Zuständigkeiten der Frage nachgegangen, wie Vorsorgeerwägungen in Zusammenhang mit Freisetzungsvorhaben mit Gene Drive-Organismen im Regulierungsbereich der Umweltschutzbehörde, des Landwirtschaftsministeriums und der Behörde für Lebens- und Arzneimittel Relevanz zukommt. Dabei wird jeweils untersucht, inwieweit Erlaubnisvorbehalte bestehen, welche Voraussetzungen für die Erlaubniserteilung erfüllt sein müssen, wie einmal getroffene behördliche Entscheidungen überprüft und abgeändert oder rückgängig gemacht werden können und inwieweit die Öffentlichkeit bzw. indigene Gemeinschaften in den Entscheidungsprozess einbezogen werden.

In einem *Fünften Teil* werden die wesentlichen Ergebnisse zusammengefasst.

Teil 2: Grundlagen

Kapitel 1: Naturwissenschaftliche Grundlagen und Anwendungsbereiche

Auf dem Gebiet der Biotechnologie[26] und insbesondere im Bereich der Gentechnik sind seit der Entdeckung und Entwicklung der CRISPR-Cas9-Methode innerhalb der letzten Jahre enorme Fortschritte zu verzeichnen, wozu auch die Fortentwicklung der Gene Drive-Technik zählt.
Unter dem Begriff der „synthetischen Biologie“[27] hat sich ein Forschungsfeld mit stark interdisziplinärem Ansatz entwickelt, das Elemente der Molekularbiologie, der Biotechnologie, der Organischen Chemie sowie der Ingenieurswissenschaften mit dem Ziel vereint, biologische Systeme zu kreieren, die in der Natur so nicht vorkommen.[28]
Im Folgenden sollen zunächst die naturwissenschaftlichen Grundlagen dargestellt werden, um die Gene Drive-Technik innerhalb des Gebiets der Biotechnologie und der synthetischen Biologie zu verorten und ein grundlegendes Verständnis für deren Funktionsweise zu schaffen, das für die folgende rechtliche Analyse unabdingbar ist.

[26]Für den Begriff der Biotechnologie existieren verschiedene Definitionen, die teilweise voneinander abweichen. Die Organisation für wirtschaftliche Zusammenarbeit und Entwicklung (OECD) versteht hierunter „die Anwendung von Wissenschaft und Technik auf lebende Organismen, Teile von ihnen, ihre Produkte oder Modelle von ihnen zwecks Veränderung von lebender oder nichtlebender Materie zur Erweiterung des Wissensstandards, zur Herstellung von Gütern und zur Bereitstellung von Dienstleistungen“, *OECD*, A Framework for Biotechnology Statistics, 2005, S. 9. Nach Artikel 2 CBD ist unter dem Begriff der Biotechnologie jede technische Anwendung zu verstehen, die biologische Systeme, lebende Organismen oder ihre Derivate nutzt, um Produkte oder Verfahren für bestimmte Zwecke herzustellen oder zu verändern.

[27]Die Konferenz der Vertragsparteien der Biodiversitätskonvention (COP) hat die seitens der technischen Ad-Hoc Expertengruppe (AHTEG) für synthetische Biologie entwickelte Begriffsbestimmung, wonach synthetische Biologie „eine Weiterentwicklung und neue Dimension moderner Biotechnologie ist, die Wissenschaft, Technologie und technische Planung verbindet, um Verständnis, Design, Neugestaltung, Herstellung und/oder Veränderung von genetischem Material, lebenden Organismen und biologischen Systemen zu vereinfachen und zu beschleunigen“, anerkannt: COP, Decision XIII/17, 16.12.2016, UNEP/CBD/COP/DEC/XIII/17, Ziff. 4.

[28]*Deutsche Forschungsgemeinschaft/Deutsche Akademie für Technikwissenschaften/Deutsche Akademie der Naturforscher Leopoldina*, Synthetische Biologie – Stellungnahme, Juni 2009, S. 11.

© Der/die Autor(en), exklusiv lizenziert an Springer Fachmedien Wiesbaden GmbH, ein Teil von Springer Nature 2026
I. Albrecht, *Das Vorsorgeprinzip in Zusammenhang mit der absichtlichen Freisetzung von mittels Gene Drive gentechnisch veränderten Organismen*,
https://doi.org/10.1007/978-3-658-50876-0_3

I. Gene Drive-Systeme als gentechnische Konstruktionen zur Veränderung der Vererbungswahrscheinlichkeit

Bei der Gene Drive-Technik handelt es sich um einen Sammelbegriff für eine Reihe von besonders umstrittenen Methoden der modernen Gentechnik, bei denen unter Einsatz von Genom-Editierung die Vererbungswahrscheinlichkeit verändert wird.

1. Gentechnik

Gentechnik als eine Methode der Biotechnologie bezeichnet die Gesamtheit der Methoden zur Charakterisierung und Isolierung von genetischem Material, zur Bildung neuer Kombinationen genetischen Materials sowie zur Wiedereinführung und Vermehrung des neukombinierten Erbmaterials in andere Umgebung.[29] Die Ursprünge der modernen Gentechnik reichen in die 1970er Jahre zurück, als es erstmals gelang, ein DNA-Stück aus vielen Millionen Nukleotidpaaren in einem Chromosom zu isolieren, neue DNA-Moleküle im Reagenzglas zu erzeugen und das so hergestellte genetische Material wieder in lebende Organismen einzubringen.[30]

2. Genom-Editierung

Der Begriff der Genom-Editierung umfasst verschiedene molekularbiologische Methoden zur zielgerichteten Modifikation des Erbguts eines Organismus.[31] Unter Zuhilfenahme von Proteinen oder RNA kann die zu verändernde Zielsequenz präzise erkannt werden und die Modifikation an der vorgesehenen Stelle erfolgen. Indem DNA so eingesetzt, gelöscht oder verändert wird, ist es möglich, die Eigenschaften von Organismen gezielt zu verändern, bestimmte Eigenschaften hinzuzufügen oder auszuschalten.[32] Im Gegensatz zur klassischen Gentechnik, bei der fremde Gene beispielsweise in Viren eingeschleust wurden und an unvorhergesehenen Stellen im Genom integrierten, ist es mittels moderner Werkzeuge der Genom-Editierung möglich, Veränderungen zielgerichtet an einer bestimmten Stelle des Genoms herbeizuführen.[33] Zu den

[29] *Enquete-Kommission*, Chancen und Risiken der Gentechnologie, BT-Drs. 10/6775, 06.01.1987, S. 7. Siehe hierzu: Online-Kompaktlexikon der Biologie, Spektrum Akademischer Verlag, Stichwort Gentechnik, abrufbar unter: *https://www.spektrum.de/lexikon/biologie-kompakt/gentechnik/ 4724*, zuletzt aufgerufen am 31.01.2024.

[30] *Alberts* u. a., S. 520.

[31] *National Academy of Science Engineering and Medicine*, Gene Drives on the Horizon: Advancing Science, Navigating Uncertainty and Aligning Research with Public Values, 2016, S. 20.

[32] *National Academy of Science Engineering and Medicine*, Gene Drives on the Horizon: Advancing Science, Navigating Uncertainty and Aligning Research with Public Values, 2016, S. 20.

[33] *Deuring*, in: Rechtliche Aspekte der Genom-Editierung an der menschlichen Keimbahn – A Comparative Legal Study, 7–18 (S. 10); *Reinard*, S. 292. Da mittels Genom-Editierung an einer definierten Stelle im Genom des Zielorganismus auch ohne Einfügung von Fremdgenen gezielt minimale Veränderungen wie beispielsweise Punktmutationen hervorgerufen werden können, die ebenso auf natürliche Weise oder durch konventionelle Mutagenese – hierunter ist das Hervorrufen von Mutationen durch chemische oder physikalische Methoden zu verstehen – entstanden sein können, war die juristische Einordnung derartiger Organismen umstritten. Der Europäische Gerichtshof (EuGH) entschied im Jahr 2018, dass auch durch Mutagenese gewonnene Organismen

Verfahren der Genom-Editierung zählt neben der Oligonukleotid-gelenkten Mutagenese[34] und der RNA-abhängige DNA-Methylierung[35] insbesondere die Nutzung ortsspezifischer Nukleasen (SDN).[36]

Ortsspezifische Nukleasen sind Enzyme, die zunächst in die Zelle eingebracht und sodann mittels RNA oder Proteinen an eine bestimmte zu verändernde Stelle im Genom eines Organismus geleitet werden und dort einen Doppelstrangbruch erzeugen.[37] Dieser Doppelstrangbruch kann genutzt werden, um das Genom des Zielorganismus zu verändern.[38] Dabei kann, wenn zugleich mit der ortspezifischen Nuklease ein DNA-Molekül in die Zelle eingebracht wird, Fremd-DNA in das Genom des Zielorganismus eingebracht werden.[39]

a. Funktionsweise der Genom-Editierung mittels ortsspezifischer Nukleasen

Vor allem drei Methoden der Genom-Editierung mittels ortsspezifischer Nukleasen konnten sich etablieren, um DNA gezielt zu verändern: Zinkfingernukleasen (ZFNs), Transcription Activator-Like Effektor Nucleases (TALENs) und CRISPR-Cas9.[40]

Zunächst wird dabei jeweils unter Einsatz verschiedener Endonukleasen an einer bestimmten Stelle der DNA ein Doppelstrangbruch erzeugt.[41] Die Stelle, an der der Doppelstrangbruch erzeugt wird, wird bestimmt, indem im Falle der ZFNs die Zinkfinger-Domäne, im Falle der TALENs die TALE-Domäne und im Falle von CRISPR-Cas9 die guide-RNA eine bestimmte Nukleotidsequenz erkennt.[42] Der Doppelstrangbruch aktiviert zelleigene Reparaturmechanismen, eine Reparatur des Doppelstrangbruchs erfolgt entweder im Wege der nicht-homologen Endverknüpfung (NHEJ) oder im Wege der homologen Rekombination (HDR).[43]

Bei der nicht-homologen Endverknüpfung werden die beiden Enden des Doppelstrangbruchs wieder zusammengefügt, vielfach geht dabei allerdings die genetische Information an der Stelle, an der der Doppelstrangbruch verursacht wurde, verloren.[44] Erfolgt die Reparatur im Wege der homologen Rekombination, wird der Doppelstrangbruch nach Vorlage eines homologen Chromosoms repariert.[45] Diese Vorlage kann kleine Veränderungen in der DNA-Sequenz oder

---

den in der GVO-Richtlinie vorgesehenen Verpflichtungen unterliegen: EuGH, Urteil v. 25.07.2018, Rs. C-528/16, ECLI:EU:C:2018:583 – *Confédération paysanne u.a.*, Rn. 27ff.

[34] Siehe hierzu näher: *Gürtler* u. a., Genome Editing, März 2019, S. 6f.

[35] Siehe hierzu näher: *Gürtler* u. a., Genome Editing, März 2019, S. 11.

[36] *ZKBS*, Stellungnahme der ZKBS zu neuen Techniken der Pflanzenzüchtung, Juni 2012, S. 6ff.

[37] *Gürtler* u. a., Genome Editing, März 2019, S. 8.

[38] *Gürtler* u. a., Genome Editing, März 2019, S. 8.

[39] *Gürtler* u. a., Genome Editing, März 2019, S. 10.

[40] *Müller/Raue/Schäfer*, in: Kursbuch Bioethik, 67–78 (S. 68f.).

[41] *Müller/Raue/Schäfer*, in: Kursbuch Bioethik, 67–78 (S. 68); *Steinbrecher/Wells*, in: Gene Drives – A report on their science, applications, social aspects, ethics and regulations, 21–68 (S. 26).

[42] *Gürtler* u. a., Genome Editing, März 2019, S. 11ff.

[43] *Müller/Raue/Schäfer*, in: Kursbuch Bioethik, 67–78 (S. 68).

[44] *Alberts* u. a., S. 305f.

[45] *Alberts* u. a., S. 305f.

zusätzlich längere DNA-Segmente oder ganze Gene enthalten.[46]

Ob der Doppelstrangbruch im konkreten Fall mittels HDR oder NHEJ repariert wird, hängt von diversen Faktoren, unter anderem davon ab, in welchem Stadium der Zellteilung sich die betroffene Zelle zum Zeitpunkt der Reparatur befindet.[47] Zwar erfolgt eine Reparatur vorwiegend mittels NHEJ, da die genetische Veränderung aber möglichst gezielt erfolgen soll, ist eine Reparatur mittels HDR wünschenswert.[48]

b. Genom-Editierung mittels CRISPR-Cas9

Die modernste und mittlerweile am weitesten verbreitete Methode, das Erbgut von Organismen zielgerichtet zu verändern, ist CRISPR-Cas9.[49] Den Ausgangspunkt der Entwicklung der CRISPR-Cas9-Methode bildet die Entdeckung der CRISPR-Sequenzen im Modellbakterium *Escherichia coli* im Jahr 1987 sowie die sich anschließende Entdeckung von CRISPR-Sequenzen in weiteren Bakterien und Archaeen, an die sich die eingehendere Erforschung der Abwehrmechanismen von Bakterien und Archaeen gegenüber bestimmten Viren anschloss.[50]

CRISPR-Cas9 basiert auf dem wie eine Art Immunsystem funktionierenden Abwehrsystem von Bakterien und Archaeen, mit dem diese sich gegenüber fremden Gensequenzen schützen, die von Viren eingebracht werden können.[51] Dieses adaptive bakterielle Immunsystem funktioniert, indem fremde DNA in sogenannten „Spacer-Sequenzen" gespeichert wird; wird der Organismus erneut mit einer bereits bekannten und in den Spacer-Sequenzen gespeicherten DNA konfrontiert, werden die entsprechenden DNA-Sequenzen erkannt und die Cas-Nukleasen angewiesen, die Zielsequenzen zu zerstören.[52] CRISPR (Clustered Regularly Interspaced Short Palindromic Repeats) bezeichnet dabei die Abschnitte sich wiederholender DNA bei Bakterien und Viren.[53]

Das CRISPR-Cas9-System besteht im Wesentlichen aus zwei Bestandteilen: zum einen aus einem RNA-Komplex, der komplementär zu dem Bereich der DNA ist, an dem der Doppelstrang-

---

[46] *Steinbrecher/Wells*, in: Gene Drives – A report on their science, applications, social aspects, ethics and regulations, 21–68 (S. 26).

[47] *Steinbrecher/Wells*, in: Gene Drives – A report on their science, applications, social aspects, ethics and regulations, 21–68 (S. 26).

[48] *Steinbrecher/Wells*, in: Gene Drives – A report on their science, applications, social aspects, ethics and regulations, 21–68 (S. 26).

[49] *National Academy of Science Engineering and Medicine*, Gene Drives on the Horizon: Advancing Science, Navigating Uncertainty and Aligning Research with Public Values, 2016, S. 12.

[50] *Doudna/Charpentier*, Science 346 (6213), 2014, 1077 (S. 1077).

[51] *Jinek* u. a., Science 337 (6096), 2012, 816 (S. 816); *National Academy of Science Engineering and Medicine*, Gene Drives on the Horizon: Advancing Science, Navigating Uncertainty and Aligning Research with Public Values, 2016, S. 12.

[52] *Vergara/Labbé/Tannous*, BioDesignResearch 22, 2022, 1 (S. 2).

[53] *National Academy of Science Engineering and Medicine*, Gene Drives on the Horizon: Advancing Science, Navigating Uncertainty and Aligning Research with Public Values, 2016, S. 12; *Müller/Raue/Schäfer*, in: Kursbuch Bioethik, 67–78 (S. 69).

bruch erzeugt werden soll, der sogenannten sgRNA, zum anderen aus einer Endonuklease, dem Enzym Cas9.[54] Mittels der sgRNA wird das Cas9-Enzym an die entsprechende Stelle der DNA geleitet und schneidet dort die DNA wie eine molekulare Schere.[55] Der so hervorgerufene Doppelstrangbruch wird mittels des zelleigenen Reparaturmechanismus repariert.[56] Dadurch ist es möglich, an der Stelle des Doppelstrangbruchs DNA einzufügen oder auch zu entfernen. Eingefügt wird das betreffende DNA-Stück, indem dieses mit den jeweiligen Enden der Schnittstelle verbunden wird.[57]

Die Wissenschaftlerinnen Emmanuelle Charpentier und Jennifer Doudna hatten das CRISPR/-Cas9-System detailliert untersucht, dessen Anpassungsfähigkeit festgestellt und vorgeschlagen, das CRISPR-Cas9-System als Methode der Genom-Editierung zu etablieren.[58] Zum Einsatz kam die auf CRISPR-Cas9-basierende Methode sodann erstmals im Jahr 2012.[59] Da mithilfe der CRISPR-Cas9-Methode genetische Veränderungen präzise, einfach und kostengünstig in nahezu jeder Zellart und damit verschiedensten Organismen vorgenommen werden können, stellt die Entdeckung von CRISPR-Cas9 sowie die Nutzung zur gezielten Veränderung von DNA einen Durchbruch der Genom-Editierung dar.[60]

3. Gene Drive-Technik

Im Gegensatz zur herkömmlichen Genom-Editierung, bei der eine eingebrachte genetische Veränderung nach den Mendel'schen Vererbungsregeln vererbt wird, ermöglichen es synthetische Gene Drives, die Vererbung bestimmter genetischer Merkmale zu beschleunigen. Die Vererbungswahrscheinlichkeit folgt dann nicht mehr den Mendelschen Vererbungsregeln, denen zufolge eine ungefähr 50-prozentige Wahrscheinlichkeit besteht, dass die Nachkommen ein bestimmtes Merkmal erben, mit der Folge, dass die Häufigkeit eines Gens innerhalb einer nachfolgenden Generation der Häufigkeit des Gens in der Elterngeneration entspricht.[61] Vielmehr steigt die Vererbungswahrscheinlichkeit auf bis zu 100 Prozent an, sodass sich ein bestimmtes Merkmal über einige Generationen hinweg innerhalb einer gesamten Population ausbreitet; dies selbst dann, wenn damit für den Organismus ein Fitnessnachteil verbunden ist.[62]

Ergebnis ist ein mittels molekularbiologischer Technik erzeugtes System einer veränderten Vererbungswahrscheinlichkeit und somit der Anstieg eines speziellen Genotyps auf bis zu 100 Pro-

[54] *Doudna/Charpentier*, Science 346 (6213), 2014, 1077 (S. 1077).
[55] *Müller/Raue/Schäfer*, in: Kursbuch Bioethik, 67–78 (S. 69); *Jinek* u. a., Science 337 (6096), 2012, 816 (S. 816).
[56] *Müller/Raue/Schäfer*, in: Kursbuch Bioethik, 67–78 (S. 69).
[57] *Müller/Raue/Schäfer*, in: Kursbuch Bioethik, 67–78 (S. 69).
[58] *Doudna/Charpentier*, Science 346 (6213), 2014, 1077 (S.1077).
[59] *Müller/Raue/Schäfer*, in: Kursbuch Bioethik, 67–78 (S. 69).
[60] *Jinek* u. a., Science 337 (6096), 2012, 816 (S. 821); *Müller/Raue/Schäfer*, in: Kursbuch Bioethik, 67–78 (S. 69).
[61] *National Academy of Science Engineering and Medicine*, Gene Drives on the Horizon: Advancing Science, Navigating Uncertainty and Aligning Research with Public Values, 2016, S. 14.
[62] *Steinbrecher/Wells*, in: Gene Drives – A report on their science, applications, social aspects, ethics and regulations, 21–68 (S. 57).

zent innerhalb einer ganzen Population.[63]
In Einklang damit wird der Begriff des Gene Drive von diversen Expertengruppen für solche genetischen Elemente oder Genkonstrukte verwendet, welche ihre eigene Vererbungswahrscheinlichkeit positiv beeinflussen, also für eine beschleunigte Verbreitung eines genetischen Merkmals innerhalb einer Population sorgen.[64]

a. Historische Entwicklung der Gene Drive-Technik

Die Idee, unter Zuhilfenahme der Genetik ganze Populationen zu verändern, zu reduzieren oder sogar auszurotten, ist nicht neu.[65] Bereits in den 1940er Jahren kam der Gedanke auf, Populationen mittels genetischer Kontrolle, allerdings noch ohne Drive-Elemente, zu beeinflussen.[66] Daneben reichen die Ursprünge der zur Populationskontrolle eingesetzten sterilen Insektentechnik (SIT), bei der eine große Anzahl mittels radioaktiver Strahlung sterilisierter Männchen in die Umwelt eingebracht wird, um die Populationsgröße zu verringern, in die 1950er Jahre zurück.[67]
Mit der im Anschluss entwickelten Idee, ein gewünschtes Gen in eine Population einzubringen und dessen Prävalenz innerhalb der Population zu erhöhen, ging der Gedanke einher, eigennützige Gene als Ausgangspunkt dafür zu nutzen, künstlich erzeugte Eigenschaften innerhalb einer wildlebenden Population zu verbreiten.[68] Als Vorbild für die Entwicklung synthetischer Gene Drives dienende natürlich vorkommende eigennützige genetische Elemente waren bereits seit den 1980er Jahren bekannt.[69] Allerdings waren zu diesem Zeitpunkt molekulare Werkzeuge, mittels derer das Genom zielgerichtet verändert werden konnte, noch nicht ausreichend entwickelt.[70]

[63] *National Academy of Science Engineering and Medicine*, Gene Drives on the Horizon: Advancing Science, Navigating Uncertainty and Aligning Research with Public Values, 2016, S. 20.

[64] *National Academy of Science Engineering and Medicine*, Gene Drives on the Horizon: Advancing Science, Navigating Uncertainty and Aligning Research with Public Values, 2016, S. 1; *ZKBS*, Stellungnahme der ZKBS zur Einstufung von gentechnischen Arbeiten zur Herstellung und Verwendung von höheren Organismen mit rekombinanten Gene-Drive-Systemen, Februar 2016, S. 1; *EASAC*, Genome editing: Scientific opportunities, public interest and policy options in the European Union, März 2017, S. 17; *Hoffmann* u. a., Synthetic Gene Drives in Australia: Implications of Emerging Technologies, 2017, S. 2; *Dolezel* u. a., Gene Drive Organisms – Implications for the Environment and Nature Conservation, 2019, S. 8; *AU/NEPAD*, Gene Drives for Malaria Control and Elimination in Africa, 2019, S. 8; *EFSA GMO Panel*, Adequacy and sufficiency evaluation on existing EFSA guidelines for the molecular characterisation, environmental risk assessment and post-market environmental monitoring of genetically modified insects containing engineered gene drives, 2020, S. 13.

[65] *Steinbrecher/Wells*, in: Gene Drives – A report on their science, applications, social aspects, ethics and regulations, 21–68 (S. 22).

[66] *Steinbrecher/Wells*, in: Gene Drives – A report on their science, applications, social aspects, ethics and regulations, 21–68 (S. 22, 24).

[67] *Knipling*, Journal of Economic Entomology 48 (4), 1955, 459 (S. 459f.).

[68] *Craig/Hickey/Vandehey*, Science 132 (3443), 1960, 1887 (S. 1888); *Esvelt* u. a., eLife, 2014, 1 (S. 1).

[69] *Burt/Trivers*, S. 1ff.

[70] *National Academy of Science Engineering and Medicine*, Gene Drives on the Horizon: Advancing Science, Navigating Uncertainty and Aligning Research with Public Values, 2016, S. 11.

Als Methoden entwickelt wurden, um Gene künstlich herzustellen und DNA-Sequenzen zu rekombinieren, erfolgte in den frühen 1990er Jahren der Vorschlag, sogenannte „Transposable Elements", also bewegliche DNA-Sequenzen, zu nutzen, um eine künstlich erzeugte genetische Veränderung innerhalb einer Mückenpopulation zu verbreiten.[71] Der britische Wissenschaftler *Austin Burt* schlug schließlich im Jahr 2003 erstmals vor, auf *Homing*-Endonukleasen basierende synthetische Gene Drives zur Populationskontrolle zu entwickeln und so eine Population genetisch zu verändern oder sogar auszurotten.[72] Vor dem Hintergrund, dass natürlich vorkommende Endonukleasen nur spezifische DNA-Sequenzen erkennen, sollten Werkzeuge der Genom-Editierung es ermöglichen, diese Endonukleasen so zu beeinflussen, dass bestimmte Gene erkannt werden können.[73]

Die Entdeckung der CRISPR-Cas9-Methode im Jahr 2012 revolutionierte daher nicht nur die Genom-Editierung im Allgemeinen, sondern befeuerte auch die Forschung an Gene Drive-Systemen. Aufbauend auf *Burts* Ideen und Erkenntnissen wurde im Jahr 2014 die Verwendung der CRISPR-Cas9-Methode zur Entwicklung von Gene Drives vorgeschlagen.[74]

b. Natürlich vorkommende eigennützige genetische Elemente als Vorbild synthetischer Gene Drives

Vorbild für die Herstellung synthetischer Gene Drives mit Methoden der Genom-Editierung stellen natürlich vorkommende eigennützige genetische Elemente dar.

Solche genetischen Elemente, die Gene, Genfragmente, Chromosomen oder sogar ganze Chromosomensätze darstellen können, die die Vererbungswahrscheinlichkeit erhöhen und sich innerhalb einer Population ausbreiten, auch wenn sie die Fitness des Individuums nachteilig beeinflussen, sind in der Wissenschaft seit langem bekannt.[75] Die Bezeichnung als „eigennützig" rührt daher, dass die betreffenden DNA-Abschnitte unabhängig von den (gegebenenfalls negativen) Auswirkungen auf den Organismus in erster Linie darauf ausgerichtet sind, sich zu vermehren und innerhalb einer Population fortzubestehen.[76] Zu den natürlicherweise vorkommenden eigennützigen genetischen Elementen zählen insbesondere *Homing*-Endonukleasen, Transposons, Miniature Iverted-repeat Transposable Elements (MITEs) oder das Medea-Gen, das in manchen Mehlkäferarten vorkommt.[77]

Zu unterscheiden sind im Wesentlichen zwei Mechanismen, mittels derer eigennützige genetische Elemente die Verbreitung innerhalb einer Population oder Art sicherstellen: „Over-

[71] *Kidwell/Ribeiro*, Parasitology Today 8 (10), 1992, 325 (S. 327ff.).
[72] *Burt*, Proceedings of the Royal Society B 270, 2003, 921 (S. 921ff.).
[73] *Burt*, Proceedings of the Royal Society B 270, 2003, 921 (S. 921ff.).
[74] *Esvelt* u. a., eLife, 2014, 1 (S. 4).
[75] *Esvelt* u. a., eLife, 2014, 1 (S. 1); *Burt/Trivers*, S. 1ff.
[76] *Burt/Trivers*, S. 2; *Vergara/Labbé/Tannous*, BioDesignResearch 22, 2022, 1 (S. 1).
[77] *Esvelt* u. a., eLife, 2014, 1 (S. 2f.).

Replication" und „Transmission-Distortion".[78]

aa. Die Verbreitung eigennütziger genetischer Elemente mittels „Over-Replication"

Im Falle der „Over-Replication" erfolgt die Verbreitung, indem weitere Kopien des DNA-Abschnitts an anderer Stelle im Genom angefertigt werden.[79]
Zu unterscheiden sind „Transposable Elements", bei denen sich der DNA-Abschnitt sodann zusätzlich in einem anderen Teil des Genoms wiederfindet, von *Homing*-Endonukleasen, bei denen eine Kopie des DNA-Abschnitts am gleichen Genlokus des parallelen Chromosoms angefertigt wird.[80] Mobile genetische Elemente mit *Homing*-Endonukleasen (HE) finden sich überwiegend in Bakteriophagen, Bakterien, Archaeen und Pilzen.[81] *Homing*-Endonukleasen zeichnen sich dadurch aus, dass sie an gewissen DNA-Sequenzen binden und dort einen Doppelstrangbruch hervorrufen können, der anschließend im Wege der homologen Rekombination repariert wird.[82] Das Gen für die *Homing*-Endonuklease befindet sich dabei inmitten der DNA-Zielsequenzabschnitte, die im Falle des Doppelstrangbruchs entstehen; wird der hervorgerufene Doppelstrangbruch im Wege der homologen Rekombination repariert, erfolgt eine Duplizierung der DNA-Sequenz, die die *Homing*-Endonuklease-Sequenz enthält – *Homing*-Endonukleasen können sich somit im Genom eines Organismus ausbreiten, indem sie sich auf dem parallelen Lokus eines Chromosoms, das die HE nicht enthält, einfügen lassen.[83]

bb. Die Verbreitung eigennütziger genetischer Elemente mittels „Transmission-Distortion"

Demgegenüber erfolgt die Verbreitung im Wege der „Transmission-Distortion", indem vorwiegend eine bestimmte Ausprägung eines Gens (ein sogenanntes Allel) auf die Nachkommen und damit die nachfolgende Generation übertragen wird und andere, davon abweichende Ausprägungen des betreffenden Gens zerstört werden oder deren Übertragung auf die nachfolgende Generation verhindert wird.[84]

[78] *Steinbrecher/Wells*, in: Gene Drives – A report on their science, applications, social aspects, ethics and regulations, 21–68 (S. 36).
[79] *Burt/Trivers*, S. 4.
[80] *Burt/Trivers*, S. 4; *Steinbrecher/Wells*, in: Gene Drives – A report on their science, applications, social aspects, ethics and regulations, 21–68 (S. 36).
[81] *ZKBS*, Stellungnahme der ZKBS zur Einstufung von gentechnischen Arbeiten zur Herstellung und Verwendung von höheren Organismen mit rekombinanten Gene-Drive-Systemen, Februar 2016, S. 2; *Stoddard*, Structure Review 19 (1), 2012, 7 (S. 7).
[82] *Taylor/Stoddard*, Nucleic Acids Research 40 (12), 2012, 5189 (S. 5189); *Stoddard*, Structure Review 19 (1), 2012, 7 (S. 7); *Esvelt* u. a., eLife, 2014, 1 (S. 1).
[83] *ZKBS*, Stellungnahme der ZKBS zur Einstufung von gentechnischen Arbeiten zur Herstellung und Verwendung von höheren Organismen mit rekombinanten Gene-Drive-Systemen, Februar 2016, S. 2; *Esvelt* u. a., eLife, 2014, 1 (S. 1).
[84] *Burt/Trivers*, S. 4; *Steinbrecher/Wells*, in: Gene Drives – A report on their science, applications, social aspects, ethics and regulations, 21–68 (S. 36).

In der Regel handelt es sich um eigennützige genetische Elemente, die den Prozess der Meiose[85] beeinflussen und so die Übertragungswahrscheinlichkeit erhöhen. Dies geschieht entweder, indem diejenigen Gameten (Keimzellen) zerstört werden, die das betreffende Allel nicht enthalten oder diejenigen Nachkommen, deren Genom das betreffende Allel nicht enthält, noch im Embryonalstadium sterben.[86]

c. Voraussetzungen einer Anwendung der Gene Drive-Technik

Zwar ist die Anwendung der Gene Drive-Technik vielseitig möglich; zwei Voraussetzungen müssen jedoch erfüllt sein, damit ein synthetisch erzeugter Gene Drive funktionsfähig ist.
Zum einen können Zielorganismen, die mit Gene Drive-Systemen versehen werden können, grundsätzlich nur solche sein, die sich geschlechtlich fortpflanzen, bei denen also die Keimzellen im Wege der Meiose entstehen.[87] Sämtliche Lebewesen, die sich nicht geschlechtlich, sondern ungeschlechtlich fortpflanzen, scheiden als Zielorganismen aus.[88] Insbesondere sind daher Bakterien und Archaeen sowie einige Pflanzenarten als Zielorganismen ungeeignet.[89] Allerdings erregte eine im Jahr 2020 publizierte Studie Aufsehen, als erstmals ein CRISPR-Cas9-basiertes Gene Drive-System in DNA-basierten Viren entwickelt wurde.[90] Dies lässt vermuten, dass die Annahme, Gene Drive-Systeme seien ausschließlich in Organismen funktionsfähig, die sich geschlechtlich fortpflanzen, in dieser Absolutheit nicht haltbar ist.
Ferner benötigt ein funktionierender Gene Drive einige Generationenfolgen, um sich innerhalb einer Population zu verbreiten.[91] Damit sich eine genetische Veränderung somit innerhalb einer angemessenen Zeitspanne innerhalb einer gesamten Population verbreitet, ist weitere Voraussetzung für das Funktionieren des Gene Drive, dass die Zielart sich durch möglichst kurze Reproduktionszyklen auszeichnet.[92] Vor diesem Hintergrund sind insbesondere größere Säugetiere mit langen Reproduktionszyklen für die Anwendung der Gene Drive-Technik nicht geeignet, während Insekten oder Nagetiere besonders geeignete Zielorganismen darstellen.[93]

---

[85] Meiose bezeichnet die Kern- bzw. Zellteilung, bei der die Anzahl der Chromosomen halbiert wird und aus einer Zelle genetisch unterschiedliche Zellkerne entstehen, *Alberts* u. a., S. 1135.
[86] *Burt/Trivers*, S. 4.
[87] *Oye* u. a., Science 345 (6197), 2014, 626 (S. 626).
[88] *Esvelt* u. a., eLife, 2014, 1 (S. 9).
[89] *Steinbrecher/Wells*, in: Gene Drives – A report on their science, applications, social aspects, ethics and regulations, 21–68 (S. 21).
[90] *Walter/Verdin*, Nature Communications 11 (1), 2010, 1 (S. 2).
[91] *Esvelt* u. a., eLife, 2014, 1 (S. 9).
[92] *Steinbrecher/Wells*, in: Gene Drives – A report on their science, applications, social aspects, ethics and regulations, 21–68 (S. 21).
[93] *Deplazes-Zemp* u. a., Swiss Academies Factsheets 15 (4), 2020, 1 (S. 3).

d. Naturwissenschaftliche Funktionsweise von auf CRISPR-Cas9 basierenden *Homing*-Drive-Systemen

In Ergänzung der bereits erfolgten Ausführungen soll, da die Entwicklung von auf CRISPR-Cas9 basierenden *Homing*-Drive-Systemen besonders einfach und kostengünstig möglich ist, noch kurz deren naturwissenschaftliche Funktionsweise erläutert werden.
Zunächst wird an der Stelle, an der mithilfe der Endonuklease Cas9 der Doppelstrangbruch erzeugt wurde, sowohl die gewünschte genetische Veränderung als auch die Sequenz für das sich selbst replizierende CRISPR-Cas9-System eingefügt.[94] In einem ersten Schritt befindet sich die genetische Modifikation damit auf einem Chromosom. Dadurch, dass auch die Sequenz für das sich selbst replizierende System in die DNA integriert wurde, wird in einem zweiten Schritt auf dem Chromosom des Wildtyps ebenfalls ein Doppelstrangbruch erzeugt, wobei das erste, bereits gentechnisch veränderte Chromosom als Reparaturvorlage dient.[95] Am Ende des Reparaturvorgangs befinden sich sowohl die genetische Veränderung als auch das sich selbst replizierende CRISPR-Cas9-System am selben Lokus auf beiden Chromosomen des Organismus. Auf diese Weise werden heterozygote Gene Drive-Genotypen in homozygote Gene Drive-Genotypen umgewandelt.[96]
Das Gene Drive-Allel wird bei der sexuellen Fortpflanzung zwischen einem Individuum mit Gene Drive und einem unveränderten Individuum an alle Nachkommen weitergegeben, da alle Nachkommen je ein Chromosom jedes Elternteils erben.[97] Die zunächst heterozygoten Nachkommen werden in oben beschriebener Art und Weise wieder von einem heterozygoten in einen homozygoten Zustand umgewandelt.[98]

e. Kategorisierung synthetisch erzeugter Gene Drive-Systeme

Um einen Gene Drive zu kreieren, existieren entsprechend dem Vorbild natürlicherweise vorkommender eigennütziger genetischer Elemente diverse molekulare Mechanismen.[99]
Zu unterscheiden sind auch bei den synthetisch erzeugten Gene Drives Gene Drive-Systeme, die mittels „Over-Replication" funktionieren und solche, bei denen die erhöhte Vererbungswahrscheinlichkeit erzeugt wird, indem die Überlebens- bzw. Funktionsfähigkeit derjenigen Game-

[94] *Collins*, BMC Proceedings 12 (8), 2018, 37 (S. 38).
[95] *ZKBS*, Stellungnahme der ZKBS zur Einstufung von gentechnischen Arbeiten zur Herstellung und Verwendung von höheren Organismen mit rekombinanten Gene-Drive-Systemen, Februar 2016, S. 2.
[96] *ZKBS*, Stellungnahme der ZKBS zur Einstufung von gentechnischen Arbeiten zur Herstellung und Verwendung von höheren Organismen mit rekombinanten Gene-Drive-Systemen, Februar 2016, S. 2.
[97] *ZKBS*, Stellungnahme der ZKBS zur Einstufung von gentechnischen Arbeiten zur Herstellung und Verwendung von höheren Organismen mit rekombinanten Gene-Drive-Systemen, Februar 2016, S. 2.
[98] *ZKBS*, Stellungnahme der ZKBS zur Einstufung von gentechnischen Arbeiten zur Herstellung und Verwendung von höheren Organismen mit rekombinanten Gene-Drive-Systemen, Februar 2016, S. 2.
[99] *Champer/Buchmann/Akbari*, Nature Reviews Genetics 17, 2016, 146 (S. 146ff.).

ten verringert wird, die das Wildtyp-Allel beherbergen, sog. „Transmission-Distortion".[100] Bei Gene Drive-Systemen, die mittels „Over-Replication" funktionieren, ist zwischen solchen zu unterscheiden, bei denen eine Kopie an anderer Stelle im Genom erfolgt („Transposable Elements") und solchen, bei denen die Kopie auf dem entsprechenden Lokus des parallelen Chromosoms angefertigt wird („*Homing*-Drives").[101] Mittels „Transmission-Distortion" funktionierende Gene Drives stellen in der Regel Meiotische Drives dar, eine Unterscheidung ist dabei zwischen solchen Gene Drive-Systemen zu treffen, die dazu führen, dass die Nachkommen vorwiegend weiblich sind („Female Meiotic Drives") und solchen, bei denen vorwiegend männliche Nachkommen erzeugt werden („Male Meiotic Drives").[102] Im Falle sogenannter „Underdominance Drives", die der Fallgruppe der „Transmission Distortion" zuzurechnen sind, sind heterozygote (mischerbige) Nachkommen, also solche, die in Bezug auf ein genetisches Merkmal zwei verschiedene Allele besitzen, gegenüber homozygoten (reinerbigen) Nachkommen, deren Erbanlagen bezüglich eines genetischen Merkmals identisch sind, im Nachteil, sodass nach einer gewissen Zeitspanne lediglich homozygote Organismen verbleiben.[103]

Gene Drives unterscheiden sich weiter bezüglich des intendierten Ziels, der Verbreitungsrate, der mit dem Gene Drive einhergehenden Fitnesskosten, der Wahrscheinlichkeit des Auftretens von Resistenzen, der Rückholbarkeit und Entfernbarkeit aus der Umwelt sowie der Artspezifität.[104]

Trotz dieser Unterschiede ist insbesondere für die spätere rechtliche Einordnung relevante Gemeinsamkeit aller Gene Drive-Systeme, dass stets Fremdgene in das Genom des Zielorganismus eingebracht werden. Fast bei allen Gene Drive-Systemen kommt zur Einbringung der Fremdgene in das Genom das Genom-Editierungs-Werkzeug CRISPR-Cas9 zur Anwendung.[105]

aa. Mit dem Einsatz des Gene Drive-Systems intendiertes Ziel

Anders als bei herkömmlichen gentechnisch veränderten Organismen, die eine genetische Veränderung in sich tragen, diese aber lediglich nach den Mendel'schen Vererbungsregeln an nachfolgende Generationen weitergeben, entspricht es gerade dem Wesen sämtlicher Gene Drive-Organismen, die genetische Veränderung mit gesteigerter Wahrscheinlichkeit weiterzugeben. Das mit dem Einsatz der Gene Drive-Technik verfolgte Ziel ist somit primär und in einem

[100] *Champer/Buchmann/Akbari*, Nature Reviews Genetics 17, 2016, 146 (S. 147); *Steinbrecher/Wells*, in: Gene Drives – A report on their science, applications, social aspects, ethics and regulations, 21–68 (S. 37).

[101] *Steinbrecher/Wells*, in: Gene Drives – A report on their science, applications, social aspects, ethics and regulations, 21–68 (S. 37).

[102] *Champer/Buchmann/Akbari*, Nature Reviews Genetics 17, 2016, 146 (S. 152); *Steinbrecher/Wells*, in: Gene Drives – A report on their science, applications, social aspects, ethics and regulations, 21–68 (S. 44).

[103] *Champer/Buchmann/Akbari*, Nature Reviews Genetics 17, 2016, 146 (S. 154); *Steinbrecher/Wells*, in: Gene Drives – A report on their science, applications, social aspects, ethics and regulations, 21–68 (S. 46).

[104] *Champer/Buchmann/Akbari*, Nature Reviews Genetics 17, 2016, 146 (S. 147).

[105] *Steinbrecher/Wells*, in: Gene Drives – A report on their science, applications, social aspects, ethics and regulations, 21–68 (S. 58).

ersten Schritt, die Vererbungswahrscheinlichkeit bestimmter, vorher festgelegter Eigenschaften innerhalb einer Wildpopulation zu erhöhen.
Je nach genetischer Veränderung dient die Gene Drive-Technik jedoch letztlich dazu, eine gesamte Population zu verändern, die Populationsgröße zu reduzieren oder sogar die Population auszulöschen.[106]

(1) Veränderung des Genotyps einer Population

Ziel des „Modification Drive" ist es, eine erwünschte genetische Veränderung umfassend innerhalb einer Population zu verbreiten, und so den Genotyp innerhalb einer Population zu verändern, ohne die Populationsgröße zu beeinflussen.[107] Denkbar ist hierbei zum einen, ein oder mehrere bestimmte Gene im Genom des Zielorganismus zu inaktivieren, sodass beispielsweise Krankheitserreger nicht mehr übertragen werden können.[108] Möglich ist darüber hinaus auch, ein oder mehrere neue Gene in das Genom des Zielorganismus einzubringen, die dafür sorgen, dass sich ein Krankheitserreger nicht mehr entwickeln kann oder die einen Krankheitserreger im Zielorganismus bekämpfen.[109]

(2) Reduktion der Populationsgröße bzw. Auslöschung einer Population

Mithilfe des „Suppression Drive" soll hingegen die Population einer Zielart reduziert oder sogar gänzlich ausgerottet werden.[110] Die Reduzierung der Populationsgröße bis hin zur Auslöschung einer Zielpopulation kann erfolgen, indem durch Inaktivierung bestimmter Gene, die für das Überleben bzw. die Reproduktion der Zielorganismen entscheidend sind, erhebliche Fitnessnachteile geschaffen werden.[111] Alternativ können neue Gene in das Genom der Zielorganismen eingebracht werden, die die Lebensdauer der Zielorganismen verringern oder zu einer Verschiebung des Geschlechterverhältnisses führen, sodass eine Population verschwindet.[112]

[106] *Esvelt* u. a., eLife, 2014, 1 (S. 3); *Deplazes-Zemp* u. a., Swiss Academies Factsheets 15 (4), 2020, 1 (S. 1); *Vergara/Labbé/Tannous*, BioDesignResearch 22, 2022, 1 (S. 3).

[107] *Esvelt* u. a., eLife, 2014, 1 (S. 3); *Champer/Buchmann/Akbari*, Nature Reviews Genetics 17, 2016, 146 (S.147f.).

[108] *EFSA GMO Panel*, Adequacy and sufficiency evaluation on existing EFSA guidelines for the molecular characterisation, environmental risk assessment and post-market environmental monitoring of genetically modified insects containing engineered gene drives, 2020, S. 15f.

[109] *EFSA GMO Panel*, Adequacy and sufficiency evaluation on existing EFSA guidelines for the molecular characterisation, environmental risk assessment and post-market environmental monitoring of genetically modified insects containing engineered gene drives, 2020, S. 15f.

[110] *Esvelt* u. a., eLife, 2014, 1 (S. 3); *Champer/Buchmann/Akbari*, Nature Reviews Genetics 17, 2016, 146 (S.147f.).

[111] *EFSA GMO Panel*, Adequacy and sufficiency evaluation on existing EFSA guidelines for the molecular characterisation, environmental risk assessment and post-market environmental monitoring of genetically modified insects containing engineered gene drives, 2020, S. 15.

[112] *EFSA GMO Panel*, Adequacy and sufficiency evaluation on existing EFSA guidelines for the molecular characterisation, environmental risk assessment and post-market environmental monitoring of genetically modified insects containing engineered gene drives, 2020, S. 15.

bb. Zeitliche und räumliche Verbreitung des Gene Drive-Systems

Zumindest auf einer theoretischen Ebene lassen sich Gene Drive-Systeme ferner danach unterscheiden, inwieweit sie sich in räumlicher sowie in zeitlicher Hinsicht verbreiten können.[113]
Wenngleich eine Differenzierung zwischen Gene Drives mit hohem und solchem mit niedrigem Schwellenwert (mit Auswirkung auf die räumliche Ausbreitung) sowie eine Unterscheidung zwischen selbsterhaltenden Gene Drives und selbstbegrenzenden Gene Drives (mit Auswirkung auf die zeitliche Verbreitung) sinnvoll erscheint, darf nicht außer Acht gelassen werden, dass die Übergänge der im Folgenden aufgeführten Kategorien zum einen teilweise fließend sind[114] und zum anderen ökologische Faktoren die Wirkweise eines bestimmten Gene Drive-Systems beeinflussen können.[115] So können unter Umständen gewisse Veränderung der Umwelt bzw. bestimmte ökologische Faktoren die Fitness derart beeinflussen, dass dasselbe Gene Drive-System in manchen Umgebungen einen hohen, in anderen einen niedrigen Schwellenwert aufweist.[116]

(1) Unterscheidung von Gene Drive-Systemen anhand des Schwellenwerts

In Bezug darauf, wie viele gentechnisch veränderte Organismen freigesetzt werden müssen, um ein Merkmal innerhalb einer ganzen Population zu etablieren oder eine Population auszurotten, muss eine Unterscheidung zwischen Gene Drives mit hohem Schwellenwert („High Threshold Drives") und solchen mit niedrigem Schwellenwert („Low Threshold Drives") getroffen werden. Der Schwellenwert bezieht sich auf das Verhältnis derjenigen Individuen einer Population, die das Gene Drive-System enthalten und derjenigen Organismen, deren Genom nicht gentechnisch verändert wurde.[117]
Bei Gene Drives mit hohem Schwellenwert wie beispielsweise Underdominance Drives, Medea oder X-Shredder muss eine große Anzahl von Individuen über mehrere Generationen hinweg freigesetzt werden, um einen bestimmten Schwellenwert in der Zielpopulation zu erreichen und sicherzustellen, dass sich die genetische Veränderung innerhalb der Population verbreitet.[118] Im Falle von Gene Drives mit niedrigem Schwellenwert wie dem auf CRISPR-Cas9 basierenden Homing-Drive ist bereits die Freisetzung einer geringen Anzahl von Individuen ausreichend,

[113] *EFSA GMO Panel*, Adequacy and sufficiency evaluation on existing EFSA guidelines for the molecular characterisation, environmental risk assessment and post-market environmental monitoring of genetically modified insects containing engineered gene drives, 2020, S. 16.
[114] *Alphey*, Annual Review of Entomology 49, 2014, 205 (S. 208).
[115] *Dhole/Lloyd/Gould*, Annual Review of Ecology, Evolution, and Systematics 51 (1), 2020, 505 (S. 523).
[116] *Dhole/Lloyd/Gould*, Annual Review of Ecology, Evolution, and Systematics 51 (1), 2020, 505 (S. 507).
[117] *EFSA GMO Panel*, Adequacy and sufficiency evaluation on existing EFSA guidelines for the molecular characterisation, environmental risk assessment and post-market environmental monitoring of genetically modified insects containing engineered gene drives, 2020, S. 17.
[118] *Steinbrecher/Wells*, in: Gene Drives – A report on their science, applications, social aspects, ethics and regulations, 21–68 (S. 51); *Reeves*, in: Diskussionspapier zur wissenschaftlichen Bedeutung der Genom-Editierung und zu den potentiell damit verbundenen ethischen, rechtlichen und gesellschaftlichen Fragen, 10–12 (S. 11).

damit sich die genetische Veränderung innerhalb der gesamten Population ausbreitet.[119] Während demnach Gene Drive-Systeme mit hohem Schwellenwert eher eine räumliche Begrenzung ermöglichen, ist eine solche bei Gene Drive-Systemen, bei der bereits ein oder wenige Organismen genügen, um ein Merkmal innerhalb einer Population zu etablieren, ungleich schwieriger.

(2) Unterscheidung von Gene Drive-Systemen anhand ihrer Persistenz

Im Hinblick auf die Frage, für welchen Zeitraum ein Gene Drive-System innerhalb einer Population verbleibt, bietet sich die Differenzierung zwischen selbsterhaltenden Gene Drives („Self-sustaining Drives") und selbstlimitierenden Gene Drives („Self-limiting Drives") an.
Erstere zeichnen sich dadurch aus, dass eine mittels Gene Drive in eine Population eingebrachte genetische Veränderung grundsätzlich über einen unbestimmten Zeitraum, jedenfalls aber für eine lange Zeit innerhalb einer Population bestehen bleibt bzw. im Falle eines Suppression Drive solange, bis die Zielpopulation ausgelöscht ist.[120]
Demgegenüber verbleiben selbstlimitierende Gene Drives nur für eine gewisse Abfolge von Generationen innerhalb der Zielpopulation und verschwinden, sofern nicht weitere Freisetzungen erfolgen, nach einer gewissen Zeitspanne wieder aus der Zielpopulation.[121]

II. Mögliche Einsatzfelder der Gene Drive-Technik

Die Einwirkung auf Ökosysteme mittels molekularbiologischer Techniken wurde bislang vor allem dadurch erschwert, dass die gentechnische Veränderung von Organismen mit erheblichen Schwierigkeiten verbunden war und meist einen Fitnessnachteil nach sich zog, der dazu führte, dass die hervorgerufene genetische Veränderung alsbald durch natürliche Selektion ausgelöscht wurde.[122] Insbesondere mithilfe der CRISPR-Cas9-basierten Gene Drive-Technik ist hingegen eine gentechnische Veränderung einfach, kostengünstig und präzise möglich, zudem verbreitet sich diese auch dann innerhalb einer Population, wenn dies mit einem Fitnessnachteil verbunden ist.
Zum aktuellen Zeitpunkt stehen insbesondere drei Anwendungsbereiche im Fokus naturwissenschaftlicher Forschung: die Infektionsbekämpfung, die Steigerung der landwirtschaftlichen Pro-

[119] *Steinbrecher/Wells*, in: Gene Drives – A report on their science, applications, social aspects, ethics and regulations, 21–68 (S. 52); *Reeves*, in: Diskussionspapier zur wissenschaftlichen Bedeutung der Genom-Editierung und zu den potentiell damit verbundenen ethischen, rechtlichen und gesellschaftlichen Fragen, 10–12 (S. 11).

[120] *EFSA GMO Panel*, Adequacy and sufficiency evaluation on existing EFSA guidelines for the molecular characterisation, environmental risk assessment and post-market environmental monitoring of genetically modified insects containing engineered gene drives, 2020, S. 16; *Garrood* u. a., Frontiers in Genetics 13, 2022, 1 (S. 3f.).

[121] *EFSA GMO Panel*, Adequacy and sufficiency evaluation on existing EFSA guidelines for the molecular characterisation, environmental risk assessment and post-market environmental monitoring of genetically modified insects containing engineered gene drives, 2020, S. 16; *Garrood* u. a., Frontiers in Genetics 13, 2022, 1 (S. 4).

[122] *Esvelt* u. a., eLife, 2014, 1 (S. 1).

duktivität und der Schutz der Biodiversität. Dem Einsatz der Gene Drive-Technik könnte insbesondere dort eine bedeutende Rolle zukommen, wo Probleme schwierig zu lösen bzw. vorhandene Lösungen unzureichend sind oder Lösungen bislang gänzlich fehlen.[123] Daneben könnte die Gene Drive-Technik auch zu Fortschritten der Grundlagenforschung im Bereich der Evolutionsgenetik beitragen.[124] Nicht ausgeschlossen ist schließlich, dass Gene Drive-Konstrukte militärisch oder missbräuchlich genutzt werden.[125]

1. Bekämpfung von Infektionskrankheiten

Über 700 000 Menschen sterben jährlich an vektorübertragenen Infektionskrankheiten wie Malaria, Dengue- oder Gelbfieber oder auch Elephantiasis.[126] Allein an Malaria erkrankten im Jahr 2022 etwa 249 Millionen Menschen.[127] Wenngleich global gesehen die Anzahl der Todesfälle in Zusammenhang mit Malaria seit einigen Jahren abnimmt, starben im Jahr 2022 dennoch etwa 608 000 Menschen an einer Malariaerkrankung.[128] Daneben stellen weitere vektorübertragene Infektionskrankheiten wie Lyme-Borreliose oder das Zika-Virus ein nicht zu verachtendes Gesundheitsrisiko dar.[129] Überträger sind je nach Infektion Insekten, insbesondere Mücken, oder kleine Nagetiere.

Zwar sind tropische und subtropische Regionen nach wie vor am stärksten von vektorübertragenen Infektionskrankheiten betroffen, im Zuge des Anstiegs von globalem Handel und globaler Reisetätigkeit sowie der Klimaerwärmung breiten sich Insekten oder Nagetiere, die ehemals nur in bestimmten Bereichen der Erde beheimatet waren, allerdings weltweit und insbesondere auch in Europa aus.[130] Beispielsweise besteht die Besorgnis, dass Malariaerkrankungen infolge der Klimaerwärmung zunehmend auch in höher gelegenen Regionen sowie bislang gemäßigteren Breiten auftreten werden.[131] Entsprechendes gilt für Infektionskrankheiten wie das Chikungunya-Virus, das Zika-Virus oder das Dengue-Fieber.[132]

[123] *National Academy of Science Engineering and Medicine*, Gene Drives on the Horizon: Advancing Science, Navigating Uncertainty and Aligning Research with Public Values, 2016, S. 16; *Scott* u. a., Journal of Responsible Innovation 5 (1), 2018, 98 (S. 98ff.).

[124] *National Academy of Science Engineering and Medicine*, Gene Drives on the Horizon: Advancing Science, Navigating Uncertainty and Aligning Research with Public Values, 2016, S. 16.

[125] Siehe hierzu die Ausführungen in Teil 2, Kapitel 1, II, 4.

[126] *WHO*, Vector-borne diseases, 02.03.2020, abrufbar unter: *https://www.who.int/news-room/fact-sheets/detail/vector-borne-diseases*, zuletzt aufgerufen am 31.01.2024.

[127] *WHO*, World Malaria Report 2023, S. 108.

[128] *WHO*, World Malaria Report 2023, S. 109.

[129] *EASAC*, Genome editing: Scientific opportunities, public interest and policy options in the European Union, März 2017, S. 17.

[130] *WHO*, Vector-borne diseases, 02.03.2020, abrufbar unter: *https://www.who.int/news-room/fact-sheets/detail/vector-borne-diseases*, zuletzt aufgerufen am 31.01.2024; *Schaffner/Medlock/Bortel*, Clinical Microbiology and Infection, 19 (8), 2013, 685 (S. 685).

[131] *Garrood* u. a., Frontiers in Genetics 13, 2022, 1 (S. 2).

[132] *ECDC*, Vector control with a focus on *Aedes aegypti* and *Aedes albopictus* mosquitoes – Literature review and analysis, Oktober 2017, S. 2; *ECDC*, Guidelines for the surveillance of invasive mosquitoes in Europe, August

Zur Bekämpfung von vektorübertragenen Infektionskrankheiten könnten durch die Freisetzung von Gene Drive-Organismen wildlebende Populationen der die Erreger übertragenden Insekten oder Nagetiere innerhalb kurzer Zeit ausgerottet oder erheblich dezimiert werden.[133] Um dieses Ziel zu erreichen, könnten mittels Gene Drive sterile Organismen erzeugt werden.[134] Alternativ könnte die Geschlechterverteilung einseitig verschoben werden oder durch Einfügen neuer Gene die Lebenserwartung der Zielorganismen gesenkt werden.[135] Denkbar ist zudem, eine genetische Veränderung in die Population einzubringen, die verhindert, dass die Insekten oder Nagetiere als Überträgerorganismen dienen können oder die dazu führt, dass sich die Krankheitserreger in den Organismen nicht mehr entwickeln können.[136]

Beispielsweise im Rahmen des Projekts „Target Malaria" wird intensiv an der Nutzung von Gene Drive-Organismen zur Bekämpfung von Malaria geforscht. Beginnend im Jahr 2008 wurden in einem ersten Schritt gentechnisch veränderte sterile männliche Mücken der Art *Anopheles gambiae* entwickelt, die sich mit Wildtyp-Weibchen paaren können, deren Nachkommen jedoch nicht lebensfähig sind; diese sterilen Männchen enthielten noch keinen Gene Drive-Mechanismus.[137] In einem weiteren Schritt erfolgte die Entwicklung einer gentechnisch veränderten *Anopheles gambiae*-Mücke, die sich erfolgreich paaren und Nachkommen hervorbringen kann, wobei die Nachkommen überwiegend männlich sind.[138] Auch hier wurde noch kein Gene Drive-Mechanismus eingebaut, jedoch erfolgte die Konstruktion bereits so, dass die gentechnische Veränderung nur für eine bestimmte Zeitspanne erhalten blieb.[139] Letztlich hat sich „Target Malaria" zum Ziel gesetzt, mit einem Gene Drive-Mechanismus ausgestattete *Anopheles gambiae*-Mücken als wirksames Werkzeug zur Bekämpfung von Malaria in Afrika zu entwickeln; erste mittels Gene Drive veränderte Mückenpopulationen werden bereits in Laboren im Vereinigten Königreich und Italien gehalten.[140]

2012, S. 1.

133 *Esvelt* u. a., eLife, 2014, 1 (S. 14); *Devos* u. a., Biotechnology Advances 54, 2022, 1 (S. 2) m.w.N.

134 *Hammond* u. a., Nature Biotechnology 34 (1), 2016, 78 (S. 79); *National Academy of Science Engineering and Medicine*, Gene Drives on the Horizon: Advancing Science, Navigating Uncertainty and Aligning Research with Public Values, 2016, S. 49f.

135 *EFSA GMO Panel*, Adequacy and sufficiency evaluation on existing EFSA guidelines for the molecular characterisation, environmental risk assessment and post-market environmental monitoring of genetically modified insects containing engineered gene drives, 2020, S. 15.

136 *Gantz* u. a., Proceedings of the National Academy of Sciences 112 (49), 2015, 1 (S. 1); *National Academy of Science Engineering and Medicine*, Gene Drives on the Horizon: Advancing Science, Navigating Uncertainty and Aligning Research with Public Values, 2016, S. 49; *Devos* u. a., Biotechnology Advances 54, 2022, 1 (S. 2 m.w.N.).

137 Siehe: *https://targetmalaria.org/what-we-do/our-development-pathway/genetically-modified-ste rile-male/*, zuletzt aufgerufen am 31.01.2024.

138 Siehe: *https://targetmalaria.org/what-we-do/our-development-pathway/genetically-modified-ma le-bias/*, zuletzt aufgerufen am 31.01.2024.

139 Siehe: *https://targetmalaria.org/what-we-do/our-development-pathway/genetically-modified-ma le-bias/*, zuletzt aufgerufen am 31.01.2024.

140 Siehe: *https://targetmalaria.org/what-we-do/our-development-pathway/male-bias-and-female-fertility/*, zuletzt aufgerufen am 31.01.2024.

2. Ertragssteigerung in der Landwirtschaft

Ein weiteres, angesichts verbreiteter Nahrungsmittelknappheit zunehmend an Bedeutung gewinnendes Einsatzgebiet ist das der Landwirtschaft. Im Vordergrund steht der Einsatz der Gene Drive-Technik zur Bekämpfung von Schädlingen[141] und Unkraut[142] um Ernteausfälle zu verhindern oder die Erträge zu steigern.[143] Aufgrund von vermehrten Resistenzbildungen gegenüber herkömmlichen Pestiziden und Herbiziden besteht erheblicher Bedarf an innovativen Lösungsansätzen.

Ein Lösungsansatz besteht darin, Schädlingspopulationen oder Unkraut unter Einsatz von Gene Drives erheblich zu dezimieren oder auszurotten.[144] Eine andere Möglichkeit bieten sogenannte „Sensitizing Drives", durch die eine Population so verändert wird, dass entstandene Resistenzen gegenüber Pestiziden und Herbiziden rückgängig gemacht werden und somit Pestizide und Herbizide wieder wirksam zur Schädlingsbekämpfung sowie Unkrautvernichtung eingesetzt werden können.[145] Alternativ könnten mittels Gene Drive-Systemen Empfindlichkeiten gegenüber vormals unschädlichen Molekülen künstlich geschaffen werden, sodass der Einsatz derartiger Moleküle ähnlich wie der Einsatz eines Pestizids oder Herbizids wirkt.[146]

Unter Federführung des California Cherry Board wird beispielsweise zum Einsatz von Gene Drive-Systemen geforscht, um die Population der Kirschessigfliege *„Drosophila suzukii"*, die jährlich für gravierende Ernteeinbußen sorgt, auszurotten.[147] Im Jahr 2018 wurde von Biologen der University of California erstmals ein funktionierender synthetisch hergestellter Medea-Drive zur Bekämpfung von Ernteausfällen durch die Kirschessigfliege entwickelt, mit dem die Kirschessigfliegenpopulationen (vorübergehend) erheblich dezimiert werden können.[148]

---

[141] Mit dem Begriff des Schädlings ist ein Organismus gemeint, der dem Menschen einen Schaden zufügt, Online-Kompaktlexikon der Biologie, Spektrum Akademischer Verlag, Stichwort Schädling, abrufbar unter: *https://www.spektrum.de/lexikon/biologie/schaedlinge/58905*, zuletzt aufgerufen am 31.01.2024. Im konkreten Fall bezeichnet der Begriff vor allem Organismen, die einen Schaden für die landwirtschaftliche Produktion hervorrufen, wenngleich nicht ausgeschlossen ist, dass derartige Organismen aus einer anderen Perspektive auch vorteilhafte Eigenschaften haben, indem sie beispielsweise als Nahrungsquelle dienen, *Hammer/Spök*, in: Genome Editing – Interdisziplinäre Technikfolgenabschätzung, 239–258 (S. 247); *Courtier-Orgogozo/Morizot/Boëte*, EMBO Reports 18 (6), 2017, 878 (S. 879).

[142] Der Begriff Unkraut bezeichnet Pflanzen, die aus Sicht des Menschen an unerwünschten Stellen, meist landwirtschaftlichen Kultur- und Nutzflächen, wachsen, Online-Kompaktlexikon der Biologie, Spektrum Akademischer Verlag, Stichwort Unkraut, abrufbar unter: *https:// www.spektrum.de/lexikon/biologie/unkraeuter/68576*, zuletzt aufgerufen am 31.01.2024.

[143] *Courtier-Orgogozo/Morizot/Boëte*, EMBO Reports 18 (6), 2017, 878 (S. 878); *Neve*, Pest Management Science 74 (12), 2018, 2671 (S. 2671); *Barrett* u. a., Proceedings of the Royal Society B 286, 2019, 1 (S. 2).

[144] *Courtier-Orgogozo/Morizot/Boëte*, EMBO Reports 18 (6), 2017, 878 (S. 879); *Neve*, Pest Management Science 74 (12), 2018, 2671 (S. 2674, 2677); *Barrett* u. a., Proceedings of the Royal Society B 286, 2019, 1 (S. 2).

[145] *Neve*, Pest Management Science 74 (12), 2018, 2671 (S. 2674, 2677); *Barrett* u. a., Proceedings of the Royal Society B 286, 2019, 1 (S. 2).

[146] *Champer/Buchmann/Akbari*, Nature Reviews Genetics 17, 2016, 146 (S. 147).

[147] *Hay/Akbari*, Spotted Wing Drosophila 2018 Final Report, 2018, S. 36.

[148] *Buchmann* u. a., PNAS 115 (18), 2018, 4725 (S. 4725ff.).

3. Schutz der Biodiversität

Der Einsatz der Gene Drive-Technik könnte einen Beitrag zum Artenschutz leisten, indem invasive Arten, die die Artenvielfalt insbesondere auf Inseln bedrohen, ausgerottet oder erheblich dezimiert werden und dadurch von Verdrängung bedrohte Flora und Fauna erhalten wird.[149] Beispielsweise könnten Gene Drives in Australien eingesetzt werden, um gegen sich massiv ausbreitende Hausratten-, Rohrkröten-, oder Kaninchenpopulationen vorzugehen.[150] Der Einsatz der Gene Drive-Technik könnte dabei eine Alternative zur Verwendung von giftigen Substanzen sein, die derzeit zur Populationskontrolle eingesetzt werden.[151] Darüber hinaus könnte die Gene Drive-Technik dazu dienen, wilde bedrohte Pflanzenarten zu schützen.[152]
Das Hauptaugenmerk bei der Bekämpfung invasiver Arten liegt darauf, mit Hilfe von Gene Drive-Systemen Populationen invasiver Arten erheblich zu dezimieren oder auszurotten.[153] Mittels Gene Drive könnte beispielsweise das Genom invasiver Nagetiere so verändert werden, dass ausschließlich männliche Nachkommen erzeugt werden; innerhalb eines gewissen Zeitraums würde dies zu einem Verschwinden der Population führen[154] Um wilde bedrohte Pflanzenarten zu schützen, könnten einzelne Pflanzen so verändert werden, dass sie besser an die Umweltbedingungen angepasst sind, indem sie beispielsweise resistent gegen die Pflanzenart bedrohende Parasiten sind oder besser mit veränderten klimatischen Bedingungen zurecht kommen.[155]
Gegenwärtig wird zum Beispiel ein Forschungsprojekt mit der Zielsetzung der Ausrottung invasiver Nagetiere im Rahmen des Genetic Biocontrol of Invasive Rodents Programms durchgeführt.[156] Neuseeland verfolgt das Ziel, bis 2050 alle schädlichen eingeschleppten Arten zu vernichten, Gene Drives werden hierbei als eine möglicherweise hilfreiche Technologie angesehen.[157] Im Oktober 2022 wurde ein funktionierender Gene Drive-Mechanismus, ein meiotischer Drive mit der Bezeichnung t_{CRISPR}, für die Populationskontrolle von Mäusen entwickelt.[158]

[149] *Leithschuh* u. a., Journal of Responsible Innovation 5 (1), 2017, 121 (S. 122); *Hammer/Spök*, in: Genome Editing – Interdisziplinäre Technikfolgenabschätzung, 239–258 (S. 247). Insbesondere Ratten und Mäuse stellen eine Bedrohung für Inselökosysteme dar, *Campbell* u. a., Biological Conversation 185, 2015, 47 (S. 48).
[150] *Hoffmann* u. a., Synthetic Gene Drives in Australia: Implications of Emerging Technologies, 2017, S. 5.
[151] *Leithschuh* u. a., Journal of Responsible Innovation 5 (1), 2017, 121 (S. 134).
[152] *Barrett* u. a., Proceedings of the Royal Society B 286, 2019, 1 (S. 2).
[153] *Esvelt* u. a., eLife, 2014, 1 (S. 15).
[154] *Steinbrecher/Wells*, in: Gene Drives – A report on their science, applications, social aspects, ethics and regulations, 21–68 (S. 21).
[155] *Barrett* u. a., Proceedings of the Royal Society B 286, 2019, 1 (S. 2).
[156] Siehe: *https://www.geneticbiocontrol.org*, zuletzt aufgerufen am 31.01.2024.
[157] *Giese*, Blätter für deutsche und internationale Politik 7, 2018, 103 (S. 105).
[158] *Gierus* u. a., PNAS 119 (46), 2022, 1 (S. 1).

4. Militärische Nutzung und missbräuchliche Anwendung

Zuletzt erscheint theoretisch auch eine Nutzung von Gene Drive-Systemen zu militärischen Zwecken oder der Missbrauch der Gene Drive-Technik denkbar, da mit Hilfe der Gene Drive-Technik grundsätzlich beliebige genetische Veränderungen in eine Population eingebracht werden können.[159]

Sowohl die Verbreitung von Krankheitserregern durch mittels Gene Drive veränderte Insekten als auch die absichtliche Ausrottung einer Population oder erhebliche Verringerung der Populationsgröße einer für den Erhalt eines bestimmten Ökosystems erforderlichen Art sind geeignet, erheblichen Schaden anzurichten. Die Verfasser der Stellungnahme unter Federführung der National Academies of Sciences, Engineering and Medicine gehen aber davon aus, dass von einem technischen Standpunkt aus betrachtet die Nutzung von Gene Drives in Mücken zu schädlichen Zwecken mit erheblichen Schwierigkeiten behaftet ist und daher das Feld der Gene Drive-Technik eher unattraktiv erscheint, um Schaden anzurichten.[160]

Unter anderem die für die Durchführung von Forschungsprojekten zuständige Behörde des Verteidigungsministeriums der Vereinigten Staaten (DARPA) forscht im Rahmen des „Safe Genes"-Projekts an Methoden zur Eindämmung und Kontrolle von mittels Genom-Editierung hervorgerufenen Auswirkungen an biologischen Systemen und explizit auch an Gene Drive-Organismen.[161]

III. Naturwissenschaftlicher Forschungsstand

Bislang wurden Gene Drives bei einigen Arten, darunter Hefen[162], Fruchtfliegen[163], Mücken der Art *Anopheles gambiae*[164], *Anopheles stephensi*[165] und *Aedes aegypti*[166] und kleinen Säu-

[159] *Oye* u. a., Science 345 (6197), 2014, 626 (S. 627f.); *Steinbrecher* u. a., in: Gene Drives – A report on their science, applications, social aspects, ethics and regulations, 69–158 (S. 124); *National Academy of Science Engineering and Medicine*, Gene Drives on the Horizon: Advancing Science, Navigating Uncertainty and Aligning Research with Public Values, 2016, S. 149f.

[160] *National Academy of Science Engineering and Medicine*, Gene Drives on the Horizon: Advancing Science, Navigating Uncertainty and Aligning Research with Public Values, 2016, S. 150. Die im Jahr 2016 veröffentlichte Stellungnahme wurde allerdings in den Medien dahingehend kritisiert, dass der Möglichkeit der militärischen Nutzung oder des Missbrauchs der Technik nicht genügend Raum eingeräumt werde, *Thomas*, The National Academies' Gene Drive study has ignored important and obvious issues, The Guardian, 09.06.2016, abrufbar unter: *https://www.theguardian.com/science/political-science/2016/jun/09/the-national-academies-gene-drive-study-has-ignored-important-and-obvious-issues*, zuletzt aufgerufen am 31.01.2024.

[161] Siehe: *https://www.darpa.mil/program/safe-genes*, zuletzt aufgerufen am 31.01.2024.

[162] *DiCarlo* u. a., Nature Biotechnology 33 (12), 2015, 1250 (S. 1250); *Shapiro* u. a., Nature Microbiology 3 (1), 2018, 73 (S. 73).

[163] *Gantz/Bier*, Science 348 (6233), 2015, 442 (S. 442).

[164] *Hammond* u. a., Nature Biotechnology 34 (1), 2016, 78 (S. 78); *Kyrou* u. a., Nature Biotechnology 36 (11), 2018, 1062 (S. 1062).

[165] *Gantz* u. a., Proceedings of the National Academy of Sciences 112 (49), 2015, 1 (S. 6).

[166] *Anderson* u. a., Nature Communications 14 (1), 2023, 1 (S. 1ff.).

getieren wie Mäusen[167], mit Erfolg entwickelt. Im Jahr 2019 wurde ein Gene Drive-System im Bakterium *Escherichia coli* entwickelt, um Antibiotikaresistenzen zu überwinden.[168] Aufgrund des dynamischen und sich schnell entwickelnden Forschungsfeldes ist die Entwicklung weiterer Gene Drive-Systeme in verschiedenen anderen Tierarten innerhalb der nächsten Jahre nicht ausgeschlossen; derzeitiger Schwerpunkt der naturwissenschaftlichen Forschung ist die Entwicklung von Gene Drive-Systemen zur Beeinflussung von Insekten-, insbesondere Mückenpopulationen.[169]

Im Gegensatz dazu befindet sich die Forschung zu Gene Drives in Pflanzen noch am Anfang: bislang wurde kein in Pflanzenpopulationen funktionierender Gene Drive entwickelt.[170] Da allerdings auch in Pflanzen natürlich vorkommende Gene Drives existieren, ist nicht ausgeschlossen, dass sich auch für manche Pflanzenarten synthetische Gene Drives entwickeln lassen.[171]

Die bisherige naturwissenschaftliche Forschung beschränkt sich auf Laborversuche, weder Feldkäfigstudien, noch eine Einbringung von mittels Gene Drive veränderten Organismen in die Natur sind bislang erfolgt.[172] Einigkeit besteht dahingehend, dass die Entwicklung funktionsfähiger Gene Drive-Organismen zur praktischen Anwendung in freier Wildbahn noch einige Zeit in Anspruch nehmen wird.[173] Die größten Herausforderungen bestehen aus naturwissenschaftlicher Sicht auf der einen Seite darin, die Bildung von Resistenzen zu verhindern, die der Ausbreitung der genetischen Veränderung innerhalb einer gesamten Population entgegenstehen können.[174] Auf der anderen Seite ist Schwerpunkt der Forschung, inwieweit sich ein einmal freigesetzter Gene Drive kontrollieren und begrenzen lässt.

1. Bestehende Hindernisse

Wenngleich insbesondere CRISPR-Cas9-basierte Gene Drives relativ einfach umzusetzen sind, steht die praktische Anwendung eines funktionsfähigen Gene Drives in freier Natur nach wie

[167] *Grunwald* u. a., Nature 566 (7742), 2019, 105 (S. 105); *Gierus* u. a., PNAS 119 (46), 2022, 1 (S. 1).

[168] *Valderrama* u. a., Nature Communications 10 (1), 2019, 1 (S. 1).

[169] *EFSA GMO Panel*, Adequacy and sufficiency evaluation on existing EFSA guidelines for the molecular characterisation, environmental risk assessment and post-market environmental monitoring of genetically modified insects containing engineered gene drives, 2020, S. 3.

[170] *Barrett* u. a., Proceedings of the Royal Society B 286, 2019, 1 (S. 4).

[171] *Barrett* u. a., Proceedings of the Royal Society B 286, 2019, 1 (S. 6).

[172] *Rabitz*, RECIEL 28 (3), 2018, 339 (S. 341); *EFSA GMO Panel*, Adequacy and sufficiency evaluation on existing EFSA guidelines for the molecular characterisation, environmental risk assessment and post-market environmental monitoring of genetically modified insects containing engineered gene drives, 2020, S. 3; *Vergara/Labbé/Tannous*, BioDesignResearch 22, 2022, 1 (S. 1); *Garrood* u. a., Frontiers in Genetics 13, 2022, 1 (S. 12).

[173] *EFSA GMO Panel*, Adequacy and sufficiency evaluation on existing EFSA guidelines for the molecular characterisation, environmental risk assessment and post-market environmental monitoring of genetically modified insects containing engineered gene drives, 2020, S. 3.

[174] *Callaway*, Nature 542 (7639), 2017, 15 (S. 15); *Vergara/Labbé/Tannous*, BioDesignResearch 22, 2022, 1 (S. 15).

vor wissenschaftlich-technischen Herausforderungen.[175]

Die Ausbreitung des Gene Drive innerhalb einer Population könnte zum einen dadurch behindert werden, dass durch geringfügige natürlicherweise vorkommende oder durch das CRISPR-Cas9-System selbst hervorgerufene Mutationen der Zielsequenz die Endonuklease Cas9 das Zielelement nicht mehr erkennt und folglich kein Doppelstrangbruch hervorgerufen wird. Der Organismus wird in diesem Fall gegen den Gene Drive resistent.[176] Entsprechende Resistenzbildungen als Ergebnis von Mutationen an den Zielsequenzen, die eine weitere Verbreitung des Gene Drives verhindern, wurden auch bei anderen Gene Drive-Systemen, beispielsweise Medea- oder Underdominance-Systemen, beobachtet.[177] Darüber hinaus herrscht unter Organismen natürlicherweise eine gewisse genetische Variabilität. Organismen, deren Genom sich an der Zielsequenz unterscheidet, wären von vornherein resistent gegen den Gene Drive, da auch in diesem Fall die Endonuklease Cas9 das Zielelement nicht erkennt.[178]

Wissenschaftler arbeiten bereits daran, derartige Resistenzbildungen zu verhindern oder zumindest zu verlangsamen, wobei der Fokus auf der Reduzierung von Resistenzen bei mittels CRISPR-Cas9 funktionierenden Gene Drives liegt.[179] Durch Gene Drive-Systeme, bei denen zugleich eine Vielzahl von Genen oder mehrere Stellen innerhalb eines Gens verändert werden, könnte die Geschwindigkeit verlangsamt werden, mit der sich eine Resistenz entwickelt.[180] Eine genaue Untersuchung der genetischen Diversität einer Art könnte es ferner ermöglichen, als Zielsequenz solche DNA-Abschnitte auszuwählen, die bei allen Individuen einer Art identisch sind.[181]

Der Entwicklung funktionierender Gene Drives in Pflanzenarten stehen aktuell diverse Hindernisse entgegen.[182] Unklar ist insbesondere, inwieweit Endonuklease-basierte Gene Drives in Pflanzen überhaupt funktionsfähig sind, da anders als bei Säugetieren und Insekten die Reparatur eines Doppelstrangbruchs in der Regel im Wege der nicht-homologen Endverknüpfung erfolgt.[183]

---

175 *Liebert/Wölcher*, in: „Grand Challenges" meistern – Der Beitrag der Technikfolgenabschätzung, 171–182 (S. 173).

176 *Callaway*, Nature 542 (7639), 2017, 15 (S. 15); *Steinbrecher/Wells*, in: Gene Drives – A report on their science, applications, social aspects, ethics and regulations, 21–68 (S. 31).

177 *Vergara/Labbé/Tannous*, BioDesignResearch 22, 2022, 1 (S. 5).

178 *Callaway*, Nature 542 (7639), 2017, 15 (S. 15).

179 *Vergara/Labbé/Tannous*, BioDesignResearch 22, 2022, 1 (S. 5).

180 *Callaway*, Nature 542 (7639), 2017, 15 (S. 15).

181 *Callaway*, Nature 542 (7639), 2017, 15 (S. 15).

182 *Barrett* u. a., Proceedings of the Royal Society B 286, 2019, 1 (S. 6); *Vergara/Labbé/Tannous*, BioDesignResearch 22, 2022, 1 (S. 11).

183 *Vergara/Labbé/Tannous*, BioDesignResearch 22, 2022, 1 (S. 11).

2. Entwicklung von Sicherungsmechanismen

Angesichts der Tatsache, dass sich ein funktionierender Gene Drive innerhalb einer gesamten Wildpopulation ausbreitet, sind insbesondere, aber nicht ausschließlich in Zusammenhang mit auf der CRISPR-Cas9-Methode basierenden Gene Drives, Sicherungs- und Kontrollmechanismen erforderlich.[184] Verhindert werden soll, dass im Falle eines versehentlichen Entkommens von mittels Gene-Drive veränderten Organismen oder in Zusammenhang mit absichtlichen Freisetzungen in die Umwelt Ökosysteme erheblich nachteilig verändert werden. Besonders problematisch, da mit einem tiefgreifenden Eingriff in die Umwelt verbunden, erscheinen Gene Drives, die zur Ausrottung einer Population entwickelt werden.[185]

In Bezug auf die Sicherungsmaßnahmen ist zwischen ökologischen, physikalischen und molekularen Ansätzen zu unterscheiden.[186]

Vorgeschlagen wird einerseits, experimentelle Freisetzungsversuche mit Gene-Drive-Organismen zunächst außerhalb des natürlichen Lebensraums der Zielorganismen bzw. an Orten durchzuführen, an denen keine wildlebenden Organismen derselben Art vorkommen.[187] Insbesondere isoliert gelegene Inseln werden als für Freisetzungsversuche prädestinierte Orte angesehen.[188] Befürwortet wurde beispielsweise, erste Freisetzungsversuche mit der Bekämpfung von Malaria dienenden Gene Drive-Systemen bei Mücken der Art *Anopheles gambiae* auf den 60 km vom Festland Ugandas entfernt gelegenen Ssese Inseln durchzuführen.[189] Denkbar erscheint auch, erste Freisetzungsversuche mit Versuchsorganismen durchzuführen, die sich nicht mit Organismen des Wildtyps paaren können.[190] Allerdings bestehen Zweifel, inwieweit sich durch Freisetzungsversuche mit derartigen Sicherheitsmaßnahmen das tatsächliche Verhalten der Gene Drive-Systeme in der angedachten Umgebung vorhersagen lässt.[191]

---

[184] *Oye* u. a., Science 345 (6197), 2014, 626 (S. 626); *Esvelt* u. a., eLife, 2014, 1 (S. 10); *Steinbrecher/Wells*, in: Gene Drives – A report on their science, applications, social aspects, ethics and regulations, 21–68 (S. 54).

[185] *Sudweeks* u. a., Scientific Reports 9 (1), 2019, 1 (S. 2).

[186] *Hayes* u. a., Journal of Responsible Innovation 5 (1), 2018, 139 (S. 142); *Vergara/Labbé/Tannous*, BioDesignResearch 22, 2022, 1 (S. 6) Einen Überblick über die im Folgenden diskutierten Eindämmungsmöglichkeiten bietet der von der EKAH herausgegebene Kurzbericht zu Gene Drives: *Eckardt*, Gene Drives – Kurzbericht, 2018, S. 28ff.

[187] *Akbari* u. a., Science 349 (6251), 2015, 927 (S. 928); *Hayes* u. a., Journal of Responsible Innovation 5 (1), 2018, 139 (S. 142); *Vergara/Labbé/Tannous*, BioDesignResearch 22, 2022, 1 (S. 6).

[188] *Champer/Buchmann/Akbari*, Nature Reviews Genetics 17, 2016, 146 (S. 157); *Hayes* u. a., Journal of Responsible Innovation 5 (1), 2018, 139 (S. 142).

[189] *Lukindu* u. a., Parasites & Vectors 11 (246) 2018, 1 (S. 10). Wenngleich Inseln als Orte angesehen werden, die für erste Versuche mit Gene Drive-Organismen besonders geeignet erscheinen, wird betont, dass weder im Falle von innerhalb eines Sees, noch bei im Meer gelegenen Inseln sichergestellt werden kann, dass das Gene Drive-System sich nicht auch jenseits der Insel verbreitet, *James* u. a., American Journal of Tropical Medicine and Hygiene 98 (6) 2018, 1 (S. 27f.).

[190] *Hayes* u. a., Journal of Responsible Innovation 5 (1), 2018, 139 (S. 142); *Vergara/Labbé/Tannous*, BioDesignResearch 22, 2022, 1 (S. 6).

[191] *EFSA GMO Panel*, Adequacy and sufficiency evaluation on existing EFSA guidelines for the molecular characterisation, environmental risk assessment and post-market environmental monitoring of genetically modified insects containing engineered gene drives, 2020, S. 26.

Des Weiteren kommt die Durchführung von Feldkäfigexperimenten oder Gene-Drive-Experimenten unter Nutzung alternativer physikalischer Schranken in Betracht.[192]
Die Mehrzahl der Vorschläge zu molekularen Eindämmungsstrategien befindet sich nach wie vor auf einem theoretischen Level, in den meisten Fällen handelt es sich um Ideen, deren praktische Umsetzbarkeit im Labor bisher nicht bestätigt wurde.[193] Über einen sogenannten „Reversal Drive", der im Anschluss an einen bereits in einer Population präsenten Gene Drive in die Umwelt eingebracht wird, könnten Auswirkungen des Gene Drive verringert werden, indem mittels eines weiteren Gene Drive die ursprüngliche DNA-Sequenz wiederhergestellt wird.[194] Mittels eines sogenannten „Immunizing Drive" könnte die Zielsequenz eines bereits präsenten Gene Drive so verändert werden, dass diese von der sgRNA nicht mehr erkannt und eine weitere Ausbreitung des bereits präsenten Gene Drive verhindert wird.[195] Eine gewisse Begrenzung eines freigesetzten des Gene Drive-Systems ließe sich auch erreichen, indem bei einem als „Precision Drive" bekannten Gene Drive-Konstrukt als Zielsequenz ein DNA-Abschnitt ausgewählt wird, der nur bei einer bestimmten Population oder sogar nur einer Subpopulation vorhanden ist.[196] Alternativ könnte zunächst eine spezielle DNA-Sequenz künstlich in eine Population eingebracht werden, die später als Zielsequenz des Gene Drive fungiert.[197] Im Falle des „Daisy-Chain Drive" beruht die Wirkweise auf einer Wirkungskette im Genom[198]: es wird beispielsweise eine Sequenz C, die normalen Vererbungsregeln folgt, benötigt, um einen Gene Drive B in Gang zu setzen, der wiederum Gene Drive A auslöst. Da Sequenz C nicht bevorzugt vererbt wird und davon auszugehen ist, dass diese nachteilige Folgen für die Fitness des Organismus nach sich zieht, verschwindet Sequenz C im Laufe der Zeit aus der Population. In der Folge kann auch Gene Drive B und damit auch Gene Drive A nicht mehr in Gang gesetzt werden. „Unstable Drives", beispielsweise solche, die zu Sterilität von weiblichen Organismen führen, wären evolutionär instabil und damit selbstlimitierend, da solche Organismen, die fruchtbar sind, einen Evolutionsvorteil haben und sich gegenüber den mittels Gene Drive veränderten Organismen durchsetzen würden.[199] Auch ist denkbar, Gene Drive-Systeme als „Interacting Drives" so zu konstruieren, dass eine Verbreitung des Gene Drives nur bei Zusammentreffen zweier Drive-Konstrukte möglich ist.[200] Zuletzt könnte auch die Entstehung von Resistenzen dazu genutzt werden, die Ausbreitung des Gene Drive zu kontrollieren.[201]

---

[192] *Vergara/Labbé/Tannous*, BioDesignResearch 22, 2022, 1 (S. 6).
[193] *Steinbrecher/Wells*, in: Gene Drives – A report on their science, applications, social aspects, ethics and regulations, 21–68 (S. 56f.); *Giese*, in: „Grand Challenges" meistern – Der Beitrag der Technikfolgenabschätzung, 159–170 (S. 163); *Devos* u. a., Biotechnology Advances 54, 2022, 1 (S. 6 m.w.N.).
[194] *Esvelt* u. a., eLife, 2014, 1 (S. 10).
[195] *Esvelt* u. a., eLife, 2014, 1 (S. 10).
[196] *Esvelt* u. a., eLife, 2014, 1 (S. 11); *Sudweeks* u. a., Scientific Reports 9 (1), 2019, 1 (S. 2).
[197] *Esvelt* u. a., eLife, 2014, 1 (S. 11).
[198] Siehe: *www.sculptingevolution.org*, zuletzt aufgerufen am 31.01.2024.
[199] *Esvelt* u. a., eLife, 2014, 1 (S. 13).
[200] *Esvelt* u. a., eLife, 2014, 1 (S. 12).
[201] *Eckardt*, Gene Drives – Kurzbericht, 2018, S. 31; *Price* u. a., Journal of Evolutionary Biology 33 (10), 2020,

Letztlich ist jedoch selbst wenn sich eine durch ein Gene Drive-System verursachte genetische Veränderung rückgängig machen ließe, nicht anzunehmen, dass damit zugleich die Umwelt in einen *status quo ante* versetzt wäre.[202]
Zwar ist davon auszugehen, dass funktionierende Methoden zur geographischen und/oder zeitlichen Eindämmung zumindest in Bezug auf manche Gene Drive-Konstrukte in naher Zukunft entwickelt werden können. Allerdings wird eine Verbreitung über den gewünschten zeitlichen und räumlichen Radius hinaus nicht absolut sicher ausgeschlossen werden können.[203]

IV. Besonderheiten des Einsatzes der Gene Drive-Technik gegenüber herkömmlichen gentechnisch veränderten Organismen

Aufgrund der vorangegangenen Ausführungen drängt sich die Frage auf, ob und inwieweit sich Gene Drive-Organismen grundsätzlich von herkömmlichen – mittels klassischer Gentechnik oder Genom-Editierung – gentechnisch veränderten Organismen[204] unterscheiden, ob es sich also bei Gene Drive-Organismen um grundsätzlich von herkömmlichen gentechnisch veränderten Organismen zu unterscheidende Konstrukte handelt oder lediglich graduelle Unterschiede bestehen.
Zum Teil wird darauf verwiesen, dass sich mittels Gene Drive gentechnisch veränderte Organismen in Bezug auf ihre Eingriffstiefe von herkömmlichen GVO unterscheiden, da der Grad der Invasivität bei Gene Drive-Organismen aufgrund der Tatsache, dass sich die genetische Veränderung sowohl in zeitlicher als auch in räumlicher Hinsicht enorm ausbreiten kann, erheblich höher ist.[205] Insbesondere aus der Sicht gentechnikkritischer NGOs oder Vereinigungen ist mit der Entwicklung von Gene Drive-Organismen eine neue Stufe gentechnischer Veränderung erreicht, deren Auswirkungen diejenigen herkömmlicher gentechnisch veränderter Organismen erheblich übersteigen.[206]
Demgegenüber wird seitens der mit der Forschung an Gene Drive-Konstrukten befassten Naturwissenschaftler betont, dass sich aufgrund der Vielfalt und unterschiedlichen Charakterisika

1345 (S. 1355).

[202] *Steinbrecher/Wells*, in: Gene Drives – A report on their science, applications, social aspects, ethics and regulations, 21–68 (S. 54).

[203] Auch das Bundesministerium für Umwelt, Naturschutz und nukleare Sicherheit ist der Auffassung, dass bislang keiner der von Forschern verfolgten Ansätze zur Beschränkung, Beendigung oder Rückholung von Gene Drives mit hinreichender Sicherheit auch in natürlicher Umgebung funktioniert, siehe: *https://www.bmuv.de/presse/fragen-und-antworten-faq?tx_bmubfaq_faq%5Bfilter-%5D%5Bclusters%5D=196&cHash=a8b3d119342b6802c9e79a2d0c865889*, zuletzt aufgerufen am 31.01.2024.

[204] Im Folgenden werden die Begriffe gentechnisch veränderter Organismus (GVO) und gentechnisch modifizierter Organismus (GMO) synonym verwendet.

[205] *Hammer/Spök*, in: Genome Editing – Interdisziplinäre Technikfolgenabschätzung, 239–258 (S. 248); *Giese*, in: „Grand Challenges“ meistern – Der Beitrag der Technikfolgenabschätzung, 159–170 (S. 160).

[206] Siehe hierzu beispielsweise die Kampagne „Stop Gene Drives“ der Organisation „Save Our Seeds“: *https://www.stop-genedrives.eu*, zuletzt aufgerufen am 31.01.2024.

denkbarer Gene Drive-Systeme kaum für alle Gene Drive-Organismen gleichermaßen geltende Aussagen treffen lassen; insbesondere sei nicht von einer generell höheren Invasivität von Gene Drive-Organismen auszugehen.

Wenngleich es sich bei der Gene Drive-Technik um eine Vielzahl von Methoden handelt und sich Funktionsweise und Auswirkungen eines Gene Drive je nach Konstruktion des Gene Drive-Mechanismus im Einzelfall unterscheiden, lassen sich dennoch einige bei einem Einsatz von Gene Drive-Organismen grundsätzlich bestehenden Unterschiede zu mittels klassischer Gentechnik oder Genom-Editierung gentechnisch veränderter Organismen festhalten.[207]

1. Beschleunigte Vererbung der genetischen Veränderung

Während im Rahmen der klassischen Gentechnik und bei herkömmlichen mittels Genom-Editierung gentechnisch veränderten Organismen eine genetische Veränderung hervorgerufen wird, die nach den Mendel'schen Vererbungsregeln vererbt wird und sich damit relativ langsam auf nachfolgende Generationen ausbreitet, ist der Gene Drive-Technik immanent, dass die hervorgerufene genetische Veränderung zugleich beschleunigt vererbt wird und sich innerhalb relativ kurzer Zeit innerhalb einer ganzen Population ausbreitet, selbst wenn damit ein Fitnessnachteil einhergeht.[208]

2. Gezielte Beeinflussung von Wildpopulationen

War die Ausbreitung von Transgenen in Wildtyp-Populationen bisher nur eine unbeabsichtigte Folge der umweltoffenen Anwendung von gentechnisch veränderten Organismen[209], soll die Gene Drive-Technik langfristig nicht lediglich in Laboren Anwendung finden, sondern dazu genutzt werden, Wildpopulationen mittels eines sich selbst-replizierenden Systems gezielt zu beeinflussen und damit Naturprozesse tiefgreifend zu verändern.[210]

3. Divergenz zwischen Forschungsbedingungen im Labor und Verhalten in freier Wildbahn

Anders als bei herkömmlichen gentechnisch veränderten Organismen unterscheiden sich im Fall von Gene Drive-Organismen die Forschungsbedingungen im Labor erheblich von den Bedingungen in freier Wildbahn, da bei der Einbringung von mittels Gene Drive gentechnisch veränderten Organismen in Wildpopulationen Einfluss auf komplexe Ökosysteme genommen

[207] *Then*, in: Gene Drives – Potenziale, Risiken, Besorgnisgründe, 134–145 (S. 19).
[208] Siehe hierzu die Ausführungen in Teil 2, Kapitel 1, I, 3.
[209] *Giese*, in: „Grand Challenges“ meistern – Der Beitrag der Technikfolgenabschätzung, 159–170 (S. 160).
[210] *Aebi/Schoenenberger*, Gene Drives – Ethische Überlegungen zum Einsatz von Gene Drives in der Umwelt, 2019, S. 7; *Dolezel* u. a., Gene Drive Organisms – Implications for the Environment and Nature Conservation, 2019, S. 15.

wird, die sich im Labor nur bedingt abbilden lassen. So ist beispielsweise das Genom der Laborpopulationen weitgehend einheitlich, während bei Wildpopulationen genetische Variabilität vorherrscht.[211] Faktoren, die die Wirkweise von Gene Drive-Systemen in freier Wildbahn daneben beeinflussen können, sind Saisonalität, der Wettbewerb innerhalb einer Art, die Heterogenität der Ökosysteme sowie die unter Umständen wechselnde Ausbreitung von Individuen auf bestimmte Lebensräume.[212] Das Verhalten von in die Umwelt eingebrachten Gene Drive-Systemen kann sich mithin stark von den Vorhersagen unterscheiden, die auf Laborexperimenten und Modellversuchen beruhen.[213] Um das Verhalten der Gene Drive-Organismen bei einer Anwendung in freier Wildbahn zu erforschen, sind Laborversuche deshalb nur bedingt geeignet; für eine genaue Analyse der Folgen einer Anwendung von Gene Drive-Organismen wäre bereits die unter Umständen nicht rückgängig zu machende Einbringung der Organismen in die Umwelt erforderlich.

4. Einbringung eines sich selbst replizierenden Systems in die Umwelt

Zuletzt zeichnen sich alle Gene Drive-Systeme dadurch aus, dass nicht wie bei mittels klassischer Gentechnik oder Genom-Editierung gentechnisch veränderter Organismen ein Organismus auf eine bestimmte Art und Weise gentechnisch verändert und anschließend das fertige Produkt in die Umwelt eingebracht wird. Vielmehr wird im Falle eines Gene Drive-Konstrukts gerade der Mechanismus selbst und damit ein sich selbst-replizierendes und selbsttätiges System in die Umwelt eingebracht.[214]

---

[211] *Hoffmann* u. a., Synthetic Gene Drives in Australia: Implications of Emerging Technologies, 2017, S. 6.

[212] *EFSA GMO Panel*, Adequacy and sufficiency evaluation on existing EFSA guidelines for the molecular characterisation, environmental risk assessment and post-market environmental monitoring of genetically modified insects containing engineered gene drives, 2020, S. 26ff.

[213] *Steinbrecher/Wells*, in: Gene Drives – A report on their science, applications, social aspects, ethics and regulations, 21–68 (S. 59); *Hoffmann* u. a., Synthetic Gene Drives in Australia: Implications of Emerging Technologies, 2017, S. 6; *EFSA GMO Panel*, Adequacy and sufficiency evaluation on existing EFSA guidelines for the molecular characterisation, environmental risk assessment and post-market environmental monitoring of genetically modified insects containing engineered gene drives, 2020, S. 26.

[214] *EASAC*, Genome editing: Scientific opportunities, public interest and policy options in the European Union, März 2017, S. 17; *EFSA GMO Panel*, Adequacy and sufficiency evaluation on existing EFSA guidelines for the molecular characterisation, environmental risk assessment and post-market environmental monitoring of genetically modified insects containing engineered gene drives, 2020, S. 37.

Kapitel 2: Ungewissheiten in Zusammenhang mit der Freisetzung von Gene Drive-Organismen

Derzeit ist mangels ausreichender belastbarer naturwissenschaftlicher Forschungsergebnisse noch kaum vorhersehbar, wie sich einmal freigesetzte Gene Drive-Organismen tatsächlich verhalten und ob und wenn ja welche (langfristigen) Auswirkungen eine Freisetzung mit sich bringt, da im Fall einer Freisetzung komplexe molekulare Systeme in komplexe Ökosysteme eingebracht werden.[215]

Das Potential von mittels Gene Drive veränderten Organismen, sich in räumlich-zeitlicher Hinsicht erheblich auszubreiten, führt dazu, dass es verglichen mit herkömmlichen gentechnisch veränderten Organismen erheblich schwieriger ist, mögliche Konsequenzen einer Freisetzung im Vorhinein abzuschätzen.[216]

I. Der Begriff der Freisetzung

Der Begriff der Freisetzung bezeichnet die Einbringung von Lebewesen in die Umwelt, unabhängig davon, ob diese absichtlich oder unabsichtlich erfolgt.[217]

Typischerweise finden zunächst Laborversuche statt; von einer absichtlichen Freisetzung wird im Anschluss daran gesprochen, wenn der Organismus in das Freiland verbracht wird und keine physikalischen Schranken zwischen dem Organismus und der Umwelt mehr bestehen.[218] Dabei kann die absichtliche Einbringung in die Umwelt sowohl zu Forschungs- bzw. Versuchszwecken als auch zu industriellen und kommerziellen Zwecken erfolgen.[219] Während im Fall der Freisetzung zu kommerziellen Zwecken gentechnisch veränderte Organismen in die Umwelt eingebracht werden, die bereits in geschlossenen Systemen analysiert und charakterisiert worden sind, werden bei einer absichtlichen Einbringung in die Umwelt zu Forschungs- oder Versuchszwecken meist nur wenige Organismen in die Umwelt entlassen, um deren Verhalten

[215] *Esvelt* u. a., eLife, 2014, 1 (S. 17); *National Academy of Science Engineering and Medicine*, Gene Drives on the Horizon: Advancing Science, Navigating Uncertainty and Aligning Research with Public Values, 2016, S. 31.

[216] *Frieß/Giese/von Gleich*, in: Gene Drives – Potenziale, Risiken, Besorgnisgründe, 12–22 (S. 19).

[217] *Enquete-Kommission*, Chancen und Risiken der Gentechnologie, BT-Drs. 10/6775, 06.01.1987, S. 214.

[218] Beispielsweise ist im Rahmen der Freisetzungsrichtlinie der EU die absichtliche Freisetzung in diesem Sinne legaldefiniert als „jede Art von absichtlichem Ausbringen eines GVO oder einer Kombination von GVO in die Umwelt, bei dem keine spezifischen Einschließungsmaßnahmen angewandt werden, um ihren Kontakt mit der Bevölkerung und der Umwelt zu begrenzen und ein hohes Sicherheitsniveau für die Bevölkerung und die Umwelt zu erreichen", Richtlinie 2001/18/EG des Europäischen Parlaments und des Rates vom 12. März 2001 über die absichtliche Freisetzung genetisch veränderter Organismen in die Umwelt und zur Aufhebung der Richtlinie 90/220/EWG des Rates, ABlEG Nr. L 106 vom 17.04.2001, S. 0001-0039, Art. 2 Ziff. 3. Siehe ferner: *Pohl*, S. 27.

[219] Siehe hierzu die Erläuterungen der EU-Kommission: *EU-Kommission*, Fragen und Antworten zu den GVO-Bestimmungen in der Europäischen Union, MEMO/07/117, 26. März 2007, S. 3. Siehe hierzu auch: *Dederer*, S. 15.

© Der/die Autor(en), exklusiv lizenziert an
Springer Fachmedien Wiesbaden GmbH, ein Teil von Springer Nature 2026
I. Albrecht, *Das Vorsorgeprinzip in Zusammenhang mit der absichtlichen Freisetzung von mittels Gene Drive gentechnisch veränderten Organismen*,
https://doi.org/10.1007/978-3-658-50876-0_4

und Einfluss auf die Umwelt genauer zu analysieren.[220]
Demgegenüber gelangen im Falle einer unabsichtlichen Freisetzung gentechnisch veränderte Organismen infolge eines Entweichens aus Laboratorien oder Produktionsstätten versehentlich in die Umwelt.[221]

II. Wissenschaftliche Ungewissheiten in Zusammenhang mit der Freisetzung von Gene Drive-Organismen

Diverse Stellungnahmen von Behörden, Organisationen und Expertenkomitees weisen auf bestehende Ungewissheiten in Zusammenhang mit der Freisetzung von Gene Drive-Organismen hin, wobei Einigkeit dahingehend besteht, das sogenannte Off-Target-Effekte, also unbeabsichtigte Folgen des Gene Drive an dem veränderten Organismus selbst, sowie Non-Target-Effekte, worunter unbeabsichtigte Folgen an anderen Organismen oder der Umwelt zu verstehen sind, auftreten können.[222]
Die drängendsten mit der Freisetzung von Gene Drive-Organismen verbundenen Ungewissheiten werden im Folgenden kurz beleuchtet.

1. Off-target-Effekte: Wirkungen des Gene Drive an anderer Stelle im Genom des Zielorganismus

Insbesondere, jedoch nicht nur bei CRISPR-Cas9 basierten Gene Drive-Systemen, besteht die Gefahr von Wirkungen des Gene Drive an anderer Stelle im Genom des Zielorganismus.[223]
Vor allem, wenn der DNA-Abschnitt der sgRNA eine große Ähnlichkeit zu einem anderen, nicht als Zielsequenz vorgesehenen DNA-Abschnitt aufweist, ist möglich, dass der Doppelstrangbruch an einer unvorhergesehen Stelle hervorgerufen wird.[224] Eine derartige Ähnlichkeit mit der Folge, dass der Gene Drive an anderer Stelle im Genom des Zielorganismus integriert, kann zum einen durch Mutationen der sgRNA entstehen.[225] Nicht ausgeschlossen ist, dass auch ohne vorherige Mutation ein DNA-Schnitt an anderer Stelle als der Zielsequenz erfolgt, da für das Hervorrufen eines DNA-Schnitts ausreichend ist, dass zwischen der sgRNA und der DNA

[220] *Dederer*, S. 15 m.w.N.

[221] *Enquete-Kommission*, Chancen und Risiken der Gentechnologie, BT-Drs. 10/6775, 06.01.1987, S. 214.

[222] *National Academy of Science Engineering and Medicine*, Gene Drives on the Horizon: Advancing Science, Navigating Uncertainty and Aligning Research with Public Values, 2016, S. 31ff. *Aebi/Schoenenberger*, Gene transfers into the environment, Juli 2016, S. 68ff. *EASAC*, Genome editing: Scientific opportunities, public interest and policy options in the European Union, März 2017, S. 17ff. *Eckardt*, Gene Drives – Kurzbericht, 2018, S. 23; *Aebi/Schoenenberger*, Gene Drives – Ethische Überlegungen zum Einsatz von Gene Drives in der Umwelt, 2019, S. 7.

[223] *Champer/Buchmann/Akbari*, Nature Reviews Genetics 17, 2016, 146 (S. 156).

[224] *Steinbrecher/Wells*, in: Gene Drives – A report on their science, applications, social aspects, ethics and regulations, 21–68 (S. 28).

[225] *Aebi/Schoenenberger*, Gene transfers into the environment, Juli 2016, S. 68.

lediglich weitgehend Übereinstimmung besteht.[226]
Um vorherzusagen, an welcher Stelle nicht beabsichtigte Doppelstrangbrüche hervorgerufen werden können, ist vor diesem Hintergrund eine genaue Kenntnis der DNA-Sequenz eines Organismus erforderlich.[227] Gerade bei Wildpopulationen weist das Genom innerhalb einer Art häufig Unterschiede auf; eine Vorhersage, an welchen Stellen nicht intendierte Doppelstrangbrüche auftreten können, ist daher nur schwer möglich.[228]
Da die Wirkung eines Doppelstrangbruchs oder eine Integration des Gene Drive an anderer Stelle im Genom des Zielorganismus abhängig von der Lokalisation des hervorgerufenen Doppelstrangbruchs ist, lassen sich, wenn bereits über potenzielle Stellen nicht beabsichtigter Doppelstrangbrüche keine Kenntnis besteht, auch über hierdurch hervorgerufene Wirkungen kaum verlässliche Aussagen treffen.

2. Entwicklung von Gene Drive-Organismen zu invasiver Art

Sofern Gene Drive-Organismen Fitnessvorteile gegenüber herkömmlichen Populationen aufweisen, wäre denkbar, dass sich die mittels Gene Drive veränderte Population selbst zu einer invasiven Art entwickelt.[229] Beispielsweise bei mittels Gene Drive veränderten Ratten, die der Auslöschung invasiver Rattenpopulationen in Neuseeland dienen sollen, besteht die Gefahr, dass diese sich, bevor die Zielpopulation ausgelöscht ist und infolgedessen auch das Gene Drive-System verschwindet, auf anderen Inseln oder Kontinenten ausbreiten und dort – ähnlich einer neuen invasiven Art – heimische Rattenpopulationen in ihrer Existenz bedrohen.[230]
Folge solcher neuen invasiven Arten wäre eine Verdrängung von für das betreffende Ökosystem nützlichen Arten und damit letztlich eine Beschränkung der Artenvielfalt im Ökosystem.

3. Non-target-Effekte: Gentransfer auf Nichtzielorganismen

Verschiedentlich geäußerte Bedenken betreffen die Beeinträchtigung von Nichtzielorganismen durch Gentransfer, worunter die Übertragung von genetischer Information von einem Organismus auf einen anderen zu verstehen ist. So ist beispielsweise denkbar, dass sich Gene Drives zur Bekämpfung von Malaria von der Zielart auf andere, eng mit der Zielart verwandte *Ano-*

[226] *Aebi/Schoenenberger*, Gene transfers into the environment, Juli 2016, S. 60.
[227] *Steinbrecher/Wells*, in: Gene Drives – A report on their science, applications, social aspects, ethics and regulations, 21–68 (S. 29).
[228] *Steinbrecher/Wells*, in: Gene Drives – A report on their science, applications, social aspects, ethics and regulations, 21–68 (S. 29).
[229] *Esvelt/Gemmell*, PLOS Biology 15 (11) 2017, 1 (S. 2). Hierzu auch: Entschließung des Europäischen Parlaments vom 06. Oktober 2021 zu der Rolle der Entwicklungspolitik bei der Eindämmung des Verlusts an biologischer Vielfalt in Entwicklungsländern vor dem Hintergrund der Umsetzung der Agenda 2030, P9_TA(2021)0404, Ziff. 32.
[230] *Esvelt/Gemmell*, PLOS Biology 15 (11) 2017, 1 (S. 2).

pheles-Arten ausbreiten.[231]

Von Bedeutung ist insbesondere der sogenannte horizontale Gentransfer, bei dem die genetische Information auf Organismen anderer Arten übertragen wird, die nicht mit der übertragenden Art kreuzbar sind.[232] Sofern synthetische Gene Drives auf andere Arten übertragen werden, könnte dies gerade vor dem Hintergrund der weitreichenden Verbreitung gravierende Folgen nach sich ziehen.[233]

Daneben ist ein Wirken des Gene Drive in einer nicht intendierten Population derselben Art denkbar.[234] Möglich erscheint, dass beim Einsatz eines Gene Drives zur Bekämpfung invasiver Arten Populationen derselben Art auch in Regionen ausgerottet werden, in denen sie heimisch sind und eine andere, unter Umständen bedeutende, Rolle in dem jeweiligen Ökosystem spielen.[235] Beispielsweise wäre denkbar, dass die in Kalifornien als Schädling angesehene Kirschessigfliege nicht nur dort vernichtet wird, sondern auch asiatische Populationen der Kirschessigfliege erheblich dezimiert oder ausgerottet werden.[236]

4. Ökologische Konsequenzen der Reduzierung oder Vernichtung einer Population

Darüber hinaus dürften belastbare Erkenntnisse, wie sich die spürbare Reduzierung einer bestimmten Population oder gar deren Ausrottung auf das betreffende Ökosystem auswirkt, schwierig zu erlangen sein, da Ökosysteme hochgradig vernetzte Systeme darstellen, in denen durch Fortpflanzung, Tod bzw. Wanderbewegungen eine gewisse Balance herrscht.[237] Zu berücksichtigen ist dabei, dass verschiedene Gene Drive-Systeme unterschiedliche Auswirkungen auf bestehende Ökosysteme haben können.[238]

Denkbar ist, dass im Falle der Ausrottung oder erheblichen Dezimierung einer Schädlings- oder Überträgerpopulation die entstehende ökologische Nische von einer anderen Schädlings-

[231] *Deplazes-Zemp* u. a., Swiss Academies Factsheets 15 (4), 2020, 1 (S. 5).

[232] *EASAC*, Genome editing: Scientific opportunities, public interest and policy options in the European Union, März 2017, S. 18; *Hammer/Spök*, in: Genome Editing – Interdisziplinäre Technikfolgenabschätzung, 239–258 (S. 249); *Dolezel* u. a., Gene Drive Organisms – Implications for the Environment and Nature Conservation, 2019, S. 15; *EKAH*, Gene Drives – Ethische Überlegungen um Einsatz von Gene Drives in der Umwelt, 2019, S. 7.

[233] *National Academy of Science Engineering and Medicine*, Gene Drives on the Horizon: Advancing Science, Navigating Uncertainty and Aligning Research with Public Values, 2016, S. 36; *EASAC*, Genome editing: Scientific opportunities, public interest and policy options in the European Union, März 2017, S. 18. Teils wird allerdings das Szenario eines horizontalen Gentransfers als eher unwahrscheinlich eingestuft, *Eckardt*, Gene Drives – Kurzbericht, 2018, S. 26.

[234] *Noble* u. a., eLife, 2018, 1 (S. 7); *Aebi/Schoenenberger*, Gene Drives – Ethische Überlegungen zum Einsatz von Gene Drives in der Umwelt, 2019, S. 7; *EKAH*, Gene Drives – Ethische Überlegungen um Einsatz von Gene Drives in der Umwelt, 2019, S. 7.

[235] *Hoffmann* u. a., Synthetic Gene Drives in Australia: Implications of Emerging Technologies, 2017, S. 7.

[236] *Giese*, Blätter für deutsche und internationale Politik 7, 2018, 103 (S. 109f.).

[237] *Hoffmann* u. a., Synthetic Gene Drives in Australia: Implications of Emerging Technologies, 2017, S. 7.

[238] *Steinbrecher/Wells*, in: Gene Drives – A report on their science, applications, social aspects, ethics and regulations, 21–68 (S. 50).

oder Überträgerart besetzt wird, die mit der Zielart in einem Konkurrenzverhältnis steht.[239] Des Weiteren kann die Ausrottung einer Population erhebliche Auswirkungen auf bestehende Räuber-Beute-Beziehungen und Nahrungsketten haben.[240] Die Vernichtung einer Population oder Art kann damit erhebliche negative Auswirkungen auf andere Populationen oder Arten haben, die von einer als invasiv geltenden Population abhängig sind. Auch invasiven Unkräutern kann in der lokalen Pflanzenwelt eine wichtige Funktion zukommen, zumal nicht ausgeschlossen ist, dass ein für die landwirtschaftliche Produktion nachteilig wirkendes Unkraut zugleich eine bedeutsame Weidepflanze darstellt.[241]

Mit welchen Auswirkungen konkret zu rechnen ist, unterscheidet sich daher von Fall zu Fall und hängt unter anderem davon ab, welche Rolle der Zielorganismus in dem jeweiligen Ökosystem einnimmt – ob es sich bei der betreffenden Art beispielsweise um eine sogenannte Schlüsselspezies handelt – und inwiefern im dem betreffenden Ökosystem ökologische Äquivalente vorhanden sind, die an die Stelle der mittels Gene Drive reduzierten oder vernichteten Art treten können.[242]

5. Folgen der Reduzierung oder Vernichtung einer Population für die menschliche Gesundheit

Unklar ist auch, wie sich die – vor allem vorübergehende – Vernichtung von vektorübertragenden Organismen langfristig auf die menschliche Gesundheit auswirkt.

Ein mögliches Szenario ist, dass eine bestehende Herdenimmunität bei erneuter Ausbreitung der vektorübertragenden Organismen nicht mehr in demselben Maß besteht wie zuvor.[243] Darüber hinaus ist denkbar, dass im Falle einer Eindämmung und darauf folgenden erneuten Ausbreitung der vektorübertragenden Organismen betroffene Menschen weniger widerstandsfähig gegen die Krankheitserreger sind.[244]

Auch im Falle der Veränderung einer Population könnten unerwünschte Folgewirkungen für die menschliche Gesundheit eintreten. So könnte eine Populationsveränderung mittels Gene Drive zwar dazu führen, dass der entsprechende Organismus nicht mehr als Überträger eines bestimmten Virus, beispielsweise des Dengue-Virus, fungiert, allerdings die Wahrscheinlich-

[239] *National Academy of Science Engineering and Medicine*, Gene Drives on the Horizon: Advancing Science, Navigating Uncertainty and Aligning Research with Public Values, 2016, S. 64; *Hoffmann* u. a., Synthetic Gene Drives in Australia: Implications of Emerging Technologies, 2017, S. 6f.; *EASAC*, Genome editing: Scientific opportunities, public interest and policy options in the European Union, März 2017, S. 18.

[240] *Hoffmann* u. a., Synthetic Gene Drives in Australia: Implications of Emerging Technologies, 2017, S. 6f.; *Dolezel* u. a., Gene Drive Organisms – Implications for the Environment and Nature Conservation, 2019, S. 15.

[241] *Barrett* u. a., Proceedings of the Royal Society B 286, 2019, 1 (S. 2).

[242] *National Academy of Science Engineering and Medicine*, Gene Drives on the Horizon: Advancing Science, Navigating Uncertainty and Aligning Research with Public Values, 2016, S. 37f. *EASAC*, Genome editing: Scientific opportunities, public interest and policy options in the European Union, März 2017, S. 18.

[243] *Hoffmann* u. a., Synthetic Gene Drives in Australia: Implications of Emerging Technologies, 2017, S. 7.

[244] *Eckardt*, Gene Drives – Kurzbericht, 2018, S. 24.

keit steigt, dass ein anderes, unter Umständen auch neues Virus vereinfacht durch den gentechnisch modifizierten Organismus übertragen wird.[245] Auch könnte das Virus, das eingedämmt werden soll, sich derart verändern, dass bislang nicht vorhandene Risiken entstehen.[246] Nicht ausgeschlossen ist beispielsweise, dass sich der Malariaerreger *Plasmodium falciparum* infolge der Vernichtung oder erheblichen Dezimierung der Wirtsorganismen der Gattung *Anopheles* so verändert, dass dessen Übertragung auch durch andere Mückenarten möglich ist – die Ausrottung der bislang als Überträgerorganismen dienenden Mückenarten würde das Auftreten von Malariaerkrankungan dann lediglich über einen gewissen Zeitraum verhindern.[247]

III. Zusammenfassung

Da die Forschung zu Gene Drive-Organismen trotz zahlreicher Laborexperimente noch am Anfang steht, können sich Gene Drive-Konstrukte in vielerlei Hinsicht noch nicht auf als gesichert geltende wissenschaftliche Erkenntnisse stützen. Zum heutigen Zeitpunkt bestehen insbesondere in Bezug auf die Funktionsfähigkeit von Gene Drive-Systemen in freier Wildbahn und die Folgen einer Freisetzung von Gene Drive-Organismen erhebliche Ungewissheiten.

Zu berücksichtigen ist, dass sich aufgrund der Vielfalt der molekularen Mechanismen zur Erzeugung eines Gene Drive, der Diversität der Zielorganismen sowie der Ökosystemvielfalt nur schwer allgemeingültige Aussagen dazu treffen lassen, wie schnell und konstant sich ein Gene Drive innerhalb einer Wildpopulation verbreitet, inwiefern die Ausbreitung räumlich begrenzt werden kann und inwieweit ein einmal freigesetztes Gene Drive-System rückholbar ist.

Ferner bestehen zahlreiche Ungewissheiten in Bezug auf die Wirkweise in Wildpopulationen. Denkbar – wenn auch nicht sehr wahrscheinlich – erscheint, dass der Gene Drive an anderer Stelle im Genom des Zielorganismus wirkt und dort unvorhergesehene Wirkungen hervorruft.[248] Darüber hinaus ist nicht ausgeschlossen, dass neben der Zielpopulation bzw. -art das Gene Drive-System auf andere Populationen oder Arten übertragen wird[249] oder sich die freigesetzten mittels Gene Drive veränderten Organismen selbst zu einer invasiven Art entwickeln.[250] Welche Folgen die Veränderung oder Vernichtung der Zielpopulation für das betreffende Ökosystem hat, lässt sich derzeit aufgrund der zahlreichen hierfür relevanten Faktoren kaum prognostizieren.[251] Zuletzt sind auch nachteilige Auswirkungen auf die menschliche Gesundheit

[245] *National Academy of Science Engineering and Medicine*, Gene Drives on the Horizon: Advancing Science, Navigating Uncertainty and Aligning Research with Public Values, 2016, S. 64.

[246] *National Academy of Science Engineering and Medicine*, Gene Drives on the Horizon: Advancing Science, Navigating Uncertainty and Aligning Research with Public Values, 2016, S. 64.

[247] *Giese*, Blätter für deutsche und internationale Politik 7, 2018, 103 (S. 110).

[248] Siehe hierzu die Ausführungen in Teil 2, Kapitel 2, II, 1.

[249] Siehe hierzu die Ausführungen in Teil 2, Kapitel 2, II, 3.

[250] Siehe hierzu die Ausführungen in Teil 2, Kapitel 2, II, 2.

[251] Siehe hierzu die Ausführungen in Teil 2, Kapitel 2, II, 4.

nicht ausgeschlossen.[252]

[252] Siehe hierzu die Ausführungen in Teil 2, Kapitel 2, II, 5.

Teil 3: Das Vorsorgeprinzip im Völkerrecht

Kapitel 1: Relevanz des Vorsorgeprinzips im Falle wissenschaftlicher Ungewissheit

Bereits die wohl am häufigsten zitierte Version des Vorsorgeprinzips auf völkerrechtlicher Ebene – Prinzip 15 der Rio-Erklärung über Umwelt und Entwicklung – enthält als wesentliches Element die Abwesenheit vollständiger wissenschaftlicher Gewissheit bzw. das Vorhandensein wissenschaftlicher Ungewissheit:

> „In order to protect the environment, the precautionary approach shall be widely applied by States according to their capabilities. Where there are threats of serious or irreversible damage, lack of full scientific certainty shall not be used as a reason for postponing cost-effective measures to prevent environmental degradation".[253]

Ausgangspunkt der Darstellung soll aufgrund der Bedeutung wissenschaftlicher Ungewissheit in Zusammenhang mit dem Vorsorgeprinzip daher eine Beleuchtung des Verhältnisses von wissenschaftlichen Erkenntnissen und rechtlicher Regulierung bzw. dem Ergreifen staatlicher Maßnahmen im Umweltvölkerrecht sein. Im Anschluss werden der Begriff der wissenschaftlichen Ungewissheit und der Risikobegriff näher behandelt. Eine Begriffsklärung erscheint vor allem deshalb notwendig, da in der rechtswissenschaftlichen und insbesondere völkerrechtswissenschaftlichen Literatur in Zusammenhang mit dem Vorsorgeprinzip die Begriffe „Gefahr", „Risiko", „Ungewissheit" und „Unsicherheit" verwendet werden, es aber an einer einheitlichen Terminologie fehlt.[254] Auf dieser Grundlage erfolgen Ausführungen zur Bedeutung des Vorsorgeprinzips angesichts wissenschaftlicher Ungewissheit und Risiken. Zum Abschluss dieses Kapitels wird kurz auf die – vor allem im deutschen Umweltrecht bedeutsame – ressourcenökonomische Dimension des Vorsorgeprinzips eingegangen und untersucht, inwieweit diese neben der risikobezogenen Dimension auch im Völkerrecht zum Ausdruck kommt.

I. Wissenschaftliche Erkenntnisse als Ausgangspunkt rechtlicher Regulierung und staatlicher Maßnahmen

Sowohl im nationalen Recht als auch im Völkerrecht fand traditionellerweise eine rechtliche Regulierung erst statt, wenn ausreichende wissenschaftliche Erkenntnisse vorhanden waren, die eine schädliche Wirkung bestimmter Tätigkeiten, Stoffe oder Verfahren erkennen ließen.[255] Staaten entschieden sich in der Regel erst in dem Zeitpunkt zum Ergreifen von Maßnahmen, in dem wissenschaftliche Belege für die Kausalität zwischen einer Tätigkeit und einem Schaden-

[253] UN-Generalversammlung, Rio Declaration on Environment and Development, 14. Juni 1992, A/CONF.151/26 (Vol. I), 31 I.L.M. 874 (1992), im Folgenden: Rio-Erklärung.
[254] Ähnlich *Marti*, S. 15 m.w.N.
[255] *Callies*, in: Handbuch Technikethik, 390–393 (S. 390f.); *M'Gonigle* u. a., Osgoode Hall Law Journal 32 (1), 1994, 99 (S. 101).

© Der/die Autor(en), exklusiv lizenziert an
Springer Fachmedien Wiesbaden GmbH, ein Teil von Springer Nature 2026
I. Albrecht, *Das Vorsorgeprinzip in Zusammenhang mit der absichtlichen Freisetzung von mittels Gene Drive gentechnisch veränderten Organismen*,
https://doi.org/10.1007/978-3-658-50876-0_5

seintritt vorhanden waren und somit zwar nicht zwingend wissenschaftliche Gewissheit, jedenfalls aber eine Gefahr im Sinne einer hinreichenden Wahrscheinlichkeit eines Schadenseintritts gegeben war.[256] Grundlage staatlichen Handels war das konkrete Wissen um ein potentielles Schadensereignis.[257] Idealtypisch sollten rechtliche Entscheidungen auf der Grundlage möglichst vollständiger und sicherer Informationen ermöglicht werden.[258]

1. Wissenschaftliche Erkenntnisse als Grundlage staatlicher Entscheidungen

Das eben skizzierte Verhältnis zwischen wissenschaftlichen Erkenntnissen und rechtlicher Regulierung wird im Bereich des Umweltrechts besonders deutlich. Denn Umweltprobleme werden in der Regel zunächst seitens der Wissenschaft entdeckt und identifiziert, erst im Anschluss muss das Recht eine Antwort finden.[259] Wissenschaftlichen Erkenntnissen kommt im Umweltrecht auch deshalb eine besonders wichtige Rolle zu, da Umweltkrisen über eine wissenschaftliche Beschreibung der natürlichen Umwelt wahrgenommen werden.[260]

Vor Eingang des Vorsorgeprinzips in das Umweltvölkerrecht existierten lediglich das Verbot erheblicher grenzüberschreitender Umweltbeeinträchtigungen bzw. das Präventionsprinzip[261].[262] Erforderlich, aber auch ausreichend war sowohl für die Anwendung des Verbots erheblicher grenzüberschreitender Umweltbeeinträchtigungen als auch des Präventionsprinzips, dass auf Grundlage wissenschaftlicher Erkenntnisse mit einer gewissen Wahrscheinlichkeit auf einen konkreten Schaden für ein zu schützendes Rechtsgut geschlossen werden kann.[263]

Bestimmungen in frühen umweltvölkerrechtlichen Verträgen wie beispielsweise Art. 4 Abs. 4 der Konvention zur Verhütung der Meeresverschmutzung vom Lande aus[264] oder Art. 5 Abs.

256 *Wahl/Appel*, in: Prävention und Vorsorge: Von der Staatsaufgabe zu den verwaltungsrechtlichen Instrumenten, 1–213 (S. 28); *Sands/Peel*, S. 230. Zur Verfolgung dieses Ansatzes in Bezug auf die biologische Vielfalt: *Beer*, S. 29f.

257 *Callies*, in: Handbuch Technikethik, 390–393 (S. 391).

258 *Wahl/Appel*, in: Prävention und Vorsorge: Von der Staatsaufgabe zu den verwaltungsrechtlichen Instrumenten, 1–213 (S. 25).

259 *de Sadeleer*, in: Implementing the Precautionary Principle – Approaches from the Nordic Countries, EU and USA, 10–58 (S. 15).

260 *de Sadeleer*, in: Implementing the Precautionary Principle – Approaches from the Nordic Countries, EU and USA, 10–58 (S. 15).

261 Synonym wird der Begriff des Vorbeugeprinzips bzw. -grundsatzes verwendet. Eine ausführlichere Darstellung des Verbots erheblicher grenzüberschreitender Umweltbeeinträchtigungen sowie des Präventionsprinzips erfolgt in Teil 3, Kapitel 3, I.

262 Die Pflicht zu vorbeugendem Handeln im Falle drohender Schäden ist damit bereits seit Langem anerkannt, *Freestone/Hey*, in: The Precautionary Principle and International Law – The Challenge of Implementation, 3–15 (S. 13).

263 *Epiney*, AVR 33 (3), 1995, 309 (S. 329); *Proelß*, in: Internationales Umweltrecht, 97–150 (S. 110, Rn. 14). Die Anwendung des Präventionsprinzips setzt also voraus, dass Staaten die mit einer bestimmten Aktivität einhergehenden nachteiligen Folgen absehen können, also ausreichende wissenschaftliche Daten und Belege für eine kausale Verknüpfung vorhanden sind, *Pyhälä/Brusendorff/Paulomäki*, in: Research Handbook on International Environmental Law, 203–224 (S. 204f.).

264 „The Contracting Parties may, [...] implement programms or measures to forestall, reduce or eliminate pollution of the maritime area [...] *if scientific evidence has established that a serious hazard may be created in the*

2 lit. b) des internationalen Übereinkommens zur Regelung des Walfangs[265] zeigen, dass die Vornahme staatlicher Maßnahmen von wissenschaftlichen Erkenntnissen bezüglich der Kausalität zwischen Tätigkeit und Schadenseintritt abhängig war und die Entscheidungsfindung auf Basis und unter Verwendung der am besten erhältlichen wissenschaftlichen Daten stattfinden sollte.[266] Der Fokus lag dabei auf dem Wissen, nicht auf dem Unwissen.[267]

2. Das Prinzip der Assimilationskapazität

Diese Denkweise liegt auch dem vormals vor allem im Bereich des Meeresschutzes verbreiteten Prinzip der Assimilationskapazität (assimilative capacity approach) zugrunde. Zum Ausdruck kommt dieses beispielsweise in Erwägungsgrund zwei der Präambel der Londoner Konvention:

„Recognizing that the capacity of the sea to assimilate wastes and render them harmless, and its ability to regenerate natural resources, is not unlimited."[268]

Gefolgert wurde hieraus, dass zwar die Aufnahmekapazität der Meere nicht unbegrenzt ist, eine Tätigkeit allerdings jedenfalls solange erlaubt ist, bis wissenschaftliche Belege für nachteilige Auswirkungen vorhanden waren.[269]
Das Prinzip der Assimilationskapazität basiert damit im Wesentlichen auf vier Annahmen.[270] Erstens wird durch jede auf menschliche Aktivität zurückzuführende Einwirkung die Umwelt bzw. ein Ökosystem verändert.[271] Die Umwelt bzw. ein Ökosystem ist zweitens in der Lage, ein gewisses Maß an Beeinträchtigungen ohne inakzeptable Folgen zu überstehen – diese Fähigkeit wird als Assimilationskapazität bezeichnet.[272] Drittens ist das Maß der Beeinträchtigung, das die Umwelt oder ein Ökosystem im konkreten Fall ohne inakzeptable Folgen zu überstehen in der Lage ist, begrenzt; mithilfe wissenschaftlicher Analysen kann viertens die genaue Aufnahmekapazität bestimmt werden.[273]

---

maritime area by that substance and if urgent action is necessary." (Hervorhebungen durch die Verfasserin), Convention for the Prevention of Marine Pollution from Land-Based Sources, 04. Juni 1974, 1546 U.N.T.S. 103, mittlerweile ersetzt durch die OSPAR-Konvention.

[265] „These amendments of the Schedule *shall be based on scientific findings*" (Hervorhebungen durch die Verfasserin), International Convention for the Regulation of Whaling, 02. Dezember 1946, 161 U.N.T.S. 72, in Kraft getreten am 10.11.1948.

[266] *Beer*, S. 31; *Sands/Peel*, S. 230.

[267] *M'Gonigle* u. a., Osgoode Hall Law Journal 32 (1), 1994, 99 (S. 101).

[268] Convention on the Prevention of Marine Pollution by Dumping of Wastes and Other Matter, 29. Dezember 1972, 1046 U.N.T.S. 120, in Kraft getreten am 30.08.1975.

[269] *Freestone*, Journal of Environmental Law 6 (2), 1994, 194 (S. 211).

[270] Siehe hierzu: *Stebbing*, Marine Pollution Bulletin 24 (6), 1992, 287 (S. 287f.); *Masini* u. a., The concept of „assimilative capacity" as a management tool in temperate coastal waters of Western Australia, Januar 1992, S. 4ff.

[271] *Masini* u. a., The concept of „assimilative capacity" as a management tool in temperate coastal waters of Western Australia, Januar 1992, S. 4.

[272] *GESAMP*, Environmental Capacity – An approach to Marine Pollution Prevention, 1986, S. 2; *Stebbing*, Marine Pollution Bulletin 24 (6), 1992, 287 (S. 288ff.).

[273] *Stebbing*, Marine Pollution Bulletin 24 (6), 1992, 287 (S. 288); *McIntyre/Mosedale*, Journal of Environmental

Zwar ist eine Wertungsfrage, welche ökologischen Folgen im konkreten Fall noch als hinnehmbar gelten.[274] Allerdings sollte es der Wissenschaft auf der Basis dieser wissenschaftlichen Erkenntnisse möglich sein, für die vorhergesehenen Bedrohungen in Form einer Überschreitung der Assimilationskapazität technische Lösungen zu entwickeln; durch die Umsetzung dieser technischen Lösungen soll somit letztlich ein Schaden für die Umwelt oder ein Ökosystem abgewendet werden.[275] Problematisch erscheint, dass für die Umsetzung des Prinzips der Assimilationskapazität die Folgen einer bestimmten Aktivität für die Umwelt oder ein Ökosystem bekannt oder jedenfalls messbar sein müssen.[276]

II. Rechtliche Regulierung und Vornahme staatlicher Maßnahmen im Falle wissenschaftlicher Ungewissheit

Insbesondere in Zusammenhang mit der Entwicklung und Anwendung moderner Technologien bestehen Schwierigkeiten, sämtliche Folgen einer Anwendung, sämtliche Kausalverläufe oder Eintrittswahrscheinlichkeiten für mögliche Schäden im Vorhinein wissenschaftlich exakt zu belegen.[277] Dabei ist es, je komplexer die betreffende Technologie und je komplexer das System ist, in das mithilfe der Technologie eingegriffen wird, umso schwieriger, umfassende wissenschaftliche Erkenntnisse zu gewinnen, mögliche Folgen abzusehen und sämtliche Kausalverläufe zu bestimmen.[278] Staaten sind angesichts der Entwicklung neuer Technologien mit Auswirkungen auf die Umwelt gehalten, auch im Falle wissenschaftlicher Ungewissheit zu handeln, denn sowohl die rechtliche Regulierung und das Ergreifen staatlicher Maßnahmen als auch die Nichtregulierung oder die Nichtvornahme staatlicher Maßnahmen stellen eine staatliche Entscheidungen dar.

Da zunehmend anerkannt wird, dass die Wissenschaft zwar Erklärungen und Analysen natürlicher Phänomene bereitstellt, dabei aber besonders im Umwelt- und Gesundheitsbereich der Ungewissheit eine nicht zu verachtende Bedeutung zukommt[279] kann von einem „Wandel von der Gefahrenabwehr und der Schadensbeseitigung hin zu Prävention und Vorsorge“ und damit von einer „Wende der Staatstätigkeit von der Reaktion zur Prävention“ gesprochen werden.[280]

Law 9 (2), 1997, 221 (S. 221f.).

[274] *GESAMP*, Environmental Capacity – An approach to Marine Pollution Prevention, 1986, S. 5; *Stebbing*, Marine Pollution Bulletin 24 (6), 1992, 287 (S. 289).

[275] *McIntyre/Mosedale*, Journal of Environmental Law 9 (2), 1997, 221 (S. 222).

[276] *Masini* u. a., The concept of „assimilative capacity“ as a management tool in temperate coastal waters of Western Australia, Januar 1992, S. 5.

[277] *Wahl/Appel*, in: Prävention und Vorsorge: Von der Staatsaufgabe zu den verwaltungsrechtlichen Instrumenten, 1–213 (S. 4).

[278] Die Rede ist von einer „Kluft zwischen den technischen Möglichkeiten mit all ihren (Umwelt-)Folgeproblemen und dem prognostischen, dem vorausschauenden und vorsorgenden Wissen, das den unerwünschten Folgen dieses technischen Wissens Herr werden soll“, *Wahl/Appel*, in: Prävention und Vorsorge: Von der Staatsaufgabe zu den verwaltungsrechtlichen Instrumenten, 1–213 (S. 4).

[279] *Peel*, S. 98f.; *Scherzberg*, ZUR 1, 2005, 1 (S. 3); *Wirth*, Vermont Law Review 37, 2013, 1153 (S. 1154).

[280] *Wahl/Appel*, in: Prävention und Vorsorge: Von der Staatsaufgabe zu den verwaltungsrechtlichen Instrumenten,

1. Der Begriff der wissenschaftlichen Ungewissheit

Der in Zusammenhang mit dem Vorsorgeprinzip so häufig auftauchende Begriff „uncertainty" lässt sich sowohl mit „Ungewissheit" als auch mit „Unsicherheit" ins Deutsche übersetzen. Beide Begriffe finden in deutschsprachigen Auseinandersetzungen mit dem Vorsorgeprinzip Anwendung und werden teilweise synonym, teilweise mit unterschiedlichem Gehalt verwendet. So bezeichnet Unsicherheit teilweise lediglich Defizite im naturwissenschaftlichen Erkenntnisprozess, die auf Mess- oder Beobachtungsfehlern beruhen, während Ungewissheit vorliegt, wenn die Eintrittswahrscheinlichkeit und/oder die Schadenshöhe unklar ist.[281] Teils werden beide Begriffe synonym verwendet, wobei sowohl Konstellationen erfasst sind, in denen die Folgen bekannt, deren Eintrittswahrscheinlichkeit aber unbekannt ist, als auch solche, in denen die Art eines Schadens unbekannt ist und lediglich empirische und/oder theoretische Anhaltspunkte für einen Schadenseintritt bestehen.[282]

a. Abgrenzung von Gewissheit und Nichtwissen

Wissenschaftliche Ungewissheit ist von wissenschaftlicher Gewissheit (certainty) und Nichtwissen (ignorance) abzugrenzen.[283]

Erstere erfordert zwar keine absolute Sicherheit, bei der die rechnerische Wahrscheinlichkeit eines Schadenseintritts eins oder null ist, da eine solche Anforderung in der Realität nicht erfüllt werden kann. Es ist allerdings erforderlich, dass wissenschaftliche Methoden die Falsifizierung oder Bestätigung eines Ereignisses oder Zusammenhangs erlauben und die Wahrscheinlichkeit eines Schadenseintritts nahe einer hundertprozentigen Eintrittswahrscheinlichkeit liegt.[284]

Nichtwissen ist demgegenüber gegeben, wenn die Auswirkungen einer Tätigkeit auf die Umwelt und damit mögliche Schäden vollkommen unbekannt sind, es also an empirischen und theoretischen Anhaltspunkten fehlt und somit auch eine Eintrittswahrscheinlichkeit nicht bestimmbar ist.[285]

In dem Bereich, der „nach unten" durch Nichtwissen, „nach oben" durch Gewissheit abgegrenzt wird, spricht man von wissenschaftlicher Ungewissheit.

1–213 (S. 13f. m.w.N.).

[281] *Jung*, Bundesgesundheitsblatt – Gesundheitsforschung – Gesundheitsschutz 46, 2003, 542 (S. 546).

[282] *Marti*, S. 21. Es müsse somit, wenn im Recht von Ungewissheit oder Unsicherheit die Rede ist, im Einzelfall durch Auslegung bestimmt werden, welche Konstellation vorliegt, *Marti*, S. 20.

[283] *Arcuri*, in: Frontiers in the Economics of Environmental Regulation and Liability, 19–63 (S. 33). Teilweise wird Nichtwissen als eigenständige Kategorie von Ungewissheit angesehen, *Marti*, S. 21.

[284] *Francot-Timmermanns/de Vries*, Ratio Juris 26 (2), 2013, 282 (S. 288); *Zander*, S. 15; *Lemons/Shrader-Frechette/Cranor*, Foundations of Science 2, 1997, 207 (S. 227).

[285] *Stirling*, On Science and Precaution In the Management of Technological Risk, An ESTO Project Report, Mai 1999, S. 17; *MacGarvin*, in: Reinterpreting the Precautionary Principle, 35–60 (S. 42); *Jung*, Bundesgesundheitsblatt – Gesundheitsforschung – Gesundheitsschutz 46, 2003, 542 (S. 546); *Scherzberg*, ZUR 1, 2005, 1 (S. 3); *Zander*, S. 14; *Bourguignon*, Das Vorsorgeprinzip – Begriffsbestimmungen, Anwendungsbereiche und Steuerung, 2015, S. 4.

b. Arten und Ursachen wissenschaftlicher Ungewissheit

Wissenschaftliche Ungewissheit kann in Bezug auf diverse Umstände als auch aufgrund diverser Umstände bestehen.

Beispielsweise kann wissenschaftliche Ungewissheit im Hinblick auf Schadensausmaß und -umfang, bezüglich der Eintrittswahrscheinlichkeit oder hinsichtlich eines Kausalzusammenhangs zwischen einer Tätigkeit und einem Schadenseintritt bestehen.[286]

In Bezug auf die Ursachen wissenschaftlicher Ungewissheit können jedenfalls zwei Arten von Ungewissheit unterschieden werden: die erkenntnisbezogene Ungewissheit, die ihre Grundlage in fehlender, unzureichender oder unvollständiger Datenlage hat und zumindest auf einem theoretischen Level durch weitere Datenerhebung oder -auswertung gelöst werden kann und die Ungewissheit, die aufgrund der Komplexität und Variabilität und daraus resultierender Unbestimmbarkeit (indeterminacy) der natürlichen Abläufe oder Systeme besteht.[287] Ein eindrückliches Beispiel für die erkenntnisbezogene Ungewissheit stellt die Tatsache dar, dass derzeit unklar ist, wie viele Tier- und Pflanzenarten auf der Erde vorhanden sind.[288] Um erkenntnisbezogene Ungewissheit handelt es sich des Weiteren, wenn unklar ist, wie sich eine bestimmte Population innerhalb einer bestimmten Zeitspanne zahlenmäßig entwickelt hat.[289] Denn in beiden Fällen könnte durch zusätzliche Informationen, die theoretisch erlangbar sind, die Ungewissheit beseitigt werden. Ungewissheit aufgrund komplexer Zusammenhänge und Variabilität besteht hingegen beispielsweise im Fall der Klimaveränderung, da das Klima durch ein komplexes Zusammenspiel von Atmosphäre, Ozeanen, Erdoberfläche und den auf der Erde vorkommenden Organismen beeinflusst wird.[290] Ungewissheit infolge komplexer Zusammenhänge und natürlicher Variabilität herrscht ferner im Hinblick auf den Schutz der Biodiversität, da die Balance innerhalb eines Ökosystems durch ein komplexes Zusammenspiel diverser Faktoren aufrecht erhalten wird.[291]

In Zusammenhang mit dem Vorsorgeprinzip wird der Begriff der wissenschaftlichen Ungewissheit schließlich auch verwendet, wenn Unklarheit daraus resultiert, dass hinsichtlich eines konkreten Sachverhalts in der Wissenschaft unterschiedliche Ansichten vertreten werden.[292]

---

[286] *Trouwborst*, Precautionary Rights and Duties of States, S. 86f.

[287] *Trouwborst*, Precautionary Rights and Duties of States, S. 72ff.; *Gillespie*, The International Journal of Marine and Coastal Law 22 (1), 2007, 61 (S. 64). Teils wird eine noch feinere Differenzierung vorgenommen und zwischen sechs Arten von Ungewissheit – konzeptioneller Ungewissheit, Messungewissheit, Ungewissheit aufgrund der Zuhilfenahme von Stichproben, Ungewissheit betreffend die Modellierung, Ungewissheit hinsichtlich des Kausalzusammenhangs und epistemischer Ungewissheit – unterschieden, *Walker*, Conneticut Law Review 23, 1991, 567 (S. 572).

[288] *Trouwborst*, Precautionary Rights and Duties of States, S. 73.

[289] *O'Riodoran/Jordan*, Environmental Values 4 (3) 1995, 191 (S. 199).

[290] *Trouwborst*, Precautionary Rights and Duties of States, S. 78f.; *Gillespie*, The International Journal of Marine and Coastal Law 22 (1), 2007, 61 (S. 65).

[291] *Gillespie*, The International Journal of Marine and Coastal Law 22 (1), 2007, 61 (S. 65).

[292] *Kommission der Europäischen Gemeinschaften*, Mitteilung der Kommission über die Anwendbarkeit des Vorsorgeprinzips, KOM 2000 (1) endg., Ziff. 5.1.3.; *v. Schomberg*, in: Risikoregulierung bei unsicherem Wissen:

2. Der Risikobegriff

In der rechtswissenschaftlichen Literatur ist der Risikobegriff in Zusammenhang mit dem Vorsorgeprinzip und der Frage nach der Regulierung moderner Technologien allgegenwärtig, wenn etwa auf die mit dem Einsatz einer neuen Technik verbundenen Risiken verwiesen wird oder von Risikoabschätzung und Risikomanagement die Rede ist.
Das Begriffsverständnis ist sowohl innerhalb der Rechtswissenschaft, als auch in anderen Wissenschaftsdisziplinen keineswegs einheitlich, vielmehr hat der Risikobegriff je nach Kontext einen unterschiedlichen Bedeutungsgehalt.[293]

a. Herkunft und unterschiedliche Ausgestaltung des Risikobegriffs

Im allgemeinen Sprachgebrauch sind mit einem Risiko in der Regel mögliche, aber ungewisse Ereignisse gemeint, die zu Schäden führen können.[294] Allerdings erschöpft sich die Bedeutung des Risikobegriffs nicht in einem negativen Verständnis, vielmehr lässt sich umgangssprachlich eine gewisse Doppeldeutigkeit des Risikobegriffs erkennen: von einem Risiko spricht man sowohl, wenn mögliche, aber ungewisse Ereignisse zu Schäden oder Verlusten, als auch zu Chancen im Sinne von Gewinnen führen können.[295]
Die Ursprünge des Risikobegriffs reichen bis ins Mittelalter zurück, in der europäischen Kaufmannssprache des 14. und 15. Jahrhunderts bezeichnete das aus dem Italienischen stammende Wort „rischio" die mit einem ungewissen Handelsgeschäft einhergehenden Gefahren.[296] Über einen langen Zeitraum wurde der Begriff ausschließlich als ökonomischer Fachbegriff in Zusammenhang mit dem Versicherungswesen gebraucht.[297] Risiko wurde definiert als das Produkt aus dem Ausmaß eines bestimmten Schadens und der Wahrscheinlichkeit, mit der der Schaden eintritt - ein auch heute noch gebräuchliches Verständnis.[298] So differenziert die Entscheidungstheorie zwischen einer Entscheidung unter Risiko, bei der sich das Produkt aus Schadensausmaß und Eintrittswahrscheinlichkeit berechnen lässt und einer Entscheidung unter Ungewissheit, die bei mangelnder Kenntnis über die Eintrittswahrscheinlichkeit gegeben ist.[299]

Diskurse und Lösungsansätze, 91–118 (S. 94).

[293] Siehe hierzu: *Rat von Sachverständigen für Umweltfragen*, Sondergutachten – Umwelt und Gesundheit Risiken richtig einschätzen, BT-Drs. 14/2300, 15.12.1999, S. 50ff. und *SRU*, Vorsorgestrategien für Nanomaterialien – Sondergutachten, 2011, S. 39f.

[294] Siehe hierzu die Bedeutungsübersicht im Duden: Duden Online, abrufbar unter: *https:// www.duden.de-/rechtschreibung/Risiko*, zuletzt aufgerufen am 31.01.2024.

[295] *Köck*, Kritische Justiz 26 (2), 1993, 125 (S. 126). So auch: *Rat von Sachverständigen für Umweltfragen*, Sondergutachten – Umwelt und Gesundheit Risiken richtig einschätzen, BT-Drs. 14/2300, 15.12.1999, S. 49.

[296] *Jung*, Bundesgesundheitsblatt – Gesundheitsforschung – Gesundheitsschutz 46, 2003, 542 (S. 543).

[297] *Köck*, Kritische Justiz 26 (2), 1993, 125 (S. 126); *Jung*, Bundesgesundheitsblatt – Gesundheitsforschung – Gesundheitsschutz 46, 2003, 542 (S. 543).

[298] *Köck*, Kritische Justiz 26 (2), 1993, 125 (S. 126); *Jung*, Bundesgesundheitsblatt – Gesundheitsforschung – Gesundheitsschutz 46, 2003, 542 (S. 545).

[299] *Scherzberg*, ZUR 1, 2005, 1 (S. 2f.).

Der Wirtschaftswissenschaftler *Knight* unterschied in ähnlicher Weise zwischen messbarer (eindeutiger) und nicht messbarer (uneindeutiger) Unsicherheit. Lediglich erstere, bei der sowohl Schadensausmaß als auch Eintrittswahrscheinlichkeit bekannt waren, bezeichnete er als Risiko.[300]

In der Soziologie wird basierend auf *Luhmann* die Unterscheidung zwischen Gefahr und Risiko danach getroffen, ob eine Steuerungsmöglichkeit besteht; lediglich dann, wenn die Möglichkeit zur Steuerung einer Entscheidung besteht, ist von einem Risiko auszugehen.[301] Handelt es sich hingegen um eine externe Bedrohung, die unabhängig von einer Entscheidung eintritt, ist eine Gefahr gegeben.[302] In Zusammenhang mit dem durch den Soziologen *Beck* geprägten Begriff der „Risikogesellschaft" sind Gefahren demgegenüber unbekannte Gefährdungstatbestände, während Risiken auf kausalen Interpretationen durch Wissen basieren.[303]

b. Der rechtliche Risikobegriff

Im Recht hat sich ein vom mathematisch-naturwissenschaftlichen, ökonomischen und auch soziologischen Risikobegriff zu unterscheidendes eigenes Begriffsverständnis herausgebildet. Eine Auseinandersetzung mit dem Risikobegriff fand insbesondere im deutschen Recht statt, wobei die Frage im Mittelpunkt stand, welche Risiken rechtlich zu unterbinden und welche hinzunehmen sind.[304]

Aufgrund der Bedeutung des deutschen Risikoverständnisses für den rechtlichen Risikobegriff wird, bevor eine Auseinandersetzung mit dem Begriffsverständnis auf völkerrechtlicher Ebene erfolgt, das Begriffsverständnis im deutschen Recht thematisiert.

aa. Der Risikobegriff im deutschen Recht

Im deutschen Recht wird klassischerweise zwischen Gefahr, Risiko und Restrisiko unterschieden, der Risikobegriff wird in Abgrenzung zum Gefahrbegriff definiert. Während dem Polizei- und Sicherheitsrecht entstammenden Gefahrbegriff zufolge eine Gefahr nur vorliegt, wenn nach allgemeiner Lebenserfahrung bei ungehindertem Geschehensablauf aus Sicht eines objektiven Beobachters ex ante eine hinreichende Wahrscheinlichkeit dafür besteht, dass ein Schaden für

300 „The practical difference between the two categories, risk and uncertainty, is that in the former the distribution of the outcome in a group of instances in known (either through calculation *a priori* or from statistics of past experience), while in the case of uncertainty this is not true, the reason being in general that it is impossible to form a group of instances because the situation dealt with is in a high degree unique", *Knight*, S. 233.

301 *Rat von Sachverständigen für Umweltfragen*, Sondergutachten – Umwelt und Gesundheit Risiken richtig einschätzen, BT-Drs. 14/2300, 15.12.1999, S. 55.

302 *Rat von Sachverständigen für Umweltfragen*, Sondergutachten – Umwelt und Gesundheit Risiken richtig einschätzen, BT-Drs. 14/2300, 15.12.1999, S. 55.

303 *Rat von Sachverständigen für Umweltfragen*, Sondergutachten – Umwelt und Gesundheit Risiken richtig einschätzen, BT-Drs. 14/2300, 15.12.1999, S. 56.

304 *di Fabio*, S. 111; *Wahl/Appel*, in: Prävention und Vorsorge: Von der Staatsaufgabe zu den verwaltungsrechtlichen Instrumenten, 1–213 (S. 84f.).

ein geschütztes Rechtsgut eintritt[305], reicht für das Vorliegen eines Risikos die bloße Möglichkeit oder Nichtausschließbarkeit eines Schadenseintritts aus.[306] Ein Risiko ist demnach gegeben, wenn entweder das Produkt aus Eintrittswahrscheinlichkeit und Schadenshöhe gering ist und damit die für die Annahme einer Gefahr normativ festgelegte Größe nicht erreicht wird oder das Produkt aufgrund bestehender Ungewissheiten nicht gebildet werden kann.[307] Angesichts einer Gefahr ist der Staat, unabhängig vom technischen Aufwand, zum Ergreifen von Abwehrmaßnahmen und Schutzvorkehrungen oder einer Untersagung der betreffenden Tätigkeit verpflichtet.[308] Liegt ein Risiko vor, besteht lediglich die Pflicht, das Schadenspotential zu reduzieren.[309] Ein hinzunehmendes Restrisiko liegt im Falle der bloß hypothetischen Möglichkeit eines Schadenseintritts vor, wenn also die Möglichkeit eines künftigen Schadensereignisses nicht mit letzter Sicherheit ausgeschlossen werden kann.[310]

Lediglich im Atom- und Gentechnikrecht entschied sich der deutsche Gesetzgeber für ein dualistisches Modell, bei dem eine Unterscheidung nur zwischen Risiken und Restrisiken getroffen wird.[311]

In Abweichung von der dargestellten Unterscheidung zwischen Gefahr und Risiko wird der Risikobegriff teilweise als Oberbegriff aufgefasst, der den Gefahrenbegriff mitumfasst.[312] Ein Risiko liegt demnach vor, wenn ein Schadenseintritt möglich ist; eine Gefahr als Unterfall des

---

[305] BVerwG, Urteil vom 26.02.1974, I C 31.72 – BVerwGE 45, 57; *Scherzberg*, VerwArch 84, 1993, 484 (S. 490); *Wahl/Appel*, in: Prävention und Vorsorge: Von der Staatsaufgabe zu den verwaltungsrechtlichen Instrumenten, 1–213 (S. 85).

[306] *Wahl/Appel*, in: Prävention und Vorsorge: Von der Staatsaufgabe zu den verwaltungsrechtlichen Instrumenten, 1–213 (S. 88); *Callies*, in: Handbuch Technikethik, 390–393 (S. 391). Teilweise wird das Risiko als Minus oder Vorstufe zur Gefahr verstanden: *Pohl*, S. 28. Teils als Aliud: *Dederer*, S. 76ff.; *Wahl/Appel*, in: Prävention und Vorsorge: Von der Staatsaufgabe zu den verwaltungsrechtlichen Instrumenten, 1–213 (S. 88f.); *Klafki*, S. 15 m.w.N.; *Hammel*, S. 31f. Siehe hierzu auch: *Schreiber*, S. 116ff.

[307] *Wahl/Appel*, in: Prävention und Vorsorge: Von der Staatsaufgabe zu den verwaltungsrechtlichen Instrumenten, 1–213 (S. 88); *Rat von Sachverständigen für Umweltfragen*, Sondergutachten – Umwelt und Gesundheit Risiken richtig einschätzen, BT-Drs. 14/2300, 15.12.1999, S. 53. Hingegen wird als Begründung für die Auffassung, das Risiko sei nicht bloß Vorstufe einer Gefahr, sondern Aliud, angeführt, sowohl das Risiko als auch die Gefahr seien als Produkt zwischen Schadenswahrscheinlichkeit und Schadensumfang zu verstehen; während allerdings im Falle eines Risikos der Faktor der Schadenswahrscheinlichkeit auf einem solchen Stand des Erfahrungswissens beruhe, dass die Kausalbeziehung zwischen einem Verhalten und einem Schaden objektiv gewiss sei, sei im Falle eines Risikos die Kausalbeziehung zwischen einem Verhalten und einem Schaden mangels ausreichendem Erfahrungswissen objektiv (noch) ungewiss, *Dederer*, S. 75f. Aus einem Mangel an Erfahrungswissen sei dabei allerdings nicht notwendig zu folgern, dass die Schadenswahrscheinlichkeit quantitativ geringer sei, *Dederer*, S. 76.

[308] *Wahl/Appel*, in: Prävention und Vorsorge: Von der Staatsaufgabe zu den verwaltungsrechtlichen Instrumenten, 1–213 (S. 86).

[309] *Wahl/Appel*, in: Prävention und Vorsorge: Von der Staatsaufgabe zu den verwaltungsrechtlichen Instrumenten, 1–213 (S. 89).

[310] BVerwG, Beschluss vom 08.08.1978, 2 BvL 8.77 – BVerwGE 49, 89. Siehe hierzu auch: *Dederer*, S. 81f.

[311] *Rat von Sachverständigen für Umweltfragen*, Sondergutachten – Umwelt und Gesundheit Risiken richtig einschätzen, BT-Drs. 14/2300, 15.12.1999, S. 54.

[312] *Ortgies*, S. 256; *Wahl/Appel*, in: Prävention und Vorsorge: Von der Staatsaufgabe zu den verwaltungsrechtlichen Instrumenten, 1–213 (S. 90 und 96f.).

Risikos bezeichnet diejenigen Risiken, die nicht mehr hinnehmbar sind.[313]

Deutlich wird, dass dem Risikoverständnis im deutschen Recht ein Element der Ungewissheit immanent ist.[314] Das Risiko zeichnet sich, soweit nicht lediglich die Eintrittswahrscheinlichkeit oder das Schadensausmaß zu gering sind, als dass eine Gefahr gegeben ist, dadurch aus, dass über die eben genannten Faktoren und insbesondere bei komplexen Wirkzusammenhängen über den eventuellen Schadensverlauf Ungewissheit besteht.[315] Sogar das Nichtwissen über alle Wirkungszusammenhänge ist vom rechtlichen Risikobegriff umfasst.[316]

bb. Der Risikobegriff im Völkerrecht

Anders als im deutschen Recht ist die Abgrenzung zwischen Gefahr und Risiko auf völkerrechtlicher Ebene nicht in gleichem Maße relevant.[317] Gefahr und Risiko werden nicht durchgängig als voneinander zu unterscheidende Kategorien verstanden, vielmehr werden die Begriffe je nach völkerrechtlichem Vertrag in einem bestimmten Sinn gebraucht oder synonym verwendet.[318]

Teilweise wird der Risikobegriff auch unter Bezugnahme auf den Gefahrbegriff definiert, wenn etwa ein Risiko als unbekannte Gefahr bezeichnet wird.[319]

Zusätzlich zu den Begriffen „hazard“ und „risk“ finden sich in völkerrechtlichen Verträgen auch die Begriffe „threat“ und „danger“, ohne dass sich eine einheitliche Terminologie durchgesetzt hätte.[320] Die Biodiversitätskonvention nimmt in Erwägungsgrund neun der Präambel unter Verwendung des Begriffs „threat“ auf das Vorsorgeprinzip Bezug, wie es sich ähnlich auch in Prinzip 15 der Rio-Erklärung findet.[321] Auch in Art. 4 Abs. 1 des Nagoya-Protokolls[322] findet sich

[313] *Ortgies*, S. 257 m.w.N. Siehe hierzu auch: *Hammel*, S. 34 m.w.N.

[314] *Scherzberg*, VerwArch 84, 1993, 484 (S. 498); *Klafki*, S. 15 m.w.N.

[315] *Wahl/Appel*, in: Prävention und Vorsorge: Von der Staatsaufgabe zu den verwaltungsrechtlichen Instrumenten, 1–213 (S. 86f.;); *Klafki*, S. 15 m.w.N.

[316] *Wahl/Appel*, in: Prävention und Vorsorge: Von der Staatsaufgabe zu den verwaltungsrechtlichen Instrumenten, 1–213 (S. 88); *Jung*, Bundesgesundheitsblatt – Gesundheitsforschung – Gesundheitsschutz 46, 2003, 542 (S. 545).

[317] *Klafki*, S. 17.

[318] *Boisson de Chazournes*, in: Law of the Sea, Environmental Law and Settlement of Disputes, 21–34 (S. 21); *Hammel*, S. 36ff.

[319] *Peel*, S. 1; *Hammel*, S. 47f.

[320] *Hammel* weist darauf hin, dass eine trennscharfe Differenzierung der Begriffe auf völkerrechtlicher Ebene nicht stattfindet und eine Untersuchung des Risikobegriffs in deutscher Sprache dadurch erschwert wird, dass die Übersetzung der Begriffe ins Deutsche mehrdeutig sein kann, *Hammel*, S. 35f. Von einer fehlenden einheitlich anerkannten Definition des Risikobegriffs auf völkerrechtlicher Ebene geht auch *Schreiber* aus: *Schreiber*, S. 121.

[321] „Noting also that where there is a *threat* of significant reduction or loss of biological diversity, lack of full scientific certainty should not be used as a reason for postponing measures to avoid or minimize such a *threat*“ (Hervorhebungen durch die Verfasserin).

[322] Nagoya Protocol on Access to Genetic Resources and the Fair and Equitable Sharing of Benefits Arising from their Utilisation to the Convention on Biological Diversity, 29. Oktober 2010, 3008 U.N.T.S. 3, in Kraft getreten am 12.10.2014.

der Begriff „threat". Der Risikobegriff wird sowohl in Art. 8 lit. g) der Biodiversitätskonvention[323] als auch in diversen Vorschriften des Cartagena-Protokolls[324] und Art. 1 sowie Art. 2 Abs. 2 lit. b) des Nagoya-Kulala Lumpur Protokolls[325] verwendet.

Das Bonner Übereinkommen[326] greift in Art. 1 Abs. 1 lit. c) (4) e) auf den Ausdruck der Bedrohung zurück.[327]

Während der Risikobegriff teilweise in einem weiten Sinn gebraucht wird und von einem Risiko ausgegangen wird, wenn bezüglich des Eintretens eines Ereignisses Zweifel bestehen[328] oder der Risikobegriff als Sammelbegriff für sämtliche antizipierte Schadensereignisse verwendet wird[329], wird er überwiegend enger verstanden. Ausgangspunkt des Risikobegriffs bilden dabei auch auf völkerrechtlicher Ebene die Elemente des Schadensausmaßes und der Eintrittswahrscheinlichkeit.[330] Diese beiden Elemente sieht beispielsweise die International Law Commission (ILC) als für den Risikobegriff im Rahmen der Draft Articles on Prevention of Transboundary Harm from Hazardous Activities ausschlaggebend an.[331] Die ILC erachtet für ein Risiko im Rahmen des Art. 1 der Draft Articles on Prevention of Transboundary Harm from Hazardous Activities die bloße Möglichkeit eines Schadenseintritts nicht für ausreichend; ein Risiko ist vielmehr nur gegeben, wenn ein objektiver und informierter Dritter im Zeitpunkt der Vornahme der Tätigkeit den möglichen Schadenseintritt abgesehen hat oder jedenfalls hätte absehen können.[332]

In der Regel wird zwischen einem Risiko (im engeren Sinne), (echter) Ungewissheit und Nicht-

323 „Establish or maintain means to regulate, manage or control the *risks* associated with the use and release of living modified organisms [...] taking also into account the *risks* to human health;" (Hervorhebung durch die Verfasserin).

324 Erwägungsgrund fünf der Präambel, Art. 1, Art. 2 Abs. 2, Abs. 5, Art. 4, Art. 15 und 16 CP.

325 The Nagoya-Kuala Lumpur Supplementary Protocol on Liability and Redress to the Cartagena Protocol on Biosafety, 15. Oktober 2010, 50 I.L.M. 105 (2011), in Kraft getreten am 05.03.2018, im Folgenden: Nagoya-Kuala Lumpur Protokoll.

326 Convention of the Conservation of Migratory Species of Wild Animals, 23. Juni 1979, 1651 U.N.T.S. 333, in Kraft getreten am 01.11.1983.

327 „Endangered in relation to a particular migratory species means that the migratory species *is in danger of* extinction [...]" (Hervorhebung durch die Verfasserin).

328 *Boisson de Chazournes*, in: Law of the Sea, Environmental Law and Settlement of Disputes, 21–34 (S. 22).

329 *Klafki*, S. 17 m.w.N.

330 *O'Riordan/Cameron*, S. 208; *Barboza*, S. 10; *Trouwborst*, Precautionary Rights and Duties of States, S. 27; *Zander*, S. 10; *Pedersen*, Transnational Environmental Law 3 (2), 2014, 323 (S. 327); *Klafki*, S. 17 m.w.N.; *Schreiber*, S. 122.

331 ILC, Draft Articles on Prevention of Transboundary Harm from Hazardous Activities, with Commentaries (2001), Text adopted by the International Law Commission at its Fifty-third Session and submitted to the General Assembly as a part of the Commission's Report covering the work of that session, Supplement No. 10 (A/56/10), ILCYB 2001, Vol. II, Part Two, Chapter V, International Liability for Injurious Consequences Arising out of Acts Not Prohibited by International Law (Prevention of Transboundary Harm From Hazardous Activities), S. 152, Kommentar zu Art. 2, im Folgenden: Draft Articles on Prevention of Transboundary Harm from Hazardous Activities.

332 ILC, Draft Articles on Prevention of Transboundary Harm from Hazardous Activities, S. 151, Kommentar zu Art. 1.

wissen unterschieden[333] bzw. das Risiko (im weiteren Sinne) in die eben genannten Untergruppen unterteilt.[334] Von einem Risiko im engeren Sinne ist nur auszugehen, wenn sowohl die Eintrittswahrscheinlichkeit als auch der Schadensumfang bekannt sind.[335] Ein Risiko im engeren Sinne liegt auch vor, wenn die Eintrittswahrscheinlichkeit sehr gering, der Schaden aber entsprechend groß ist.[336] Ist der mögliche Schaden, nicht jedoch die Eintrittswahrscheinlichkeit bekannt, ist von (echter) Ungewissheit die Rede.[337] Nichtwissen ist schließlich gegeben, wenn weder mögliche Schadensfolgen, noch Eintrittswahrscheinlichkeiten bekannt sind.[338] Teilweise wird als gesonderte Kategorie noch die der Unbestimmbarkeit angeführt, die eine Situation bezeichnet, in der aufgrund der Vielfalt möglicher Ereignisse und der Komplexität der Situation nicht davon auszugehen ist, dass die Ungewissheit ausgeräumt werden kann.[339]

Teilweise wird zwischen einem gewissen Risiko (certain risk) und einem ungewissen Risiko (uncertain risk)[340] bzw. einem bekannten Risiko (known risk) und einem unbekannten Risiko (unknown risk)[341] unterschieden. Gewisse bzw. bekannte Risiken setzen voraus, dass sowohl Schadensumfang als auch Eintrittswahrscheinlichkeit bekannt sind[342] und sind mit dem Risiko im engeren Sinne gleichzusetzen. Ungewisse bzw. unbekannte Risiken sind gegeben, wenn mögliche Schadensfolgen oder der Schadensumfang nicht bekannt sind und es nicht möglich ist, die Eintrittswahrscheinlichkeit zu bestimmen.[343]

In Anlehnung an die im deutschen Recht gebräuchliche Differenzierung findet sich ferner auch auf internationaler Ebene vereinzelt die Unterscheidung zwischen Restrisiken (residual risks), die mit menschlicher Aktivität normalerweise einhergehen und hinzunehmen sind, nicht hinnehmbaren, aber bestimmbaren Risiken (unacceptable bzw. definite risks), die gegeben sind, wenn die Kausalität zwischen einer Aktivität und einem Schaden wissenschaftlich bestätigt ist und lediglich in Bezug auf den Zeitpunkt des Schadenseintritts Ungewissheit besteht und unge-

[333] *Trouwborst*, Precautionary Rights and Duties of States, S. 87; *Arcuri*, in: Frontiers in the Economics of Environmental Regulation and Liability, 19–63 (S. 33).

[334] *Beer*, S. 40f.

[335] *Arcuri*, in: Frontiers in the Economics of Environmental Regulation and Liability, 19–63 (S. 33); *MacGarvin*, in: Reinterpreting the Precautionary Principle, 35–60 (S. 42); *Sunstein*, University of Pennsylvania Law Review 151 (3), 2003, 1003 (S. 1033).

[336] *Hammel*, S. 51. So auch das seitens der ILC vertretene Verständnis: ILC, Draft Articles on Prevention of Transboundary Harm from Hazardous Activities, S. 152, Kommentar zu Art. 2.

[337] *Stirling*, On Science and Precaution In the Management of Technological Risk, An ESTO Project Report, Mai 1999, S. 17; *MacGarvin*, in: Reinterpreting the Precautionary Principle, 35–60 (S. 42); *Arcuri*, in: Frontiers in the Economics of Environmental Regulation and Liability, 19–63 (S. 33).

[338] *Stirling*, On Science and Precaution In the Management of Technological Risk, An ESTO Project Report, Mai 1999, S. 17; *Arcuri*, in: Frontiers in the Economics of Environmental Regulation and Liability, 19–63 (S. 33); *MacGarvin*, in: Reinterpreting the Precautionary Principle, 35–60 (S. 42).

[339] *MacGarvin*, in: Reinterpreting the Precautionary Principle, 35–60 (S. 42).

[340] *Zander*, S. 11. Von „uncertain risks" spricht auch *Trinidade* in seiner abweichenden Stellungnahme: IGH, Pulp Mills on the River Uruguay, Separate Opinion of Judge Cançado Trinidade, ICJ Reports 2010, S. 162.

[341] *Townley*, Chicago Journal of International Law 18 (2), 2018, 596 (S. 597).

[342] *Zander*, S. 11; *Townley*, Chicago Journal of International Law 18 (2), 2018, 596 (S. 597).

[343] *Zander*, S. 11; *Townley*, Chicago Journal of International Law 18 (2), 2018, 596 (S. 597).

wissen Risiken (uncertain risks), bei denen ein Schadenseintritt lediglich denkbar erscheint.[344] Im Rahmen der vorliegenden Arbeit wird der Risikobegriff im Ausgangspunkt in einem weiten Sinn verwendet, wonach ein Risiko eine Situation bezeichnet, in der ein Schadenseintritt möglich erscheint. Unterschieden wird sodann weiter zwischen einem Risiko im engeren Sinne, dem bezifferbaren Risiko, bei dem sowohl Schadensumfang als auch die Eintrittswahrscheinlichkeit bekannt sind, und einem nicht bezifferbaren Risiko, bei dem aufgrund wissenschaftlicher Ungewissheit hinsichtlich Schaden, Schadensumfang oder Kausalität zwischen Tätigkeit und Schaden eine Bezifferung nicht möglich ist.

3. Zwischenergebnis

Augenfällig ist, dass es sich bei den Begriffen der Ungewissheit und des Risikos um häufig gebrauchte Begriffe handelt, deren genaue Bedeutung je nach Kontext variiert.

In einem weiten, eher umgangssprachlich verstandenen Sinn besteht Ungewissheit – in Übersetzung des Begriffs „uncertainty“ – immer dann, wenn es an Gewissheit mangelt; sowohl im Falle eines Risikos im engeren Sinne bzw. bezifferbaren Risikos, (echter) Ungewissheit als auch Nichtwissen liegt damit in gewissem Maße Ungewissheit vor.[345] Der Risikobegriff bezeichnet, weit verstanden, sämtliche Situationen, in denen ein Schadenseintritt möglich erscheint.

Auf völkerrechtlicher Ebene und für die Zwecke der vorliegenden Arbeit bietet sich demgegenüber eine Unterscheidung von vier Kategorien an.[346] Zum einen sind Gewissheit auf der einen und Nichtwissen auf der anderen Seite voneinander zu unterscheiden: Gewissheit bezeichnet Wissen über bestimmte Ereignisse, während im Fall von Nichtwissen Erkenntnisse über einen Schaden und über eine Eintrittswahrscheinlichkeit vollständig fehlen.[347] Von einem Risiko im engeren Sinne bzw. bezifferbaren Risiko ist auszugehen, sofern mögliche Folgen und damit der Schadensumfang sowie die Eintrittswahrscheinlichkeit bekannt sind, die Eintrittswahrscheinlichkeit aber nicht eins oder nahe eins ist.[348] Im Übrigen, wenn also mögliche Schadensfolgen zwar absehbar sind, eine Eintrittswahrscheinlichkeit aber nicht bestimmt werden kann, ist von (echter) Ungewissheit bzw. einem nicht bezifferbaren Risiko auszugehen.[349]

[344] *de Sadeleer*, Les principes du pollueur-payeur, de prévention et de précaution – Essai sur la genèse et la potée juridique de quelques principes du droit de l’environnement, S. 175ff.

[345] *Trouwborst*, Precautionary Rights and Duties of States, S. 87.

[346] *Arcuri*, in: Frontiers in the Economics of Environmental Regulation and Liability, 19–63 (S. 33).

[347] *Trouwborst*, Precautionary Rights and Duties of States, S. 87f.; *Arcuri*, in: Frontiers in the Economics of Environmental Regulation and Liability, 19–63 (S. 33).

[348] *Trouwborst*, Precautionary Rights and Duties of States, S. 87f.; *Arcuri*, in: Frontiers in the Economics of Environmental Regulation and Liability, 19–63 (S. 33).

[349] *Trouwborst*, Precautionary Rights and Duties of States, S. 87f.; *Arcuri*, in: Frontiers in the Economics of Environmental Regulation and Liability, 19–63 (S. 33).

III. Das Vorsorgeprinzip im Kontext wissenschaftlicher Ungewissheit

Die herkömmliche, auf dem Prinzip der Assimilationskapazität beruhende Herangehensweise, wonach die rechtliche Regulierung und das Ergreifen staatlicher Maßnahmen auf der Basis gesicherter wissenschaftlicher Erkenntnisse über Ursache-Wirkungszusammenhänge stattfand, wurde somit insbesondere in Zusammenhang mit der Entwicklung und Anwendung moderner Technologien und der zunehmend globalen Auswirkung von Umweltproblemen durch die Ausrichtung staatlichen Handelns am Vorsorgegedanken abgelöst.[350] Exemplarisch zum Ausdruck kommt dies in Art. 4 Abs. 3 lit. f) der Bamako-Konvention:

„[...] The Parties shall [...] to implement the precautionary principle [...] rather than the pursuit of a permissible emissions approach based on assimilative capacity assumptions;".[351]

1. Vorsorgende Regulierung angesichts (echter) wissenschaftlicher Ungewissheit

Häufig wird das Vorsorgeprinzip mit Sätzen wie „better safe than sorry", „look before you leap", „erring on the side of caution" oder „giving the environment the benefit of the doubt" umschrieben.[352] Zum Ausdruck kommt dadurch, dass Vorsorge die Entscheidungsfindung unter Ungewissheit betrifft[353] bzw. eine Strategie zum Umgang mit Risiken ist.[354]
Allerdings ist das Vorsorgeprinzip nicht bei jeglichem Risiko in einem weiten Sinne, also einem möglichen Schadenseintritt, anwendbar. Vielmehr fällt der Umgang mit bezifferbaren Risiken, bei denen sich das Produkt aus Schadensumfang und Eintrittswahrscheinlichkeit mathematisch bestimmen lässt, in den Anwendungsbereich des Präventionsprinzips.[355] Dem Vorsorgeprinzip kommt hingegen in Situationen (echter) wissenschaftlicher Ungewissheit Bedeutung zu, wenn das Risiko nicht messbar oder unsicher ist.[356]

---

[350] *Freestone/Hey*, in: The Precautionary Principle and International Law – The Challenge of Implementation, 3–15 (S. 12); *Bodansky*, in: Interpreting the Precautionary Principle, 203–228 (S. 203); *Pyhälä/Brusendorff/Paulomäki*, in: Research Handbook on International Environmental Law, 203–224 (S. 205).

[351] Bamako Convention on the Ban of the Import into Africa and the Control of Transboundary Movement and Management of Hazardous Wastes within Africa, 30. Januar 1991, 2101 U.N.T.S. 177, in Kraft getreten am 22.04.1998.

[352] *Cameron/Abouchar*, in: The Precautionary Principle and International Law – The Challenge of Implementation, 29–52 (S. 30); *Trouwborst*, Precautionary Rights and Duties of States, S. 29; *Wiener*, in: The Oxford Handbook of International Environmental Law, 598–612 (S. 598).

[353] *Pyhälä/Brusendorff/Paulomäki*, in: Research Handbook on International Environmental Law, 203–224 (S. 205).

[354] *Wiener*, in: The Oxford Handbook of International Environmental Law, 598–612 (S. 598).

[355] *de Sadeleer*, in: Research Handbook on International Environmental Law, 182–199 (S. 186). Ausführungen zum Präventionsprinzip erfolgen in Teil 3, Kapitel 4, I, 1.

[356] *Pyhälä/Brusendorff/Paulomäki*, in: Research Handbook on International Environmental Law, 203–224 (S. 203); *Sands/Peel*, S. 230; *de Sadeleer*, in: Research Handbook on International Environmental Law, 182–199 (S. 186).

2. Vorsorgende Regulierung im Spannungsverhältnis zwischen Fehlern 1. und Fehlern 2. Art

Idealerweise erfolgt die rechtliche Regulierung neuer Technologien nur dann und nur insoweit, als sie erforderlich ist, um andernfalls eintretende, als nicht hinnehmbar qualifizierte Schäden zu verhindern, da so die Bedürfnisse nach Fortschritt einerseits und Sicherheit andererseits bestmöglich in Einklang gebracht werden. Welche Schäden im Einzelfall zu tolerieren sind, ist dabei grundsätzlich eine politische Entscheidung, die je nach den in einer Gesellschaft vorherrschenden Werten unterschiedlich ausfallen kann.[357]

Ist somit angesichts wissenschaftlicher Ungewissheit eine Regulierungsentscheidung zu treffen, würde im Idealfall die Regulierung einer bestimmten Tätigkeit ausschließlich dann erfolgen, wenn tatsächlich ohne den regulierenden Eingriff nicht hinnehmbare Schäden eintreten würden. Umgekehrt würde eine Tätigkeit dann nicht reguliert, wenn tatsächlich kein nicht hinnehmbarer Schaden eintritt.

Angesichts wissenschaftlicher Ungewissheit sind allerdings abseits der eben erläuterten idealen Entscheidung, die in der Realität in Zusammenhang mit neuen Technologien kaum je zu treffen sein wird, zwei Arten von Fehlern denkbar, die als Fehler 1. Art und Fehler 2. Art bezeichnet werden.[358] Im Falle eines Fehlers 1. Art (type I error oder false positive) werden regulatorische Maßnahmen ergriffen, obwohl tatsächlich kein nicht hinnehmbarer Schaden droht; es wird also fälschlicherweise angenommen, dass eine bestimmte Aktivität nicht hinnehmbare Schäden nach sich zieht.[359] Ergebnis ist die Überregulierung einer bestimmten Aktivität.[360] Ein Fehler 2. Art (type II error oder false negative) liegt hingegen vor, wenn keine regulatorischen Maßnahmen ergriffen werden, obwohl die betreffende Aktivität tatsächlich schädlich ist.[361] Es wird somit fälschlicherweise davon ausgegangen, dass eine bestimmte Aktivität unschädlich ist und keine nicht hinnehmbaren Schäden nach sich zieht.[362] In diesem Fall ist eine bestimmte Aktivität unterreguliert.[363]

In der Vergangenheit waren Fälle von Fehlern 2. Art, in denen eine bestimmte Technologie oder Aktivität in ihrer Schädlichkeit unterschätzt wurde und erst im Nachhinein reguliert oder sogar

[357] *Kommission der Europäischen Gemeinschaften*, Mitteilung der Kommission über die Anwendbarkeit des Vorsorgeprinzips, KOM 2000 (1) endg., Ziff. 5.1.2.; *SRU*, Vorsorgestrategien für Nanomaterialien – Sondergutachten, 2011, S. 39.

[358] *M'Gonigle* u. a., Osgoode Hall Law Journal 32 (1), 1994, 99 (S. 104); *Fischer*, S. 84.

[359] *M'Gonigle* u. a., Osgoode Hall Law Journal 32 (1), 1994, 99 (S. 104); *Schettler/Raffensperger*, in: The precautionary principle: protecting public health, the environment and the future of our children, 63–84 (S. 71).

[360] *Schettler/Raffensperger*, in: The precautionary principle: protecting public health, the environment and the future of our children, 63–84 (S. 71).

[361] *M'Gonigle* u. a., Osgoode Hall Law Journal 32 (1), 1994, 99 (S. 104); *Schettler/Raffensperger*, in: The precautionary principle: protecting public health, the environment and the future of our children, 63–84 (S. 71).

[362] *M'Gonigle* u. a., Osgoode Hall Law Journal 32 (1), 1994, 99 (S. 104).

[363] *Schettler/Raffensperger*, in: The precautionary principle: protecting public health, the environment and the future of our children, 63–84 (S. 71).

verboten wurde, wesentlich häufiger anzutreffen als Fehler 1. Art.[364] Es wurde herkömmlicherweise mehr Wert darauf gelegt, Fehler 1. Art zu minimieren und damit eine Überregulierung zu vermeiden.[365] Der Grund hierfür ist in der bei der empirischen Forschung verwendeten Methodik zu suchen.[366] Im Zuge der Risikobestimmung werden herkömmlicherweise zunächst eine Hypothese und eine Nullhypothese aufgestellt, wobei erstere in der Regel darin besteht, dass eine Auswirkung einer bestimmten Aktivität gegeben ist und nach der Nullhypothese vermutet wird, dass keine Auswirkung gegeben ist.[367] Soll beispielsweise die Schädlichkeit einer absichtlichen Freisetzung einer bestimmten Art von Gene Drive-Organismen in die Umwelt untersucht werden, würde – vereinfacht gesagt – die Nullhypothese darin bestehen, dass die Freisetzung unschädlich ist, während nach der Hypothese die Freisetzung Umweltschäden hervorruft. Sodann wird versucht, die Nullhypothese zu widerlegen.[368] Dieser Methode immanent ist die Gefahr, dass ausreichende Anhaltspunkte für eine Schädlichkeit nicht festgestellt werden können, es also nicht gelingt, die Nullhypothese zu widerlegen, obwohl tatsächlich eine Schädlichkeit gegeben ist.[369] In der Folge werden Fehler 1. Art minimiert.[370]

Der Umstand, dass Fehler 2. Art eher akzeptiert werden, mit neuen Technologien einhergehende Gefahren also unterschätzt und folglich nicht oder nur unzureichend reguliert werden, läuft dem Vorsorgegedanken zuwider.[371] Ausprägung des Vorsorgegedankens wäre es auf den ersten Blick vielmehr, Fehler 2. Art zu minimieren und so Entscheidungen zu treffen, die die Umwelt schützen.[372] Berücksichtigt man aber zusätzlich Risiken, die durch eine Reaktion auf ein bestimmtes, nicht bezifferbares Risiko entstehen (countervailing risks), wird deutlich, dass die bloße Minimierung von Fehlern 2. Art nicht zwangsläufig zu einem vorsorgenderen Verhalten führt.[373] Denn die Minimierung von Fehlern 2. Art und damit die Regulierung bestimmter Aktivitäten, um die Umwelt oder die Gesundheit zu schützen, obwohl die Aktivitäten möglicherweise keine nicht hinnehmbaren Schäden hervorrufen, führt unter Umständen dazu, dass positive Auswirkungen der Aktivität auf die Umwelt oder Gesundheit nicht verwirklicht werden.[374] Würde beispielsweise die Freisetzung eines bestimmten Gene Drive-Systems zum Schutz von

---

364 *M'Gonigle* u. a., Osgoode Hall Law Journal 32 (1), 1994, 99 (S. 104); *MacGarvin* u. a., Late lessons from early warnings: the precautionary principle 1896-2000, 2001, S. 184; *Fischer*, S. 85.

365 *Underwood*, in: Perspectives on the Precautionary Principle, 254–266 (S. 254ff.).

366 *Fischer*, S. 85.

367 *M'Gonigle* u. a., Osgoode Hall Law Journal 32 (1), 1994, 99 (S. 104).

368 *M'Gonigle* u. a., Osgoode Hall Law Journal 32 (1), 1994, 99 (S. 104); *MacGarvin* u. a., Late lessons from early warnings: the precautionary principle 1896-2000, 2001, S. 183.

369 *Fischer*, S. 85.

370 *Fischer*, S. 85.

371 *MacGarvin* u. a., Late lessons from early warnings: the precautionary principle 1896-2000, 2001, S. 184.

372 *Dinneen*, Politics and the Life Sciences 32 (1), 2013, 2 (S. 8). Begründet wird dies damit, dass die fehlende Regulierung einer schädlichen Aktivität zu Umwelt- bzw. Gesundheitsschäden hervorruft, während eine Überregulierung schlimmstenfalls monetäre Verluste mit sich bringt, *Page*, Ecology Law Quaterly 7 (2), 1978, 207 (S. 236ff.).

373 *Dinneen*, Politics and the Life Sciences 32 (1), 2013, 2 (S. 8).

374 *Wiener*, in: Human and Ecological Risk Assessment: Theory and Practice, 1509–1531 (S. 1518).

Schädlingen, die massive Ernteausfälle verursachen, verboten, in der Konsequenz aber der Pestizideinsatz, der ebenfalls massive Umweltschädigungen bzw. Gesundheitsschäden hervorruft, extrem ansteigen, würden die positiven Auswirkungen, die mit dem Einsatz des Gene Drive-Systems einhergehen, nicht zum Tragen kommen.

Vorsorgendes Verhalten erfordert somit eine Balance zwischen Über- und Unterregulierung und darüber hinaus eine Berücksichtigung mittelbar entstehender Risiken, um dasjenige Verhalten zu wählen, das in seiner Gesamtheit die wenigsten Umweltbeeinträchtigungen nach sich zieht.[375]

IV. Die ressourcenökonomische Dimension des Vorsorgeprinzips

Die beschriebene risikobezogene Dimension des Vorsorgeprinzips knüpft an die Erkenntnis an, dass hinsichtlich der Schädlichkeit umweltrelevanter Tätigkeiten in wissenschaftlich-technischer Hinsicht häufig Ungewissheit besteht, Umweltbelastungen aber bereits frühzeitig vermieden oder beschränkt werden sollen.[376]

Insbesondere im deutschen Umweltrecht wird dem Vorsorgegedanken allerdings noch eine weitere Bedeutung beigemessen, neben die risikobezogene Dimension des Vorsorgeprinzips tritt eine ressourcenökonomische Dimension.[377] Mit natürlichen Ressourcen soll danach sparsam umgegangen werden, durch vorsorgendes Handeln sollen Belastungen der natürlichen Lebensgrundlagen so weit wie möglich reduziert werden, um Belastungs- und Belastbarkeitsreserven zu erhalten und dem Erreichen oder Überschreiten von Gefahrenschwellen vorzubeugen.[378] Ziel ist es, die natürlichen Lebensgrundlagen durch schonende Inanspruchnahme langfristig zu bewahren und für nachfolgende Generationen zu erhalten.[379]

Während die ressourcenökonomische Dimension im deutschen und auch im europäischen Recht Niederschlag findet, wird Vorsorge auf völkerrechtlicher Ebene stets in Zusammenhang mit Risiken thematisiert und betrifft auf völkerrechtlicher Ebene den Umgang mit (echter) Ungewissheit bzw. nicht bezifferbaren Risiken.[380] Der Erhalt natürlicher Lebensgrundlagen zum Wohl

[375] *Wiener*, in: Human and Ecological Risk Assessment: Theory and Practice, 1509–1531 (S. 1518ff.).

[376] *Wahl/Appel*, in: Prävention und Vorsorge: Von der Staatsaufgabe zu den verwaltungsrechtlichen Instrumenten, 1–213 (S. 74); *Erbguth/Schlacke*, S. 58, Rn. 6.

[377] *Wahl/Appel*, in: Prävention und Vorsorge: Von der Staatsaufgabe zu den verwaltungsrechtlichen Instrumenten, 1–213 (S. 74); *Erbguth/Schlacke*, S. 58, Rn. 8.

[378] *Wahl/Appel*, in: Prävention und Vorsorge: Von der Staatsaufgabe zu den verwaltungsrechtlichen Instrumenten, 1–213 (S. 74); *SRU*, Vorsorgestrategien für Nanomaterialien – Sondergutachten, 2011, S. 42. Diese „Freiraumthese“, wonach Freiräume in Gestalt künftiger Lebensräume für Mensch und Natur erhalten werden sollen, geht vor allem auf die Gesetzesbegründung zum deutschen Bundesimmissionschutzgesetz aus dem Jahr 1974 zurück, *SRU*, Vorsorgestrategien für Nanomaterialien – Sondergutachten, 2011, S. 42.

[379] *Wahl/Appel*, in: Prävention und Vorsorge: Von der Staatsaufgabe zu den verwaltungsrechtlichen Instrumenten, 1–213 (S. 74); *Erbguth/Schlacke*, S. 58, Rn. 8.

[380] *Böckenförde*, ZaöRV 63 2003, 313 (S. 313); *Erben*, S. 272; *Wiener*, in: The Oxford Handbook of International Environmental Law, 598–612 (S. 598); *Boisson de Chazournes*, in: Law of the Sea, Environmental Law and Settlement of Disputes, 21–34 (S. 22).

künftiger Generationen durch Nichtausschöpfung der Belastungsgrenzen ist eher im Nachhaltigkeitsprinzip bzw. dem Prinzip der nachhaltigen Entwicklung zu verorten.[381]

[381] Siehe hierzu *Böckenförde*, ZaöRV 63 2003, 313 (S. 313). Ausführungen zum Prinzip der nachhaltigen Entwicklung erfolgen in Teil 3, Kapitel 4, II.

Kapitel 2: Ursprünge des Vorsorgeprinzips und Entwicklung zu einem völkerrechtlichen Prinzip

Der Vorsorgegedanke tauchte erstmals in der nationalen Umweltpolitik bzw. dem Umweltrecht auf nationaler Ebene auf und gewann ausgehend von der nationalen Ebene ab Mitte der 1980er Jahre auch auf internationaler Ebene zunehmend an Bedeutung.[382]

Im Folgenden soll zunächst die Entstehung des Vorsorgegedankens beleuchtet und sodann dargestellt werden, wie sich dieser von einem auf nationaler Ebene bedeutsamen umweltpolitischen Grundsatz zu einem auch auf völkerrechtlicher Ebene anerkannten Prinzip entwickelt hat.[383]

I. Ursprünge des Vorsorgeprinzips

Die Ursprünge des Vorsorgegedankens werden überwiegend in Deutschland[384] teilweise aber auch in Schweden[385] verortet.

So findet sich der Vorsorgegedanke bereits in dem im Jahr 1969 verabschiedeten schwedischen Umweltgesetz, das die Regelung enthielt, dass in Zusammenhang mit der Vornahme besonders gefährlicher Aktivitäten eine Beweislastumkehr stattfindet und wonach das bloße mit einer solchen Aktivität einhergehende Risiko ausreichend war, um Schutzmaßnahmen zu erlassen oder die Vornahme der Aktivität zu verbieten.[386]

In Westdeutschland entwickelte sich der Vorsorgegedanke in den 1970er Jahren zunächst in Form eines umweltpolitischen Grundsatzes.[387] Bereits das Umweltprogramm der Bundesregierung aus dem Jahr 1971[388] gründete auf dem Vorsorgegedanken, wenngleich das Vorsorgeprinzip als umweltpolitische Leitlinie noch nicht explizit Erwähnung fand. Ausdrücklich als solches bezeichnet wurde das Vorsorgeprinzip im Umweltbericht der Bundesregierung aus dem Jahr 1976.[389] Die Umweltpolitik sollte sich nicht in der Abwehr drohender Gefahren und der

[382] *Sands/Peel*, S. 230.

[383] Eine detaillierte Darstellung zu Entstehung und Entwicklung des Vorsorgegedankens findet sich bei *Freestone/Hey*, in: The Precautionary Principle and International Law – The Challenge of Implementation, 3–15 (S. 3ff.) und *Jordan/O'Riordan*, in: The precautionary principle: protecting public health, the environment and the future of our children, 31–48 (S. 31ff.).

[384] *Cross* nimmt an, der Vorsorgegedanke sei bereits in den 1960er Jahren von deutschen Amtsträgern entwickelt worden, *Cross*, Washington and Lee Review 53 (3), 1996, 851 (S. 852) Siehe ferner: *v. Moltke*, Twelfth Report – Best Practicable Environmental Option, 1988, Anhang 3, S. 57; *Jordan/O'Riordan*, in: The precautionary principle: protecting public health, the environment and the future of our children, 31–48 (S. 33); *Sands/Peel*, S. 230.

[385] *Boyle/Redgwell*, S. 172; *Beyerlein/Marauhn*, S. 47; *Sand*, Human and Ecological Risk Assessment 6 (3), 2000, 445 (S. 448 m.w.N.)

[386] *Beyerlein/Marauhn*, S. 47; *Sand*, Human and Ecological Risk Assessment 6 (3), 2000, 445 (S. 448 m.w.N.) Die schwedische Regelung entspricht dem heutigen Vorsorgeprinzip in seiner stärksten Ausprägung, *Sand*, Human and Ecological Risk Assessment 6 (3), 2000, 445 (S. 448).

[387] *v. Moltke*, Twelfth Report – Best Practicable Environmental Option, 1988, Anhang 3, S. 57.

[388] *Bundesregierung*, Umweltprogramm der Bundesregierung, BT-Drs. VI/2710, 14.10.1971.

[389] *Bundesregierung*, Umweltbericht '76, BT-Drs. 7/5684, 14.07.1976, S. 8.

© Der/die Autor(en), exklusiv lizenziert an Springer Fachmedien Wiesbaden GmbH, ein Teil von Springer Nature 2026
I. Albrecht, *Das Vorsorgeprinzip in Zusammenhang mit der absichtlichen Freisetzung von mittels Gene Drive gentechnisch veränderten Organismen*,
https://doi.org/10.1007/978-3-658-50876-0_6

Beseitigung eingetretener Schäden erschöpfen, sondern als vorsorgende Umweltpolitik die Naturgrundlagen schützen und dafür sorgen, dass diese schonend in Anspruch genommen werden. In den Leitlinien der Bundesregierung zur Umweltvorsorge durch Vermeidung und stufenweise Verminderung von Schadstoffen wurde Risikovorsorge im Sinne einer Vermeidung oder Verminderung von Risiken für die Umwelt als zentrale Aufgabe der gegenwärtigen und zukünftigen Umweltpolitik und als politisches Handlungsprinzip bestimmt.[390]

Mit Verabschiedung des Bundesimmissionsschutzgesetzes wurde der Vorsorgegedanke in Deutschland erstmals rechtlich bindend festgeschrieben.[391] Mittlerweile findet sich dieser in zahlreichen nationalen Rechtsordnungen.

II. Aufnahme des Vorsorgeprinzips in rechtlich unverbindliche Erklärungen auf internationaler Ebene

Richtungsweisend war das Vorsorgeprinzip anfangs insbesondere im Bereich des Meeresschutzes[392], wobei es zunächst ausschließlich in rechtlich unverbindlichen Erklärungen, sogenannten „soft-law"-Dokumenten, seinen Niederschlag fand.

So fand in der Präambel der auf der ersten Nordseekonferenz verabschiedeten Ministererklärung Anerkennung, dass Schutz gegen Umweltverschmutzung am ehesten durch zeitlich vorgelagerte Maßnahmen erfolgen kann[393] und aufgrund möglicher irreversibler oder nur unter Einsatz kosten- und zeitintensiver Maßnahmen wiedergutzumachende Umweltschäden Küstenstaaten auch bereits dann Maßnahmen zum Schutz der Meeresumwelt ergreifen dürfen, wenn es noch an wissenschaftlichen Beweisen in Bezug auf schädliche Auswirkungen fehlt.[394] Im Rahmen der auf der zweiten Nordseekonferenz verabschiedeten Ministererklärung war sodann ausdrücklich von einem Vorsorgeansatz die Rede[395]:

„[...] in order to protect the North Sea from possibly damaging effects [...], a precautionary approach is

---

390 *Bundesregierung*, Leitlinien der Bundesregierung zur Umweltvorsorge durch Vermeidung und stufenweise Verminderung von Schadstoffen (Leitlinien Umweltvorsorge), BT-Drs. 10/6028, 19.09.1986, S. 7ff.

391 Art. 5 Abs. 2 BImSchG lautete: „Genehmigungsbedürftige Anlagen sind so zu errichten und zu betreiben, dass Vorsorge gegen schädliche Umwelteinwirkungen getroffen wird, insbesondere durch die dem Stand der Technik entsprechenden Maßnahmen zur Emissionsbegrenzung [...].", Bundesimmissionsschutzgesetz – BImSchG i.d.F. der Bekanntmachung vom 21. März 1974, BGBl. I, S. 721.

392 *Freestone/Hey*, in: The Precautionary Principle and International Law – The Challenge of Implementation, 3–15 (S. 5); *Arcuri*, in: Frontiers in the Economics of Environmental Regulation and Liability, 19–63 (S. 24); *Sands/Peel*, S. 231.

393 „*Recognizing* that the environment is best protected against pollution trough timely preventive measures;", Declaration of the International Conference on the Protection of the North Sea, Bremen, 01. November 1984, A 6, abgedruckt in: *Freestone/Ijlstra*, S. 61ff.

394 „*Conscious* that damage to the marine environment can be irreversible or remediable only at considerable expense and over long periods and that, therefore, coastal states and the EEC must not wait for proof of harmful effects before taking action;", Declaration of the International Conference on the Protection of the North Sea, Bremen, 01. November 1984, A 7.

395 Die Aufnahme des Vorsorgegedankens in die Ministererklärung ging im Wesentlichen auf den Einsatz Deutschlands zurück, *Gündling*, International Journal of Estuarine and Coastal Law 5 (1-4), 1990, 23 (S. 23f.).

necessary which may require action to control inputs of such substances even before a causal link has been established by absolutely clear scientific evidence.“[396]

Auch im Rahmen des sog. Brundtland-Berichts fand das Konzept der Vorsorge Erwähnung.[397] Darüber hinaus fand der Vorsorgegedanke, ohne explizit als solcher bezeichnet zu werden, auch Eingang in die 1982 durch die UN-Generalversammlung verabschiedete Weltcharta der Natur.[398] Im Rahmen der Abschlusserklärung der Wingspread-Konferenz, einer im Jahr 1998 stattfindenden Fachkonferenz zum Vorsorgeprinzip, an der Naturwissenschaftler, Rechtswissenschaftler, politische Entscheidungsträger und Umweltaktivisten teilnahmen, wurde der Vorsorgegedanke wie folgt zusammengefasst:

„When an activity raises threats of harm to human health or the environment, precautionary measures should be taken even if some cause and effect relationships are not fully established scientifically. In this context the proponent of an activity, rather than the public, should bear the burden of proof.“[399]

Die Umsetzung vorsorgender Maßnahmen sollte in einem offenen, informierten und demokratischen Prozess unter Einbeziehung der möglicherweise betroffenen Parteien stattfinden und es sollten mögliche Handlungsalternativen einschließlich des Nichthandelns analysiert werden.[400] Das heute prominenteste Beispiel für die Aufnahme des Vorsorgegedankens in eine rechtlich unverbindliche Erklärung stellt das eingangs bereits erwähnte Prinzip 15 der Rio-Erklärung über Umwelt und Entwicklung dar, wonach angesichts eines drohenden ernsthaften oder bleibenden Schadens ein Mangel an wissenschaftlicher Gewissheit nicht Grund dafür sein darf, kostenwirksame Maßnahmen zur Vermeidung von Umweltverschlechterungen aufzuschieben.

III. Eingang des Vorsorgeprinzips in internationale Vertragswerke

Erstmals Teil eines völkerrechtlichen Vertrags wurde der Vorsorgegedanke im Jahr 1985, indem in Erwägungsgrund fünf der Präambel des Wiener Übereinkommens zum Schutz der Ozonschicht auf bereits zum Schutz der Ozonschicht ergriffene Vorsorgemaßnahmen Bezug genommen wurde.[401] Das kurze Zeit später verabschiedete Montreal-Protokoll nahm ebenfalls in der

[396] Declaration of the Second International Conference on the Protection of the North Sea, London, 25.11.1987, Ziff. VII, abgedruckt in: *Freestone/Ijlstra*, S. 40ff.

[397] „States shall take all reasonable precautionary measures to limit the risk when carrying out or permitting certain dangerous but beneficial activities [...]“, Anhang 1, Prinzip 11, Report of the World Commission on Environment and Development: Our Common Future, 1987.

[398] „Activities which are likely to pose a significant risk to nature shall be preceded by an exhaustive examination; their proponents shall demonstrate that expected benefits outweigh potential damage to nature, and where potential adverse effects are not fully understood, the activities should not proceed“, UN-Generalversammlung, World Charter for Nature, 28. Oktober 1982, A/RES/37/7 (1982), Ziffer 11 lit. b).

[399] Wingspread Statement on the Precautionary Principle, Racine, Wisconsin, 1998.

[400] Wingspread Statement on the Precautionary Principle, Racine, Wisconsin, 1998.

[401] „*Mindful also* of the precautionary measures for the protection of the ozone layer which have already been taken at the national and international levels“, Vienna Convention for the Protection of the Ozone Layer, 22. März 1985, 1513 U.N.T.S. 293, in Kraft getreten am 22.09.1988.

Präambel ausdrücklich auf den Vorsorgegedanken Bezug:

„*Determined* to protect the ozone layer by taking precautionary measures [...]"[402]

In Art. 4 Abs. 3 lit. f) der Bamako-Konvention verpflichteten sich die Vertragsparteien schließlich im operativen Vertragsteil zum Ergreifen eines – sehr weitreichenden – Vorsorgeansatzes:

„Each Party shall strive to adopt and implement the preventive, precautionary approach to pollution problems which entails, inter-alia, preventing the release into the environment of substances which may cause harm to humans or the environment without waiting for scientific proof regarding such harm. [...]"

Der präventive und der vorsorgende Ansatz werden hiernach nicht unterschieden, der zu erwartende Schaden muss weder besonders schwerwiegend, noch irreversibel sein und auch an die wissenschaftlichen Belege für einen möglichen Schaden werden keine weitergehenden Anforderungen gestellt.[403]

Ebenso enthielt die OSPAR-Konvention, ein Vertragswerk zum Schutz der Ostsee und des Nordostatlantiks, in Art. 2 Abs. 2 lit. a) des operativen Vertragsteils die Verpflichtung zur Anwendung des Vorsorgeprinzips:

„The Contracting Parties shall apply: the precautionary principle, by virtues of which preventive measures are to be taken when there are reasonable grounds for concern that substances or energy introduced, [...], into the marine environment may bring about hazards to human health, harm living resources and marine ecosystems, damage amenities or interfere with other legitimate uses of the sea, even when there is no conclusive evidence of a causal relationship between the inputs and the effects;"[404].

Auch im Rahmen der Klimarahmenkonvention findet sich in Art. 3 Abs. 3 die Verpflichtung, dem Vorsorgegedanken Rechnung zu tragen:

„The Parties should take precautionary measures to anticipate, prevent or minimize the causes of climate change [...]. Where there are threats of serious or irreversible damage, lack of full scientific certainty should not be used as a reason for postponing such measures, taking into account that policies and measures to deal with climate change should be cost-effective so as to ensure global benefits at the lowest possible cost. [...]"[405]

Seit dem Jahr 1998 erfolgte die Niederlegung in zahlreichen völkerrechtlichen Verträgen, heute findet sich eine Bezugnahme auf das Konzept der Vorsorge in beinahe jedem umweltvölkerrechtlichen Vertrag.[406]

---

402 Montreal Protocol on Substances that Deplete the Ozone Layer, 16. September 1987, 1522 U.N.T.S. 3, in Kraft getreten am 01.01.1989, Erwägungsgrund sechs der Präambel.

403 *Sands/Peel*, S. 232.

404 Convention for the Protection of the Marine Environment and the North-East Atlantic, 22. September 1992, 2354 U.N.T.S. 67, in Kraft getreten am 25.03.1998.

405 United Nations Framework Convention on Climate Change, 09. Mai 1992, 1771 U.N.T.S. 107, in Kraft getreten am 21.05.1994.

406 *Sands/Peel*, S. 232; *Bourguignon*, Das Vorsorgeprinzip – Begriffsbestimmungen, Anwendungsbereiche und Steuerung, 2015, S. 6. Eine Aufzählung der wesentlichen Vertragswerke findet sich beispielsweise bei *Freesto-*

Während vorsorgendes Handeln somit zunächst in Zusammenhang mit dem Schutz der Meeresumwelt für bedeutsam erachtet wurde, gewann der Vorsorgegedanke außerhalb des Meeresschutzes und des Schutzes gegen Luftverschmutzung an Bedeutung.[407] Das Vorsorgeprinzip entwickelte sich damit einerseits von einem in rechtlich unverbindlichen Erklärungen auftauchenden Gedanken zu einem im operativen Vertragsteil festgeschriebenen – rechtlich bindenden – Grundsatz. Zum anderen weitete sich der Anwendungsbereich vom Meeresschutz über den Schutz der Umwelt vor schädlichen Substanzen auf sämtliche Bereiche des Umweltschutzes aus.

ne/Hey, in: The Precautionary Principle and International Law – The Challenge of Implementation, 3–15 (S. 3f.), bei *Fitzmaurice*, ZaöRV 77 (2017), 339 (S. 356f.) oder bei *Sand*, Human and Ecological Risk Assessment 6 (3), 2000, 445 (S. 445f.). *Wiener*, *Trouwborst* und *Beyerlein* zufolge wurde der Vorsorgegedanke in mehr als 50 multilaterale völkerrechtliche Verträge integriert, *Wiener*, in: The Oxford Handbook of International Environmental Law, 598–612 (S. 601); *Trouwborst*, Evolution and Status of the Precautionary Principle in International Law, S. 63-112; *Beyerlein/Marauhn*, S. 49. *De Sadeleer* spricht sogar von etwa 60 völkerrechtlichen Verträgen, *de Sadeleer*, in: Research Handbook on International Environmental Law, 182–199 (S. 187).

407 *Freestone/Hey*, in: The Precautionary Principle and International Law – The Challenge of Implementation, 3–15 (S. 9f.); *de Sadeleer*, Environmental Principles – From Political Slogans to Legal Rules, S. 96.

Kapitel 3: Das Verhältnis des Vorsorgeprinzips zu anderen Prinzipien des internationalen Umweltrechts

Wenngleich kaum eine einheitliche Auflistung der Prinzipien des Umweltvölkerrechts existiert und sowohl die völkergewohnheitsrechtliche Geltung als auch die inhaltliche Reichweite einzelner Prinzipien nach wie vor umstritten ist, soll im Folgenden ein Überblick über den Kerngehalt der neben dem Vorsorgeprinzip bedeutsamsten substanziellen Prinzipien des Umweltvölkerrechts gegeben werden, wie sie in fast allen umweltvölkerrechtlichen Abkommen sowie der Stockholm-Erklärung[408] und der Rio-Erklärung enthalten sind.

Ziel ist es einerseits, aufzuzeigen, wie die einzelnen umweltrechtlichen Prinzipien vom Vorsorgeprinzip abzugrenzen sind, anderseits soll dargestellt werden, inwieweit sich zwischen den einzelnen Prinzipien und dem Vorsorgeprinzip eine Verbindung herstellen lässt, wie also die einzelnen Prinzipien des Umweltvölkerrechts mit dem Vorsorgeprinzip zusammenwirken. Ein besonderes Augenmerk liegt dabei auf dem Verbot erheblicher grenzüberschreitender Umweltbeeinträchtigungen bzw. dem Präventionsprinzip und dessen Abgrenzung zum Vorsorgeprinzip, da sowohl die heute im Form des Präventionsprinzips anerkannte Verpflichtung als auch das Vorsorgeprinzip dazu dienen sollen, Umweltbeeinträchtigungen und damit einen Schadenseintritt möglichst zu vermeiden.

I. Das Verbot erheblicher grenzüberschreitender Umweltbeeinträchtigungen und das Präventionsprinzip

Nach der heute nicht mehr vertretenen *Harmon-Doktrin*, die Ausdruck eines absoluten Souveränitätsverständnisses war, sollte jeder Staat kraft seiner territorialen Souveränität ungeachtet der Auswirkungen auf das Staatsgebiet anderer Staaten frei darüber entscheiden können, welche Aktivitäten er auf seinem Staatsgebiet vornehmen oder dulden will; der territorialen Souveränität wurde gegenüber der territorialen Integrität der Vorrang eingeräumt.[409]

In Abkehr von dieser einseitigen Bevorzugung der territorialen Souveränität entschied das Schiedsgericht im *Trail Smelter*-Verfahren

„[...] under the principles of international law, [...], no State has the right to use or permit the use of its territory in such a manner as to cause injury [...] in or to the territory of another or the properties or persons therein, when the case is of serious consequence and the injury is established by clear and convincing evidence“[410]

[408] Declaration of the United Nations Conference on the Human Environment, Report of the United Nations Conference on the Human Environment, 5. bis 16. Juni 1972, UN Doc.A/CONF.48/14/Rev.1.

[409] *Beyerlein/Marauhn*, S. 39; *v. Arnauld*, S. 387, Rn. 887.

[410] PCA, Trail Smelter Case (Vereinigte Staaten von Amerika v. Kanada), Schiedssprüche vom 16. April 1938 und 11. März 1941, Reports of International Arbitral Awards, Vol. III, S. 1908, S. 1965.

© Der/die Autor(en), exklusiv lizenziert an Springer Fachmedien Wiesbaden GmbH, ein Teil von Springer Nature 2026
I. Albrecht, *Das Vorsorgeprinzip in Zusammenhang mit der absichtlichen Freisetzung von mittels Gene Drive gentechnisch veränderten Organismen*,
https://doi.org/10.1007/978-3-658-50876-0_7

und legte damit den Grundstein der *no-harm-rule*.[411] Das Verbot erheblicher grenzüberschreitender Umweltbeeinträchtigungen sollte die territoriale Souveränität und die territoriale Integrität in Ausgleich bringen, ein Staat war danach für von seinem Staatsgebiet ausgehende erhebliche Umweltbeeinträchtigungen, die auf dem Staatsgebiet eines anderen Staates eintreten, völkerrechtlich verantwortlich.[412] Dieser völkerrechtlichen Verantwortlichkeit lag die alsbald allgemein völkergewohnheitsrechtlich anerkannte Verpflichtung zugrunde, erhebliche grenzüberschreitende Umweltbeeinträchtigungen zu unterlassen sowie Beeinträchtigungen durch Private zu unterbinden.[413]

Dieses ursprünglich als Erfolgsverpflichtung anerkannte Verbot erheblicher grenzüberschreitender Umweltbeeinträchtigungen wandelte sich in der Folge zu einem Gebot, erhebliche grenzüberschreitende Umweltbeeinträchtigungen so weit wie möglich zu vermeiden und damit zu einer Verhaltenspflicht.[414] Bereits im Jahr 1996 erkannte der IGH an:

„The existence of the general obligation of States to ensure that activities within their jurisdiction and control respect the environment in other states or areas beyond national control is now part of the corpus of international law relating to the environment."[415]

1. Das Präventionsprinzip

Nach Prinzip 2 der Rio-Erklärung haben Staaten

„[...] the responsibility to ensure that activities within their jurisdiction or control do not cause damage to the environment to other States or of areas beyond the limits of national jurisdiction."

Dieser in Prinzip 2 der Rio-Erklärung sowie in Prinzip 21 der Stockholm-Erklärung[416] zum Ausdruck kommende Gedanke ist heute allgemein völkergewohnheitsrechtlich anerkannt.[417]

---

[411] *Duvic-Paoli*, S. 146.

[412] *Proelß*, in: Internationales Umweltrecht, 97–150 (S. 104, Rn. 8); *v. Arnauld*, S. 387, Rn. 888.

[413] *v. Arnauld*, S. 387, Rn. 888; *Beyerlein/Marauhn*, S. 40. Zur völkergewohnheitsrechtlichen Anerkennung: *Epiney*, AVR 33 (3), 1995, 309 (S. 318 m.w.N.)

[414] *Proelß*, in: Internationales Umweltrecht, 97–150 (S. 105f., Rn. 10).

[415] IGH, Legality of the Threat or Use of Nuclear Weapons, Gutachten vom 08. Juli 1996, ICJ Reports 1996, S. 226, Rn. 29.

[416] „States have, in accordance with the Charter of the United Nations and the principles of international law, the sovereign right to exploit their own resources pursuant to their own environmental policies, and the responsibility to ensure that activities within their jurisdiction or control do not cause damage to the environment to other States or of areas beyond the limits of national jurisdiction".

[417] IGH, Pulp Mills on the River Uruguay (Argentinien v. Uruguay), Entscheidung vom 20. April 2010, ICJ Reports 2010, S. 14, Rn. 101: „The Court points out that the principle of prevention, as a customary rule, has its origins in the due diligence that is required of a state in its territory. It is every State's obligation not to allow knowingly its territory to be used for acts contrary to the rights of other states."; ILC, Draft Articles on Prevention of Transboundary Harm from Hazardous Activities, S. 153ff., Kommentar zu Art. 3; *Fitzmaurice*, ZaöRV 77 (2017), 339 (S. 342); *Boyle/Redgwell*, S. 152f.; *Proelß*, in: Internationales Umweltrecht, 97–150 (S. 105f., Rn. 10). Siehe zum Präventionsprinzip auch die Ausführungen bei *Boyle/Redgwell*, S. 152ff., *Sands/Peel*, S. 211ff. und *de Sadeleer*, Environmental Principles – From Political Slogans to Legal Rules, S. 61ff.

Das Präventionsprinzip ergänzt die bereits zuvor geltende Verpflichtung, eingetretene Umweltbeeinträchtigungen abzustellen sowie durch Private verursachte Beeinträchtigungen zu unterbinden im Sinne einer Pflicht zur aktiven Schadensvorbeugung – erhebliche grenzüberschreitende Umweltbeeinträchtigungen sind so weit wie möglich bereits im Vorfeld zu verhindern.[418]

a. Räumlicher Anwendungsbereich

Unbestritten findet das Präventionsprinzip Anwendung, wenn die Umweltbeeinträchtigung von einer Aktivität ausgeht, die auf dem Staatsgebiet eines Staates vorgenommen wird. Darüber hinaus ist, wie bereits Prinzip 2 der Rio-Erklärung und Prinzip 21 der Stockholm-Erklärung mit der Formulierung „activities within their jurisdiction or control" zeigen, der räumliche Anwendungsbereich des Präventionsprinzips auch eröffnet, wenn die Umweltbeeinträchtigung Folge einer Aktivität ist, die zwar nicht innerhalb des Staatsgebiets eines Staates, aber unter dessen Hoheitsgewalt vorgenommen wird.[419]

Während der räumliche Anwendungsbereich des Präventionsprinzips aufgrund seiner Entstehungsgeschichte und des engen Zusammenhangs mit dem Verbot erheblicher grenzüberschreitender Umweltbeeinträchtigungen zunächst auf Umweltbeeinträchtigungen im Hoheitsgebiet eines anderen Staates oder Bereichen unter dessen Hoheitsgewalt begrenzt und das Präventionsprinzip vorrangig Ausdruck der staatlichen Souveränität war, ist heute anerkannt, dass für dessen Anwendung nicht räumliche Nähe oder eine gemeinsame Grenze, sondern der Kausalzusammenhang zwischen schädlicher Tätigkeit und Umweltbeeinträchtigung entscheidend ist; das Präventionsprinzip dient damit zunehmend dem Umweltschutz schlechthin und findet räumlich unbeschränkt auch in Bezug auf Bereiche jenseits nationaler Hoheitsgewalt (areas beyond national jurisdiction) bzw. Staatengemeinschaftsräume (common areas) wie beispielsweise die hohe See oder die Antarktis und globale Gemeinschaftsgüter wie die Biodiversität, die Meeresumwelt oder das Klima Anwendung.[420] Nach teilweise vertretener Ansicht verpflichtet das

[418] *Kiss/Shelton*, S. 91; *Duvic-Paoli*, in: Elgar Encyclopedia of Environmental Law – Principles of Environmental Law, 161–173 (S. 167). Während überwiegend davon ausgegangen wird, das Präventionsprinzip sei an die Stelle des Verbots erheblicher grenzüberschreitender Umweltbeeinträchtigungen getreten, *Proelß*, in: Internationales Umweltrecht, 97–150 (S. 108, Rn. 12f.), wird teils vertreten, das Verbot grenzüberschreitender Umweltbeeinträchtigungen weise eine Verbots- und eine Vorbeugedimension auf: „In its prohibitive function, it forbids any state from causing significant transboundary environmental harm. In its preventive function, „no harm" obliges every state of origin „to take adequate measures to control and regulate in advance sources of potential significant transboundary harm", *Beyerlein/Marauhn*, S. 40f.

[419] IGH, Legality of the Threat or Use of Nuclear Weapons, Gutachten vom 08. Juli 1996, ICJ Reports 1996, S. 226, Rn. 29. So auch: ILC, Draft Articles on Prevention of Transboundary Harm from Hazardous Activities, S. 153, Kommentar zu Art. 2.

[420] *de Sadeleer*, Environmental Principles – From Political Slogans to Legal Rules, S. 64; *Kiss/Shelton*, S. 921; *Duvic-Paoli/Viñuales*, in: *Viñuales*, S. 117f.; *Proelß*, in: Internationales Umweltrecht, 97–150 (S. 112, Rn. 16). Siehe auch IGH, Legality of the Threat or Use of Nuclear Weapons, Gutachten vom 08. Juli 1996, ICJ Reports 1996, S. 226, Rn. 29. Die Draft Articles on Prevention of Transboundary Harm from Hazardous Activities spiegeln dieses weite Verständnis nicht wieder; vielmehr ist deren räumlicher Anwendungsbereich auf Umweltbeeinträchtigungen begrenzt, die im Hoheitsgebiet anderer Staaten oder Bereichen unter der Hoheitsge-

Präventionsprinzip, wie es völkergewohnheitsrechtlich anerkannt ist, Staaten darüber hinaus dazu, erhebliche Umweltbeeinträchtigungen auch dann soweit wie möglich zu vermeiden, wenn keine grenzüberschreitenden Auswirkungen verursacht werden, sondern sich mögliche Umweltschäden auf das eigene Staatsgebiet beschränken.[421] Zwar spricht hierfür die zunehmende Ausweitung des räumlichen Anwendungsbereichs mit dem Ziel des Schutzes der Umwelt per se sowie die Pflicht eines Staates, eigene Ressourcen nicht in einer Art und Weise zu nutzen, die der eigenen Bevölkerung schadet.[422] Allerdings findet sich ein derart weites Verständnis derzeit weder in entsprechenden Verträgen und nicht rechtlich bindenden Erklärungen, noch in gerichtlichen Entscheidungen.

b. Sachlicher Anwendungsbereich

Einigkeit besteht dahingehend, dass eine Pflicht zur aktiven Schadensvorbeugung nicht bei jedweder Umweltbeeinträchtigung besteht, sondern die Beeinträchtigung einen gewissen Schweregrad erreichen muss.[423] Die Beeinträchtigung muss „erheblich" bzw. „significant", „serious" oder „substantial" sein.[424] Wann die Schwelle im Einzelfall überschritten ist, ist allerdings häufig Gegenstand rechtlicher Auseinandersetzungen.[425] In dem zwischen Nicaragua und Costa Rica geführten *Construction of a Road*-Verfahren, stellte der IGH fest, nicht jede messbare nachteilige Beeinflussung des Flusses stelle zugleich eine erhebliche Beeinträchtigung im Sinne des Präventionsprinzips dar.[426]

Darüber hinaus ist ausweislich Art. 1 der Draft Articles on Prevention of Transboundary Harm from Hazardous Activities erforderlich, dass die grenzüberschreitende Umweltbeeinträchtigung durch „physische Auswirkungen" einer bestimmten menschlichen Aktivität verursacht wird,

walt eines anderen Staates eintreten, ILC, Draft Articles on Prevention of Transboundary Harm from Hazardous Activities, S. 153, Kommentar zu Art. 2.

[421] *Duvic-Paoli/Viñuales*, in: *Viñuales*, S. 119; *Duvic-Paoli*, in: Elgar Encyclopedia of Environmental Law – Principles of Environmental Law, 161–173 (S. 170). Hingegen ist der Anwendungsbereich der Draft Articles on Prevention of Transboundary Harm from Hazardous Activities auf grenzüberschreitende Schäden begrenzt, siehe Art. 2 lit. c), S. 153, Kommentar zu Artikel 2.

[422] *Duvic-Paoli/Viñuales*, in: *Viñuales*, S. 119.

[423] *Duvic-Paoli*, in: Elgar Encyclopedia of Environmental Law – Principles of Environmental Law, 161–173 (S. 165).

[424] *Duvic-Paoli*, in: Elgar Encyclopedia of Environmental Law – Principles of Environmental Law, 161–173 (S. 165); *Fitzmaurice*, ZaöRV 77 (2017), 339 (S. 344). In Art. 3 der Draft Articles on Prevention of Transboundary Harm from Hazardous Activities findet sich die Bezeichnung „significant". Die ILC konkretisiert den Begriff wie folgt: „[...] „significant" is something more than „detectable" but need not be at the level of „serious" or „substantial" ", ILC, Draft Articles on Prevention of Transboundary Harm from Hazardous Activities, S. 152, Kommentar zu Art. 2. Siehe zu entsprechenden vertragsrechtlichen Regelungen und gerichtlichen Entscheidungen auch: *Duvic-Paoli/Viñuales*, in: *Viñuales*, S. 116 m.w.N.

[425] *Duvic-Paoli*, in: Elgar Encyclopedia of Environmental Law – Principles of Environmental Law, 161–173 (S. 165).

[426] IGH, Certain Activities Carried Out by Nicaragua in the Border Area (Costa Rica v. Nicaragua) and Construction of a Road in Costa Rica along the San Juan River (Nicaragua v. Costa Rica), Entscheidung vom 16. Dezember 2015, ICJ Reports 2015, S. 665, Rn. 192.

nicht erfasst sind monetäre, sozioökonomische oder ähnliche Auswirkungen ohne jegliche grenzüberschreitende physische Auswirkungen.[427] Zwar enthält das Präventionsprinzip, wie es völkergewohnheitsrechtlich anerkannt ist, nicht notwendigerweise eine derartige Beschränkung.[428] Da sich ein solches Verständnis aber in zahlreichen völkerrechtlichen Verträgen findet[429], spricht viel dafür, dass ein physischer Zusammenhang auch Voraussetzung des völkergewohnheitsrechtlich anerkannten Präventionsprinzips ist.

c. Das Präventionsprinzip als verhaltensbezogene Gewährleistungspflicht

Bei der Verpflichtung zur Schadensvorbeugung handelt es sich um eine verhaltensbezogene Gewährleistungspflicht.[430] Eine Erfolgsverpflichtung (obligation of result) folgt hieraus nicht.[431] Vielmehr müssen die Staaten im Rahmen der angemessenen Sorgfalt (due diligence) alle im Einzelfall möglichen und zumutbaren Maßnahmen ergreifen, um erhebliche grenzüberschreitende Umweltbeeinträchtigungen und damit einen Schadenseintritt zu vermeiden.[432] Welche Maßnahmen ein Staat zur Erfüllung dieser Pflicht im Einzelfall zu ergreifen hat, ist nicht immer leicht zu bestimmen.[433] Einigkeit besteht jedenfalls dahingehend, dass die Maßnahmen dem Grad des Risikos angemessen und verhältnismäßig sein müssen; je gefährlicher die Aktivität ist, desto höher sind die einzuhaltenden Sorgfaltspflichten.[434] Die Erfüllung der Pflicht, unter Wahrung des Verhaltensmaßstabs der angemessenen Sorgfalt alle möglichen und zumutbaren Maßnahmen zu treffen, um erhebliche grenzüberschreitende Umweltbeeinträchtigungen zu verhindern und die Umwelt zu schützen, wird unter anderem über die Wahrung der Pflichten zur Information, Notifizierung und Konsultation, also prozessuale Verpflichtungen, gewährleis-

[427] ILC, Draft Articles on Prevention of Transboundary Harm from Hazardous Activities, S. 151, Kommentar zu Artikel 1. Dieses enge Verständnis wurde seitens der ILC bewusst gewählt, um den Themenbereich in überschaubarem Umfang zu halten, ILC, Draft Articles on Prevention of Transboundary Harm from Hazardous Activities, S. 151, Kommentar zu Artikel 1.

[428] *Duvic-Paoli/Viñuales*, in: *Viñuales*, S. 117; *Duvic-Paoli*, S. 181.

[429] Siehe beispielsweise: Art. 1 lit. d) OSPAR-Konvention: „Pollution means the introduction by man [...] of substances or energy into the maritime area which results in hazards to human health, harm to living resources and marine ecosystems [...]"; Art. 2 Abs. 1 des Wiener Übereinkommens zum Schutz der Ozonschicht: „adverse effects resulting [...] from human activities which modify or are likely to modify the ozone layer".

[430] *Boyle/Redgwell*, S. 153; *de Sadeleer*, Environmental Principles – From Political Slogans to Legal Rules, S. 63; *Duvic-Paoli/Viñuales*, in: *Viñuales*, S. 118; *Proelß*, in: Internationales Umweltrecht, 97–150 (S. 105, Rn. 10).

[431] *Proelß*, in: Internationales Umweltrecht, 97–150 (S. 105, Rn. 10).

[432] IGH, Certain Activities Carried Out by Nicaragua in the Border Area (Costa Rica v. Nicaragua) and Construction of a Road in Costa Rica along the San Juan River (Nicaragua v. Costa Rica), Entscheidung vom 16. Dezember 2015, ICJ Reports 2015, S. 665, Rn. 104; *Proelß*, in: Internationales Umweltrecht, 97–150 (S. 107f., Rn. 11 und S. 113f., Rn. 18). Siehe zu due-diligence-Verpflichtungen: *Fitzmaurice*, ZaöRV 77 (2017), 339 (S. 364f.).

[433] *Beyerlein*, in: The Oxford Handbook of International Environmental Law, 426–447 (S. 439); *Duvic-Paoli*, in: Elgar Encyclopedia of Environmental Law – Principles of Environmental Law, 161–173 (S. 167).

[434] *Duvic-Paoli*, in: Elgar Encyclopedia of Environmental Law – Principles of Environmental Law, 161–173 (S. 167).

tet.[435]

Das Präventionsprinzip verfügt damit über eine materiell-rechtliche und eine prozessuale Ausprägung, wobei sich jede Dimension in weiteren Rechtspflichten manifestiert, deren Einhaltung jeweils am Maßstab der angemessenen Sorgfalt zu beurteilen ist.[436]

War also ursprünglich jede grenzüberschreitende erhebliche und einem Staat zurechenbare Beeinträchtigung der Umwelt als völkerrechtswidrig anzusehen, liegt ein Völkerrechtsverstoß heute nur bei einer Verletzung der einem Staat im Einzelfall obliegenden Sorgfaltspflichten vor.[437]

2. Das Verhältnis des Vorsorgeprinzips zum Präventionsprinzip

Gemeinsam ist dem Präventionsprinzip und dem Vorsorgeprinzip, dass beide staatliches Handeln im Vorfeld eines Schadenseintritts betreffen.[438]

a. Unterscheidung beider Prinzipien anhand des Grades wissenschaftlicher Gewissheit

Im Hinblick auf die Abgrenzung beider Prinzipien voneinander wird häufig darauf abgestellt, ob die mit einer Aktivität verbundenen Risiken bekannt sind oder bezüglich möglicher nachteiliger Auswirkungen wissenschaftliche Ungewissheit besteht. Während das Präventionsprinzip als Grundsatz der Gefahrenabwehr zur Anwendung kommt, wenn die nachteiligen Folgen einer Aktivität gewiss sind oder die Eintrittswahrscheinlichkeit der möglichen nachteiligen Folgen feststeht – die mit einer Aktivität verbundenen Risiken also bezifferbar sind[439] – ist für die Anwendung des Vorsorgeprinzips wissenschaftliche Ungewissheit conditio sine qua non.[440]

Vorbeugende Maßnahmen basieren auf wissenschaftlichen Erkenntnissen und werden in Kenntnis eines bestimmten Sachverhalts vorgenommen.[441] Das Vorsorgeprinzip geht hingegen über das Präventionsprinzip hinaus, indem es den – zeitlich vorgelagerten – Bereich betrifft, in dem mit einer Aktivität verbundene nachteilige Folgen noch unbekannt oder die Ursache-Wirkungs-Zusammenhänge noch unklar sind.[442] Liegen ausreichende wissenschaftliche Erkenntnisse vor,

[435] *Fitzmaurice*, ZaöRV 77 (2017), 339 (S. 344f.); *Proelß*, in: Internationales Umweltrecht, 97–150 (S. 116, Rn. 22).

[436] *Proelß*, in: Internationales Umweltrecht, 97–150 (S. 120, Rn. 26).

[437] *Proelß*, in: Internationales Umweltrecht, 97–150 (S. 107f., Rn. 11).

[438] *Lucchini*, Annuaire français de droit international 45 1999, 710 (S. 714).

[439] Entsprechend liegt ein Risiko nach Ansicht der ILC vor, wenn entweder eine geringe Wahrscheinlichkeit für einen katastrophalen Schaden gegeben ist oder mit hoher Wahrscheinlichkeit ein erheblicher Schaden eintreten wird, ILC, Draft Articles on Prevention of Transboundary Harm from Hazardous Activities, S. 152, Kommentar zu Artikel 2.

[440] *Odendahl*, S. 220; *Fisher*, Journal of Environmental Law 13 (3) 2001, 315 (S. 318); *Birkner*, in: Völkerrecht, 1065–1130 (S. 1081, Rn. 35); *de Sadeleer*, Environmental Principles – From Political Slogans to Legal Rules, S. 74f.; *Boisson de Chazournes*, in: Law of the Sea, Environmental Law and Settlement of Disputes, 21–34 (S. 24); *Beyerlein/Marauhn*, S. 53; *Zander*, S. 15; *Atapattu*, S. 107; *Proelß*, in: Internationales Umweltrecht, 97–150 (S. 121, Rn. 28); *Schreiber*, S. 179.

[441] *Boisson de Chazournes*, in: Law of the Sea, Environmental Law and Settlement of Disputes, 21–34 (S. 24).

[442] *Applegate*, William & Mary Environmental Law and Policy Review 27 (13) 2002, 13 (S. 18f.); *Atapattu*, S. 206.

um mögliche Risiken zu beziffern, sind die Risiken also bekannt, ist kein Raum für die Anwendung des Vorsorgeprinzips.[443] In der abweichenden Stellungnahme im *Pulp Mills*-Verfahren widmete sich Richter *Trinidade* beiden Prinzipien:

„In the light of the principle of prevention, one is facing threat or dangers to the environment, whilst in the light of the precautionary principle, one is rather before likely of potential threats and dangers to the environment. In these distinct circumstances, both principles are intended to guide or orient initiatives to avoid harm or probable harm to the environment."[444]

Aufbauend auf der Feststellung, dass zahlreiche internationale Instrumente ausdrücklich beide Grundsätze erwähnen, stellt *Trinidade* fest:

„The two principles, far from excluding each other, serve their purposes together."[445]

b. Das Vorsorgeprinzip als Fortentwicklung des Präventionsprinzips

Demgegenüber ist nicht ausgeschlossen, dass das Vorsorgeprinzip eine Erweiterung des Präventionsprinzips darstellt, letzteres also mittlerweile als vom Vorsorgeprinzip umfasst anzusehen ist bzw. das Vorsorgeprinzip mit dem Präventionsprinzip in seiner am weitest entwickelten Form gleichzusetzen ist.[446]

Wissenschaftliche Ungewissheit wäre in diesem Fall keine Anwendungsvoraussetzung des Vorsorgeprinzips, vielmehr wäre das Vorsorgeprinzip trotz bestehender wissenschaftlicher Ungewissheit anwendbar und würde sowohl Situationen erfassen, in denen das Risiko bezifferbar ist bzw. in denen mögliche Folgen absehbar sind, allerdings deren Eintrittswahrscheinlichkeit nicht bestimmt werden kann, als auch solche, in denen weder mögliche Folgen noch deren Eintrittswahrscheinlich bestimmt werden können.[447] Anstatt strikt zwischen dem Vorsorge- und dem Präventionsprinzip zu unterscheiden, könnte von einem unterschiedlichen Maß an Vorsorge gesprochen werden.[448]

Die Verbindung zwischen Prävention und Vorsorge über die Verpflichtung der im Einzelfall

---

Auch die International Law Association (ILA) trifft diese Unterscheidung im Hinblick auf das in Draft Article 7A geregelten Präventionsprinzip und dem in Draft Article 7B geregelten Vorsorgeprinzip: ILA , Declaration of Legal Principles Relating to Climate Change, 76th Conference of the International Law Association 2014, Resolution 2/2014, Draft Article 7A und Draft Article 7B.

443 *Boyle/Redgwell*, S. 174.

444 IGH, Pulp Mills on the River Uruguay, Separate Opinion of Judge Trinidade, ICJ Reports 2010, S. 135, Rn. 62.

445 IGH, Pulp Mills on the River Uruguay, Separate Opinion of Judge Cançado Trinidade, ICJ Reports 2010, S. 135, Rn. 95.

446 *Trouwborst*, RECIEL 16 (2), 2007, 185 (S. 191f.); *Trouwborst*, Precautionary Rights and Duties of States, S. 94; *Wiener*, in: Elgar Encyclopedia of Environmental Law – Principles of Environmental Law, 174–185 (S. 178).

447 *Trouwborst*, RECIEL 16 (2), 2007, 185 (S. 191f.): „Under the precautionary principle, action is taken in spite of uncertainty, not because of it. [...] Put it another way, if the thresholds of harm and likelihood are crossed, effective and proportional action may or must (depending on the gravity of harm) be taken, whether there is uncertainty or not."

448 *Hammit* u. a., S. 530.

anzuwenden Sorgfalt betont auch die Meeresbodenkammer des ISGH:

„[...] it is appropriate to point out that the precautionary approach is also an integral part of the general obligation of due diligence of sponsoring States, which is applicable even outside the scope of the Regulations. The due diligence obligation of the sponsoring States requires them to take all appropriate measures to prevent damage that might result from activities of contractors that they sponsor. This obligation applies in situations where scientific evidence is insufficient but where there are plausible indications of potential risks. A sponsoring State would not meet its obligation of due diligence if it disregarded those risks. Such disregard would amount to a failure to comply with the precautionary approach.“[449]

Die Verpflichtung, mögliche und zumutbare Maßnahmen zur Vermeidung von Umweltbeeinträchtigungen zu ergreifen und dabei die im Einzelfall anzuwendende Sorgfalt einzuhalten, ist danach Ausfluss des Nichtschädigungsgebots; welche Maßnahmen dem due-diligence-Standard entsprechen, ist je nach Grad der wissenschaftlichen Gewissheit und Schwere möglicher negativer Folgen zu bestimmen.[450]

c. Das Vorsorgeprinzip als Fortentwicklung des Präventionsprinzips, aber zu unterscheidendes rechtliches Konzept

Dafür, dass es sich beim Vorsorgeprinzip und dem Präventionsprinzip um zwei voneinander zu unterscheidende rechtliche Konzepte handelt und je nachdem, ob hinsichtlich möglicher Folgen wissenschaftliche Gewissheit besteht bzw. das Risiko bezifferbar ist oder wissenschaftliche Ungewissheit vorherrscht, entweder das Präventions- oder das Vorsorgeprinzip zur Anwendung gelangt, spricht, dass in zahlreichen internationalen Verträgen und sonstigen Instrumenten beide Prinzipien getrennt voneinander kodifiziert sind.[451] Zuzugeben ist jedoch, dass umgekehrt nicht in jedem Fall klar zwischen beiden Prinzipien unterschieden wird. Beispielsweise enthält Art. 2 Abs. 2 lit. a) OSPAR-Konvention die Formulierung, im Rahmen des Vorsorgeprinzips seien „vorbeugende Maßnahmen“ zu ergreifen.[452] Ferner enthalten einige Verträge ausschließlich eine Regelung in Bezug auf das Vorsorgeprinzip, Intention der Vertragsparteien kann dabei aber nicht sein, auf nicht bezifferbare Risiken zu reagieren, während angesichts bezifferbarer Risiken keinerlei Maßnahmen ergriffen werden.[453]

Für eine Differenzierung spricht ferner, dass das völkergewohnheitsrechtlich anerkannte Präventionsprinzip nach überwiegender Meinung nur anwendbar ist, soweit es um mögliche Schäden auf dem Staatsgebiet von Drittstaaten oder Staatengemeinschaftsräumen geht, also nur

[449] ISGH, Responsibilities and Obligations of States Sponsoring Persons and Entities with Respect to Activities in the Area, Gutachten vom 01. Februar 2011, ITLOS Reports 2011, S. 10, Rn. 131.

[450] Siehe hierzu: *Chen*, Dalhousie Journal of Legal Studies 25 2016, 1 (S. 21).

[451] Siehe beispielsweise Prinzip 2 und 15 der Rio-Erklärung, Erwägungsgrund 9 der Präambel und Art. 3 der Biodiversitätskonvention oder Draft Article 7A und 7B der Legal Principles Relating to Climate Change.

[452] *Proelß*, in: Internationales Umweltrecht, 97–150 (S. 111, Rn. 15).

[453] *Trouwborst*, RECIEL 16 (2), 2007, 185 (S. 192).

grenzüberschreitende Umweltbeeinträchtigungen erfasst sind.[454] Der Anwendungsbereich des Vorsorgeprinzips beschränkt sich hingegen nicht auf grenzüberschreitende Umweltbeeinträchtigungen, sondern dient gleichermaßen dem Schutz der Umwelt im rein innerstaatlichen Bereich.[455]

Zwar argumentieren Vertreter, die eine Unterscheidung beider Grundsätze ablehnen, es bestehe nach Entstehung des Vorsorgeprinzips kein Grund mehr, auf ein hiervon zu unterscheidendes Präventionsprinzip zurückzugreifen, zudem wäre mehr Klarheit gegeben, wenn jegliche Maßnahmen zur Vermeidung drohender Umweltbeeinträchtigungen auf das Vorsorgeprinzip gestützt werden könnten.[456] Es dient allerdings gerade der Klarheit, beide Grundsätze getrennt voneinander zur Anwendung zu bringen, da sich die Anwendungsvoraussetzungen unterscheiden.[457] Zwar gestaltet sich die Unterscheidung zwischen bezifferbaren Risiken und wissenschaftlicher Ungewissheit in der Praxis teilweise schwierig, da die Übergänge zwischen Wissen und Nichtwissen fließend sind; eine trennscharfe Abgrenzung beider Grundsätze erscheint vor diesem Hintergrund nicht immer eindeutig möglich.[458] Allerdings verpflichtet eine Unterscheidung dazu, der Frage vermehrt Aufmerksamkeit zu widmen, inwieweit tatsächlich wissenschaftliche Ungewissheit besteht.

Auch der IGH scheint zwischen beiden Prinzipien zu differenzieren. Während in Bezug auf das Präventionsprinzip von einer völkergewohnheitsrechtlich anerkannten Regelung ausgegangen wird, besteht im Hinblick auf den Vorsorgeprinzip große Zurückhaltung.[459] Die Tatsache, dass die völkergewohnheitsrechtliche Geltung des Präventionsprinzips nahezu unbestritten ist, während diesbezüglich im Hinblick auf den Vorsorgeprinzip keineswegs Einigkeit besteht, spricht für eine Unterscheidung.[460]

Zuletzt zieht die Anwendung des Präventionsprinzips andere Rechtsfolgen nach sich als die Anwendung des Vorsorgeprinzips.[461] Während das Präventionsprinzip zur Gefahrenabwehr und zur Anwendung der nach den Umständen des Einzelfalls bestehenden Sorgfalt verpflichtet, zeichnet sich das Vorsorgeprinzip durch eine größere inhaltliche Offenheit aus und ermöglicht unter anderem eine Abwägung zwischen Vor- und Nachteilen einer bestimmten Aktivität.[462]

Festzuhalten ist, dass es sich beim Präventionsprinzip um das ältere Konzept handelt und das

---

454 *Proelß*, in: Internationales Umweltrecht, 97–150 (S. 112, Rn. 16) Siehe hierzu die Ausführungen in Teil 3, Kapitel 3, I, 1, a.

455 *Trouwborst*, RECIEL 16 (2), 2007, 185 (S. 194); *Beer*, S. 38; *Aronsson-Storrier*, in: The Cambridge Handbook of Disaster Risk Reduction and International Law, 52–70 (S. 66).

456 *Trouwborst*, RECIEL 16 (2), 2007, 185 (S. 192).

457 *Beyerlein/Marauhn*, S. 54.

458 *Marti*, S. 41.

459 IGH, Pulp Mills on the River Uruguay (Argentinien v. Uruguay), Entscheidung vom 20. April 2010, ICJ Reports 2010, S. 14, Rn. 101 (Präventionsprinzip) und Rn. 164 (Vorsorgeprinzip); *Proelß*, in: Internationales Umweltrecht, 97–150 (S. 111, Rn. 15).

460 *Proelß*, in: Internationales Umweltrecht, 97–150 (S. 111f., Rn. 15).

461 *Proelß*, in: Internationales Umweltrecht, 97–150 (S. 112, Rn. 15).

462 *Proelß*, in: Internationales Umweltrecht, 97–150 (S. 112, Rn. 15).

Vorsorgeprinzip durchaus als dessen Fortentwicklung verstanden werden kann.[463] Beide Prinzipien stehen in engem Zusammenhang und dienen der Vermeidung zukünftiger Umweltschäden. Dennoch ist eine Differenzierung zwischen beiden Prinzipien aufgrund der unterschiedlichen Anwendungsvoraussetzungen, Rechtsfolgen und der (noch) nicht einheitlich beantworteten Frage nach der Rechtsnatur des Vorsorgeprinzips sinnvoll.

II. Das Prinzip der nachhaltigen Entwicklung

Die Wurzeln des Prinzips der nachhaltigen Entwicklung (principle of sustainable development) reichen bis in die 1970er Jahre zurück, bereits in dem 1971 veröffentlichten „Founex Report on Development and Environment" wurde das Zusammenspiel zwischen fortschreitender wirtschaftlicher Entwicklung und dem Erreichen staatlicher Entwicklungsziele und dem Schutz der Umwelt betont.[464] Die wohl bekannteste Definition des Konzepts der nachhaltigen Entwicklung findet sich in einem Bericht der sogenannten Brundtland-Kommission aus dem Jahr 1987:

> „Sustainable development is development that meets the needs of the present without compromising the ability of future generations to meet their own needs."[465]

Niederschlag findet das Prinzip der nachhaltigen Entwicklung auch in den Prinzipien 1, 3 und 4 der Rio-Erklärung.[466]

In all diesen Formulierungen kommt der Kerngedanke des Prinzips der nachhaltigen Entwicklung zum Ausdruck, wonach der Schutz der Umwelt gleichrangig neben den ökonomischen und sozialen Zielen steht und sowohl im Interesse der gegenwärtigen Generation als auch im Interesse der künftigen Generationen die verschiedenen Ziele in einen angemessenen Ausgleich gebracht werden müssen.[467] Im Verfahren *Gabčikovo-Nagymaros* konstatierte denn auch der IGH:

> „This need to reconcile economic development with protection of the environment is aptly expressed in the concept of sustainable development."[468]

Das Prinzip der nachhaltigen Entwicklung erfordert damit ein ganzheitliches Vorgehen, bei dem

---

[463] *Epiney/Scheyli*, S. 91.

[464] Environment and Development: The Founex Report on Development and Environment, Carnegie Endowment for International Peace, 1972.

[465] World Commission on Environment and Development, Our Common Future, 1987, S. 43.

[466] Prinzip 1 der Rio-Erklärung lautet: „Human beings are at the centre of concerns for sustainable development. They are entitled to a healthy and productive life in harmony with nature". Prinzip 3 der Rio-Erklärung betont: „The right to development must be fulfilled so as to equitably meet developmental and environmental needs of present and future generations". Prinzip 4 der Rio-Erklärung hebt die Bedeutung des Schutzes der Umwelt hervor: „In order to achieve sustainable development, environmental protection shall constitute an integral part of the development process and cannot be considered in isolation from it."

[467] *Beyerlein/Marauhn*, S. 76; *Birkner*, in: Völkerrecht, 1065–1130 (S. 1083, Rn. 39).

[468] IGH, Case Concerning the Gabčikovo-Nagymaros Project (Ungarn v. Slovakei), Entscheidung vom 25. September 1997, ICJ Reports 1997, S. 7, Rn. 140.

sowohl das Interesse der gegenwärtigen Generation als auch der künftigen Generationen an einer sauberen Umwelt und ausreichenden natürlichen Ressourcen berücksichtigt und mit ökonomischen und sozialen Zielen in Einklang gebracht werden müssen.[469]
Hinsichtlich des normativen Status des Prinzips der nachhaltigen Entwicklung besteht nach wie vor Uneinigkeit. Während teilweise von einem Konzept mit lediglich politischer Wirkung ausgegangen wird[470], wird dem Prinzip der nachhaltigen Entwicklung teils völkergewohnheitsrechtlicher Status zuerkannt.[471] Teils wird das Nachhaltigkeitsprinzip auch als Metaprinzip bezeichnet[472] oder die Beantwortung der Frage nach der normativen Qualität offen gelassen.[473] Ungeachtet dieser unterschiedlichen Auffassungen im Hinblick auf die normative Qualität besteht dahingehend weitgehend Einigkeit, dass konkrete Verhaltenspflichten aus dem Prinzip der nachhaltigen Entwicklung kaum ableitbar sind.[474] Das Nachhaltigkeitsprinzip bildet allerdings Ursprung und Ausgangspunkt weiterer, verselbstständigter Prinzipien, hierzu gehören insbesondere das der nachhaltigen Nutzung der Umwelt, das der Intragenerationengerechtigkeit, das der Intergenerationengerechtigtkeit oder das Integrationsprinzip.[475]
Wie in Grundsatz 7 der Bergen-Erklärung exemplarisch zum Ausdruck kommt, ist das Vorsorgeprinzip eng mit dem Prinzip der nachhaltigen Entwicklung verknüpft.[476] Während durch das Konzept der Vorsorge die Umwelt und damit auch künftige Generationen vor Aktivitäten, hinsichtlich derer noch nicht geklärt ist, ob sie schädliche Umweltauswirkungen mit sich bringen, geschützt werden sollen, zielt auch das Prinzip der nachhaltigen Entwicklung darauf ab, künftige Generationen zu schützen, indem dem Schutz der Umwelt ein entsprechender Stellenwert eingeräumt wird.[477] Eine Verbindung beider Prinzipien besteht daher im Hinblick auf die zeitliche Dimension.[478] Dem Interesse am Erhalt der natürlichen Umwelt sowie ausreichender Ressourcen und damit letztlich den Interessen künftiger Generationen kann nur Rechnung getragen werden, wenn im Sinne des Vorsorgeprinzips bereits die Entstehung möglicher erheb-

[469] *Sands/Peel*, S. 229; *Beyerlein/Marauhn*, S. 77; *Proelß*, in: Internationales Umweltrecht, 97–150 (S. 142, Rn. 59).
[470] *Beyerlein*, in: The Oxford Handbook of International Environmental Law, 426–447 (S. 445).
[471] *Epiney/Scheyli*, S. 83. *Proelß* sieht jedenfalls den Kern des Nachhaltigkeitsprinzips, wonach Umweltbelange und wirtschaftliche Ziele in Ausgleich zu bringen sind, als zu Völkergewohnheitsrecht erstarkt an, *Proelß*, in: Internationales Umweltrecht, 97–150 (S. 147f., Rn. 64). Zwar spricht der IGH im Verfahren Gabčikovo-Nagymaros lediglich von einem „Konzept", in seiner abweichenden Stellungnahme vertrat Richter *Weeramantry* indes die Auffassung, beim Nachhaltigkeitsprinzip handle es sich um ein Prinzip mit normativem Wert: IGH, Case Concerning the Gabčikovo-Nagymaros Project, Separate Opinion of Judge Weeramantry, ICJ Reports 1997, S. 92ff.
[472] *Lowe*, in: International Law and Sustainable Development, 19–37 (S. 31).
[473] *Boyle/Redgwell*, S. 127.
[474] *Beyerlein/Marauhn*, S. 79ff.; *Marti*, S. 43; *Proelß*, in: Internationales Umweltrecht, 97–150 (S. 148, Rn. 65).
[475] *Proelß*, in: Internationales Umweltrecht, 97–150 (S. 143, Rn. 60); *Beyerlein*, in: The Oxford Handbook of International Environmental Law, 426–447 (S. 445).
[476] Grundsatz 7 der Bergen-Erklärung lautet:„In order to achieve sustainable development, policies must be based on the precautionary principle."
[477] *Trinidade*, in: *Viñuales*, S. 426.
[478] *Trinidade*, in: *Viñuales*, S. 426.

licher Umweltschäden möglichst weitgehend verhindert wird.[479] Zur Verwirklichung eines dem Prinzip der nachhaltigen Entwicklung verpflichteten Vorgehens ist damit die Berücksichtigung der Vorgaben des Vorsorgeprinzips unabdingbar.[480] Die Bedeutung vorsorgenden Handelns zur Erreichung der Ziele des Prinzips der nachhaltigen Entwicklung wird auch von der ILA betont.[481]

Das Prinzip der nachhaltigen Entwicklung und das Vorsorgeprinzip sind damit voneinander abhängig, greifen ineinander und ergänzen sich, wobei der Grundsatz der Nachhaltigkeit als übergeordnetes Ziel verstanden werden kann, dessen Umsetzung das Vorsorgeprinzip dient.[482]

III. Das Verursacherprinzip

Das Verursacherprinzip (polluter pays principle) hat seinen Ursprung in einer Empfehlung der OECD aus dem Jahr 1972[483] und wurde bereits im Jahr 1989 dahingehend ausgeweitet, dass derjenige, der eine schädliche Aktivität vornimmt, die Kosten für solche Maßnahmen zu tragen hat, die dazu dienen, Umweltschäden vorzubeugen oder oder zu kontrollieren.[484] Niederschlag hat das Verursacherprinzip auch in Prinzip 16 der Rio-Erklärung gefunden, indem es heißt:

„National authorities should endeavour to promote the internalization of environmental costs and the use of economic instruments, taking into account the approach that the polluter should, in principle, bear the cost of pollution [...].“

Inhaltlich streitet das Verursacherprinzip somit im Kern dafür, dass die Kosten von Maßnahmen zur Vermeidung, Verringerung oder Beseitigung von Umweltbeeinträchtigungen derjenige zu tragen hat, der die Umweltschäden verursacht hat oder zu verursachen droht.[485] Es handelte sich ursprünglich um eine reine Kostentragungs- bzw. -zurechnungsregelung, die von der Vorstellung getragen war, dass Verursachern von Umweltbeeinträchtigungen der Anreiz zum Schutz der Umwelt fehlt, wenn sie nicht die Kosten etwaiger Schäden zu tragen haben.[486] Zwar wurde im weiteren Verlauf teilweise angenommen, das Verursacherprinzip umfasse auch die materielle Verantwortlichkeit für eine Vermeidung, Verminderung oder Beseitigung von Um-

[479] *Epiney/Scheyli*, S. 91; *Trinidade*, in: *Viñuales*, S. 425.

[480] *Epiney/Scheyli*, S. 91; *Beer*, S. 76; *Trinidade*, in: *Viñuales*, S. 425.

[481] ILA, New Delhi Declaration of Principles of International Law Relating to Sustainable Development, 70th Conference of the International Law Association 2002, Resolution 3/2002, Anhang, Ziff. 4.

[482] *Epiney/Scheyli*, S. 84f.

[483] „[...] This principle means that the polluter should bear the expenses of carrying out [...] measures decided by public authorities to ensure that the environment is in an acceptable state. In other words, the cost of theses measures should be reflected in the cost of goods and services which cause pollution in production and/or consumption.“, *OECD*, Recommendation of the Council on Guiding Principles concerning International Economic Aspects of Environmental Policies, 26.05.1972, C(72) 128, Anhang, Ziffer 4.

[484] *OECD*, Application of the Polluter-Pays Principle to Accidental Pollution, 07.07.1989, C(89) 88.

[485] *Kiss/Shelton*, S. 95; *Hey*, S. 76f.; *Sands/Peel*, S. 240; *Beyerlein*, in: The Oxford Handbook of International Environmental Law, 426–447 (S. 441).

[486] *Atapattu*, S. 444; *Proelß*, in: Internationales Umweltrecht, 97–150 (S. 136, Rn. 51).

weltbeeinträchtigungen bzw. -schäden.[487] Das Verursacherprinzip wurde dabei überwiegend für nur zwischen einem Staat und einem privaten Akteur anwendbar gehalten, teils soll das Verursacherprinzip jedoch auch im zwischenstaatlichen Kontext Anwendung finden, sodass diejenigen Staaten, denen eine Umweltschädigung zugerechnet werden kann, für die Kosten der Beseitigung aufkommen müssen.[488] Letztlich hat sich die Ansicht durchgesetzt, dass das Verursacherprinzip nicht auf eine Anwendung auf zwischenstaatlicher Ebene ausgerichtet ist, sondern lediglich auf nationaler Ebene Anwendung findet – Staaten sind danach gehalten, demjenigen, der für eine Umweltschädigung verantwortlich ist, die dadurch entstehenden Kosten aufzuerlegen.[489]

Obwohl das Verursacherprinzip in einer Vielzahl völkerrechtlicher Abkommen aufgenommen wurde und auch Eingang in zahlreiche nicht rechtlich bindende Dokumente erhalten hat, ist von einer völkergewohnheitsrechtlichen Geltung mangels einheitlicher Übung sowie Rechtsüberzeugung (noch) nicht auszugehen.[490]

Während das Vorsorgeprinzip sich auf die Frage bezieht, ob und in welchem Zeitpunkt ein Tätigwerden zum Schutz der Umwelt erforderlich ist, ist Gegenstand des Verursacherprinzips die Frage, wer die Kosten für etwaige Maßnahmen zu tragen hat.[491] Eine Verbindung zwischen dem Verursacherprinzip und dem Vorsorgeprinzip lässt sich jedoch insoweit erkennen, als das Verursacherprinzip neben der Kostentragung im Hinblick auf Maßnahmen, die der Beseitigung bereits eingetretener Umweltschädigungen dienen, auch eine Kostentragung für solche Maßnahmen vorsieht, die dazu bestimmt sind, bereits einen Schadenseintritt zu verhindern.[492] Die dem Verursacherprinzip zu entnehmende Kostentragungsregel bildet damit einen Anreiz, bereits den Eintritt von Umweltschäden zu vermeiden und dient damit demselben Ziel wie das Vorsorgeprinzip.[493]

---

[487] *Odendahl*, S. 218.

[488] Kritik am letztgenannten Verständnis erwächst insoweit, als die Haftung der Staaten untereinander Gegenstand der Staatenverantwortlichkeit ist, *Atapattu*, S. 470; *Birkner*, in: Völkerrecht, 1065–1130 (S. 1082, Rn. 37).

[489] *Epiney/Scheyli*, S. 158; *Beyerlein/Marauhn*, S. 58; *Birkner*, in: Völkerrecht, 1065–1130 (S. 1082, Rn. 37); *Sands/Peel*, S. 241; *Hey*, S. 77.

[490] *Epiney/Scheyli*, S. 159; *Beyerlein/Marauhn*, S. 59; *Birkner*, in: Völkerrecht, 1065–1130 (S. 1082, Rn. 37); *Sands/Peel*, S. 240f.; *Beyerlein*, in: The Oxford Handbook of International Environmental Law, 426–447 (S. 441). So stellte auch der Ständige Schiedshof im *Rhine-Chlorides*-Verfahren fest: „[...] Without denying its importance in treaty law, the Tribunal does not view this principle as being part of general international law", PCA, Case concerning the Audit of Accounts between the Netherlands and France (Niederlande v. Frankreich), Schiedsspruch vom 12. März 2004, Reports of International Arbitral Awards, Vol. XXV, S. 267, S. 312, Rn. 103.

[491] *Epiney/Scheyli*, S. 84ff.

[492] *Beyerlein*, in: The Oxford Handbook of International Environmental Law, 426–447 (S. 441); *Schröter*, S. 247.

[493] *Schröter*, S. 247; *Epiney/Scheyli*, S. 95.

IV. Das Ursprungsprinzip

Auch wenn nicht explizit als solches bezeichnet, findet sich das Ursprungsprinzip bereits in Ziffer 12 lit. a) der Weltcharta der Natur[494] sowie Prinzip 14 der Rio-Erklärung[495].[496]
In Erwägungsgrund acht der Präambel der Biodiversitätskonvention heißt es:

„*Noting* that it is vital to anticipate, prevent and attack the causes of significant reduction or loss of biological diversity at source."

Art. 7 lit. l) des – noch nicht in Kraft getretenen – Hochseeabkommens[497] lautet:

„The non-transfer, directly or indirectly, of damage or hazards from one area to another and the non-transformation of one type of pollution into another in taking measures to prevent, reduce and control pollution of the marine environment;".

Explizite Erwähnung findet das Ursprungsprinzip beispielsweise in Art. 4 lit. c) des Rheinschutzübereinkommens[498] sowie Art. 191 Abs. 2 UAbs. 1 Satz 2 AEUV.[499]
Das Ursprungsprinzip streitet dafür, nachteilige Umweltauswirkungen sowohl in zeitlicher als auch in räumlicher Hinsicht möglichst an ihrem Ursprung zu bekämpfen.[500] Es dient der Konkretisierung, wann und insbesondere wo ein Tätigwerden erforderlich ist.[501] Es sollen danach Umweltrisiken und -schäden weder in zeitlicher, noch in räumlicher Hinsicht verlagert werden.[502]
Da das Ursprungsprinzip nur vereinzelt in internationalen Erklärungen und völkerrechtlichen Verträgen enthalten ist, handelt es sich nicht um ein völkergewohnheitsrechtlich anerkanntes Prinzip.[503]
Soweit dem Ursprungsprinzip zu entnehmen ist, dass angesichts möglicher schädlicher Umweltbeeinträchtigungen staatliche Maßnahmen möglichst früh erfolgen sollen, überschneidet es

494 „Discharge of pollutants into natural systems shall be avoided and: Where this is not feasible, such pollutants shall be trated at the source, [...]"

495 „States should effectively cooperate to discourage or prevent the relocation and transfer to other States of any activities ans substances that cause severe environmental degradation or are found to be harmful to human health."

496 *Schröter*, S. 246.

497 Agreement under the United Nations Convention on the Law of the Sea on the Conservation and Sustainable Use of Marine Biological Diversity of Areas beyond National Jurisdiction, 19.06.2023, noch nicht in Kraft getreten; im Folgenden: Hochseeabkommen.

498 „Die Vertragsparteien lassen sich dabei von folgenden Grundsätzen leiten: [...] Prinzip, Umweltbeeinträchtigungen mit Vorrang an ihrem Ursprung zu bekämpfen; [...]", Convention for the Protection of the Rhine, 12.04.1999, 3419 U.N.T.S. 1999, in Kraft getreten am 01.01.2003.

499 „Sie beruht auf den Grundsätzen der Vorsorge und Vorbeugung, auf dem Grundsatz, Umweltbeeinträchtigungen mit Vorrang an ihrem Ursprung zu bekämpfen, sowie auf dem Verursacherprinzip."

500 *Epiney/Scheyli*, S. 95; *Schröter*, S. 245.

501 *Epiney/Scheyli*, S. 95.

502 *Epiney/Scheyli*, S. 95f.

503 *Epiney/Scheyli*, S. 151.

sich mit dem Kerngehalt des Vorsorgeprinzips.[504] Das Ursprungsprinzip geht allerdings über das Vorsorgeprinzip hinaus, indem es anordnet, dass auch in geografischer Hinsicht einer nachteilige Umweltauswirkung möglichst an ihrem Ursprung entgegengewirkt werden soll.[505]

V. Das Prinzip der gemeinsamen, aber differenzierten Verantwortung

Sowohl in Prinzip 23 der Stockholm-Erklärung[506] als auch in Prinzip 7 der Rio-Erklärung spiegelt sich der Gedanke wieder, dass für entwickelte Staaten auf der einen und Entwicklungsländer auf der anderen Seite nicht durchweg dieselben Regelungen und Maßstäbe gelten können. Prinzip 7 der Rio-Erklärung enthält die Aussage:

„[...] In view of the different contributions to global environmental degradation, States have common but differentiated responsibilities."

Exemplarisch zum Ausdruck kommt dabei zweierlei. Die Staaten tragen gemeinsam die Verantwortung für die Bewahrung und den Schutz der Umwelt.[507] Alle Staaten sind im Ausgangspunkt dazu verpflichtet, Umweltbeeinträchtigungen zu verhindern bzw. zu beseitigen.[508] Dabei ist aber im Hinblick auf die jeweils zu ergreifenden Maßnahmen sowohl nach dem Beitrag eines einzelnen Staates zu der in Rede stehenden Umweltbeeinträchtigung bzw. -schädigung zu differenzieren, zum anderen danach, inwieweit ein Staat die Möglichkeit hat, die Umweltbeeinträchtigung zu beseitigen, zu vermindern oder gar einer Umweltbeeinträchtigung vorzubeugen, mithin danach, wie leistungsfähig ein Staat ist.[509] Das Prinzip der gemeinsamen, aber differenzierten Verantwortung (principle of common but differentiated responsibilites) führt also in Abkehr von der Einheitlichkeit rechtlicher Verpflichtungen dazu, dass nicht allen Staaten dieselben Verpflichtungen auferlegt sind.[510] Insbesondere wird dadurch der besonderen Situation der Entwicklungsländer Rechnung getragen.[511]

Ähnlich wie das Verursacherprinzip findet sich das Prinzip der gemeinsamen, aber differenzierten Verantwortung in zahlreichen vertraglichen Vereinbarungen auf internationaler Ebene sowie nicht verbindlichen Erklärungen. Dennoch wird eine völkergewohnheitsrechtliche Geltung des

[504] *Epiney* und *Scheyli* sehen im Ursprungsprinzip eine notwendige Ergänzung des Vorsorgeprinzips: *Epiney/Scheyli*, S. 95f.

[505] *Epiney/Scheyli*, S. 95.

[506] „[...] it will be essential in all cases to consider the systems of values prevailing in each country, and the extent of the applicability of standards which are valid for the most advanced countries but which may be inappropriate and of unwarranted social cost for the developing countries".

[507] *Sands/Peel*, S. 244.

[508] *Birkner*, in: Völkerrecht, 1065–1130 (S. 1082, Rn. 38).

[509] *Sands/Peel*, S. 244f.; *Beer*, S. 74; *Beyerlein*, in: The Oxford Handbook of International Environmental Law, 426–447 (S. 442).

[510] *Beyerlein*, in: The Oxford Handbook of International Environmental Law, 426–447 (S. 442); *Sands/Peel*, S. 286; *Birkner*, in: Völkerrecht, 1065–1130 (S. 1082, Rn. 38).

[511] *Sands/Peel*, S. 244.

Prinzips fast durchweg abgelehnt.[512]

Dem Prinzip der gemeinsamen, aber differenzierten Verantwortung kommt bei der Umsetzung des Vorsorgeprinzips und der Bestimmung der im Einzelfall hieraus folgenden Verpflichtungen große Bedeutung zu, indem nicht von allen Staaten dasselbe vorsorgende Verhalten gefordert wird, sondern in Bezug auf die konkret zu ergreifenden Maßnahmen nach dem Beitrag eines Staates sowie der Leistungsfähigkeit bzw. technischen Entwicklung differenziert werden kann.[513] Prinzip 15 der Rio-Erklärung nimmt diese Differenzierung über die Formulierung „according to their capabilities" sogar direkt in die Beschreibung des Vorsorgeprinzips auf.[514] Auch die Meeresbodenkammer des Internationalen Seegerichtshofs betonte die enge Verbindung des Vorsorgeprinzips zum Prinzip der gemeinsamen, aber differenzierten Verantwortung:

„[...] It follows that the requirements for complying with the obligation to apply the precautionary approach may be stricter for the developed than for the developing sponsoring States."[515]

[512] *Birkner*, in: Völkerrecht, 1065–1130 (S. 1082f., Rn. 38); *Beyerlein/Marauhn*, S. 70; *Beyerlein*, in: The Oxford Handbook of International Environmental Law, 426–447 (S. 442).

[513] *Trinidade*, in: *Viñuales*, S. 426.

[514] *Trinidade*, in: *Viñuales*, S. 426.

[515] ISGH, Responsibilities and Obligations of States Sponsoring Persons and Entities with Respect to Activities in the Area, Gutachten vom 01. Februar 2011, ITLOS Reports 2011, S. 10, Rn. 161.

Kapitel 4: Inhaltliche Konkretisierung des Vorsorgeprinzips im Völkerrecht

Obwohl sich der Vorsorgegedanke implizit oder explizit in beinahe jedem umweltvölkerrechtlichen Vertrag und zahlreichen rechtlich unverbindlichen Erklärungen findet und Vorsorge als Strategie zum Umgang mit wissenschaftlicher Ungewissheit und nicht bezifferbaren Risiken gemeinhin Anerkennung findet, wird verschiedentlich betont, eine einheitliche Definition oder ein allseits akzeptiertes Vorsorgeverständnis habe sich bislang nicht herausgebildet.[516] Im Rahmen der Auseinandersetzung mit dem Vorsorgeprinzip im internationalen Kontext wurden beinahe 20 Versionen des Vorsorgeprinzips identifiziert.[517] An anderer Stelle wurde betont, kaum eine Ausformung des Vorsorgeverständnisses gleiche der anderen.[518]

Demgegenüber erfolgten zahlreiche Kategorisierungsversuche, wobei häufig lediglich zwischen einer Version, wie sie sich beispielsweise in Prinzip 15 der Rio-Erklärung findet, und einer starken Ausformung des Vorsorgeprinzips, wie sie unter anderem in der Weltcharta der Natur niedergelegt ist, unterschieden wird.[519]

Analysiert man darüber hinaus eine Reihe internationaler Vertragswerke und rechtlich nicht bindende Erklärungen, fällt ins Auge, dass häufig nur davon die Rede ist, dass die Staaten Vorsorgemaßnahmen ergreifen sollen. Daneben wird teilweise der Begriff des Vorsorgeprinzips, teilweise derjenige des Vorsorgeansatzes verwendet.

Hiervon ausgehend wird im Folgenden zunächst untersucht, ob der begrifflichen Unterscheidung zwischen einem „Vorsorgeprinzip" und einem „Vorsorgeansatz" rechtliche Bedeutung zukommt und dargestellt, inwieweit sich verschiedene Ausprägungen bzw. Versionen des Vorsorgeprinzips unterscheiden lassen. Zwar ist, soweit im Einzelfall der Anwendungsbereich eines völkerrechtlichen Vertrags eröffnet ist, zunächst das Vorsorgeprinzip, wie es dort Ausdruck findet, anzuwenden.[520] Mit dem Ziel, das Vorsorgeprinzip, wie es auf der Ebene des Völkerrechts jenseits eines spezifischen völkerrechtlichen Vertrags seinen Niederschlag gefunden hat, inhalt-

---

[516] *Sunstein*, S. 18; *Wiener*, in: The Oxford Handbook of International Environmental Law, 598–612 (S. 602); *Carlarne/Gray/Tarasofsky*, S. 165.

[517] *Sandin*, Human and Ecological Risk Assessment 1999 (5), 1999, 889 (S. 902ff.).

[518] *Stone*, Environmental Law Reporter 31 (7), 2001, 10790 (S. 10799).

[519] *Sachs*, University of Illinois Law Review 2011 (4), 2011, 1285 (S. 1292); *Fitzmaurice*, ZaöRV 77 (2017), 339 (S. 360). Teils findet sich eine Differenzierung zwischen „action-guiding versions", die zu staatlichem Handeln aufrufen und einer „deliberation-guiding version", die lediglich die Gründe beschränkt, mit Hilfe derer ein Nichthandeln begründet werden kann, *Dickson*, Natural Resources Journal 39 (2), 1999, 211 (S. 213f.).

[520] Eine detaillierte Auseinandersetzung mit dem Vorsorgeprinzip in Zusammenhang mit diversen völkerrechtlichen Verträgen findet sich bei: *Erben*, S. 55ff. und *Maurmann*, S. 151ff. Beleuchtet wird das Vorsorgeprinzip, wie es in völkerrechtlichen Verträgen insbesondere zum Meeresumweltschutz, zum Schutz der Ozonschicht, zum Klimaschutz, zum Schutz der biologischen Vielfalt sowie in völkerrechtlichen Verträgen im Bereich des internationalen Handelsrechts umgesetzt ist. Eine Auseinandersetzung mit der Niederlegung des Vorsorgeprinzips in völkerrechtlichen Verträgen, denen im Rahmen der vorliegenden Arbeit besondere Bedeutung zukommt, findet sich in Teil 4, Kapitel 2 und Kapitel 3.

© Der/die Autor(en), exklusiv lizenziert an
Springer Fachmedien Wiesbaden GmbH, ein Teil von Springer Nature 2026
I. Albrecht, *Das Vorsorgeprinzip in Zusammenhang mit der absichtlichen Freisetzung von mittels Gene Drive gentechnisch veränderten Organismen*,
https://doi.org/10.1007/978-3-658-50876-0_8

lich zu konkretisieren wird im Anschluss daran untersucht, ob basierend auf einer Gesamtschau das Vorsorgeprinzip einen gewissen Kerngehalt aufweist und worin dieser Kerngehalt – gewissermaßen die Essenz des Vorsorgeprinzips – besteht.

I. Die begriffliche Unterscheidung zwischen „Vorsorgeprinzip“ und „Vorsorgeansatz“

Haben beispielsweise nach Prinzip 15 der Rio-Erklärung Staaten den Vorsorgeansatz anzuwenden, sollen die Vertragsparteien gemäß Art. 2 Abs. 2 lit. a) der OSPAR-Konvention das Vorsorgeprinzip beachten. In Erwägungsgrund vier der Präambel zum Cartagena-Protokoll wird wiederum ebenso wie in dessen Art. 1 der Begriff des Vorsorgeansatzes verwendet, während Art. 3 Abs. 2 der Helsinki-Konvention die Vertragsparteien dazu verpflichtet, das Vorsorgeprinzip anzuwenden.
Im Rahmen internationaler Verträge und Erklärungen wird häufiger der Begriff des Vorsorgeansatzes (precautionary approach) verwendet.[521] Beispielsweise wurde bei den Verhandlungen zum Übereinkommen über die Erhaltung und Bewirtschaftung gebietsübergreifender Fischbestände und weit wandernder Fischbestände der Begriff des Vorsorgeansatzes bevorzugt.[522] Begründet wurde dies damit, dass zwar sowohl das Vorsorgeprinzip als auch der Vorsorgeansatz staatliches Handeln im Angesicht wissenschaftlicher Ungewissheit betreffen, dem Vorsorgeprinzip aber ein strikteres Verständnis zu Grunde liege und dieses folglich als fortschrittshemmend negativ konnotiert sei, während der Vorsorgeansatz mehr Flexibilität verspreche.[523] Während das Vorsorgeprinzip staatliches Handeln erfordere und zu einer Beweislastumkehr oder gar einem Moratorium führe, stelle der Vorsorgeansatz weniger strenge Anforderungen an staatliches Handeln und berücksichtige beispielsweise die unterschiedliche Leistungsfähigkeit verschiedener Staaten sowie sozioökonomische Faktoren.[524] Der Hauptunterschied zwischen Vorsorgeprinzip und Vorsorgeansatz sei, dass lediglich letzterer soziale und ökonomische Faktoren berücksichtige und insbesondere in Situationen anzuwenden sei, in denen die Wahrscheinlichkeit für irreversible Folgen weniger hoch sei – beispielsweise in der Fischereiwirtschaft; das Vorsorgeprinzip finde hingegen in Situationen Anwendungen, in denen Ungewissheit hinsicht-

[521] *Boyle/Redgwell*, S. 173.
[522] *Boyle/Redgwell*, S. 172.
[523] United Nations Conference on Straddling Fish Stocks and Highly Migratory Fish Stocks, The Precautionary Approach to Fisheries with Reference to Straddling Fish Stocks and Highly Migratory Fish Stocks, 06. Januar 1994, A/CONF.164/INF/8, Rn. 21ff.
[524] United Nations Conference on Straddling Fish Stocks and Highly Migratory Fish Stocks, The Precautionary Approach to Fisheries with Reference to Straddling Fish Stocks and Highly Migratory Fish Stocks, 06. Januar 1994, A/CONF.164/INF/8, Rn. 22 und 29. Als einer der wenigen differenziert *Garcia* mit ähnlicher Argumentation zwischen dem Vorsorgeprinzip und dem Vorsorgeansatz, weist aber zugleich darauf hin, dass Vorsorgeprinzip und -ansatz schwer zu unterscheiden sind, *Garcia*, The Precautionary Approach to Fisheries and its Implications for Fishery Research, Technology and Management: An Updated Review, 1996, abrufbar unter: *https://www.fao.org/3/w1238e/W1238E01.htm#ch1*, zuletzt aufgerufen am 31.01.2024. Bezogen ist die Argumentation allerdings hauptsächlich auf den Fischereisektor.

lich solcher Folgen bestehe, die mit großer Wahrscheinlichkeit irreversibel seien.[525]

Teils wird angenommen, dass Vorsorgeprinzip bezeichne die abstrakten Anforderungen an vorsorgendes Verhalten, der Vorsorgeansatz betreffe dessen Umsetzung.[526] Schließlich wird unter der Prämisse, das Vorsorgeprinzip führe zu einer Beweislastumkehr und der Nachweis der Unschädlichkeit sei schwer zu erbringen, die Verwendung des Begriffs des Vorsorgeansatzes präferiert.[527]

Letztlich wird allerdings der begrifflichen Unterscheidung zwischen Vorsorgeprinzip und Vorsorgeansatz auf internationaler Ebene nur vereinzelt rechtliche Bedeutung beigemessen. Es handelt sich um ein- und dasselbe rechtliche Konzept, beide Begriffe sind gleichbedeutend.[528]

Für die Austauschbarkeit beider Begriffe spricht, dass sich in internationalen Dokumenten häufig beide Bezeichnungen finden, ohne dass damit auf unterschiedliche rechtliche Konzepte Bezug genommen wird.[529] Beispielsweise werden im Aktionsprogramm zum Schutz der Meeresumwelt vor landgeschützten Aktivitäten beide Begriffe bedeutungsgleich verwendet.[530] Art. 7 lit. e) des noch nicht in Kraft getretenen Hochseeübereinkommens hält die Vertragsparteien an, das Vorsorgeprinzip bzw. den Vorsorgeansatz zu beachten und erwähnt dabei beide Begriffe nebeneinander. In der Resolution der UN-Generalversammlung betreffend das Programm für die weitere Umsetzung der Agenda 21 wird auf das in Prinzip 15 der Rio-Erklärung niedergelegte Vorsorgeprinzip verwiesen, während Prinzip 15 der Rio-Erklärung selbst den Begriff des Vorsorgeansatzes verwendet.[531] In einem durch das Sekretariat der Biodiversitätskonvention veröffentlichten technischen Bericht zur synthetischen Biologie wird darauf hingewiesen, dass diverse multilaterale Verträge und andere Instrumente das Konzept der Vorsorge teils als Vorsorgeprinzip, teils als Vorsorgeansatz bezeichnen und zum Teil auch nur von Vorsorgemaßnahmen die Rede ist.[532] Dass die Verwendung der Begrifflichkeiten nicht zu einem divergierenden rechtlichen Inhalt führt, sich also aus der Bezeichnung als Ansatz oder Prinzip kein zwingender

---

525 *Garcia*, The Precautionary Approach to Fisheries and its Implications for Fishery Research, Technology and Management: An Updated Review, 1996, abrufbar unter: *https:// www.fao.org/3/w1238e/W1238E01.htm#ch1*, zuletzt aufgerufen am 31.01.2024.

526 „[...] the principle lays out what needs to be done, and the approach begins to set out how to do it.", *Rosenberg*, Bulletin of Marine Science 70 (2), 2002, 577 (S. 578).

527 *Carlberg/Evans*, Experiences of Applying the Precautionary Approach in Environmental Management in a European Framework – A Discussion Paper, 1997, S. 5.

528 *Freestone*, Journal of Environmental Law 6 (2), 1994, 194 (S. 212); *Boyle/Redgwell*, S. 173; *Peel*, Melbourne Journal of International Law 5 (2), 2004, 483 (S. 490); *Trouwborst*, RECIEL 16 (2), 2007, 185 (S. 186); *Dinneen*, Politics and the Life Sciences 32 (1), 2013, 2 (S. 3); *Cooney*, in: Implementing the Precautionary Principle – Perspectives and Prospects, 223–244 (S. 224); *Erben*, S. 182; *Beer*, S. 127ff. Siehe zudem die Darstellung bei *Hey*, Georgetown International Environmental Law Review 4 (2), 1992, 303 (S. 318).

529 *Peel*, Melbourne Journal of International Law 5 (2), 2004, 483 (S. 491); *Trouwborst*, RECIEL 16 (2), 2007, 185 (S. 186f.).

530 Global Programme of Action for the Protection of the Marine Environment from Land-Based Activities, 05. November 1995, UNEP(OCA)/LBA/IG.2/7, Rn. 23 lit. i) und 104 lit. b) (i).

531 UN-Generalversammlung, 19. September 1997, A/RES/S-19/2, Rn. 14.

532 *Deborah* u. a., Synthetic Biology Part II: Gaps and Overlaps with the Provisions of the Convention and Other Agreements, Technical Series No. 82, 2015, S. 80f.

Inhalt ergibt, wird beispielsweise deutlich, da keineswegs alle Instrumente, in denen von einem Vorsorgeprinzip die Rede ist, eine Beweislastumkehr enthalten, umgekehrt aber – beispielsweise im Rahmen der Wingspread-Erklärung – der Begriff des Vorsorgeansatzes verwendet und in diesem Zusammenhang eine Beweislastumkehr angeordnet wird. Auch Art. 3 Abs. 1 des Londoner Protokolls enthält eine Handlungspflicht, wird aber als Vorsorgeansatz bezeichnet.[533] Schließlich führt die Verwendung der unterschiedlichen Begrifflichkeiten auch nicht zu einer unterschiedlichen rechtlichen Verbindlichkeit, sowohl in – rechtlich bindenden – völkerrechtlichen Verträgen als auch in rechtlich unverbindlichen Erklärungen findet teils der Begriff des Vorsorgeprinzips, teils der des Vorsorgeansatzes Verwendung.[534]

Aufgrund von terminologischen Unterschieden kann somit auf internationaler Ebene weder auf bestehende rechtliche Unterschiede, noch auf einen bestimmten rechtlichen Inhalt geschlossen werden.[535] Festzuhalten ist jedoch, dass beide Begriffe politisch aufgeladen sind; ihre Verwendung verdeutlicht einen unterschiedlichen Umgang mit Umwelt- und Gesundheitsrisiken und macht eine unterschiedliche regulatorische Vorgehensweise – insbesondere der USA und der EU – deutlich.[536] So wurde im Zuge von Vertragsverhandlungen häufig diskutiert, welcher Begriff zu verwenden ist und aus politischen Gründen eher für die Bezeichnung als Vorsorgeansatz plädiert.[537] Der Begriff des Vorsorgeprinzips wird oft mit der Kritik in Zusammenhang gebracht, die Wissenschaft sei nur begrenzt in der Lage, die Grundlage für Entscheidungen unter Ungewissheit zu bilden; darüber hinaus wird die Bezeichnung oft mit einer Beweislastumkehr in Verbindung gebracht, sodass die Partei, die eine neue Technologie verwenden möchte, Belege für deren Unschädlichkeit erbringen muss.[538] Demgegenüber wurde angesichts von Bedenken einiger Staaten gegenüber möglichen negativen Auswirkungen neuer Technologien – beispielsweise in Zusammenhang mit der gentechnischen Veränderung von Organismen – auf den flexibleren Vorsorgeansatz verwiesen.[539]

[533] Protocol to the Convention on the Prevention of Marine Pollution by Dumping of Wastes and Other Matter, Art. 3 Abs. 1: „In implementing this Protocol, Contracting Parties shall apply a precautionary approach to environmental protection from dumping of wastes or other matter whereby appropriate preventative measures are taken when there is reason to believe that wastes or other matter introduced into the marine environment are likely to cause harm even when there is no conclusive evidence to prove a causal relation between inputs and their effects“.

[534] *Erben*, S. 183.

[535] So auch *Beer*, S. 127ff.

[536] *Peel*, Melbourne Journal of International Law 5 (2), 2004, 483 (S. 485); *Dinneen*, Politics and the Life Sciences 32 (1), 2013, 2 (S. 3).

[537] *Peel*, Melbourne Journal of International Law 5 (2), 2004, 483 (S. 491); *Erben*, S. 182. Ein Beispiel hierfür sind die im Rahmen der Verhandlungen zum Cartagena-Protokoll geführten Diskussionen, bei denen die US-Verhandlungsdelegation mit einigen anderen Exporteurstaaten dafür plädierte, den Begriff des Vorsorgeprinzips durch den des Vorsorgeansatzes zu ersetzen. Ähnlich gestalteten sich die Vertragsverhandlungen zum Übereinkommen über die Erhaltung und Bewirtschaftung gebietsübergreifender und weit wandernder Fischbestände. Insbesondere die USA favorisieren regelmäßig eine Bezeichnung als Vorsorgeansatz, während die EU die Verwendung des Begriffs des Vorsorgeprinzip bevorzugt.

[538] *Peel*, Melbourne Journal of International Law 5 (2), 2004, 483 (S. 486).

[539] *Peel*, Melbourne Journal of International Law 5 (2), 2004, 483 (S. 491).

Festzuhalten ist:

„While on its face a semantic issue, the precautionary principle-approach debate masks deeper political differences that have more to do with divergent views about the significance of potential health and environmental risks than the details of the available scientific evidence.“[540]

II. Differenzierung verschiedener Versionen des Vorsorgeprinzips

Zahlreiche internationale Instrumente nehmen zwar auf das Vorsorgeprinzip Bezug, definieren dieses aber nicht eigenständig.[541] Als Ursache hierfür kommen mehrere Aspekte in Betracht: die Aufnahme einer Definition wurde als unmöglich oder zu schwerfällig angesehen, Anwendungsbereich und Inhalt des Vorsorgeprinzips wurden bewusst offen gestaltet, um eine Fortentwicklung des Konzepts der Vorsorge nicht im Vorhinein zu sehr einzuschränken, eine Einigung erschien nicht erreichbar oder der Kern des Vorsorgekonzepts wurde als so allgemein anerkannt betrachtet, dass eine Definition überflüssig erschien.[542]

Zudem ist nicht immer von einem Vorsorgeprinzip die Rede, vielmehr findet sich teils lediglich die Vereinbarung, dass Vorsorgemaßnahmen (precautionary measures) zu ergreifen sind.[543]

Der Grund für die unterschiedlichen Ausformungen des Vorsorgegedankens liegt einerseits darin, dass die Formulierung innerhalb eines bestimmten völkerrechtlichen Vertrags jeweils einen zwischen den Vertragsparteien ausgearbeiteten Kompromiss darstellt und darüber hinaus ein völkerrechtlicher Vertrag und damit auch das darin verankerte Vorsorgekonzept in der Regel auf einen spezifischen Themenbereich oder einen spezifischen Problemkreis zugeschnittenen ist.[544] Auch von einer Mehrheit der Staaten verabschiedete rechtlich unverbindliche Erklärungen sind letztlich stets das Ergebnis eines Kompromisses

Während hinsichtlich der tatbestandlichen Voraussetzungen des Vorsorgeprinzips weniger große Unterschiede feststellbar sind, werden anhand der Rechtsfolgen in der Regel verschiedene Ausprägungen des Vorsorgeprinzips unterschieden, wenngleich innerhalb der jeweiligen Kategorien im Detail Unterschiede bestehen.[545]

---

540 *Peel*, Melbourne Journal of International Law 5 (2), 2004, 483 (S. 485).

541 *Trouwborst*, Precautionary Rights and Duties of States, S. 21.

542 *Trouwborst*, Precautionary Rights and Duties of States, S. 23.

543 *Carlarne/Gray/Tarasofsky*, S. 167.

544 *Trouwborst*, Precautionary Rights and Duties of States, S. 21; *Carlarne/Gray/Tarasofsky*, S. 167; *de Sadeleer*, in: Research Handbook on International Environmental Law, 182–199 (S. 187).

545 *Bodansky*, in: Bringing New Law to Ocean Waters, 381–391 (S. 381); *Beyerlein/Marauhn*, S. 47; *Sands/Peel*, S. 234; *Wiener*, in: The Oxford Handbook of International Environmental Law, 598–612 (S. 604ff.); *Dinneen*, Politics and the Life Sciences 32 (1), 2013, 2 (S. 5); *Schröter*, S. 239f.

1. Wissenschaftliche Ungewissheit ist kein Grund zum Nichthandeln

Die schwächste Version des Vorsorgeprinzips findet sich bei einem eng am Wortlaut orientierten Verständnis in Prinzip 15 der Rio-Erklärung, wonach im Falle drohender schwerwiegender oder bleibender Schäden ein Mangel an wissenschaftlicher Gewissheit kein Grund sein darf, kostenwirksame Maßnahmen zur Vermeidung von Umweltverschlechterungen aufzuschieben. Eine ähnliche, negative Formulierung findet sich in Art. 3 Abs. 3 der Klimarahmenkonvention,

> „Where there are threats of serious or irreversible damage, lack of full scientific certainty should not be used as a reason for postponing such measures, taking into account that policies and measures to deal with climate change should be cost-effective so as to ensure global benefits at the lowest possible cost.“,

in Art. 6 Abs. 2 des Übereinkommens über die Erhaltung und Bewirtschaftung gebietsübergreifender Fischbestände und weit wandernder Fischbestände,

> „The absence of adequate scientific information shall not be used as a reason for postponing or failing to take conservation and management measures.“[546],

sowie in Erwägungsgrund neun der Präambel der Biodiversitätskonvention:

> „*Noting also* that where there is a threat of significant reduction or loss of biological diversity, lack of full scientific certainty should not be used as a reason for postponing measures to avoid or minimalize such a threat.“

Es handelt sich bei diesem negativ formulierten Vorsorgeverständnis um ein weitgehend akzeptiertes Minimalverständnis.[547] Selbst *Sunstein*, einer der schärfsten Kritiker des Vorsorgeprinzips in seiner starken Ausformung, konstatiert: „The weak versions of the Precautionary Principle state a truism – uncontroversial in principle and necessary in practice“[548] und erkennt an, dass das Vorsorgeprinzip in seiner schwächsten Version nicht zu beanstanden ist.[549] Verlangt wird nicht, dass Staaten im Falle drohender Umweltbeeinträchtigungen Maßnahmen zum Umweltschutz zu treffen haben.[550] Der Mehrwert des Vorsorgeverständnisses in seiner schwächsten Ausprägung besteht vielmehr darin, dass wissenschaftliche Ungewissheit staatliche Untätigkeit nicht rechtfertigt, oder, anders formuliert, Voraussetzung dafür, dass ein Staat Maßnahmen zum Schutz der Umwelt ergreifen kann, nicht ist, dass belastbare wissenschaftliche

546 Agreement for the Implementation of the Provisions of the United Nations Convention on the Law of the Sea of 10 December 1982 Relating to the Conservation and Management of Straddling Fish Stocks and Highly Migratory Fish Stocks, 04. August 1995, 2167 U.N.T.S. 3, in Kraft getreten am 11.12.2001.

547 *Beyerlein/Marauhn*, S. 54; *Sands/Peel*, S. 230.

548 *Sunstein*, S. 24.

549 *Sunstein*, S. 24.

550 *Bodansky*, in: Bringing New Law to Ocean Waters, 381–391 (S. 384); *Proelß*, in: Internationales Umweltrecht, 97–150 (S. 122, Rn. 30). Allerdings kann die Formulierung durchaus auch so verstanden werden, dass Staaten aktiv Schutzmaßnahmen vornehmen müssen, *Beer*, S. 73; *Trinidade*, in: *Viñuales*, S. 408; *Peel*, in: The Oxford Handbook of International Environmental Law, 302–318 (S. 304).

Nachweise für ein Risiko im engeren Sinne vorliegen.[551] Staaten können also das Nichtergreifen oder Aufschieben von Umweltschutzmaßnahmen insbesondere auch nicht damit begründen, die Kausalität zwischen einer bestimmten Tätigkeit und einem Schaden sei nicht wissenschaftlich erwiesen.[552] Diese Version des Vorsorgeprinzips enthält damit lediglich das Verbot, sich auf einen seitens der Entscheidungsträger zur Rechtfertigung von Nichthandeln häufig ins Feld geführten Grund – das Bestehen wissenschaftlicher Ungewissheit – zu berufen.[553] Auch kann staatliches Nichthandeln nicht damit begründet werden, dem Prinzip der Assimilationskapazität zufolge sei die Umwelt oder ein bestimmtes Ökosystem in der Lage, die Beeinträchtigung ohne bleibende Folgen zu überstehen, solange nicht das Gegenteil bewiesen ist.[554] Es werden damit die Gründe für staatliches Nichthandeln beschränkt.[555]

Allerdings sind Staaten diesem Vorsorgeverständnis nach nur gehindert, die Nichtvornahme von Maßnahmen zur Vermeidung von Umweltverschlechterungen unter Verweis auf bestehende wissenschaftliche Ungewissheiten zu rechtfertigen; ein solches Vorsorgeverständnis hindert Staaten hingegen nicht daran, Maßnahmen zur Vermeidung von Umweltverschlechterungen aus anderen Gründen aufzuschieben oder nicht vorzunehmen, beispielsweise mit dem Argument, vorsorgende Maßnahmen seien in der gegebenen Situation nicht erforderlich oder nicht finanzierbar.[556] Vor diesem Hintergrund schlägt dem so verstandenen Vorsorgeprinzip die Kritik entgegen, es handle sich um ein „stumpfes Schwert"[557] oder eine Selbstverständlichkeit bzw. Banalität, die eine nähere wissenschaftliche Untersuchung nicht erfordere.[558] Die insbesondere in der Praxis bedeutsame Frage, welche Maßnahmen im Falle von wissenschaftlicher Ungewissheit ergriffen werden sollen, bleibt unbeantwortet.[559]

Hinzuweisen ist ferner darauf, dass innerhalb der dargestellten Ausformung des Vorsorgeprinzips Unterschiede bestehen. Dies betrifft zum einen die Schwelle, ab der das Vorsorgeprinzip Anwendung findet: die Anwendung des Vorsorgeprinzips in Prinzip 15 der Rio-Erklärung erfordert einen drohenden schwerwiegenden oder bleibenden Schaden, während sich eine solche Einschränkung im Vorsorgeverständnis, wie es in Art. 6 des Übereinkommens über die Erhaltung und Bewirtschaftung gebietsübergreifender Fischbestände und weit wandernder Fischbestände niedergelegt ist, nicht findet. Zum anderen findet sich in Prinzip 15 der Rio-Erklärung oder Art. 3 Abs. 3 der Klimarahmenkonvention die Einschränkung, dass lediglich „kostenwirk-

551 *Sunstein*, S. 18; *Wiener*, in: The Oxford Handbook of International Environmental Law, 598–612 (S. 604); *Sachs*, University of Illinois Law Review 2011 (4), 2011, 1285 (S. 1292).

552 *Wiener*, in: The Oxford Handbook of International Environmental Law, 598–612 (S. 604).

553 *Cranor*, in: Protecting Public Health and the Environment – Implementing the Precautionary Principle, 75–99 (S. 76f.).

554 *Wiener*, in: The Oxford Handbook of International Environmental Law, 598–612 (S. 604).

555 *Dickson*, Natural Resources Journal 39 (2), 1999, 211 (S. 214).

556 *Bodansky*, in: Bringing New Law to Ocean Waters, 381–391 (S. 384); *Beyerlein/Marauhn*, S. 54.

557 *Beyerlein/Marauhn*, S. 54.

558 *Sunstein*, S. 24.

559 *Wiener*, in: The Oxford Handbook of International Environmental Law, 598–612 (S. 605).

same Maßnahmen" nicht unter Verweis auf bestehende wissenschaftliche Ungewissheit aufgeschoben werden dürfen. Erwägungsgrund neun der Präambel der Biodiversitätskonvention enthält keine solche Einschränkung.

2. Berechtigung zum staatlichen Handeln

Das Vorsorgeprinzip in einer stärkeren Ausprägung geht über die negativ formulierte Version hinaus und beinhaltet die Erlaubnis zur staatlichen Regulierung bzw. dem staatlichen Handeln angesichts wissenschaftlicher Ungewissheit und dient dazu, staatliches Handeln zu rechtfertigen.[560] Im englischen Sprachraum wird diese Version auch als „license to act" bezeichnet.[561] Bedeutung gewinnt das so ausgestaltete Vorsorgeverständnis insbesondere im Bereich des internationalen Handelsrechts.[562] Das Vorsorgeprinzip ermöglicht es Staaten, zum Schutz der Umwelt Maßnahmen zu ergreifen, die andernfalls Handelsbeschränkungen darstellen könnten und somit nicht ohne Weiteres mit den handelsrechtlichen Vorgaben vereinbar wären.[563] Wohl prominentestes Beispiel dieser Version des Vorsorgeprinzips enthält das Cargena-Protokoll in Art. 10 Abs. 6 bzw. Art. 11 Abs. 8:

„Lack of scientific certainty due to insufficient relevant scientific information and knowledge regarding the extent of the potential adverse effects of a living modified organism on the conservation and sustainable use of biological diversity in the Party of import [...] shall not prevent that party from taking a decision, [...] in order to avoid or minimize such potential adverse effects."

Vertragsparteien des Cartagena-Protokolls ist es demnach im Falle wissenschaftlicher Ungewissheit erlaubt, unter Berufung auf das Vorsorgeprinzip Maßnahmen zu erlassen, um mögliche mit der Einfuhr von gentechnisch veränderten Organismen einhergehende Schäden für den Erhalt und die nachhaltige Nutzung der biologischen Vielfalt zu verringern oder zu verhindern. Unter Berufung auf das Vorsorgeprinzip können somit Maßnahmen zum Schutz der Umwelt wie beispielsweise Einfuhrbeschränkungen für gentechnisch veränderte Organismen gerechtfertigt werden, auch wenn es (noch) an der wissenschaftlichen Gewissheit dahingehend fehlt, dass die Einfuhr nachteilige Folgen für die biologische Vielfalt verursacht.[564] Die Formulierung „shall not prevent the party from taking a decision" verdeutlicht, dass das Vorsorgeprinzip ei-

---

560 *Bodansky*, in: Bringing New Law to Ocean Waters, 381–391 (S. 385); *Beyerlein/Marauhn*, S. 54.

561 Beispielsweise *Wiener* unterscheidet hingegen nicht zwischen der negativen Formulierung und der Erlaubnis zur staatlichen Regulierung, sondern setzt beide gleich: *Wiener*, in: The Oxford Handbook of International Environmental Law, 598–612 (S. 604ff.).

562 *Bodansky*, in: Bringing New Law to Ocean Waters, 381–391 (S. 385); *Beyerlein/Marauhn*, S. 54.

563 *Bodansky*, in: Bringing New Law to Ocean Waters, 381–391 (S. 385).

564 *Bodansky*, in: Bringing New Law to Ocean Waters, 381–391 (S. 385); *Wiener*, in: The Oxford Handbook of International Environmental Law, 598–612 (S. 604). *Bodansky* weist aber darauf hin, dass einem solchen Verständnis Erwägungsgrund 10 der Präambel des Cartagena-Protokolls entgegenstehen könnte, wonach einzelne Bestimmungen des Cartagena-Protokolls nicht so ausgelegt werden können, dass hierdurch Rechte und Pflichten einer Vertragspartei aufgrund geltender völkerrechtlicher Übereinkünfte geändert werden.

ne Rechtfertigung für die Vornahme einer staatlichen Entscheidung ist, die Vertragspartei aber nicht zum Ergreifen von Umweltschutzmaßnahmen verpflichtet ist.
Auch diese Version des Vorsorgeprinzips enthält indes keine Vorgaben betreffend die konkret zu ergreifenden Maßnahmen.[565]

3. Staatliche Handlungspflicht

Von den beiden dargestellten Ausgestaltungen des Vorsorgeprinzips ist ein sogenanntes starkes Vorsorgeverständnis zu unterscheiden, welches die Staaten im Falle von wissenschaftlicher Ungewissheit zu einer Regulierung oder einem Handeln nicht lediglich berechtigt, sondern verpflichtet.[566] Dieses Vorsorgeverständnis wird auch als „command to act" bezeichnet.[567]
Eine solche Handlungspflicht findet sich beispielsweise in Art. 3 Abs. 2 der Helsinki-Konvention:

„The Contracting Party shall apply the precautionary principle, i.e. to take preventive measures when there is reason to assume that substances or energy introduced, directly or indirectly, into the marine environment may create hazards to human health, harm living resources and marine ecosystems, damage amenities or interfere with other legitimate uses of the sea even when there is no conclusive evidence of a causal relationship between inputs and alleged effects."[568],

in Art. 4 Abs. 3 lit. f) der Bamako-Konvention:

„Each Party shall strive to adopt and implement the preventive, precautionary approach to pollution problems which entails inter alia, preventing the release into the environment of substances which may cause harm to humans or the environment without waiting for scientific proof regarding such harm."

und in Art. 2 Abs. 2 lit a) der OSPAR-Konvention:

„The Contracting Party shall apply the precautionary principle, by virtue of which preventive measures are to be taken when there are reasonable grounds for concern that substances or energy introduced [...] into the marine environment may bring about hazards to human health, harm living resources and marine ecosystems, damage amenities or interfere with other legitimate uses of the sea, even when there is no conclusive evidence of a causal relationship between the inputs and the effects."

Im Gegensatz zu den beiden schwächeren Versionen des Vorsorgeprinzips erlaubt bzw. rechtfertigt das Vorsorgeprinzip in seiner starken Ausgestaltung staatliche Regulierung und staatliches Handeln nicht nur, sondern erfordert staatliches Tätigwerden.[569] Besteht in Bezug auf mögliche Umweltschäden wissenschaftliche Ungewissheit, müssen Staaten demnach regulierend

[565] *Beyerlein/Marauhn*, S. 54.
[566] *Wiener*, in: The Oxford Handbook of International Environmental Law, 598–612 (S. 605); *Bodansky*, in: Bringing New Law to Ocean Waters, 381–391 (S. 386); *Beyerlein/Marauhn*, S. 54.
[567] *Beyerlein/Marauhn*, S. 54.
[568] Convention on the Protection of the Marine Environment of the Baltic Sea Area, 22. März 1974, 1507 U.N.T.S. 166, in Kraft getreten am 03.05.1980.
[569] *Wiener*, in: The Oxford Handbook of International Environmental Law, 598–612 (S. 605).

tätig werden.

Explizite Vorgaben, zu welchen konkreten Maßnahmen die Staaten verpflichtet sind, enthalten die genannten internationalen Instrumente nicht, vielmehr fällt die Entscheidung, welche Maßnahme im konkreten Einzelfall ergriffen wird, grundsätzlich in den Einschätzungsspielraum der Vertragsparteien.[570] Aus einem so verstandenen Vorsorgeprinzip können sowohl prozessuale als auch materielle Verpflichtungen folgen, beispielhaft seien die Verpflichtung zur Gewährung von Umweltinformationen, die Durchführung von Umweltverträglichkeitsprüfungen sowie das Erfordernis, die besten verfügbaren Technologien anzuwenden, genannt.[571] Richter *Trinidade* äußert insoweit im Rahmen seiner abweichenden Stellungnahme im *Pulp-Mills*-Verfahren: „[...] the precautionary principle, in my view, is not to be equated with over-regulation, but more properly with *reasonable* assessment in face of probable risks and scientific uncertainties (*supra*). This may take the form of carrying out complete environmental impact assessments, and of undertaking further studies on the environmental issues at stake, as well as careful environmental risk analysis, before the issuance of authorizations. [...].“[572]

Kritisiert wird an einem so verstandenen Vorsorgeprinzip, dass in dem Fall, in dem die Vorsorgemaßnahmen selbst negative Auswirkungen nach sich ziehen, eine Verpflichtung, diese zu ergreifen, unangemessen sein kann.[573] Des Weiteren besteht, sofern im Falle von wissenschaftlicher Ungewissheit die Staaten zum Handeln verpflichtet sind, die Gefahr, dass Investitionen eher getätigt werden, um wissenschaftlicher Ungewissheit zu begegnen als Risiken im engeren Sinne vorzubeugen.[574]

4. Umkehr der Beweislast und Festlegung der Beweisanforderungen

In seiner strengsten Ausführung beinhaltet das Vorsorgeprinzip eine Umkehr der Beweislast, legt die einzuhaltenden Beweisanforderungen fest und stellt damit eine spezielle prozessuale Vorgabe bzw. spezielle Handlungspflicht dar.[575]

Beispielsweise findet sich in der Wingspread-Erklärung aus dem Jahr 1998 folgende Formulierung:

> „When an activity raises threats of harm to human health of the environment, precautionary measures should be taken even if some cause and effect relationships are not fully established scientifically. In this context the proponent of an activity [...] should bear the burden of proof.“

[570] *Wiener*, in: The Oxford Handbook of International Environmental Law, 598–612 (S. 605); *Dinneen*, Politics and the Life Sciences 32 (1), 2013, 2 (S. 5).

[571] *Beyerlein/Marauhn*, S. 54.

[572] IGH, Pulp Mills on the River Uruguay, Separate Opinion of Judge Trinidade, ICJ Reports 2010, S. 171, Rn. 96.

[573] *Wiener*, in: The Oxford Handbook of International Environmental Law, 598–612 (S. 605).

[574] *Wiener*, in: The Oxford Handbook of International Environmental Law, 598–612 (S. 605).

[575] *Sands/Peel*, S. 234; *Beyerlein/Marauhn*, S. 55. *Beyerlein* und *Marauhn* unterscheiden daher innerhalb des Vorsorgeverständnisses, das eine Handlungspflicht enthält, zwischen sonstigen Handlungspflichten und der speziellen Pflicht zur Beweislastumkehr und Einhaltung der Beweisanforderungen, *Beyerlein/Marauhn*, S. 55.

Auch in Art. 3 Abs. 3 lit. c) des Anhangs II der OSPAR-Konvention:

„Those Contracting Parties [...] shall report [...] on the results of scientific studies which show that any potential dumping operations would not result in hazards to human health, harm to living resources or marine ecosystems, damage to amenities or interference with other legitimate uses of the sea."

oder in Abs. 11 lit. b) der Weltcharta der Natur:

„Activities which are likely to pose significant risk to nature shall be preceded by an exhaustive examination; their proponents shall demonstrate that expected benefits outweight potential damage to nature, and where potential adverse effects are not fully understood, the activities should not proceed."

findet sich eine entsprechende Regelung.
Das Vorsorgeprinzip verpflichtet denjenigen Staat, der eine möglicherweise schädigende Aktivität vornehmen möchte, sicherzustellen, dass die geltenden Beweisanforderungen eingehalten werden – in der Regel wird hier gelten, dass die Aktivität keine erheblichen nachteiligen Umweltbeeinträchtigungen nach sich ziehen darf.[576] Solange nicht die erforderlichen Nachweise erbracht werden, ist die betreffende Aktivität verboten.[577] Welche Beweisanforderungen konkret einzuhalten sind, kann unterschiedlich ausgestaltet werden und unterscheidet sich je nach Einzelfall: so kann der Nachweis gefordert werden, dass die Aktivität keine erheblichen nachteiligen Umweltbeeinträchtigungen nach sich zieht, dass die Aktivität „sicher" ist oder dass das mit der Aktivität einhergehende Risiko hinnehmbar ist.[578] Während die OSPAR-Konvention den Nachweis erfordert, dass kein Schaden für die aufgeführten Rechtsgüter eintreten darf, sieht die Weltcharta der Natur vor, dass die Vorteile mögliche Nachteile überwiegen müssen; sofern allerdings hinsichtlich möglicher nachteiliger Auswirkungen Ungewissheit besteht, ist die Aktivität verboten.
Das Vorsorgeprinzip in seiner stärksten Ausprägung erlegt damit dem Staat, der eine die Umwelt möglicherweise schädigende Aktivität vornehmen möchte, die Beweislast auf, zum anderen legt es die im konkreten Einzelfall einzuhaltenden Beweisanforderungen fest.[579] Im Unterschied zu den bereits dargestellten Versionen des Vorsorgeprinzips gibt die strengste Version des Vorsorgeprinzips angesichts wissenschaftlicher Ungewissheit ein konkretes Verhalten vor: solange nicht die erforderlichen Belege erbracht sind, ist die betreffende Aktivität verboten.[580]
Diesem Vorsorgeverständnis wird am häufigsten Kritik entgegengebracht. Betont wird, es bestehe die Gefahr einer Überregulierung, ein so verstandenes Vorsorgeprinzip sei fortschrittshemmend und berücksichtige nicht ausreichend, dass mit der Vornahme einer risikobehafteten Aktivität erhebliche Vorteile einhergehen können.[581] Denn das Erfordernis, dass Belege erbracht

[576] *Sands/Peel*, S. 234.
[577] *Wiener*, in: The Oxford Handbook of International Environmental Law, 598–612 (S. 606).
[578] *Wiener*, in: The Oxford Handbook of International Environmental Law, 598–612 (S. 606).
[579] *Wiener*, in: The Oxford Handbook of International Environmental Law, 598–612 (S. 606).
[580] *Wiener*, in: The Oxford Handbook of International Environmental Law, 598–612 (S. 606).
[581] *Beyerlein/Marauhn*, S. 55; *Wiener*, in: The Oxford Handbook of International Environmental Law, 598–612 (S.

werden müssen, wonach keine erheblichen nachteiligen Umweltauswirkungen bestehen oder das mit einem Vorhaben verbundene Risiko hinnehmbar ist, kann in einer Situation der wissenschaftlichen Ungewissheit gerade nicht erfüllt werden – im Regelfall wird damit in diesem Fall eine Aktivität verboten sein. *Sunstein* wendet sich wie folgt gegen das Vorsorgeprinzip in seiner stärksten Form: „Taken in this strong form, the precautionary principle should be rejected, not because it leads in bad directions, but because it leads in no direction at all. The principle is literally paralyzing – forbidding inaction, stringent regulation, and everything in between.“[582]

III. Kernelemente des Vorsorgeprinzips

Die Schwierigkeit, den substantiellen rechtlichen Gehalt des Konzepts der Vorsorge zu ergründen und dem Vorsorgeprinzip allgemeingültige Handlungsleitlinien zu entnehmen, wird verschiedentlich betont: „However, despite its growing presence in international law [...] there is still considerable controversy over how to articulate or define a precautionary principle of law. A single universally shared version of the principle does not exist.“[583] Teilweise wird der Versuch, Kriterien für die Anwendung des Vorsorgeprinzips zu entwickeln, gänzlich als gescheitert angesehen: „Any attempt to develop „bright line“ criteria for the application of the precautionary principle has largely failed“.[584] Anstatt zu versuchen, dem Vorsorgeprinzip einheitliche und allgemeingültige Vorgaben zu entnehmen, solle das Vorsorgeprinzip einzelfallbezogen angewandt werden: „[...] the application needs to be carried out on a case-by-case basis where value judgements based on moral, cultural, economic and political interests need to be weighted up.“[585]

Wenngleich das Vorsorgeprinzip im jeweiligen Einzelfall anzuwenden ist, ist Voraussetzung dafür doch, dass zuvor Klarheit über dessen Struktur und dessen wesentliche Elemente besteht.[586] Wie im Folgenden zu zeigen sein wird, ähnelt sich zum einen die Struktur des Vorsorgeprinzips, wie es in internationalen rechtsverbindlichen und nicht rechtsverbindlichen Instrumenten seinen Niederschlag gefunden hat, zum anderen sind gewisse Elemente allen Versionen des Vorsorgeprinzips gemeinsam. So lassen sich der Anwendungsbereich bzw. Tatbestand des Vorsorgeprinzips von dessen Rechtsfolgen unterscheiden; zu differenzieren ist stets zwischen der Frage, welche Voraussetzungen gegeben sein müssen, damit das Vorsorgeprinzip überhaupt Anwendung findet und, sollten die Voraussetzungen gegeben sein, den Folgen, die eine Anwendung des Vorsorgeprinzips nach sich zieht.[587]

606).

[582] *Sunstein*, University of Pennsylvania Law Review 151 (3), 2003, 1003 (S. 1003).

[583] *Böckenförde*, ZaöRV 63 2003, 313 (S. 314).

[584] *Fisher*, Journal of Environmental Law 13 (3) 2001, 315 (S. 319).

[585] *Pyhälä/Brusendorff/Paulomäki*, in: Research Handbook on International Environmental Law, 203–224 (S. 221).

[586] *Fitzmaurice*, ZaöRV 77 (2017), 339 (S. 362).

[587] *Bodansky*, in: Bringing New Law to Ocean Waters, 381–391 (S. 386f.): „Regardless of the legal function served, formulations of the precautionary principle have the same basic structure: if a threshold of risk is crossed (the

Sämtliche Versionen des Vorsorgeprinzips enthalten zudem folgende Elemente, wenngleich sich die Formulierungen und die Ausgestaltung im Detail unterscheiden: die Möglichkeit eines Schadenseintritts, fehlende wissenschaftliche Gewissheit sowie eine Aussage zu den unter diesen Umständen vorzunehmenden Maßnahmen bzw. einem Ge- oder Verbot.[588]

1. Keine Unterscheidung zwischen Vorsorge als Recht und Vorsorge als Verpflichtung anhand bestimmter Kriterien

Verschiedentlich wird in Analysen betreffend das Vorsorgeprinzip, wie es unabhängig von einem völkerrechtlichen Vertrag besteht, zwischen dem Recht zu vorsorgendem Handeln und der Verpflichtung, Vorsorgemaßnahmen zu ergreifen, unterschieden; für das Vorliegen einer Verpflichtung müssen strengere Anforderungen erfüllt sein.[589]

Wenn „[...] *schädliche Auswirkungen* durch Tätigkeiten oder Substanzen auf die Umwelt möglich erscheinen, dürfen bis zu einem wissenschaftlich gesicherten Kenntnisstand geeignete vorsorgende Maßnahmen erlassen oder aufrecht erhalten werden".[590] Hingegen sind „obwohl völlige wissenschaftliche Gewissheit über die schädlichen Auswirkungen fehlt, [...] von den Staaten, soweit angemessen, Maßnahmen zu ergreifen, wenn *ernsthafte oder irreversible schädliche Auswirkungen* für die Umwelt drohen".[591] Erreichen somit die schädlichen Umweltauswirkun-

trigger), then a precautionary approach is warranted (the response)."; *Proelß*, in: Internationales Umweltrecht, 97–150 (S. 120, Rn. 28 und S. 122, Rn. 30).

588 *Trouwborst* spricht von „threat of harm", „uncertainty" und „action", *Trouwborst*, Precautionary Rights and Duties of States, S. 30, *Sandin* unterscheidet die Dimensionen „threat", „uncertainty", „action" und „command", *Sandin*, Human and Ecological Risk Assessment 1999 (5), 1999, 889 (S. 890ff.). *Epiney* und *Scheyli* stellen fest, dass sich das Prinzip aus drei Elementen zusammensetzt: zwei Merkmalen, die den Begründungstatbestand bilden (Fehlen vollständiger wissenschaftlicher Gewissheit sowie Vorhandensein einer potentiellen Gefährdung der Umwelt) steht eine bestimmte Rechtsfolge (ein bestimmtes, in umweltpolitischer Zielsetzung ausgerichtetes Handeln) gegenüber, *Epiney/Scheyli*, S. 109f. Siehe hierzu auch: *de Fur/Kaszuba*, The Science of the Total Environment 288, 2002, 155 (S. 157); *Applegate*, William & Mary Environmental Law and Policy Review 27 (13) 2002, 13 (S. 17f.); *Pyhälä/Brusendorff/Paulomäki*, in: Research Handbook on International Environmental Law, 203–224 (S. 211); *Andorno*, JIBL 1 (1) 2004, 11 (S. 13f.); *Marti*, S. 55ff.; *Boisson de Chazournes*, in: Law of the Sea, Environmental Law and Settlement of Disputes, 21–34 (S. 22); *Monien*, S. 260; *Peel*, in: The Oxford Handbook of International Environmental Law, 302–318 (S. 304).

589 *Trouwborst*, Precautionary Rights and Duties of States, S. 286f.; *Maurmann*, S. 234f.

590 *Maurmann*, S. 235 (Hervorhebung durch die Verfasserin). *Trouwborst* formuliert: „Wherever, on the basis of the best information available, there are reasonable grounds for concern that *significant harm* to the environment may occur, effective and proportional action to prevent and/or abate this harm *may be taken*, including in situations of scientific uncertainty regarding the cause, extent and/or probability of the potential harm" (Hervorhebung durch die Verfasserin), *Trouwborst*, Precautionary Rights and Duties of States, S. 287. Hinzuweisen ist in diesem Zusammenhang erneut darauf, dass *Trouwborst* nicht zwischen Prävention und Vorsorge unterscheidet sondern davon ausgeht, das Vorsorgeprinzip sei an die Stelle des Präventionsprinzips getreten und erweitere dieses, siehe hierzu die Ausführungen in Teil 3, Kapitel 3, I, 2, b.

591 *Maurmann*, S. 234 (Hervorhebung durch die Verfasserin). *Trouwborst* formuliert: „Wherever, on the basis of the best information available, there are reasonable grounds for concern that *serious and/or irreversible harm* to the environment may occur, effective and proportional action to prevent and/or abate this harm *must be taken*, including in situations of scientific uncertainty regarding the cause, extent and/or probability of the potential harm" (Hervorhebung durch die Verfasserin), *Trouwborst*, Precautionary Rights and Duties of States, S. 286f.

gen einen gewissen Schweregrad und sind ernsthaft und/oder irreversibel, tritt zu dem Recht zu vorsorgendem Handeln die Verpflichtung zum Ergreifen vorsorgender Maßnahmen hinzu.[592] Allerdings ist, vergleicht man diverse internationale Instrumente, eine kohärente Unterscheidung zwischen einem Recht zum Ergreifen vorsorgender Maßnahmen, das bereits dann besteht, wenn erhebliche schädliche Auswirkungen möglich erscheinen und einer Pflicht zu vorsorgendem Handeln im Falle ernsthafter und/oder irreversibler Schäden nicht erkennbar. Denn es finden sich zahlreiche Beispiele, in denen eine Verpflichtung zum Ergreifen vorsorgender Maßnahmen nicht von besonderen Anforderungen abhängig gemacht wird. Beispielsweise enthält Art. 4 Abs. 3 lit. f) der Bamako-Konvention die Verpflichtung zum Ergreifen vorsorgender Maßnahmen unabhängig davon, ob der drohende Schaden für Menschen und Umwelt besonders schwerwiegend ist.[593] Ein anderes Beispiel findet sich in Art. 2 Abs. 2 lit. a) der OSPAR-Konvention:

„The Contracting Parties shall apply: the precautionary principle, by virtue of which preventive measures are to be taken when there are reasonable grounds for concern that substances or energy introduced [...] may bring about hazards to human health, harm living resources and marine ecosystems [...] even when there is no conclusive evidence of a causal relationship between the inputs and the effects."

Umgekehrt lässt sich im Rahmen von Prinzip 15 der Rio-Erklärung und Art. 3 Abs. 3 der Klimarahmenkonvention staatliches Nichthandeln angesichts eines drohenden ernsthaften oder irreversiblen Umweltschadens nicht mit bestehender wissenschaftlicher Ungewissheit begründen. Diese gemeinhin als schwache Version des Vorsorgeprinzips bezeichnete Ausformung enthält zugleich qualifizierte Anforderungen an den drohenden Umweltschaden.

Es kann demnach nicht gefolgert werden, dass eine Ausformung des Vorsorgeprinzips als Verpflichtung nur in Fällen besteht, in denen der Schaden ernsthaft und/oder irreversibel ist. Umgekehrt ist nicht erkennbar, dass die Anforderungen an den möglichen Schaden stets geringer ausfallen, sofern lediglich ein Recht zum Ergreifen von Vorsorgemaßnahmen oder das Verbot, Nichthandeln mit bestehender wissenschaftlicher Ungewissheit zu rechtfertigen, besteht.

2. Voraussetzungen für das Eingreifen des Vorsorgeprinzips

Ausgehend von der oben getroffenen Feststellung, dass allen Versionen des Vorsorgeprinzips das Element eines drohenden Schadenseintritts sowie das Element der wissenschaftlichen Ungewissheit gemeinsam sind, sollen zunächst die Voraussetzungen für die Anwendbarkeit des Vorsorgeprinzips näher untersucht werden.

[592] *Trouwborst*, Precautionary Rights and Duties of States, S. 288f.; *Maurmann*, S. 235.

[593] „Each Party shall strive to adopt and implement the preventive, precautionary approach to pollution problems which entails inter-alia, preventing the release into the environment of substances which may cause harm to humans or the environment without waiting for scientific proof regarding such harm."

a. Das Element der wissenschaftlichen Ungewissheit

Das Element der wissenschaftlichen Ungewissheit lässt sich sowohl positiv als auch negativ formuliert beschreiben: positiv formuliert ist Voraussetzung für die Anwendbarkeit des Vorsorgeprinzips das Vorhandensein wissenschaftlicher Ungewissheit, negativ formuliert die Abwesenheit wissenschaftlicher Gewissheit.[594] Im Rahmen internationaler Instrumente und Erklärungen wird auf das Element der wissenschaftlichen Ungewissheit in der Regel nicht positiv Bezug genommen.[595] Vielmehr wird der erforderliche Grad an wissenschaftlichen Nachweisen für einen drohenden Schadenseintritt negativ umschrieben, je nach Ausgestaltung ist vollständige wissenschaftliche Gewissheit (full scientific certainty), eine absolut eindeutige wissenschaftliche Beweislage (absolutely clear scientific evidence) oder sind schlüssige Beweise (conclusive evidence) nicht erforderlich.[596]

In der auf der zweiten Nordseekonferenz verabschiedeten Ministererklärung findet sich eine negative Umschreibung in dem Sinne, dass aufgrund des Vorsorgeansatzes ein Handeln erforderlich sein kann, bevor durch absolut eindeutige wissenschaftliche Beweise ein kausaler Zusammenhang nachgewiesen ist.[597] Die Wingspread-Erklärung erfordert ebenso wie Art. 3 Abs. 2 der Helsinki-Konvention[598] oder Art. 2 Abs. 2 lit. a) der OSPAR-Konvention das Fehlen vollständiger wissenschaftlicher Gewissheit bzw. das Fehlen eindeutiger wissenschaftlicher Belege im Hinblick auf Ursache-Wirkungs-Zusammenhänge. Prinzip 15 der Rio-Erklärung, Art. 3 Abs. 3 der Klimarahmenkonvention sowie Erwägungsgrund neun der Präambel der Biodiversitätskonvention setzen ein Fehlen vollständiger wissenschaftlicher Gewissheit (lack of full scientific certainty) voraus; die Konkretisierung, dass vollständige wissenschaftliche Gewissheit in Bezug auf Ursache-Wirkungs-Zusammenhänge nicht erforderlich ist, enthalten die zuletzt genannten Instrumente nicht. Art. 6 Abs. 2 des Übereinkommens über die Erhaltung und Bewirtschaftung gebietsübergreifender Fischbestände und weit wandernder Fischbestände lässt das Fehlen ausreichender wissenschaftlicher Informationen (absence of adequate scientific data) genügen. Es wird dabei nicht an den Begriff der wissenschaftlichen Ungewissheit angeknüpft, der bereits ein Urteil über die zugrunde liegenden Informationen beinhaltet, sondern allein auf die wissenschaftlichen Informationen, die Grundlage wissenschaftlicher Gewissheit bzw. Ungewissheit

[594] *Boisson de Chazournes*, in: Law of the Sea, Environmental Law and Settlement of Disputes, 21–34 (S. 24); *Beyerlein/Marauhn*, S. 53. Eine andere Ansicht vertritt *Trouwborst*: wissenschaftliche Ungewissheit sei keine Voraussetzung für die Anwendbarkeit des Vorsorgeprinzips, vielmehr sei dieses trotz wissenschaftlicher Ungewissheit anwendbar, *Trouwborst*, RECIEL 16 (2), 2007, 185 (S. 191). Dieser Auffassung liegt allerdings die Annahme zugrunde, dass nicht zwischen dem Präventionsprinzip und dem Vorsorgeprinzip zu unterscheiden ist und bereits aus diesem Grund wissenschaftliche Ungewissheit keine Voraussetzung für das Eingreifen des Vorsorgeprinzips ist.

[595] *Bodansky*, in: Bringing New Law to Ocean Waters, 381–391 (S. 388).

[596] *Bodansky*, in: Bringing New Law to Ocean Waters, 381–391 (S. 388).

[597] Declaration of the Second International Conference on the Protection of the North Sea, London, 1987, Ziff. VII.

[598] Convention on the Protection of the Marine Environment of the Baltic Sea Area, 22. März 1974, 1507 U.N.T.S. 166, in Kraft getreten am 30.05.1980, in der Fassung vom 17.01.2000.

sind, Bezug genommen.[599] Die Kommission, im Zeitpunkt der Veröffentlichung noch Kommission der Europäischen Gemeinschaften, betont in der im Jahr 2000 veröffentlichten Mitteilung, das Vorsorgeprinzip sei im Falle potentieller Risiken anwendbar, die auch dann vorliegen können, wenn das Risiko nicht voll nachweisbar ist, wenn nicht messbar ist, in welchem Umfang ein Risiko besteht oder wenn wegen unzureichender oder nicht eindeutiger wissenschaftlicher Daten nicht feststellbar ist, wie sich das Risiko auswirken kann.[600]

Umgekehrt sind bloße Mutmaßungen oder Spekulationen im Hinblick auf einen drohenden Schadenseintritt, die lediglich theoretische Möglichkeit eines Schadenseintritts oder der auf beliebige Informationen gestützte Verdacht eines drohenden Schadenseintritts nicht ausreichend, um das Vorsorgeprinzip zur Anwendung zu bringen.[601] Erforderlich ist vielmehr ein Mindestmaß an mit wissenschaftlichen Methoden erlangten Informationen bzw. wissenschaftlich begründeten Anhaltspunkten für einen drohenden Schadenseintritt.[602] Plausible wissenschaftliche Anhaltspunkte liegen auch vor, sofern es sich nicht um eine Auffassung handelt, die von der Mehrheit der Wissenschaftler geteilt wird, sondern um eine lediglich von einer Minderheit vertretene Ansicht.[603] Während Art. 4 Abs. 3 lit. f) der Bamako-Konvention lediglich voraussetzt, dass Substanzen Schaden für die Umwelt oder den Menschen hervorrufen können (may cause harm) und im Rahmen des Art. 11 lit. b) der Weltcharta der Natur ausreichend ist, dass Aktivitäten wahrscheinlich ein bedeutendes Risiko darstellen, erfordert Art. 3 Abs. 2 der Helsinki-Konvention einen Grund zur Annahme (reason to assume), dass in die Meeresumwelt eingebrachte Stoffe oder Energie eine Gefahr für die menschliche Gesundheit oder die Umwelt darstellen können. Art. 2 Abs. 2 lit. a) der OSPAR-Konvention setzt im Hinblick auf einen drohenden Schadenseintritt einen begründeten Anlass zur Besorgnis (reasonable grounds for concern) voraus.

Festzuhalten ist, dass bloße Mutmaßungen oder Spekulationen im Hinblick auf mögliche Schäden nicht ausreichend sind, um das Vorsorgeprinzip zur Anwendung zu bringen. Im Übrigen reicht die Bandbreite von der auf wissenschaftlichen Anhaltspunkten beruhenden Möglichkeit bzw. Wahrscheinlichkeit eines Schadenseintritts über das Erfordernis plausibler oder hinreichender wissenschaftlicher Belege für einen drohenden Schadenseintritt bis hin zu fehlender wissenschaftlicher Gewissheit bzw. fehlender vollständiger wissenschaftlicher Gewissheit im

[599] *Beer*, S. 95f.

[600] *Kommission der Europäischen Gemeinschaften*, Mitteilung der Kommission über die Anwendbarkeit des Vorsorgeprinzips, KOM 2000 (1) endg., Ziff. 5.1.

[601] *Bodansky*, in: Bringing New Law to Ocean Waters, 381–391 (S. 389); *Erben*, S. 202f.; *Maurmann*, S. 224; *Boyle/Redgwell*, S. 174; *Proelß*, in: Internationales Umweltrecht, 97–150 (S. 121, Rn. 29).

[602] *Applegate*, Indiana Journal of Global Legal Studies 9 (1) 2001, 207 (S. 249); *Erben*, S. 202f.; *Maurmann*, S. 224; *Atapattu*, S. 224; *Boisson de Chazournes*, in: Law of the Sea, Environmental Law and Settlement of Disputes, 21–34 (S. 24); *Dederer*, in: Genome Editing in Agriculture – Between Precaution and Responsibility, 75–122 (S. 91f.). So auch die Auffassung der Kommission: *Kommission der Europäischen Gemeinschaften*, Mitteilung der Kommission über die Anwendbarkeit des Vorsorgeprinzips, KOM 2000 (1) endg., Ziff. 5.1.2.

[603] *Gillespie*, The International Journal of Marine and Coastal Law 22 (1), 2007, 61 (S. 76).

Hinblick auf Ursache-Wirkungs-Beziehungen.[604] Der Mangel an vollständiger wissenschaftlicher Gewissheit kann auf fehlenden bzw. unzureichenden wissenschaftlichen Informationen, der Komplexität eines Systems oder natürlicher Variabilität oder einer uneinheitlichen Einschätzung in der Wissenschaft beruhen.[605] Gemeinsam ist allen Ausprägungen, dass gewisse wissenschaftlich begründete und somit plausible Anhaltspunkte für einen möglichen Schadenseintritt vorhanden sein müssen.[606]

b. Das Element des drohenden Schadenseintritts

Im Hinblick auf das Element des drohenden Schadenseintritts stellt sich einerseits die Frage, ob dem Vorsorgeprinzip lediglich im Falle drohender grenzüberschreitender Schäden auf dem Staatsgebiet anderer Staaten oder in Staatengemeinschaftsräumen Relevanz zukommt oder auch drohende Schäden auf dem Staatsgebiet eines Staates in den Anwendungsbereich des Vorsorgeprinzips fallen. Zu klären ist auch, welche Arten drohender Schäden vom Anwendungsbereich des Vorsorgeprinzips erfasst sind. Darüber hinaus bedarf der genaueren Betrachtung, ob der drohende Schaden eine gewisse Erheblichkeitsschwelle überschreiten muss oder jeder Schaden, sei er auch noch so geringfügig, den Anwendungsbereich des Vorsorgeprinzips eröffnet.

aa. Keine Begrenzung auf drohende grenzüberschreitende Schäden

Während das Präventionsprinzip lediglich im Falle grenzüberschreitender Umweltbeeinträchtigungen Anwendung findet[607], ist dem Vorsorgeprinzip eine derartige Begrenzung nicht immanent. Letzteres zielt vielmehr darauf ab, drohende potentielle Umweltbeeinträchtigungen oder Gesundheitsschäden unabhängig vom Ort ihres Auftretens im Vorhinein abzuwenden.[608] Mögliche Schäden eröffnen daher den Anwendungsbereich des Vorsorgeprinzips sowohl dann, wenn sie auf dem Gebiet eines anderen (benachbarten) Staates, in Staatengemeinschaftsräumen wie der hohen See oder der Antarktis oder in Bezug auf globale Gemeinschaftsgüter wie die Biodiversität oder das Klima einzutreten drohen als auch, wenn sie ausschließlich im Hoheitsbereich eines Staates möglich erscheinen.[609]

So ist eine Begrenzung auf drohende grenzüberschreitende Schäden diversen Niederlegungen des Vorsorgeprinzips in völkerrechtlichen Verträgen und nicht verbindlichen Erklärungen nicht

[604] *Gillespie*, The International Journal of Marine and Coastal Law 22 (1), 2007, 61 (S. 75); *Maurmann*, S. 224.

[605] Siehe hierzu die Ausführungen in Teil 3, Kapitel 1, II, 1, b.

[606] Die Kommission betont in diesem Zusammenhang, dass das Vorsorgeprinzip keine willkürlichen Entscheidungen rechtfertigen könne, *Kommission der Europäischen Gemeinschaften*, Mitteilung der Kommission über die Anwendbarkeit des Vorsorgeprinzips, KOM 2000 (1) endg., Ziff. 5.1.

[607] Siehe hierzu die Ausführungen in Teil 3, Kapitel 3, I, 1, a.

[608] *Trouwborst*, Precautionary Rights and Duties of States, S. 126f.

[609] *Wibisana*, in: Environmental Law and Development – Lessons from the Indonesian Experience, 24–76 (S. 38 und 46); *Beer*, S. 38; *Trouwborst*, RECIEL 16 (2), 2007, 185 (S. 189); *Aronsson-Storrier*, in: The Cambridge Handbook of Disaster Risk Reduction and International Law, 52–70 (S. 66).

zu entnehmen. Im Gegenteil wird bei genauerer Betrachtung gerade deutlich, dass das Konzept der Vorsorge bezweckt, die Umwelt bzw. bestimmte Bereiche wie die Meeresumwelt oder die Biodiversität als solche zu schützen. Beispielsweise enthält Prinzip 15 der Rio-Erklärung und damit die am häufigsten zitierte Version des Vorsorgeprinzips keine entsprechende Einschränkung, sondern betont, dass Ziel der Schutz der Umwelt an sich ist.[610] Art. 3 Abs. 3 der Klimarahmenkonvention verlangt angesichts der Klimaveränderungen vorsorgende Maßnahmen, auch hier dienen diese, wie die Zielbestimmung des Art. 2[611] zeigt, dem Schutz vor nachteiligen Auswirkungen klimatischer Veränderungen per se und damit unabhängig vom Ort ihres Auftretens.[612] Deutlich wird dies auch angesichts des Vorsorgeprinzips, wie es in Erwägungsgrund neun der Präambel der Biodiversitätskonvention niedergelegt ist: es soll der Reduktion und des Verlusts biologischer Vielfalt an sich vorgebeugt werden.[613] Schließlich enthält auch Draft Article 7B Abs. 1 der Draft Articles Relating to Climate Change keine entsprechende Einschränkung.[614]

Es kommt damit der auf internationaler Ebene zunehmend anerkannte Ansatz zum Ausdruck, wonach die Umwelt als Ganzes geschützt werden soll und damit der Tatsache, ob eine Aktivität lediglich innerhalb eines Staates Schäden hervorruft oder grenzüberschreitende Schäden drohen, keine entscheidende Bedeutung zukommt.[615]

bb. Drohende Schäden für die Umwelt oder die menschliche Gesundheit

Das Vorsorgeprinzip dient sowohl dem Schutz der Umwelt als auch dem Schutz der menschlichen Gesundheit, Anwendungsvoraussetzung ist damit ein drohender Schaden für die Rechtsgüter der Umwelt oder der menschlichen Gesundheit.[616]

Zwar nehmen beispielsweise Prinzip 15 der Rio-Erklärung oder Erwägungsgrund neun der Präambel der Biodiversitätskonvention ausschließlich auf drohende Umweltschäden bzw. Schäden für die biologische Vielfalt Bezug, sodass – auch angesichts der Entstehungsgeschichte

[610] „In order to protect the environment the precautionary approach shall be widely applied [...]".

[611] „The ultimate objective of this Convention [...] is to achieve [...] stabilization of greenhouse gas concentrations in the atmosphere at a level that would prevent dangerous anthropogenic interference with the climate system. [...]."

[612] Art. 3 Abs. 3 lautet: „The Parties should take precautionary measures to anticipate, prevent or minimize the causes of climate change and mitigate its adverse effects. [...]"

[613] „Noting also that where there is a threat of significant reduction or loss of biological diversity[...]".

[614] ILA, Declaration of Legal Principles Relating to Climate Change, 76th Conference of the International Law Association 2014, Resolution 2/2014.

[615] *Trouwborst*, Precautionary Rights and Duties of States, S. 126.

[616] *Andorno*, JIBL 1 (1) 2004, 11 (S. 18); *Arcuri*, in: Frontiers in the Economics of Environmental Regulation and Liability, 19–63 (S. 32); *Erben*, S. 207; *Atapattu*, S. 207; *Dederer*, in: Genome Editing in Agriculture – Between Precaution and Responsibility, 75–122 (S. 91). Auch die Kommission sieht den Anwendungsbereich des Vorsorgeprinzips im Falle drohender Schäden für die Umwelt, die menschliche, tierische oder pflanzliche Gesundheit für eröffnet an: *Kommission der Europäischen Gemeinschaften*, Mitteilung der Kommission über die Anwendbarkeit des Vorsorgeprinzips, KOM 2000 (1) endg., Ziff. 5.1.2.

des Vorsorgeprinzips in Zusammenhang mit Umweltbeeinträchtigungen – lediglich die Umwelt als Schutzgut des Vorsorgeprinzips angesehen werden könnte[617] oder drohende Schäden an der menschlichen Gesundheit allenfalls mittelbar erfasst sein könnten, nämlich dann, wenn Aktivitäten mit schädlichen Auswirkungen auf die Umwelt sich zugleich nachteilig auf die menschliche Gesundheit auswirken können.[618] In diesem Sinne fordert Art. 3 Abs. 3 der Klimarahmenkonvention das Ergreifen vorsorgender Maßnahmen, um nachteilige Auswirkungen des Klimawandels möglichst zu verhindern; nachteilige Auswirkungen in diesem Sinne sind ausweislich Art. 1 Abs. 1 der Klimarahmenkonvention durch den Klimawandel hervorgerufene Veränderungen der physischen Umgebung oder Flora und Fauna, die unter anderem die menschliche Gesundheit oder das Wohlbefinden nachteilig beeinflussen.

Allerdings findet sich in der Mehrzahl der völkerrechtlichen Verträge und rechtlich unverbindlichen Erklärungen eine Bezugnahme gleichermaßen auch auf den Schutz der menschlichen Gesundheit.[619] So wird die rechtlich unverbindliche Wingspread-Erklärung mit Verweis darauf eingeleitet, dass die Freisetzung und Nutzung giftiger Substanzen, die Ausbeutung natürlicher Ressourcen sowie physische Veränderung der Umwelt erhebliche unbeabsichtigte Auswirkungen auf die menschliche Gesundheit und die Umwelt haben; sofern eine Aktivität eine Schädigung der menschlichen Gesundheit oder Umwelt hervorrufen könne, seien daher Vorsorgemaßnahmen zu ergreifen. Auch Art. 4 Abs. 3 lit. f) der Bamako-Konvention[620] sowie Art. 5 Abs. 7 SPS-Übereinkommen[621] eröffnen den Anwendungsbereich des Vorsorgeprinzips im Falle drohender Schäden für die Umwelt oder die menschliche Gesundheit. Im Rahmen des Cartagena-Protokolls müssen im Hinblick auf mögliche nachteilige Auswirkungen eines lebenden modifizierten Organismus Risiken für die menschliche Gesundheit gleichermaßen Berücksichtigung finden.[622] Nicaragua berief sich im *Construction of a Road*-Verfahren unter anderem darauf, die Erstellung der streitgegenständlichen Straße ziehe nachteilige Auswirkungen auf die Gesundheit der Bevölkerung nach sich.[623] Auch in Zusammenhang mit vor den Streitbeilegungsorganen der WTO geführten Streitigkeiten wurde angesichts potentieller Gesundheitsschäden vorsorgendes Handeln gefordert.[624]

617 So *Maurmann*, S. 225.

618 So *Trouwborst*, RECIEL 16 (2), 2007, 185 (S. 189f.).

619 Siehe hierzu: *Erben*, S. 207.

620 „Each Party shall strive to adopt and implement the preventive, precautionary approach to pollution problems which entails [...] preventing the release into the environment of substances *which may cause harm to humans or the environment* [...]" (Hervorhebung durch die Verfasserin).

621 Art. 5 Abs. 7 SPS-Übereinkommen erlaubt die Vornahme gesundheitspolizeilicher oder pflanzenschutzrechtlicher Maßnahmen zum Schutz des Lebens oder der Gesundheit von Menschen, Tieren und Pflanzen, Agreement on the Application of Sanitary and Phytosanitary Measures, 15. April 1994, 1867 U.N.T.S. 493, in Kraft getreten am 01.01.1995.

622 Art. 1, Art. 10 Abs. 8 und Art. 11 Abs. 6 CP.

623 IGH, Certain Activities Carried Out by Nicaragua in the Border Area (Costa Rica v. Nicaragua) and Construction of a Road in Costa Rica along the San Juan River (Nicaragua v. Costa Rica), Entscheidung vom 16. Dezember 2015, ICJ Reports 2015, S. 665, Rn. 214.

624 WTO, EC Measures Concerning Meat and Meat Products (Hormones), Report of the Appellate Body vom

cc. Überschreiten einer Erheblichkeitsschwelle

Nach Art. 3 Abs. 2 der Helsinki-Konvention ist es ausreichend, wenn Grund zu der Annahme besteht, dass Substanzen oder Energie Schäden für die menschliche Gesundheit nach sich ziehen, lebende Ressourcen oder das marine Ökosystem oder Einrichtungen schädigen oder Wechselwirkungen mit anderen rechtmäßigen Nutzungen verursachen. Hingegen erfordert Erwägungsgrund neun der Präambel der Biodiversitätskonvention, „a threat of significant reduction or loss of biological diversity", lässt also für die Anwendung des Vorsorgeprinzips nicht jeden Schaden genügen, sondern verlangt, dass der drohende Schaden eine gewisse Erheblichkeitsschwelle überschreitet. Prinzip 15 der Rio-Erklärung, Art. 3 Abs. 3 der Klimarahmenkonvention sowie Art. 4 Abs. 3 lit. a) der Barcelona-Konvention[625] setzen schließlich einen drohenden ernsthaften oder irreversiblen Schaden (serious or irreversible harm) voraus. Singapur machte im vor dem ISGH geführten *Land Reclamation*-Verfahren geltend, das Vorsorgeprinzip sei lediglich im Falle eines drohenden ernsthaften oder irreversiblen Umweltschadens anwendbar.[626] Im Rahmen des Verfahrens *Southern Bluefin Tuna* beriefen sich Australien und Neuseeland darauf, dass der durch das seitens Japan durchgeführte Fischereiprogramm drohende Schaden für die Umwelt, genauer für die Population des Südlichen Blauflossen-Thunfischs, ernsthaft bzw. irreversibel sei und das Vorsorgeprinzip Anwendung finde.[627]

Dafür, wie beispielsweise im Rahmen der Helsinki-Konvention jeglichen Schaden für Anwendung des Vorsorgeprinzips ausreichen zu lassen, spricht zwar auf den ersten Blick, dass es einem Paradox gleichkommt, zu verlangen, dass ein möglicher Schaden eine gewisse Schwelle überschreitet, wenn das Schadensausmaß aufgrund von bestehender wissenschaftlicher Ungewissheit nicht eindeutig bestimmt werden kann.[628] Allerdings ist zu berücksichtigen, dass es für die Anwendung des Vorsorgeprinzips ausreichend ist, wenn aus *ex ante*-Sicht auf Basis der vorhandenen wissenschaftlichen Informationen der drohende Schaden eine gewisse Schwelle überschreitet; ob *ex post* die Schwelle tatsächlich überschritten ist, hat für die Eröffnung des Anwendungsbereichs des Vorsorgeprinzips keine Bedeutung; es ist in diesem Fall lediglich eine auf Basis des Vorsorgeprinzips getroffene Maßnahme aufzuheben.[629] Die Vermeidung sämtlicher drohender Schäden gleich welchen Schweregrades aufgrund der damit verbundenen Konsequenzen – es dürften unter Umständen zahlreiche Tätigkeiten, unter anderem solche, die

16.01.1998, WT/DS26/AB/R, WT/DS48/AB/R, Rn. 16.

[625] Convention for the Protection of the Marine Environment and the Coastal Region of the Mediterranean, 16. Februar 1976, in Kraft getreten am 12.02.1978, in der Fassung vom 10. Juni 1995.

[626] ISGH, Case Concerning Land Reclamation by Singapore in and around the Straits of Johor (Malaysia v. Singapur), Response of Singapur, 20. September 2003, Rn. 139.

[627] ISGH, Southern Bluefin Tuna Cases (Neuseeland v. Japan; Australien v. Japan), Statements of Claim, 15. Juli 1999, Rn. 63-66.

[628] *de Sadeleer*, Environmental Principles – From Political Slogans to Legal Rules, S. 166; *Tanaka*, ZaöRV 66 2006, 535 (S. 562).

[629] *Lucchini*, Annuaire français de droit international 45 1999, 710 (S. 725).

erhebliche Vorteile mit sich bringen, nicht oder nur noch sehr eingeschränkt vorgenommen werden – ist nicht wünschenswert.[630] Es spricht daher viel dafür, dass Wille der Vertragsparteien bzw. Staaten in den Fällen, in denen dem Wortlaut zufolge der drohende Schaden keine Schwelle überschreiten muss, nicht war, das Vorsorgeprinzip bei jedem Schaden, und sei er auch noch so geringfügig, zur Anwendung zu bringen; auch solchen Instrumenten und Erklärungen, deren Wortlaut hierauf keinen Hinweis gibt, ist damit immanent, dass der Schaden eine gewisse Schwelle überschreiten muss, um den Anwendungsbereich des Vorsorgeprinzips zu eröffnen.[631]
In der Mehrzahl der Fälle muss der drohende Schaden ohnehin bereits dem Wortlaut zufolge eine gewisse Erheblichkeitsschwelle überschreiten, sodass jedenfalls solche Schäden, die völlig unbedeutend oder geringfügig sind, nicht ausreichen, um das Vorsorgeprinzip zur Anwendung zu bringen.[632]

Das Vorsorgeprinzip hingegen lediglich im Falle von Schäden zur Anwendung zu bringen, die ernsthaft und zugleich irreversibel sind[633] findet in völkerrechtlichen Verträgen und nicht bindenden Erklärungen keinen ausreichenden Rückhalt, ein Schaden muss danach allenfalls ernsthaft oder irreversibel sein.[634] In diese Richtung weist auch die Rechtsprechung: der ISGH entschied, dass effektive Erhaltungsmaßnahmen vorgenommen werden müssen, um einen ernsthaften Schaden des Bestands des Südlichen Blauflossen-Thunfischs zu verhindern.[635]

Letztlich kann unter Berücksichtigung der Tatsache, dass insbesondere frühe Versionen des Vorsorgeprinzips hohe Anforderungen an den drohenden Schaden stellten und einen ernsthaften oder irreversiblen Schaden forderten und die Anforderungen im Laufe der weiteren Kodifikation des Vorsorgeprinzips eher abgeschwächt wurden, davon ausgegangen werden, dass gemeinhin anerkannte Voraussetzung dafür, dass Vorsorgeprinzip anwenden zu können, ist, dass der Schaden einen gewissen Schweregrad erreicht, also jedenfalls erheblich (signifikant), wenn nicht sogar ernsthaft oder irreversibel ist.[636]

Um im Einzelfall bestimmen zu können, wann ein drohender Schaden erheblich oder sogar ernsthaft oder irreversibel ist, bedürfen die genannten Kriterien genauerer Betrachtung.

---

630 *Trouwborst*, Precautionary Rights and Duties of States, S. 47.

631 *Trouwborst*, Precautionary Rights and Duties of States, S. 48; *Atapattu*, S. 210.

632 *Wiener*, in: The Oxford Handbook of International Environmental Law, 598–612 (S. 603); *Boisson de Chazournes*, in: Law of the Sea, Environmental Law and Settlement of Disputes, 21–34 (S. 24); *de Sadeleer*, Environmental Principles – From Political Slogans to Legal Rules, S. 163; *Gillespie*, The International Journal of Marine and Coastal Law 22 (1), 2007, 61 (S. 74f.); *Beer*, S. 97.

633 So *Maurmann*, S. 225 und *Arcuri*, in: Frontiers in the Economics of Environmental Regulation and Liability, 19–63 (S. 32f.).

634 So auch *Epiney/Scheyli*, S. 118.

635 ISGH, Southern Bluefin Tuna Cases(Neuseeland v. Japan; Australien v. Japan), Entscheidung vom 27. August 1999, ITLOS Reports 1999, S. 280, Rn. 77.

636 *Applegate*, William & Mary Environmental Law and Policy Review 27 (13) 2002, 13 (S. 23f.); *Boisson de Chazournes*, in: Law of the Sea, Environmental Law and Settlement of Disputes, 21–34 (S. 24); *Erben*, S. 207.

(1) Das Kriterium der Erheblichkeit

Im allgemeinen Sprachgebrauch ist „erheblich“ (significant) mit den Begrifflichkeiten „beachtlich“ oder „ins Gewicht fallend“ gleichzusetzen.[637] So ist denn auch ein drohender Schaden in der Regel als erheblich anzusehen, wenn er nicht völlig unwesentlich oder unbedeutend ist.[638] Aus Sicht der ILC ist ein Schaden erheblich, wenn er auf der einen Seite mehr als lediglich wahrnehmbar, auf der anderen Seite aber nicht schon ernsthaft oder beträchtlich ist.[639] Im *Construction of a Road*-Verfahren setzte sich der IGH mit der Frage auseinander, ob durch die Errichtung der streitgegenständlichen Straße ein erheblicher Schaden für den San Juan-Fluss entstanden war und erachtete hierbei nicht jegliche messbare nachteilige Auswirkungen für ausreichend, sondern forderte, dass das zusätzlich eingebrachte Sediment in Bezug auf seine schädlichen Auswirkungen eine Art kritisches Niveau überschreitet.[640] Zwar erfolgen die Ausführungen des IGH im Rahmen der Prüfung der Einhaltung der Vorgaben des Verbots erheblicher grenzüberschreitenden Umweltbeeinträchtigungen bzw. des Präventionsprinzips, auch die ILC setzt sich nicht dezidiert mit dem Vorsorgeprinzip auseinander; allerdings ist davon auszugehen, dass dem Begriff „erheblich“ in Zusammenhang mit dem Vorsorgeprinzip ein identischer Bedeutungsgehalt zukommt.[641]

Wann ein Schaden die Erheblichkeitsschwelle überschreitet, bedarf letztlich einer Beurteilung im jeweiligen Einzelfall, den Staaten verbleibt ein gewisser Spielraum.[642] Existieren internationale Standards oder Richtlinien, beispielsweise betreffend die Wasserqualität oder das zulässige Maß bestimmter Schadstoffe in der Luft, droht ein erheblicher Schaden jedenfalls im Falle einer Überschreitung der betreffenden Grenzwerte.[643]

(2) Das Kriterium der Irreversibilität

Verstünde man den Begriff der Irreversibilität streng im Sinne von zeitlicher Unumkehrbarkeit, wäre aufgrund des Laufs der Zeit jeder Schaden irreversibel.[644] Da das Kriterium der Irrever-

[637] Siehe hierzu die Bedeutungsübersicht im Duden: Duden Online, abrufbar unter: *https://www.duden.de/rechtschreibung/erheblich*, zuletzt aufgerufen am 31.01.2024.

[638] *de Sadeleer*, Environmental Principles – From Political Slogans to Legal Rules, S. 163.

[639] ILC, Draft Articles on Prevention of Transboundary Harm from Hazardous Activities, S. 152, Kommentar zu Art. 2.

[640] IGH, Certain Activities Carried Out by Nicaragua in the Border Area (Costa Rica v. Nicaragua) and Construction of a Road in Costa Rica along the San Juan River (Nicaragua v. Costa Rica), Entscheidung vom 16. Dezember 2015, ICJ Reports 2015, S. 665, Rn. 192f.: „[...] passes a sort of critical level in term of its detrimental effects“.

[641] *Trouwborst*, Precautionary Rights and Duties of States, S. 52.

[642] So auch die Ansicht der ILC: ILC, Draft Articles on Prevention of Transboundary Harm from Hazardous Activities, S. 152, Kommentar zu Art. 2.

[643] *Trouwborst*, Precautionary Rights and Duties of States, S. 52.

[644] *Wiener*, in: The Oxford Handbook of International Environmental Law, 598–612 (S. 608); *Trouwborst*, Precautionary Rights and Duties of States, S. 59; *Arcuri*, in: Frontiers in the Economics of Environmental Regulation and Liability, 19–63 (S. 33).

sibilität aber als den drohenden Schaden qualifizierendes Kriterium den Anwendungsbereich des Vorsorgeprinzips einschränken soll, liefe ein solch weites Verständnis dem Sinn und Zweck des einschränkenden Kriteriums zuwider. Auf der anderen Seite kann selbst die Auslöschung einer Art – ein gemeinhin als irreversibel angesehener Vorgang – im Zuge der Möglichkeiten moderner Biotechnologie nicht stets als unumkehrbar angesehen werden.[645]

Unabhängig von den eben geschilderten Extrempositionen ist ein Umweltschaden in der Regel als irreversibel anzusehen, wenn natürliche Ressourcen, die nicht oder jedenfalls nicht ohne Weiteres ersetzt werden können, betroffen sind; letzteres ist insbesondere der Fall, wenn die Wiederherstellung eines mit der Ausgangslage vergleichbaren Zustands nur langfristig und mit erheblichem (praktischen oder finanziellen) Aufwand möglich ist[646] oder eingetretene Schäden nicht im Wege der natürlichen Regeneration rückgängig zu machen sind.[647] Unter stärkerer Betonung des zeitlichen Elements wird ein Schaden bereits dann als irreversibel betrachtet, wenn er für eine beträchtliche Zeitspanne nicht rückgängig zu machen ist.[648] Entsprechendes hat im Hinblick auf die menschliche Gesundheit zu gelten, sodass ein Schaden als irreversibel anzusehen ist, wenn nachteilige Veränderungen für eine beträchtliche Zeitspanne vorhanden sind und die natürlichen Selbstheilungskräfte des Körpers nicht ausreichen, um den ursprünglichen Zustand wiederherzustellen.

Dem Kriterium der Irreversibilität inhärent ist damit primär ein zeitlicher Aspekt, daneben kommt praktischen bzw. ökonomischen Erwägungen Bedeutung zu, sodass Irreversibilität stets mit einer gewissen Schadensschwere einhergeht: „[...] it is evident that „irreversible", like „long-term", is in the first place associated with the scale of time. Its primary temporal character has not prevented it, however, from coming to serve as an indicator of gravity at the same time [...]".[649]

Wenngleich die Beurteilung der Irreversibilität letztlich eine Frage des Einzelfalls ist, hat ein Schaden regelmäßig als irreversibel zu gelten, wenn im Zeitpunkt der Beurteilung die technischen Möglichkeiten fehlen, den status quo ante wiederherzustellen oder eine Wiederherstellung dieses Zustands nur mit erheblichem Aufwand, finanziellen Ressourcen sowie nach Ablauf einer beträchtlichen Zeitspanne möglich ist. In diesem Sinne wird der Begriff der Irreversibilität auch im Rahmen der Stockholm-Erklärung aus dem Jahr 1972 – in der erstmals von einem „ernsthaften und irreversiblen Schaden" die Rede war – verwendet.[650]

---

645 *Trouwborst*, Precautionary Rights and Duties of States, S. 60.

646 *Epiney/Scheyli*, S. 118; *Dovers/Handmer*, in: Perspectives on the Precautionary Principle, 167–189 (S. 172); *Andorno*, JIBL 1 (1) 2004, 11 (S. 16); *Wiener*, in: The Oxford Handbook of International Environmental Law, 598–612 (S. 608).

647 *Epiney/Scheyli*, S. 118; *Marti*, S. 57.

648 *Bodansky*, in: Bringing New Law to Ocean Waters, 381–391 (S. 387).

649 *Trouwborst*, Precautionary Rights and Duties of States, S. 58.

650 Aus vorbereitenden Dokumenten geht hervor, dass ein Umweltschaden auch dann als unumkehrbar angesehen wurde, wenn zwar eine Wiederherstellung des vorherigen Zustands nicht ausgeschlossen ist, diese aber mit derart kostenintensiven Maßnahmen verbunden wäre, dass der Schaden faktisch irreversibel ist: United Nations

(3) Das Kriterium der Ernsthaftigkeit

Unter Berücksichtigung der obigen Ausführungen liegt ein ernsthafter Schaden (serious harm) nicht bereits vor, wenn er nur nicht völlig unbedeutend ist. Dem Kriterium der Ernsthaftigkeit wohnt vielmehr ein qualitatives Element inne, sodass der Schaden eine besondere Intensität aufweisen muss.[651]

Teilweise wird ein Schaden abhängig von den betroffenen Rechtsgütern als ernsthaft angesehen: sofern Leben und Gesundheit, lebensnotwendige natürliche Ressourcen wie Wasser oder Luft, die Erhaltung und Bewahrung von Arten, das Klima oder die Funktionsfähigkeit von Ökosystemen betroffen sind, sei ein ernsthafter Schaden gegeben.[652] Vor dem Hintergrund, dass fast jede menschliche Aktivität in irgendeiner Art und Weise eines der genannten Rechtsgüter nachteilig beeinflusst, ermöglicht ein solches Verständnis allerdings kaum eine Beschränkung des Anwendungsbereichs des Vorsorgeprinzips. An anderer Stelle wird betont, dass vor dem Hintergrund des Prinzips der nachhaltigen Entwicklung für das Kriterium der Ernsthaftigkeit eines drohenden Schadens die Sicht der künftigen Generationen bedeutsam ist, sodass ein ernsthafter Schaden anzunehmen sei, wenn ein nennenswerter Nachteil für künftige Generationen nicht ausgeschlossen werden könne.[653]

Letztlich ist für die Beurteilung der Ernsthaftigkeit eines Schadens der geographischen Verbreitung der nachteiligen Folgen sowie der Dauerhaftigkeit der Veränderung Bedeutung beizumessen; je weiträumiger und länger anhaltend die nachteilige Veränderung ist, desto eher überschreitet der Schaden die Schwelle der Ernsthaftigkeit.[654] In diesem Fall ist im Übrigen auch eher ein spürbarer Nachteil für künftige Generationen gegeben. Zwar besteht insbesondere dann, wenn bei der Beurteilung der Ernsthaftigkeit der Dauerhaftigkeit des Schadens Bedeutung beigemessen wird, eine gewisse Überschneidung mit dem Kriterium der Irreversibilität. Allerdings kommt bei der Beurteilung der Irreversibilität darüber hinaus der Tatsache Bedeutung zu, welchen Aufwand es erfordert, den vorherigen Zustand wiederherzustellen.

Zusammenfassend ist von einem ernsthaften Schaden auszugehen, wenn Rechtsgüter weiträumig und/oder länger anhaltend und damit in besonders intensiver Art und Weise nachteilig betroffen sind.

Conference on the Human Environment, Report by the Secretary-General on Development and Environment, 22. Dezember 1971, A/CONF.48/10, Anlage I, S. 13.

[651] *Trouwborst*, Precautionary Rights and Duties of States, S. 56f.; *Arcuri*, in: Frontiers in the Economics of Environmental Regulation and Liability, 19–63 (S. 32).

[652] *Andorno*, JIBL 1 (1) 2004, 11 (S. 18).

[653] *Epiney/Scheyli*, S. 118f.

[654] *Trouwborst*, Precautionary Rights and Duties of States, S. 56f.; *Beer*, S. 98.

3. Folgen einer Anwendung des Vorsorgeprinzips

Lässt sich im Hinblick auf die Anwendungsvoraussetzungen des Vorsorgeprinzips ein Kerngehalt ohne größere Probleme erkennen, gestaltet es sich schwieriger, einen solchen in Bezug auf die Rechtsfolgen festzustellen.

a. Auswirkungen auf die Beweisanforderungen

Traditionellerweise trägt im Umweltvölkerrecht im zwischenstaatlichen Verhältnis diejenige Partei, die sich auf eine mögliche Umweltbeeinträchtigung bzw. einen möglichen Umweltschaden beruft, die Beweislast dafür, dass eine Aktivität schädliche Auswirkungen nach sich zieht.[655] Es müssen im Hinblick auf eine mögliche Umweltbeeinträchtigung bzw. einen möglichen Schaden klare und überzeugende Beweise vorgebracht werden.[656]

aa. Keine allgemeine Beweislastumkehr

Wie bereits ausgeführt, existieren Versionen des Vorsorgeprinzips, die die Beweislast umkehren und die einzuhaltenden Beweisanforderungen festlegen.[657] Teils ist eine Aktivität verboten, solange nicht deren Unschädlichkeit für die Umwelt bzw. die menschliche Gesundheit wissenschaftlich bestätigt ist.[658] Vor dem Hintergrund, dass die Unschädlichkeit einer Aktivität äußerst schwierig nachzuweisen ist, kommt dies in der Regel einem dauerhaften Verbot gleich.[659] Beispielsweise ist nach Art. 2 Abs. 2 lit. a) OSPAR i.V.m. Art. 3 Abs. 1 und Abs. 3 lit. a) und c) der Anlage II der OSPAR-Konvention das Einbringen von Abfällen oder sonstigen Stoffen und insbesondere das Einbringen von schwach oder mittelgradig radioaktiven Substanzen verboten, sofern nicht durch wissenschaftliche Nachweise belegt ist, dass eine potentielle Einbringung keine Gefährdung der menschlichen Gesundheit, keine Schädigung der lebenden Ressourcen und der Meeresökosysteme mit sich bringt. Einen ebensolchen Ansatz enthält das Protokoll zur London-Konvention[660], wonach das Einbringen von Abfällen oder sonstigen Stoffen verboten ist, solange nicht nachgewiesen ist, dass diese unschädlich sind und die Vertragsparteien

[655] PCA, Trail Smelter Case (Vereinigte Staaten von Amerika v. Kanada), Schiedssprüche vom 16. April 1938 und 11. März 1941, Reports of International Arbitral Awards, Vol. III, S. 1908, S. 1964. So auch *Bodansky*, in: Bringing New Law to Ocean Waters, 381–391 (S. 390); *Sands/Peel*, S. 234; *Trinidade*, in: *Viñuales*, S. 409.

[656] Trail Smelter Case, Schiedssprüche vom 16. April 1938 und 11. März 1941, Reports of International Arbitral Awards, Vol. III, S. 1908, S. 1965.

[657] Siehe hierzu die Ausführungen in Teil 3, Kapitel 4, I, 4.

[658] In diesem Fall ist als Risikoschwelle die des Null-Risikos (zero risk) festgelegt, *Wiener*, in: The Oxford Handbook of International Environmental Law, 598–612 (S. 603).

[659] *Bodansky*, in: Bringing New Law to Ocean Waters, 381–391 (S. 391).

[660] 1996 Protocol to the Convention on the Prevention of Marine Pollution by Dumping of Wastes and Other Matter 1972, 07. November 1996, 36 I.L.M. 1 (1997), in der Fassung vom 24. März 2006, in Kraft getreten am 24.03.2006.

sich auf eine Ausnahme geeinigt haben.[661] In bestimmten Bereichen – insbesondere im Bereich des Meeresschutzes – haben sich die Staaten somit darauf verständigt, dass eine Aktivität verboten ist, bis die Partei, die die Aktivität durchführen möchte, wissenschaftliche Nachweise vorbringen kann, die bestätigen, dass eine Aktivität weder die Umwelt noch die menschliche Gesundheit nachteilig beeinflusst.[662] Die Partei, die eine möglicherweise schädigende Aktivität vornehmen möchte, muss darlegen und beweisen, dass die Vornahme der Aktivität nicht zu schädlichen Umweltveränderungen führt.[663] Dies trägt der Tatsache Rechnung, dass in der Regel derjenige, der eine bestimmte Aktivität vornehmen möchte, am ehesten über damit zusammenhängende Informationen verfügt.[664]

Hieraus kann allerdings nicht gefolgert werden, dass das Vorsorgeprinzip grundsätzlich zu einem Verbot mit Erlaubnisvorbehalt führt.[665] Im Gegenteil zeichnet sich das Vorsorgeprinzip gerade dadurch aus, dass abhängig vom konkreten Einzelfall eine Vielzahl von Maßnahmen dessen Umsetzung dienen können.[666] So hat die Kommission im Rahmen ihrer Mitteilung zur Anwendbarkeit des Vorsorgeprinzips ausdrücklich klargestellt, dass das Vorsorgeprinzip nicht grundsätzlich eine Beweislastumkehr zur Folge hat.[667] Auch der IGH vertrat im *Pulp Mills*-Verfahren die Auffassung, das Vorsorgeprinzip führe nicht generell zu einer Umkehr der Beweislast.[668] Dem im Rahmen gerichtlicher Auseinandersetzungen regelmäßig angeführten Argument, das Vorsorgeprinzip verlagere stets die Beweislast, sodass die Partei, die eine möglicherweise schädigende Aktivität durchführen möchte, deren Unschädlichkeit darlegen und beweise müsse, wurde somit eine Absage erteilt.[669]

[661] *Wiener*, in: The Oxford Handbook of International Environmental Law, 598–612 (S. 606); *Proelß*, in: Internationales Umweltrecht, 97–150 (S. 123, Rn. 31).

[662] *Boyle/Redgwell*, S. 177.

[663] *Boyle/Redgwell*, S. 177.

[664] *Andorno*, JIBL 1 (1) 2004, 11 (S. 19); *Trinidade*, in: *Viñuales*, S. 409.

[665] *Boyle/Redgwell*, S. 177: „This reversal of the burden of proof is exceptional, however."

[666] *Freestone*, Journal of Environmental Law 6 (2), 1994, 194 (S. 212); *Fisher*, Journal of Environmental Law 13 (3) 2001, 315 (S. 319).

[667] *Kommission der Europäischen Gemeinschaften*, Mitteilung der Kommission über die Anwendbarkeit des Vorsorgeprinzips, KOM 2000 (1) endg., Ziff. 6.4.

[668] IGH, Pulp Mills on the River Uruguay (Argentinien v. Uruguay), Entscheidung vom 20. April 2010, ICJ Reports 2010, S. 14, Rn. 164.

[669] Beispielsweise vertrat Argentinien im Verfahren *Pulp Mills* die Ansicht, Uruguay trage die Beweislast dafür, dass die streitgegenständliche Miene keine erheblichen Umweltschäden verursache: IGH, Pulp Mills on the River Uruguay (Argentinien v. Uruguay), Entscheidung vom 20. April 2010, ICJ Reports 2010, S. 14, Rn. 160. Auch Neuseeland berief sich bereits im Jahr 1995 darauf, das Vorsorgeprinzip bringe eine Beweislastumkehr mit sich: IGH, Request for an Examination of the Situation in Accordance with Paragraph 63 of the Court's Judgment of 20 December 1974 in the Nuclear Tests Case, Entscheidung vom 22. September 1995, ICJ Reports 1995, S. 288, Rn. 34. Richter *Wolfrum* vertrat in seiner abweichenden Stellungnahme ebenfalls die Auffassung, das Vorsorgeprinzip führe zu einer Beweislastumkehr: „There is no general agreement as to the consequences which flow from the implementation of this principle other than the fact that the burden of proof concerning the possible impact of a given activity is reversed. A State interested in undertaking or continuing a particular activity has to prove that such activities will not result in any harm, rather than the other side having to prove that it will result in harm", ISGH, MOX Plant Case, Separate Opinion of Judge Wolfrum, ITLOS Reports 2011, S. 95, S. 134

Eine Beweislastumkehr ist damit nicht dem Kerngehalt des Vorsorgeprinzips zuzurechnen.[670] Es verbleibt bei dem Grundsatz, dass diejenige Partei, die ein möglicherweise schädliches Verhalten eines anderen Staates verhindern möchte, nachweisen muss, dass die Vornahme der betreffenden Aktivität schädlich ist.[671] Die Beweislast liegt – abgesehen von anderslautenden vertraglichen Vereinbarungen – im Falle der Anwendung des Vorsorgeprinzips bei demjenigen Staat, der sich auf das Recht zur Vornahme vorsorgender Handlungen angesichts drohender Umweltschäden beruft oder von einem anderen Staat die Vornahme von Vorsorgemaßnahmen fordert bzw. die Nichtvornahme von Vorsorgemaßnahmen bemängelt.[672]

bb. Herabsetzung des Beweismaßes

Auswirkungen hat das Vorsorgeprinzip indes auf das Beweismaß, indem die Schwelle für die Vornahme von Maßnahmen herabgesetzt wird und diese bereits in einem früheren Zeitpunkt vorgenommen werden können.[673]

Erforderlich ist nicht mehr, dass hinsichtlich des Eintritts eines möglichen Schadens wissenschaftliche Gewissheit besteht oder das in Rede stehende Risiko bezifferbar ist, also sowohl der Schadensumfang als auch die Eintrittswahrscheinlichkeit mittels klarer und eindeutiger Beweise feststehen.[674] Das Vorsorgeprinzip führt vielmehr dazu, dass vorsorgende Maßnahmen bereits vorgenommen werden können, wenn wissenschaftliche Gewissheit im Hinblick auf einen drohenden Schadenseintritt fehlt, aber plausible wissenschaftliche Anhaltspunkte für einen solchen vorhanden sind.[675] Der Gegner einer möglicherweise schädigenden Aktivität muss somit zunächst nur nachweisen, dass auf Grundlage der verfügbaren wissenschaftlichen Nachweise begründeter Anlass zur Sorge erheblicher Umweltbeeinträchtigungen besteht; der Schadenseintritt muss nicht zweifelsfrei nachgewiesen werden.[676] Im Nachgang obliegt es dem potentiellen Verursacher der Umweltbeeinträchtigung, die Behauptung zu widerlegen.[677]

[670] *Gillespie*, The International Journal of Marine and Coastal Law 22 (1), 2007, 61 (S. 77f.); *Epiney/Scheyli*, S. 125; *Trouwborst*, Precautionary Rights and Duties of States, S. 293; *Erben*, S. 264; *Proelß*, in: Internationales Umweltrecht, 97–150 (S. 123, Rn. 31); *Boyle/Redgwell*, S. 176f.

[671] *Trouwborst*, Precautionary Rights and Duties of States, S. 293.

[672] *Trouwborst*, Precautionary Rights and Duties of States, S. 293.

[673] *Applegate*, William & Mary Environmental Law and Policy Review 27 (13) 2002, 13 (S. 18f.); *Maguire/Ellis*, Global Governance 11 2005, 505 (S. 517); *Trouwborst*, Precautionary Rights and Duties of States, S. 294; *Tedsen/Homann*, Carbon & Climate Law Review 7 (2) 2013, 90 (S. 93).

[674] *Dederer*, in: Genome Editing in Agriculture – Between Precaution and Responsibility, 75–122 (S. 92); *Bourguignon*, Das Vorsorgeprinzip – Begriffsbestimmungen, Anwendungsbereiche und Steuerung, 2015, S. 6.

[675] *Trouwborst*, Precautionary Rights and Duties of States, S. 294; *Gillespie*, The International Journal of Marine and Coastal Law 22 (1), 2007, 61 (S. 75f.); *Erben*, S. 263f.; *Teetzmann*, S. 548. *Freestone* und *Hey* formulieren: „[...] that the threshold of significant risk has become easier to cross, which from a legal perspective would imply that once a prima facie case is made that a risk exists, then scientific uncertainty works against the potential polluter rather than, as in the past, in his/her favour“, *Freestone/Hey*, in: The Precautionary Principle and International Law – The Challenge of Implementation, 3–15 (S. 13).

[676] *Zavala*, S. 42.

[677] *Zavala*, S. 42.

Ein solches Verständnis findet sich vereinzelt in der – in Bezug auf das Vorsorgeprinzip eher zurückhaltenden – völkerrechtlichen Rechtsprechung. So ging insbesondere die Meeresbodenkammer des ISGH davon aus, die Verpflichtung zur Anwendung der angemessenen Sorgfalt finde aufgrund des Vorsorgeprinzips auch dann Anwendung, wenn hinsichtlich des Schadensumfangs und der Wahrscheinlichkeit des Schadenseintritts wissenschaftliche Ungewissheit besteht, reduziere also das Beweismaß.[678]

b. Rechtsfolgen im Übrigen

Während teilweise angenommen wird, das Vorsorgeprinzip existiere im internationalen Recht als „*Gebot*, genuin umwelt- bzw. verbraucherschutzrechtliche Maßnahmen zum Schutz der bedrohten Rechtsgüter zu ergreifen, [...] *Verbot*, solche Maßnahmen mit dem Verweis auf noch bestehende wissenschaftliche Unsicherheiten aufzuschieben, und [...] *Erlaubnis*, in Situationen bestehender wissenschaftlicher Unsicherheiten vorsorgliche Maßnahmen ergreifen zu dürfen“[679], diese Ausprägungen seien somit als Kern des Vorsorgeprinzips auszumachen, wird an anderer Stelle darauf verwiesen, Kern des Vorsorgeprinzips sei die Pflicht zum Risikomanagement in Zusammenhang mit der Durchführung oder Genehmigung von Aktivitäten, die potentiell umweltschädlich sind bzw. ein umweltpolitisches Tätigwerden.[680] Im Gegensatz dazu finden sich Stimmen, die als Kern des Vorsorgeprinzips lediglich ansehen, dass mangelnde wissenschaftliche Gewissheit nicht als Anlass genommen werden darf, vorsorgliche Schutzmaßnahmen zu unterlassen, wissenschaftliche Ungewissheit also kein Grund für Inaktivität ist.[681]

aa. Keine Rechtfertigung staatlichen Nichthandelns unter Berufung auf wissenschaftliche Ungewissheit

Neben der Absenkung des Beweismaßes ist als Kerngehalt des Vorsorgeprinzips jedenfalls auszumachen, dass wissenschaftliche Ungewissheit im Hinblick auf drohende Schäden nicht als Grund herangezogen werden darf, nicht zu handeln.[682] Auch wenn (noch) wissenschaftliche Ungewissheit besteht, liegt, sofern wissenschaftliche Anhaltspunkte dafür vorhanden sind, dass ein erheblicher oder sogar ernsthafter bzw. irreversibler Schaden eintreten kann, ein rechtlich

[678] ISGH, Responsibilities and Obligations of States Sponsoring Persons and Entities with Respect to Activities in the Area, Gutachten vom 01. Februar 2011, ITLOS Reports 2011, S. 10, Rn. 131.

[679] *Erben*, S. 217. So auch *Pedersen*, Transnational Environmental Law 3 (2), 2014, 323 (S. 327).

[680] *Epiney/Scheyli*, S. 123; *Proelß*, in: Internationales Umweltrecht, 97–150 (S. 124, Rn. 33).

[681] *Birkner*, in: Völkerrecht, 1065–1130 (S. 1081, Rn. 35); *Boyle/Redgwell*, S. 182.

[682] *Cameron/Abouchar*, in: The Precautionary Principle and International Law – The Challenge of Implementation, 29–52 (S. 45); *Bodansky*, in: Bringing New Law to Ocean Waters, 381–391 (S. 391); *Tanaka*, ZaöRV 66 2006, 535 (S. 559); *Beer*, S. 73; *Dederer*, in: Genome Editing in Agriculture – Between Precaution and Responsibility, 75–122 (S. 92); *Birkner*, in: Völkerrecht, 1065–1130 (S. 1081, Rn. 35); *Boyle/Redgwell*, S. 182; *Proelß*, in: Internationales Umweltrecht, 97–150 (S. 124, Rn. 33); *Arcuri*, in: Frontiers in the Economics of Environmental Regulation and Liability, 19–63 (S. 34).

beachtliches Risiko vor.[683] Somit können sich Staaten in Zusammenhang mit ihnen obliegenden Verpflichtungen zum Schutz der Umwelt nicht darauf berufen, es verbleibe wissenschaftliche Ungewissheit.[684]

bb. Recht zu vorsorgendem staatlichem Tätigwerden

Daneben folgt aus dem Vorsorgeprinzip das Recht, im Falle wissenschaftlicher Ungewissheit Maßnahmen zum Schutz der Umwelt und der menschlichen Gesundheit zu ergreifen, das Vorsorgeprinzip rechtfertigt somit das Ergreifen staatlicher risikoabwehrender Maßnahmen.[685] Staaten wird ermöglicht, angesichts (noch) nicht bezifferbarer Risiken für die Umwelt oder die menschliche Gesundheit ihnen grundsätzlich obliegende Verpflichtungen nicht einzuhalten.[686] Denn zum einen enthält die Verpflichtung zur Vornahme risikoabwehrender staatlicher Maßnahmen als „Minus" zugleich das Recht, solche Maßnahmen vornehmen zu dürfen, sodass allen Versionen, die eine Verpflichtung zum Ergreifen staatlicher Maßnahmen enthalten, die Erlaubnis hierzu immanent ist.[687] Zum anderen setzt die Version des Vorsorgeprinzips, wonach wissenschaftliche Ungewissheit nicht als Grund für staatliches Nichthandeln herangezogen werden darf, zugleich voraus, dass im konkreten Fall die Erlaubnis zu staatlichem Handeln gegeben ist.[688] Denn das Verbot, sich angesichts wissenschaftlicher Ungewissheit darauf zu berufen, nicht handeln zu müssen, wäre sinnentleert, sofern nicht das Recht bestünde, vorsorgende Maßnahmen zu ergreifen.

cc. Pflicht zu vorsorgendem staatlichem Tätigwerden

Daran anschließend stellt sich die Frage, ob das Vorsorgeprinzip zum Ergreifen risikoabwehrender staatlicher Maßnahmen verpflichtet, die darauf gerichtet sind, drohende Schäden für die Umwelt und die menschliche Gesundheit zu verhindern oder zu verringern. Mag eine solche aus dem Vorsorgeprinzip folgende Verpflichtung wünschenswert sein, so bedarf dennoch genauerer

[683] *Boyle/Redgwell*, S. 180; *McAllister*, Ecology Law Quaterly 149 (32) 2005, 149 (S. 155f.).

[684] *Boyle/Redgwell*, S. 182.

[685] *Wiener*, in: The Oxford Handbook of International Environmental Law, 598–612 (S. 604); *McAllister*, Ecology Law Quaterly 149 (32) 2005, 149 (S. 157); *Dederer*, in: Genome Editing in Agriculture – Between Precaution and Responsibility, 75–122 (S. 92).

[686] Beispielsweise kann das Vorsorgeprinzip angesichts einer sich ausbreitenden Virusinfektion Reisebeschränkungen rechtfertigen, die gegen die Verpflichtung zur Gewährleistung offener Grenzen verstoßen, *Peters/Krieger/Kreuzer*, Cambridge International Law Journal 9 (2) 2020, 121 (S. 125). Ein anderes prominentes Beispiel stellt die Umsetzung des Vorsorgeprinzips im internationalen Handelsrecht dar: unter gewissen Voraussetzungen ist es den Staaten in Ausnahme von handelsrechtlichen Verpflichtungen gestattet, handelsbeschränkende Maßnahmen zu ergreifen, *Bodansky*, in: Bringing New Law to Ocean Waters, 381–391 (S. 385); *Beyerlein/Marauhn*, S. 54.

[687] *Maurmann*, S. 325.

[688] *Dederer*, in: Genome Editing in Agriculture – Between Precaution and Responsibility, 75–122 (S. 92).

Untersuchung, ob eine Handlungspflicht dem Kern des Vorsorgeprinzips zuzurechnen ist.[689] Festzuhalten ist, dass sich verschiedentlich Ausgestaltungen des Vorsorgeprinzips finden, denen zufolge Staaten explizit zum Ergreifen vorsorgender Maßnahmen verpflichtet sind[690] und nicht ausgeschlossen ist, dass das Vorsorgeprinzip über die Niederlegung in einem spezifischen völkerrechtlich verbindlichen Instrument hinaus in einer verpflichtenden Fassung existiert, sodass ein Staat bei Vorliegen der Voraussetzungen verpflichtet ist, vorsorgend zu agieren und risikoabwehrende Maßnahmen zu ergreifen.[691] Hierfür spricht, dass nur so der Tatsache Rechnung getragen wird, dass wissenschaftliche Anhaltspunkte für eine drohende Gefährdung gegeben sind und nicht abgewartet werden kann, bis gemeinhin als ausreichend erachtete wissenschaftliche Belege im Hinblick auf Schadensumfang und Eintrittswahrscheinlichkeit vorhanden sind, da ein Abwarten das Risiko der Verwirklichung des drohenden Schadens birgt.[692] Soweit darauf hingewiesen wird, der Kern des Vorsorgeprinzips, wie er in Prinzip 15 der Rio-Erklärung niedergelegt ist, besage lediglich, dass wissenschaftliche Ungewissheit hinsichtlich der Möglichkeit des Eintritts von Umweltgefährdungen staatliche Untätigkeit nicht zu rechtfertigen vermöge und enthalte nur das – von einer Handlungspflicht zu unterscheidende – Verbot, vorsorgende Maßnahmen unter Verweis auf bestehende wissenschaftliche Ungewissheit aufzuschieben[693], wird verkannt, dass die Formulierung, wie sie unter anderem im Prinzip 15 der Rio-Erklärung oder Erwägungsgrund 9 der Präambel zur Biodiversitätskonvention zu finden ist, gerade auch so verstanden werden kann, dass Staaten positiv bzw. aktiv Schutzmaßnahmen zu treffen haben.[694] Zum Kernbestand des Vorsorgeprinzips ist damit die Verpflichtung zu zählen, regulierend tätig

[689]Eine ablehnende Haltung nehmen *Beyerlein* und *Mahraun* ein: „[...] it may be a theoretically sound and politically desirable option to understand PA as a concept that imposes a duty on states to take remedial action of a particular kind and extent. However, as yet this option of construing PA has not been sufficiently reflected in MEAs.“, *Beyerlein/Marauhn*, S. 55. *Fisher* konstatiert, die Wirkung des Vorsorgeprinzips, wie es unter anderem in Prinzip 15 der Rio-Erklärung niedergelegt ist, beschränke sich darauf, dass die Nichtnachweisbarkeit eines drohenden Schadens nicht mit dem Nichtbestehen eines drohenden Schadens gleichgesetzt werden dürfe, *Fisher*, Journal of Environmental Law 13 (3) 2001, 315 (S. 319). Zweifelnd äußern sich *Birkner*, in: Völkerrecht, 1065–1130 (S. 1081, Rn. 36) und *v. Arnauld*, S. 393, Rn. 901. *Dederer* schließt das Bestehen einer Handlungspflicht jedenfalls unter bestimmten Umständen nicht aus: „One may argue that, in the case of serious and long-term damage, the Precautionary Principle calls for preventive action to reduce or minimize risks“, *Dederer*, in: Genome Editing in Agriculture – Between Precaution and Responsibility, 75–122 (S. 93).

[690]Siehe hierzu die Ausführungen in Teil 3, Kapitel 4, I, 3.

[691]So *Epiney/Scheyli*, S. 125f.; *de Fur/Kaszuba*, The Science of the Total Environment 288, 2002, 155 (S. 157); *Trouwborst*, Precautionary Rights and Duties of States, S. 288f.; *Hey*, S. 72; *Erben*, S. 217; *Boyle/Redgwell*, S. 182; *Maurmann*, S. 234; *Marti*, S. 60 und 70; *Trinidade*, in: *Viñuales*, S. 408f.

[692]*Erben*, S. 217.

[693]*Wiener*, in: The Oxford Handbook of International Environmental Law, 598–612 (S. 604): „It only permits action, rather than compelling it.“. Siehe auch *Bratspies*, in: Transboundary Harm in International Law – Lessons from the *Trail Smelter* Arbitration, 153–166 (S. 156), *Boyle/Redgwell*, S. 182 sowie *Bodansky*, in: Bringing New Law to Ocean Waters, 381–391 (S. 384). Letzterer stellt ausdrücklich fest, dass eine derartige, negative Formulierung keinerlei positive Verpflichtung zum Ergreifen von Maßnahmen beinhaltet und eine Verpflichtung zum Ergreifen von Maßnahmen woanders ihre Grundlage haben müsse.

[694]*Trinidade*, in: *Viñuales*, S. 408; *Beer*, S. 73. „A more focused interpretation requires activities and substances, which may pose environmental threats, to be regulated, and possibly prohibited [...]“, *Peel*, in: The Oxford Handbook of International Environmental Law, 302–318 (S. 304).

zu werden und staatliche Maßnahmen zu ergreifen, um (noch) nicht bezifferbaren Risiken zu begegnen.[695] Bei dieser Verpflichtung handelt es sich um eine Verhaltens-, nicht jedoch um eine Erfolgsverpflichtung.[696] Sowohl in Bezug auf den Umfang der Verpflichtung als auch in Bezug auf die Auswahl der Vorsorgemaßnahmen kommt den Staaten ein Spielraum zu.[697] Die Bandbreite der möglichen Maßnahmen ist weit gefächert und von den Umständen der jeweiligen Gefährdung sowie dem Bereich abhängig.[698] Hierfür spricht, dass nur ein solches Verständnis des Vorsorgeprinzips ermöglicht, im Einzelfall eine Balance zwischen vorsorgendem Handeln mit dem Ziel der Schadensvermeidung bzw. -verringerung und der Möglichkeit der Schaffung von Innovationen herzustellen. Ermöglicht wird, das Vorsorgeprinzip abgestimmt auf die im Einzelfall bedeutsamen Umstände anzuwenden und „[...] den variierenden Sachgebieten sowie den rechtlichen, politischen, wirtschaftlichen, sozialen, kulturellen, geographischen und weiteren Unterschieden der Staaten Rechnung“ zu tragen.[699] Insbesondere kann nur so dem unterschiedlichen Entwicklungsstand einzelner Staaten Rechnung getragen werden.[700] Als Vorsorgemaßnahmen kommen beispielsweise – aber nicht notwendigerweise in jedem Fall – die Verpflichtung zu weitergehender Forschung, das Vorsehen von der Sicherheit dienenden Spielräumen, Überwachungsmaßnahmen oder das Verbot einer Aktivität in Betracht; in Bezug auf den Umgang mit lebenden modifizierten Organismen stellen beispielsweise eine zeitlich begrenzte Zulassung oder die Durchführung von Feldkäfigstudien im Vorfeld einer Freisetzung mögliche Vorsorgemaßnahmen dar.[701]

Kritiker eines solchen Verständnisses weisen darauf hin, dass zahlreiche Dokumente anstatt der eindeutig verpflichtenden Formulierung „shall (not)“ die Formulierung „should (not)“ ent-

[695] „Festzuhalten ist damit, dass das Vorliegen der Kriterien auf der Tatbestandsseite immer eine bestimme (variable und mehr oder weniger präzise gefasste) Rechtsfolge in Gestalt einer bestimmten Maßnahme umweltpolitischer Ausrichtung nach sich zieht. [...] Untätigkeit im Hinblick auf Maßnahmen, welche als Antwort auf eine potentielle Bedrohung der Umwelt notwendig erscheinen, widerspricht dem Vorsorgeprinzip und entspricht damit nicht den völkerrechtlichen Vorgaben“, *Epiney/Scheyli*, S. 123.

[696] *Wibisana*, in: Environmental Law and Development – Lessons from the Indonesian Experience, 24–76 (S. 46); *Chen*, Dalhousie Journal of Legal Studies 25 2016, 1 (S. 19); *Malaihollo*, Netherlands International Law Review 68 (1) 2021, 121 (S. 124). ISGH, Responsibilities and Obligations of States Sponsoring Persons and Entities with Respect to Activities in the Area, Gutachten vom 01. Februar 2011, ITLOS Reports 2011, S. 10, Rn. 131.

[697] *Epiney/Scheyli*, S. 126; *Maurmann*, S. 234; *Erben*, S. 216f.

[698] *Freestone*, Journal of Environmental Law 6 (2), 1994, 194 (S. 212); *Epiney/Scheyli*, S. 121; *Applegate*, William & Mary Environmental Law and Policy Review 27 (13) 2002, 13 (S. 19f.); *Trouwborst*, Precautionary Rights and Duties of States, S. 179; *de Sadeleer*, in: Research Handbook on International Environmental Law, 182–199 (S. 196f.); *Marti*, S. 61; *Peel*, in: The Oxford Handbook of International Environmental Law, 302–318 (S. 316). *Trouwborst* schlussfolgert: „What is new and unique for the precautionary principle is the purpose of theses measures and, related to this, the moment and the circumstances in which they are to be taken. The measures themselves are not. [...] it would seem that essentially every type of environmental measure can be a precautionary measure [...].“, *Trouwborst*, Precautionary Rights and Duties of States, S. 179. Siehe hierzu auch: *Boyle/Redgwell*, S. 180f.

[699] *Erben*, S. 216.

[700] *Boisson de Chazournes*, in: Law of the Sea, Environmental Law and Settlement of Disputes, 21–34 (S. 25).

[701] *Applegate*, Indiana Journal of Global Legal Studies 9 (1) 2001, 207 (S. 253); *Andorno*, JIBL 1 (1) 2004, 11 (S. 18); *Trouwborst*, RECIEL 16 (2), 2007, 185 (S. 189).

halten und somit lediglich zum Ausdruck bringen, dass Staaten Vorsorgemaßnahmen ergreifen sollen, nicht aber müssen.[702] Bislang habe zudem kein internationales Streitentscheidungsorgan explizit die Auffassung vertreten, das Vorsorgeprinzip verpflichte abseits einer spezifischen vertraglichen Ausgestaltung im Kern zum Ergreifen staatlicher Maßnahmen.[703] Auch in der am ehesten in diese Richtung weisenden Entscheidung der Kammer für Meeresbodenstreitigkeiten des ISGH[704] sei diese nicht davon ausgegangen, das Vorsorgeprinzip verpflichte unabhängig von bereits bestehenden Verhaltenspflichten zum Ergreifen staatlicher Maßnahmen.[705] Schließlich folge im Kontext des Handelsrechts aus dem Vorsorgeprinzip keine Verpflichtung zum Handeln, sondern lediglich das Recht, Maßnahmen zu ergreifen.[706]

Dem Argument, im Handelsrecht folge aus dem Vorsorgeprinzip keine Verpflichtung zum Handeln, sondern lediglich das Recht zum Ergreifen von Maßnahmen, kann unter Verweis darauf entgegengetreten werden, dass sich die Kernaussage des Vorsorgeprinzips lediglich den Strukturen des jeweiligen Rechtsgebiets anpasst; hieraus kann nicht gefolgert werden, dass eine staatliche Handlungspflicht nicht zum Kernbestand des Vorsorgeprinzips zählt.[707] Vielmehr ermöglicht die Ausgestaltung des Vorsorgeprinzips im Handelsrecht gerade, dass die Staaten ihrer Verpflichtung zu vorsorgendem Tätigwerden nachkommen können.[708] Ferner nahm die Kammer für Meeresbodenstreitigkeiten des ISGH an, das Vorsorgeprinzip weise einen engen Zusammenhang zur Einhaltung der Sorgfaltspflichten auf, es handle sich bei dem Vorsorgeprinzip um einen Bestandteil der generellen Verpflichtung zur Einhaltung des *due diligence*-Maßstabs.[709] Im Rahmen der auf internationaler Ebene geführten Streitigkeiten ist zudem regelmäßig Art und Umfang der zu ergreifenden Maßnahme umstritten, nicht jedoch, dass staatliches Handeln erforderlich ist.[710]

c. Anforderungen an das vorsorgende staatliche Tätigwerden

Der eben getroffenen Feststellung, dass das Vorsorgeprinzip den Staaten ein Nichthandeln unter Berufung auf wissenschaftliche Ungewissheit versagt und zu einem vorsorgenden Tätigwerden berechtigt und verpflichtet, lässt sich indes noch nicht entnehmen, welche Anforderungen an

[702] *Bodansky*, in: Bringing New Law to Ocean Waters, 381–391 (S. 382). Siehe hierzu ferner *Beer*, S. 121 mit Verweis auf entsprechende internationale Vertragswerke sowie internationale Erklärungen im Bereich des Schutzes der biologischen Vielfalt.

[703] *Fitzmaurice*, ZaöRV 77 (2017), 339 (S. 358ff.).

[704] ISGH, Responsibilities and Obligations of States Sponsoring Persons and Entities with Respect to Activities in the Area, Gutachten vom 01. Februar 2011, ITLOS Reports 2011, S. 10, Rn. 131.

[705] *Teetzmann*, S. 549.

[706] *Bodansky*, in: Bringing New Law to Ocean Waters, 381–391 (S. 385).

[707] *Erben*, S. 217.

[708] *Erben*, S. 209.

[709] ISGH, Responsibilities and Obligations of States Sponsoring Persons and Entities with Respect to Activities in the Area, Gutachten vom 01. Februar 2011, ITLOS Reports 2011, S. 10, Rn. 131.

[710] IGH, Whaling in the Antarctic, Separate Opinion of Judge Trinidade, ICJ Reports 2014, S. 126, Rn. 654.

eine vorsorgende staatliche Entscheidung im Einzelnen gestellt werden.

aa. Die Konkretisierung des Verhaltensmaßstabs durch das Kriterium der Effektivität

Vor dem Hintergrund von Sinn und Zweck des Vorsorgeprinzips, der darin besteht, die Umwelt und die menschliche Gesundheit möglichst vor Schäden zu bewahren, muss die im Einzelfall zu treffende Vorsorgeentscheidung effektiv dem Schutz der Umwelt bzw. der menschlichen Gesundheit dienen, mithin zum Umweltschutz und/oder dem Schutz der menschlichen Gesundheit geeignet sein.[711] Hiervon ist regelmäßig dann auszugehen, wenn aller Wahrscheinlichkeit nach das gewünschte Ergebnis erzielt wird.[712] So betont der ISGH im Verfahren *Southern Bluefin Tuna*:

> „[...] the parties should in the circumstances act with prudence and caution to ensure that effective conservation measures are taken to prevent serious harm to the stock of southern bluefin tuna;“[713]

Ähnlich verlangte auch der Europäische Gerichtshof für Menschenrechte (EGMR) in der Entscheidung *Tatar gegen Rumänien*, in dem ein kausaler Zusammenhang zwischen der Verwendung von Zyanid und der Entstehung von Atemwegserkrankungen nicht nachweisbar war, von Rumänien

> „[...] d'adoptér des mesures raisonnables et adéquates capables à protéger les droits des intéressés [...].“[714]

Gefordert ist somit eine sowohl in räumlicher als auch in zeitlicher Hinsicht umfassende und integrierte Vorsorgeentscheidung.[715]

bb. Die Konkretisierung des Verhaltensmaßstabs durch Verhältnismäßigkeitserwägungen

Zwar ist die Bandbreite derjenigen Maßnahmen, die zur Umsetzung des Vorsorgeprinzips ergriffen werden können, nach wie vor groß. Der den Staaten zukommende Spielraum im Hinblick auf den Umfang der im Einzelfall zu ergreifenden Maßnahme(n) sowie die Auswahl der konkreten Maßnahme(n) wird allerdings durch das Verhältnismäßigkeitsprinzip begrenzt.[716]

---

[711] *Epiney/Scheyli*, S. 123; *Trouwborst*, Precautionary Rights and Duties of States, S. 147ff. Die Kommission bringt dies zum Ausdruck, indem sie fordert, die in Betracht gezogenen Vorsorgemaßnahmen müssen geeignet sein, ein angemessenes Schutzniveau zu gewährleisten, *Kommission der Europäischen Gemeinschaften*, Mitteilung der Kommission über die Anwendbarkeit des Vorsorgeprinzips, KOM 2000 (1) endg., Ziff. 6.1.3.

[712] *Trouwborst*, Precautionary Rights and Duties of States, S. 148.

[713] ISGH, Southern Bluefin Tuna Cases, Entscheidung vom 27. August 1999, ITLOS Reports 1999, S. 280, Rn. 77.

[714] EGMR, Tatar v. Romania, Entscheidung vom 27. Januar 2009, Nr. 67021/01, Rn. 107.

[715] *Trouwborst*, Precautionary Rights and Duties of States, S. 182f.

[716] *Marr*, S. 35; *Trouwborst*, Precautionary Rights and Duties of States, S. 149ff.

(1) Das Verhältnismäßigkeitsprinzip im Völkerrecht

Der Begriff der „Verhältnismäßigkeit" beinhaltet ein Ins-Verhältnis-Setzen und bezeichnet allgemein gesprochen eine angemessene Relation zwischen verschiedenen Dingen in Bezug auf Größe, Zahl oder Art.[717] Verhältnismäßigkeit stellt damit nicht selbst einen substanziellen Verhaltensstandard dar, es handelt sich vielmehr um eine Methode, um im Einzelfall einen Verhaltensmaßstab zu ermitteln und so eine angemessene Reaktion auf bestimmte Umstände sicherzustellen.[718]

Auf völkerrechtlicher Ebene findet das Verhältnismäßigkeitsprinzip insbesondere im Recht der Gegenmaßnahmen, im Recht der internationalen Verantwortung, im humanitären Völkerrecht, im Bereich des internationalen Menschenrechtsschutzes sowie im Welthandelsrecht Anwendung und ist mittlerweile als allgemeiner Rechtsgrundsatz im Sinne von Art. 38 Abs. 2 lit. c) IGH-Statut[719] bzw. rechtsgebietübergreifendes völkergewohnheitsrechtlich geltendes Prinzip anerkannt.[720]

Es lassen sich anhand des jeweils in Bezug genommenen Verhältnisses drei Versionen des Verhältnismäßigkeitsprinzips unterscheiden.[721] Das Verhältnismäßigkeitsprinzip kann einerseits auf einer rein zwischenstaatlichen Ebene Anwendung finden und dient in diesem Fall dazu, divergierende Interessen zweier Staaten in Ausgleich zu bringen.[722] Im Bereich des internationalen Menschenrechtsschutzes sowie des humanitären Völkerrechts dient das Verhältnismäßigkeitsprinzip dazu, ein angemessenes Verhältnis zwischen einem nationalen öffentlichen Interesse und den Interessen von Individuen herzustellen.[723] Schließlich kann mithilfe des Verhältnismäßigkeitsprinzips auch ein globales öffentliches Interesse mit Partikularinteressen von Staaten in Ausgleich gebracht werden.[724]

[717] *Newton/May*, S. 16; *Peters*, in: Verhältnismäßigkeit im Völkerrecht, 1–18 (S. 1).

[718] *Atapattu*, S. 218f.; *Peters*, in: Verhältnismäßigkeit im Völkerrecht, 1–18 (S. 6).

[719] Statute of the International Court of Justice, 26. Juni 1945, 33 U.N.T.S. 993, in Kraft getreten am 24.10.1945.

[720] *Atapattu*, S. 218; *Peters*, in: Verhältnismäßigkeit im Völkerrecht, 1–18 (S. 3ff.).

[721] *Peters*, in: Verhältnismäßigkeit im Völkerrecht, 1–18 (S. 6f.).

[722] *Peters*, in: Verhältnismäßigkeit im Völkerrecht, 1–18 (S. 6). In dieser Form findet das Verhältnismäßigkeitsprinzip im Bereich der Gegenmaßnahmen sowie der Selbstverteidigung Anwendung, *Peters*, in: Verhältnismäßigkeit im Völkerrecht, 1–18 (S. 7).

[723] *Peters*, in: Verhältnismäßigkeit im Völkerrecht, 1–18 (S. 6f.).

[724] *Peters*, in: Verhältnismäßigkeit im Völkerrecht, 1–18 (S. 7). Beispielsweise im Welthandelsrecht wird so ein Ausgleich zwischen dem globalen öffentlichen Interesse an einem freien Welthandel und dem Interesse eines Staates am Erlass handelsbeschränkender Maßnahmen hergestellt, *Peters*, in: Verhältnismäßigkeit im Völkerrecht, 1–18 (S. 9f.).

(2) Berücksichtigung von Verhältnismäßigkeitserwägungen bei der Auswahl vorsorgender Maßnahmen

Sämtliche im Anwendungsbereich des Vorsorgeprinzips ergriffene Maßnahmen haben sich an Verhältnismäßigkeitserwägungen zu orientieren.[725] Mithilfe von Verhältnismäßigkeitserwägungen wird insbesondere sichergestellt, dass das vorsorgende staatliche Verhalten eine angemessene Reaktion auf das in Rede stehende Risiko darstellt.[726] Verhindert wird so, dass im konkreten Einzelfall entweder die ergriffenen Maßnahmen unzureichend sind oder zu weitgehende Vorsorgemaßnahmen ergriffen werden.[727]

In fast allen Niederlegungen des Vorsorgeprinzips auf internationaler Ebene finden sich Hinweise darauf, dass angemessene Maßnahmen zu ergreifen sind; beinahe jede Ausformung des Vorsorgeprinzips enthält somit einen expliziten oder impliziten Verweis auf Verhältnismäßigkeitserwägungen.[728] Beispielsweise haben gemäß Art. 4 Abs. 3 lit. f) der Bamako-Konvention die Vertragsparteien in Umsetzung des Vorsorgeprinzips angemessene Maßnahmen zu ergreifen.[729] Auch im Rahmen von Art. 10 Abs. 6 bzw. Art. 11 Abs. 8 des Cartagena-Protokolls ist eine Maßnahme „soweit angemessen" zu ergreifen.[730] Erwägungsgrund sieben der Präambel der Biodiversitätskonvention betont die Schwierigkeit, im Falle von fehlenden Informationen oder fehlendem Wissen angemessene Maßnahmen zu ergreifen und setzt damit voraus, dass die zu ergreifenden Maßnahmen grundsätzlich angemessen sein müssen. Gemäß der Formulierung in Prinzip 15 der Rio-Erklärung müssen die Staaten das Vorsorgeprinzip „im Rahmen ihrer Möglichkeiten" anwenden, ferner ist von kostenwirksamen Maßnahmen die Rede. Ebenso erfasst Art. 3 Abs. 3 der Klimarahmenkonvention lediglich kostenwirksame Maßnahmen, um auf globaler Ebene Vorteile zu den geringstmöglichen Kosten zu erreichen. Nach Art. 2 des Wiener Übereinkommens zum Schutz der Ozonschicht haben die Vertragsparteien „geeignete Maßnahmen [...] entsprechend den ihnen zur Verfügung stehenden Mitteln und ihren Möglichkeiten" zu ergreifen.

Erforderlich ist somit im Einzelfall eine am Maßstab der Verhältnismäßigkeit orientierte Abwägung.[731] Zu ergreifen ist idealerweise diejenige Maßnahme oder diejenige Kombination aus verschiedenen Maßnahmen, die dem Schutz der Umwelt bzw. der menschlichen Gesundheit

[725] *Epiney/Scheyli*, S. 123; *de Sadeleer*, Environmental Principles – From Political Slogans to Legal Rules, S. 155; *Marti*, S. 60; *Erben*, S. 216; *Maurmann*, S. 225; *Monien*, S. 267; *Trouwborst*, RECIEL 16 (2), 2007, 185 (S. 189). So auch die seitens der Kommission vertretene Auffassung: *Kommission der Europäischen Gemeinschaften*, Mitteilung der Kommission über die Anwendbarkeit des Vorsorgeprinzips, KOM 2000 (1) endg., Ziff. 6.1.3.

[726] *Trouwborst*, Precautionary Rights and Duties of States, S. 149ff.; *Atapattu*, S. 218f.

[727] *Trouwborst*, RECIEL 16 (2), 2007, 185 (S. 189); *Monien*, S. 267f.

[728] *Feintuck*, Journal of Law and Society 32 (3) 2005, 371 (S. 376).

[729] „[...] taking the appropriate measures to implement the precautionary principle [...]", Art. 4 Abs. 3 lit. f) Bamako-Konvention.

[730] „[...] from taking a decision, as appropriate, [...]", Art. 10 Abs. 6, Art. 11 Abs. 8 CP.

[731] *Maurmann*, S. 225.

dient und zugleich die geringsten nachteiligen Auswirkungen mit sich bringt.[732] Welche Aspekte im Rahmen der Prüfung der Verhältnismäßigkeit einer Vorsorgeentscheidung von Bedeutung und damit in die Abwägung einzustellen sind, wird unterschiedlich beurteilt. Während teils Verhältnismäßigkeitserwägungen lediglich dahingehend für erforderlich gehalten werden, dass die Maßnahme an dem im Einzelfall drohenden Schaden und dessen Eintrittswahrscheinlichkeit ausgerichtet ist, werden überwiegend vielfältige Anforderungen angeführt, denen eine Maßnahme genügen muss, um als angemessen angesehen zu werden.[733]

Nach verbreiteter Ansicht ist die Maßnahme jedenfalls an dem im Einzelfall auf Grundlage der vorhandenen wissenschaftlichen Erkenntnisse vermuteten drohenden Schaden und dessen vermuteter Eintrittswahrscheinlichkeit zu orientieren.[734] Nicht jede Art von drohender Umwelt- oder Gesundheitsbeeinträchtigung rechtfertigt damit jede Vorsorgemaßnahme.[735] Die Kommission weist in ihrer Mitteilung zum Vorsorgeprinzip in diesem Zusammenhang darauf hin, dass ein völliges Verbot in manchen Fällen eine unverhältnismäßige Reaktion auf ein potentielles Risiko sein kann, in anderen Fällen jedoch die einzig mögliche Reaktion darstellt.[736]

Zu berücksichtigen ist weiter, dass die Behebung oder Verminderung eines Risikos möglicherweise andere Risiken (not-targeted risks, risk tradeoffs bzw. countervailing risks) hervorrufen kann.[737] Ausdruck der Verhältnismäßigkeit einer vorsorgenden Entscheidung ist es, dass nicht durch eine Vorsorgemaßnahme andere, womöglich gravierendere Risiken geschaffen wer-

[732] *Lucchini*, Annuaire français de droit international 45 1999, 710 (S. 727); *Trouwborst*, Precautionary Rights and Duties of States, S. 27; *Erben*, S. 216.

[733] *Trouwborst* zufolge muss die betreffende Handlung rechtzeitig vorgenommen werden und den Umständen des Einzelfalls angemessen sein, regelmäßig überprüft werden und darf nur so lange aufrecht erhalten werden wie nötig; ferner darf nicht ein Risiko durch ein anderes gleich hohes oder sogar höheres Risiko ersetzt werden und ist, sofern zwischen mehreren Maßnahmen auszuwählen ist, diejenige zu wählen, die die Umwelt besser schützt, *Trouwborst*, RECIEL 16 (2), 2007, 185 (S. 189).

[734] *Erben*, S. 261f.; *Marti*, S. 61. In Bezug auf die neuartige und wirkmächtige Technologie des Geoengineerings zur Bekämpfung des Klimawandels wird beispielsweise eine Differenzierung zwischen Solar Radiation Management-Maßnahmen (SRM-Maßnahmen) zur Reduktion der Sonneneinstrahlung und Carbon Dioxide Removal-Maßnahmen (CDR-Methoden) zur gezielten Entfernung von Kohlenstoffdioxid aus der Atmosphäre befürwortet, *Tedsen/Homann*, Carbon & Climate Law Review 7 (2) 2013, 90 (S. 95); *Calliess*, Berliner Online-Beiträge zum Europarecht, Nr. 142 2022, 1 (S. 36). Die Meeresbodenkammer äußerte in ihrem Gutachten zum Tiefseebodenbergbau: „The content of „due diligence" obligations may not easily be described in precise terms. [...] It may also change in relation to the risks involved in the activity. As regards activities in the Area, it seems reasonable to state that prospecting is, generally speaking, less risky than exploration activities which, in turn, entail less risk than exploitation. Moreover, activities in the Area concerning different kinds of minerals, for example, polymetallic nodules on the one hand and polymetallic sulphides or cobalt rich ferromanganese crust on the other, may require different standards of diligence. The standard of due diligence has to be more severe for the riskier activities", ISGH, Responsibilities and Obligations of States sponsoring persons and entities with Respect to Activities in the Area, Gutachten vom 01. Februar 2011, ITLOS Reports 2011, S. 10, Rn. 117.

[735] *Andorno*, JIBL 1 (1) 2004, 11 (S. 18).

[736] *Kommission der Europäischen Gemeinschaften*, Mitteilung der Kommission über die Anwendbarkeit des Vorsorgeprinzips, KOM 2000 (1) endg., Ziff. 6.3.1. Auch *Dederer* betont: „[...] the Precautionary Principle does not necessarily support the strictest measure that can be imposed in face of a potential risk", *Dederer*, in: Genome Editing in Agriculture – Between Precaution and Responsibility, 75–122 (S. 95).

[737] Siehe hierzu: *Wiener*, in: Human and Ecological Risk Assessment: Theory and Practice, 1509–1531 (S. 1518).

den.[738] Der Tatsache, dass die Vornahme einer Vorsorgemaßnahme nicht nur zur Reduktion des Zielrisikos führt, sondern selbst Risiken hervorrufen kann, wird Rechnung getragen, indem eine Vorsorgemaßnahme nur angemessen ist, wenn sie nicht selbst ein größeres Risiko für die Umwelt oder die menschliche Gesundheit hervorruft.[739] Erforderlich ist, dass die mit einer Regulierungsentscheidung einhergehenden Konsequenzen Berücksichtigung finden und verschiedene Handlungsoptionen miteinander verglichen werden.[740] Lediglich dann, wenn zwischen zwei gleich schweren, gleich wahrscheinlichen, aber entgegengesetzten Worst-Case-Szenarien zu wählen ist, ist die Entscheidung unter politischen Gesichtspunkten zu treffen.[741]

Im Übrigen ist einem Risiko nicht unabhängig von den hierdurch verursachten Kosten zu begegnen.[742] Beispielsweise ist eine restriktive, eine neuartige Aktivität oder den Einsatz einer neuartigen Technik einschränkende Maßnahme nicht „um jeden Preis" vorzunehmen. Der Nutzen einer konkreten Maßnahme ist zu den hierdurch verursachten Kosten ins Verhältnis zu setzen.[743] Allerdings ist hierunter nicht zwangsläufig zu verstehen, dass eine Kosten-Nutzen-Analyse im streng ökonomischen Sinn durchzuführen ist.[744]

Einzubeziehen sind schließlich die einem Staat zustehenden ökonomischen, sozialen und technologischen Mittel und Möglichkeiten und damit dessen Leistungsfähigkeit, sodass im Falle unterschiedlicher Staaten im Hinblick auf eine identische Bedrohung unterschiedliche Vorsorgemaßnahmen als angemessen anzusehen sind.[745]

Zwar wird kritisch angemerkt, dass, analysiert man diverse Ausgestaltungen des Vorsorgeprinzips, festzustellen ist, dass keineswegs in allen Fällen sämtliche eben beschriebenen Aspekte ausdrücklich Berücksichtigung finden.[746] In den in internationalen Instrumenten enthaltenen Definitionen des Vorsorgeprinzips sei in der Regel keine Beschränkung auf kostenwirksame Maßnahmen enthalten.[747] Insbesondere in frühen völkerrechtlichen Verträgen seien zudem die

[738] *Trouwborst*, RECIEL 16 (2), 2007, 185 (S. 189); *Marti*, S. 61.

[739] *Trouwborst* spricht in diesem Zusammenhang von „application of precaution *to* precaution", *Trouwborst*, Precautionary Rights and Duties of States, S. 186f. Im Rahmen der Bamako-Konvention liegt beispielsweise eine taugliche Vorsorgemaßnahme nach Art. 4 Abs. 3 lit. g) nicht vor, wenn ein Schadstoff lediglich von einem Umweltmedium auf ein anderes verlagert wird.

[740] *Arcuri*, in: Frontiers in the Economics of Environmental Regulation and Liability, 19–63 (S. 44).

[741] *Trouwborst*, Precautionary Rights and Duties of States, S. 187.

[742] *Trouwborst*, RECIEL 16 (2), 2007, 185 (S. 193). So kann sich eine Einschränkung der Handlungspflicht unter Beachtung des Grundsatzes der Verhältnismäßigkeit wegen unangemessen hoher (ökonomischer) Kosten ergeben, *Epiney/Scheyli*, S. 123.

[743] *O'Riodoran/Jordan*, Environmental Values 4 (3) 1995, 191 (S. 195); *Lucchini*, Annuaire français de droit international 45 1999, 710 (S. 727); *Monien*, S. 268; *Maurmann*, S. 226; *Marti*, S. 61f.

[744] Siehe hierzu die Ausführungen in Teil 4, Kapitel 1, II, 2, a, bb, (2).

[745] *Boisson de Chazournes*, in: Law of the Sea, Environmental Law and Settlement of Disputes, 21–34 (S. 25); *Erben*, S. 216; *Marti*, S. 61; *Fitzmaurice*, ZaöRV 77 (2017), 339 (S. 360); *Arruti*, AJASR 8 (1) 2022, 1 (S. 9). Erstere weist insbesondere darauf hin, dass Staaten in unterschiedlichen Entwicklungsstadien bei der Umsetzung des Vorsorgeprinzips nicht denselben Anforderungen unterliegen können.

[746] *Applegate*, William & Mary Environmental Law and Policy Review 27 (13) 2002, 13 (S. 30); *de Sadeleer*, Environmental Principles – From Political Slogans to Legal Rules, S. 171.

[747] *Applegate*, William & Mary Environmental Law and Policy Review 27 (13) 2002, 13 (S. 30); *de Sadeleer*, Environmental Principles – From Political Slogans to Legal Rules, S. 171.

Schwere des Schadens sowie die Berücksichtigung sekundärer Risiken nicht berücksichtigt.[748] So findet sich denn auch weder in Art. 2 Abs. 2 lit. a) der OSPAR-Konvention, noch in Art. 4 Abs. 3 lit. f) der Bamako-Konvention ein Verweis darauf, dass die ergriffene Maßnahme kostenwirksam sein muss, sich an der Leistungsfähigkeit des Staates zu orientieren hat oder sekundäre Risiken Beachtung finden müssen. Gleiches gilt für das Vorsorgeprinzip, wie es in Erwägungsgrund 9 der Präambel der Biodiversitätskonvention niedergelegt ist. Das Vorsorgeprinzip, wie es im Rahmen der Wingspread-Konferenz gefasst wurde, enthält keinen Verweis auf die Kostenwirksamkeit der ergriffenen Maßnahme oder die Berücksichtigung sekundärer Risiken.
Allerdings sind, wenngleich nicht sämtliche Aspekte in allen Niederlegungen des Vorsorgeprinzips ausdrücklich enthalten sind, diese im Rahmen einer Gesamtschau zur Konkretisierung der im Einzelfall erforderlichen Vorsorgeentscheidung dennoch zu berücksichtigen. Hintergrund ist, dass beispielsweise Kosten-Nutzen-Erwägungen einen speziellen Ausdruck des Verhältnismäßigkeitsprinzips darstellen; es sind daher auch dann, wenn lediglich allgemein auf die Angemessenheit der Maßnahme verwiesen wird, Kosten und Nutzen einer Maßnahme, verstanden in einem weiteren Sinne, zu berücksichtigen.[749] Gleiches gilt für den Aspekt der staatlichen Leistungsfähigkeit.[750]

d. Vorsorgemaßnahmen als temporäre Maßnahmen

Die Struktur des Vorsorgeprinzips führt schließlich dazu, dass es sich bei einer einmal getroffenen Vorsorgeentscheidung um eine zeitlich beschränke Entscheidung handelt, die angesichts neuer wissenschaftlicher Erkenntnisse der Überprüfung bedarf.[751]
Zwar ist dies ausdrücklich nur in einigen wenigen Verträgen, beispielsweise in Art. 5 Abs. 7 des SPS-Übereinkommens, enthalten:

„[...] In such circumstances, Members shall seek to obtain the additional information necessary for a more objective assessment of risk and review the sanitary and phytosanitary measure accordingly within a reasonable period of time.“

Der temporäre Charakter von Vorsorgemaßnahmen kommt beispielhaft auch im Wiener Übereinkommen zum Schutz der Ozonschicht zum Ausdruck. In Erwägungsgrund 6 der Präambel wird hervorgehoben, dass

„[...] measures to protect the ozone layer [...] should be based on relevant scientific and technical consi-

[748] *Applegate*, William & Mary Environmental Law and Policy Review 27 (13) 2002, 13 (S. 30).
[749] *Maurmann*, S. 226; *Marti*, S. 61ff.
[750] *Boisson de Chazournes*, in: Law of the Sea, Environmental Law and Settlement of Disputes, 21–34 (S. 25).
[751] *Applegate*, William & Mary Environmental Law and Policy Review 27 (13) 2002, 13 (S. 32); *de Sadeleer*, Environmental Principles – From Political Slogans to Legal Rules, S. 199; *Maurmann*, S. 226f.; *Gillespie*, The International Journal of Marine and Coastal Law 22 (1), 2007, 61 (S. 78); *Marti*, S. 61. So auch: *Kommission der Europäischen Gemeinschaften*, Mitteilung der Kommission über die Anwendbarkeit des Vorsorgeprinzips, KOM 2000 (1) endg., Ziff. 6.3.5.

derations."

Erwägungsgrund 7 der Präambel misst sodann weitergehender Forschung und weitergehenden wissenschaftlichen Erkenntnissen Bedeutung zu:

„[...] the need for further research and systematic observations to further develop scientific knowledge of the ozone layer and possible adverse effects resulting of its modification."

Der temporäre Charakter einer Vorsorgemaßnahme ist aber dem Vorsorgegedanken auch ohne ausdrückliche Erwähnung immanent.[752] Denn wenn Anwendungsvoraussetzung des Vorsorgeprinzips ist, dass wissenschaftliche Ungewissheit besteht, ist damit zugleich vorausgesetzt, dass eine getroffene Vorsorgemaßnahme nur solange aufrecht erhalten werden darf, solange die wissenschaftliche Ungewissheit fortbesteht.[753] Liegen weitergehende wissenschaftliche Erkenntnisse vor, muss die einmal getroffene Maßnahme gegebenenfalls angepasst werden.[754]
Eine einmal getroffene Vorsorgemaßnahme unterliegt damit jedoch nicht einer strikten zeitlichen Begrenzung im Sinne einer festgelegten Zeitspanne, sondern darf solange aufrecht erhalten werden, solange keine weitergehenden wissenschaftlichen Erkenntnisse eine Anpassung der Vorsorgemaßnahme erforderlich machen.[755] Vor diesem Hintergrund können Vorsorgemaßnahmen im Einzelfall auch über einen langen Zeitraum aufrecht erhalten werden.[756] Letztlich erlaubt das Vorsorgeprinzip in einer Situation, in der wissenschaftliche Ungewissheit nicht aufgelöst werden kann, sogar den Erlass permanenter Maßnahmen.[757]
Der temporäre Charakter von Vorsorgemaßnahmen kommt schließlich dadurch zum Ausdruck, dass, sofern sich im Laufe der Zeit die wissenschaftlichen Erkenntnisse mehren und Erkenntnisse über drohende Schadensszenarien und deren Eintrittswahrscheinlichkeiten vorliegen, nicht mehr vorsorgendes, sondern vorbeugendes Handeln erforderlich ist.[758] Vorsorgemaßnahmen werden dann durch vorbeugende Maßnahmen abgelöst.

IV. Zusammenfassung

Insgesamt existieren zwar auf völkerrechtlicher Ebene zahlreiche, im Detail unterschiedlich ausgestaltete Versionen des Vorsorgeprinzips, es lässt sich allerdings aus der Zusammenschau

[752] *Andorno*, JIBL 1 (1) 2004, 11 (S. 18); *Monien*, S. 269. So auch: *Kommission der Europäischen Gemeinschaften*, Mitteilung der Kommission über die Anwendbarkeit des Vorsorgeprinzips, KOM 2000 (1) endg., Ziff. 6.3.5.

[753] *Applegate*, William & Mary Environmental Law and Policy Review 27 (13) 2002, 13 (S. 32).

[754] *Andorno*, JIBL 1 (1) 2004, 11 (S. 18); *Marti*, S. 61.

[755] *de Sadeleer*, Environmental Principles – From Political Slogans to Legal Rules, S. 199; *Trouwborst*, Precautionary Rights and Duties of States, S. 188ff. So auch: *Kommission der Europäischen Gemeinschaften*, Mitteilung der Kommission über die Anwendbarkeit des Vorsorgeprinzips, KOM 2000 (1) endg., Ziff. 6.3.5.

[756] *de Sadeleer*, Environmental Principles – From Political Slogans to Legal Rules, S. 198f.

[757] *Trouwborst*, Precautionary Rights and Duties of States, S. 189f.

[758] *Peel*, in: The Oxford Handbook of International Environmental Law, 302–318 (S. 306); *Chen*, Dalhousie Journal of Legal Studies 25 2016, 1 (S. 23). Explizit findet sich ein solches Verständnis in Draft Article 7B Abs. 3 der Draft Articles Relating to Climate Change, ILA , Declaration of Legal Principles Relating to Climate Change, 76th Conference of the International Law Association 2014, Resolution 2/2014.

der vertragsrechtlichen Niederlegungen und der Ausgestaltung des Vorsorgeprinzips im *soft law*[759] ein Kerngehalt ausmachen, da gewisse Anforderungen sämtlichen Ausgestaltungen des Vorsorgeprinzips gemein sind.[760]

Sinn und Zweck des Vorsorgeprinzips ist es, die Umwelt und die menschliche Gesundheit zu schützen.[761] Das Vorsorgeprinzip steuert vor diesem Hintergrund den Umgang mit den Unzulänglichkeiten und Schwierigkeiten bei der wissenschaftlichen Analyse von Auswirkungen menschlicher Aktivität auf die Umwelt.[762] Dabei rückt das Vorsorgeprinzip das Verbleiben wissenschaftlicher Ungewissheit in den Fokus und betont, dass Staaten auch im Falle wissenschaftlicher Ungewissheit zum Handeln im Sinne vorsorgenden Entscheidens aufgerufen sind.

Die Anwendung des Vorsorgeprinzips führt allerdings nicht, wie teils befürchtet, zu einer Abkehr von wissenschaftlichen Standards oder einer wissenschaftsbasierten Entscheidungsfindung, sondern ist hiermit eng verbunden.[763] So ist ein Mindestmaß an wissenschaftlichen Informationen bereits Voraussetzung dafür, dass der Anwendungsbereich des Vorsorgeprinzips eröffnet ist; in Umsetzung des Vorsorgeprinzips ergriffene Maßnahmen dürfen ferner nur solange aufrecht erhalten werden, solange nicht neue wissenschaftliche Informationen eine Anpassung der Maßnahmen erfordern. Das Vorsorgeprinzip steuert damit staatliche Entscheidungen in dem Übergangsbereich, in dem auf Grundlage wissenschaftlicher Erkenntnisse ein drohender Umweltschaden oder Schaden für die menschliche Gesundheit zu vermuten ist, allerdings hinreichende wissenschaftliche Belege hierfür noch ausstehen.[764]

Der Anwendungsbereich des Vorsorgeprinzips ist somit immer dann eröffnet, wenn im Hinblick auf Schäden für die Umwelt oder menschliche Gesundheit weder wissenschaftliche Gewissheit noch ein bezifferbares Risiko gegeben ist, allerdings plausible wissenschaftliche Anhaltspunkte dafür bestehen, dass ein Schaden für die Umwelt und/oder für die menschliche Gesundheit droht und dieser eine gewisse Schwere erreicht, mithin erheblich bzw. ernsthaft oder irreversibel

[759] Unter dem Begriff des „soft law" sind nicht rechtsverbindliche Resolutionen, Erklärungen und Übereinkünfte zu verstehen, die allerdings zur Entstehung von verbindlichem Völkerrecht beitragen können, *de Sadeleer*, Environmental Principles – From Political Slogans to Legal Rules, S. 313; *v. Arnauld*, S. 114, Rn. 280f. Insbesondere die Rio-Erklärung hat die Entstehung von Gewohnheits- und Vertragsrecht im Bereich des Umweltrechts stark beeinflusst, *v. Arnauld*, S. 114, Rn. 280. Dem soft law kommt somit eine rechtliche Relevanz zu, ohne unmittelbar Rechte und Pflichten zu begründen, *Herdegen*, S. 180, Rn. 4.

[760] *Trouwborst*, Precautionary Rights and Duties of States, S. 285ff.; *Erben*, S. 195ff.; *Maurmann*, S. 222; *Marti*, S. 55ff.

[761] „PA appears to be premised on the idea that policy-makers at all levels should feel compelled to administer and conserve the earth's ecosystem as an indispensable basis for the wellbeing of humankind, both now and in the future", *Beyerlein/Marauhn*, S. 52.

[762] *Beyerlein/Marauhn*, S. 52.

[763] *Erben*, S. 200; *Boyle/Redgwell*, S. 174.

[764] *Erben*, S. 200; *Atapattu*, S. 220. Erben führt hierzu aus: „Das Vorsorgegebot gelangt quasi immer nur als Zwischenschritt zur Anwendung, wo die wissenschaftliche Beweislage zeitweilig keine weitere Antwort auf die Fragen des Bestehens oder Ausmaßes einer Gefahr zu geben vermag, ein Handlungsbedarf zum Schutz möglicherweise betroffener Rechtsgüter sich aber aufgrund einiger wissenschaftlicher Hinweise verdichtet", *Erben*, S. 200.

ist.[765] Bei der so vorgenommenen Abgrenzung zwischen Schäden, die den Anwendungsbereich des Vorsorgeprinzips eröffnen und solchen, bei denen das Vorsorgeprinzip nicht anwendbar ist, verbleibt den Staaten ein gewisser Beurteilungsspielraum.[766] Im Gegensatz zum Präventionsprinzip erfasst das Vorsorgeprinzip nach Sinn und Zweck auch Schäden, die auf dem eigenen Staatsgebiet eines Staates einzutreten drohen.[767]

Liegen diese Voraussetzungen vor, führt das Vorsorgeprinzip zu einer Absenkung des Beweismaßes, setzt also die Schwelle für das Ergreifen staatlicher Maßnahmen herab und verlagert so den Zeitpunkt staatlichen Tätigwerdens nach vorne.[768] Insoweit erweitert und ergänzt das Vorsorgeprinzip das Präventionsprinzip und die hieraus folgenden Verpflichtungen.[769] Das Vorsorgeprinzip verbietet es Staaten, unter Berufung auf wissenschaftliche Ungewissheit vorsorgende Maßnahmen zu unterlassen, erlaubt, bereits im Vorfeld des Bestehens wissenschaftlicher Gewissheit vorsorgende Maßnahmen zu ergreifen und verpflichtet Staaten im Sinne einer Verhaltenspflicht dazu, vorsorgend zu agieren.[770] Im Falle von Tätigkeiten oder Substanzen, die Umweltschädigungen hervorrufen oder die menschliche Gesundheit nachteilig beeinflussen können, sind Staaten verpflichtet, diese Regelungen zu unterwerfen.[771]

In Bezug auf Art und Umfang der zu ergreifende(n) Maßnahme(n) kommt den Staaten ein weiter Spielraum zu, sodass eine Vielzahl von Maßnahmen grundsätzlich als Vorsorgemaßnahmen in Betracht kommen.[772] Begrenzt wird der den Staaten zukommende Spielraum dadurch, dass die vorsorgende Entscheidung und damit die im Einzelfall getroffene(n) Maßnahme(n) zum Schutz der Umwelt bzw. der menschlichen Gesundheit geeignet und angemessen sein müssen; die staatliche Entscheidung hat sich an dem vermuteten drohenden Schaden, den dem Staat zur Verfügung stehenden Möglichkeiten und dessen Leistungsfähigkeit sowie Kosten und Nutzen der Maßnahme zu orientieren.[773] Ein (zeitweises) Verbot der Vornahme einer bestimmten Aktivität ist somit eine mögliche Vorsorgemaßnahme, keinesfalls aber in allen Fällen zwingende Folge einer Anwendung des Vorsorgeprinzips.[774] Schließlich ist eine einmal getroffene vorsorgende Entscheidung ist im Zuge neuer wissenschaftlicher Erkenntnisse zu überprüfen und gegebenenfalls anzupassen.[775]

---

765 Siehe hierzu die Ausführungen in Teil 3, Kapitel 4, III, 2, a.

766 *Epiney/Scheyli*, S. 119.

767 Siehe hierzu die Ausführungen in Teil 3, Kapitel 4, III, 2, b, aa.

768 *Tedsen/Homann*, Carbon & Climate Law Review 7 (2) 2013, 90 (93); *Applegate*, William & Mary Environmental Law and Policy Review 27 (13) 2002, 13 (S. 18f.); *Arcuri*, in: Frontiers in the Economics of Environmental Regulation and Liability, 19–63 (S. 34f.). Siehe hierzu auch die Ausführungen in Teil 3, Kapitel 4, III, 3, a, bb.

769 *Erben*, S. 213f.

770 Siehe hierzu die Ausführungen in Teil 3, Kapitel 4, III, 3, b.

771 *Scheyli*, ZaöRV 60 (3/4), 2000, 771 (S. 799).

772 Siehe hierzu die Ausführungen in Teil 3, Kapitel 4, III, 3, c.

773 Siehe hierzu die Ausführungen in Teil 3, Kapitel 4, III, 3, c, bb.

774 *Applegate*, Indiana Journal of Global Legal Studies 9 (1) 2001, 207 (S. 252); *Erben*, S. 210; *Gillespie*, The International Journal of Marine and Coastal Law 22 (1), 2007, 61 (S. 80).

775 Siehe hierzu die Ausführungen in Teil 3, Kapitel 4, III, 3, d.

Da aus dem Vorsorgeprinzip gerade keine Erfolgsverpflichtung folgt, liegt ein Völkerrechtsverstoß nicht bereits vor, wenn in Zusammenhang mit bestimmten Tätigkeiten Umwelt- oder Gesundheitsschäden eintreten, sondern lediglich dann, wenn der Staat die ihm im Einzelfall obliegenden Verhaltensverpflichtungen verletzt.

Kapitel 5: Die rechtstheoretische Einordnung des Vorsorgeprinzips

Rechtstheoretisch ist zwischen politischen Leitsätzen, Rechtsregeln und Rechtsprinzipien zu unterscheiden.[776]

Sowohl das Vorsorgeprinzip als auch andere dem internationalen Umweltrecht zugrundeliegende Konzepte wie beispielsweise das der nachhaltigen Entwicklung, das der gemeinsamen, aber differenzierten Verantwortung, das Verursacherprinzip und nicht zuletzt das Präventionsprinzip werden in der Regel als „Prinzipien des internationalen Umweltrechts" bezeichnet, ohne dass damit zwangsläufig zugleich die rechtstheoretische Einordnung als Prinzip verbunden ist.[777] Gesteigert wird die Konfusion dadurch, dass in der völkerrechtlichen Literatur nicht einheitlich dieselben Konzepte dem „Prinzipienkanon" zugeordnet werden[778] und darüber hinaus in Abweichung von der durch *Dworkin* getroffenen Unterscheidung diverse Kategorisierungen vorgenommen werden.[779]

Da die rechtstheoretische Einordnung allerdings für die Anwendung und Wirkweise des Vorsorgeprinzips entscheidend ist, bedarf genauerer Untersuchung, ob das Vorsorgeprinzip tatsächlich ein Prinzip im rechtstheoretischen Sinn, teils wird in diesem Fall von einem „Prinzip im engeren Sinn" gesprochen, darstellt oder es sich dabei nicht eher eine Rechtsregel oder sogar lediglich einen politischen Leitsatz handelt. Hingewiesen sei allerdings darauf, dass die rechtstheoretische Einordnung des Vorsorgeprinzips keine Aussage über dessen völkerrechtliche Verbindlichkeit erlaubt; hierfür ist allein entscheidend, ob sich das Vorsorgeprinzip einer der anerkannten völkerrechtlichen Rechtsquellen zuordnen lässt.[780]

I. Die Differenzierung zwischen politischem Leitsatz, Rechtsprinzip und Rechtsregel

Da *Dworkin* sich wie bereits erwähnt als einer der Ersten mit der rechtstheoretischen Einordnung von Prinzipien auseinandersetzte und in wissenschaftlichen Abhandlungen regelmäßig auf die seitens *Dworkin* und später *Alexy* vorgenommene Unterscheidung Bezug genommen wird, soll eingangs kurz deren Prinzipientheorie vorgestellt werden.[781] Im Anschluss daran erfolgt eine kurze Darstellung, inwieweit auch auf (umwelt)völkerrechtlicher Ebene zwischen politischen Leitsätzen, Rechtsprinzipien und Rechtsregeln unterschieden wird.

[776] Diese Unterscheidung geht zurück auf die Rechtstheorie von *Dworkin*, der als Kritik an dem von *Hart* vertretenen Rechtspositivismus zwischen „policies", „principles" und „rules" differenziert, *Dworkin*, S. 24ff.

[777] Siehe hierzu: *Beyerlein*, in: The Oxford Handbook of International Environmental Law, 426–447 (S. 426ff.).

[778] *Proelß*, in: Internationales Umweltrecht, 97–150 (S. 101, Rn. 3).

[779] Eine Zusammenstellung der in der Literatur vertretenen Auffassungen findet sich bei: *Beyerlein*, in: The Oxford Handbook of International Environmental Law, 426–447 (S. 430f.).

[780] So auch: *Verschuuren*, S. 145f.; *Proelß*, in: Internationales Umweltrecht, 97–150 (S. 101, Rn. 4).

[781] Eine ausführliche Auseinandersetzung mit der Prinzipientheorie von *Dworkin* und *Alexy* findet sich bei *Monien*, S. 45ff., *Schröter*, S. 126ff. und *Heinold*.

© Der/die Autor(en), exklusiv lizenziert an Springer Fachmedien Wiesbaden GmbH, ein Teil von Springer Nature 2026
I. Albrecht, *Das Vorsorgeprinzip in Zusammenhang mit der absichtlichen Freisetzung von mittels Gene Drive gentechnisch veränderten Organismen*,
https://doi.org/10.1007/978-3-658-50876-0_9

1. Die Prinzipientheorie nach Dworkin und Alexy

Die Grundannahme *Dworkins* ist, dass zwischen Regeln und Prinzipien ein logischer und damit kategorischer Unterschied besteht.[782] Regeln und Prinzipien unterscheiden sich dahingehend, dass erstere nach dem Alles-oder-Nichts-Prinzip funktionieren, während letztere keine eindeutige Entscheidung, sondern eine Richtung für staatliches Handeln vorgeben.[783]
Im Falle einer Regel tritt, sofern deren Voraussetzung bzw. deren Tatbestand erfüllt und keine Ausnahme gegeben ist, die Rechtsfolge ein.[784] Im Gegensatz dazu gibt ein Prinzip selbst dann, wenn dessen Anwendungsvoraussetzungen erfüllt sind, keine konkrete Rechtsfolge vor und erfordert somit keine zwingende Entscheidung.[785] Vielmehr stellt ein Prinzip lediglich einen Grund dar, der für eine bestimmte Entscheidung spricht und ein Argument in eine bestimmte Richtung ist, ohne rechtlich zu dieser Entscheidung zu verpflichten; ein Rechtsprinzip erfordert eine Gewichtung und Abwägung im Einzelfall.[786] Prinzipien verfügen im Gegensatz zu Regeln über eine Dimension des Gewichts.[787] Während somit bei zwei Regeln, die angesichts einer bestimmten Ausgangslage zwei unterschiedliche Rechtsfolgen anordnen, nur eine zur Anwendung gelangen kann und die andere Regel ungültig ist, ist bei der Kollision zweier Prinzipien im Wege der Abwägung zu bestimmen, welchem Prinzip im Einzelfall größeres Gewicht beizumessen ist, ohne dass dasjenige, das zurücksteht, ungültig ist.[788]
Letztlich kann das Wesen eines Prinzips als „Ideales Sollen" beschrieben werden, das in Anwendung des Prinzips geforderte Verhalten soll nicht eins zu eins, sondern unter Berücksichtigung der konkret gegebenen Situation und damit der tatsächlichen und rechtlichen Möglichkeiten soweit wie möglich umgesetzt werden.[789] Hingegen ist Wesen einer Regel ein „Reales Sollen", das bei Vorliegen der Voraussetzungen zu erfüllen ist.[790]
Politische Leitsätze zeichnen sich hingegen dadurch aus, dass sie noch weniger konkrete Vorgaben machen als Prinzipien und lediglich unverbindliche Ziele im Sinne einer Verbesserung der wirtschaftlichen, politischen oder sozialen Situation innerhalb einer Gesellschaft zum Ausdruck bringen.[791]

---

[782] *Dworkin* lehnt es ab, Regeln und Prinzipien dem Grade nach zu unterscheiden, *Alexy*, S. 184.
[783] *Dworkin*, S. 24f. Siehe hierzu auch *Alexy*, S. 182f.
[784] *Monien*, S. 46 mit Verweis auf *Dworkin*, S. 24.
[785] *Monien*, S. 46 mit Verweis auf *Dworkin*, S. 26 sowie *Alexy*, S. 182f.
[786] *de Sadeleer*, Environmental Principles – From Political Slogans to Legal Rules, S. 307; *Monien*, S. 46 mit Verweis auf *Dworkin*, S. 26.
[787] *Dworkin*, S. 26.
[788] *Monien*, S. 46f. mit Verweis auf *Dworkin*, S. 26f. und *Alexy*, S. 182f.
[789] *Monien*, S. 47 mit Verweis auf *Alexy*, S. 203f. Siehe ferner *Proelß*, in: Internationales Umweltrecht, 97–150 (S. 100, Rn. 2) und *Beyerlein*, in: The Oxford Handbook of International Environmental Law, 426–447 (S. 433ff.).
[790] *Monien*, S. 47 mit Verweis auf *Alexy*, S. 204.
[791] Ein politischer Leitsatz ist danach „that kind of standard that sets out a goal to be reached, generally an improvement in some economic, political or social feature of the community", *Dworkin*, S. 22.

2. Unterscheidung zwischen Regeln, Prinzipien und politischen Leitsätzen auf völkerrechtlicher Ebene

Festzuhalten ist eingangs, dass der Prinzipienbegriff im Völkerrecht nicht rechtstheoretisch geprägt ist.[792] Fand die wissenschaftliche Auseinandersetzung und rechtstheoretische Unterscheidung zwischen politischen Leitsätzen, Rechtsprinzipien und Rechtsregeln zunächst im nationalen Kontext bzw. dem Gebiet der Rechtsphilosophie statt, wurde die Differenzierung allerdings auch auf völkerrechtlicher Ebene insbesondere im Schrifttum, aber auch im Rahmen der völkerrechtlichen Rechtsprechung aufgenommen und in diesem Zusammenhang vor allem Prinzipien eine bedeutende Stellung eingeräumt.[793]
In der völkerrechtlichen Rechtsprechung erfolgt ein Rückgriff auf Prinzipien insbesondere dann, wenn spezifische Regeln fehlen oder zwar Regeln existieren, diese aber unter Rückgriff auf Prinzipien dynamisch ausgelegt werden.[794] Dass im Hinblick auf die Einordnung als Regel oder Prinzip auf völkerrechtlicher Ebene allerdings große Unsicherheit herrscht, bringt das Schiedsgericht im *Iron Rhine*-Fall auf den Punkt:

> „There is considerable debate as to what, within the field of environmental law, constitutes „rules" or „principles" [...]."[795]

Prinzipien geben, anders als Regeln, kein bestimmtes Verhalten vor und zeichnen sich durch ein erhebliches Maß an Generalität aus, sodass in Anwendung des Prinzips verschiedene Ergebnisse möglich sind.[796] Sie stellen damit auch auf der Ebene des Völkerrechts eine Leitlinie bei der Schaffung und Interpretationshilfe bei der Anwendung existierender Normen dar.[797] Ferner erfordern sie eine Abwägung und Gewichtung im konkreten Einzelfall.[798] Prinzipien werden

---

[792] *Schröter*, S. 194.

[793] *Rauber*, Der „Turn to Principles" im Völkerrecht: Theoretische und methodische Perspektiven auf die Zukunft von Völkerrecht und Völkerrechtswissenschaft, Völkerrechtsblog, 24.05.2015, abrufbar unter: *https://voelkerrechtsblog.org/de/der-turn-to-principles-im-vol kerrecht-theoretische-und-methodische-perspektiven-auf-die-zukunft-von-volkerrecht-und-vol kerrechtswissenschaft/*, zuletzt aufgerufen am 31.01.2024.

[794] *Rauber*, Der „Turn to Principles" im Völkerrecht: Theoretische und methodische Perspektiven auf die Zukunft von Völkerrecht und Völkerrechtswissenschaft, Völkerrechtsblog, 24.05.2015, abrufbar unter: *https://voelkerrechtsblog.org/de/der-turn-to-principles-im-vol kerrecht-theoretische-und-methodische-perspektiven-auf-die-zukunft-von-volkerrecht-und-vol kerrechtswissenschaft/*, zuletzt aufgerufen am 31.01.2024.

[795] PCA, Arbitration regarding the Iron Rhine („Ijzeren Rijn") Railway (Belgien v. Niederlande), Schiedsspruch vom 24.05.2005, Reports of International Arbitral Awards, Vol. XXVII, S. 35, S. 66, Rn. 58.

[796] *Arcuri*, in: Frontiers in the Economics of Environmental Regulation and Liability, 19–63 (S. 28); *Beyerlein*, in: The Oxford Handbook of International Environmental Law, 426–447 (S. 437); *Pyhälä/Brusendorff/Paulomäki*, in: Research Handbook on International Environmental Law, 203–224 (S. 210).

[797] *Verschuuren*, S. 144f.; *Beyerlein*, in: The Oxford Handbook of International Environmental Law, 426–447 (S. 437).

[798] *Dickson*, Natural Resources Journal 39 (2), 1999, 211 (S. 223); *Rauber*, Der „Turn to Principles" im Völkerrecht: Theoretische und methodische Perspektiven auf die Zukunft von Völkerrecht und Völkerrechtswissenschaft, Völkerrechtsblog, 24.05.2015, abrufbar unter: *https://voelkerrechtsblog.org/de/der-turn-to-principles-im-volkerrecht-theoretische-und-methodische-perspektiven-auf-die-zukunft-von-volkerrecht-und-*

dabei sowohl durch untergeordnete Prinzipien als auch Regeln näher konkretisiert.[799] Im Gegensatz dazu geben Regeln auch auf völkerrechtlicher Ebene ein mehr oder weniger genaues Verhalten vor, das gefordert, erlaubt oder verboten ist.[800] Im Ausgangspunkt kann damit gelten:

„Thus, rules and principles may roughly be distinguished from each other by saying that the former are norms immediately aimed at making the addressees take action, refrain from action, or achieve a fixed result, while the latter only aim at influencing the state's decision-making, which otherwise remains open to choice, as well as their interpretation of rules."[801]

Basierend auf der von *Dworkin* und *Alexy* begründeten Unterscheidung zwischen Regeln und Prinzipien werden die Prinzipien des Umweltvölkerrechts als Optimierungsgebote rechtstheoretisch zum Teil als Regeln eingeordnet; denn ein Optimierungsgebot verpflichtet zu einem konkreten Verhalten, nämlich dazu, einen Zustand herzustellen, der mehrere Schutzgüter und Werte in bestmöglicher Weise realisiert.[802] Demgegenüber handelt es sich bei zu optimierenden Geboten im Sinne von konkreten Schutzgütern oder Werten um Prinzipien im rechtstheoretischen Sinne, die im Rahmen einer Abwägungsentscheidung mit- und gegeneinander in Ausgleich zu bringen sind.[803]

Nichtsdestotrotz gestaltet sich die Unterscheidung zwischen Regeln und Prinzipien anhand der oben dargestellten Grundsätze teils schwierig, nicht in allen Fällen ist eine Regel klar und eindeutig von einem Prinzip zu unterscheiden.[804] So existieren Regeln, die eine Kombination aus Regel und Prinzip zu sein scheinen und umgekehrt.[805] *Verschuuren* gibt in diesem Zusammenhang zu bedenken, dass eine klare Trennung zwischen Regeln und Prinzipien nicht möglich ist und zwischen Regeln und Prinzipien eher graduelle Unterschiede bestehen.[806] Im völkerrechtlichen Schrifttum wird vor diesem Hintergrund die in Anlehnung an *Dworkin* vorgenommene

volkerrechtswissenschaft/, zuletzt aufgerufen am 31.01.2024.

[799] *de Sadeleer*, Environmental Principles – From Political Slogans to Legal Rules, S. 310. Prinzipien sind damit nicht unmittelbar anwendbar, sondern müssen erst durch weitere Konkretisierung anwendbar gemacht werden, *Lang*, Max Planck Yearbook of United Nations 1999, 157 (S. 159). Ist ein Prinzip hinreichend konkretisiert, sodass sich unmittelbar anwendbare Vorgaben ergeben, ist dieses rechtssatzförmig, *Marti*, S. 33 mit Verweis auf *Arndt*, S. 7ff.

[800] *Dickson*, Natural Resources Journal 39 (2), 1999, 211 (S. 223); *Beyerlein*, in: The Oxford Handbook of International Environmental Law, 426–447 (S. 437); *Pyhälä/Brusendorff/Paulomäki*, in: Research Handbook on International Environmental Law, 203–224 (S. 210).

[801] *Beyerlein*, in: The Oxford Handbook of International Environmental Law, 426–447 (S. 437).

[802] *Schröter*, S. 277f. m.w.N. So auch *Proelß*, in: Internationales Umweltrecht, 97–150 (S. 100, Rn. 2).

[803] *Schröter*, S. 277f. m.w.N. So auch *Proelß*, in: Internationales Umweltrecht, 97–150 (S. 100, Rn. 2).

[804] *Arcuri*, in: Frontiers in the Economics of Environmental Regulation and Liability, 19–63 (S. 28).

[805] *Arcuri*, in: Frontiers in the Economics of Environmental Regulation and Liability, 19–63 (S. 28).

[806] „Principles differ from rules in the sense that rules can be more easily diretctly applied in individual cases, while principles give a general direction for a decision, with a much lesser required outcome than would be the case with legal rules. It must be acknowledged that this difference is not a very strict one. There is a sliding scale with a theoretical, abstract and indeterminate principles one side and a very concrete, highly practical rules on the other.", *Verschuuren*, S. 38. Demgegenüber wird die Unterscheidung zwischen Regeln und Prinzipien anhand des Grades der Bestimmtheit teils abgelehnt, *Beyerlein*, in: The Oxford Handbook of International Environmental Law, 426–447 (S. 436).

bloße Differenzierung zwischen Regeln und Prinzipien teilweise als zu pauschal angesehen und darauf hingewiesen, dass sich insbesondere Regeln in Bezug auf die Präzision der von ihnen geschaffenen Verpflichtungen teilweise erheblich voneinander unterscheiden.[807] Unter Berücksichtigung dessen findet sich eine Differenzierung zwischen Prinzipien, Regeln mit bestimmtem Inhalt (rules of determinate content) und Regeln mit unbestimmtem Inhalt (rules of indeterminate content).[808] Während Regeln mit bestimmtem Inhalt so präzise gefasst sind, dass sie bestimmte Verhaltensweisen verbieten oder zulassen, sind solche mit unbestimmtem Inhalt flexibler und weisen einen höheren Abstraktionsgrad auf, sodass es nicht möglich ist, mit ähnlicher Sicherheit wie im Falle einer Regel mit bestimmten Inhalt eine konkrete Verhaltenspflicht abzuleiten.[809] An anderer Stelle wird im Hinblick auf Regeln zwischen handlungsorientierten Regeln (action-orientated rules) und ergebnisorientierten Regeln (result-orientated rules) unterschieden, wobei beiden gemein ist, dass, sofern die Voraussetzungen erfüllt sind, eine bestimmte rechtliche Verpflichtung besteht.[810]

II. Das Vorsorgeprinzip als Rechtsregel

Ob es sich beim Vorsorgeprinzip um ein Prinzip oder eine Regel oder gar lediglich einen politischen Leitsatz handelt, ist auf der Ebene des Völkerrechts höchst umstritten.

Teils wird das Vorsorgeprinzip lediglich als politischer Leitsatz verstanden.[811] Begründet wird diese Einordnung damit, dass zum einen das Vorsorgeprinzip nicht darauf abziele, eine gerechte und faire Anwendung des Rechts zu gewährleisten, sich der Inhalt des Vorsorgeprinzips nicht präzise ermitteln lasse und darüber hinaus das Vorsorgeprinzip nicht in allen Bereichen Anwendung finde.[812]

Diejenigen, die das Vorsorgeprinzip als Prinzip im rechtstheoretischen Sinn einordnen[813], verweisen zur Begründung darauf, dem Vorsorgeprinzip fehle es an einer hinreichender Konkretisierung, um – wie eine Regel – in spezifischen Einzelfällen Anwendung zu finden und eine

[807] *de Sadeleer*, Environmental Principles – From Political Slogans to Legal Rules, S. 308; *Beyerlein*, in: The Oxford Handbook of International Environmental Law, 426–447 (S. 436).

[808] *de Sadeleer*, Environmental Principles – From Political Slogans to Legal Rules, S. 308.

[809] *de Sadeleer*, Environmental Principles – From Political Slogans to Legal Rules, S. 308.

[810] *Beyerlein*, in: The Oxford Handbook of International Environmental Law, 426–447 (S. 436). Während beispielsweise eine Regelung in einem völkerrechtlichen Vertrag, derzufolge die Vertragsparteien verpflichtet sind, ein eher abstraktes Ziel zu verfolgen, eine handlungsorientierte Regel darstelle, handle es sich bei einer Regelung, die die Vertragsparteien dazu verpflichtet, innerhalb eines konkreten Zeitrahmens ein klar umrissenes Ziel zu erreichen, um eine ergebnisorientierte Regel, *Beyerlein*, in: The Oxford Handbook of International Environmental Law, 426–447 (S. 436).

[811] *Zander*, S. 31.

[812] *Zander*, S. 31.

[813] *Epiney/Scheyli*, S. 126; *Marr*, S. 12f.; *Fisher*, Maastricht Journal of European and Comparative Law 9 (1) 2002, 7 (S. 16); *Beer*, S. 72ff.; *Arcuri*, in: Frontiers in the Economics of Environmental Regulation and Liability, 19–63 (S. 28); *Monien*, S. 253ff.; *Pyhälä/Brusendorff/Paulomäki*, in: Research Handbook on International Environmental Law, 203–224 (S. 211).

spezifische Entscheidung zu verlangen.[814] Vielmehr sei seine Anwendung abhängig von den Umständen des Einzelfalls.[815] Im Spannungsfeld zwischen Sicherheit und Entwicklung sei das Vorsorgeprinzip als Optimierungsgebot zu verstehen und gebe damit im Sinne *Dworkins* lediglich einen Grund dafür vor, eine Entscheidung zu Gunsten des Umweltschutzes zu treffen und möglichst frühzeitig Maßnahmen zu ergreifen, um drohende Umweltschäden abzuwenden.[816] Das Vorsorgeprinzip bezwecke damit ein Ideales Sollen im Sinne einer weitestmöglichen Vorsorge.[817] Damit stehe das Vorsorgeprinzip auf einer Stufe mit dem Prinzip der Rechtssicherheit oder dem Prinzip der Nichtdiskriminierung.[818]

Überzeugend ist letztlich, das Vorsorgeprinzip in normtheoretischer Hinsicht als Rechtsregel anzusehen.[819] Denn liegen die Voraussetzungen für dessen Anwendung vor, darf sich ein Staat nicht unter Verweis auf wissenschaftliche Ungewissheit auf ein Nichthandeln berufen und hat das Recht und die Pflicht, vorsorgend zu agieren; welches staatliche Verhalten im Einzelfall erforderlich ist bzw. welche Maßnahme(n) im Einzelfall zu ergreifen ist, beurteilt sich am Maßstab der angemessen Sorgfalt. Lediglich in Bezug auf das „Wie" des staatlichen Verhaltens bzw. die Auswahl der Maßnahmen kommt dem Staat ein Spielraum zu.[820] Während Prinzipien in rechtstheoretischer Hinsicht einen Grund für eine bestimmte Entscheidung darstellen und selbst Werte zum Ausdruck bringen, die mit- und gegeneinander abzuwägen sind, spiegelt das Vorsorgeprinzip für sich genommen keinen Wert wider, den es mit anderen, gegenläufigen Werten im Rahmen einer Abwägung in Einklang zu bringen gilt, sondern dient dem Umwelt- bzw. Gesundheitsschutz.[821] Das Vorsorgeprinzip verpflichtet die Staaten zu einem Verhalten, nämlich dazu, durch Ergreifen etwaiger Maßnahmen dem Umwelt- und Gesundheitsschutz so weit wie möglich Rechnung zu tragen, ist aber selbst keiner Abwägung zugänglich.[822] Die Unbestimmtheit im Hinblick auf die im konkreten Fall eintretende Rechtsfolge spricht ferner nicht grundsätzlich gegen die Einordnung als Regel. Vielmehr existieren neben Regeln, die im konkreten Fall eine

[814] So zieht *Arcuri* die Schlussfolgerung: „[...] we can conclude that the precautionary principle does not prescribe any particular measure. The precautionary principle is more about the direction of the decision and how the decision is adopted than about the exact content of the decision", *Arcuri*, in: Frontiers in the Economics of Environmental Regulation and Liability, 19–63 (S. 37).

[815] *Fisher*, Maastricht Journal of European and Comparative Law 9 (1) 2002, 7 (S. 16).

[816] *Erben*, S. 224; *Monien*, S. 254; *Fisher*, Maastricht Journal of European and Comparative Law 9 (1) 2002, 7 (S. 16); *Pyhälä/Brusendorff/Paulomäki*, in: Research Handbook on International Environmental Law, 203–224 (S. 211).

[817] *Erben*, S. 224.

[818] *Fisher*, Maastricht Journal of European and Comparative Law 9 (1) 2002, 7 (S. 16).

[819] *Beyerlein*, in: The Oxford Handbook of International Environmental Law, 426–447 (S. 440); *Maurmann*, S. 236; *Schröter*, S. 274ff.; *Proelß*, in: Internationales Umweltrecht, 97–150 (S. 128, Rn. 39).

[820] „Although the legal consequences flowing from the state's duty to take precautionary action may be indeterminate in substance, this flaw does not affect the core of the duty that arises. There are good reasons for arguing that the precautionary principle as defined in Principle 15 of the Rio Declaration in fact meets the normative requirements of an action-orientated rule, albeit one that calls for further specification", *Beyerlein*, in: The Oxford Handbook of International Environmental Law, 426–447 (S. 440).

[821] *Schröter*, S. 278; *Proelß*, in: Internationales Umweltrecht, 97–150 (S. 100, Rn. 2).

[822] *Schröter*, S. 277f.

spezifische Rechtsfolge vorgeben, auch solche unbestimmten Inhalts, die einen gewissen Abstraktionsgrad bzw. eine gewisse Unschärfe aufweisen.[823] Vergleicht man das Vorsorgeprinzip mit rechtstheoretischen Prinzipien wie „Nichtdiskriminierung" oder „Rechtssicherheit", wird augenfällig, dass es sich bei letzteren um absolute Werte handelt, die es im Einzelfall abzuwägen gilt, das Konzept der Vorsorge hingegen nicht selbst einen abwägungsbedürftigen Wert verkörpert, sondern der Bewahrung der Umwelt bzw. der menschlichen Gesundheit und damit dem Umwelt- und Gesundheitsschutz dient.

Basierend auf der Unterscheidung zwischen Strukturprinzipien, die selbst nicht abwägungsfähig sind, sondern nur den Abwägungsprozess strukturieren und daher rechtstheoretisch Regeln darstellen und sogenannten begründungstheoretischen Prinzipien wie beispielsweise dem Umweltschutz[824], schlussfolgert *Schröter*:

„Das Vorsorgeprinzip bietet so den Anknüpfungspunkt für eine durchzuführende Abwägung, indem es sagt, dass und wann eine solche stattzufinden hat. Es ist also eine Entscheidungsregel."[825]

[823] Zwar tendiert *Dickson* letztlich dazu, das Vorsorgeprinzip in rechtstheoretischer Hinsicht als Prinzip anzusehen, schließt aber die Einordnung des Vorsorgeprinzips als Regel mit unbestimmtem Inhalt zumindest nicht gänzlich aus, *Dickson*, Natural Resources Journal 39 (2), 1999, 211 (S. 228).

[824] Siehe hierzu: *Schröter*, S. 251.

[825] *Schröter*, S. 279.

Kapitel 6: Die Rechtsnatur des Vorsorgeprinzips

Die Rechtsnatur des Vorsorgeprinzips ist nach wie vor umstritten. Teilweise wird dem Vorsorgeprinzip außerhalb des Vertragsrechts jegliche Qualität als bindendes Recht abgesprochen.[826] Das Vorsorgeprinzip wird somit lediglich als politisches Leitprinzip bzw. „Ansatz“ angesehen.[827] Demgegenüber wird das Vorsorgeprinzip teils als Völkergewohnheitsrecht im Sinne des Art. 38 Abs. 1 lit. b) des IGH-Statuts, teils als allgemeiner Rechtsgrundsatz im Sinne des Art. 38 Abs. 1 lit. c) des IGH-Statuts begriffen.[828] Stimmen, die einer Anerkennung als völkergewohnheitsrechtlichem Grundsatz (noch) ablehnend gegenüberstehen, sehen das Vorsorgeprinzip jedenfalls als im Entstehen begriffenes Völkergewohnheitsrecht an.[829]

Bedeutung kommt der Frage der Rechtsnatur deshalb zu, da das Vorsorgeprinzip, wie es im Rahmen eines spezifischen völkerrechtlichen Vertrags niedergelegt ist, lediglich die Vertragsparteien bindet. Hingegen entfaltet Völkergewohnheitsrecht als eigenständige völkerrechtliche Rechtsquelle mit Ausnahme für sogenannte „persistent objectors“, also Staaten, die sich einer Geltung einer bestimmten Norm als Völkergewohnheitsrecht ausdrücklich widersetzen, eine Bindungswirkung für sämtliche Staaten und damit unabhängig davon, ob ein völkerrechtlicher Vertrag besteht bzw. ein Staat Vertragspartei eines völkerrechtlichen Vertrags ist.[830] Darüber hinaus sind andere – auch vertragliche – Regelungen im Lichte völkergewohnheitsrechtlich anerkannter Normen zu interpretieren.[831] Auch allgemeine Rechtsgrundsätze entfalten als Ergänzung der Normen des Völkergewohnheitsrechts und Völkervertragsrechts Wirkung für sämtliche Staaten und können der Auslegung anderer völkerrechtlicher Regelungen dienen.[832]

Nachdem im Folgenden dargestellt wird, welche Voraussetzung gegeben sein müssen, damit einer Rechtsnorm völkergewohnheitsrechtliche Geltung zukommt, anhand welcher Kriterien festgestellt werden kann, ob eine solche Völkergewohnheitsrecht darstellt und wie sich Völkergewohnheitsrecht und allgemeine Rechtsgrundsätze unterscheiden lassen, wird untersucht, ob

---

826 Diese Auffassung wird insbesondere seitens der USA vertreten, *Bodansky*, in: Bringing New Law to Ocean Waters, 381–391 (S. 382). Siehe beispielsweise die Argumentation der USA in Verfahren vor den Streitbeilegungsorganen der WTO: WTO, EC Measures Concerning Meat and Meat Products (Hormones), Report of the Appellate Body, 16.01.1998, WT/DS26/AB/R, WT/DS48/AB/R, Rn. 43; WTO, EC Measures Affecting the Approval and Marketing of Biotech Products (Biotech), Report of the Panel, 29.09.2006, WT/DS291/R, WT/DS292/R, WT/DS293/R, Rn. 4.541f.

827 *Zander*, S. 72f.

828 Beispielsweise sieht *Trouwborst* das Vorsorgeprinzip als Teil des Völkergewohnheitsrecht an, *Trouwborst*, Precautionary Rights and Duties of States, S. 286. *Maurmann* nimmt an, das Vorsorgeprinzip stelle einen allgemeinen Rechtsgrundsatz dar, *Maurmann*, S. 237.

829 *Beyerlein/Marauhn*, S. 55f.; *Birkner*, in: Völkerrecht, 1065–1130 (S. 1081, Rn. 36).

830 *Cameron/Abouchar*, in: The Precautionary Principle and International Law – The Challenge of Implementation, 29–52 (S. 34); *de Sadeleer*, Environmental Principles – From Political Slogans to Legal Rules, S. 316; *v. Arnauld*, S. 101f., Rn. 252.

831 *Pedersen*, Transnational Environmental Law 3 (2), 2014, 323 (S. 330).

832 *Weiß*, AvR (39) 2001, 394 (S. 395); ILC, Report on the Seventy-Third Session of the International Law Commission, 12. Mai 2023, A/CN.4/L.982, Draft Conclusion 10.

© Der/die Autor(en), exklusiv lizenziert an
Springer Fachmedien Wiesbaden GmbH, ein Teil von Springer Nature 2026
I. Albrecht, *Das Vorsorgeprinzip in Zusammenhang mit der absichtlichen Freisetzung von mittels Gene Drive gentechnisch veränderten Organismen*,
https://doi.org/10.1007/978-3-658-50876-0_10

das Vorsorgeprinzip in seinem Kerngehalt – wie er oben erarbeitet wurde – völkergewohnheitsrechtlich gilt. Ein besonderes Augenmerk liegt dabei auf der Frage, inwieweit das Vorsorgeprinzip für die USA abseits völkerrechtlicher Verträge Geltung beansprucht.

I. Völkergewohnheitsrecht als Rechtsquelle des Völkerrechts

Ausweislich Art. 38 Abs. 1 des IGH-Statuts, der sich dem Anwendungsbereich nach nur auf die Spruchtätigkeit des IGH bezieht, nach allgemeiner Meinung aber den Kanon der klassischen Quellen des Völkerrechts enthält[833], stellt neben dem Völkervertragsrecht Völkergewohnheitsrecht „als Ausdruck einer allgemeinen, als Recht anerkannten Übung" eine wichtige Völkerrechtsquelle dar.[834]

1. Die Voraussetzungen für die Anerkennung einer Norm als Völkergewohnheitsrecht

Wie bereits im Wortlaut des Art. 38 Abs. 1 lit. b) IGH-Statut zum Ausdruck kommt, setzt Völkergewohnheitsrecht objektiv eine staatliche Übung (*consuetudo*) und subjektiv die Rechtsüberzeugung (*opinio iuris*) voraus, zu einem entsprechenden Verhalten rechtlich verpflichtet zu sein.[835]

Von einer Rechtsüberzeugung ist nicht auszugehen, wenn Staaten ein bestimmtes Verhalten lediglich aus Höflichkeit oder Bequemlichkeit zeigen.[836] Erforderlich ist vielmehr, dass das betreffende Verhalten im Bewusstsein eines Rechtsanspruchs oder einer Rechtspflicht erfolgt, also von der Überzeugung geleitet ist, aufgrund einer völkergewohnheitsrechtlichen Norm hierzu berechtigt oder gezwungen zu sein.[837]

---

[833] *v. Arnauld*, S. 76, Rn. 188.

[834] Art. 38 Abs. 1 lit. b) lautet: „The Court [...] shall apply: international custom, as evidence of a general practice accepted as law".

[835] IGH, Case Concerning Military and Paramilitary Activities in and against Nicaragua (Nicaragua v. Vereinigte Staaten von Amerika), Entscheidung vom 27. Juni 1986, ICJ Reports 1986, S. 14, Rn. 207; ILC, Draft Conclusions on Identification of Customary International Law, with Commentaries (2018), Text adopted by the International Law Commission at its Seventieth Session and submitted to the General Assembly as a part of the Commissions Report covering the work of that session, A/73/10, ILCYB 2018, Vol. II, Part Two, Chapter V, Identification of Customary International Law, S. 93, Kommentar zu Schlussfolgerung 2, Abs. 1, im Folgenden: Draft Conclusions on Identification of Customary International Law. Die durch die ILC erarbeiteten Schlussfolgerungen zur Identifizierung von Völkergewohnheitsrecht wurden im Jahr 2018 seitens der UN-Generalversammlung zur Kenntnis genommen: UN-Generalversammlung, Identification of customary international law, 20. Dezember 2018, A/RES/73/203 (2018), Ziff. 1. Siehe ferner: *Cameron/Abouchar*, in: The Precautionary Principle and International Law – The Challenge of Implementation, 29–52 (S. 35); *v. Arnauld*, S. 102, Rn. 253; *Nolte*, How to Identify Customary International Law? – On the Final Outcome of the Work of the International Law Commission (2018), KFG Working Paper Series No. 37, Juni 2019, S. 5ff.

[836] IGH, Asylum Case (Kolumbien v. Peru), Entscheidung vom 20. November 1950, ICJ Reports 1950, S. 266, S. 286; ILC, Draft Conclusions on Identification of Customary International Law, S. 102, Kommentar zu Schlussfolgerung 9, Abs. 3.

[837] ILC, Draft Conclusions on Identification of Customary International Law, S. 102, Kommentar zu Schlussfolgerung 9, Abs. 2.

Die für die Entstehung von Völkergewohnheitsrecht erforderliche Übung muss einheitlich, von gewisser Dauer und verbreitet, nicht jedoch universell sein; welche Anforderungen an diese Elemente im Einzelnen zu stellen sind, obliegt einer Beurteilung im Einzelfall.[838] Dem Element der Dauerhaftigkeit kommt im Allgemeinen keine allzu große Bedeutung zu, anerkannt ist, dass Völkergewohnheitsrecht auch innerhalb einer relativ kurzen Zeitspanne entstehen kann; dies insbesondere dann, wenn nahezu die gesamte Staatengemeinschaft eine bestimmte Rechtsüberzeugung aufweist.[839] Das Erfordernis einer ausreichenden Verbreitung setzt voraus, dass eine gewisse und nach geographischer Lage und politischem System repräsentative Zahl von Staaten sich in einer bestimmten Art und Weise verhält.[840] Sofern eine Norm für bestimmte Staaten beispielsweise aufgrund der geographischen Lage oder Aktivitäten von besonderer Bedeutung ist, kommt es vorwiegend auf die Haltung dieser Staaten an.[841] Die Einheitlichkeit der Übung setzt nicht notwendigerweise voraus, dass Staaten sich auf exakt dieselbe Art und Weise verhalten; weitgehend gleiches Verhalten ist ausreichend.[842]

Neben der Staatenpraxis ist für die Bildung von Völkergewohnheitsrecht zunehmend auch die internationale Übung sonstiger Völkerrechtsubjekte, insbesondere bedeutender internationaler bzw. regionaler Organisationen wie der Vereinten Nationen (UN) oder der EU, von Relevanz.[843]

2. Die Feststellung von Völkergewohnheitsrecht

Die Feststellung, ob eine Norm auf Basis dieser Voraussetzungen als Völkergewohnheitsrecht anzuerkennen ist, bereitet häufig Schwierigkeiten.[844] Uneinigkeit besteht insbesondere über das Verhältnis beider Voraussetzungen sowie die Art und Weise der Feststellung von Völkerge-

[838] *Cameron/Abouchar*, in: The Precautionary Principle and International Law – The Challenge of Implementation, 29–52 (S. 35); *de Sadeleer*, Environmental Principles – From Political Slogans to Legal Rules, S. 318; ILC, Draft Conclusions on Identification of Customary International Law, S. 100, Kommentar zu Schlussfolgerung 8, Abs. 2ff.

[839] IGH, North Sea Continental Shelf Cases (Deutschland v. Niederlande), Entscheidung vom 20. Februar 1969, ICJ Reports 1969, S. 3, Rn. 74; ILC, Draft Conclusions on Identification of Customary International Law, S. 102, Kommentar zu Schlussfolgerung 8, Abs. 9.

[840] Die Rede ist in diesem Zusammenhang von einer „Quasi-Universalität“: *v. Arnauld*, S. 103, Rn. 255; *Herdegen*, S. 159, Rn. 5. ILC, Draft Conclusions on Identification of Customary International Law, S. 101, Kommentar zu Schlussfolgerung 8, Abs. 3.

[841] IGH, North Sea Continental Shelf Cases (Deutschland v. Niederlande), Entscheidung vom 20. Februar 1969, ICJ Reports 1969, S. 3, Rn. 73; *Bederman*, S. 146.

[842] IGH, Case Concerning Military and Paramilitary Activities in and against Nicaragua (Nicaragua v. Vereinigte Staaten von Amerika), Entscheidung vom 27. Juni 1986, ICJ Reports 1986, S. 14, Rn. 186. ILC, Draft Conclusions on Identification of Customary International Law, S. 101, Kommentar zu Schlussfolgerung 8, Abs. 7.

[843] *v. Arnauld*, S. 102, Rn. 254; *v. Ungern-Sternberg*, JURA – Juristische Ausbildung 33 (1) 2011, 39 (S. 39); ILC, Draft Conclusions on Identification of Customary International Law, S. 97, Kommentar zu Schlussfolgerung 4, Abs. 4f.

[844] *Pedersen*, Transnational Environmental Law 3 (2), 2014, 323 (S. 335). So in Bezug auf das Vorsorgeprinzip: *de Sadeleer*, Environmental Principles – From Political Slogans to Legal Rules, S. 316; *Boisson de Chazournes*, in: Law of the Sea, Environmental Law and Settlement of Disputes, 21–34 (S. 28).

wohnheitsrecht.

Während Vertreter eines traditionellen Ansatzes die Meinung vertreten, es müsse zunächst eine gewisse Übung ausfindig gemacht werden und sodann nach Anhaltspunkten dafür gesucht werden, dass diese von einer entsprechenden Rechtsüberzeugung getragen sei, wird bei einer modernen Herangehensweise zunächst eine Rechtsüberzeugung festgestellt, für die dann eine Bestätigung in der Staatenpraxis gesucht wird.[845] Im Rahmen des traditionellen Ansatzes findet die Rechtsüberzeugung häufig nicht ausreichend Berücksichtigung, wohingegen der moderne Ansatz Gefahr läuft, ideale Verhaltensregeln als rechtlich bindend einzuordnen, die über keine ausreichende Verankerung in der staatlichen Praxis verfügen.[846] Die ILC geht daher nicht davon aus, dass beide Elemente in einem hierarchischen Verhältnis zueinander stehen, sondern nimmt an, dass lediglich beide Elemente vorzufinden sein müssen.[847] *Nolte* bezeichnet den Prozess der Feststellung von Völkergewohnheitsrecht anhand der beiden Merkmale als „dialektisches Verfahren" und betont damit, dass zwischen beiden Voraussetzungen eine enge Verbindung besteht; so sei es beispielsweise unrichtig, anzunehmen, eine staatliche Übung könne nie zugleich auch Ausdruck einer entsprechenden Rechtsüberzeugung sein.[848]

Um festzustellen, ob eine bestimmte Übung etabliert ist, kommt die Heranziehung einer Vielzahl unterschiedlicher Quellen in Betracht, beispielsweise politische Statements, Pressemitteilungen, Rechtsbehauptungen eines Staates und die Reaktion anderer Staaten, rechtliche Stellungnahmen betreffend eine konkrete Rechtsfrage, innerstaatliche Gesetzgebung oder auch Entscheidungen nationaler sowie internationaler Gerichte.[849] Die Frage, welche Quellen als Beleg einer staatlichen Übung herangezogen werden können und welches Gewicht den diversen Quellen für die Identifizierung einer staatlichen Übung zukommt, ist allerdings Gegenstand intensiver Diskussionen. So wird teilweise unterschiedlich beurteilt, ob staatlichen Stellungnahmen

[845] *v. Arnauld*, S. 105, Rn. 261; *Herdegen*, S. 157f., Rn. 2; *Bederman*, S. 144. Zum traditionellen Ansatz noch: IGH, North Sea Continental Shelf Cases (Deutschland v. Niederlande), Entscheidung vom 20. Februar 1969, ICJ Reports 1969, S. 3, Rn. 77. Zum moderneren Ansatz sodann: IGH, Case Concerning Military and Paramilitary Activities in and against Nicaragua (Nicaragua v. Vereinigte Staaten von Amerika), Entscheidung vom 27. Juni 1986, ICJ Reports 1986, S. 14, Rn. 184.

[846] *Bederman*, S. 145.

[847] ILC, Draft Conclusions on Identification of Customary International, S. 96, Kommentar zu Schlussfolgerung 3, Abs. 6f.

[848] *Nolte*, How to Identify Customary International Law? – On the Final Outcome of the Work of the International Law Commission (2018), KFG Working Paper Series No. 37, Juni 2019, S. 11. Letztlich muss somit das subjektive Element, also eine entsprechende Rechtsüberzeugung nur ebenfalls identifiziert werden; erforderlich ist nicht, dass diese in einem völlig anderen Akt zum Ausdruck kommt, ILC, Draft Conclusions on Identification of Customary International Law, S. 96, Kommentar zu Schlussfolgerung 3, Abs. 8.

[849] *Cameron/Abouchar*, in: The Precautionary Principle and International Law – The Challenge of Implementation, 29–52 (S. 35f.); *v. Ungern-Sternberg*, JURA – Juristische Ausbildung 33 (1) 2011, 39 (S. 39). Die ILC listet mit dem Hinweis, dass die Aufzählung nicht abschließend ist, folgende Quellen auf: „diplomatic acts and correspondence; conduct in connection with resolutions adopted by an international organization or at an intergovernmental conference; conduct in connection with treaties; executive conduct, including operational conduct „on the ground"; legislative and administrative acts; and decisions of national courts", ILC, Draft Conclusions on Identification of Customary International Law, S. 98, Schlussfolgerung 6, Abs. 2.

zum Inhalt einer Norm größere Bedeutung beizumessen ist als der Geltendmachung eines bestimmten Rechts seitens eines Staates, inwieweit passives Verhalten zur Bildung völkergewohnheitsrechtlicher Normen beiträgt, ob auch innerstaatlichen Regelungen oder Gerichtsentscheidungen Bedeutung beizumessen ist und inwieweit Vertragsrecht einen Beitrag zur Bildung von völkergewohnheitsrechtlichen Normen leisten kann.[850]

Nach Auffassung der ILC können Entscheidungen internationaler sowie nationaler Gerichte jedenfalls als eine Quelle unter vielen herangezogen werden, um eine staatliche Praxis zu identifizieren.[851] Auch der Abschluss multilateraler völkerrechtlicher Verträge kann als Element der Staatenpraxis Bedeutung für die Feststellung völkergewohnheitsrechtlich geltender Normen erlangen.[852] Insbesondere dann, wenn eine Vielzahl der Staaten – und damit eine repräsentative Mehrheit – Mitglied eines völkerrechtlichen Vertrags sind, kann dies ein Indiz dafür sein, dass sich eine bereits in der Entstehung begriffene Norm des Völkergewohnheitsrechts endgültig als völkergewohnheitsrechtlich anerkannte Regel manifestiert.[853] Bleiben bestimmte Staaten einem multilateralen Vertrag fern, kann dies gegen eine völkergewohnheitsrechtliche Anerkennung einer Norm sprechen, sofern das Fernbleiben auf einer Ablehnung dieser im Vertrag enthaltenen Norm beruht.[854] Die ILC vertritt die Ansicht, dass eine vertragliche Regelung eine Norm des Völkergewohnheitsrechts widerspiegeln kann, wenn feststeht, dass die Vertragsregelung eine Norm des Völkergewohnheitsrechts kodifiziert hat, die zum Zeitpunkt des Vertragsabschlusses bestand, wenn die Vertragsregelung zu einer Herauskristallisierung einer Regel des Völkergewohnheitsrechts geführt hat, die sich bereits vor Abschluss des Vertrags abzuzeichnen begann oder die vertragliche Regelung zu einer allgemeinen Praxis geführt hat, die als Recht anerkannt ist und somit eine neue Regel des Völkergewohnheitsrechts hervorbringt.[855]

Aufschluss über eine entsprechende Rechtsüberzeugung geben zuvorderst staatliche Äußerungen; insbesondere die Behauptung einer Rechtsverletzung durch einen anderen Staat, beispielsweise im Rahmen einer gerichtlichen Auseinandersetzung, kann als Ausdruck einer bestimmten Rechtsüberzeugung angesehen werden.[856] Daneben können aber auch Resolutionen der UN-

[850] *Bederman*, S. 146.

[851] ILC, Draft Conclusion on Identification of Customary International Law, S. 109, Kommentar zu Schlussfolgerung 13, Abs. 1.

[852] *Herdegen*, S. 166f., Rn. 20; *v. Arnauld*, S. 106, Rn. 262.

[853] *Herdegen*, S. 167, Rn. 21. So auch die Ansicht der ILC: „The fact that a rule is set forth in a number of treaties may, but does not necessarily, indicate that the treaty rule reflects customary international law“, ILC, Draft Conclusions on Identification of Customary International Law, S. 105, Schlussfolgerung 11, Abs. 2.

[854] *Herdegen*, S. 167, Rn. 21.

[855] ILC, Draft Conclusions on Identification of Customary International Law, S. 105, Schlussfolgerung 11, Abs. 1 lit. a), b) und c).

[856] *Cameron/Abouchar*, in: The Precautionary Principle and International Law – The Challenge of Implementation, 29–52 (S. 36); *v. Arnauld*, S. 104, Rn. 257. Die ILC listet mit dem Hinweis, dass die Aufzählung nicht abschließend ist, folgende Quellen auf: „public statements made on behalf of states; official publications; governmental legal opinions; diplomatic correspondence; decisions of national courts; treaty provisions; and conduct in connection with resolutions adopted by an international organization or at an intergovernmental conference“, Draft Conclusions on Identification of Customary International Law, S. 103, Schlussfolgerung 10, Abs. 2.

Generalversammlung oder Erklärungen im Rahmen internationaler Konferenzen eine Rechtsüberzeugung zum Ausdruck bringen.[857]

3. Die Abgrenzung von Völkergewohnheitsrecht zu allgemeinen Rechtsgrundsätzen

Da das Vorsorgeprinzip vereinzelt auch als allgemeiner Rechtsgrundsatz angesehen wird[858], stellt sich die Frage, wie Völkergewohnheitsrecht von allgemeinen Rechtsgrundsätzen im Sinne des Art. 38 Abs. 1 lit. c) des IGH-Statuts abgegrenzt werden kann.
Art. 38 Abs. 1 lit. c) des IGH-Statuts nennt als Rechtsquelle „die von Kulturvölkern anerkannten allgemeinen Rechtsgrundsätze".[859] Allgemeinen Rechtsgrundsätzen kommt vor allem die Funktion zu, bestehende Lücken zu schließen, wo ein Berufen auf die staatliche Souveränität unangemessen erschiene.[860] Sie ergänzen damit vertragsrechtliche und völkergewohnheitsrechtliche Regelungen.[861]
Unter allgemeinen Rechtsgrundsätzen sind im Ausgangspunkt diejenigen Normen zu verstehen, die grundlegende Vorstellungen von Recht und Gerechtigkeit verkörpern und in allen oder den meisten nationalen Rechtsordnungen anerkannt sind sowie auf die internationale Ebene übertragbar sind.[862] Als allgemeine Rechtsgrundsätze anerkannt sind neben Grundsätzen des Prozessrechts wie dem Grundsatz rechtlichen Gehörs oder der Rechtskraft von Urteilen insbesondere dem Privatrecht entstammende Grundsätze wie der Grundsatz von Treu und Glauben oder der Rechtsverlust durch Zeitablauf.[863] Unterschieden wird in Bezug auf allgemeine Rechtsgrundsätze jedoch zunehmend zwischen allgemeinen Grundsätzen, die sich aus nationalen Rechtsordnungen ableiten lassen und auf die internationale Ebene übertragbar sind und solchen allgemeinen Grundsätzen, die aus der Struktur der internationalen Beziehungen ableitbar sind und damit originär der internationalen Ebene entstammen; beispielhaft ist das Prinzip der Staatenimmunität oder das Prinzip der souveränen Gleichheit von Staaten zu nennen.[864]

---

857 *Herdegen*, S. 163, Rn. 12; *v. Ungern-Sternberg*, JURA – Juristische Ausbildung 33 (1) 2011, 39 (S. 39).

858 *Maurmann*, S. 237. Demgegenüber vertritt *Erben* die Auffassung, es handle sich nicht um einen allgemeinen Rechtsgrundsatz im Sinne des Art. 38 Abs. 1 lit. c) des IGH-Statuts, da es an der Gleichartigkeit von Inhalt und Rechtsfolgen des Vorsorgeprinzips fehle, *Erben*, S. 250ff.

859 Siehe hierzu *Maurmann*, S. 120ff. sowie *Weiß*, AvR (39) 2001, 394 (S. 395ff.). Im Jahr 2018 entschied die ILC, eine Untersuchung der allgemeinen Rechtsgrundsätze auf ihre Agenda zu setzen: ILC, Report of the Commission to the General Assembly on the work of its Seventieth Session, A/73/10, ILCYB 2018, Vol. II, Part Two, Chapter XIII, Other Decisions and Conclusions of the Commission, S. 205.

860 *v. Arnauld*, S. 109, Rn. 267.

861 *v. Arnauld*, S. 109, Rn. 267; *Herdegen*, S. 171, Rn. 1.

862 *Herdegen*, S. 171, Rn. 1; *v. Arnauld*, S. 108f., Rn. 266; Siehe hierzu die Ausführungen des Sonderberichterstatters der ILC sowie den Entwurf von Schlussfolgerungen: ILC, Second Report on General Principles of Law by Marcelo Vàzque-Bermúdez, Seventy-Second Session, 09. April 2020, A/CN.4/741, Rn. 16ff. und Rn. 112; ILC, Report of the Drafting Committee, Seventy-Fourth Session, Text of the Draft Conclusions provisionally adopted by the Drafting Committee on first reading, 12. Mai 2023, A/CN.4/L.982, Schlussfolgerung 4.

863 *v. Arnauld*, S. 109f., Rn. 269.

864 *Weiß*, AvR (39) 2001, 394 (S. 399). Auch die ILC differenziert dahingehend, wenngleich einige ILC-Mitglieder gegenüber dieser Kategorie Vorbehalte äußerten: ILC, Second Report on General Principles of Law by Marcelo

Insbesondere die Abgrenzung von originär der internationalen Ebene entstammenden allgemeinen Rechtsgrundsätzen zu völkergewohnheitsrechtlich geltenden Normen gestaltet sich nicht ganz einfach und ist umstritten.[865] Die Abgrenzungsschwierigkeiten werden dadurch verstärkt, dass, werden allgemeine Rechtsgrundsätze im internationalen Kontext ständig angewendet, diese zu Völkergewohnheitsrecht erstarken können.[866]

Die Unterscheidung beider Kategorien beruht vor diesem Hintergrund in erster Linie auf der Methode der Identifizierung der jeweiligen Rechtsnatur, also darauf, ob eine Regel lediglich als Recht anerkannt ist oder zusätzlich eine entsprechende Staatenpraxis identifiziert werden kann.[867] Denn im Unterschied zum Völkergewohnheitsrecht kommt es dafür, ob von einem allgemeinen Rechtsgrundsatz auszugehen ist, wie auch der Wortlaut des Art. 38 Abs. 1 lit. c) des IGH-Statuts zum Ausdruck bringt, maßgeblich auf die weitgehende und von einer repräsentativen Auswahl von Staaten vorgenommene Anerkennung als Recht an[868]; hingegen ist für die Einordnung einer Norm als Völkergewohnheitsrecht neben einer Rechtsüberzeugung zusätzlich eine entsprechende Staatenpraxis erforderlich.[869] Darüber hinaus haben allgemeine Rechtsgrundsätze in der Regel einen weiten Anwendungsbereich und enthalten nicht notwendigerweise konkrete Verpflichtungen.[870]

Festzuhalten ist jedoch, dass allgemeine Rechtsgrundsätze grundsätzlich neben identischen oder ähnlichen völkergewohnheitsrechtlich anerkannten Normen bestehen können.[871]

Vàzque-Bermúdez, Seventy-Second Session, 09. April 2020, A/CN.4/741, Rn. 14 und Rn. 114; ILC, Report of the Drafting Committee, Seventy-Fourth Session, Text of the Draft Conclusions provisionally adopted by the Drafting Committee on first reading, 12. Mai 2023, A/CN.4/L.982, Schlussfolgerung 3.

[865] Zu dieser Problematik: ILC, Second Report on General Principles of Law by Marcelo Vàzque-Bermúdez, Seventy-Second Session, 09. April 2020, A/CN.4/741, Rn. 159ff.; ILC, Third Report on General Principles of Law by Marcelo Vàzque-Bermúdez, Seventy-Third Session, 18. April 2022, A/CN.4/753, Rn. 83ff.

[866] *Weiß*, AvR (39) 2001, 394 (S. 404).

[867] ILC, Second Report on General Principles of Law by Marcelo Vàzque-Bermúdez, Seventy-Second Session, 09. April 2020, A/CN.4/741, Rn. 160.

[868] ILC, Second Report on General Principles of Law by Marcelo Vàzque-Bermúdez, Seventy-Second Session, 09. April 2020, A/CN.4/741, Rn. 121. Die Anerkennung kann dabei nach Ansicht der ILC drei Formen annehmen: ein Grundsatz kann in völkerrechtlichen Verträgen oder anderen internationalen Instrumenten weitgehend anerkannt sein, ein Grundsatz kann völkergewohnheitsrechtlich anerkannten Normen zugrunde liegen oder dem internationalen Rechtssystem inhärent sein. Als Beispiel für ein durch die Aufnahme in internationale Verträge und andere internationale Instrumente entwickelten allgemeinen Rechtsgrundsatz führt die ILC das Verursacherprinzip an: ILC, Second Report on General Principles of Law by Marcelo Vàzque-Bermúdez, Seventy-Second Session, 09. April 2020, A/CN.4/741, Rn. 135.

[869] *Weiß*, AvR (39) 2001, 394 (S. 397).

[870] ILC, Second Report on General Principles of Law by Marcelo Vàzque-Bermúdez, Seventy-Second Session, 09. April 2020, A/CN.4/741, Rn. 169.

[871] ILC, Third Report on General Principles of Law by Marcelo Vàzque-Bermúdez, Seventy-Third Session, 18. April 2022, A/CN.4/753, Rn. 83. So auch: ILC, Report of the Drafting Committee, Seventy-Fourth Session, Text of the Draft Conclusions provisionally adopted by the Drafting Committee on first reading, 12. Mai 2023, A/CN.4/L.982, Schlussfolgerung 11.

II. Das Vorsorgeprinzip als Teil des Völkergewohnheitsrechts

Während Befürworter einer völkergewohnheitsrechtlichen Geltung des Vorsorgeprinzips vor allem damit argumentieren, dass das Vorsorgeprinzip aufgrund der häufigen Bezugnahme in internationalen Instrumenten, Entscheidungen internationaler Gerichte und Schiedsgerichte sowie einer Verankerung auf nationaler Ebene mittlerweile völkergewohnheitsrechtlich anerkannt ist und sich dabei auf überwiegend quantitative Erwägungen stützen, lehnen andere eine völkergewohnheitsrechtliche Geltung mit dem Verweis darauf ab, dass es sich um ein vages Konzept handelt und berufen sich überwiegend auf qualitative Gesichtspunkte.[872]

1. Ablehnung einer völkergewohnheitsrechtlichen Geltung des Vorsorgeprinzips

Nach wie vor finden sich Stimmen, die einer völkergewohnheitsrechtlichen Geltung des Vorsorgeprinzips ablehnend gegenüberstehen.[873]

Zwar beriefen sich Staaten in zahlreichen Verfahren vor dem IGH, dem ISGH sowie den Streitbeilegungsorganen der WTO auf das Vorsorgeprinzip und argumentierten, das Vorsorgeprinzip sei völkergewohnheitsrechtlich anerkannt; internationale Gerichte äußerten sich jedoch bisher mit Ausnahme der Meeresbodenkammer des ISGH entweder nicht zur Rechtsnatur des Vorsorgeprinzips oder gingen jedenfalls nicht explizit von einer völkergewohnheitsrechtlichen Geltung aus.[874] Im Fall *Nuclear Tests*, in dem es um von Frankreich durchgeführte Nukleartests ging, die Neuseeland zu verhindern versuchte, vermied der IGH eine Entscheidung über die Anwendbarkeit und Rechtsnatur des seitens Neuseeland vorgebrachten Vorsorgeprinzips.[875] Ebenso äußerte sich der IGH im *Gabčíkovo-Nagymaros*-Fall, in dem die Errichtung eines Staudamms auf ungarischem Territorium mit möglicherweise gravierenden ökologischen Folgen Verfahrensgegenstand war, nicht explizit zur Anwendbarkeit bzw. der Rechtsnatur des seitens beider Parteien vorgebrachten Vorsorgeprinzips.[876] In der Entscheidung *Pulp Mills*, in der der Bau und Betrieb zweier Zellulosefabriken Ausgangspunkt der Streitigkeit war, konstatierte der IGH, dem Vorsorgeansatz könne für Interpretation der vertraglichen Vorgaben Bedeutung zukommen, ließ aber die Frage nach der Rechtsnatur des Vorsorgeprinzips außen vor.[877] Im Rahmen des vor

[872] *Pedersen*, Transnational Environmental Law 3 (2), 2014, 323 (S. 324).

[873] Für eine Ablehnung der völkergewohnheitsrechtlichen Geltung im Bereich der biologischen Vielfalt: *Beer*, S. 86. Für eine Ablehnung der völkergewohnheitsrechtlichen Geltung über das Umweltvölkerrecht hinaus: *Teetzmann*, S. 551f.

[874] *de Sadeleer*, Environmental Principles – From Political Slogans to Legal Rules, S. 316; *Sands/Peel*, S. 240.

[875] IGH, Request for an Examination of the Situation in Accordance with Paragraph 63 of the Court's Judgment of 20 December 1974 in the Nuclear Tests Case, Entscheidung vom 22. September 1995, ICJ Reports 1995, S. 288.

[876] IGH, Case Concerning The Gabčíkovo-Nagymaros Project (Ungarn v. Slowakei), Entscheidung vom 25. September 1997, ICJ Reports 1997, S. 7, Rn. 56. Teils wird darauf hingewiesen, der seitens des IGH gewählte Wortlaut könne so verstanden werden, dass ein allgemein anerkanntes Vorsorgeprinzip abzulehnen sei, *Proelß*, in: Internationales Umweltrecht, 97–150 (S. 123f., Rn. 32).

[877] IGH, Case Concerning Pulp Mills on the River Uruguay (Argentinien v. Uruguay), Entscheidung vom 20. April

den Streitbeilegungsorganen der WTO geführten Verfahrens *Beef Hormones* in Zusammenhang mit dem seitens der EU und ihrer Mitgliedsstaaten ausgesprochenen Importverbot von US-Rindfleisch befand der WTO Appellate Body, die Rechtsnatur des Vorsorgeprinzips sei unklar:

„The status of the precautionary principle in international law continues to be subject of debate among academics, law practitioners, regulators and judges. The precautionary principle is regarded by some as having crystallized into a general principle of customary international *environmental* law. Whether is has been widely accepted by Members as a principle of *general* or *customary international law* appears less than clear.“[878]

Ähnlich äußerte sich das WTO Panel rund 10 Jahre später im Verfahren *Biotech*, in dem Streitpunkt ein Importverbot für biotechnologisch veränderte Produkte aus US-Produktion war:

„[...] It appears to us from the Parties‘ arguments and other available materials that the legal debate over whether the precautionary principle constitutes a recognized principle of general or customary international law is still ongoing. Notably, there has, to date, been no authoritative decision by an international court or tribunal which recognizes the precautionary principle as a principle of general or customary international law. It is correct that provisions explicitly or implicitly applying the precautionary principle have been incorporated into numerous international conventions and declarations, although, for the most part, they are environmental conventions and declarations. Also, the principle has been referred to and applied by States at the domestic level, again mostly in domestic environmental law. On the other hand, there remain questions regarding the precise definition and content of the precautionary principle.
Finally, regarding doctrine, we note that many authors have expressed the view that the precautionary principle exists as a general principle in international law. At the same time, as already noted by the Appellate Body, others have expressed scepticism and consider that the precautionary principle has not yet attained the status of a general principle of law.
Since the legal status of the precautionary principle remains unsettled, like the Appellate Body before us, we consider that prudence suggests that we not attempt to resolve this complex issue, particularily if it is not necessary to do so. [...] Therefore, we refrain from expressing a view on this issue.“[879]

Der Ständige Schiedshof kam im *Indus Waters*-Verfahren, dessen Anlass Errichtung und Betrieb eines Wasserkraftwerks auf dem Kishenganga-Fluss war, zu der Einschätzung, er habe das Vorsorgeprinzip nicht anzuwenden, es sei

„[...] the role of policymaker in determining the balance between acceptable environmental change and other priorities [...]“.[880]

2010, ICJ Reports 2010, S. 14, Rn. 164.

878 WTO, EC Measures Concerning Meat and Meat Products (Hormones), Report of the Appellate Body vom 16.01.1998, WT/DS26/AB/R, WT/DS48/AB/R, Rn. 123.

879 WTO, EC Measures Affecting the Approval and marketing of Biotech Products (Biotech), Report of the Panel vom 29.09.2006, WT/DS291/R, WT/DS292/R, WT/DS293/R, Rn. 7.88f.

880 PCA, In the Matter of the Indus Waters Kishenganga Arbitration (Pakistan v. Indien), Schiedsspruch vom 20. Dezember 2013, Reports of International Arbitral Awards, Vol. XXXI, S. 1, S. 354, Rn. 112.

Neben der dargestellten Positionierung internationaler Streitentscheidungsorgane wird gegen eine völkergewohnheitsrechtliche Geltung angeführt, allein die häufige Bezugnahme auf das Vorsorgeprinzip bzw. dessen Aufnahme in internationale Instrumente führe nicht notwendig zu einer völkergewohnheitsrechtlichen Geltung, da das Vorsorgeprinzip je nach Zusammenhang unterschiedliche Anwendungsvoraussetzungen habe und auch unterschiedlich zu interpretieren sei.[881] Zudem sei die Bezugnahme auf den Vorsorgegedanken nicht notwendigerweise ein Argument dafür, dass Staaten sich rechtlich an ein allgemein geltendes Vorsorgeprinzip gebunden fühlen und eine Rechtsüberzeugung gegeben ist.[882]

Die Mehrzahl derjenigen, die einer völkergewohnheitsrechtlichen Geltung ablehnend gegenüberstehen, sehen allerdings das Vorsorgeprinzip zumindest als eine im Entstehen begriffene Norm des Völkergewohnheitsrechts an.[883] Zur Begründung wird einerseits die Aufnahme des Vorsorgeprinzips in zahlreiche umweltvölkerrechtliche Verträge und soft-law Dokumente, andererseits die Tatsache angeführt, dass sich Staaten im Rahmen (schieds-)gerichtlicher Verfahren auf internationaler Ebene mit einer gewissen Regelmäßigkeit auf das Vorsorgeprinzip berufen, wenngleich internationale Gerichte das Vorsorgeprinzip bislang äußerst zurückhaltend angewendet haben.[884]

2. Völkergewohnheitsrechtliche Geltung des Vorsorgeprinzips

Anzuerkennen ist, dass in Zusammenhang mit dem Schutz der Umwelt und der menschlichen Gesundheit das Vorsorgeprinzip große Popularität genießt und vorsorgendes Agieren in Anbetracht wissenschaftlicher Ungewissheit weithin anerkannt ist.[885] Das Vorsorgeprinzip wird daher mittlerweile vielfach als völkergewohnheitsrechtlich geltende Norm eingestuft.[886]

Für eine völkergewohnheitsrechtliche Geltung des Vorsorgeprinzips spricht dessen explizite Aufnahme in zahlreiche Instrumente auf internationaler Ebene.[887] Ausdruck einer universel-

[881] *Pedersen*, Transnational Environmental Law 3 (2), 2014, 323 (S. 332).

[882] *Pedersen*, Transnational Environmental Law 3 (2), 2014, 323 (S. 332).

[883] *Verschuuren*, S. 106; *Atapattu*, S. 287; *Beyerlein/Marauhn*, S. 55f.; *Birkner*, in: Völkerrecht, 1065–1130 (S. 1081, Rn. 36).

[884] *Beyerlein/Marauhn*, S. 55; *Birkner*, in: Völkerrecht, 1065–1130 (S. 1081, Rn. 36).

[885] *Zander*, S. 72.

[886] *O'Riordan/Cameron*, S. 283; *McIntyre/Mosedale*, Journal of Environmental Law 9 (2), 1997, 221 (S. 221); *Hohmann*, NVwZ 12, 1993, 311 (S. 314); *Cameron/Abouchar*, in: The Precautionary Principle and International Law – The Challenge of Implementation, 29–52 (S. 52); *Epiney/Scheyli*, S. 106f.; *de Sadeleer*, Environmental Principles – From Political Slogans to Legal Rules, S. 318f.; *Trouwborst*, Precautionary Rights and Duties of States, S. 286; *Sands/Peel*, S. 239; *Pedersen*, Transnational Environmental Law 3 (2), 2014, 323 (S. 338); *Trinidade*, in: *Viñuales*, S. 412ff. *Schreiber*, S. 183. Eher für eine völkergewohnheitsrechtliche Geltung sprechen sich auch *Erben*, S. 227ff., *Boisson de Chazournes*, in: Law of the Sea, Environmental Law and Settlement of Disputes, 21–34 (S. 29) und *Marti*, S. 62ff. aus; es sei jedenfalls schwieriger, Argumente gegen eine völkergewohnheitsrechtliche Geltung zu finden als dafür, *Marti*, S. 69.

[887] *Epiney/Scheyli*, S. 103f.; *McIntyre/Mosedale*, Journal of Environmental Law 9 (2), 1997, 221 (S. 224ff. und 235); *Cameron/Abouchar*, in: The Precautionary Principle and International Law – The Challenge of Implementation, 29–52 (S. 38).

len Anerkennung des Vorsorgeprinzips ist insbesondere, dass trotz der bereits seit den frühen 1990er-Jahren geführten Debatte um dessen völkergewohnheitsrechtliche Geltung das Vorsorgeprinzip in Form des Prinzips 15 Eingang in die universell akzeptierte Rio-Erklärung fand.[888] Auch die Tatsache, dass das Vorsorgeprinzip sich nicht nur in *soft law*-Dokumenten findet, sondern im operativen Vertragsteil diverser völkerrechtlicher Verträge enthalten ist, spricht für eine Akzeptanz auf internationaler Ebene.[889] Diese kommt sowohl im Rahmen der Vertragsverhandlungen als auch durch die Unterzeichnung der entsprechenden völkerrechtlichen Verträge durch eine Vielzahl von Staaten zum Ausdruck.[890] Zudem ist der Vorsorgegedanke zahlreichen völkerrechtlichen Dokumenten verschiedenster Kategorien – wenngleich nicht ausdrücklich als solcher bezeichnet – immanent.[891] Beispielhaft lässt sich die Verankerung des Vorsorgeprinzips in Art. 5 Abs. 7 des SPS-Übereinkommens[892] – einem handelsrechtlichen Vertrag – nennen.[893] Die Aufnahme des Vorsorgeprinzips in zahlreiche multilaterale völkerrechtliche Verträge, die universell akzeptierte Rio-Erklärung sowie die als Resolution der Generalversammlung verabschiedete Weltcharta der Natur stellen gewichtige Indizien sowohl für eine staatliche Übung als auch für eine entsprechende Rechtsüberzeugung dar. Hervorzuheben ist in diesem Zusammenhang, dass nicht lediglich europäische Staaten oder Staaten eines bestimmten Rechtsraums Mitglied der betreffenden Verträge sind, sondern diese von zahlreichen Staaten unterschiedlicher Rechtstradition und geographischer Lage ratifiziert wurden.[894] Zwar ist in Bezug auf völkerrechtliche Rechtsquellen, wie bereits Art. 38 des IGH-Status zeigt, zwischen Völkervertragsrecht und Völkergewohnheitsrecht zu differenzieren, allerdings kann gerade in Fällen wie dem Vorliegenden, wenn eine bestimmte Norm bereits in der Entstehung begriffenes Völkergewohnheitsrecht darstellt, Vertragsrecht eine Indizwirkung für die Anerkennung als völkergewohnheitsrechtlich geltende Norm zukommen; auch die Tatsache, dass eine Regelung in völkerrechtlichen Verträgen enthalten ist, kann Indizwirkung für die völkergewohnheitsrechtliche Geltung haben.[895] Für eine Rechtsüberzeugung, dass das Vorsorgeprinzip auch neben dem Vertragsrecht geltendes Recht darstellt, spricht die Tatsache, dass im Zuge der Verhandlungen zum

---

[888] *McIntyre/Mosedale*, Journal of Environmental Law 9 (2), 1997, 221 (S. 230); *Cameron/Abouchar*, in: The Precautionary Principle and International Law – The Challenge of Implementation, 29–52 (S. 37).

[889] *Epiney/Scheyli*, S. 103f.; *Cameron/Abouchar*, in: The Precautionary Principle and International Law – The Challenge of Implementation, 29–52 (S. 38).

[890] *Cameron/Abouchar*, in: The Precautionary Principle and International Law – The Challenge of Implementation, 29–52 (S. 52).

[891] *Epiney/Scheyli*, S. 106.

[892] Agreement on the Application of Sanitary and Phytosanitary Measures, 15. April 1994, 1867 U.N.T.S. 493, in Kraft getreten am 01.01.1995.

[893] *Sands/Peel*, S. 233. So auch die Kommission: *Kommission der Europäischen Gemeinschaften*, Mitteilung der Kommission über die Anwendbarkeit des Vorsorgeprinzips, KOM 2000 (1) endg., Ziff. 4.

[894] Beispielhaft lässt sich die Klimarahmenkonvention anführen, die derzeit von 197 Vertragsparteien – inklusive der EU – ratifiziert wurde. Als Beispiel kann ferner das SPS-Übereinkommen aufgeführt werden, das von 164 Staaten ratifiziert wurde.

[895] ILC, Draft Conclusions on Identification of Customary International Law, S. 105, Schlussfolgerung 11, Abs. 1 lit. b), Abs. 2.

Cartagena-Protokoll ausdrücklich betont wurde, dass das Vorsorgeprinzip als Schlüsselkonzept stets zu befolgen sei.[896] Zwar ist zu berücksichtigen, dass es sich bei der Rio-Erklärung und der Weltcharta der Natur um rechtlich nicht verbindliche Erklärungen handelt und die Zustimmung der Staaten daher nicht alleine als Argument für eine gewollte *rechtliche* Bindungswirkung spricht; allerdings kommt der staatlichen Zustimmung jedenfalls Indizwirkung dahingehend zu, dass das Erfordernis vorsorgenden Verhaltens angesichts eines drohenden Schadenseintritts von den Staaten allgemein als erforderlich angesehen wird.[897]

Zudem greifen Parteien im Rahmen internationaler Streitigkeiten zur Begründung ihres Standpunkts regelmäßig auf das Vorsorgeprinzip zurück, wobei in der Regel nicht die Existenz des Vorsorgeprinzips zwischen den Parteien umstritten war, sondern lediglich dessen Anwendung bzw. Umsetzung im konkreten Fall.[898] Auch die regelmäßige Bezugnahme verschiedener Staaten auf das Vorsorgeprinzip im Rahmen internationaler (schieds-)gerichtlicher Verfahren, um die eigene Rechtsposition zu untermauern, stellt ein gewichtiges Indiz sowohl für eine staatliche Übung als auch für eine entsprechende Rechtsüberzeugung dar. Vor dem IGH beriefen sich beispielsweise Neuseeland im *Nuclear Tests*-Fall[899], Ungarn sowie die Slowakei im Fall *Gabčíkovo-Nagymaros*[900], Argentinien im Fall *Pulp Mills*[901] und Neuseeland im 2014 entschiedenen Fall *Whaling in the Antarctic* auf das Vorsorgeprinzip.[902] Neuseeland argumentierte im Fall *Nuclear Tests*, Frankreich müsse in Anwendung des Vorsorgeprinzips von der Durchführung nuklearer Tests absehen, solange nicht belegt sei, dass diese unschädlich seien. Im Fall *Gabčíkovo-Nagymaros* rechtfertigte Ungarn die Nichteinhaltung des bilateralen Vertrags zur Errichtung eines Staudamms mit der Berufung auf das Vorsorgeprinzip. Zwar nahm der IGH selbst, wie oben bereits erwähnt, nicht ausdrücklich Stellung zur Rechtsnatur des Vorsorgeprinzips, allerdings äußerten sich die Richter *Palmer* und *Weeramantry* in ihren abweichenden Stel-

[896] *Erben*, S. 236; Report of the First Meeting of the Open-Ended Ad Hoc Working Group on Biosafety, Aarhus 22.-26. Juli 1996, UNEP/CBD/BSWG/1/4, S. 8: „[...] the precautionary principle is a key concept which must be followed all times [...]"

[897] So auch *Erben*, S. 231.

[898] *Zander*, S. 72; *Trinidade*, in: *Viñuales*, S. 412. So beriefen sich beispielsweise im Fall *Gabčíkovo-Nagymaros* sowohl Ungarn als auch die Slowakei auf das Vorsorgeprinzip, im Fall *Pulp Mills* stellte keine der Parteien die Existenz des Vorsorgeprinzips in Frage.

[899] IGH, Request for an Examination of the Situation in Accordance with Paragraph 63 of the Court's Judgment of 20 December 1974 in the Nuclear Tests Case, Entscheidung vom 22. September 1995, ICJ Reports 1995, S. 288, Rn. 5 und 34f.; daneben nahmen auch fünf weitere Staaten auf das Vorsorgeprinzip Bezug, *Sands/Peel*, S. 235.

[900] IGH, Case Concerning The Gabčíkovo-Nagymaros Project (Ungarn v. Slowakei), Entscheidung vom 25. September 1997, ICJ Reports 1997, S. 7, Rn. 97; IGH, Case Concerning The Gabčíkovo-Nagymaros Project, Memorial of the Republic of Hungary, Vol. 1, 02. Mai 1994, S. 198ff.; IGH Case Concerning The Gabčíkovo-Nagymaros Project, Memorial of the Slovak Republic, Vol. 1, 02. Mai 1994.

[901] IGH, Case Concerning Pulp Mills on the River Uruguay (Argentinien v. Uruguay), Entscheidung vom 20. April 2010, ICJ Reports 2010, S. 14, Rn. 160; IGH, Case Concerning Pulp Mills on the River Uruguay, Memorial of Argentinia, Vol. 1, 15. Januar 2007, Rn. 199ff.

[902] IGH, Whaling in the Antarctic (Australien v. Japan), Entscheidung vom 31. März 2014, ICJ Reports 2014, S. 226, Rn. 27 und 81.

lungnahmen im Verfahren *Nuclear Tests* im Sinne einer völkergewohnheitsrechtlichen Geltung des Vorsorgeprinzips. *Palmer* ging explizit von einer völkergewohnheitsrechtlichen Geltung des Vorsorgeprinzips aus.[903] *Weeramantry* betonte, das Vorsorgeprinzip werde zunehmend als Bestandteil des internationalen Umweltrechts angesehen und argumentierte, es sei im internationalen Recht hinreichend etabliert, dass, wo ein Umweltschaden droht, die Partei, die die betreffende Aktivität durchführen möchte, die Beweislast dafür trägt, dass keine Schäden hervorgerufen werden; das Vorsorgeprinzip habe sich somit entwickelt, um bestehende Beweisschwierigkeiten abzumildern.[904] In seiner gesonderten Stellungnahme im Fall *Pulp Mills* erkannte *Trinidade* dem Vorsorgeprinzip neben dem Präventionsprinzip eine wichtige Stellung zu, ohne allerdings ausdrücklich zu dessen Anerkennung als völkergewohnheitsrechtliche Norm Stellung zu beziehen.[905] *Trinidade* äußerte zudem, es bedürfe besonderer Betonung, dass insbesondere in den Verfahren *Pulp Mills* und *Whaling in the Antarctic* keine der Parteien die Existenz und den Kerngehalt des Vorsorgeprinzips in Zweifel zog.[906] Im Verfahren *Southern Bluefin Tuna* vor dem ISGH, in dem es um ein seitens Japan durchgeführtes experimentelles Fischereiprogramm ging, verfolgte der Gerichtshof, wenngleich nicht explizit als solcher bezeichnet, einen der Vorsorge verpflichteten Ansatz, äußerte sich aber nicht zur Rechtsnatur des Vorsorgeprinzips.[907] Irland berief sich vor dem Internationalen Seegerichtshof im Verfahren *MOX Plant* in Zusammenhang mit dem Betrieb einer kerntechnischen Anlage in Großbritannien und die damit in Verbindung stehende Meeresverschmutzung mit radioaktivem Material auf das Vorsorgeprinzip.[908] Die Meeresbodenkammer des ISGH äußerte explizit, das Vorsorgeprinzip entwickle sich zu einem völkergewohnheitsrechtlichen Grundsatz:

„The Chamber observes that the precautionary approach has been incorporated into a growing number of international treaties and other instruments, many of which reflect the formulation of Principle 15 of the Rio Declaration. In the view of the Chamber, this has initiated a trend towards making this approach

[903] IGH, Request for an Examination of the Situation in Accordance with Paragraph 63 of the Court's Judgment of 20 December 1974 in the Nuclear Tests Case, Dissenting Opinion of Judge Palmer, ICJ Reports 1995, S. 381, Rn. 91.

[904] IGH, Request for an Examination of the Situation in Accordance with Paragraph 63 of the Court's Judgment of 20 December 1974 in the Nuclear Tests Case, Dissenting Opinion of Judge Weeramantry, ICJ Reports 1995, S. 317, S. 342.

[905] IGH, Case Concerning Pulp Mills on the River Uruguay, Separate Opinion of Judge Trinidade, ICJ Reports 2010, S. 135, Rn. 62ff.; Siehe auch die abweichende Stellungnahme in Bezug auf den Erlass vorläufiger Maßnahmen des ad hoc Richters *Vinuesa*: IGH, Case Concerning Pulp Mills on the River Uruguay – Provisional Measures, Dissenting Opinion of Judge ad hoc Vinuesa, ICJ Reports 2006, S. 147, S. 152: „In my opinion, the precautionary principle is not an abstraction or an academic component of desirable soft law, but a rule of law within general international law as it stands today".

[906] IGH, Whaling in the Antarctic, Separate Opinion of Judge Trinidade, ICJ Reports 2014, S. 126, Rn. 654.

[907] ISGH, Southern Bluefin Tuna Cases (Neuseeland v. Japan, Australien v. Japan), Entscheidung vom 27. August 1999, ITLOS Reports 1999, S. 280, Rn. 77 und 79f. Siehe hierzu auch: ISGH, Southern Bluefin Tuna Cases, Separate Opinion of Judge Treves, ITLOS Reports 1999, S. 316, Rn. 8f. und ISGH, Southern Bluefin Tuna Cases, Separate Opinion of Judge Shearer, ITLOS Reports 1999, S. 320, S. 327.

[908] ISGH, The MOX Plant Case (Irland v. Vereinigtes Königreich), Entscheidung vom 03. Dezember 2001, ITLOS Reports 2001, S. 95, Rn. 71.

part of customary international law."[909]

Schließlich berief sich die EU im Rahmen der WTO im *Beef Hormones*-Verfahren auf das Vorsorgeprinzip und argumentierte, dieses sei völkergewohnheitsrechtlich oder jedenfalls als allgemeiner Rechtsgrundsatz anerkannt.[910] Ebenso argumentiere die EU im Verfahren *Biotech*.[911] Im Jahr 2013 machte Pakistan im Rahmen des vor dem Ständigen Schiedshof geführten Verfahrens *Indus Waters* geltend, Indien hätte das Vorsorgeprinzip anwenden müssen.[912]
Auf europäischer Ebene ist das Vorsorgeprinzip ausdrücklich in Art. 191 Abs. 2 AEUV enthalten, im Rahmen zahlreicher Gerichtsentscheidungen konkretisiert und präzisiert worden und damit fester Bestandteil der europäischen Rechtsordnung.[913] Es handelt sich damit jedenfalls um regionales Völkergewohnheitsrecht.[914] Wie insbesondere vor den WTO-Streitbeilegungsorganen geführten Streitigkeiten als auch durch die Mitteilung der Kommission zum Vorsorgeprinzip zum Ausdruck kommt, stellt das Vorsorgeprinzip nach Ansicht der EU einen völkergewohnheitsrechtlich geltenden Grundsatz dar.[915]
Neben einer weitreichenden Anerkennung auf internationaler Ebene ist das Vorsorgeprinzip auch auf nationaler Ebene fester Bestandteil zahlreicher Rechtsordnungen und wurde von nationalen Gerichten teils ausdrücklich als völkergewohnheitsrechtlich geltend anerkannt.[916] Ausdrücklich zu erwähnen ist in diesem Zusammenhang eine Entscheidung des Indischen Supreme Court aus dem Jahr 1996, in der das Vorsorgeprinzip als Teil des Grundsatzes der nachhaltigen Entwicklung angesehen und als solches ausdrücklich als völkergewohnheitsrechtlich geltend eingestuft wurde.[917]

---

[909] ISGH, Responsibilities and Obligations of States sponsoring persons and entities with Respect to Activities in the Area, Gutachten vom 01. Februar 2011, ITLOS Reports 2011, S. 10, Rn. 135.

[910] WTO, EC Measures Concerning Meat and Meat Products (Hormones), Report of the Appellate Body vom 16.01.1998, WT/DS26/AB/R, WT/DS48/AB/R, Rn. 16.

[911] WTO, EC Measures Affecting the Approval and marketing of Biotech Products (Biotech), Report of the Panel vom 29.09.2006, WT/DS291/R, WT/DS292/R, WT/DS293/R, Rn. 4.523.

[912] PCA, In the Matter of the Indus Waters Kishenganga Arbitration (Pakistan v. Indien), Teil-Schiedsspruch vom 18. Februar 2013, Reports of International Arbitral Awards, Vol. XXXI, S. 1, S. 137f., Rn. 223. Indien vertrat indes die Auffassung, das Vorsorgeprinzip sei keine völkergewohnheitsrechtlich geltende Norm und führte an, einige bedeutende Staaten stünden einer völkergewohnheitsrechtlichen Geltung ablehnend gegenüber, PCA, In the Matter of the Indus Waters Kishenganga Arbitration (Pakistan v. Indien), Teil-Schiedsspruch vom 18. Februar 2013, Reports of International Arbitral Awards, Vol. XXXI, S. 1, S. 139, Rn. 227. Siehe hierzu auch: *Pedersen*, Transnational Environmental Law 3 (2), 2014, 323 (S. 325).

[913] *Sands/Peel*, S. 233.

[914] *Trinidade*, in: *Viñuales*, S. 413.

[915] *Kommission der Europäischen Gemeinschaften*, Mitteilung der Kommission über die Anwendbarkeit des Vorsorgeprinzips, KOM 2000 (1) endg., Ziff. 4.

[916] *Trinidade*, in: *Viñuales*, S. 413. *Epiney/Scheyli*, S. 106 führen hierzu in Fußnote 65 zahlreiche Nachweise an. Beispiele finden sich auch bei *Cameron/Abouchar*, in: The Precautionary Principle and International Law – The Challenge of Implementation, 29–52 (S. 38ff.). Wie seitens der ILC anerkannt ist, können Entscheidungen nationaler Gerichte hergezogen werden, um eine staatliche Praxis zu identifizieren, ILC, Draft Conclusions on Identification of Customary International Law, S. 98, Schlussfolgerung 6, Abs. 2.

[917] Supreme Court of India, Vellore Citizens Welfare Forum v. Union of India and Others, Entscheidung vom 28.08.1996, SCC 5, S. 647, Rn. 10f. und 15.

Der Kern des Vorsorgeprinzips, wie er oben herausgearbeitet wurde, hat demnach mittlerweile völkergewohnheitsrechtliche Geltung erlangt, da sowohl eine entsprechende Übung als auch eine Rechtsüberzeugung erkennbar sind. Insofern stellt das Vorsorgeprinzip auch nicht lediglich einen allgemeinen Rechtsgrundsatz im Sinne des Art. 38 Abs. 1 lit. c) des IGH-Statuts dar, sondern ist durch eine entsprechende Staatenpraxis zu Völkergewohnheitsrecht erstarkt.[918]
Von einer Einheitlichkeit der staatlichen Übung ist auszugehen, da zumindest in Bezug auf den oben herausgearbeiteten Kern des Vorsorgeprinzips Einigkeit besteht. Voraussetzung einer einheitlichen Staatenpraxis ist gerade nicht, dass sich Staaten auf exakt dieselbe Art und Weise verhalten, weitgehend gleiches Verhalten ist ausreichend. Im Rahmen des *Nicaragua*-Verfahrens führte der IGH aus:

„The Court does not consider that, for a rule to be established as customary, the corresponding practice must be in absolutely rigorous conformity with the rule. In order to deduce the existence of customary rules, the Court deems it sufficient that the conduct of States should, in general, be consistent with such rules, and that instances of State conduct inconsistent with a given rule should generally have been treated as breaches of that rule, not as indications of the recognition of a new rule.“[919]

Dem Einwand, dem Vorsorgeprinzip komme mangels einer einheitlichen Definition und Anwendung und aufgrund der vielgestaltigen Ausgestaltungen keine völkergewohnheitsrechtliche Geltung zu, kann mit dem Verweis darauf begegnet werden, dass die Frage nach dem Inhalt des Vorsorgeprinzips von derjenigen nach dessen Rechtsnatur zu trennen ist.[920]
Was das Element der Dauerhaftigkeit angeht, ist festzustellen, dass sich eine Bezugnahme auf den Vorsorgeprinzip spätestens seit den 1990er Jahren in fast allen umweltvölkerrechtlichen Verträgen findet und der Vorsorgegedanke seitdem im Rahmen internationaler Foren und seitens diverser Staaten im Rahmen internationaler Verfahren regelmäßig aufgegriffen wurde.[921]
Zuletzt wäre eine ausdrückliche Anerkennung des Vorsorgeprinzips als Völkergewohnheitsrecht seitens eines internationalen Gerichts – insbesondere des IGH – ein starkes Argument dafür, dass sich das Vorsorgeprinzip zu einer solchen Norm entwickelt hat; indes schließt eine feh-

[918] In diese Richtung weisen auch die Entscheidung des indischen Supreme Court, die Äußerung der Meeresbodenkammer des ISGH sowie die weit verbreitete Lehrmeinung, das Vorsorgeprinzip sei zu Völkergewohnheitsrecht erstarkt, die zur Bestimmung, ob eine Norm völkergewohnheitsrechtliche Geltung beansprucht, herangezogen werden können. Dagegen, dass es sich bei dem Vorsorgeprinzip um einen allgemeinen Rechtsgrundsatz handelt, der sich aus den nationalen Rechtsordnungen ableiten lässt, spricht die Vielfalt der nationalen Ausgestaltungen und insbesondere die Tatsache, dass einige Varianten des Vorsorgeprinzips auf nationaler Ebene eher die ressourcenökonomische Dimension betreffen, *Erben*, S. 251.

[919] IGH, Case Concerning Military and Paramilitary Activities in and against Nicaragua (Nicaragua v. Vereinigte Staaten von Amerika), Entscheidung vom 27. Juni 1986, ICJ Reports 1986, S. 14, Rn. 186.

[920] *Epiney/Scheyli*, S. 108: „[...] eine Unsicherheit über den Inhalt des Prinzips vermag nichts an seiner grundsätzlichen Anerkennung zu ändern. Auslegungsschwierigkeiten bestehen gerade im Völkergewohnheitsrecht durchaus häufig;“. Das Vorsorgeprinzip ist zudem nicht weniger unbestimmt als die meisten Grundsätze im internationalen Recht, *Cameron/Abouchar*, in: The Precautionary Principle and International Law - The Challenge of Implementation, 29–52 (S. 46).

[921] So für den Bereich der Verwaltung der biologischen Vielfalt: *Beer*, S. 78.

lende ausdrückliche Einordnung des Vorsorgeprinzips als Norm des Völkergewohnheitsrechts seitens der internationalen Gerichtsbarkeit nicht aus, dass das Vorsorgeprinzip eine Norm des Völkergewohnheitsrechts darstellt. *Trinidade* stellte in seiner gesonderten Stellungnahme im Verfahren *Pulp Mills* fest:

„[...] the fact that the Court has not expressly acknowledged the existence of this general principle of International Environmental Law does not mean that it does not exist."[922]

3. Die USA als „persistent objector"

Ist damit geklärt, dass das Vorsorgeprinzip in seinem Kerngehalt mittlerweile völkergewohnheitsrechtliche Geltung beansprucht, bedarf genauerer Untersuchung, ob auch die USA durch das Vorsorgeprinzip, wie es völkergewohnheitsrechtlich Geltung beansprucht, gebunden sind. Hintergrund ist, dass eine neu entstandene völkergewohnheitsrechtliche Norm für gewisse, als sogenannte „persistent objectors" bezeichnete Staaten unter bestimmten, engen Voraussetzungen keine Geltung beansprucht.[923] Zwar gelten völkergewohnheitsrechtliche Normen im Grundsatz ausnahmslos für sämtliche Staaten. Widersetzt sich ein Staat allerdings einer in Entstehung begriffenen Norm des Völkergewohnheitsrechts und hält die Ablehnung auch im Anschluss an die völkergewohnheitsrechtliche Geltung aufrecht, kann er von der völkergewohnheitsrechtlichen Geltung ausgenommen sein.[924]

Während die Figur des „persistent objector" vereinzelt grundsätzlich abgelehnt wird, sind jedenfalls die Voraussetzungen, um von der Geltung der völkergewohnheitsrechtlichen Norm ausgenommen zu sein, im Einzelnen umstritten. Nach Ansicht der ILC ist Voraussetzung dafür, dass eine völkergewohnheitsrechtliche Norm für einen bestimmten Staat keine Geltung beansprucht zum einen, dass bereits während der Entstehungsphase der Norm die Ablehnung geltend gemacht wird.[925] Nicht ausreichend ist, wenn im Nachgang der Geltung einer bereits entstandenen völkergewohnheitsrechtlichen Norm widersprochen wird.[926] Wenngleich eine Ablehnung keiner bestimmten Form bedarf, muss diese auf internationaler Ebene klar und eindeutig zum Ausdruck gebracht und auch nach Entstehung der völkergewohnheitsrechtlichen Norm aufrecht

[922] IGH, Case Concerning Pulp Mills on the River Uruguay, Separate Opinion of Judge Trinidade, ICJ Reports 2010, S. 135, Rn. 68.

[923] Siehe hierzu: *v. Arnauld*, S. 104, Rn. 259; *Bederman*, S. 154; *Yeini*, Chicago Journal of International Law 22 (2) 2022, 581 (S. 583f.). Siehe ferner die Ausführungen der ILC: ILC, Draft Conclusions on Identification of Customary International Law, S. 110, Schlussfolgerung 15.

[924] ILC, Draft Conclusions on Identification of Customary International Law, S. 111, Kommentar zu Schlussfolgerung 15, Abs. 1. Unzulässig ist hingegen der Widerstand gegen eine sich entwickelnde Norm zwingenden Völkerrechts, sogenanntem *ius cogens*, ILC, Draft Conclusions on Identification of Customary International Law, S. 112, Kommentar zu Schlussfolgerung 15, Abs. 10.

[925] ILC, Draft Conclusions on Identification of Customary International Law, S. 111, Kommentar zu Schlussfolgerung 15, Abs. 5.

[926] ILC, Draft Conclusions on Identification of Customary International Law, S. 111, Kommentar zu Schlussfolgerung 15, Abs. 1.

erhalten werden.[927] Es muss unzweideutig nach außen – gegenüber der internationalen Gemeinschaft – kund getan werden, dass die Bindung an die in der Entstehung begriffene Norm des Völkergewohnheitsrechts abgelehnt wird.[928] Darüber hinaus muss die Ablehnung insbesondere dann erneut kund getan werden, wenn andernfalls davon auszugehen wäre, dass der betreffende Staat seinen Widerstand gegen die völkergewohnheitsrechtliche Geltung aufgegeben hat.[929]
Festzuhalten ist eingangs, dass in den USA im innerstaatlichen Bereich das Konzept der Vorsorge seit geraumer Zeit an diversen Stellen verankert ist.[930] Dass die Aufnahme des Vorsorgekonzepts in internationale Instrumente vonseiten der USA akzeptiert und unterstützt wird, zeigt sich daran, dass die USA Vertragspartei zahlreicher völkerrechtlicher Verträge sind, die dem Vorsorgegedanken Rechnung tragen.[931] Im Zuge der Vertragsverhandlungen zum Übereinkommen zum Schutz der Ozonschicht plädierten unter anderem die USA für eine möglichst zeitnahe Regulierung trotz bestehender wissenschaftlicher Ungewissheit und dafür, „to err on the site of caution", sprachen sich also teilweise für die Aufnahme des Vorsorgekonzepts in internationale Instrumente aus.[932]
Auch wurde die Rio-Erklärung, die mit Prinzip 15 die wohl bekannteste Niederlegung des Vorsorgeprinzips enthält, als rechtlich unverbindliche, aber dennoch bedeutsame Erklärung mit Zustimmung der USA verabschiedet.[933] Auf dem Weltgipfel für nachhaltige Entwicklung setzten sich die USA neben anderen Staaten dafür ein, in den Durchführungsplan aufzunehmen, dass eine wissenschaftsbasierte Entscheidungsfindung notwendig ist und der Vorsorgeansatz bekräftigt wird.[934]
Wenngleich das Konzept der Vorsorge damit seitens der USA nicht grundsätzlich abgelehnt wurde, plädierten die USA in internationalen Instrumenten regelmäßig für die Bezeichnung als Vorsorgeansatz (precautionary approach) anstelle des Begriffs „Vorsorgeprinzip", um eine völkergewohnheitsrechtliche Geltung zu verhindern, brachten im Rahmen der Verhandlungen Änderungsvorschläge ein, die einer völkergewohnheitsrechtlichen Geltung vorbeugen sollten und

[927] ILC, Draft Conclusions on Identification of Customary International Law, S. 111f., Kommentar zu Schlussfolgerung 15, Abs. 7ff.
[928] ILC, Draft Conclusions on Identification of Customary International Law, S. 111f., Kommentar zu Schlussfolgerung 15, Abs. 7f.
[929] ILC, Draft Conclusions on Identification of Customary International Law, S. 111f., Kommentar zu Schlussfolgerung 15, Abs. 9.
[930] Siehe hierzu die Ausführungen in Teil 5, Kapitel 2.
[931] Die USA sind beispielsweise Vertragspartei des im Rahmen des WTO-Regimes verabschiedeten SPS-Abkommens, das insbesondere mit Art. 5 Abs. 7 eine Vorschrift enthält, die dem Vorsorgegedanken Rechnung trägt. Auch sind die USA Vertragspartei des Washingtoner Artenschutzübereinkommens, dem das Vorsorgeprinzip immanent ist, sowie des Wiener Übereinkommens zum Schutz der Ozonschicht, das in der Präambel auf bereits getroffene Vorsorgemaßnahmen Bezug nimmt.
[932] *Cameron/Abouchar*, in: The Precautionary Principle and International Law – The Challenge of Implementation, 29–52 (S. 50).
[933] Allerdings wurde auf Betreiben der USA das einschränkende Kriterium der Kosteneffektivität in die Formulierung aufgenommen, *Erben*, S. 37 m.w.N.
[934] *Peel*, Melbourne Journal of International Law 5 (2), 2004, 483 (S. 492).

sprachen sich verschiedentlich gegen eine völkergewohnheitsrechtliche Geltung des Vorsorgeprinzips aus.[935] Die als Resolution der UN-Generalversammlung verabschiedete Weltcharta der Natur, wonach ausweislich Ziff. 11 lit. b) Aktivitäten, die wahrscheinlich ein erhebliches Risiko für die Natur darstellen und deren mögliche negative Auswirkungen nicht vollständig bekannt sind, nicht durchgeführt werden sollten, wurde einzig seitens der USA abgelehnt. Im Rahmen der zweiten Weltklimakonferenz im Jahr 1990 erachteten die USA den Abschluss eines Übereinkommens angesichts bestehender wissenschaftlicher Ungewissheiten für nicht erforderlich und sprachen sich im Rahmen der Vertragsverhandlungen mit dem Argument, deren rechtlicher Status sei ungeklärt, gegen die Aufnahme allgemeiner Prinzipien – und insbesondere auch des Vorsorgeprinzips – in Art. 3 der Klimarahmenkonvention aus.[936] Zwar wurden auf Betreiben der Entwicklungsländer in Art. 3 letztlich allgemeine Prinzipien in die Klimarahmenkonvention aufgenommen, allerdings sollte durch von Vertretern der US-Verhandlungsdelegation angestoßene Änderungen verhindert werden, dass die in Art. 3 enthaltenen Prinzipien völkergewohnheitsrechtlich gelten und Staaten über vertragliche Vereinbarungen hinaus binden.[937] Zudem setzten sich die USA bei den Vertragsverhandlungen zur Klimarahmenkonvention dafür ein, das einschränkende Kriterium der Kosteneffektivität in die Formulierung zum Vorsorgeprinzip aufzunehmen.[938] In Zusammenhang mit den Vertragsverhandlungen zum Stockholmer Übereinkommen über persistente organische Schadstoffe vertraten die USA den Standpunkt, es gebe keine international einheitliche Definition des Vorsorgeprinzips.[939] Auf die Mitteilung der Kommission zum Vorsorgeprinzip aus dem Jahr 2000, in dem die Kommission sich dafür aussprach, das Vorsorgeprinzip stelle einen vollwertigen und allgemeinen Grundsatz des Völkerrechts dar, reagierten die USA mit einem Schreiben, das zahlreiche kritische Fragen enthielt.[940] Im Rahmen der Verhandlungen zum Cartagena-Protokoll wurde infolge des Widerstands unter anderem der USA anstelle des Begriffs des Vorsorgebegriffs der des Vorsorgeansatzes in den Vertragstext aufgenommen.[941] Auch im Rahmen des Prinzips 15 der Rio-Erklärung wurde auf Drängen der US-Verhandlungsdelegation anstelle des Begriffs des Vorsorgeprinzips demjenigen des Vorsorgeansatzes der Vorzug gegeben, wodurch die USA das Entstehen neuer Rechtspflichten verhindern wollten.[942] Besonders deutlich zutage trat die ablehnende Haltung der USA im

---

[935] „What it is contesting is the existence or emergence of a precautionary *principle* that can trump or override provisions in existing agreement. It is therefore the status of precaution under international law that explains US resistance, as well as the wider discretion that a general principle or rule of customary law would provide to cautious states, allowing them to legally apply strict regulation even when there is no positive proof of harm“, *Christoforou*, in: Green Giants? Environmental Policies of the United States and the European Union, 17–51 (S. 27). Siehe auch: *Brunée*, European Journal of International Law 15 (4) 2004, 617 (S. 629ff.).

[936] *Bodansky*, Yale Journal of International Law 18 (415) 1993, 451 (S. 501).

[937] *Bodansky*, Yale Journal of International Law 18 (415) 1993, 451 (S. 502).

[938] *Bodansky*, Yale Journal of International Law 18 (415) 1993, 451 (S. 503f.).

[939] *Erben*, S. 24 m.w.N.

[940] *Wiener*, in: Human and Ecological Risk Assessment: Theory and Practice, 1509–1531 (S. 1510).

[941] *Peel*, Melbourne Journal of International Law 5 (2), 2004, 483 (S. 491).

[942] *Freestone*, Journal of Environmental Law 6 (2), 1994, 194 (S. 212); *Boyle/Redgwell*, S. 172.

Rahmen der vor den Streitbeilegungsorganen der WTO geführten Verfahren *Beef Hormones* und *Biotech* in Zusammenhang mit dem seitens der EU und ihrer Mitgliedsstaaten ausgesprochenen Importverbot von US-Rindfleisch bzw. bestimmten biotechnologisch veränderten Produkten aus US-Produktion. In beiden Verfahren verneinten die USA explizit eine völkergewohnheitsrechtliche Geltung des Vorsorgeprinzips.[943] Während die EU sich auf das Vorsorgeprinzip als völkergewohnheitsrechtliche Regelung bzw. allgemeinen Rechtsgrundsatz berief[944], stellten sich die USA auf den Standpunkt, das Vorsorgeprinzip gelte nicht völkergewohnheitsrechtlich, es handle sich vielmehr um einen Ansatz, der von Fall zu Fall unterschiedliche Auswirkungen habe.[945]

Deutlich wird somit, dass die USA sich auf internationaler Ebene seit den 1980er Jahren – und damit bereits in einem Zeitpunkt, in dem das Vorsorgeprinzip allenfalls als eine in Entstehung begriffene Norm des Völkergewohnheitsrechts aufgefasst werden kann – regelmäßig und gegenüber anderen Staaten gegen eine Geltung des Vorsorgeprinzips als völkergewohnheitsrechtliche Norm ausgesprochen haben und im Rahmen von Vertragsverhandlungen einer Entwicklung, die zu einer völkergewohnheitsrechtlichen Geltung des Vorsorgeprinzips führen könnte, verschiedentlich entgegengetreten sind.[946] Allenfalls vor dem Hintergrund, dass ein Staat, der eine in Entstehung begriffene Norm des Völkergewohnheitsrechts nicht gegen sich gelten lassen will, seine Ablehnung klar und eindeutig zum Ausdruck bringen muss und angesichts dessen, dass es sich bei der Figur des „persistent objector" um eine Ausnahme handelt, für deren Eingreifen hohen Anforderungen einzuhalten sind, könnten Zweifel verbleiben, ob die USA von einer völkergewohnheitsrechtlichen Geltung ausgenommen sind.[947] Denn die USA befürworteten den

943 WTO, EC Measures Concerning Meat and Meat Products (Hormones), Report of the Appellate Body vom 16.01.1998, WT/DS26/AB/R, WT/DS48/AB/R, Rn. 43; WTO, EC Measures Affecting the Approval and marketing of Biotech Products (Biotech), Report of the Panel vom 29.09.2006, WT/DS291/R, WT/DS292/R, WT/DS293/R, Rn. 4.541f.

944 WTO, EC Measures Concerning Meat and Meat Products (Hormones), Report of the Appellate Body vom 16.01.1998, WT/DS26/AB/R, WT/DS48/AB/R, Rn. 13; WTO, EC Measures Affecting the Approval and marketing of Biotech Products (Biotech), Report of the Panel vom 29.09.2006, WT/DS291/R, WT/DS292/R, WT/DS293/R, Rn. 4.523.

945 WTO, EC Measures Concerning Meat and Meat Products (Hormones), Report of the Appellate Body vom 16.01.1998, WT/DS26/AB/R, WT/DS48/AB/R, Rn. 43: „In the view of the United States, the claim of the European Communities that there is a generally-accepted principle of international law which may be referred to as the „precautionary principle" is erroneous as a matter of international law. The United States does not consider that the „precautionary principle" represents a principle of customary international law; rather, it may be characterized as an „approach" – the content of which may vary from context to context"; WTO, EC Measures Affecting the Approval and marketing of Biotech Products (Biotech), Report of the Panel vom 29.09.2006, WT/DS291/R, WT/DS292/R, WT/DS293/R, Rn. 4.541f.

946 Jedenfalls als ein Grund für die Ablehnung einer völkergewohnheitsrechtlichen Geltung wird die nationale Rechtskultur der USA angesehen, in der Klagen zur Durchsetzung von Regulierungsstandards und Schadensersatzklagen verbreiteter sind und folglich eine Durchsetzung eines allgemein geltenden Vorsorgeprinzips durch inländische Akteure wahrscheinlicher ist, *Wiener/Rogers*, Journal of Risk Research 5 (4) 2002, 317 (S. 340); *Brunée*, European Journal of International Law 15 (4) 2004, 617 (S. 640).

947 So äußert *Trouwborst* Zweifel, ob sämtliche Voraussetzungen dafür, dass die USA als „persistent objector" von der völkergewohnheitsrechtlichen Geltung des Vorsorgeprinzips ausgenommen sind, erfüllt sind, *Trouwborst*, Precautionary Rights and Duties of States, S. 9.

Vorsorgegedanken jedenfalls teilweise auch ohne zugleich eine völkergewohnheitsrechtliche Geltung explizit abzulehnen. Vorzugswürdig erscheint allerdings dennoch, davon auszugehen, dass die USA als „persistent objector" von einer völkergewohnheitsrechtlichen Geltung des Vorsorgeprinzips ausgenommen sind.[948]

[948] In diese Richtung: *Erben*, S. 249f.; *Brunée*, European Journal of International Law 15 (4) 2004, 617 (S. 629); *Trouwborst*, Precautionary Rights and Duties of States, S. 9; *Wexler*, UC California Law Review 39 (459) 2006, 461 (S. 491f.); *Ayalew*, SSRN 2021, 1 (S. 18).

Teil 4: Die Umsetzung des Vorsorgeprinzips in Zusammenhang mit der Freisetzung von Gene Drive-Organismen auf internationaler Ebene

Kapitel 1: Das völkergewohnheitsrechtlich anerkannte Vorsorgeprinzip

Bei Diskussionen über die Entwicklung und den Einsatz von Gene Drive-Organismen erfolgt vonseiten verschiedenster Akteure regelmäßig eine Bezugnahme auf das Vorsorgeprinzip. So wird die Bedeutung vorsorgenden Verhaltens in Zusammenhang mit der Entwicklung und dem Einsatz der Gene Drive-Technik in Stellungnahmen, Resolutionen und Erklärungen des Europäischen Parlaments, von Organen der Biodiversitätskonvention oder des Cartagena-Protokolls sowie vonseiten verschiedenster Expertengruppen betont.[949] Auch gentechnikkritische NGOs berufen sich in Zusammenhang mit der Entwicklung und dem Einsatz von Gene Drive-Organismen auf das Vorsorgeprinzip.[950]

Gefordert wird übereinstimmend, dass in Zusammenhang mit der Entwicklung und dem Einsatz der Gene Drive-Technik das Vorsorgeprinzip zu berücksichtigen ist und Vorsorgemaßnahmen ergriffen werden müssen. Mehr als 200 Organisationen forderten unter Bezugnahme auf das Vorsorgeprinzip ein globales Moratorium für die Freisetzung von Gene Drive-Organismen, auch das Europäische Parlament sprach sich im Januar 2020 unter Verweis auf das Vorsorgeprinzip für ein weltweites Moratorium in Bezug auf die Freisetzung von Gene Drive-Organismen – auch in Zusammenhang mit Feldversuchen – aus.[951]

Vor diesem Hintergrund soll im Folgenden analysiert werden, ob das Vorsorgeprinzip, wie es im vorigen Teil inhaltlich konkretisiert wurde und völkergewohnheitsrechtliche Geltung beansprucht, in Zusammenhang mit der Freisetzung von Gene Drive-Organismen anwendbar ist. Daran anschließend wird untersucht, welche Rechtsfolgen eine Anwendung des Vorsorgeprinzips angesichts des Einsatzes der Gene-Drive-Technik nach sich zieht.

---

[949] Siehe beispielsweise: Entschließung des Europäischen Parlaments vom 06. Oktober 2021 zur Rolle der Entwicklungspolitik bei der Eindämmung des Verlusts an biologischer Vielfalt in Entwicklungsländern vor dem Hintergrund der Umsetzung der Agenda 2030, P9_TA(2021)0404, Ziff. 32; Entschließung des Europäischen Parlaments vom 16. Januar 2020 zur 15. Tagung der Konferenz der Vertragsparteien (COP 15) des Übereinkommens über die biologische Vielfalt, P9_TA(2020)0015, Ziff. 12 und 13; COP, Decision 14/19, 30.11.2018, UNEP/CBD/COP/DEC/14/19, Ziff. 9ff.; COP-MOP, Decision 9/13, 30.11.2018, CBD/CP/MOP/DEC/9/13, Präambel.

[950] Siehe beispielsweise die Kampagne „Stop Gene Drives" der Organisation Safe our Seeds: *https://www.stop-genedrives.eu/gene-drives/*, zuletzt aufgerufen am 31.01.2024.

[951] Entschließung des Europäischen Parlaments vom 16. Januar 2020 zur 15. Tagung der Konferenz der Vertragsparteien (COP 15) des Übereinkommens über die biologische Vielfalt, P9_TA(2020)0015, Ziff. 13. Siehe zum Aufruf für ein globales Moratorium: *https://www.organicseurope.bio/content/uploads/2020/06/call-_gene_drives_and_agricul ture__0.pdf?dd*, zuletzt aufgerufen am 31.01.2024.

© Der/die Autor(en), exklusiv lizenziert an
Springer Fachmedien Wiesbaden GmbH, ein Teil von Springer Nature 2026
I. Albrecht, *Das Vorsorgeprinzip in Zusammenhang mit der absichtlichen Freisetzung von mittels Gene Drive gentechnisch veränderten Organismen*,
https://doi.org/10.1007/978-3-658-50876-0_11

I. Die Anwendbarkeit des Vorsorgeprinzips

Wenngleich die Notwendigkeit zu vorsorgendem Handeln in Zusammenhang mit der Freisetzung von Gene Drive-Organismen nahezu einhellig betont wird, folgt hieraus nicht, dass die Freisetzung von Gene Drive-Organismen einen Vorsorgeanlass im Sinne des völkergewohnheitsrechtlich anerkannten Vorsorgeprinzips, wie es in Teil 3 analysiert und konkretisiert wurde, darstellt.

1. Wissenschaftliche Ungewissheit hinsichtlich drohender Umwelt- bzw. Gesundheitsschäden

Während das Präventionsprinzip Anwendung findet, wenn sowohl der Schadensumfang als auch die Eintrittswahrscheinlichkeit bekannt ist, ein Risiko also auf Grundlage wissenschaftlicher Erkenntnisse bezifferbar ist, ist der Anwendungsbereich des Vorsorgeprinzips bereits in einem früheren Zeitpunkt eröffnet, nämlich dann, wenn es an einem bezifferbaren Risiko (noch) fehlt.[952] Die Freisetzung von Gene Drive-Organismen fällt somit in den Anwendungsbereich des Vorsorgeprinzips, sofern mögliche Schäden, der Schadensumfang bzw. das Schadensausmaß und/oder die Eintrittswahrscheinlichkeit eines konkreten Schadens nicht wissenschaftlich belegt ist und damit der infolge einer Freisetzung drohende Schaden für die Umwelt oder die menschliche Gesundheit nicht bezifferbar ist. Andererseits findet das Vorsorgeprinzip in Zusammenhang mit Aktivitäten, hinsichtlich derer lediglich Mutmaßungen oder Spekulationen über hierdurch verursachte Schäden für die Umwelt oder die menschliche Gesundheit bestehen, keine Anwendung.[953] Erforderlich ist, dass ein Mindestmaß an mit wissenschaftlichen Methoden erlangten Informationen existiert, auf deren Grundlage sich plausible Anhaltspunkte dafür ergeben, dass eine Freisetzung von Gene Drive-Organismen Schäden für die Umwelt oder für die menschliche Gesundheit verursacht. Es müssen vonseiten der Wissenschaft Szenarien ermittelt werden, die infolge einer Freisetzung von Gene Drive-Organismen realistischerweise entstehen können.

Bis zum heutigen Zeitpunkt wurden drohende Schäden für die Umwelt und die menschliche Gesundheit infolge einer Freisetzung von Gene Drive-Organismen in zahlreichen wissenschaftlichen Auseinandersetzungen seitens nationaler Wissenschaftsakademien, des European Academies Science Advisory Council (EASAC) sowie nationaler Behörden und diverser Naturwissenschaftler hervorgehoben.[954] Unter Wissenschaftlern besteht weitgehend Einigkeit, dass das

[952] Siehe hierzu die Ausführungen in Teil 3, Kapitel 4, III, 2, a.

[953] Siehe hierzu die Ausführungen in Teil 3, Kapitel 4, III, 2, a.

[954] *National Academy of Science Engineering and Medicine*, Gene Drives on the Horizon: Advancing Science, Navigating Uncertainty and Aligning Research with Public Values, 2016, S. 63ff.; *Hoffmann* u. a., Synthetic Gene Drives in Australia: Implications of Emerging Technologies, 2017, S. 6ff.; *EASAC*, Genome editing: Scientific opportunities, public interest and policy options in the European Union, März 2017, S. 17f.; *Dolezel* u. a., Gene Drive Organisms – Implications for the Environment and Nature Conservation, 2019, S. 15ff.; *Steinbrecher*

Wesen von Gene Drive-Organismen, eine genetische Veränderung mittels eines selbsttätigen Mechanismus zu verbreiten und die intendierte Anwendung der Gene Drive-Technik in freier Wildbahn und damit einem komplexen System mit vielfältigen Interdependenzen, erhebliches Schadenspotential mit sich bringt.[955]

Im Einzelnen bestehen wissenschaftliche Anhaltspunkte für diverse Umwelt- und Gesundheitsschäden infolge einer Freisetzung von Gene Drive-Organismen, die im Folgenden dargestellt werden.[956]

a. Wissenschaftliche Anhaltspunkte für drohende Umweltschäden

Zunächst besteht insbesondere bei CRISPR-Cas9-basierten Gene Drive-Systemen die Gefahr von Off-Target-Effekten und damit die Gefahr, dass der Gene Drive versehentlich an anderer Stelle im Genom des Zielorganismus integriert, wenn eine DNA-Sequenz große Ähnlichkeit zur Zielsequenz aufweist.[957] Welche Auswirkungen von einem nicht intendierten Doppelstrangbruch im Genom des Zielorganismus ausgehen bzw. wie sich eine Integration des Gene Drive-Mechanismus an anderer Stelle im Genom des Zielorganismus auswirkt, hängt in erster Linie von der Funktion des betreffenden Abschnitts im Genom ab.[958] Um eine wissenschaftlich fundierte Aussage darüber zu treffen, ob ein Doppelstrangbruch an anderer Stelle möglich ist und inwieweit die Integration des Gene Drive-Mechanismus an anderer Stelle im Genom des Zielorganismus nachteilige Auswirkungen hervorruft, ist daher die Kenntnis des Genoms der Zielpopulation erforderlich; im Fall von Wildpopulationen wird eine konkrete Vorhersage dadurch erschwert, dass das Genom einer Wildpopulation in der Regel natürliche Variationen aufweist.[959] Daneben ist auch die Art des konkreten Gene Drive-Systems von Bedeutung dafür, ob oder wie sich Off-Target-Effekte auswirken: während beispielsweise eine durch den Off-Target-Effekt hervorgerufene Fitnesseinbuße im Falle eines Gene Drive-Mechanismus zur Populationsausrottung oder zur Verringerung der Populationsgröße unerheblich sein oder sogar positive Auswirkungen haben kann, kann eine solche im Falle eines Gene Drive-Systems mit dem Ziel der Populationsveränderung nachteilig sein.[960]

Daneben könnte eine Übertragung des Gene Drive-Mechanismus auf andere Populationen der-

u. a., in: Gene Drives – A report on their science, applications, social aspects, ethics and regulations, 69–158 (S. 69ff.); *Frieß/Giese/von Gleich*, in: Gene Drives – Potenziale, Risiken, Besorgnisgründe, 12–22 (S. 12ff.); *Deplazes-Zemp* u. a., Swiss Academies Factsheets 15 (4), 2020, 1 (S. 5).

955 So beispielsweise: *Frieß/Giese/von Gleich*, in: Gene Drives – Potenziale, Risiken, Besorgnisgründe, 12–22 (S. 12f.); *Dolezel* u. a., Gene Drive Organisms – Implications for the Environment and Nature Conservation, 2019, S. 6.

956 Siehe hierzu bereits die Ausführungen in Teil 2, Kapitel 2, II, 1 bis 5.

957 Siehe hierzu die Ausführungen in Teil 2, Kapitel 2, II, 1.

958 Siehe hierzu die Ausführungen in Teil 2, Kapitel 2, II, 1.

959 Siehe hierzu die Ausführungen in Teil 2, Kapitel 2, II 1.

960 *National Academy of Science Engineering and Medicine*, Gene Drives on the Horizon: Advancing Science, Navigating Uncertainty and Aligning Research with Public Values, 2016, S. 88.

selben Art oder andere Arten erfolgen, sodass entweder Populationen derselben Art oder andere Arten unbeabsichtigt erheblich dezimiert, ausgerottet oder modifiziert werden.[961] Angesichts dessen, dass es entscheidend auf die konkrete Art und deren Rolle im Ökosystem ankommt, ist derzeit kaum absehbar, welche konkreten Umweltschäden ein horizontaler oder vertikaler Gentransfer mit sich bringt.[962] Festzuhalten ist jedoch, dass sowohl ein horizontaler als auch ein vertikaler Gentransfer aus wissenschaftlicher Sicht im Bereich des Möglichen liegen und die Auswirkungen auf das Ökosystem umso gravierender sind, je bedeutender die betreffende Art für das Ökosystem ist.[963]

Selbst in dem Fall, in dem eine Schädlingspopulation mittels Gene Drive vollständig ausgerottet wird und der Gene Drive-Mechanismus wie beabsichtigt funktioniert, sind auf Basis derzeitiger wissenschaftlicher Erkenntnisse nachteilige Umweltauswirkungen nicht ausgeschlossen. Denn die Besetzung der ökologischen Nische durch andere, schädlichere Organismen kann im Einzelfall dazu führen, dass die hierdurch verursachten Umweltschäden gravierender sind als die Schäden, die durch die ursprüngliche Schädlingspopulation hervorgerufen wurden.[964] Angesichts der in einem Ökosystem herrschenden Balance kann schließlich sowohl eine erhebliche Dezimierung bzw. Ausrottung als auch eine genetische Veränderung einer Population dazu führen, dass das Ökosystem infolge veränderter Räuber-Beute-Beziehungen aus dem Gleichgewicht gerät, indem beispielsweise andere Organismen, die von den Zielorganismen abhängig sind, ebenfalls aussterben oder erheblich dezimiert werden.[965] Denkbar ist im Falle einer durch ein Gene Drive-System hervorgerufenen Populationsmodifikation weiter, dass sich die veränderte Population selbst zu einer invasiven Art entwickelt und dabei nützliche Arten verdrängt bzw. die Artenvielfalt nachteilig beeinflusst.[966]

b. Wissenschaftliche Anhaltspunkte für drohende Schäden für die menschliche Gesundheit

Wissenschaftliche Anhaltspunkte für drohende Schäden für die menschliche Gesundheit sind insbesondere – aber nicht ausschließlich – in Zusammenhang mit dem Einsatz von Gene Drive-

[961] Siehe hierzu die Ausführungen in Teil 2, Kapitel 2, II, 3.

[962] *Hoffmann* u. a., Synthetic Gene Drives in Australia: Implications of Emerging Technologies, 2017, S. 6; *EASAC*, Genome editing: Scientific opportunities, public interest and policy options in the European Union, März 2017, S. 17.

[963] Bezüglich der Frage, inwieweit eine Übertragung des Gene Drive-Mechanismus auf andere Arten möglich erscheint, herrscht in der Wissenschaft Uneinigkeit: *Eckardt*, Gene Drives – Kurzbericht, 2018, S. 26.

[964] *Hoffmann* u. a., Synthetic Gene Drives in Australia: Implications of Emerging Technologies, 2017, S. 7.

[965] *National Academy of Science Engineering and Medicine*, Gene Drives on the Horizon: Advancing Science, Navigating Uncertainty and Aligning Research with Public Values, 2016, S. 67; *Hoffmann* u. a., Synthetic Gene Drives in Australia: Implications of Emerging Technologies, 2017, S. 7; *Eckardt*, Gene Drives – Kurzbericht, 2018, S. 25.

[966] Siehe hierzu die Ausführungen in Teil 2, Kapitel 2, II, 2.

Systemen zur Bekämpfung von vektorübertragenen Infektionskrankheiten denkbar.[967]
So kann infolge einer vorübergehenden erheblichen Dezimierung oder vorübergehenden Ausrottung einer Population vektorübertragender wildlebender Organismen mittels eines Gene Drive-Systems die menschliche Gesundheit nachteilig beeinflusst werden; zu einer erheblichen Dezimierung oder nur vorübergehenden Ausrottung einer Zielpopulation kann es vor allem kommen, wenn sich Resistenzen gegen den Gene Drive-Mechanismus bilden, sodass dieser nicht mehr oder nur noch eingeschränkt funktionsfähig ist.[968] Breitet sich eine Infektionskrankheit im Anschluss an eine vorübergehende Zurückdrängung erneut aus, kann eine ursprünglich bereits erreichte Herdenimmunität in geringerem Maße oder kaum mehr vorhanden sein; darüber hinaus ist denkbar, dass die Widerstandsfähigkeit betroffener Menschen gegenüber dem Krankheitserreger geringer ist als zuvor.[969]
Im Falle einer vollständigen Ausrottung einer Population ist nicht unwahrscheinlich, dass die freigewordene ökologische Nische durch andere Organismen besetzt wird, die vektorübertragene Erkrankungen übertragen; nicht ausgeschlossen ist in diesem Fall, dass diese gefährlicher sind als die zurückgedrängte Erkrankung.[970] Wird eine Population mittels Gene Drive so modifiziert, sodass die Organismen nicht mehr als Vektoren für einen bestimmten Krankheitserreger in Betracht kommen, ist möglicherweise eine Übertragung anderer vektorübertragener Krankheiten leichter möglich.[971]
Wird schließlich ein Gene Drive-System nicht zur Bekämpfung von vektorübertragenen Infektionskrankheiten eingesetzt, führt aber dessen Einsatz zu einer nachteiligen Veränderung von Ökosystemen, kann dies mittelbar auch nachteilige Auswirkungen auf die menschliche Gesundheit haben.[972] Denkbar ist beispielsweise, dass der menschlichen Nahrungsmittelproduktion dienende Pflanzen unter schlechteren (Wachstums)bedingungen leiden und hierdurch letztlich die menschliche Gesundheit nachteilig beeinflusst wird.

2. Die Ernsthaftigkeit und Irreversibilität drohender Schäden

Da nicht jeder geringfügige oder völlig unbedeutende mögliche Schaden der Umwelt oder der menschlichen Gesundheit ausreichend ist, um den Anwendungsbereich des Vorsorgeprinzips zu eröffnen, sondern erforderlich ist, dass der drohende Schaden eine gewisse Erheblichkeits-

---

[967] Siehe hierzu die Ausführungen in Teil 2, Kapitel 2, II, 5.
[968] Siehe im Hinblick auf die Bildung von Resistenzen die Ausführungen in Teil 2, Kapitel 1, III, 1.
[969] *Hoffmann* u. a., Synthetic Gene Drives in Australia: Implications of Emerging Technologies, 2017, S. 7; *Eckardt*, Gene Drives – Kurzbericht, 2018, S. 24.
[970] *National Academy of Science Engineering and Medicine*, Gene Drives on the Horizon: Advancing Science, Navigating Uncertainty and Aligning Research with Public Values, 2016, S. 64; *Hoffmann* u. a., Synthetic Gene Drives in Australia: Implications of Emerging Technologies, 2017, S. 7.
[971] *National Academy of Science Engineering and Medicine*, Gene Drives on the Horizon: Advancing Science, Navigating Uncertainty and Aligning Research with Public Values, 2016, S. 63; *Eckardt*, Gene Drives – Kurzbericht, 2018, S. 25.
[972] *Eckardt*, Gene Drives – Kurzbericht, 2018, S. 25.

schwelle überschreitet[973], ist zu klären, ob es sich bei den im Falle der Freisetzung von Gene Drive-Organismen drohenden Schäden um erhebliche oder sogar ernsthafte bzw. irreversible Schäden handelt.

a. Ernsthaftigkeit drohender Schäden

Die Schwelle zu einem ernsthaften Schaden ist umso eher überschritten, je weiträumiger und länger anhaltend und damit je intensiver die Umwelt oder die menschliche Gesundheit nachteilig betroffen sind.[974]

Aufgrund der selbsttätigen Verbreitung eines in die Umwelt eingebrachten Gene Drive-Systems ist davon auszugehen, dass auch die hiermit einhergehenden nachteiligen Folgen nicht eng begrenzt, sondern weiträumig sind; dies nicht zuletzt deshalb, da verlässliche Methoden, ein einmal freigesetztes Gene Drive-System sicher räumlich zu begrenzen, derzeit nicht existieren, der Gene-Drive-Mechanismus auf andere Populationen oder Arten übergreifen und die Veränderung, erhebliche Dezimierung oder Ausrottung einer Population sich auf das gesamte Ökosystem auswirken kann.[975] Zwar sind in der Theorie mittels molekularer Strategien lokal begrenzbare Gene Drive-Systeme denkbar, ob und inwieweit eine räumliche Begrenzung jedoch in der natürlichen Umwelt funktioniert, ist wissenschaftlich nicht gesichert.[976]

Angesichts dessen, dass mittels der Gene Drive-Technik in Ökosysteme und damit komplexe Gebilde mit vielfältigen Interdependenzen eingegriffen wird, ist auch nicht davon auszugehen, dass die Umweltschäden lediglich über einen kurzen Zeitraum von einigen Wochen oder Monaten bestehen. Entsprechendes gilt im Hinblick auf drohende Schäden für die menschliche Gesundheit. Ist beispielsweise eine ehemals bestehende Herdenimmunität oder Widerstandsfähigkeit gegenüber einem bestimmten Krankheitserreger abhanden gekommen, ist nicht anzunehmen, dass sich diese kurzfristig wiederherstellen lässt. Auch erscheint unwahrscheinlich, dass ein neuartiger, gefährlicherer Krankheitserreger, der sich einmal etabliert hat, innerhalb eines kurzen Zeitraums wieder verschwindet.

Für die Ernsthaftigkeit der drohenden Umwelt- oder Gesundheitsschäden spricht schließlich, dass für künftige Generationen spürbare Nachteile entstehen können, indem die in einem Ökosystem bestehende Balance aus dem Gleichgewicht gebracht wird, sich andere vektorübertragene Krankheiten ausbreiten oder ein Krankheitserreger so mutiert, dass er schädlicher ist als zuvor.

Bedeutsame Rechtsgüter wie die Umwelt oder die menschliche Gesundheit drohen somit durch

---

[973] Siehe hierzu die Ausführungen in Teil 3, Kapitel 4, III, 2, b, cc.

[974] Siehe hierzu die Ausführungen in Teil 3, Kapitel 4, III, 2, cc, (3).

[975] *National Academy of Science Engineering and Medicine*, Gene Drives on the Horizon: Advancing Science, Navigating Uncertainty and Aligning Research with Public Values, 2016, S. 3f. *Steinbrecher/Wells*, in: Gene Drives – A report on their science, applications, social aspects, ethics and regulations, 21–68 (S. 54).

[976] Siehe hierzu die Ausführungen in Teil 2, Kapitel 1, III, 2.

die Freisetzung von Gene Drive-Organismen nicht nur lokal begrenzt und für einen kurzen Zeitraum, sondern weiträumig und langanhaltend und damit besonders intensiv nachteilig beeinflusst zu werden.[977]

b. Irreversibilität drohender Schäden

Irreversibel ist ein Schaden, wenn die technischen Möglichkeiten fehlen, den status quo ante wiederherzustellen oder eine Wiederherstellung des vorherigen Zustands nur mit erheblichem Aufwand, finanziellen Ressourcen oder nach Ablauf einer beträchtlichen Zeitspanne möglich erscheint.[978]

Zwar wird an rückholbaren Gene Drive-Systemen sowie selbstlimitierenden Gene Drive-Systemen, die nach einer gewissen Zeitspanne bzw. Generationenfolge aus der Population verschwinden, intensiv geforscht, allerdings sind solche derzeit als unzureichend zu charakterisieren.[979] Es ist somit davon auszugehen, dass ein einmal freigesetztes Gene Drive-System nicht rückstandslos aus der Umwelt entfernt werden kann, der im Vorfeld der Freisetzung bestehende Zustand also nicht wiederhergestellt werden kann.

Im Übrigen ist selbst im Falle der Rückholung eines Gene Drive oder bei selbstlimitierenden Gene Drives nicht sichergestellt, dass im Zeitraum zwischen erstmaliger Freisetzung und Verschwinden des Gene Drive-Mechanismus eingetretene nachteilige Veränderungen der Umwelt oder menschlichen Gesundheit durch ein Verschwinden des Gene Drive-Systems beseitigt werden. Denn wird eine freigewordene ökologische Nische von anderen Organismen besetzt, entstehen durch die vorübergehende erhebliche Reduzierung oder Ausrottung einer Population oder Art nachteilige Auswirkungen auf andere, mit dieser Population interagierende Organismen bzw. ist infolgedessen eine vormals vorhandene Herdenimmunität in geringerem Maße vorhanden oder werden durch die Freisetzung von Gene Drive-Organismen evolutionäre Prozesse in Gang gesetzt, sind die hierdurch verursachten Folgen für die Umwelt oder die menschliche Gesundheit nicht alleine durch das Verschwinden des Gene Drive-Systems zu beheben. Vielmehr wäre die Wiederherstellung eines aus der Balance geratenen Ökosystems, die Bekämpfung eines neuartigen Krankheitserregers oder einer erneut in erheblichem Maße auftretenden Erkrankung in finanzieller und ressourcentechnischer Hinsicht mit erheblichem Aufwand verbunden.

Da derzeit nicht sichergestellt werden kann, dass ein einmal in die Umwelt freigesetzter Gene Drive-Mechanismus zurückgeholt und der status quo ante wiederhergestellt werden kann bzw.

---

[977] In einer im Jahr 2019 veröffentlichten Untersuchung wird sogenannten „self-propagating artificial genetic elements“ (SPARGE) und insbesondere Gene Drives eine hohe Eingriffstiefe, eine hohe technologische Wirkmächtigkeit sowie eine hohe Reichweite mit Blick auf die Exposition zugemessen, *Frieß/Giese/von Gleich*, in: Gene Drives – Potenziale, Risiken, Besorgnisgründe, 12–22 (S. 13).

[978] Siehe hierzu die Ausführungen in Teil 3, Kapitel 4, III, 2, b, cc, (2).

[979] Siehe hierzu die Ausführungen in Teil 2, Kapitel 1, III, 2.

eine Wiederherstellung des ursprünglichen Zustands mit erheblichem Aufwand verbunden wäre, sind mögliche nachteilige Folgen irreversibel.[980]

3. Zwischenergebnis

Zusammenfassend ist derzeit nicht absehbar, ob, in welchem Umfang und mit welcher Wahrscheinlichkeit die Freisetzung von Gene Drive-Organismen nachteilige Umweltauswirkungen nach sich zieht oder die menschliche Gesundheit nachteilig beeinflusst, es bestehen auf Grundlage wissenschaftlicher Erkenntnisse allerdings Anhaltspunkte dafür, dass eine Freisetzung geeignet ist, die menschliche Gesundheit oder Ökosysteme nachteilig zu verändern. Insbesondere kann die Freisetzung zum Verlust von Arten und/oder Populationen sowie einer Einbuße der genetischen Vielfalt führen oder dazu, dass Erkrankungen langfristig häufiger auftreten oder deren Auswirkungen gravierender sind.

Gemeinsam ist den dargestellten Schadensszenarien, dass aufgrund der Komplexität von Ökosystemen, Populationsdynamiken und evolutionären Prozessen sowie der Vielgestaltigkeit der Gene Drive-Technik zum jetzigen Zeitpunkt nicht wissenschaftlich als gesichert gelten kann, welche Schäden im Falle einer Freisetzung eines bestimmten Gene Drive-Systems eintreten, wie gravierend die Auswirkungen für die Umwelt oder die menschliche Gesundheit im konkreten Fall sind und mit welcher Wahrscheinlichkeit Schäden eintreten.[981]

Die wissenschaftliche Ungewissheit beruht sowohl auf fehlenden Daten – beispielsweise das Genom sämtlicher wildlebender Zielorganismen betreffend – als auch auf der Komplexität natürlicher Systeme. Denn:

> „Nicht nur Gene Drives beeinflussen die Umwelt, die Umwelt beeinflusst auch die Gene Drives."[982]

Hinzu kommt, dass sehr fraglich ist, ob und inwieweit vorhandene Methoden und Modelle zur Ermittlung möglicher Risiken im Hinblick auf Gene Drive-Organismen geeignet sind, belastbare Vorhersagen zu treffen.[983]

Wenngleich im Hinblick auf die Funktionsweise und die Begrenzungsmöglichkeiten zwischen unterschiedlichen Gene Drive-Systemen unterschieden werden muss[984], besteht aufgrund der-

[980] So auch *National Academy of Science Engineering and Medicine*, Gene Drives on the Horizon: Advancing Science, Navigating Uncertainty and Aligning Research with Public Values, 2016, S. 6.

[981] *Frieß/Giese/von Gleich*, in: Gene Drives – Potenziale, Risiken, Besorgnisgründe, 12–22 (S. 19f.).

[982] *Frieß/Giese/von Gleich*, in: Gene Drives – Potenziale, Risiken, Besorgnisgründe, 12–22 (S. 19).

[983] *Frieß/Giese/von Gleich*, in: Gene Drives – Potenziale, Risiken, Besorgnisgründe, 12–22 (S. 19).

[984] Besonders problematisch werden X-Shredder-, MEDEA sowie CRISPR-Cas-9-basierte Gene Drive-Systeme angesehen, während Underdominance- und Killer-Rescue-basierte Gene Drives im Vergleich eine etwas geringere Eingriffsintensität zukommt, siehe die vergleichende Technikcharakterisierung im Rahmen des Pilot-Projekts Gene Tip, *Frieß/Giese/von Gleich*, in: Gene Drives – Potenziale, Risiken, Besorgnisgründe, 12–22 (S. 15ff.). Siehe hierzu auch die seitens der EFSA vorgenommene Kategorisierung diverser Gene Drive-Systeme zur Anwendung bei Insekten: *EFSA GMO Panel*, Adequacy and sufficiency evaluation on existing EFSA guidelines for the molecular characterisation, environmental risk assessment and post-market environmental monitoring of genetically modified insects containing engineered gene drives, 2020, S. 19.

zeit vorhandener wissenschaftlicher Informationen in Bezug auf sämtliche Gene Drive-Systeme die begründete Besorgnis, dass infolge einer Freisetzung die Umwelt bzw. die menschliche Gesundheit ernsthaft und irreversibel und damit jedenfalls auch erheblich geschädigt wird.

II. Die Rechtsfolgen des Vorsorgeprinzips

Einleitend ist festzuhalten, dass das Vorsorgeprinzip jedenfalls nicht dazu führt, dass diejenige Partei, die eine Freisetzung von Gene Drive-Organismen beabsichtigt, darlegen und beweisen muss, dass hierdurch keine schädlichen Auswirkungen auf die Umwelt oder die menschliche Gesundheit verursacht werden. Denn eine allgemeine Beweislastumkehr und Festlegung eines Null-Risiko-Standards ist nicht zum Kernbestand des Vorsorgeprinzips zu zählen.[985]
Folge der Anwendung des Vorsorgeprinzips ist somit nicht, dass die Freisetzung von Gene-Drive Organismen unzulässig ist, solange nicht die Unschädlichkeit eines Freisetzungsvorhabens wissenschaftlich belegt ist, was angesichts der Schwierigkeit, einen solchen Nachweis zu erbringen, einem Verbot gleichkäme.

1. „Ob“ des staatlichen Tätigwerdens

Ist ein Vorsorgeanlass gegeben, verbietet es das Vorsorgeprinzip Staaten, sich angesichts der mit einer Freisetzung von Gene Drive-Organismen einhergehenden wissenschaftlichen Ungewissheit auf ein Nichthandeln zurückzuziehen. Jede absichtliche Freisetzung von Gene Drive-Organismen bringt rechtlich relevante und beachtliche Risiken mit sich, die nicht ignoriert werden dürfen, sondern berücksichtigt und in den staatlichen Entscheidungsprozess einbezogen werden müssen.[986] Es darf nicht lediglich deshalb, da nicht mit (annähernder) Sicherheit beurteilt werden kann, ob und inwieweit infolge einer Freisetzung von Gene Drive-Organismen Schäden für die Umwelt oder die menschliche Gesundheit drohen, darauf geschlossen werden, es drohe kein Schaden.
Für staatliches Tätigwerden muss ferner nicht – wie bei Anwendung des Präventionsprinzips – abgewartet werden, bis die mit einer Freisetzung von Gene Drive-Organismen einhergehenden Risiken bezifferbar sind. Vielmehr können Staaten mit dem Ziel der Verwirklichung eines möglichst umfassenden Umwelt- und Gesundheitsschutzes und der Verhinderung bzw. Verringerung von Umwelt- und Gesundheitsschäden bereits zu einem früheren Zeitpunkt regulierend tätig werden, nämlich, sobald plausible wissenschaftliche Anhaltspunkte gegeben sind, dass die Freisetzung von Gene Drive-Organismen zu erheblichen bzw. ernsthaften oder irreversiblen Umwelt- und/oder Gesundheitsschäden führen kann. Dies gilt insbesondere auch dann, wenn die nationalen Maßnahmen im konkreten Einzelfall internationalen Verpflichtungen zuwider-

[985] Siehe hierzu die Ausführungen in Teil 3, Kapitel 4, III, 3, a, aa.
[986] So ohne Bezug zur Gene Drive-Technik: *McAllister*, Ecology Law Quaterly 149 (32) 2005, 149 (S. 157).

laufen; ein etwaiger Verstoß kann insoweit unter Rückgriff auf das Vorsorgeprinzip gerechtfertigt werden. Macht ein Staat von diesem ihm zukommenden Recht Gebrauch, ist ein anderer zur Duldung der getroffenen Maßnahmen verpflichtet.

Es verbleibt jedoch nicht bei diesem Recht der Staaten, vielmehr tritt zu dem Recht die Verhaltenspflicht hinzu, den mit der Freisetzung von Gene Drive-Organismen einhergehenden Risiken zu begegnen und eine vorsorgende Entscheidung zu treffen. Um einen Schadenseintritt zu verhindern bzw. die mit dem Einsatz der Gene Drive-Technik einhergehenden Risiken so weit wie möglich zu verringern, sind Staaten verpflichtet, im Hinblick auf die Freisetzung von Gene Drive-Organismen regulierend tätig zu werden. Verletzt ein Staat diese ihm obliegende Verhaltenspflicht, liegt ein Völkerrechtsverstoß vor. Ein Staat kann damit von einem anderen eine vorsorgende Entscheidung bereits dann verlangen, wenn lediglich plausible wissenschaftliche Anhaltspunkte dafür bestehen, dass die Freisetzung von Gene Drive-Organismen zu erheblichen bzw. ernsthaften oder irreversiblen Umwelt- und/oder Gesundheitsschäden in Bereichen drohen, die unter der Hoheitsgewalt des anspruchstellenden Staates stehen.

Hinsichtlich des „Ob“ des Tätigwerdens verbleibt den Staaten damit kein Spielraum.

2. „Wie“ des staatlichen Tätigwerdens

Vor allem Kritiker nehmen an, das Vorsorgeprinzip verpflichte dazu, eine neuartige Technologie, die potentiell erhebliche Umwelt- oder Gesundheitsschäden hervorrufen kann, zu verbieten oder Beschränkungen zu unterwerfen.[987] Richtigerweise verpflichtet das Vorsorgeprinzip jedoch nicht dazu, mit dem Einsatz neuartiger Technologien potentiell drohende Schäden im Sinne einer Erfolgsverpflichtung zu verhindern; Staaten sind vielmehr aufgefordert, im Einzelfall mit angemessener Sorgfalt zu agieren und Schäden für die Umwelt und die menschliche Gesundheit so weit wie möglich zu verhindern.[988]

Das Vorsorgeprinzip verpflichtet somit im Hinblick auf die Freisetzung von Gene Drive-Organismen zu einer staatlichen Entscheidung im Sinne einer Regulierung zur Risikoabwehr bzw. -begrenzung, gibt aber nicht vor, welche konkrete(n) Maßnahme(n) zu ergreifen sind.[989] In der Regel umfasst eine vorsorgende staatliche Entscheidung ohnehin eine Kombination verschiedener Maßnahmen.[990] Diese Unbestimmtheit im Hinblick auf die Rechtsfolgen kann zwar einerseits als Schwäche aufgefasst werden; andererseits erlaubt aber nur ein so verstandenes Vorsorgeprinzip an den Einzelfall angepasstes staatliches Agieren und leistet somit einen wichtigen Beitrag im Umgang mit der Gene Drive-Technik.

---

[987] *Cross*, Washington and Lee Review 53 (3), 1996, 851 (S. 851); *Adler*, Case Western Reserve University School of Law Scholary Commons 2000, 173 (S. 195); *Sunstein*, University of Pennsylvania Law Review 151 (3), 2003, 1003 (S. 1018); *McAllister*, Ecology Law Quaterly 149 (32) 2005, 149 (S. 155).

[988] Siehe hierzu die Ausführungen in Teil 3, Kapitel 4, III, 3, b, cc.

[989] Siehe hierzu auch die Ausführungen in Teil 3, Kapitel 4, III, 3, b, cc.

[990] *Trouwborst*, Precautionary Rights and Duties of States, S. 178.

Im Folgenden soll untersucht werden, inwieweit sich die materiellen Anforderungen an eine vorsorgende staatliche Entscheidung in Zusammenhang mit der Freisetzung von Gene Drive-Organismen konkretisieren lassen und welche prozessualen Anforderungen dem Vorsorgeprinzip im Hinblick auf die Freisetzung von Gene Drive-Organismen zu entnehmen sind. Ziel ist es, einen Verhaltensmaßstab für staatliches Tätigwerden in Zusammenhang mit der Freisetzung von Gene Drive-Organismen herauszuarbeiten.

a. Materielle Anforderungen an eine vorsorgende Entscheidung im Hinblick auf die Freisetzung von Gene Drive-Organismen

In materieller Hinsicht verlangt das Vorsorgeprinzip eine staatliche Entscheidung zur Risikoabwehr und -begrenzung. Der Umsetzung des Vorsorgeprinzips können sowohl gesetzgeberische als auch administrative Maßnahmen dienen, auch Gerichten kommt hierbei Bedeutung zu.[991] Um genauer zu bestimmen, welche Maßnahme oder Kombination von Maßnahmen in Zusammenhang mit der Freisetzung von Gene Drive-Organismen zur Umsetzung des Vorsorgeprinzips ergriffen werden können bzw. müssen, ist erforderlich, die abstrakten Vorgaben, die aus dem Vorsorgeprinzip ableitbar sind, auf die Umstände des jeweiligen Einzelfalls zuzuschneiden.
Die im Einzelfall zu treffenden Maßnahmen müssen geeignet sein, dem in Rede stehenden Risiko effektiv zu begegnen und im konkreten Einzelfall angemessen sein.[992]

aa. Die Geeignetheit der Vorsorgemaßnahme(n) zur effektiven Risikoeindämmung

Aus dem Kreis der in Umsetzung des Vorsorgeprinzips zu ergreifenden Maßnahmen scheiden damit solche aus, die angesichts des in Rede stehenden Risikos keinen Beitrag zum Schutz der Umwelt bzw. dem Schutz der menschlichen Gesundheit leisten und bei denen von vornherein ersichtlich ist, dass sie nicht in der Lage sind, potentielle Schäden einzudämmen oder zu verringern.[993] Maßnahmen ist die Geeignetheit zur effektiven Risikoeindämmung damit insbesondere abzusprechen, wenn sie bezogen auf das Risiko keine Auswirkungen haben oder aus technischen oder sonstigen Gründen nicht umsetzbar sind. Dabei ist einerseits der Tatsache ausreichend Raum einzuräumen, dass in der natürlichen Umwelt zahlreiche Interdependenzen existieren, andererseits müssen bei der Beurteilung, ob eine Vorsorgemaßnahme geeignet ist, sowohl kurz- als auch langfristige Auswirkungen und die räumliche Reichweite möglicher Auswirkungen berücksichtigt werden.[994]
Unter Zugrundelegung dessen stellt bezogen auf eine Freisetzung von Gene Drive-Organismen

[991] *Trouwborst*, Precautionary Rights and Duties of States, S. 181.
[992] Siehe hierzu die Ausführungen in Teil 3, Kapitel 4, III, 3, c, aa und bb.
[993] *Trouwborst*, Precautionary Rights and Duties of States, S. 147ff.
[994] *Trouwborst*, Precautionary Rights and Duties of States, S. 182f.; *Hey*, Georgetown International Environmental Law Review 4 (2), 1992, 303 (S. 308f.).

beispielsweise die Markierung oder Kennzeichnung der freigesetzten Gene Drive-Organismen, um diese im Nachgang identifizieren zu können, für sich genommen keine ausreichende Vorsorgemaßnahme dar. Denn die Markierung oder Kennzeichnung hat keine Auswirkungen darauf, ob die mit einer Freisetzung einhergehenden Risiken für die Umwelt oder die menschliche Gesundheit eintreten. Allein die Tatsache, dass ein Gene Drive-Organismus als solcher zu erkennen ist, beeinflusst dessen Wirkweise nicht; die Markierung oder Kennzeichnung beugt damit weder einer nachteiligen Veränderung noch einem Zusammenbruch eines Ökosystems vor und vermag auch einen möglichen Verlust von Arten oder Populationen nicht zu beeinflussen. Ebensowenig hat eine Markierung oder Kennzeichnung Einfluss auf etwaige Folgen für die menschliche Gesundheit. Es wird vielmehr lediglich ein Auffinden der mittels Gene Drive veränderten Organismen im Nachgang erleichtert.

Hingegen handelt es sich beispielsweise bei einem Freisetzungsmoratorium oder gar einem Freisetzungsverbot um Maßnahmen, die das mit einer Freisetzung von Gene Drive-Organismen einhergehende Risiko für die Umwelt oder menschliche Gesundheit effektiv begrenzen und somit – abhängig von dem im Einzelfall festgelegten Schutzniveau – geeignete Vorsorgemaßnahmen darstellen können. Auch eine Beweislastumkehr dahingehend, dass derjenige, der ein Freisetzungsvorhaben durchführen möchte, darlegen und beweisen muss, dass ein solches keine erheblichen nachteiligen Auswirkungen auf die Umwelt oder die menschliche Gesundheit hat, kann eine geeignete Vorsorgemaßnahme darstellen. Klarzustellen ist, dass zwar die Markierung oder Kennzeichnung von Gene Drive-Mechanismen als alleinige Maßnahme den Anforderungen an eine in räumlicher und zeitlicher Hinsicht umfassende Vorsorgeentscheidung nicht gerecht wird, es sich in Verbindung mit weiteren Maßnahmen hingegen sehr wohl um eine Maßnahme handeln kann, die der Umsetzung des Vorsorgeprinzips dient.

Staaten kommt damit ein beachtlicher Spielraum dahingehend zu, wie das Vorsorgeprinzip in Zusammenhang mit einer Freisetzung von Gene Drive-Organismen umgesetzt wird. Das Kriterium der Geeignetheit vermag lediglich Maßnahmen, bei denen von vornherein ersichtlich ist, dass sie nicht in der Lage sind, in Zusammenhang mit der Freisetzung von Gene Drive-Organismen zum Schutz der Umwelt oder menschlichen Gesundheit beizutragen, aus dem Kreis tauglicher vorsorgender Maßnahmen auszuschließen.

bb. Die Angemessenheit der Vorsorgemaßnahme(n)

Die Anforderung der Angemessenheit des vorsorgenden Verhaltens erstreckt sich auf drei voneinander zu unterscheidende Aspekte.[995] Zunächst muss die staatliche Entscheidung in einem angemessenen Verhältnis zu dem in Rede stehenden Risiko stehen.[996] Daneben muss die staatliche Entscheidung im Hinblick auf die damit verbundenen Kosten und Gegenrisiken angemessen

[995] Siehe hierzu die Ausführungen in Teil 3, Kapitel 4, III, 3, c, bb, (2).
[996] *Trouwborst*, RECIEL 16 (2), 2007, 185 (S. 189); *Andorno*, JIBL 1 (1) 2004, 11 (S. 18); *Jaeckel*, S. 41.

sein.[997] Schließlich ist erforderlich, dass diese an der jeweiligen staatlichen Leistungsfähigkeit im Sinne der ökonomischen, sozialen und technologischen Leistungsfähigkeit ausgerichtet wird.[998]

(1) Die Angemessenheit im Hinblick auf das mit einer Freisetzung von Gene Drive-Organismen einhergehende Risiko im Einzelfall

Vorsorgemaßnahmen müssen umso stärker ausfallen und umso eher vorgenommen werden, je gravierender die potentiellen Schäden sind und je eher Schäden zeitlich bevorstehen und sowohl potentiellen kurz- als auch langfristigen nachteiligen Auswirkungen Rechnung tragen.[999] Maßgeblich ist, wie sich die Bedrohung für die Umwelt oder die menschliche Gesundheit auf Grundlage der vorhandenen wissenschaftlichen Informationen darstellt.

Für die Umsetzung des Vorsorgeprinzips in Zusammenhang mit der Freisetzung von Gene Drive-Organismen bedeutet dies, dass das vorsorgende Verhalten an der im konkreten Einzelfall möglichen Gefährdung auszurichten ist. Angesichts der Vielgestaltigkeit der Gene Drive-Technik ist eine differenzierte Betrachtung erforderlich.

Zunächst ist zwischen verschiedenen Gene Drive-Systemen zu unterscheiden, wobei sich eine Kategorisierung anhand dreier Merkmale anbietet: der beabsichtigten räumlichen Ausbreitung, der beabsichtigten zeitlichen Ausbreitung sowie der erforderlichen Einsatzschwelle.[1000] Im Hinblick auf die räumliche Ausbreitung sind lokal wirkende Gene Drive-Systeme von solchen zu unterscheiden, die sich räumlich unbegrenzt und damit global ausbreiten sollen.[1001] Eng damit zusammen hängt die Unterscheidung zwischen Gene Drive-Systemen mit hoher Einsatzschwelle und solchen mit niedriger Einsatzschwelle: während bei Gene Drive-Systemen mit hoher Einsatzschwelle erforderlich ist, dass eine bestimmte Anzahl an veränderten Organismen in die Zielpopulation eingebracht wird, das Verhältnis von gentechnisch veränderten Individuen zu Wildtypen also einen gewissen Prozentsatz überschreitet, reicht im Falle von Gene Drive-Systemen mit niedriger Einsatzschwelle bereits die Freisetzung einiger weniger veränderter Organismen aus, um den Gene Drive in einer Zielpopulation zu etablieren.[1002] Demgemäß er-

---

[997] *de Sadeleer*, Environmental Principles – From Political Slogans to Legal Rules, S. 171. So auch: *Kommission der Europäischen Gemeinschaften*, Mitteilung der Kommission über die Anwendbarkeit des Vorsorgeprinzips, KOM 2000 (1) endg., Ziff. 6.3.4.

[998] *Boisson de Chazournes*, in: Law of the Sea, Environmental Law and Settlement of Disputes, 21–34 (S. 25).

[999] *Trouwborst*, Precautionary Rights and Duties of States, S. 150; *Marr*, S. 37.

[1000] Eine derartige Unterscheidung nimmt beispielsweise das für gentechnisch veränderte Organismen zuständige Gremium der EFSA im Rahmen der 2020 erschienenen wissenschaftlichen Stellungnahme zum Anpassungsbedarf bestehender Leitlinien für den Umgang mit mittels Gene Drive gentechnisch veränderten Insekten vor: *EFSA GMO Panel*, Adequacy and sufficiency evaluation on existing EFSA guidelines for the molecular characterisation, environmental risk assessment and post-market environmental monitoring of genetically modified insects containing engineered gene drives, 2020, S. 19. Siehe hierzu sowie zum Folgenden auch die Ausführungen in Teil 2, Kapitel 1, I, 3, e, bb.

[1001] Siehe hierzu die Ausführungen in Teil 2, Kapitel 1, I, 3, e, bb.

[1002] Siehe hierzu die Ausführungen in Teil 2, Kapitel 1, I, 3, e, bb, (a).

lauben Gene Drive-Systeme mit hoher Einsatzschwelle mit größerer Wahrscheinlichkeit eine räumliche Begrenzung als solche mit niedriger Einsatzschwelle.[1003] Zu unterscheiden sind ferner selbstlimitierende Gene Drive-Systeme, die lediglich für eine begrenzte Zeitdauer in der Zielpopulation verbleiben, von selbsterhaltenden Gene Drive-Systemen, die für unbestimmte Zeit, im Falle eines Gene Drive zur Populationsausrottung längstens bis zum Verschwinden der Zielpopulation, in dieser verbleiben.[1004]

Daneben ist die Rolle der Zielorganismen im Ökosystem in die Betrachtung einzustellen, also zu berücksichtigen, ob es sich bei der Zielpopulation eher um eine Schlüsselspezies oder eine Randspezies handelt.

Schließlich ist zu berücksichtigen, ob die Möglichkeit zur räumlich-zeitlichen Begrenzung dem einmal freigesetzten Gene Drive-System immanent ist (wie beispielsweise im Falle von „Daisy Chain Drives“[1005]), hierfür die Freisetzung eines sekundären Gene Drive erforderlich ist (Beispiele hierfür sind der „Reversal Drive“ oder der „Immunizing Drive“[1006]) oder die Eindämmung mittels einer anschließenden Freisetzung von Wildtyp-Organismen erfolgen soll, um das Verhältnis zwischen Gene Drive-Organismen und Organismen des Wildtyps zu beeinflussen und so den Gene Drive abzuschwächen.[1007]

Zwar begegnet eine eindeutige Zuordnung sämtlicher Gene Drive-Systeme zu den betreffenden Kategorien mitunter Schwierigkeiten, jedoch ist festzuhalten, dass das Schadenspotential für die Umwelt bzw. die menschliche Gesundheit umso geringer ausfällt, je eher das Gene Drive-System auf Basis der verfügbaren wissenschaftlichen Informationen lokal und zeitlich begrenzt wirkt und die Zielpopulation einer Randspezies zuzuordnen ist. Umgekehrt ist, je eher ein Gene Drive-System räumlich und zeitlich unbegrenzt in freier Wildbahn agiert und die Zielpopulation auf vielfältige Weise mit anderen Populationen und Arten vernetzt ist, das Schadenspotential umso höher einzustufen. Das Schadenspotential ist zudem umso höher, je eher eine Begrenzung des Gene Drive-Mechanismus die Einbringung eines weiteren Gene Drive-Systems in die Umwelt erfordert, da in diesem Fall erneut ein selbsttätiges System in die Umwelt eingebracht wird und auf derselben Technik beruhende, begrenzende Gene Drive-Systeme ebenfalls mehrere Generationen benötigen, um sich in einer Population zu verbreiten.[1008]

Entsprechend sind, je eher das Gene Drive-System räumlich und zeitlich unbegrenzt wirkt oder für eine räumlich-zeitliche Begrenzung erneut die Freisetzung eines Gene Drive-Systems erforderlich ist und die Zielpopulation einer Schlüsselspezies angehört, strengere Vorsorgemaßnah-

---

[1003] *EFSA GMO Panel*, Adequacy and sufficiency evaluation on existing EFSA guidelines for the molecular characterisation, environmental risk assessment and post-market environmental monitoring of genetically modified insects containing engineered gene drives, 2020, S. 17.

[1004] Siehe hierzu die Ausführungen in Teil 2, Kapitel 1, I, 3, e, bb, (b).

[1005] Siehe zur Funktionsweise die Ausführungen in Teil 2, Kapitel 1, III, 2.

[1006] Siehe hierzu die Ausführungen in Teil 2, Kapitel 1, III, 2.

[1007] Diese Möglichkeit kommt beispielsweise bei Underdominance-Drives in Betracht, *Frieß/Giese/von Gleich*, in: Gene Drives – Potenziale, Risiken, Besorgnisgründe, 12–22 (S. 17).

[1008] *Frieß/Giese/von Gleich*, in: Gene Drives – Potenziale, Risiken, Besorgnisgründe, 12–22 (S. 18f.).

men zu ergreifen. Je eher hingegen eine räumlich-zeitliche Begrenzbarkeit möglich scheint und eine solche dem Gene Drive-System immanent ist oder durch die Freisetzung von Wildtypen erfolgen kann und die Zielpopulation einer Randspezies zuzuordnen ist, desto schwächer dürfen Vorsorgemaßnahmen ausfallen.

Darüber hinaus bietet sich eine Unterscheidung zwischen der Freisetzung eines Gene Drive-Systems im Rahmen einer Forschungsaktivität und der regulären Verwendung eines Gene Drive-Systems an.[1009]

(2) Die Angemessenheit im Hinblick auf mit einer Vorsorgemaßnahme verbundene Kosten und Gegenrisiken

Neben der Ausrichtung einer vorsorgenden staatlichen Entscheidung an dem mit einer Freisetzung von Gene Drive-Organismen im Einzelfall einhergehenden Risiko ist erforderlich, im Rahmen der Vorsorgeentscheidung die mit einer Vorsorgemaßnahme einhergehenden Kosten zu berücksichtigen.[1010] Zu berücksichtigen ist insbesondere, inwieweit durch die Vorsorgemaßnahme, die der Verhinderung oder Minimierung eines bestimmten Risikos dient, andere Risiken hervorgerufen werden.[1011]

Notwendigkeit der Berücksichtigung von Kosten-Nutzen-Erwägungen und Gegenrisiken

Würde das Vorsorgeprinzip dazu verpflichten, eine Vorsorgemaßnahme ohne Berücksichtigung der mit dieser einhergehenden Kosten vorzunehmen, könnte dies dazu führen, dass die Situation infolge einer vorsorgenden Maßnahme verglichen mit der Situation, in der keine Vorsorgemaßnahme getroffen wird, insgesamt betrachtet nachteiliger wäre.[1012] Die Tatsache, dass mit der Vornahme einer risikobehafteten Aktivität ein gewisser Nutzen einhergeht, bliebe unberücksichtigt.[1013] Auf die Freisetzung von Gene Drive-Organismen bezogen würde beispielsweise ein Freisetzungsverbot mit dem Ziel, den mit der Freisetzung einhergehenden Risiken für die Umwelt bzw. die menschliche Gesundheit zu begegnen, dazu führen, dass die mit einem Freisetzungsvorhaben einhergehenden Vorteile entfallen. Soll der Einsatz der Gene Drive-Technik dazu dienen, Infektionskrankheiten wie Malaria zurückzudrängen, würden die mit einer Freisetzung von Gene Drive-Organismen verbundenen Fortschritte bei der Eindämmung von Malaria oder anderen verktorübertragenen Erkrankungen entfallen, sodass eine Verbesserung der ge-

[1009] Siehe zu einer solchen Differenzierung im Hinblick auf Geoengineeringaktivitäten beispielsweise: Report of the Thirtieth Consultative Meeting and the Third Meeting of the Contracting Parties, Resolution LC-LP.1 (2008) on the Regulation of Ocean Fertilization, 31. Oktober 2008, Ziff. 8.

[1010] *Epiney/Scheyli*, S. 122f.; *Godard*, Revue Économique 54 (6) 2003, 1245 (S. 1263); *Pyhälä/Brusendorff/Paulomäki*, in: Research Handbook on International Environmental Law, 203–224 (S. 215).

[1011] *Trouwborst*, RECIEL 16 (2), 2007, 185 (S. 189).

[1012] *Sunstein*, University of Pennsylvania Law Review 151 (3), 2003, 1003 (S. 1023); *Pyhälä/Brusendorff/Paulomäki*, in: Research Handbook on International Environmental Law, 203–224 (S. 216); *Wibisana*, in: Environmental Law and Development – Lessons from the Indonesian Experience, 24–76 (S. 51).

[1013] *Arcuri*, in: Frontiers in the Economics of Environmental Regulation and Liability, 19–63 (S. 38).

sundheitlichen Situation zahlreicher Menschen infolge des Einsatzes der Gene Drive-Technik nicht eintreten würde. Wäre beabsichtigt, Gene Drive-Organismen freizusetzen, um Nutzpflanzen widerstandsfähiger gegen gewisse Schädlinge oder sonstige Umwelteinflüsse zu machen, würden im Falle eines Freisetzungsverbots die mit der Steigerung der landwirtschaftlichen Erträge verbundene Vorteile wie beispielsweise eine bessere Nahrungsmittelversorgung entfallen. Im Falle des Einsatzes eines Gene Drive-Systems zum Schutz von Populationen, die durch invasive Arten bedroht sind, wäre die Population der Bedrohung weiter ausgesetzt. Unberücksichtigt blieben auch die mit einer Vorsorgemaßnahme direkt einhergehenden Kosten, sodass beispielsweise dem mit der Umsetzung des Freisetzungsverbots einhergehenden monetären Aufwand für die Entscheidungsfindung keine Bedeutung zukommen würde.

Entsprechendes gilt im Hinblick auf die durch das vorsorgende Verhalten selbst hervorgerufenen Risiken.[1014] Legt ein Entscheider den Fokus ausschließlich darauf, ein bestimmtes, mit einer Aktivität einhergehendes Risiko zu bekämpfen, führt dies im besten Fall zu einer ineffizienten Vorgehensweise, im schlechtesten Fall dazu, dass mit der Vornahme einer Vorsorgemaßnahme verglichen zur Situation ohne vorsorgende Maßnahme größere Risiken geschaffen werden.[1015] Im Falle eines Freisetzungsverbots von Gene Drive-Organismen zur Ertragssteigerung in der Landwirtschaft würde beispielsweise unberücksichtigt bleiben, dass ohne den Einsatz des Gene Drive-Systems der Pestizideinsatz ansteigt.

Methoden zur Berücksichtigung von Kosten-Nutzen-Erwägungen und Gegenrisiken

Für die Art und Weise, wie Kosten-Nutzen-Erwägungen und Gegenrisiken im Rahmen des staatlichen Entscheidungsprozesses Berücksichtigung finden können, existieren diverse Methoden.[1016]

Im Rahmen der klassischen, quantitativen Kosten-Nutzen-Analyse werden sowohl die Kosten als auch der Nutzen einer bestimmten Entscheidung oder Aktivität in Geldwert bemessen; übersteigt der so ermittelte Nutzen die Kosten, streitet die Kosten-Nutzen-Analyse dafür, die Entscheidung zu treffen bzw. die Aktivität vorzunehmen.[1017] Zwar wird die Durchführung einer quantitativen Kosten-Nutzen-Analyse teilweise mit dem Argument befürwortet, sie ermögliche,

[1014] *Wiener*, in: Human and Ecological Risk Assessment: Theory and Practice, 1509–1531 (S. 1018ff.); *Arcuri*, in: Frontiers in the Economics of Environmental Regulation and Liability, 19–63 (S. 44). Beispielsweise würde ein Verzicht auf die Nutzung von Kernenergie wegen der potentiellen Gefahr eines Störfalls mit gravierenden Auswirkungen auf die Umwelt sowie die menschliche Gesundheit dazu führen, dass der Energiebedarf anderweitig gedeckt werden müsste; würde Energie stattdessen mithilfe fossiler Energieträger erzeugt, bestünde das Risiko einer Beschleunigung des Klimawandels mit ebenfalls gravierenden Auswirkungen auf die Umwelt und menschliche Gesundheit, siehe *Wiener*, in: The Oxford Handbook of International Environmental Law, 598–612 (S. 609); *de Sadeleer*, Environmental Principles – From Political Slogans to Legal Rules, S. 172.

[1015] *Sunstein*, S. 29f.

[1016] Eine Zusammenstellung diverser, im Folgenden aufgeführter Möglichkeiten zum Umgang mit wissenschaftlicher Ungewissheit im Anwendungsbereich des Vorsorgeprinzips findet sich bei: *Schröter*, S. 311.

[1017] *Wibisana*, in: Environmental Law and Development – Lessons from the Indonesian Experience, 24–76 (S. 47).

eine möglichst objektive Entscheidung zu treffen.[1018] Gegen die Vornahme einer quantitativen Kosten-Nutzen-Analyse in Zusammenhang mit dem Schutz der Umwelt oder der menschlichen Gesundheit spricht jedoch, dass der Wert der Artenvielfalt, eines funktionierenden Ökosystems, einer bestimmten Art oder Population oder der menschlichen Gesundheit in Geld nicht messbar ist.[1019] Zudem stellt sich die Durchführung einer quantitativen Kosten-Nutzen-Analyse zur Umsetzung des Vorsorgeprinzips und damit im Falle wissenschaftlicher Ungewissheit als ungeeignet dar.[1020] Denn Voraussetzung dafür, dass eine Kosten-Nutzen-Analyse durchgeführt werden kann, ist, dass im Hinblick auf mit einer Entscheidung oder Aktivität einhergehende Kosten und Nutzen ausreichend Informationen vorhanden sind.[1021] Im Falle wissenschaftlicher Ungewissheit ist gerade der mit einer Regulierungsentscheidung einhergehende Nutzen schwierig zu ermitteln.[1022] Es besteht zudem die Gefahr, dass die mit einer Aktivität verbundenen Kosten unterschätzt werden. Denn selbst wenn die Überzeugung vorherrscht, der mit der Vornahme einer Aktivität möglicherweise verbundene Schaden sei so hoch, dass trotz der mit der Durchführung der Aktivität einhergehenden ökonomischen Vorteile die Aktivität nicht vorgenommen werden sollte, führt die Tatsache, dass nicht sicher ist, dass der Schaden eintritt, möglicherweise dazu, dass eine Regulierung der Aktivität in der Hoffnung, der Schaden werde nicht eintreten, unterbleibt.[1023] Schließlich findet die Tatsache, dass ein Schaden möglicherweise irreversibel ist, keine ausreichende Berücksichtigung.[1024]

Der Berücksichtigung von mit einer Regulierungsentscheidung einhergehenden Konsequenzen

[1018] *Arcuri*, in: Frontiers in the Economics of Environmental Regulation and Liability, 19–63 (S. 38ff.).

[1019] *de Sadeleer*, Environmental Principles – From Political Slogans to Legal Rules, S. 170; *Wibisana*, in: Environmental Law and Development – Lessons from the Indonesian Experience, 24–76 (S. 53). Auch die Kommission vertritt die Auffassung, eine rein ökonomische Kosten-Nutzen-Analyse sei zur Umsetzung des Vorsorgeprinzips unzureichend, *Kommission der Europäischen Gemeinschaften*, Mitteilung der Kommission über die Anwendbarkeit des Vorsorgeprinzips, KOM 2000 (1) endg., Ziff. 6.3.4.

[1020] *de Sadeleer*, Environmental Principles – From Political Slogans to Legal Rules, S. 169; *Arcuri*, in: Frontiers in the Economics of Environmental Regulation and Liability, 19–63 (S. 39f.); *Wibisana*, in: Environmental Law and Development – Lessons from the Indonesian Experience, 24–76 (S. 52f.); *Pyhälä/Brusendorff/Paulomäki*, in: Research Handbook on International Environmental Law, 203–224 (S. 216).

[1021] Zwar wird teilweise die Auffassung vertreten, eine quantitative Kosten-Nutzen-Analyse sei trotz wissenschaftlicher Unsicherheiten durchführbar, da das Problem wissenschaftlicher Unsicherheit mittels der Bayes'schen Statistik gelöst werden könne, *Arcuri*, in: Frontiers in the Economics of Environmental Regulation and Liability, 19–63 (S. 40) mit Verweis auf *O'Connor* u. a., in: Getting Down to Earth: Practical Application of Ecological Economics, 223–248 (S. 232f.). Hierbei werden, wenn die Wahrscheinlichkeiten möglicher Handlungsfolgen nicht bekannt sind, diese zunächst geschätzt. Stellt sich im Zuge weiterer Forschung und dank zusätzlicher Erkenntnisse heraus, dass die ursprünglich geschätzten Wahrscheinlichkeiten nicht den tatsächlichen Wahrscheinlichkeiten entsprechen, werden diese entsprechend angepasst. Problematisch erscheint aber auch in diesem Fall, dass Wahrscheinlichkeiten geschätzt werden müssen und infolge dieser Schätzung subjektive Entscheidungen getroffen werden, *Arcuri*, in: Frontiers in the Economics of Environmental Regulation and Liability, 19–63 (S. 40). Zudem besteht in Zusammenhang mit der Umsetzung des Vorsorgeprinzips unter Umständen nicht nur keine Kenntnis über die Wahrscheinlichkeit eines Schadenseintritts, sondern es fehlt auch an Erkenntnissen betreffend den Schadensumfang.

[1022] *Arcuri*, in: Frontiers in the Economics of Environmental Regulation and Liability, 19–63 (S. 39); *Nicolau*, Contemporary Readings in Law and Social Justice 9 (2) 2017, 325 (S. 328).

[1023] *de Sadeleer*, Environmental Principles – From Political Slogans to Legal Rules, S. 167.

[1024] *de Sadeleer*, Environmental Principles – From Political Slogans to Legal Rules, S. 170.

in einem weiter verstandenen Sinne dient die dem amerikanischen Verwaltungsrecht entstammende Risk-Tradeoff-Analyse.[1025] Hierbei handelt es sich um eine Methode zur Berücksichtigung von mit einer Vorsorgemaßnahme einhergehenden Risiken, durch die verhindert werden soll, dass infolge vorsorgenden Verhaltens mit dem Ziel der Reduzierung eines Zielrisikos letztlich größere Risiken geschaffen werden.[1026] Ziel ist es, eine Entscheidung so zu treffen, dass das Gesamtrisiko verringert wird.[1027] Hierfür sind die mit einer Vorsorgemaßnahme einhergehenden Gegenrisiken zu bestimmen und gegeneinander abzuwägen[1028] Allerdings werden ausschließlich mit einer Vorsorgemaßnahme einhergehende Gegenrisiken in den Entscheidungsprozess einbezogen; die Tatsache, dass mit einer Vorsorgemaßnahme nicht nur möglicherweise andere Risiken geschaffen werden, sondern – neben der Reduzierung des Zielrisikos – weitere Vorteile einhergehen können, findet keine Berücksichtigung.[1029] Diese einseitige Betrachtungsweise kann durch eine Nebennutzenanalyse ergänzt werden, in deren Rahmen auch die mit einer Vorsorgemaßnahme einhergehenden Nebenvorteile ermittelt werden.[1030] Besteht jedoch bereits die Schwierigkeit, den mit einer Vorsorgemaßnahme einhergehenden direkten Nutzen zu bestimmen, gilt dies umso mehr für Nebenvorteile.

Der wissenschaftlichen Ungewissheit sowie möglicher irreversibler Auswirkungen wird im Rahmen der Theorie des Quasi-Optionswerts Raum eingeräumt.[1031] Diese basiert auf der Annahme, dass im Falle von wissenschaftlicher Ungewissheit in Zukunft zusätzliche Informationen erlangt werden können, der mit einer neuartigen Aktivität oder Technologie einhergehende Nutzen angesichts wissenschaftlicher Ungewissheit geringer anzusetzen ist als im Falle wissenschaftlicher Gewissheit und die Vornahme neuartiger Aktivitäten oder Technologien häufig mit irreversiblen Auswirkungen[1032] einhergeht. Der Quasi-Optionswert bezeichnet den Wert der Handlungsoptionen, die bei Vornahme der neuartigen Aktivität oder Technologie verloren gehen.[1033] Sind mit einer Aktivität potentiell irreversible Umweltauswirkungen verbunden, sollte ein Vorgehen gewählt werden, das irreversible Folgen verhindert. Sichergestellt wird so, dass der mit einer Aktivität einhergehende – im Vergleich zu einer Situation bei Vorliegen wissenschaftlicher Gewissheit geringere – Nutzen zu dem Verlust an Handlungsmöglichkeiten ins Verhältnis gesetzt wird.[1034] Je größer das Maß an wissenschaftlicher Ungewissheit ist, desto strenger sollten Vorsorgemaßnahmen sein, um den diversen Optionen, von denen im Zeitpunkt

[1025] *Arcuri*, in: Frontiers in the Economics of Environmental Regulation and Liability, 19–63 (S. 44).
[1026] *Graham/Wiener*, S. 1f.
[1027] *Graham/Wiener*, S. 36f.
[1028] *Graham/Wiener*, S. 22ff.
[1029] *Rascoff/Revesz*, The University of Chicago Law Review 69 (4) 2002, 1763 (S. 1766).
[1030] Siehe hierzu: *Rascoff/Revesz*, The University of Chicago Law Review 69 (4) 2002, 1763 (S. 1801ff.).
[1031] Siehe hierzu: *Arrow/Fisher*, The Quaterly Journal of Economics 88 (2) 1974, 312 (S. 312ff.).
[1032] Als irreversibel werden in diesem Zusammenhang Auswirkungen angesehen, wenn deren Rückgängigmachung sehr kostenintensiv ist, *Arrow/Fisher*, The Quaterly Journal of Economics 88 (2) 1974, 312 (S. 315).
[1033] *Arcuri*, in: Frontiers in the Economics of Environmental Regulation and Liability, 19–63 (S. 46).
[1034] *Arrow/Fisher*, The Quaterly Journal of Economics 88 (2) 1974, 312 (S. 319).

der Vornahme der vorsorgenden Maßnahme noch nicht klar ist, welche eintreten wird, Rechnung zu tragen.[1035] Vorsorgend wäre in Zusammenhang mit neuartigen Aktivitäten oder Technologien eine Entscheidung, wenn sie irreversible Folgen verhindert, möglichst viele zukünftige Handlungsoptionen offen lässt und eine flexible Anpassung an neue wissenschaftliche Erkenntnisse ermöglicht.[1036] Rechnung getragen wird damit der Tatsache, dass die mit einer neuartigen Aktivität einhergehenden Vorteile in einer Situation wissenschaftlicher Ungewissheit nicht sicher eintreten. Zudem werden Fortschritt und Innovation nicht verhindert, sondern lediglich verlangsamt.

Bei der Kosten-Wirksamkeits-Analyse wird der Nutzen nicht in Geldwert bemessen und damit das insbesondere in Vorsorgesituationen bestehende Problem, den mit einer Maßnahme verbundenen Nutzen zu beziffern, umgangen; es werden vielmehr die mit verschiedenen Handlungsoptionen einhergehenden Kosten verglichen.[1037] Kostenwirksam ist eine Entscheidung, wenn ein bestimmter Nutzen zu den geringsten Kosten verwirklicht wird.[1038] Die Kosten-Wirksamkeits-Analyse ist damit insbesondere eine Methode, um ein festgelegtes Ziel mit geringstmöglichem Aufwand zu erreichen.[1039]

Entsprechend erfolgt im Falle der Maximin[1040]-Regel die Entscheidungsfindung anhand der mit einer Entscheidung einhergehenden Kosten. Für sämtliche Handlungsoptionen wird jeweils das schlechtes mögliche Ergebnis bestimmt; zu wählen ist dasjenige Verhalten, das das am wenigsten schlechte Ergebnis mit sich bringt.[1041] Während eine Entscheidungsfindung auf dieser Basis in Zusammenhang mit dem Vorsorgeprinzip den Vorteil hat, dass der mit bestimmten

---

1035 *Gollier/Jullien/Treich*, Journal of Public Economics 75 (2) 2000, 229 (S. 245).

1036 *Wibisana*, in: Environmental Law and Development – Lessons from the Indonesian Experience, 24–76 (S. 55); *Pyhälä/Brusendorff/Paulomäki*, in: Research Handbook on International Environmental Law, 203–224 (S. 216).

1037 *Arcuri*, in: Frontiers in the Economics of Environmental Regulation and Liability, 19–63 (S. 47). Zur Verdeutlichung verweist *Arcuri* auf folgendes Beispiel: in einem Fall, in dem die Entsorgung von Chemikalien im Meer zur Ausrottung einer Fischpopulation führen kann, besteht der Nutzen einer vorsorgenden Regulierung im Sinne eines Verbots oder einer Begrenzung der Entsorgung der Chemikalien größtenteils im Erhalt der Fischpopulation (und damit im Entfall der mit der Chemikalienentsorgung einhergehenden nachteiligen Auswirkungen). Da im Zeitpunkt der Regulierungsentscheidung nicht sicher ist, dass überhaupt nachteilige Auswirkungen eintreten, ist unklar, ob die Regulierung tatsächlich einen Nutzen bringt. Hingegen treten jedenfalls die mit der Regulierungsmaßnahme einhergehenden direkten Kosten im Sinne von Verwaltungskosten, um die Regulierungsentscheidung umzusetzen und Kosten, um die Regulierungsentscheidung zu befolgen, sicher ein.

1038 *Wibisana*, in: Environmental Law and Development – Lessons from the Indonesian Experience, 24–76 (S. 47).

1039 „CEA comes into play when a goal has already been established; in other words, it is not about what goals should be pursued but about what are the best means to achieven them“, *Arcuri*, in: Frontiers in the Economics of Environmental Regulation and Liability, 19–63 (S. 47).

1040 „Maximin“ ist die Abkürzung für *Maxi*miere das *Min*imum.

1041 *Gardiner*, The Journal of Political Philosophy 14 (1) 2006, 33 (S. 45); *Wibisana*, in: Environmental Law and Development – Lessons from the Indonesian Experience, 24–76 (S. 54). *Gardiner* führt zur Verdeutlichung der Vorgehensweise folgendes Beispiel an: Stehen die Handlungsalternativen A und B zur Verfügung, wovon bei Wahl der Handlungsoption A entweder die Möglichkeit besteht, 200 Dollar zu erhalten oder erschossen zu werden und im Falle der Handlungsoption B entweder die Möglichkeit besteht, 50 Dollar zu erhalten oder einen Schlag auf das Handgelenk zu erleiden, würde in Anwendung der Maximin-Regel Handlungsoption B gewählt; denn zu wählen wäre unter den schlechtes möglichen Ergebnissen das am wenigsten schlechte.

Vorsorgemaßnahmen einhergehende Nutzen nicht zu bestimmen ist, kann eine solche doch zu irrationalen Entscheidungen führen, weil bei völliger Außerachtlassung sonstiger Parameter der Fokus ausschließlich auf dem schlimmstmöglichen Ausgang einer Handlungsoption liegt.[1042] Der Ausrichtung staatlichen Verhaltens anhand der Maximin-Regel schlägt denn auch die Kritik entgegen, der Möglichkeit des Eintritts nachteiliger Auswirkungen werde zu großer Raum eingeräumt, der mit einer Aktivität verbundene Nutzen finde keine Berücksichtigung.[1043] Es sei nicht wünschenswert, den Entscheider dazu zu verpflichten, den schlechtestmöglichen Fall um jeden Preis zu verhindern, da dies darauf hinausläuft, ein Null-Risiko zu verfolgen.[1044] Zudem finde keine Berücksichtigung, dass die Vorsorgemaßnahme selbst erhebliche Risiken mit sich bringen kann.[1045] In Auseinandersetzung mit dieser Kritik präzisierte *Rawls*, die Maximin-Regel könne nur unter drei kumulativen Voraussetzungen eine taugliche Entscheidungsleitlinie sein: erstens müsse eine Situation vorliegen, in der die Wahrscheinlichkeit bestimmter Folgen nicht auf Basis vorhandener Informationen bestimmt werden könne.[1046] Zweitens dürfe der Entscheider dem potentiellem Nutzen einer Aktivität keinen besonderen Wert beimessen und drittens müsse eine Situation vorliegen, in der bestimmte Handlungsalternativen inakzeptable Folgen mit sich bringen.[1047] Zwar erfordert die Anwendung einer so präzisierten Maximin-Regel eine Wertung beispielsweise dahingehend, wann einem Nutzen kein besonderer Wert beigemessen werde oder in welchen Fällen von inakzeptablen Folgen auszugehen ist.[1048] Allerdings existieren zum einen Fälle, in denen die Erfüllung der Voraussetzungen einfach zu beantworten ist, zum anderen spricht die Interpretationsbedürftigkeit nicht grundsätzlich gegen die Sinnhaftigkeit der Voraussetzungen.[1049] Alternativ kann die Maximin-Regel nur dann zu Anwendung gelangen, wenn die mit deren Anwendung einhergehenden Kosten selbst nicht inakzeptabel sind.[1050]

Ähnlich hierzu hat in Anwendung der Minimax-Regret-Regel der Entscheider diejenige Handlungsalternative zu wählen, die „das kleinste Bedauern" hervorruft. Bedauern bezeichnet hierbei Kosten, die dadurch verursacht werden, dass eine Entscheidung getroffen wird, sich die Entscheidungsgrundlage aber im Nachgang als von der Realität abweichend herausstellt.[1051] Für jede Handlungsalternative ist zu bestimmen, wie groß die Differenz zum größtmöglichen Nutzen ist; es ist diejenige Handlungsalternative zu wählen, bei der die Differenz am geringsten

[1042] *Hasanyi*, The American Political Science Review 69 (2) 1975, 594 (S. 595).
[1043] *Sunstein*, S. 328f.; *Schröter*, S. 312.
[1044] *Schröter*, S. 315; *Williamson/Hulpke*, Umweltwissenschaften und Schadstoff-Forschung 12 (1) 2000, 27 (S. 93).
[1045] *Williamson/Hulpke*, Umweltwissenschaften und Schadstoff-Forschung 12 (1) 2000, 27 (S. 93).
[1046] *Rawls*, S. 134.
[1047] *Rawls*, S. 134.
[1048] *Gardiner*, The Journal of Political Philosophy 14 (1) 2006, 33 (S. 57).
[1049] *Gardiner*, The Journal of Political Philosophy 14 (1) 2006, 33 (S. 57f.).
[1050] *Bishop*, American Journal of Agricultural Economics 60 (1) 1978, 10 (S. 10).
[1051] *Palmini*, Ecological Economics 29 (3) 1999, 463 (S. 470).

ist.[1052] Eine neuartige Aktivität ist nur vorzunehmen, wenn der hiermit einhergehende Nutzen den Nutzen bei Erhalt des status quo deutlich überwiegt.[1053] Zwar erfolgt auch hier die Wahl des Verhaltens danach, welches Verhalten die geringsten Kosten mit sich bringt; allerdings ist zur Ermittlung des kleinsten Bedauerns erforderlich, den Nutzen zu kennen.[1054]

Im Gegensatz zu den eben dargestellten Entscheidungsregeln erfordert die Maximax-Regel, eine Entscheidung so zu treffen, dass der Nutzen maximiert wird, von mehreren Handlungsoptionen ist somit diejenige zu wählen, die den größten Nutzen bringt.[1055] Die Maximax-Regel eignet sich aus mehreren Gründen nicht zu Anwendung bei der Umsetzung des Vorsorgeprinzips. Zum einen steht die Herangehensweise, ausschließlich den Nutzen einer Maßnahme zu berücksichtigen, zur Zielsetzung des Vorsorgeprinzips, wissenschaftliche Ungewissheit im Hinblick auf mögliche Umwelt- oder Gesundheitsschäden im Entscheidungsprozess zu berücksichtigen, im Widerspruch.[1056] Zum anderen bereitet im Falle wissenschaftlicher Ungewissheit insbesondere die Bestimmung eines mit einer Maßnahme einhergehenden Nutzens Probleme.[1057]

Zur Umsetzung des Vorsorgeprinzips sind weder ausschließlich eine quantitative Kosten-Nutzen-Analyse, noch Methoden, die die Wahl einer bestimmten Handlungsoptionen ausschließlich von dem mit einer Handlungsoption verbundenen Nutzen abhängig machen, geeignet. Im Falle der quantitativen Kosten-Nutzen-Analyse findet die Tatsache, dass eine Entscheidung angesichts wissenschaftlicher Ungewissheit zu treffen ist und möglicherweise irreversible Folgen eintreten, nur unzureichend Berücksichtigung.[1058] Methoden, die die Wahl einer bestimmten Handlungsoption allein von dem damit verbundenen Nutzen abhängig machen, stellen sich als problematisch dar, da der Nutzen, insbesondere in Form einer Verhinderung nachteiliger Auswirkungen, schwierig zu ermitteln ist.[1059] Zudem würde auch hier der wissenschaftlichen Ungewissheit im Hinblick auf mögliche Umwelt- oder Gesundheitsschäden kein Raum eingeräumt und die Möglichkeit gravierender nachteiliger Folgen nicht genügend berücksichtigt.[1060]

Angesichts dessen, dass eine vorsorgende Entscheidung nur angemessen ist, wenn nicht durch eine der Risikoverringerung oder -verhinderung dienende Maßnahme anderer, möglicherweise gravierende Risiken für die Umwelt oder die menschliche Gesundheit geschaffen werden[1061], bietet sich auf einer ersten Stufe die Vornahme einer Risk-Tradeoff-Analyse an. Bezogen auf den Einsatz neuartiger Aktivitäten oder Techniken wie der Gene Drive-Technik ist das Risiko,

1052 *Palmini*, Ecological Economics 29 (3) 1999, 463 (S. 470).
1053 *Palmini*, Ecological Economics 29 (3) 1999, 463 (S. 471).
1054 *Schröter*, S. 314.
1055 *Schröter*, S. 314.
1056 *Schröter*, S. 316.
1057 *Schröter*, S. 314.
1058 *de Sadeleer*, Environmental Principles – From Political Slogans to Legal Rules, S. 169f.; *Wibisana*, in: Environmental Law and Development – Lessons from the Indonesian Experience, 24–76 (S. 52f.).
1059 *Arcuri*, in: Frontiers in the Economics of Environmental Regulation and Liability, 19–63 (S. 39).
1060 So im Hinblick auf die Maximax-Regel: *Schröter*, S. 316.
1061 Siehe hierzu die Ausführungen in Teil 3, Kapitel 4, III, 3, c, bb, (2).

das im Falle des Einsatzes der Technik oder der Durchführung der Aktivität für die Umwelt bzw. die menschliche Gesundheit besteht, mit denjenigen Risiken ins Verhältnis zu setzen, die infolge der konkret in Betracht gezogenen Vorsorgemaßnahme (beispielsweise einem Verbot der Aktivität) geschaffen werden. Sämtliche zur Eindämmung eines Risikos in Betracht kommende Maßnahmen, die auf Grundlage der verfügbaren wissenschaftlichen Informationen ein größeres Risiko hervorrufen, scheiden im konkreten Fall aus dem Kreis tauglicher Vorsorgemaßnahmen aus. Lediglich in Situationen, in denen eine neuartige Technik oder Aktivität dazu dient, Risiken im weiteren Sinne einzudämmen, aber zugleich durch eine Vorsorgemaßnahme Risiken im weiteren Sinne hervorgerufen werden, stellt die Risk-Tradeoff-Analyse kein taugliches Instrument dar, da in diesem Fall nicht feststellbar ist, welches Risiko „größer" ist.[1062] Da die Gene Drive-Technik zur Bekämpfung vektorübertragener Infektionskrankheiten, zur Bekämpfung von Schädlingen, die erhebliche landwirtschaftliche Produktionseinbußen verursachen oder zur Zurückdrängung invasiver Arten eingesetzt werden soll, und es sich dabei jeweils um bezifferbare Risiken handelt, liegt keine Situation vor, in der die Risk-Tradeoff-Analyse kein taugliches Instrument darstellt. Es darf somit bezogen auf die Einbringung eines spezifischen Gene Drive-Systems in die Umwelt nicht durch eine Vorsorgemaßnahme, die der Reduzierung des mit einer Freisetzung einhergehenden Risikos für die Umwelt oder die menschliche Gesundheit dient, ein größeres Risiko geschaffen werden. Vorsorgendes staatliches Tätigwerden ist im Verhältnis zu etwaigen Gegenrisiken nicht angemessen, wenn hierdurch zwar mit der Freisetzung von Gene Drive-Organismen potentiell hervorgerufene Schäden für die Umwelt oder die menschliche Gesundheit verhindert oder verringert werden, jedoch gleichzeitig die Gefahr anderer, gravierenderer Schäden einhergeht. In Anbetracht dessen, dass im Hinblick auf sämtliche Gene Drive-Systeme zumindest nicht vollkommen ausgeschlossen werden kann, dass eine Freisetzung zu irreversiblen Umwelt- bzw. Gesundheitsschäden führt, ist eine Situation, in der selbst die strikteste aller Vorsorgemaßnahmen – ein Freisetzungsverbot – ein größeres Risiko für die Umwelt oder menschliche Gesundheit hervorruft, nicht gegeben.

Auf einer zweiten Stufe ist unter diversen Handlungsoptionen diejenige Entscheidung vorzugswürdig, die verglichen mit alternativen Handlungsmöglichkeiten dem weitestmöglichen Schutz der Umwelt und der menschlichen Gesundheit dient, dabei aber die geringsten Kosten verursacht.[1063] Hierfür bietet sich methodisch am ehesten der Einsatz der Kosten-Wirksamkeits-Analyse an, wobei sowohl lang- als auch kurzfristige Kosten sowie direkte, mit der Vorsorgemaßnahme einhergehende Kosten, insbesondere in Form des ökonomischen Aufwands, und indirekte Kosten einzubeziehen sind. Im Falle eines Freisetzungsverbots von Gene Drive-Organismen wäre zu den indirekten Kosten beispielsweise der mit einer Freisetzung einhergehende Nutzen zu zählen, der allerdings wegen der wissenschaftlichen Ungewissheit geringer zu gewichten

[1062] Siehe hierzu auch: *Trouwborst*, Precautionary Rights and Duties of States, S. 187.

[1063] *Arcuri* führt hierzu aus: „Why if you can achieve the same result at lower cost would you choose the more costly solution?", *Arcuri*, in: Frontiers in the Economics of Environmental Regulation and Liability, 19–63 (S. 49).

ist als im Falle wissenschaftlicher Gewissheit.

(3) Die Angemessenheit im Hinblick auf die staatliche Leistungsfähigkeit

Schließlich muss die Umsetzung des Vorsorgeprinzips in Einklang mit der jeweiligen staatlichen Leistungsfähigkeit im Sinne der ökonomischen, sozialen und technologischen Leistungsfähigkeit erfolgen.[1064] Besonders für Entwicklungsländer können die Anforderungen an die Umsetzung des Vorsorgeprinzips somit abgeschwächt sein, sodass ihnen bei der Umsetzung mehr Spielraum verbleibt.[1065] Dabei kann einerseits inhaltlich ein schwächerer Maßstab angelegt werden, andererseits kann leistungsschwächeren Staaten im Hinblick auf den Umsetzungszeitraum mehr Zeit zustehen.[1066] Hierdurch wird dem Umstand Rechnung getragen, dass nicht alle Staaten in wirtschaftlicher Hinsicht gleich leistungsfähig sind und auch im Hinblick auf die jeweils zur Verfügung stehenden wissenschaftlichen und technischen Mittel erhebliche Unterschiede bestehen.[1067]

Im Hinblick auf die Freisetzung von Gene Drive-Organismen ist somit zur Eindämmung der mit einer Freisetzung einhergehenden Risiken nicht von jedem Staat dasselbe oder ein ähnliches Verhalten zu verlangen. Verfügt ein Staat beispielsweise über weniger ökonomische Kapazitäten, können zur Umsetzung des Vorsorgeprinzips kostengünstigere Maßnahmen vorgenommen werden, auch wenn hierdurch das festgelegte Schutzniveau erst nach einer längeren Zeit erreicht wird. Des Weiteren kann von einem Staat nicht verlangt werden, zur Eindämmung von mit Freisetzungsvorhaben einhergehenden Risiken Maßnahmen zu ergreifen, für deren Umsetzung die technischen Mittel oder ausreichend Personal bzw. Organisationsstrukturen fehlen. Dies kann sich zum Beispiel auf die Risikoabschätzung auswirken, indem sowohl deren Ergebnisse als auch deren Verlässlichkeit von Staat zu Staat variiert, ohne dass hierdurch dem Vorsorgeprinzip nicht ausreichend Rechnung getragen wäre.[1068]

1064 *Boisson de Chazournes*, in: Law of the Sea, Environmental Law and Settlement of Disputes, 21–34 (S. 25); *Fitzmaurice*, ZaöRV 77 (2017), 339 (S. 360).

1065 *Epiney/Scheyli*, S. 123; *Trinidade*, in: *Viñuales*, S. 426; *Sands/Peel*, S. 316; *Arruti*, AJASR 8 (1) 2022, 1 (S. 9). Die Meeresbodenkammer des ISGH hält dies in Zusammenhang mit Prinzip 15 der Rio-Erklärung ausdrücklich fest: „Principle 15 provides that the precautionary approach shall be applied by States „according to their capabilities". It follows that the requirements for complying with the obligation to apply the precautionary approach may be stricter for the developed than for the developing sponsoring States", ISGH, Responsibilities and Obligations of States sponsoring persons and entities with Respect to Activities in the Area, Gutachten vom 01. Februar 2011, ITLOS Reports 2011, S. 10, Rn. 161.

1066 *Beer*, S. 117.

1067 Die Meeresbodenkammer des ISGH hebt hervor, dass es insbesondere auf das in einer spezifischen Situation vorhandene wissenschaftliche Erkenntnisniveau und die technischen Möglichkeiten eines Staates ankommt, ISGH, Responsibilities and Obligations of States sponsoring persons and entities with Respect to Activities in the Area, Gutachten vom 01. Februar 2011, ITLOS Reports 2011, S. 10, Rn. 162.

1068 *Arruti*, AJASR 8 (1) 2022, 1 (S. 9).

cc. Anwendung des Standards der besten verfügbaren Technik

Ungeachtet der Tatsache, dass die Untersagung eines Freisetzungsvorhabens mit Gene Drive-Organismen eine vorsorgende staatliche Entscheidung darstellen kann, die den dargestellten materiellen Anforderungen genügt, ist jedenfalls im Falle einer Freisetzung von Gene Drive-Organismen der Verpflichtung zur Einhaltung der angemessenen Sorgfalt nur Genüge getan, sofern sichergestellt ist, dass der Standard der besten verfügbaren Technik (best available technique oder best available technology) Anwendung findet.[1069]

Wenngleich in völkerrechtlichen Verträgen und nicht bindenden Instrumenten unterschiedliche Begrifflichkeiten verwendet werden, ist Kerngedanke der Anwendung des Standards der besten verfügbaren Technik, dass Staaten bei der Vornahme einer Aktivität die neuesten wissenschaftlichen und technischen Erkenntnisse und Standards anzuwenden bzw. einzufordern haben, da so mit einer Aktivität möglicherweise einhergehende nachteilige Auswirkungen am ehesten verhindert oder jedenfalls vermindert werden können.[1070] Dass in Zusammenhang mit der Vornahme einer Aktivität die neuesten wissenschaftlichen und technischen Erkenntnisse und Standards herangezogen werden, dient nicht nur dazu, im Sinne des Präventionsprinzips erwartbare nachteilige Auswirkungen und damit bezifferbare Risiken zu verhindern oder zu vermindern[1071], sondern nachteiligen Auswirkungen menschlicher Aktivitäten bereits dann entgegenzuwirken, wenn für deren Eintritt lediglich plausible wissenschaftliche Anhaltspunkte bestehen.[1072]

Die Verbindung zwischen dem Vorsorgeprinzip und der Anwendung der besten verfügbaren Technik kommt in zahlreichen völkerrechtlichen Verträgen und Dokumenten, die mit der Vornahme menschlicher Aktivitäten verbundene nachteilige Auswirkungen betreffen, zum Ausdruck.[1073] Bereits im Rahmen der auf der zweiten Nordseekonferenz verabschiedeten Ministererklärung wurde die Notwendigkeit der Anwendung der besten verfügbaren Technik zur Umsetzung des Vorsorgeprinzips hervorgehoben.[1074] Auch die Weltcharta der Natur sieht in Ziffer 11 die Anwendung der besten verfügbaren Technik in Zusammenhang mit Aktivitäten,

[1069] Siehe hierzu bereits: *Beck*, S. 336ff.

[1070] *Freestone/Hey*, in: The Precautionary Principle and International Law – The Challenge of Implementation, 3–15 (S. 13); *McIntyre/Mosedale*, Journal of Environmental Law 9 (2), 1997, 221 (S. 237); *Epiney/Scheyli*, S. 141. Eine solche Pflicht wird im Übrigen jedenfalls für möglich erachtet: *Trouwborst*, Precautionary Rights and Duties of States, S. 172; *Beyerlein/Marauhn*, S. 54; *Birkner*, in: Völkerrecht, 1065–1130 (S. 1081, Rn. 36); *Hickey/Walker*, Virginia Environmental Law Journal 14 (3) 1995, 423 (S. 451). Eher ablehnend äußert sich hingegen *v. Arnauld*, S. 374, Rn. 883.

[1071] Siehe: IGH, Pulp Mills on the River Uruguay (Uruguay v. Argentinien), Gutachten vom 20. April 2010, ICJ Reports 2010, S. 14, Rn. 220ff.: „[...] the Court observes that the obligation to prevent pollution and protect and preserve the aquatic environment of the River Uruguay [...] and the exercise of due diligence implied in it, entail a careful consideration of the technology to be used [...]. [...]. The Court finds that [...] there is no evidence to support the claim of Argentinia that the Orion (Botnia) mill is not BAT-compliant [...]".

[1072] *McIntyre/Mosedale*, Journal of Environmental Law 9 (2), 1997, 221 (S. 237).

[1073] *McIntyre/Mosedale*, Journal of Environmental Law 9 (2), 1997, 221 (S. 236). Siehe ferner: *Beyerlein/Marauhn*, S. 54.

[1074] Declaration of the Second International Conference on the Protection on the North Sea, London, 1987, Ziff. VIII lit. a) (i), X, XV (ii), XV (iii).

die Auswirkungen auf die Natur oder andere Auswirkungen haben können, vor. Im Rahmen der IMO dient die Anwendung der besten verfügbaren Technik sowie der besten Umweltpraxis der Umsetzung des Vorsorgeprinzips.[1075] Die Staaten sind ferner ausweislich Art. 2 Abs. 3 lit. b) i) i.V.m. Anlage I OSPAR-Konvention, Art. 3 Abs. 1 lit. f) und lit. g) i.V.m. Anlage I und II des Übereinkommens zum Schutz und zur Nutzung grenzüberschreitender Wasserläufe und internationaler Seen[1076], Art. 6 Abs. 3 lit. b) i.V.m. Anlage II des Übereinkommens über die Erhaltung und Bewirtschaftung gebietsübergreifender Fischbestände und weit wandernder Fischbestände, Art. 3 Abs. 3 i.V.m. Anlage II der Helsinki-Konvention, Art. 3 Abs. 2 lit. a) i.V.m. Anlage III des Protokolls zum Übereinkommen über weiträumige grenzüberschreitende Luftverunreinigung betreffend Schwermetalle[1077] sowie Art. 5 lit. d), lit. e) und lit. f) des Stockholmer Übereinkommens zur Anwendung der besten verfügbaren Technik oder der besten Umweltpraxis angehalten. Art. 4 Abs. 3 lit. f) Bamako-Konvention sieht zur Umsetzung des Vorsorgeprinzips die Anwendung sauberer Produktionsmethoden vor.

Unter der besten verfügbaren Technik ist, wie Ziff. 2 der Anlage I der OSPAR-Konvention, Anlage II der Helsinki-Konvention oder Anlage III des Protokolls zum Übereinkommen über weiträumige grenzüberschreitende Luftverunreinigung betreffend Schwermetalle exemplarisch zum Ausdruck bringen, der neueste derzeit bekannte Stand der Entwicklung bei Verfahren, Einrichtungen, Betriebsmethoden oder Tätigkeiten zu verstehen, welcher die praktische Eignung einer bestimmten Maßnahme zur Verhinderung oder jedenfalls Reduzierung von nachteiligen (Umwelt)auswirkungen ausweist.[1078] Was unter der besten verfügbaren Technik und damit dem neuesten wissenschaftlichen und technischen Standard zu verstehen ist, kann nicht allgemein beurteilt werden, sondern bedarf einer Beurteilung im Einzelfall.[1079] Als Leitlinie kann gelten, dass, je gefährlicher die Tätigkeit ist, die Anforderungen an die beste verfügbare Technik umso höher sind.[1080] Ob ein konkretes Verfahren oder eine bestimmte Tätigkeit dem Standard der besten verfügbaren Technik entspricht, ist insbesondere durch einen Vergleich mit ähnlichen Verfahren und unter Berücksichtigung technischer Fortschritte und Veränderungen der wissenschaftlichen Erkenntnisse zu ermitteln.[1081] Der besten verfügbaren Technik ist somit

[1075] IMO, Guidelines on Incorporation of the Precautionary Approach in the Context of Specific IMO Activities, 15. September 1995, MEPC 37/22/Add. 1, Anhang 10, Ziffer 4.12.

[1076] Convention on the Protection and Use of Transboundary Watercourses and International Lakes, 17. März 1992, 1936 U.N.T.S. 269, in Kraft getreten am 06.10.1996.

[1077] Protocol to the 1979 Convention on Long-Range Transboundary Air Pollution on Heavy Metals, 24. Juni 1998, 2237 U.N.T.S. 4, in Kraft getreten am 29.12.2003.

[1078] Siehe hierzu auch: OECD, Best Available Techniques (BAT) for Preventing and Controlling Industrial Pollution, Activity 4: Guidance Document on Determining BAT-BAT-Associated Environmental Performance Levels and BAT-Based Permit Conditions, 2020, S. 12.

[1079] *Epiney/Scheyli*, S. 142.

[1080] *Epiney/Scheyli*, S. 142.

[1081] Siehe hierzu etwa Anlage I Ziff. 2 lit. a) bis e) OSPAR-Konvention oder Anlage II der Helsinki-Konvention, die eine Auflistung diverser Erwägungen enthalten, denen bei der Bestimmung der besten verfügbaren Technik Bedeutung zukommt.

ein Element der Vorläufigkeit immanent, da sich der Standard je nach technischen Fortschritten, wirtschaftlicher oder sozialer Faktoren sowie zusätzlicher wissenschaftlicher Kenntnisse ändert.[1082] Da es sich bei der besten verfügbaren Technik jeweils um einen für eine begrenzte Zeit bestehenden Standard handelt, kann keine Technik oder Technologie als beste verfügbare Technik bezeichnet werden, ohne dass der aktuelle Stand von Wissenschaft und Technik untersucht wurde.[1083]

Das Kriterium der Verfügbarkeit bringt jedenfalls zum Ausdruck, dass die beste verfügbare Technik nur dasjenige sein kann, das technisch umgesetzt werden kann.[1084]

Ob der Standard der besten verfügbaren Technik weiter dahingehend einzuschränken ist, dass die beste verfügbare Technik von der wirtschaftlichen Leistungsfähigkeit eines Staates abhängig ist, also beste verfügbare Technik stets nur diejenige ist, deren Anwendung wirtschaftlich vertretbar ist, ist umstritten.[1085] Eine derartige Einschränkung findet sich beispielsweise in Art. 6 des Übereinkommens über weiträumige grenzüberschreitende Luftverunreinigung.[1086] Nach Anlage II Ziff. 3 der Helsinki-Konvention ist bei der Bestimmung der besten verfügbaren Technik unter anderem der ökonomischen Realisierbarkeit Bedeutung zuzumessen. Zwar erweist es sich für weniger entwickelte Länder praktisch schwierig, eine den neuesten wissenschaftlichen Erkenntnissen entsprechende Technik, die in der Regel deutlich kostenintensiver ist, einzusetzen.[1087] Die besseren Argumente sprechen vor dem Hintergrund des Nachhaltigkeitsprinzips mit dem Ziel der Wahrung der Interessen künftiger Generationen dennoch dafür, die beste verfügbare Technik unabhängig von der wirtschaftlichen Leistungsfähigkeit zu bestimmen.[1088] Hierfür spricht auch, dass der IGH im Verfahren *Pulp Mills* annahm, die von Uruguay betriebene Zellstofffabrik entspreche dem Stand der Technik im Sinne der seitens der Europäischen Kommission verabschiedeten Leitlinien.[1089]

Die aus dem Vorsorgeprinzip folgende Pflicht zur Anwendung der angemessenen Sorgfalt verpflichtet Staaten somit, im Falle eines Freisetzungsvorhabens mit Gene Drive-Organismen und damit in Zusammenhang mit einem neuartigen Verfahren zur Veränderung der Vererbungswahrscheinlichkeit in Wildpopulationen den Standard der besten verfügbaren Technik einzuhalten bzw. einzufordern. Freisetzungsvorhaben mit Gene Drive-Organismen sind damit unter Berück-

---

[1082] *Epiney/Scheyli*, S. 142; *Merkouris*, in: Environmental and Energy Law, 37–60 (S. 44); *Tomazic*, LeXonomica 14 (2) 2022, 153 (S. 160); siehe beispielsweise Anlage I Ziff. 3 OSPAR-Konvention.

[1083] *Merkouris*, in: Environmental and Energy Law, 37–60 (S. 44).

[1084] Siehe hierzu: Protokoll zum Übereinkommen über weiträumige grenzüberschreitende Luftverunreinigung betreffend Schwermetalle, Anlage III, Ziff. 2.

[1085] *Epiney/Scheyli*, S. 145; *Wibisana*, in: Environmental Law and Development – Lessons from the Indonesian Experience, 24–76 (S. 39f. und S. 51).

[1086] Convention on Long-Range Transboundary Air Pollution, 13. November 1979, 1302 U.N.T.S 217, in Kraft getreten am 16.03.1983.

[1087] *Tanaka*, ZaöRV 66 2006, 535 (S. 164).

[1088] *Epiney/Scheyli*, S. 145; *Beck*, S. 290f.

[1089] IGH, Pulp Mills on the River Uruguay (Argentinien v. Uruguay), Gutachten vom 20. April 2010, ICJ Reports 2010, S. 14, Rn. 224f.

sichtigung der neuesten wissenschaftlichen und technischen Erkenntnisse und Möglichkeiten durchzuführen, um mögliche nachteilige Auswirkungen so weit wie möglich zu verhindern. Die Konkretisierung der besten verfügbaren Technik ist mittels eines Vergleichs unterschiedlicher Gene-Drive-Systeme und deren Eigenschaften unter Zugrundelegung des derzeitigen wissenschaftlichen und technischen Verständnisses vorzunehmen.[1090]
Zunächst ist zwischen Modification Drives, mit denen das Genom einer Population lediglich verändert wird, und Suppression Drives, die die Populationsgröße verringern oder die Population ausrotten, zu unterscheiden.[1091] Beispielsweise kann zur Bekämpfung von Malaria-Erkrankungen sowohl ein Gene Drive-System genutzt werden, das eine genetische Veränderung in die Population der vektorübertragenden Organismen einbringt, durch die die Übertragung des Malaria-Erregers verhindert wird, als auch ein Gene Drive-System, durch das die Population der die Erkrankung übertragenden Mücken erheblich dezimiert oder ausgerottet wird.[1092] Zur Schädlingsbekämpfung in der Landwirtschaft ist sowohl ein Gene Drive-System denkbar, das die Population der Schädlingsorganismen dezimiert oder ausrottet als auch ein solches, das die Population der Schädlingsorganismen, die Resistenzen gegen Pestizide entwickelt haben, wieder sensibel auf Pestizide reagieren lässt oder erstmals gegenüber bestimmten, normalerweise unschädlichen Molekülen sensibel macht.[1093] Da Gene Drive-Systemen, die der Populationsausrottung dienen, eine größere Eingriffstiefe zuzuschreiben ist, spricht viel dafür, Modification-Drives oder Gene Drive-Systeme, die lediglich der vorübergehenden Populationsverringerung dienen, zu bevorzugen.
Zudem ist zwischen Gene Drives mit hohem Schwellenwert und solchen mit niedrigem Schwellenwert sowie zwischen selbsterhaltenden Gene Drive-Systemen und selbstlimitierenden Gene Drive-Systemen zu unterscheiden.[1094] Gene Drive-Systeme mit hohem Schwellenwert, die selbstlimitierend sind, also nur einen bestimmten Zeitraum innerhalb einer Population verbleiben, sind gegenüber selbsterhaltenden Gene Drive-Systemen mit niedrigem Schwellenwert eher zeitlich und räumlich begrenzbar und damit jedenfalls zum jetzigen Zeitpunkt, in dem noch keine Freisetzung eines Gene Drive-Systems erfolgt ist, vorzugswürdig.[1095]
Vor dem Hintergrund, dass bereits Sicherungs- und Kontrollmechanismen entwickelt wurden, um die Ausbreitung eines einmal freigesetzten Gene Drive-Systems in zeitlicher sowie in räumlicher Hinsicht begrenzen zu können und die derzeitige Forschung darauf abzielt, Gene Drive-

[1090] *Beck* plädiert dafür, das Verfolgen eines schrittweisen Ansatzes beim Einsatz von Gene Drives sowie die Verwendung selbstlimitierender Gene Drives als Standard der besten verfügbaren Technik anzusehen, *Beck*, S. 336ff.
[1091] Siehe hierzu die Ausführungen in Teil 2, Kapitel 1, I, 3, e, aa.
[1092] Siehe hierzu die Ausführungen in Teil 2, Kapitel 1, II, 1.
[1093] Siehe hierzu die Ausführungen in Teil 2, Kapitel 1, II, 2.
[1094] Siehe hierzu die Ausführungen in Teil 2, Kapitel 1, I, 3, e, bb.
[1095] Für die Verwendung selbstlimitierender Gene Drives als Standard der besten verfügbaren Technik bereits: *Beck*, S. 338f.

Systeme zu entwickeln, die zeitlich und räumlich begrenzt und reversibel sind[1096] spricht viel dafür, dass die Freisetzung eines Gene Drive-Systems ohne auf das entsprechende System abgestimmte und verschiedenartige Sicherungs- und Kontrollmechanismen nicht der besten verfügbaren Technik entspricht.

b. Prozessuale Anforderungen an einen dem Vorsorgeprinzip entsprechenden Entscheidungsprozess

Flankiert wird die vorsorgende staatliche Regulierungsentscheidung durch prozessuale Anforderungen an einen dem Vorsorgeprinzip entsprechenden Entscheidungsprozess. Denn die Anforderungen an eine vorsorgende Entscheidung können ihre Wirkung nur dann vollständig entfalten, wenn sie durch Verfahrensvorschriften abgesichert sind.[1097] Die Verfahrenspflichten konkretisieren einerseits den im Anwendungsbereich des Vorsorgeprinzips einzuhaltenden Sorgfaltsmaßstab, stellen darüber hinaus in der Regel aber auch eigenständige völkergewohnheitsrechtlich anerkannte Verpflichtungen dar.[1098]

aa. Durchführung einer Risikoabschätzung bzw. Umweltverträglichkeitsprüfung

Fundamentale Bedeutung kommt bei der Umsetzung des Vorsorgeprinzips der Durchführung einer wissenschaftlichen Risikoabschätzung (risk assessment) bzw. Umweltverträglichkeitsprüfung (environmental impact assessment) zu.[1099] Ziel ist es, Art und Umfang potentieller vor- und nachteiliger Auswirkungen einer Aktivität frühzeitig so umfassend wie möglich zu analysieren, dabei auch Art und Ausmaß wissenschaftlicher Ungewissheit so präzise wie möglich festzustellen und so eine ausreichende Wissensbasis zu schaffen, auf deren Grundlage eine vorsorgende staatliche Entscheidung getroffen werden kann.[1100] Ermöglicht wird, dass vorsorgendes Verhalten wissenschaftsbasiert erfolgt und das Vorsorgeprinzip nicht missbräuchlich im Falle hypothetischer oder nur vermuteter Risiken angewendet wird.[1101]

Die enge Verbindung zwischen dem Vorsorgeprinzip und der Durchführung einer wissenschaft-

---

[1096] Siehe hierzu die Ausführungen in Teil 2, Kapitel 1, III, 2 sowie *Devos* u. a., Biotechnology Advances 54, 2022, 1 (S. 6 m.w.N.).

[1097] *Epiney*, in: Internationales Umweltrecht, 151–189 (S. 155, Rn. 2).

[1098] Siehe hierzu: *Beyerlein/Marauhn*, S. 227; *Epiney*, in: Internationales Umweltrecht, 151–189 (S. 156ff.). *Beck* ordnet die im Folgenden aufgeführten Verfahrenspflichten dem Präventionsprinzip zu: *Beck*, S. 281ff.

[1099] *McIntyre/Mosedale*, Journal of Environmental Law 9 (2), 1997, 221 (S. 238); *Epiney*, in: Internationales Umweltrecht, 151–189 (S. 165, Rn. 19); *Gillespie*, RECIEL 17 (2) 2008, 221 (S. 226); *Tanaka*, ZaöRV 73 2013, 139 (S. 175). Die Pflicht zur Durchführung einer Umweltverträglichkeitsprüfung wird treffend als „precautionary enabling device" bezeichnet: *Cameron*, in: Perspectives on the Precautionary Principle, 29–58 (S. 53).

[1100] *Andorno*, JIBL 1 (1) 2004, 11 (S. 17); *Atapattu*, S. 215; *Epiney*, in: Internationales Umweltrecht, 151–189 (S. 165, Rn. 19); *Trinidade*, in: *Viñuales*, S. 424. „EIA's purpose is to provide national decision-makers with information about possible environmental effects when deciding whether to authorize the activity to proceed and how to control it", *Fitzmaurice*, ZaöRV 77 (2017), 339 (S. 350).

[1101] *Andorno*, JIBL 1 (1) 2004, 11 (S. 17).

lichen Risikoabschätzung bzw. Umweltverträglichkeitsprüfung kommt auf internationaler Ebene verschiedentlich zum Ausdruck.

Je nach völkerrechtlichem Instrument ist von einer Risikoabschätzung oder einer Prüfung der Umweltverträglichkeit die Rede, ohne dass mit der Verwendung der Begrifflichkeiten auf einen unterschiedlichen Inhalt zu schließen wäre.[1102] Bereits die Weltcharta der Natur sieht vor, dass unter anderem zur Umsetzung des in Ziffer 11 verankerten Vorsorgegedankens die Auswirkungen staatlicher Aktivitäten auf die Umwelt ermittelt werden sollen.[1103] Im Rahmen der Internationalen Seeschifffahrts-Organisation (IMO) wurde als wesentlicher Beitrag zur Umsetzung des Vorsorgeprinzips angesehen, im Vorfeld einer Entscheidung eine Risikoabschätzung bzw. eine Umweltverträglichkeitsprüfung durchzuführen.[1104] In Art. 14 lit. a) der Biodiversitätskonvention werden die Vertragsparteien verpflichtet, geeignete Verfahren einzuführen, die eine Umweltverträglichkeitprüfung geplanter Vorhaben mit wahrscheinlich erheblichen nachteiligen Auswirkungen auf die biologische Vielfalt vorschreiben. Regelungen zur Durchführung einer wissenschaftlichen Risikoabschätzung finden sich daneben in immer mehr internationalen Verträgen im Bereich des Umwelt- und Gesundheitsschutzes, beispielsweise in Art. 5 Abs. 1 des SPS-Übereinkommens, Art. 15 i.V.m. Anlage III des Cartagena-Protokolls, Art. 8 i.V.m. Anlage E des Stockholmer Übereinkommens[1105] oder Art. 2 i.V.m. Anlage II der Rotterdamer Konvention[1106]. Auch die Kommission betont in ihrer Mitteilung zum Vorsorgeprinzip, dass im Vorfeld von Maßnahmen zum Schutz der Umwelt oder der Gesundheit von Menschen, Tieren oder Pflanzen eine auf den verfügbaren Daten beruhende wissenschaftliche Abschätzung und Bewertung möglicher negativer Folgen vorgenommen werden sollte.[1107]

Die der Umsetzung des Vorsorgeprinzips dienende Pflicht zur Durchführung einer Umweltverträglichkeitsprüfung wurde auch im Rahmen gerichtlicher Auseinandersetzungen thematisiert. Neuseeland brachte im *Nuclear Tests*-Verfahren vor, das Vorsorgeprinzip verpflichte Frankreich zur Durchführung einer solchen.[1108] Bestätigt wurde die enge Verbindung zwischen dem Vorsorgeprinzip und der Durchführung einer Umweltverträglichkeitsprüfung im Rahmen der ab-

---

1102 So auch *Beck*, S. 283. Eine andere Auffassung vertreten *Marr* und *Attapattu*, wonach der Begriff der Risikoabschätzung als Oberbegriff dient und die Umweltverträglichkeitsprüfung eine Methode darstellt, mittels derer ein Risiko im konkreten Fall abgeschätzt werden kann, *Marr*, S. 28f.; *Atapattu*, S. 214f.

1103 „All planning shall include [...] assessments of the effects on nature of proposed policies and activities; [...]", UN-Generalversammlung, World Charter for Nature, 28. Oktober 1982, A/RES/37/7 (1982), Ziff. 16.

1104 IMO, Guidelines on Incorporation of the Precautionary Approach in the Context of Specific IMO Activities, 15. September 1995, MEPC 37/22/Add. 1, Anhang 10, Ziff. 4.5.

1105 Stockholm Convention on Persistent Organic Pollutants, 22. Mai 2001, 2256 U.N.T.S. 119, in Kraft getreten am 17.05.2004.

1106 Rotterdam Convention on the Prior Informed Consent Procedure for Certain Hazardous Chemicals and Pesticides in International Trade, 10. September 1998, 2244 U.N.T.S. 337, in Kraft getreten am 24.02.2004.

1107 *Kommission der Europäischen Gemeinschaften*, Mitteilung der Kommission über die Anwendbarkeit des Vorsorgeprinzips, KOM 2000 (1) endg., Ziff. 6.1.

1108 IGH, Request for an Examination of the Situation in Accordance with Paragraph 63 of the Court's Judgment of 20 December 1974 in the Nuclear Tests Case, Entscheidung vom 22. September 1995, ICJ Reports 1995, S. 288, Rn. 35.

weichenden Stellungnahmen der Richter *Weeramantry* und *Palmer* im Rahmen des *Nuclear Tests*-Verfahrens[1109] sowie in der abweichenden Stellungnahme des Richters *Trinidade* im Verfahren *Pulp-Mills*.[1110]

(1) Völkergewohnheitsrechtliche Geltung

Die Pflicht zur Durchführung einer Risikoabschätzung bzw. Prüfung der Umweltvertäglichkeit im Vorfeld möglicherweise umweltschädigender Aktivitäten ist völkergewohnheitsrechtlich anerkannt.[1111]

Der IGH ging sowohl im Verfahren *Pulp Mills* als auch in Zusammenhang mit der Grenzstreitigkeit zwischen Costa Rica und Nicaragua davon aus, bei der Pflicht zur Durchführung einer Umweltverträglichkeitsprüfung handle es sich jedenfalls dann, wenn ein Projekt erhebliche grenzüberschreitende Umweltauswirkungen zu verursachen in der Lage ist, um eine solche des Völkergewohnheitsrechts.[1112] Auch die Meeresbodenkammer des ISGH geht von einer völkergewohnheitsrechtlich geltenden Verpflichtung aus.[1113] Dabei legt sie ein noch weitergehendes Verständnis zugrunde, indem die Pflicht auch im Falle möglicher Schäden in Bereichen jenseits nationaler Hoheitsgewalt Geltung beansprucht.[1114]

Von einer völkergewohnheitsrechtlichen Geltung ist mittlerweile selbst dann auszugehen, wenn lediglich innerhalb des Hoheitsgebiets eines Staates erhebliche nachteilige Umweltauswirkun-

[1109] IGH, Request for an Examination of the Situation in Accordance with Paragraph 63 of the Court's Judgment of 20 December 1974 in the Nuclear Tests Case, Dissenting Opinion of Judge Palmer, ICJ Reports 1995, S. 381, S. 411f.; IGH, Request for an Examination of the Situation in Accordance with Paragraph 63 of the Court's Judgment of 20 December 1974 in the Nuclear Tests Case, Dissenting Opinion of Judge Weeramantry, ICJ Reports 1995, S. 317, S. 344f.

[1110] IGH, Case Concerning Pulp Mills on the River Uruguay, Separate Opinion of Judge Trinidade, ICJ Reports 2010, S. 135, Rn. 96.

[1111] *Epiney/Scheyli*, S. 129; *Epiney*, in: Internationales Umweltrecht, 151–189 (S. 167, Rn. 22); *Duvic-Paoli*, S. 213.

[1112] „[...] that it may now be considered a requirement under general international law to undertake an environmental impact assessment where there is a risk that the proposed [...] activity may have a significant adverse impact in a transboundary context [...]“, IGH, Case Concerning Pulp Mills on the River Uruguay (Argentinien v. Uruguay), Entscheidung vom 20. April 2010, ICJ Reports 2010, S. 14, Rn. 204; „[...] a State must, before embarking on an activity having the potential adversely to affect the environment of another State, ascertain if there is a risk of significant transboundary harm, which would trigger the requirement to carry out an environmental impact assessment“, IGH, Certain Activities Carried out by Nicaragua in the Boarder Area (Costa Rica v. Nicaragua) and Construction of a Road in Costa Rica along the San Juan River (Nicaragua v. Costa Rica), Entscheidung vom 16. Dezember 2015, ICJ Reports 2015, S. 665, Rn. 104. Allerdings wird vereinzelt in Frage gestellt, dass die Formulierung des IGH, es handle sich um eine Pflicht des allgemeinen Völkerrechts so zu verstehen sei, dass die Durchführung einer Umweltverträglichkeitsprüfung völkergewohnheitsrechtliche Geltung beanspruche, siehe hierzu *Duvic-Paoli*, S. 213f.

[1113] ISGH, Responsibilities and Obligations of States Sponsoring Persons and Entities with Respect to Activities in the Area, Gutachten vom 01. Februar 2011, ITLOS Reports 2011, S. 10, Rn. 145ff.

[1114] „The Court's reasoning in a transboundary context may also apply to activities with an impact on the environment in an area beyond the limits of national jurisdiction; and the Court's references to „shared resources“ may also apply to resources that are the common heritage of mankind. [...]“, ISGH, Responsibilities and Obligations of States Sponsoring Persons and Entities with Respect to Activities in the Area, Gutachten vom 01. Februar 2011, ITLOS Reports 2011, S. 10, Rn. 148. Siehe hierzu: *Duvic-Paoli*, S. 214.

gen möglich erscheinen.[1115] Zahlreiche Niederlegungen in internationalen Instrumenten, beispielsweise Art. 14 Abs. 1 lit. a) CBD[1116] oder Prinzip 17 der Rio-Erklärung[1117], zeigen, dass die Umwelt bzw. ein bestimmter Bereich der Umwelt wie die Meeresumwelt oder ein bestimmtes Umweltmedium wie die biologische Vielfalt an sich – und damit unabhängig vom Ort des Auftretens eines Schadens – geschützt werden soll.[1118] Nur ein solches Verständnis trägt der Tatsache Rechnung, dass natürlicherweise vielfältige Zusammenhänge zwischen diversen Umweltbestandteilen bestehen.[1119]

(2) Inhaltliche Anforderungen

Bei der Risikoabschätzung bzw. Prüfung der Umweltverträglichkeit handelt es sich um ein innerstaatliches Verfahren zur Beurteilung der voraussichtlichen (Umwelt)auswirkungen eines Vorhabens.[1120] Mittels wissenschaftlicher Methoden sollen insbesondere die mit einem Vorhaben verbundenen nachteiligen Auswirkungen möglichst umfassend analysiert und die verfügbaren Informationen geordnet, strukturiert und interpretiert werden.[1121] In Zusammenhang mit gentechnisch veränderten Organismen bezeichnet die Vornahme einer Risikoabschätzung das Verfahren zur Abschätzung der potenziellen Folgen der Verwendung und/oder Freisetzung gentechnisch veränderter Organismen sowie der Wahrscheinlichkeit des Auftretens solcher Folgen.[1122] Zur Umsetzung des Vorsorgeprinzips ist damit jedenfalls erforderlich, dass in Zusammenhang mit Freisetzungsvorhaben potentielle Auswirkungen auf die Umwelt und die menschliche Gesundheit im Vorfeld so umfassend wie möglich ermittelt und hierfür geeignete nationale Verfahren geschaffen werden.

Die Verfahrensanforderungen sind dabei unterschiedlich ausgestaltet.[1123] Deutlich zeigt sich

[1115] *Epiney*, in: Internationales Umweltrecht, 151–189 (S. 167f., Rn. 22); IGH, Request for an Examination of the Situation in Accordance with Paragraph 63 of the Court's Judgment of 20 December 1974 in the Nuclear Tests Case, Dissenting Opinion of Judge Palmer, ICJ Reports 1995, S. 381, Rn. 91. So wohl auch: *Duvic-Paoli*, S. 216. Für eine völkergewohnheitsrechtlich geltende Pflicht ausschließlich im grenzüberschreitenden Kontext hingegen: *Birkner*, in: Völkerrecht, 1065–1130 (S. 1087) und *Beyerlein/Marauhn*, S. 231.

[1116] „[...] requiring environmental impact assessment of its proposed projects that are likely to have significant adverse effects on biological diversity [...]".

[1117] „Environmental impact assessment, as a national instrument, shall be undertaken for porposed activities that are likely to have significant adverse impact on the environment [...]".

[1118] *Epiney/Scheyli*, S. 138 mit zahlreichen weiteren Beispielen. Im Hinblick auf Prinzip 17 der Rio-Erklärung auch: *Beyerlein/Marauhn*, S. 230f.

[1119] *Epiney/Scheyli*, S. 138.

[1120] Siehe hierzu beispielhaft die Definition in Art. 1 Abs. 6 der Espoo-Konvention: „„„Environmental Impact Assessment" means a national procedure for evaluating the likely impact of a proposed activity on the environment", Convention on Environmental Impact Assessment in a Transboundary Context, 25. Februar 1991, 1989 U.N.T.S. 309, in Kraft getreten am 10.09.1997. Siehe auch die Präambel der UNEP Goals and Principles of Environmental Impact Assessment, 16. Januar 1987, UNEP(092)/E5, im Folgenden UNEP Principles on EIA: „EIA means an examination, analysis and assessment of planned activities [...]".

[1121] *Heyvaert*, RECIEL 8 (2) 1999, 135 (S. 135).

[1122] *Hill*, in: Legal Aspects of Implementing the Cartagena Protocol on Biosafety, 63–77 (S. 63).

[1123] *Marr*, S. 31; *de Sadeleer*, in: Implementing the Precautionary Principle – Approaches from the Nordic Countries, die fehlende Einheitlichkeit daran, dass das Cartagena-Protokoll in Art. 15 und Anlage III detaillierte Vorgaben enthält, wie die Risikoabschätzung durchzuführen ist, im Rahmen des SPS-Übereinkommens hingegen ein weiter Spielraum der Vertragsparteien im Hinblick auf die anzuwendende Methodik und die zu berücksichtigenden Faktoren besteht.[1124] Im Rahmen von Artikel 7 der Draft Articles on Prevention of Transboundary Harm from Hazardous Activities finden sich nicht nur keine konkretisierenden Vorgaben zum Inhalt der Risikoabschätzung, sondern es wird im zugehörigen Kommentar darauf hingewiesen, dass die exakte inhaltliche Ausgestaltung den jeweiligen Staaten überlassen ist.[1125] Allgemeingültige exakte Vorgaben für die inhaltliche Ausgestaltung des Verfahrens lassen sich somit kaum feststellen und sind dem Völkergewohnheitsrecht nicht zu entnehmen.[1126]

Die Risikoabschätzung oder Umweltverträglichkeitsprüfung muss allerdings so ausgestaltet sein, dass sie zur Analyse der voraussichtlichen Auswirkungen geeignet ist.[1127]

Eine Zusammenschau diverser völkervertraglicher Niederlegungen und sonstiger Instrumente lässt erkennen, dass jedenfalls gewisse Elemente Kernbestand einer Risikoabschätzung oder Prüfung der Umweltverträglichkeit darstellen und einige – wenn auch eher allgemein anmutende – Anforderungen gewahrt sein müssen.[1128] Es spricht daher viel dafür, dass die im Folgenden aufgezählten Aspekte im Rahmen der Risikoabschätzung bzw. Prüfung der Umweltverträglichkeit eines Freisetzungsvorhabens mit Gene Drive-Organismen berücksichtigt werden

EU and USA, 10–58 (S. 23); *Atapattu*, S. 215.

1124 Siehe zum weiten Spielraum im Rahmen des SPS-Übereinkommens: WTO, Japan – Measures Affecting the Importation of Apples (Japan Apples), Report of the Appellate Body vom 26.11.2003, WT/DS245/AB/R, Rn. 204.

1125 ILC, Draft Articles on Prevention of Transboundary Harm from Hazardous Activities, S. 151, Kommentar zu Art. 7. So auch der IGH im Verfahren *Pulp Mills*: „[...] it is for each State to determine in its domestic legislation or in the authorization process for the project, the specific content of the environmental impact assessment required in each case [...]", IGH, Case Concerning Pulp Mills on the River Uruguay (Argentinien v. Uruguay), Entscheidung vom 20. April 2010, ICJ Reports 2010, S. 14, Rn. 205.

1126 *Epiney/Scheyli*, S. 135; *Plakokefalos*, Yearbook of International Environmental Law 23 (1) 2012, 3 (S. 14); *Epiney*, in: Internationales Umweltrecht, 151–189 (S. 171, Rn. 29); *Fitzmaurice*, ZaöRV 77 (2017), 339 (S. 353f.); IGH, Case Concerning Pulp Mills on the River Uruguay (Argentinien v. Uruguay), Entscheidung vom 20. April 2010, ICJ Reports 2010, S. 14, Rn. 205. So lassen sich beispielsweise eine qualitative und eine quantitative Risikoabschätzung unterscheiden: während bei der quantitativen Risikoabschätzung die Wahrscheinlichkeit eines Schadenseintritts beziffert wird, werden im Rahmen der qualitativen Risikoabschätzungen verschiedene Szenarien gebildet und die Eintrittswahrscheinlichkeit beispielsweise als „wahrscheinlich" oder „unwahrscheinlich", der Schadensumfang beispielsweise als „hoch" oder „niedrig" bewertet, *Zander*, S. 17.

1127 *Epiney*, in: Internationales Umweltrecht, 151–189 (S. 170, Rn. 27); *Duvic-Paoli*, S. 216.

1128 *Plakokefalos*, Yearbook of International Environmental Law 23 (1) 2012, 3 (S. 15); *Beck*, S. 287. Siehe zu den Kernelementen auch *Gillespie*, RECIEL 17 (2) 2008, 221 (S. 229). Zur Notwendigkeit eines einheitlichen Minimalstandards und der Ableitung eines solchen aus den Vorgaben der Espoo-Konvention: „Therefore, a minimum standard of the content of an EIA is necessary [...]. Identifying a least the basic criteria need not be a daunting taks since the leading convention on the topic, the Espoo Convention, provides very useful and rather uncontroversial guidance. [...]. Granted, its regional character poses some problems. Nevertheless, it is widely ratified, and it has been recently applied to a non-party under the necessary negotiation arrangements, thus demonstrating its potential for a wider use", *Plakokefalos*, Yearbook of International Environmental Law 23 (1) 2012, 3 (S. 15). Zu den Vorgaben der UNEP Principles on EIA als Minimalstandard: *Boyle/Redgwell*, S. 197.

müssen. Herkömmliche Analysemethoden und Verfahrensschritte müssen, da sich Gene Drive-Organismen in diversen Punkten von herkömmlichen gentechnisch veränderten Organismen unterscheiden, allerdings gegebenenfalls angepasst und erweitert werden.[1129]
Erforderlich ist zunächst die Anwendung wissenschaftlich anerkannter Methoden und eine auf wissenschaftlichem Datenmaterial beruhende Analyse.[1130] Grundlage jeder Risikoabschätzung oder Umweltverträglichkeitsprüfung im Vorfeld der Freisetzung von mittels Gene Drive veränderter Organismen stellen damit mit anerkannten wissenschaftlichen Methoden erlangte Informationen dar.
Potentielle Auswirkungen und Handlungsalternativen sind im Rahmen einer Einzelfallbetrachtung zu ermitteln, es ist daher im Vorfeld jedes spezifischen Freisetzungsvorhabens eine Risikoabschätzung oder Umweltverträglichkeitsprüfung durchzuführen.[1131] Dabei ist im Ausgangspunkt einerseits das konkrete Vorhaben und in diesem Zusammenhang ein besonderer Stoff oder ein spezifischer gentechnisch veränderter Organismus[1132], andererseits die Umwelt und Aufnahmeumgebung zu so genau wie möglich zu beschreiben.[1133] Im Hinblick auf (experimentelle) Freisetzungsvorhaben mit Gene Drive-Organismen sollten insoweit die spezifischen Eigenschaften des konkret zum Einsatz kommenden Gene Drive-Systems so präzise wie möglich ermittelt werden. Bestandteil der Analyse der Aufnahmeumgebung sollte eine möglichst umfassende Beschreibung des Zielorganismus, dessen Rolle im Ökosystem sowie dessen Ausbreitung sein. Als problematisch wird jedoch erachtet, dass die Aufnahmeumgebung diverser Schädlingsarten, wie beispielsweise der Kirschessigfliege, sehr hetrogen sein kann, da diese verschiedene Lebensräume besiedeln können und jedenfalls im Falle sich global ausbreitender Gene Drive-Systeme die Aufnahmeumgebung kaum definiert werden kann.[1134] In Zusammenhang mit sich global ausbreitenden Gene Drive-Systemen ist eine Risikoabschätzung, die zwingend eine präzise Abgrenzung der Aufnahmeumgebung erfordert, damit ungeeignet.[1135]
Vor dem Hintergrund, dass Gene Drive-Systeme Wildpopulationen beeinflussen sollen, die re-

[1129] *National Academy of Science Engineering and Medicine*, Gene Drives on the Horizon: Advancing Science, Navigating Uncertainty and Aligning Research with Public Values, 2016, S. 110; *Simon/Otto/Engelhard*, EMBO Reports 19 (5), 2018, 1 (S. 3f.); *EFSA GMO Panel*, Adequacy and sufficiency evaluation on existing EFSA guidelines for the molecular characterisation, environmental risk assessment and post-market environmental monitoring of genetically modified insects containing engineered gene drives, 2020, S. 67ff.

[1130] Siehe hierzu: Anlage III Ziff. 3 Cartagena-Protokoll; Art. 5 Abs. 2 SPS-Übereinkommen, Art. 2 lit. b) bzw. c) i.V.m. Anlage II lit. b) Rotterdammer Übereinkommen. Zur Notwendigkeit verlässlicher Informationen: *Gillespie*, RECIEL 17 (2) 2008, 221 (S. 229).

[1131] Siehe hierzu: Anlage III Ziff. 6 Cartagena-Protokoll; Art. 8 i.V.m. Anlage E lit. a) Stockholm Übereinkommen; Art. 4 i.V.m. Anhang II lit. a) Espoo-Konvention.

[1132] Siehe hierzu: Anlage III Ziff. 8 lit. a), Ziff. 9 lit. d) und e) Cartagena-Protokoll; Art. 8 i.V.m. Anlage E lit. a) und c) Stockholm Übereinkommen; Art. 4 i.V.m. Anlage II lit. a) Espoo-Konvention; Prinzip 4 lit. a) UNEP Principles on EIA.

[1133] Siehe hierzu: Anlage III Ziff. 9 lit. h) Cartagena-Protokoll; Art. 5 Abs. 2 SPS-Übereinkommen; Art. 4 i.V.m. Anlage II lit. c) Espoo-Konvention; Prinzip 4 lit. b) UNEP Principles on EIA.

[1134] *Dolezel/Lüthi/Gaugitsch*, BioRisk 15 2020, 1 (S. 11).

[1135] *Dolezel/Lüthi/Gaugitsch*, BioRisk 15 2020, 1 (S. 10f.). Zu dieser Problematik auch: *Simon/Otto/Engelhard*, EMBO Reports 19 (5), 2018, 1 (S. 2f.).

gelmäßig über eine große genetische Variabilität verfügen, sind zudem Unterschiede zwischen einem Gene Drive-Organismus und einem Organismus des Wildtyps nicht zwangsläufig ein Hinweis auf ein Risiko, sodass die vergleichende Risikobewertung im herkömmlichen Sinne unzureichend ist.[1136] Vorgeschlagen wird beispielsweise, im Rahmen der Risikoabschätzung einen zusätzlichen Schritt einzuführen, in dem die räumlich-zeitliche Kontrollierbarkeit abgeschätzt wird.[1137]

Im Rahmen der Analyse sollten mögliche direkte, indirekte, kumulative sowie kurz- und langfristige Auswirkungen ermittelt werden[1138]; von Bedeutung ist beispielsweise, inwieweit eine Weitergabe des Gene Drive-Systems auf Nichtzielpopulationen oder andere Arten im konkreten Einzelfall möglich erscheint oder durch Resistenzbildung oder evolutionäre Effekte wie Fitnesskosten die beabsichtigte Ausbreitung des Gene Drive-Systems beeinflusst werden könnte.[1139] Erforderlich ist hierfür die Kenntnis des Vorkommens potentiell kompatibler Arten, der Populationsdynamik und der Genetik von Nichtzielpopulationen.[1140] Insbesondere die Ermittlung langfristiger Auswirkungen und die Vorhersage der Auswirkungen auf Nichtzielpopulationen stellt dabei eine große Herausforderung dar.[1141]

Erkenntnisdefizite und verbleibende wissenschaftliche Ungewissheit sind ausdrücklich zur Kenntnis zu nehmen und so genau wie möglich einzugrenzen.[1142] Zu bestimmen ist insbesondere, um welche Art wissenschaftlicher Ungewissheit es sich jeweils handelt und worin die Ursache der wissenschaftlichen Ungewissheit liegt, ob also beispielsweise lediglich bestimmte Daten oder Informationen fehlen oder fehlerhaft sind oder die Ungewissheit aufgrund des komplexen Zusammenspiels von Umweltfaktoren besteht.

Um eine fundierte Entscheidung zu ermöglichen, sind darüber hinaus Alternativen zu dem anvisierten Vorhaben zu ermitteln und zu beschreiben und mit alternativen Vorgehensweisen einhergehende positive und nachteilige Auswirkungen zu bestimmen.[1143] Bezogen auf die Freisetzung von Gene Drive-Organismen ist – gerade vor dem Hintergrund erheblicher wissenschaftlicher Ungewissheiten – erforderlich, zu untersuchen, inwieweit alternative Möglichkeiten bestehen, das mit dem Freisetzungsvorhaben anvisierte Ziel zu erreichen.[1144]

Schließlich sind bereits auf der Ebene der Risikoabschätzung bzw. Prüfung der Umweltver-

[1136] *Then*, in: Gene Drives – Potenziale, Risiken, Besorgnisgründe, 134–145 (S. 134); *Dolezel/Lüthi/Gaugitsch*, BioRisk 15 2020, 1 (S. 12f.).

[1137] *Then*, in: Gene Drives – Potenziale, Risiken, Besorgnisgründe, 134–145 (S. 134ff.).

[1138] *Gillespie*, RECIEL 17 (2) 2008, 221 (S. 229).

[1139] Siehe hierzu: *Simon/Otto/Engelhard*, EMBO Reports 19 (5), 2018, 1 (S. 3); *Dolezel/Lüthi/Gaugitsch*, BioRisk 15 2020, 1 (S. 11).

[1140] *Dolezel/Lüthi/Gaugitsch*, BioRisk 15 2020, 1 (S. 13).

[1141] *Dolezel/Lüthi/Gaugitsch*, BioRisk 15 2020, 1 (S. 19).

[1142] Siehe hierzu: Anlage III Ziff. 4 Cartagena-Protokoll; Art. 4 i.V.m. Anlage II lit. g) Espoo-Konvention; Prinzip 4 lit. f) UNEP Principles on EIA. So auch *Gillespie*, RECIEL 17 (2) 2008, 221 (S. 229).

[1143] Siehe hierzu: Art. 4 i.V.m. Anlage II lit. b) Espoo-Konvention; Prinzip 4 lit. c) UNEP Principles on EIA. So auch *Gillespie*, RECIEL 17 (2) 2008, 221 (S. 229f.).

[1144] *Simon/Otto/Engelhard*, EMBO Reports 19 (5), 2018, 1 (S. 3).

träglichkeit Möglichkeiten zu eruieren, die potentiell nachteiligen Auswirkungen einzudämmen oder zu verhindern.[1145] Bezogen auf das konkret einzusetzende Gene Drive-System sollten insbesondere verschiedene Arten von Sicherungsmechanismen, wozu insbesondere ökologische, physikalische und molekulare Ansätze zu zählen sind, und die Frage, ob möglicherweise verschiedene Sicherungsmechanismen zugleich erforderlich sind, erörtert werden.

Das Ergebnis der Risikoabschätzung bzw. Umweltverträglichkeitsprüfung ist im staatlichen Entscheidungsprozess zu berücksichtigen.[1146]

bb. Überprüfung der getroffenen Entscheidung im Lichte neuer wissenschaftlicher Erkenntnisse

Ein dem Vorsorgeprinzip entsprechender Entscheidungsprozess erfordert weiter, dass eine einmal getroffene Vorsorgeentscheidung kontinuierlich dem wissenschaftlichen Erkenntnisstand angepasst wird.[1147] Hintergrund ist einerseits, dass das Recht sowie die Pflicht zu vorsorgendem Handeln nur solange und soweit bestehen, wie ein Vorsorgeanlass gegeben ist[1148] und andererseits, dass die einmal getroffene Vorsorgeentscheidung an dem auf Grundlage der vorhandenen wissenschaftlichen Erkenntnisse vermuteten drohenden Schaden und dessen vermuteter Eintrittswahrscheinlichkeit auszurichten ist.[1149]

Jede in Zusammenhang mit der Freisetzung eines Gene Drive-Systems getroffene Vorsorgemaßnahme darf als solche nur aufrecht erhalten werden, solange das mit einer Freisetzung verbundene Risiko nicht bezifferbar ist. Sobald ausreichende wissenschaftliche Erkenntnisse vorliegen, um Schadensumfang und Eintrittswahrscheinlichkeit im Hinblick auf einen Einsatz eines spezifischen Gene Drive-Systems zur Anwendung bei einem bestimmten Zielorganismus abschätzen zu können, wandelt sich eine Vorsorgemaßnahme zu einer Vorbeugemaßnahme und ist an den hierfür geltenden Anforderungen zu messen. Auch wenn es an einem bezifferbaren Risiko noch fehlt, muss im Zuge des wissenschaftlichen Fortschritts im Sinne weitergehender wissenschaftlicher Erkenntnisse jede getroffene vorsorgende Entscheidung erneut überprüft und gegebenenfalls angepasst werden.[1150] So ist gewährleistet, dass Vorsorgemaßnahme(n) abhängig vom aktuellen Forschungsstand durch striktere oder weniger strikte Maßnahmen ersetzt werden.[1151]

[1145] Siehe hierzu: Art. 4 i.V.m. Anlage II lit. e) Espoo-Konvention; Prinzip 4 lit. e) UNEP Principles on EIA.

[1146] *Epiney/Scheyli*, S. 136; *Gillespie*, RECIEL 17 (2) 2008, 221 (S. 226).

[1147] So auch die Ansicht der Kommission: *Kommission der Europäischen Gemeinschaften*, Mitteilung der Kommission über die Anwendbarkeit des Vorsorgeprinzips, KOM 2000 (1) endg., Ziff. 6.3.5. Siehe hierzu die Ausführungen in Teil 3, Kapitel 4, III, 3, d.

[1148] Siehe hierzu die Ausführungen in Teil 3, Kapitel 4, III, 3, d.

[1149] Siehe hierzu die Ausführungen in Teil 3, Kapitel 4, III, 3, c, bb, (2).

[1150] *Gillespie*, The International Journal of Marine and Coastal Law 22 (1), 2007, 61 (S. 78); *Arcuri*, in: Frontiers in the Economics of Environmental Regulation and Liability, 19–63 (S. 29f.); *Mendis*, Nippon Foundation Fellow Papers 2006, 1 (S. 40).

[1151] *Marti*, S. 61.

In Umsetzung des Vorsorgeprinzips ist damit erforderlich, dass in Zusammenhang mit Freisetzungsvorhaben mit Gene Drive-Systemen auf nationaler Ebene sichergestellt ist, dass einmal getroffene Vorsorgemaßnahmen im Zuge weitergehender wissenschaftlicher Erkenntnisse einer erneuten Überprüfung unterzogen werden und nur solange und insoweit unverändert aufrecht erhalten werden, solange sich die wissenschaftliche Informations- und Datengrundlage nicht verändert.[1152] Wurde beispielsweise zunächst ein absolutes Freisetzungsverbot erlassen, ist dessen Überprüfung erforderlich, wenn mittels neuer wissenschaftlicher Erkenntnisse nachvollziehbar belegt werden kann, dass ein konkretes Gene-Drive-System eine räumlich-zeitliche Begrenzung ermöglicht.

cc. Notifikations-, Informations- und Konsultationspflicht auf zwischenstaatlicher Ebene

Im Falle potentieller grenzüberschreitender nachteiliger (Umwelt)auswirkungen besteht in Umsetzung des Vorsorgeprinzips darüber hinaus die Verpflichtung, möglicherweise betroffene Staaten bzw. die internationale Gemeinschaft über die Vornahme geplanter Aktivitäten in Kenntnis zu setzen, Informationen bereitzustellen sowie Konsultationen durchzuführen.[1153]
Zwar finden Notifikations-, Informations- und Konsultationspflichten in erster Linie in Zusammenhang mit dem Gebot der Vermeidung erheblicher grenzüberschreitender Umweltbeeinträchtigungen bzw. dem Präventionsprinzip Erwähnung: die Pflicht zur Information und Konsultation anderer Staaten trägt im Falle bezifferbarer Risiken zur Erfüllung der aus dem Präventionsprinzip folgenden Pflicht zur Schadensvorbeugung bei.[1154] Allerdings dient die Pflicht zur frühzeitigen Notifikation, Information und Konsultation möglicherweise nachteilig betroffener Staaten gleichermaßen der Umsetzung des Vorsorgeprinzips.[1155] Denn soll anderen Staaten ermöglicht werden, angemessen auf eine Gefährdungssituation zu reagieren oder geplante Projekte mit anderen Staaten abzustimmen, ist dies umso eher möglich, umso frühzeitiger diese Kenntnis von möglicherweise nachteiligen Auswirkungen haben.[1156] Notifikations-, Informations-

[1152]Erforderlich ist dabei indes nicht, die Überprüfung in regelmäßigen zeitlichen Abständen vorzunehmen; die Pflicht zur Überprüfung ist vielmehr an das Bestehen neuer wissenschaftlicher Erkenntnisse und damit einer veränderten wissenschaftlichen Sachlage geknüpft, *Marr*, S. 37; *Andorno*, JIBL 1 (1) 2004, 11 (S. 18).

[1153]*Epiney*, in: Internationales Umweltrecht, 151–189 (S. 156, Rn. 5). Ergänzt wird diese Pflicht durch Notifikations- und Informationspflichten im Falle akuter Gefährdungen für die Umwelt und damit insbesondere in Fällen unfallbedingter Freisetzung möglicherweise schädlicher Substanzen, *Beyerlein/Marauhn*, S. 227. Siehe näher zur Informationspflicht in Notfällen: *Plakokefalos*, Yearbook of International Environmental Law 23 (1) 2012, 3 (S. 25ff.).

[1154]IGH, Pulp Mills on the River Uruguay (Argentinien v. Uruguay), Entscheidung vom 20. April 2010, ICJ Reports 2010, S. 14, Rn. 102: „In the view of the Court, the obligation to inform [...] allows for the initiation of co-operation between the Parties which is necessary in order to fulfil the obligation of prevention". So auch *Handl*, in: The Oxford Handbook of International Environmental Law, 532–549 (S. 541); *Plakokefalos*, Yearbook of International Environmental Law 23 (1) 2012, 3 (S. 5f.); *Proelß*, in: Internationales Umweltrecht, 97–150 (S. 130f., Rn. 43); *Duvic-Paoli*, S. 218ff.

[1155]*Trinidade*, in: *Viñuales*, S. 425; *Epiney*, in: Internationales Umweltrecht, 151–189 (S. 160f., Rn. 13).

[1156]*Epiney*, in: Internationales Umweltrecht, 151–189 (S. 160f., Rn. 13).

und Konsultationspflichten weisen zudem eine enge Verbindung zur Durchführung einer Umweltverträglichkeitsprüfung auf.[1157]

Zum Ausdruck kommt die enge Verknüpfung zwischen dem Vorsorgeprinzip und zwischenstaatlichen Notifikations- und Informationspflichten darin, dass die Niederlegung des Vorsorgeprinzips in internationalen Instrumenten regelmäßig von zwischenstaatlichen Notifikations- und Informationspflichten begleitet wird.[1158] Erwägungsgrund 7 der Präambel der Biodiversitätskonvention hebt die Problematik fehlender Informationen und Erkenntnisse hervor, Art. 14 Abs. 1 lit. c) CBD verpflichtet die Vertragsparteien, den Informationsaustausch über Tätigkeiten, die wahrscheinlich erhebliche nachteilige Auswirkungen auf die biologische Vielfalt anderer Staaten oder in Gebieten außerhalb nationaler Hoheitsbereich haben, zu fördern. Art. 14 Abs. 1 lit. d) CBD sieht darüber hinaus vor, im Falle eines drohenden Schadens für die biologische Vielfalt im Gebiet eines anderen Staates die potentiell betroffenen Staaten über die drohende Gefahr zu unterrichten. Ausweislich Prinzip 19 der Rio-Erklärung hat ein Staat möglicherweise betroffene Staaten über Tätigkeiten, die schwerwiegende nachteilige grenzüberschreitende Auswirkungen auf die Umwelt haben können, im Voraus und rechtzeitig zu unterrichten. Der ISGH entschied im *Land Reclamation*-Verfahren zwischen Malaysia und Singapur, ein Staat, der eine Aktivität vornehmen möchte, bei der nicht ausgeschlossen werden kann, dass nachteilige Auswirkungen für andere Staaten eintreten, müsse geeignete Mechanismen vorsehen, um potentiell betroffene Staaten im Vorhinein zu informieren.[1159] Die Relevanz zwischenstaatlicher Informationspflichten für die Umsetzung des Vorsorgeprinzips hatte der ISGH bereits zuvor im *MOX Plant*-Verfahren betont.[1160] Richter *Trinidade* betonte in seiner abweichenden Stellungnahme im Verfahren *Pulp Mills*, das Vorsorgeprinzip verpflichte unter anderem zur Notifikation sowie zur Bereitstellung von Informationen.[1161]

Zur Verhinderung oder weitestmöglichen Verringerung potentieller nachteiliger (Umwelt)auswirkungen und der Abstimmung der Staaten untereinander werden Notifikations- und Informationspflichten durch Konsultationspflichten ergänzt.[1162] Beispielsweise verpflichtet Art. 7

[1157] *Epiney*, in: Internationales Umweltrecht, 151–189 (S. 170, Rn. 28). Siehe hierzu: *Duvic-Paoli*, S. 224ff. Deutlich wird die enge Verbindung auch in Prinzip 12 der UNEP Principles on EIA.

[1158] *McIntyre/Mosedale*, Journal of Environmental Law 9 (2), 1997, 221 (S. 239).

[1159] „Considering that, given the possible implications of land reclamation on the marine environment, prudence and caution require that Malaysia and Singapore establish mechanisms for exchanging information [...]", ISGH, Case Concerning Land Reclamation by Singapore in and around the Straits of Johor (Malaysia v. Singapur), Entscheidung vom 08. Oktober 2003, ITLOS Reports 2003, S. 10, Rn. 94.

[1160] „Considering that, in the view of the Tribunal, prudence and caution require that Ireland and the United Kingdom cooperate in exchanging information concerning risks or effects of the operation of the MOX plant [...]", ISGH, MOX Plant Case (Irland v. Großbritannien), Entscheidung vom 03. Dezember 2001, ITLOS Reports 2001, S. 95, Rn. 84. Im konkreten Fall konnte nicht ausgeschlossen werden, dass von der streitgegenständlichen Anlage nachteilige Auswirkungen auf die Meeresumwelt ausgehen.

[1161] IGH, Case Concerning Pulp Mills on the River Uruguay (Argentinien v. Uruguay), Separate Opinion of Judge Trinidade, ICJ Reports 2010, S. 135, Rn. 71.

[1162] Erstmals äußerte sich das Schiedsgericht im *Lac Lanoux*-Verfahren zu Konsultationspflichten: „D'une manière positive, on peut seulement admettre qu'il existe une obligation de consultation et d'harmonisation des actions

Abs. 2 der Helsinki-Konvention die Staaten zur Konsultation mit potentiell betroffenen Staaten. Prinzip 19 der Rio-Erklärung sieht vor, dass Staaten andere möglicherweise betroffene Staaten frühzeitig und in redlicher Absicht konsultieren. Auch im Rahmen der seitens der ILC erarbeiteten Draft Articles on Prevention of Transboundary Harm from Hazardous Activities stellt die in Art. 9 Abs. 1 enthaltene Pflicht zur Konsultation einen integralen Bestandteil dar.[1163] Argentinien berief sich im Verfahren *Pulp Mills* darauf, dass in Umsetzung des Vorsorgeprinzips im Vorfeld der Genehmigung und Errichtung der Zellstofffabrik Konsultationen durchgeführt werden müssen.[1164]

(1) Völkergewohnheitsrechtliche Geltung

Während die Verpflichtung zu regelmäßigem Informationsaustausch im Hinblick auf umweltrelevante Informationen mittlerweile zwar in zahlreichen umweltvölkerrechtlichen Verträgen enthalten ist[1165], jedoch noch keine völkergewohnheitsrechtliche Geltung erlangt hat[1166], ist die Verpflichtung, im Falle eines Verhaltens, einer Aktivität oder eines Ereignisses, das potentiell erhebliche nachteilige grenzüberschreitende Auswirkungen hat, möglicherweise betroffene Staaten zu informieren, mittlerweile fester Bestandteil des Völkergewohnheitsrechts.[1167]
Auch die Pflicht, im Falle von Aktivitäten, die potentiell erhebliche grenzüberschreitende Auswirkungen hervorrufen können, mit sämtlichen möglicherweise betroffenen Staaten Konsultationen durchzuführen, ist völkergewohnheitsrechtlich anerkannt.[1168]

(2) Inhaltliche Anforderungen

Die Pflicht zur zwischenstaatlichen Notifikation und Information beinhaltet, dass sämtliche potentiell betroffene Staaten im Vorfeld und damit möglichst frühzeitig über die Vornahme von

respectives des deux Etats, lorsque des intérêts généraux sonst engagés en matière d'eaux", PCA, Lac Lanoux (Spanien v. Frankreich), Schiedsspruch vom 16. November 1957, Reports of International Arbitral Awards, Vol. XII, S. 281, Rn. 17. Allerdings leitete das Schiedsgericht die Konsultationspflichten noch aus einer zwischen Spanien und Frankreich geschlossenen Vereinbarung ab.

1163 ILC, Draft Articles on Prevention of Transboundary Harm from Hazardous Activities, S. 160, Art. 9 Abs. 1.

1164 IGH, Case Concerning Pulp Mills on the River Uruguay (Argentinien v. Uruguay), Memorial of Argentinia, Vol. 1, 15.01.2007, Rn. 5.14.

1165 Siehe beispielsweise Art. 17 Abs. 1 CBD oder Art. 6 OSPAR-Konvention.

1166 *Epiney*, in: Internationales Umweltrecht, 151–189 (S. 158, Rn. 7). Demgegenüber aber: *Bremer*, RECIEL 26 (1) 2017, 80 (S. 82f.).

1167 *Beyerlein/Marauhn*, S. 228; *Sands/Peel*, S. 634ff.; *Handl*, in: The Oxford Handbook of International Environmental Law, 532–549 (S. 542f.;); *Plakokefalos*, Yearbook of International Environmental Law 23 (1) 2012, 3 (S. 9 und S. 15); *Epiney*, in: Internationales Umweltrecht, 151–189 (S. 160f., Rn. 13). So wohl auch: IGH, Pulp Mills on the River Uruguay (Argentinien v. Uruguay), Entscheidung vom 20. April 2010, ICJ Reports 2010, S. 14, Rn. 94ff.

1168 *Handl*, in: The Oxford Handbook of International Environmental Law, 532–549 (S. 542f.); *Sands/Peel*, S. 636ff.; *Beyerlein/Marauhn*, S. 228; *Epiney*, in: Internationales Umweltrecht, 151–189 (S. 162f., Rn. 16). So wohl auch: ISGH, MOX Plant Case (Irland v. Großbritannien), Entscheidung vom 03. Dezember 2001, ITLOS Reports 2001, S. 95, Rn. 82.

Aktivitäten mit möglicherweise nachteiligen Auswirkungen in Kenntnis gesetzt werden.[1169] In Fällen, in denen erhebliche Schäden an globalen Gemeinschaftsgütern oder in hoheitsfreien Bereichen möglich erscheinen, erstreckt sich die Pflicht auf die gesamte Staatengemeinschaft.[1170] Die Anforderungen sind dabei umso strenger, je grenznäher die Aktivität vorgenommen werden soll.[1171]

Um dem Vorsorgeprinzip effektiv Rechnung zu tragen, müssen andere Staaten bzw. die internationale Gemeinschaft jedoch nicht nur über die Tatsache der geplanten Vornahme einer Aktivität mit potentiell nachteiligen Auswirkungen in Kenntnis gesetzt werden, sondern es sind darüber hinaus die in Zusammenhang mit dem geplanten Vorhaben vorhandenen Informationen und wissenschaftlichen Erkenntnisse, die im Rahmen der Risikoabschätzung oder Umweltverträglichkeitsprüfung erlangt wurden, zur Verfügung zu stellen.[1172] Problematisch erscheint allerdings, dass kaum exakt festgelegt werden kann, wie weit die Pflicht zur Informationsweitergabe inhaltlich reicht, welche Informationen also im konkreten Fall bereitgestellt werden müssen.[1173]

Für die Art und Weise der Notifikation und Informationsweitergabe lassen sich keine exakten Vorgaben ableiten, jeder Staat kann diejenigen Mittel und Informationskanäle wählen, die ihm angemessen erscheinen; in der Regel erfolgt die Weitergabe der Informationen über diplomatische Kanäle.[1174] Die Bereitstellung der erforderlichen Informationen gegenüber der gesamten Staatengemeinschaft erfolgt üblicherweise mittels einer internationalen Institution.[1175] Ein Staat kann sich nicht darauf berufen, ein anderer, möglicherweise betroffener Staat habe die Informationen durch eigene Nachforschungen zu erlangen oder sei ausreichend informiert, da die Informationen veröffentlicht worden sind.[1176]

Jeden Staat, auf dessen Staatsgebiet (experimentelle) Freisetzungsvorhaben mit Gene Drive-

---

[1169] *Trinidade*, in: *Viñuales*, S. 425; *Plakokefalos*, Yearbook of International Environmental Law 23 (1) 2012, 3 (S. 10).

[1170] IGH, Pulp Mills on the River Uruguay, Separate Opinion of Judge Trinidade, ICJ Reports 2010, S. 135, Rn. 71; *Krüger*, S. 49.

[1171] *Duvic-Paoli*, S. 219.

[1172] *Trinidade*, in: *Viñuales*, S. 425; *Plakokefalos*, Yearbook of International Environmental Law 23 (1) 2012, 3 (S. 10 und S. 19). ISGH, MOX Plant Case (Irland v. Großbritannien), Entscheidung vom 03. Dezember 2001, ITLOS Reports 2001, S. 95, Rn. 84. Auch die ILC hält es für erforderlich, vorhandene technische Informationen weiterzugeben, auf denen die Risikoabschätzung bzw. Umweltverträglichkeitsprüfung beruht: ILC, Draft Articles on Prevention of Transboundary Harm from Hazardous Activities, S. 160, Kommentar zu Art. 8.

[1173] *Plakokefalos*, Yearbook of International Environmental Law 23 (1) 2012, 3 (S. 20). Hingewiesen wird in diesem Zusammenhang darauf, dass typischerweise Informationen, die die nationale Sicherheit oder Betriebs- und Geschäftsgeheimnisse betreffen, nicht übermittelt werden müssen und die Frage, ob bestimmte Informationen im Einzelfall weitergegeben müssen, schwer zu bestimmen sei kann, *Plakokefalos*, Yearbook of International Environmental Law 23 (1) 2012, 3 (S. 20).

[1174] *Plakokefalos*, Yearbook of International Environmental Law 23 (1) 2012, 3 (S. 19); *Duvic-Paoli*, S. 219f. Siehe hierzu auch: ILC, Draft Articles on Prevention of Transboundary Harm from Hazardous Activities, S. 160, Kommentar zu Art. 8.

[1175] *Duvic-Paoli*, S. 219.

[1176] *Plakokefalos*, Yearbook of International Environmental Law 23 (1) 2012, 3 (S. 19); *Duvic-Paoli*, S. 220.

Organismen durchgeführt werden sollen, trifft folglich die Pflicht, sämtliche Staaten, die möglicherweise nachteilig betroffen sind, über die Tatsache der geplanten Freisetzung zu informieren und im Zuge dessen sämtliche (im Rahmen der Risikoabschätzung oder Umweltverträglichkeitsprüfung) erlangte und relevante Informationen und wissenschaftliche Erkenntnisse bereitzustellen. Die Frage, in Bezug auf welche Staaten von einer möglichen Betroffenheit auszugehen ist, ist im jeweiligen Einzelfall auf Grundlage der Umweltverträglichkeitsprüfung oder Risikoabschätzung vor allem danach zu beurteilen, welches Gene Drive-System zum Einsatz kommen soll und welche Organismen als Zielorganismen vorgesehen sind, da hiervon die Verbreitungsmöglichkeit und infolgedessen die Frage abhängt, wo (Umwelt)Schäden möglich erscheinen. Möglicherweise betroffen sind jedenfalls all diejenigen Staaten, auf deren Staatsgebiet die Zielpopulation vorzufinden ist. Im Falle eines (experimentellen) Freisetzungsvorhabens mit Gene Drive-Systemen, die sich räumlich nicht begrenzen lassen und bei denen folglich die Gefahr der Schädigung globaler Gemeinschaftsgüter wie funktionierender Ökosysteme jedenfalls nicht ausgeschlossen ist, spricht viel dafür, dass Notifikations- und Informationspflichten nicht nur gegenüber einzelnen Staaten, sondern gegenüber der gesamten Staatengemeinschaft bestehen.[1177]

Über die Pflicht zur Informationsweitergabe hinaus sind Staaten verpflichtet, im Vorfeld der Vornahme von Aktivitäten, die möglicherweise grenzüberschreitende (umwelt)schädigende Auswirkungen entfalten, die Stellungnahmen potentiell betroffener Staaten einzuholen und mit dem Ziel, ein gemeinhin akzeptiertes Vorgehen zu erarbeiten, in Verhandlungen einzutreten.[1178] Die Konsultationen müssen so ausgestaltet sein, dass eine Einbeziehung der abgegebenen Stellungnahmen in den Entscheidungsprozess ermöglicht wird und gegebenenfalls erhobene Einwände berücksichtigt werden können.[1179] Das Schiedsgericht führte im *Lac Lanoux*-Verfahren aus:

„Le Tribunal est d'avis que l'Etat [...] a, d'après les règles de la bonne foi, l'obligation de prendre en considération les différents intérêts en présence, de chercher à leur donner toutes les satisfaction compatibles avec la poursuite de ses propres intérêts et de montrer qu'il a à ce sujet, un souci réel de

[1177] Beispielsweise sprach sich in Zusammenhang mit der geplanten Errichtung eines Kernkraftwerks und der aus dem Präventionsprinzip folgenden Verpflichtung zur Notifikation der zuständige Ausschuss der Espoo-Konvention für ein großzügiges Verständnis aus: „[...] on the basis of the principle of prevention, when considering the affected Parties for the purpose of notification, the Party of origin, should be exceptionally prospective and inclusive, in order to ensure that all Parties potentially affected by an accident, however uncertain, are notified. [...]", Economic Commission for Europe, Report of the Implementation Committee on its Thirty-Fifth Session, ECE/MP.EIA/IC/2016/2, 12.05.2016, Ziff. 62.

[1178] *Plakokefalos*, Yearbook of International Environmental Law 23 (1) 2012, 3 (S. 21); *Epiney*, in: Internationales Umweltrecht, 151–189 (S. 162, Rn. 16); *Duvic-Paoli*, S. 221. Siehe hierzu: IGH, North Sea Continental Shelf Cases (Deutschland v. Niederlande), Entscheidung vom 20. Februar 1969, ICJ Reports 1969, S. 3, Rn. 85f.; IGH, Case Concerning the Gabčikovo-Nagymaros Project (Ungarn v. Slowakei), Entscheidung vom 25. September 1997, ICJ Reports 1997, S. 7, Rn. 141.

[1179] *Epiney*, in: Internationales Umweltrecht, 151–189 (S. 163, Rn. 16). IGH, Case Concerning the Gabčikovo-Nagymaros Project (Ungarn v. Slowakei), Entscheidung vom 25. September 1997, ICJ Reports 1997, S. 7, Rn. 141.

concilier les intérêts de l'autre riverain avec les siens propres."[1180]

Ein Verstoß wurde:

„[...] en cas de rupture injustifiée des entretiens, de délais anormaux, de mépris des procédures prévues, de refus systématiques de prendre en considération les propositions ou les intérêts adverses, plus généralement en cas d'infraction aux règles de la bonne foi [...]"

für gegeben erachtet.[1181] Die Pflicht zur Konsultation reicht allerdings nicht so weit, dass die abgegebenen Stellungnahmen im Rahmen der Entscheidung zu berücksichtigen sind, sich also in der Entscheidung niederschlagen müssen.[1182] Erst recht erfordert die Konsultationspflicht nicht, eine Entscheidung ausschließlich im Einverständnis mit sämtlichen potentiell betroffenen Staaten zu treffen, was einem Veto-Recht gleichkäme.[1183] Insbesondere in Fällen, in denen eine Vielzahl von Staaten möglicherweise nachteilig betroffen ist, bieten regelmäßig internationale Organisationen ein Forum, die verschiedenen Interessen so weit wie möglich in Ausgleich zu bringen.[1184] Zudem kann im Einzelfall der Rückgriff auf eine fachkundige Institution einer internationalen Organisation erforderlich sein.[1185]

Staaten, auf deren Staatsgebiet (experimentelle) Freisetzungsvorhaben mit Gene Drive-Organismen verwirklicht werden sollen, müssen somit mit dem Ziel, ein Vorgehen zu erarbeiten, das den Interessen möglicherweise betroffener Staaten Rechnung trägt, im Vorfeld und so frühzeitig wie möglich Stellungnahmen sämtlicher potentiell betroffener Staaten einholen und diese in den Entscheidungsprozess einbeziehen, indem sie sich ernsthaft mit den abgegebenen Stellungnahmen auseinandersetzen und Einwände zur Kenntnis nehmen. Jedenfalls bei Gene Drive-Systemen, die sich räumlich nicht begrenzen lassen, bietet sich wegen möglicher nachteiliger Auswirkungen auf dem Staatsgebiet einer Vielzahl von Staaten oder an Gemeinschaftsgütern an, beispielsweise die regelmäßig stattfindenden Zusammenkünfte der Vertragsparteien der Biodiversitätskonvention als Diskussionsforum über die Freisetzung eines Gene Drive-Systems zu nutzen und so der Konsultationspflicht gerecht zu werden. Selbst wenn sich ein Nachbarstaat

[1180] PCA, Lac Lanoux (Spanien v. Frankreich), Schiedsspruch vom 16. November 1957, Reports of International Arbitral Awards, Vol. XII, S. 281, Rn. 22.

[1181] PCA, Lac Lanoux (Spanien v. Frankreich), Schiedsspruch vom 16. November 1957, Reports of International Arbitral Awards, Vol. XII, S. 281, Rn. 11.

[1182] *Epiney*, in: Internationales Umweltrecht, 151–189 (S. 163, Rn. 16).

[1183] *Plakokefalos*, Yearbook of International Environmental Law 23 (1) 2012, 3 (S. 21); *Epiney*, in: Internationales Umweltrecht, 151–189 (S. 163, Rn. 17); *Duvic-Paoli*, S. 222. Das Schiedsgericht vereinte im Verfahren *Lac Lanoux* die Pflicht zur Einholung einer vorherigen Zustimmung explizit: PCA, Lac Lanoux (Spanien v. Frankreich), Schiedsspruch vom 16. November 1957, Reports of International Arbitral Awards, Vol. XII, S. 281, Rn. 17. So auch die Ansicht der ILC: ILC, Draft Articles on Prevention of Transboundary Harm from Hazardous Activities, S. 160f., Kommentar zu Art. 9.

[1184] Siehe hierzu: *Duvic-Paoli*, S. 222f.

[1185] Beispielsweise verpflichtete der IGH Costa Rica im Verfahren *Certain Activities* dazu, Konsultationen mit dem Sekretariat der Ramsar-Konvention durchzuführen: IGH, Certain Activities Carried out by Nicaragua in the Border Area – Provisional Measures (Costa Rica v. Nicaragua), 08. März 2011, ICJ Reports 2011, S. 6, Rn. 80. Siehe für weitere Beispiele: *Duvic-Paoli*, S. 224.

gegen die Durchführung eines geplanten Freisetzungsvorhabens ausspricht und eine sämtlichen Interessen genügende Lösung nicht gefunden wird, folgt hieraus allerdings nicht die Verpflichtung, das Freisetzungsvorhaben infolgedessen zu untersagen.

dd. Beteiligung der Öffentlichkeit

Die prozessualen Anforderungen an einen dem Vorsorgeprinzip entsprechenden Entscheidungsprozess erschöpfen sich nicht in Kooperationspflichten auf zwischenstaatlicher Ebene. Vielmehr stellt die Beteiligung der Öffentlichkeit einen weiteren integralen Bestandteil einer dem Vorsorgeprinzip entsprechenden Entscheidungsfindung dar.[1186]

Der Begriff der Öffentlichkeitsbeteiligung erfasst das Recht von Mitgliedern der Zivilgesellschaft, sich an der Entscheidungsfindung – beispielsweise im Hinblick auf die Zulassung von Aktivitäten mit möglicherweise nachteiligen Auswirkungen auf die Umwelt- oder Gesundheit – zu beteiligen und auf diese einzuwirken.[1187]

Die Tendenz zur Einbeziehung von Individuen in umweltbezogene Entscheidungsprozesse, deren Wurzeln sowohl im Umweltrecht, als auch in menschenrechtliche Gewährleistungen zu verorten sind, zeigt sich seit geraumer Zeit und kommt exemplarisch in der Verabschiedung der Espoo-Konvention[1188] sowie der Aarhus-Konvention[1189] zum Ausdruck.[1190] Zudem enthalten beinahe alle völkerrechtlichen Verträge mit globaler Reichweite, die im Anschluss an die Konferenz der Vereinten Nationen über Umwelt und Entwicklung ausgearbeitet wurden, Vorgaben über die Beteiligung der Öffentlichkeit.[1191] Insbesondere in Zusammenhang mit der Durchführung einer Risikoabschätzung oder Prüfung der Umweltverträglichkeit erlangten Kooperationspflichten auch im Verhältnis zur Öffentlichkeit in Form von Einzelpersonen, NGOs oder Experten Bedeutung, indem die betroffene Bevölkerung zunächst über geplante umweltrelevante Projekte zu informieren ist, um sodann die Möglichkeit wahrnehmen zu können, sich substantiiert zu den geplanten Projekten zu äußern.[1192] Beteiligungsrechte der Öffentlichkeit

---

1186 *Trinidade*, in: *Viñuales*, S. 425. „[...] the obligation to notify and share information with the affected populations in one which ensues from the precautionary principle“, IGH, Pulp Mills on the River Uruguay, Separate Opinion of Judge Trinidade, ICJ Reports 2010, S. 135, Rn. 156.

1187 *Duvic-Paoli*, Yearbook of International Environmental Law 23 (1) 2012, 80 (S. 80); *Ebbesson*, in: The Oxford Handbook of International Environmental Law, 351–367 (S. 351f.).

1188 Siehe beispielsweise Art. 2 Abs. 2 Espoo-Konvention.

1189 Aarhus Convention on Access to Information, Public Participation in Decision-Making and Access to Justice in Environmental Matters, 25. Juni 1998, 2161 U.N.T.S. 447, in Kraft getreten am 30.10.2001.

1190 *Beyerlein/Marauhn*, S. 234; *Handl*, in: The Oxford Handbook of International Environmental Law, 532–549 (S. 543).

1191 *Ebbesson*, in: The Oxford Handbook of International Environmental Law, 351–367 (S. 354).

1192 *Epiney/Scheyli*, S. 140; *Epiney*, in: Internationales Umweltrecht, 151–189 (S. 178, Rn. 44). Beispielhaft kommt dies in Prinzip 7 und 8 der UNEP Principles on EIA zum Ausdruck. Siehe hierzu *Duvic-Paoli*, S. 230f. sowie die abweichende Stellungnahme des Richters Owada im *Construction of a Road*-Verfahren: IGH, Certain Activities Carried Out by Nicaragua in the Border Area, Separate Opinion of Judge Owada, ICJ Reports 2015, Rn. 21.

angesichts potentieller nachteiliger (Umwelt)auswirkungen stellen gewissermaßen eine Fortentwicklung zwischenstaatlicher Kooperationspflichten dar; auf internationaler Ebene erfahren das Recht auf Information, das Recht auf Beteiligung an Entscheidungsprozessen sowie das Recht auf Zugang zu Gerichten nichtstaatlicher Akteure seit geraumer Zeit zunehmende Unterstützung.[1193]

Die Verknüpfung zwischen dem Vorsorgeprinzip und Beteiligungsrechten der Zivilgesellschaft kommt bereits in Ziffer 16 der Weltcharta der Natur zum Ausdruck, wonach die Öffentlichkeit frühzeitig über Auswirkungen von Aktivitäten auf die Umwelt informiert werden soll, um eine effektive Beteiligung sicherzustellen.[1194] Ziffer 23 sieht darüber hinaus vor, dass Privatpersonen in Einklang mit nationalen Regelungen die Möglichkeit haben müssen, sich an Entscheidungsprozessen zu beteiligen, die die Umwelt, in der sie leben, betreffen. Auch die Rio-Erklärung streitet in Prinzip 10 dafür, Einzelnen vorhandene umweltrelevante Informationen – insbesondere betreffend gefährliche Aktivitäten – bereitzustellen und die Möglichkeit der Teilhabe an Entscheidungsprozessen zu gewährleisten.[1195] GemäßGem. Art. 14 lit. a) CBD soll soweit möglich und angemessen die Beteiligung der Öffentlichkeit ermöglicht werden, sofern Projekte erhebliche nachteilige Auswirkungen auf die biologische Vielfalt haben können. Im Rahmen der Wingspread-Erklärung wird betont, dass zur Umsetzung des Vorsorgeprinzips Informationen bereitgestellt werden müssen und potentiell betroffene Akteure einzubeziehen sind. Die Beteiligung der Öffentlichkeit am Entscheidungsprozess trägt dabei der Tatsache Rechnung, dass angesichts wissenschaftlicher Ungewissheit hinsichtlich möglicher nachteiliger Folgen für die Umwelt und Gesundheit in der Bevölkerung häufig Besorgnis besteht, dieser Besorgnis durch Bereitstellung von Informationen und einer Einbeziehung in den Entscheidungsprozess Raum verliehen werden kann und so Vertrauen geschaffen werden kann.[1196] Darüber hinaus dient die Öffentlichkeitsbeteiligung der demokratischen Entscheidungsfindung und trägt zu einer vermehrten Transparenz und Legitimität der getroffenen Entscheidungen bei.[1197] Die Entgegennahme von Stellungnahmen und Einwänden nichtstaatlicher Akteure führt zudem zu einer Einbeziehung diverser Sichtweisen in den Entscheidungsprozess, sodass im Rahmen einer

[1193] *Handl*, in: The Oxford Handbook of International Environmental Law, 532–549 (S. 543); *Duvic-Paoli*, S. 228. Auch die ILC geht von einer derartigen Fortentwicklung aus: „This article [Art. 13] is inspired by new trends in international law, in general, and environmental law, in particular, of seeking to involve, in the decision-making processes, individuals whose lives, health, property and environment might be affected by providing them with a chance to present their views and be heard by those responsible for making the ultimate decision“, ILC, Draft Articles on Prevention of Transboundary Harm from Hazardous Activities, S. 165, Kommentar zu Art. 13.

[1194] „[...] all of these elements shall be disclosed to the public by appropriate means in time to permit effective consultation and participation.“

[1195] „Environmental issues are best handled with the participation of all concerned citizens, at the relevant level. At the national level, each individual shall have appropriate access to information concerning the environment that is held by public authorities, including information on hazardous materials and activities in their communities, and the opportunities to participate in decision-making processes. [...]“.

[1196] *Trinidade*, in: *Viñuales*, S. 425.

[1197] *Ebbesson*, in: The Oxford Handbook of International Environmental Law, 351–367 (S. 352).

vorsorgenden Entscheidung insbesondere mögliche sozioökonomische Auswirkungen eher berücksichtigt werden können.

(1) Völkergewohnheitsrechtliche Geltung

Ob die Pflicht zur Beteiligung der Öffentlichkeit bereits völkergewohnheitsrechtliche Anerkennung gefunden hat, ist derzeit (noch) unklar.
Während teils eine Verdichtung der Beteiligungsrechte und -pflichten zu Völkergewohnheitsrecht mit dem Argument abgelehnt wird, eine hinreichende Staatenpraxis sei (noch) nicht gegeben[1198], ist jedenfalls zuzugeben, dass gewichtige Anhaltspunkte für ein Erstarken zu eigenständigen völkergewohnheitsrechtlich anerkannten Rechten bzw. Pflichten vorhanden sind.[1199] Ausführliche Vorgaben zu Beteiligungsrechten bzw. -pflichten finden sich im Rahmen der Espoo-Konvention und der Aarhus-Konvention und damit in von einer Vielzahl von Staaten anerkannten völkerrechtlichen Verträgen, darüber hinaus in unterschiedlicher Form in fast allen umweltvölkerrechtlichen Verträgen mit globaler Reichweite sowie im Rahmen von rechtlich unverbindlichen Erklärungen und Instrumenten globaler Reichweite wie beispielsweise der Rio-Erklärung oder den UNEP Principles on EIA. Zwar erkannte der IGH im Verfahren *Pulp Mills* das Recht auf Öffentlichkeitsbeteiligung (noch) nicht als unabhängige Norm des Völkergewohnheitsrechts an und lehnte eine Pflicht zur Konsultation der betroffenen Bevölkerung, wie sie von Argentinien befürwortet wurde, ab.[1200] Allerdings nahm beispielsweise der EGMR an, den in der Aarhus-Konvention niedergelegten Rechten auf Informationszugang, Beteiligung an Entscheidungsverfahren und gerichtlichem Zugang komme Bedeutung auch für Nichtvertragsparteien zu.[1201] Daneben wurden Beteiligungsrechte der Öffentlichkeit in Umweltangelegenheiten von diversen menschenrechtlichen Spruchkörpern aus unterschiedlichen vertraglich vorgesehenen menschenrechtlichen Gewährleistungen abgeleitet, die ein solches Recht allesamt nicht explizit vorsehen und finden somit in Zusammenhang mit unterschiedlichen menschenrechtlichen Gewährleistungen Anerkennung.[1202] Die ILC geht immerhin von einem „growing right under

[1198] *Epiney/Scheyli*, S. 141.
[1199] *Duvic-Paoli*, Yearbook of International Environmental Law 23 (1) 2012, 80 (S. 105).
[1200] „The Court is of the view that no legal obligation to consult the affected populations arises for the Parties from the instruments invoked by Argentinia", IGH, Pulp Mills on the River Uruguay, Gutachten vom 20. April 2010, ICJ Reports 2010, S. 14, Rn. 216. Indirekt schloss der IGH damit zwar die völkergewohnheitsrechtliche Geltung einer solchen Verpflichtung aus, untersuchte aber dennoch, ob im konkreten Fall Konsultationen mit der betroffenen Öffentlichkeit stattgefunden hatten, *Duvic-Paoli*, S. 229.
[1201] EGMR, Taskin and Others v. Turkey, Entscheidung vom 10. November 2004, No. 4617/99, Rn. 99.
[1202] *Ebbesson*, in: The Oxford Handbook of International Environmental Law, 351–367 (S. 361); *Duvic-Paoli*, Yearbook of International Environmental Law 23 (1) 2012, 80 (S. 85f.) m.w.N.; Die Tatsache, dass ein Recht auf Öffentlichkeitsbeteiligung aus den unterschiedlichsten menschenrechtlichen Gewährleistungen abgeleitet wird, stellt ein starkes Indiz dafür dar, dass es sich bei dem Recht auf Öffentlichkeitsbeteiligung um ein auch unabhängig von vertraglichen Gewährleistungen anerkanntes Recht handelt, *Duvic-Paoli*, Yearbook of International Environmental Law 23 (1) 2012, 80 (S. 86).

national law as well as under international law“ aus.[1203] Es ist somit jedenfalls von in Entstehung begriffenem Völkergewohnheitsrecht auszugehen.[1204]

(2) Inhaltliche Anforderungen

Wenngleich exakte inhaltliche Vorgaben für die Öffentlichkeitsbeteiligung nicht abzuleiten sind und den Staaten ein erheblicher Spielraum verbleibt, lassen sich doch einige – wenn auch eher allgemeine – Anforderungen bestimmen, die Voraussetzung einer hinreichenden Öffentlichkeitsbeteiligung sind.

Wie Richter *Trinidade* in seiner abweichenden Stellungnahme im Verfahren *Pulp Mills* betont, ist im Rahmen der Öffentlichkeitsbeteiligung zunächst erforderlich, die potentiell betroffene Öffentlichkeit über mit einem geplanten Vorhaben verbundene mögliche nachteilige Umweltauswirkungen in Kenntnis zu setzen und Zugang zu den vorhandenen (wissenschaftlichen) Informationen zu gewähren.[1205] Es sind Informationen sowohl über die Umwelt an sich als auch über die möglicherweise schädliche Aktivität sowie über damit möglicherweise einhergehende Risiken und Schäden bereitzustellen.[1206] Bereitgestellt werden müssen – ähnlich wie im zwischenstaatlichen Verhältnis – jedenfalls die auf Grundlage der Risikoabschätzung bzw. Umweltverträglichkeitsprüfung erlangten Informationen. Im Anwendungsbereich des Vorsorgeprinzips ist wesentlicher Bestandteil damit auch eine möglichst präzise Auskunft dahingehend, inwieweit wissenschaftliche Ungewissheiten bestehen.

Im Hinblick auf die Art und Weise der Informationsbereitstellung ist jedenfalls anzunehmen, dass die Informationen ohne größere Hürden verfügbar sein müssen, also beispielsweise der Zugang zu den Informationen nicht mit unverhältnismäßig hohen Kosten verknüpft sein darf.[1207] Zu informieren ist regelmäßig die betroffene Öffentlichkeit, worunter jedenfalls die möglicher-

---

[1203] ILC, Draft Articles on Prevention of Transboundary Harm from Hazardous Activities, S. 166, Kommentar zu Art. 13.

[1204] „These treaties, jurisprudence, and other indications are supportive of a global development of a duty under *general international law* to provide for public participation or consultation, in particular where harmful activities entail risks of significant transboundary harm. [...] The development of a duty under *general international law* in relation to participation and consultation is also supported by intergovernmental policy documents, declarations, decisions, recommendations, guidelines, and action plans“, *Ebbesson*, in: The Oxford Handbook of International Environmental Law, 351–367 (S. 354f.). In diese Richtung auch: *Duvic-Paoli*, Yearbook of International Environmental Law 23 (1) 2012, 80 (S. 105); *Duvic-Paoli*, S. 229f. Für die Anerkennung als allgemeinen Rechtsgrundsatz hingegen: *v. Bekhoven*, National Taiwan University Law Review 11 (2) 2016, 219 (S. 248ff.). Daneben folgt die Beteiligung der Öffentlichkeit aus menschenrechtlichen Gewährleistungen und ist Bestandteil der Verpflichtung zur Anwendung angemessener Sorgfalt, *Duvic-Paoli*, S. 229f.

[1205] IGH, Pulp Mills on the River Uruguay, Separate Opinion of Judge Trinidade, ICJ Reports 2010, S. 135, Rn. 71 und 156.

[1206] *Duvic-Paoli*, Yearbook of International Environmental Law 23 (1) 2012, 80 (S. 86); *v. Bekhoven*, National Taiwan University Law Review 11 (2) 2016, 219 (S. 231). So auch: ILC, Draft Articles on Prevention of Transboundary Harm from Hazardous Activities, S. 165, Kommentar zu Art. 13.

[1207] *Duvic-Paoli*, Yearbook of International Environmental Law 23 (1) 2012, 80 (S. 87f.).

weise betroffene Bevölkerung im Sinne einzelner Bürger zu verstehen ist.[1208] Als Leitlinie kann in diesem Zusammenhang gelten, dass, je eher der Einzelne aufgrund der räumlichen Nähe zum geplanten Standort einer Aktivität möglichen nachteiligen Auswirkungen ausgesetzt sei kann, umso eher eine Betoffenheit anzunehmen ist.[1209] In Anbetracht der Tatsache, dass die Beteiligungsrechte der Öffentlichkeit dem Gedanken des gleichen und diskriminierungsfreien Zugangs zu Informationen entspringen[1210], sind Staaten verpflichtet, im Falle einer Aktivität mit möglicherweise grenzüberschreitenden nachteiligen Auswirkungen die betroffene Bevölkerung und damit einzelne Bürger unabhängig davon zu beteiligen, ob es sich um die Bevölkerung auf dem eigenen Staatsgebiet oder diejenige auf dem Staatsgebiet eines anderen (benachbarten) Staats handelt.[1211]

Im Vorfeld geplanter (experimenteller) Freisetzungsvorhaben mit Gene Drive-Organismen ist damit die potentiell betroffene Öffentlichkeit im Sinne einzelner Bürger unabhängig von staatlichen Grenzen über das Vorhaben in Kenntnis zu setzen. Zudem müssen die dem Staat zur Verfügung stehenden wissenschaftlichen Informationen betreffend das Freisetzungsvorhaben bereitgestellt werden, wobei insbesondere so weit wie möglich öffentlich zu machen ist, inwieweit wissenschaftliche Ungewissheit besteht. Wenngleich sich die Ermittlung der Betroffenheit im Einzelfall schwierig gestalten kann, ist von einer potentiellen Betroffenheit ist jedenfalls im Hinblick auf diejenigen auszugehen, die in dem Gebiet, in dem das Freisetzungsvorhaben stattfinden soll und in dem die Zielorganismen vorkommen, ansässig sind.

Eng mit der Bereitstellung von Informationen verknüpft ist das Recht, sich frühzeitig und in sinnvoller Weise am staatlichen Entscheidungsprozess zu beteiligen; der Zugang zu den entsprechenden Informationen stellt dabei eine notwendige Voraussetzung für eine Beteiligung am Entscheidungsprozess dar.[1212] Staaten sind damit verpflichtet, die betroffene Öffentlichkeit zu konsultieren, wobei wesentlicher Bestandteil derartiger Konsultationen die Möglichkeit ist, Stellungnahmen abzugeben und Einwände vorbringen zu können.[1213] Die Konsultationen müs-

[1208] *Trinidade*, in: *Viñuales*, S. 425. IGH, Pulp Mills on the River Uruguay, Separate Opinion of Judge Trinidade, ICJ Reports 2010, S. 135, Rn. 71. So auch: ILC, Draft Articles on Prevention of Transboundary Harm from Hazardous Activities, S. 166, Kommentar zu Art. 13.

[1209] *Duvic-Paoli*, Yearbook of International Environmental Law 23 (1) 2012, 80 (S. 87).

[1210] Siehe hierzu beispielsweise: OECD, Recommendation of the Council on Principles concerning Transfrontier Pollution, 14. November 1974, C (74)224, Anhang, Ziff. 4 lit. d).

[1211] *Beyerlein/Marauhn*, S. 235; *Ebbesson*, in: The Oxford Handbook of International Environmental Law, 351–367 (S. 356); ILC, Draft Articles on Prevention of Transboundary Harm from Hazardous Activities, S. 165, Kommentar zu Art. 13. In diesem Sinne nahm der IGH in der Entscheidung *Pulp Mills* zur Kenntnis, es sei die entlang des Flusses ansässige Bevölkerung sowohl Argentiniens als auch Uruguays konsultiert worden, IGH, Pulp Mills on the River Uruguay, Gutachten vom 20. April 2010, ICJ Reports 2010, S. 14, Rn. 217.

[1212] *Duvic-Paoli*, Yearbook of International Environmental Law 23 (1) 2012, 80 (S. 80 und 88f.); *v. Bekhoven*, National Taiwan University Law Review 11 (2) 2016, 219 (S. 229).

[1213] *Duvic-Paoli*, Yearbook of International Environmental Law 23 (1) 2012, 80 (S. 88). Zwar erkannte der IGH im Verfahren *Pulp Mills* eine Konsultationspflicht nicht als völkergewohnheitsrechtlich geltend an, vertrat aber die Auffassung, eine Konsultation der betroffenen Bevölkerung habe stattgefunden, indem Uruguay sowohl auf argentinischer, als auch auf der zu Uruguay gehörenden Seite des Flusses mehrere Treffen mit NGOs sowie eine öffentliche Anhörung, in deren Rahmen seitens der betroffenen Bevölkerung zahlreiche Dokumente mit

sen dabei auf eine Art und Weise durchgeführt werden, die deren Zweck entspricht und eine tatsächliche Einbeziehung in den Entscheidungsprozess ermöglicht.[1214]
Der von einem (experimentellen) Freisetzungsvorhaben möglicherweise betroffenen Öffentlichkeit ist in Umsetzung des Vorsorgeprinzips somit die Möglichkeit einzuräumen, zu dem geplanten Vorhaben Stellung zu nehmen, Besorgnis zu äußern und dem Vorhaben Kritik entgegenzubringen. Die Möglichkeit zur Abgabe von Stellungnahmen darf nicht an Bedingungen geknüpft werden, die das Vorbringen von Bedenken und Einwänden erheblich erschwert. Nicht erforderlich ist hingegen, dass die vorgebrachten Einwände sich in der letztlich getroffenen Entscheidung niederschlagen.

ee. Beteiligung indigener Gemeinschaften

Von der Verpflichtung zur Beteiligung der Öffentlichkeit zu unterscheiden ist die speziellere Pflicht zur Beteiligung indigener Gemeinschaften, der ein besonderer Stellenwert zukommt.[1215] Beteiligungsrechte indigener Gemeinschaften und damit korrespondierende staatliche Pflichten zur Informationsbereitstellung und Einbeziehung in den Entscheidungsprozess sind, abgeleitet aus vertraglichen menschenrechtlichen Gewährleistungen, bei umweltbezogenen Entscheidungen, die das von indigenen Gemeinschaften bewohnte und bewirtschaftete Land betreffen, weithin anerkannt.[1216] Die Einbeziehung indigener Gemeinschaften in Entscheidungsprozesse fußt auf dem Gedanken, dass indigene Gemeinschaften in besonderer Weise mit dem von ihnen bewohnten, oft sehr arten- und ressourcenreichen Land, verbunden sind und der Fortbestand der Lebensweise und letztlich der Gemeinschaften als solcher in besonderer Weise von funktionierenden Ökosystemen und einer intakten Umwelt abhängig ist.[1217] Der Tatsache, dass

Fragen und Einwänden eingereicht wurden, durchgeführt habe; zudem seien mehrere Befragungen diverser nichtstaatlicher Akteure vorgenommen worden, IGH, Pulp Mills on the River Uruguay (Argentinien v. Uruguay), Entscheidung vom 20. April 2010, ICJ Reports 2010, S. 14, Rn. 217f. Siehe auch Prinzip 7 und 8 der UNEP Principles on EIA.

[1214] *Duvic-Paoli*, Yearbook of International Environmental Law 23 (1) 2012, 80 (S. 89).

[1215] *v. Bekhoven*, National Taiwan University Law Review 11 (2) 2016, 219 (S. 236); *Duvic-Paoli*, S. 230.

[1216] Abgeleitet werden Beteiligungsrechte unter anderem aus Art. 27 IPbpR: UN-Menschenrechtsausschuss, CCPR General Comment No. 23, Art. 27 (Rights of Minorities), 08. April 1994, CCPR/C/21/Rev. 1/Add.5, Rn. 7. Der Interamerikanische Gerichtshof für Menschenrechte (IAGMR) sowie die Interamerikanische Kommission für Menschenrechte (IAKMR) leiten Beteiligungsrechte aus Art. 21 AMRK ab: IAGMR, Case of the Saramaka People v. Suriname, Entscheidung vom 28. November 2007, IACHR Series C No. 172, Rn. 129ff.; IAGMR, Case of the Kichwa Indigenous People of Sarayaku v. Ecuador, Entscheidung vom 27. Juni 2012, ICAHR Series C No. 245, Rn. 160; IAKMR, Indigenous and Tribal Peoples' Rights over their Ancestral Lands and Natural Resources, 30. Dezember 2009, OEA/Ser.L/V/II., Rn. 273ff. Die Afrikanische Kommission für Menschenrechte sieht im Falle unzureichender Beteiligung Art. 22 der Afrikanischen Charta der Menschenrechte und Rechte der Völker als verletzt an: Centre for Minority Rights Development (Kenya) and Minority Rights Group International on behalf of Endorois Welfare Council, Mitteilung vom 25. November 2009, 276/2003, Rn. 269ff.

[1217] IAGMR, Case of the Saramaka People v. Suriname, Entscheidung vom 28. November 2007, IACHR Series C No. 172, Rn. 129; IAGMR, Case of the Kichwa Indigenous People of Sarayaku v. Ecuador, Entscheidung vom 27. Juni 2012, ICAHR Series C No. 245, Rn. 145ff. *v. Bekhoven*, National Taiwan University Law Review 11 indigene Gemeinschaften somit besonders von Umweltzerstörung und industriellen Aktivitäten betroffen sind, wird Rechnung getragen, indem ihnen das Recht zukommt, an Entscheidungen über Aktivitäten, die nachteilige Auswirkungen auf das von ihnen bewohnte und bewirtschaftete Land haben, effektiv beteiligt zu werden.[1218] Thematisiert wurden Beteiligungsrechte indigener Gemeinschaften bislang insbesondere in Zusammenhang mit Landnutzungs- und Ressourcenkonflikten.[1219]

Im Kontext des Vorsorgeprinzips trägt die Beteiligung indigener Gemeinschaften dazu bei, Auswirkungen einer potentiell umweltschädigenden Aktivität und möglicher Vorsorgemaßnahmen auf die indigene Bevölkerung zu eruieren, sodass diese Erwägungen im Rahmen der Abwägungsentscheidung und damit der vorsorgenden Entscheidung berücksichtigt werden können.[1220] Sowohl Art. 6 Abs. 1 lit. a) des Übereinkommens über eingeborene und in Stämmen lebende Völker in unabhängigen Ländern[1221], als auch Art. 19 UNDRIP[1222] sehen eine Pflicht zur Beteiligung indigener Gemeinschaften bereits vor, wenn Aktivitäten, Projekte oder Maßnahmen möglicherweise Auswirkungen auf das von der indigenen Gemeinschaft bewohnte und bewirtschaftete Land und damit die indigene Gemeinschaft selbst haben. Im Rahmen eines Berichts des Ständigen Forums für indigene Angelegenheiten wurde betont, dass in Einklang mit dem Vorsorgeprinzip potentielle Risiken Berücksichtigung finden sollen.[1223] Die enge Verbindung zwischen der Beteiligung indigener Gemeinschaften und dem Vorsorgeprinzip kommt auch im Rahmen der unter der Ägide der Biodiversitätskonvention entwickelten Akwé: Kon-Richtlinien zur Durchführung von Risikoabschätzungen zum Ausdruck, die in Ziffer 61 einen ausdrücklichen Verweis auf das Vorsorgeprinzip enthalten.[1224]

(2) 2016, 219 (S. 236).

1218 IAGMR, Case of the Kichwa Indigenous People of Sarayaku v. Ecuador, Entscheidung vom 27. Juni 2012, ICAHR Series C No. 245, Rn. 159f. und 167; *v. Bekhoven*, National Taiwan University Law Review 11 (2) 2016, 219 (S. 236).

1219 *George/Kuiken/Delborne*, Proceedings of the Royal Society B 286 2019, 1 (S. 2).

1220 *Raftopoulos/Short*, The International Journal of Human Rights 23(1) 2019, 87 (S. 88); *Zavala*, S. 46f.

1221 „In applying the provisions of this Convention, governments shall consult the peoples concerned, through appropriate procedures and in particular through their representative institutions, whenever consideration is being given to legislative or administrative measures which may affect them directly", Indigenous and Tribal Peoples Convention (ILO 169), 27. Juni 1989, 1650 U.N.T.S. 383, in Kraft getreten am 05.09.1991. Staaten wie Kanada, die USA oder Australien, auf deren Staatsgebiet indigene Gemeinschaften leben, haben das Übereinkommen jedoch bislang nicht unterzeichnet.

1222 „States shall consult and cooperate in good faith with the indigenous peoples concerned through their own representative institutions in order to obtain their free, prior and informed consent before adopting and implementing legislative or administrative measures that may affect them", UN-Generalversammlung, United Nations Declaration on the Rights of Indigenous People, 13. September 2007, A/Res/61/295, Anhang.

1223 UN Wirtschafts- und Sozialrat, Permanent Forum on Indigenous Issues, Report of the International Workshop on Methodologies regarding Free, Prior and Informed Consent and Indigenous Peoples, 17. Februar 2005, E/C.19/2005/3, Rn. 46.

1224 Sekretariat der Biodiversitätskonvention, Akwé: Kon Voluntary Guidelines for the Conduct of Cultural, Environmental and Social Impact Assessments regarding Developments Proposed to Take Place on, or which are Likely to Impact on, Sacred Sites and on Lands and Waters Traditionally Occupied or Used by Indigenous and Local Communities, 2004, Ziff. 61.

(1) Völkergewohnheitsrechtliche Geltung

Während im Hinblick auf die Pflicht zur Beteiligung der Öffentlichkeit derzeit noch nicht von einer eigenständigen Norm des Völkergewohnheitsrechts auszugehen ist, ist nicht ausgeschlossen, dass es sich bei der Notifikations-, Informations- und Konsultationspflicht in Zusammenhang mit indigenen Gemeinschaften bereits um völkergewohnheitsrechtlich anerkannte staatliche Pflichten handelt.[1225]

Zwar wird die Pflicht zur Notifikation, Information sowie Konsultation überwiegend aus vertraglichen menschenrechtlichen Gewährleistungen abgeleitet, allerdings beziehen sich die IAKMR sowie der IAGMR zur Herleitung der Beteiligungsrechte indigener Gemeinschaften nicht durchgängig ausschließlich auf völkerrechtliche Verträge, was jedenfalls für eine implizite Anerkennung als Völkergewohnheitsrecht spricht.[1226] Für eine völkergewohnheitsrechtliche Geltung spricht auch, dass Beteiligungsrechte indigener Gemeinschaften bereits in Prinzip 22 der Rio-Erklärung Niederschlag gefunden haben.[1227] Schließlich weist die breite Unterstützung der Staaten bei der Verabschiedung der Erklärung der UN-Generalversammlung zu den Rechten indigener Völker, wenngleich es sich dabei formal gesehen ebenfalls um eine rechtlich unverbindliche Erklärung handelt, auf eine umfassende Unterstützung der Rechte indigener Völker, und insbesondere von Beteiligungsrechten, hin.[1228] So kam die ILA im Jahr 2012 zu dem Ergebnis, dass zwar die Erklärung der UN-Generalversammlung zu den Rechten indigener Völker nicht in Gänze bereits völkergewohnheitsrechtliche Anerkennung erfahren hat, allerdings einige Kernbestandteile zu Völkergewohnheitsrecht erstarkt sind.[1229] Zu den zu Völkergewohnheitsrecht

[1225]Für eine völkergewohnheitsrechtliche Geltung: *Graham/Wiessner*, The South Atlantic Quaterly 110 (2) 2011, 403 (S. 405 und 412f.); *Duvic-Paoli*, Yearbook of International Environmental Law 23 (1) 2012, 80 (S. 98ff.); *Duvic-Paoli*, S. 230; ILA, Rights of Indigenous Peoples, 75th Conference of the International Law Association, 2012, Resolution 5/2012, Ziff. I.5. und I.6. Für jedenfalls in Entstehung begriffenes Völkergewohnheitsrecht: *Ward*, Northwestern Journal of International Human Rights 10 (2) 2011, 54 (S. 84). Gegen eine völkergewohnheitsrechtliche Geltung wohl: *Ruru*, in: The Oxford Handbook of International Environmental Law, 733–750 (S. 748).

[1226]*Duvic-Paoli*, Yearbook of International Environmental Law 23 (1) 2012, 80 (S. 99) mit Verweis auf die Entscheidungen des IAGMR, Case of the Yakye Axa Indigenous Community v. Paraguay, Entscheidung vom 17. Juni 2005, IACHR Series C No. 125, Rn. 127ff.; Case of the Saramaka People v. Suriname, Entscheidung vom 28. November 2007, IACHR Series C No. 172, Rn. 93ff. und Rn. 130ff. sowie Case of the Kichwa Indigenous People of Sarayaku v. Ecuador, Entscheidung vom 27. Juni 2012, ICAHR Series C No. 245, Rn. 172, 176 und 183.

[1227]„Indigenous people and their communities [...] have a vital role in environmental management and development because of their knowledge and traditional practices. States should [...] enable their effective participation in the achievement of sustainable development."

[1228]Die Erklärung wurde im Jahr 2007 mit 143 zu 4 Stimmen verabschiedet, wobei Neuseeland, Australien, Kanada und die USA, die der Erklärung zunächst nicht zugestimmt hatten, diese im Jahr 2010 bzw. 2011 billigten, *Ruru*, in: The Oxford Handbook of International Environmental Law, 733–750 (S. 740). Allerdings billigte Neuseeland die Erklärung unter dem Vorbehalt, dass Art. 19, 26, 28 und 32 keine Anwendung finden sollten, *Ruru*, in: The Oxford Handbook of International Environmental Law, 733–750 (S. 741). Zu der Frage, inwieweit die UNDRIP zur Entstehung von Völkergewohnheitsrecht beiträgt oder solches abbildet: *Voyiakis*, in: Reflections on the UN Declaration on the Rights of Indigenous Peoples, 209–224 (S. 209ff.); *Davis*, Australian International Law Journal 3 2012, 17 (S. 40ff.).

[1229]ILA, Rights of Indigenous Peoples, 75th Conference of the International Law Association, 2012, Resolution erstarkten Rechten sei das Recht auf Autonomie und Selbstverwaltung indigener Gemeinschaften zu zählen, die Staaten seien spiegelbildlich verpflichtet, diesen Rechnung zu tragen; zu den Rechten gehöre im Einzelnen das Recht auf Beteiligung an Entscheidungsprozessen mit Auswirkungen auf indigene Gemeinschaften, das Recht auf Konsultation in Zusammenhang mit Projekten, die möglicherweise Auswirkungen auf indigene Gemeinschaften haben sowie das Recht auf freie, vorherige und informierte Zustimmung bei Projekten mit erheblichen Auswirkungen auf die Rechte und Lebensweise indigener Gemeinschaften.[1230]

(2) Inhaltliche Anforderungen

Anerkannt ist, dass Staaten verpflichtet sind, indigene Gemeinschaften über sie betreffende umweltrelevante Aktivitäten und Projekte frühzeitig, in jedem Fall im Vorfeld der Vorhabendurchführung, in Kenntnis zu setzen, Informationen bereitzustellen sowie Konsultationen durchzuführen.[1231] Indigene Gemeinschaften müssen sowohl im Planungsstadium eines möglicherweise ihr Land beeinträchtigenden Projekts, als auch, sofern das Vorhaben verwirklicht wird, während der Projektdurchführung effektiv beteiligt werden und Einwände und Bedenken vorbringen können; Staaten müssen insbesondere sicherstellen, dass sich die indigenen Gemeinschaften möglicher Risiken für die Umwelt und die Gesundheit bewusst sind.[1232] Die Konsultationen haben nach Treu und Glauben und mit dem Ziel zu erfolgen, ein Vorgehen zu erarbeiten, das den beiderseitigen Interessen Rechnung trägt und müssen unter Berücksichtigung der Gewohnheiten und Traditionen der konkret betroffenen indigenen Gemeinschaft vorgenommen werden, der jeweiligen Kultur angemessen sein und den möglichen Auswirkungen auf das gesamte von der indigenen Gemeinschaft bewohnte und bewirtschaftete Land Rechnung tragen.[1233]
Besteht somit bei (experimentellen) Freisetzungsvorhaben, bei denen mittels Gene Drive ver-

5/2012, Ziff. I.2. So wohl auch: *Davis*, Australian International Law Journal 3 2012, 17 (S.19).

1230 ILA, Rights of Indigenous Peoples, 75th Conference of the International Law Association, 2012, Resolution 5/2012, Ziff. I.4., I.5. und I.6.

1231 IAGMR, Case of the Saramaka People v. Suriname, Entscheidung vom 28. November 2007, IACHR Series C No. 172, Rn. 133; IAGMR, Case of the Kichwa Indigenous People of Sarayaku v. Ecuador, Entscheidung vom 27. Juni 2012, ICAHR Series C No. 245, Rn. 165; Afrikanische Kommission der Menschenrechte und der Rechte der Völker, Centre for Minority Rights Development (Kenya) and Minority Rights Group International on behalf of Endorois Welfare Council, Mitteilung vom 25. November 2009, 276/2003, Rn. 281; ILA, Rights of Indigenous Peoples, 75th Conference of the International Law Association, 2012, Resolution 5/2012, Ziff. I.5.; *Duvic-Paoli*, Yearbook of International Environmental Law 23 (1) 2012, 80 (S. 101f.).

1232 IAGMR, Case of the Saramaka People v. Suriname, Entscheidung vom 28. November 2007, IACHR Series C No. 172, Rn. 133; IAGMR, Case of the Kichwa Indigenous People of Sarayaku v. Ecuador, Entscheidung vom 27. Juni 2012, ICAHR Series C No. 245, Rn. 167; Afrikanische Kommission der Menschenrechte und der Rechte der Völker, Centre for Minority Rights Development (Kenya) and Minority Rights Group International on behalf of Endorois Welfare Council, Mitteilung vom 25. November 2009, 276/2003, Rn. 281; ILA, Rights of Indigenous Peoples, 75th Conference of the International Law Association, 2012, Resolution 5/2012, Ziff. I.5.

1233 IAGMR, Case of the Saramaka People v. Suriname, Entscheidung vom 28. November 2007, IACHR Series C No. 172, Rn. 133; *Duvic-Paoli*, Yearbook of International Environmental Law 23 (1) 2012, 80 (S. 98).

änderte Organismen in die Umwelt eingebracht werden sollen, auf Grundlage der vorhandenen wissenschaftlichen Informationen die Möglichkeit, dass damit Auswirkungen auf das von indigenen Gemeinschaften bewohnte und bewirtschaftete Land und infolgedessen auf die indigene Bevölkerung selbst einhergehen, ist ein Staat verpflichtet, die indigene Bevölkerung im Vorfeld des Freisetzungsvorhabens über das geplante Vorhaben und die möglichen Auswirkungen in Kenntnis zu setzen, vorhandene Informationen zum Freisetzungsvorhaben sowie insbesondere über damit zusammenhängende Gefahren für die Umwelt und die menschliche Gesundheit zur Verfügung zu stellen und die indigene Gemeinschaft entsprechend ihren Traditionen effektiv am Entscheidungsprozess über die Vornahme des Freisetzungsvorhabens zu beteiligen.

Im Falle großräumiger Projekte, die erhebliche Auswirkungen auf das von einer indigenen Gemeinschaft bewohnte Land haben können, sind Staaten nicht nur zu Konsultation verpflichtet, sondern müssen die freie, vorherige und informierte Zustimmung indigener Gemeinschaften einholen.[1234] Derartige Projekte stellen beispielsweise Infrastrukturprojekte, Projekte mit dem Ziel der langfristigen Umwandlung produktiver Aktivitäten mit Auswirkungen auf die Landnutzung oder Eigentumsrechte oder die großflächige Ausbeutung natürlicher Ressourcen dar.[1235] Die IAKMR sieht die freie, vorherige, informierte Zustimmung des Weiteren für erforderlich an, wenn schädliche Stoffe auf von indigenen Gemeinschaften bewohntem und genutztem Land gelagert oder entsorgt werden.[1236] Im Rahmen eines Berichts des ständigen Forums für indigene Angelegenheiten betreffend die freie, vorherige und informierte Zustimmung wurde das Konzept in einer Vielzahl von Fällen für anwendbar gehalten, unter anderem im Falle der Nutzung von Land, auf dem indigene Gemeinschaften leben, oder der Nutzung biologischer Ressourcen in Gebieten mit indigener Bevölkerung.[1237]

Zwar handelt es sich bei der (experimentellen) Freisetzung von Gene Drive-Organismen weder um klassische Entwicklungs- oder Investitionsprojekte, noch werden natürliche Ressourcen ausgebeutet, allerdings spricht viel dafür, Vorhaben zur Freisetzung von Gene Drive-Organismen als Projekte anzusehen, die die freie, vorherige und informierte Zustimmung indigener Gemeinschaften erfordern.[1238] Denn Freisetzungsvorhaben sind, sofern sie in der Nähe von oder auf

[1234] IAGMR, Case of the Saramaka People v. Suriname, Entscheidung vom 28. November 2007, IACHR Series C No. 172, Rn. 134; IAKMR, Indigenous and Tribal Peoples' Rights over their Ancestral Lands and Natural Resources, 30. Dezember 2009, OEA/Ser.L/V/II., Rn. 329ff.; ILA, Rights of Indigenous Peoples, 75th Conference of the International Law Association, 2012, Resolution 5/2012, Ziff. I.5.; *Duvic-Paoli*, Yearbook of International Environmental Law 23 (1) 2012, 80 (S. 101); *Raftopoulos/Short*, The International Journal of Human Rights 23(1) 2019, 87 (S. 88).

[1235] UN-Menschenrechtskommission, Report of the Special Rapporteur on the Situation of Human Rights and Fundamental Freedoms of Indigenous People, 21. Januar 2003, E/CN.4/2003/90, S. 2.

[1236] IAKMR, Indigenous and Tribal Peoples' Rights over their Ancestral Lands and Natural Resources, 30. Dezember 2009, OEA/Ser.L/V/II., Rn. 334.

[1237] UN Wirtschafts- und Sozialausschuss, Permanent Forum on Indigenous Issues, Report of the International Workshop on Methodologies regarding Free, Prior and Informed Consent and Indigenous Peoples, 17. Februar 2005, E/C.19/2005/3, Rn. 45.

[1238] *George/Kuiken/Delborne*, Proceedings of the Royal Society B 286 2019, 1 (S. 3ff.).

von indigenen Gemeinschaften bewohntem Territorium vorgenommen werden, geeignet, die natürliche Umwelt sowie Ökosysteme und damit das von indigenen Gemeinschaften bewohnte Land nachhaltig zu verändern und damit auch die Lebensweise indigener Gemeinschaften zu beeinflussen. Ferner sind Auswirkungen einer Freisetzung von Gene Drive-Organismen auf die menschliche Gesundheit nicht ausgeschlossen. „Frei" ist die Zustimmung, wenn sie ohne Zwang, Einschüchterung oder Manipulation erfolgt.[1239] Dass die Zustimmung „vorherig" erfolgt, setzt voraus, dass sie im Vorfeld der betreffenden Aktivität erteilt wird und der indigenen Gemeinschaft ausreichend Zeit zur Verfügung steht, über die Erteilung der Zustimmung zu entscheiden.[1240] „Informiert" erfolgt die Zustimmung, wenn die mit der betreffenden Aktivität zusammenhängenden verfügbaren Informationen, insbesondere betreffend Zweck, Dauer, betroffene Gebiete sowie Art und Weise der Durchführung so zur Verfügung gestellt werden, dass die tatsächlich zur Kenntnis genommen werden können.[1241] Das indigenen und lokalen Gemeinschaften zukommende Veto-Recht in Zusammenhang mit großräumig angelegten, potentiell umweltschädigenden Aktivitäten wie der Freisetzung von Gene Drive-Systemen in die Umwelt führt somit dazu, dass im Falle einer Verweigerung der Zustimmung die geplante Aktivität nicht vorgenommen werden darf.[1242] Die Ausübung des Vetorechts modifiziert die Verpflichtung zur Vornahme einer vorsorgenden Entscheidung dahingehend, dass im Falle der fehlenden Zustimmung eine Aktivität nicht vorgenommen werden darf.[1243]

ff. Kontinuierliche Überwachung einer potentiell (umwelt)schädigenden Aktivität

Wird eine möglicherweise (umwelt)schädigende Aktivität vorgenommen, ist dem Vorsorgeprinzip nur Genüge getan, wenn die Aktivität kontinuierlich überwacht wird.[1244] Dies trägt der Tatsache Rechnung, dass sich (Umwelt)bedingungen und damit auch die mit einer Aktivität mög-

1239 UN Wirtschafts- und Sozialrat, Permanent Forum on Indigenous Issues, Report of the International Workshop on Methodologies regarding Free, Prior and Informed Consent and Indigenous Peoples, 17. Februar 2005, E/C.19/2005/3, Rn. 46; *George/Kuiken/Delborne*, Proceedings of the Royal Society B 286 2019, 1 (S. 3).

1240 UN Wirtschafts- und Sozialrat, Permanent Forum on Indigenous Issues, Report of the International Workshop on Methodologies regarding Free, Prior and Informed Consent and Indigenous Peoples, 17. Februar 2005, E/C.19/2005/3, Rn. 46; *George/Kuiken/Delborne*, Proceedings of the Royal Society B 286 2019, 1 (S. 3).

1241 UN Wirtschafts- und Sozialrat, Permanent Forum on Indigenous Issues, Report of the International Workshop on Methodologies regarding Free, Prior and Informed Consent and Indigenous Peoples, 17. Februar 2005, E/C.19/2005/3, Rn. 46; *George/Kuiken/Delborne*, Proceedings of the Royal Society B 286 2019, 1 (S. 3).

1242 So die Ansicht des IAGMR: „Additionally, the Court considers that, regarding large-scale development or investment projects that would have a major impact within Saramaka territory, the State has a duty, not only to consult with the Saramakas, but also to obtain their free, prior, and informed consent, according to their customs and traditions", IAGMR, Case of the Saramaka People v. Suriname, Entscheidung vom 28. November 2007, IACHR Series C No. 172, Rn. 134ff. Siehe auch: Afrikanische Kommission der Menschenrechte und der Rechte der Völker, Centre for Minority Rights Development (Kenya) and Minority Rights Group International on behalf of Endorois Welfare Council, Mitteilung vom 25. November 2009, 276/2003, Rn. 291.

1243 *Duvic-Paoli*, S. 230.

1244 *Hey*, Georgetown International Environmental Law Review 4 (2), 1992, 303 (S. 316); *Atapattu*, S. 229; *Tanaka*, ZaöRV 73 2013, 139 (S. 175); *Epiney*, in: Internationales Umweltrecht, 151–189 (S. 165, Rn. 19).

licherweise einhergehenden nachteiligen (Umwelt)auswirkungen im Laufe der Zeit verändern können.[1245] Ziel ist es zum einen, sicherzustellen, dass mit der Aktivität keine unvorhergesehenen Auswirkungen einhergehen und zum anderen, zu überprüfen, inwieweit die erwarteten Auswirkungen tatsächlich eintreten.[1246]

Derartige Monitoring-Verpflichtungen zur Umsetzung des Vorsorgeprinzips finden sich explizit in einigen völkerrechtlichen Verträgen. Art. 204 Abs. 2 des Seerechtsübereinkommens[1247] verpflichtet die Vertragsparteien, die Auswirkungen von Aktivitäten, die die Meeresumwelt möglicherweise nachteilig beeinflussen, kontinuierlich zu beobachten. Art. 5 Abs. 1 des Anhangs I des Umweltschutzprotokolls zum Antaktisvertrag[1248] verpflichtet die Vertragsparteien dazu, geeignete Verfahren schaffen, um die Auswirkungen jeglicher Aktivitäten auf die antarktische Umwelt zu überwachen. Ziel ist dabei unter anderem, Informationen zu beschaffen, die dazu beitragen, die Auswirkungen auf ein Mindestmaß zu beschränken oder zu mildern, und gegebenenfalls Informationen darüber zu beschaffen, ob die Tätigkeit unterbrochen, eingestellt oder geändert werden muss.[1249] Richter *Weeramantry* wies bereits im Verfahren *Gabčikovo-Nagymaros* darauf hin, dass nicht nur im Vorfeld einer möglicherweise umweltgefährdenden Aktivität eine Risikoabschätzung oder Prüfung der Umweltverträglichkeit durchzuführen ist, sondern eine kontinuierliche Überwachung erforderlich ist, um nachteilige (Umwelt)Auswirkungen laufend neu zu ermitteln.[1250]

(1) Völkergewohnheitsrechtliche Geltung

Hinsichtlich der völkergewohnheitsrechtlichen Geltung einer unabhängigen und eigenständigen Monitoring-Verpflichtung ist Zurückhaltung feststellbar, eine derartige Pflicht wird allerdings regelmäßig als Ausprägung der Pflicht zur Durchführung einer Umweltverträglichkeitsprüfung angesehen.[1251] Gerade angesichts der Rechtsprechung des IGH ist davon auszugehen,

---

[1245] *Tanaka*, ZaöRV 73 2013, 139 (S. 170).

[1246] *Atapattu*, S. 229.

[1247] United Nations Convention on the Law of the Sea, 10. Dezember 1982, 1835 U.N.T.S. 3, in Kraft getreten am 16.11.1994.

[1248] Protocol on Environmental Protection to the Antarctic Treaty, 4. Oktober 1991, 2941 U.N.T.S 3, in Kraft getreten am 14.01.1998.

[1249] Art. 5 Abs. 2 lit. b) des Anhangs I des Umweltschutzprotokolls zum Antaktisvertrag.

[1250] „[...] environmental impact assessment means not merely an assessment prior to the commencement of the project, but a continuing assessment and evaluation as long as the project is in operation. [...] As long as a project of some magnitude is in operation, EIA must continue, for every such project can have unexpected consequences; and consideration of prudence would point to the need for continous monitoring", IGH, Case Concerning the Gabčikovo-Nagymaros Project, Separate Opinion of Judge Weeramantry, ICJ Reports 1997, S. 88, S. 111.

[1251] „Further, it appears that no stand-alone principle that would require post-EIA monitoring has evolved under general international environmental law thus far", *Bremer*, RECIEL 26 (1) 2017, 80 (S. 81). So wohl auch *Weeramantry* in seiner abweichenden Stellungnahme im Verfahren *Gabčikovo-Nagymaros*: „Environmental law in its current state of development would read into treaties which may reasonably be considered to have significant impact upon the environment, a duty of environmental impact assessment and this means also, dass die Pflicht, im Falle der Durchführung von Aktivitäten, die möglicherweise nachteilige (Umwelt)auswirkungen mit sich bringen, die Umweltverträglichkeit fortlaufend zu ermitteln und zu überwachen, – wenn auch nicht als unabhängige Verpflichtung – mittlerweile völkergewohnheitsrechtlich anerkannt ist.[1252]

Im Verfahren *Gabčíkovo-Nagymaros* betonte der IGH, es bestehe nicht nur die Pflicht, im Vorfeld einer möglicherweise schädlichen Aktivität die Auswirkungen so weit wie möglich zu ermitteln, sondern darüber hinaus eine Pflicht zur kontinuierlichen Überwachung:

„Such new norms have to be taken into consideration, and such new standards given proper weight, not only when States contemplate new activities but also when continuing with activities begun in the past."[1253]

Des Weiteren sprach sich der IGH im Verfahren *Pulp-Mills* für eine Pflicht zum Monitoring aus:

„Moreover, once operations have started and, where necessary, throughout the life of the project, continuous monitoring of its effects on the environment shall be undertaken."[1254]

(2) Inhaltliche Anforderungen

Die Pflicht, eine Aktivität, die möglicherweise nachteilige (Umwelt)auswirkungen verursacht, einer Überwachung zu unterziehen, beinhaltet im Wesentlichen, dass parallel zur Vornahme der Aktivität laufend ermittelt wird, ob und inwieweit mit einer Aktivität tatsächlich nachteilige Folgen einhergehen.[1255] Je größer und umfassender das Projekt, desto bedeutsamer ist es, die damit einhergehenden Auswirkungen kontinuierlich zu überwachen.[1256] Neben der Beobachtung nachteiliger (Umwelt)auswirkungen wird darüber hinausgehend teils für erforderlich gehalten, im Rahmen des Monitoring-Prozesses sicherzustellen, dass die Aktivität in Einklang mit den festgelegten Anforderungen durchgeführt wird und dafür zu sorgen, dass die Wirksamkeit getroffener Maßnahmen zur Risikominimierung sowie frühere Prognosen überprüft werden, um

---

whether a treaty expressly so provides or not, a duty of monitoring the environmental impacts of any substantial project during operation of the scheme", IGH, Case Concerning the Gabčikovo-Nagymaros Project, Separate Opinion of Judge Weeramantry, ICJ Reports 1997, S. 88, 112.

1252 *Duvic-Paoli*, S. 217f.; *Krüger*, S. 48 m.w.N.

1253 IGH, Case Concerning The Gabčíkovo-Nagymaros Project (Ungarn v. Slowakei), Entscheidung vom 25. September 1997, ICJ Reports 1997, S. 7, S. 78, Rn. 140. Demgegenüber wird diese Aussage des IGH teils so interpretiert, dass Aktivitäten lediglich im Lichte neuer wissenschaftlicher Erkenntnisse erneut einer Überprüfung unterzogen werden müssen, *Bremer*, RECIEL 26 (1) 2017, 80 (S. 88).

1254 IGH, Pulp Mills on the River Uruguay (Argentinien v. Uruguay), Entscheidung vom 20. April 2010, ICJ Reports 2010, S. 14, Rn. 205. So auch *Boyle/Redgwell*, S. 199 sowie *Krüger*, S. 48 m.w.N.

1255 *Gillespie*, RECIEL 17 (2) 2008, 221 (S. 230); *Boyle/Redgwell*, S. 199; *Bremer*, RECIEL 26 (1) 2017, 80 (S. 88).

1256 „The greater the size and scope of the project, the greater is the need for a continous monitoring of its effects [...]", IGH, Case Concerning the Gabčikovo-Nagymaros Project, Separate Opinion of Judge Weeramantry, ICJ Reports 1997, S. 88, S. 111.

die Erkenntnisse für zukünftige ähnliche Aktivitäten nutzbar zu machen.[1257]
Es sind damit in Umsetzung des Vorsorgeprinzips nationale Vorgaben zu schaffen, denen zufolge im Falle eines (experimentellen) Freisetzungsvorhabens mit einem bestimmten Gene Drive-System mit der Freisetzung verbundene Auswirkungen auf die Umwelt und die menschliche Gesundheit kontinuierlich zu beobachten und zu überwachen sind. Je umfassender und weiträumiger ein Freisetzungsvorhaben ist, desto höhere Anforderungen sind an die Überwachungsmaßnahmen zu stellen. Vorzunehmen ist zum einen eine auf den Ergebnissen der Risikoabschätzung basierende Überwachung, zum anderen muss beobachtet werden, ob und inwieweit nicht vorhergesehene nachteilige Auswirkungen eintreten. Im Vorfeld eines geplanten Freisetzungsvorhabens mit Gene Drive-Organismen ist ein Überwachungsplan zu erarbeiten, der auf die Besonderheiten des spezifischen Gene Drive-Systems abgestimmt ist. Um auch mögliche langfristige Folgewirkungen adäquat zu erfassen, muss sich die Überwachung über einen im jeweiligen Einzelfall angemessenen Zeitraum erstrecken. Voraussetzung einer funktionierenden Überwachung ist, dass die freigesetzten und mittels Gene Drive veränderten Organismen sowie deren Nachkommen identifiziert werden können. Möglich ist dies zum einen mittels einer sog. Kontrollsequenzierung, bei der das Genom eines Organismus sequenziert wird und so festgestellt werden kann, ob das Genom mittels Gene Drive verändert ist.[1258] Erforderlich ist jedoch, das Genom jedes einzelnen Organismus zu sequenzieren, was (gegenwärtig) aufwändig und teuer ist.[1259] Alternativ könnte das Vorkommen von Gene Drive-Organismen mit Methoden der Metagenomik überwacht werden.[1260] Hierbei wird nicht das Genom jedes einzelnen Organismus sequenziert, sondern eine Umweltprobe untersucht.[1261] Vorzugswürdig ist daher, diejenigen Organismen, die mittels Gene Drive verändert sind, zu kennzeichnen, sodass deren Ausbreitung verfolgt werden kann.[1262] Diejenigen Organismen, die mittels Gene Drive verändert worden sind, könnten zu diesem Zweck mit einer biologischen Markierung versehen werden; hierbei wird zusätzlich zum Gene Drive-System eine gentechnische Veränderung vorgenommen, die eine äußerlich erkennbare Eigenschaft wie beispielsweise die Augenfarbe steuert, und damit Gene Drive-Organismen von unveränderten Wildtyp-Organismen unterscheidbar macht.[1263] Erforderlich – derzeit allerdings noch nicht gesichert – ist allerdings, dass sich die äußerlich erkennbare Veränderung stets zugleich mit dem Gene Drive-System vererbt.[1264]

1257 *Gillespie*, RECIEL 17 (2) 2008, 221 (S. 230) mit Verweis auf die Anforderungen des Art. 7 Abs. 1 i.V.m. Anhang V lit. a) bis c) Espoo-Konvention. So auch *Duvic-Paoli*, S. 218 und im Hinblick auf Gene Drive-Organismen *Devos* u. a., Biotechnology Advances 54, 2022, 1 (S. 5).
1258 *Eckardt*, Gene Drives – Kurzbericht, 2018, S. 28.
1259 *Eckardt*, Gene Drives – Kurzbericht, 2018, S. 28.
1260 *Esvelt* u. a., eLife, 2014, 1 (S. 16).
1261 *Esvelt* u. a., eLife, 2014, 1 (S. 16).
1262 So auch: *Min* u. a., Journal of Responsible Innovation 5 (1) 2018, 40 (S. 58); *Sustainability Council New Zealand*, A Constitutional Moment – Gene Drive and International Governance, 2018, S. 31; *Ching/Lin*, in: Gene Drives – A report on their science, applications, social aspects, ethics and regulations, 254–328 (S. 313).
1263 *Eckardt*, Gene Drives – Kurzbericht, 2018, S. 29.
1264 *Eckardt*, Gene Drives – Kurzbericht, 2018, S. 29.

Die Vorgaben zur Vornahme einer Umweltverträglichkeitsprüfung oder Risikoabschätzung sind damit um Vorgaben für eine kontinuierliche Überwachung zu ergänzen.

III. Die Umsetzung des Vorsorgeprinzips im Rahmen des Systems der Risikosteuerung

Risikosteuerung meint den Vorgang, „bei dem von der Gesellschaft gemeinsame Entscheidungen im Hinblick auf Maßnahmen getroffen und umgesetzt werden, deren Auswirkungen hinsichtlich Kosten und möglicher Vorteile ungewiss sind“.[1265] Synonym wird der Begriff der „Risikoregulierung“ verwendet, worunter der Rechtsrahmen zu verstehen ist, „der vom Staat gesetzt wird, um potentiell riskante Aktivitäten mit potentiell riskanten Objekten einem Regime zu unterwerfen, das mit unterschiedlichen Strategien und Instrumenten einen Umgang mit dem besonderen Ungewissheitsfaktor des Risikos ermöglicht“.[1266]
Legt man die obigen Ausführungen zugrunde, wird deutlich, dass das Vorsorgeprinzip in Zusammenhang mit der Freisetzung von Gene Drive-Organismen im Rahmen des Systems der Risikosteuerung Umsetzung findet.

1. Grundlagen der Risikosteuerung

Bei der Risikosteuerung lassen sich in der Regel drei Bereiche unterscheiden: die wissenschaftlich-technische Risikoabschätzung (risk assessment), das Risikomanagement (risk management) und die Risikokommunikation (risk communication).[1267] Während die Risikoabschätzung den ersten Schritt darstellt und als Grundlage des Risikomanagements dazu dienen soll, mögliche Szenarien so umfassend wie möglich wissenschaftlich zu ergründen und wissenschaftliche Belege für bestimmte Auswirkungen bereitzustellen, betrifft das Risikomanagement die daran anschließende Phase der Entscheidungsfindung und Umsetzung der Entscheidung, also den Umgang mit einem bestimmten Szenario.[1268] Die Methoden zur Risikoabschätzung und dem Risikomanagement im Gesundheits- und Umweltbereich sind dabei stark durch die USA und Großbritannien beeinflusst worden.[1269]

[1265] *Bourguignon*, Das Vorsorgeprinzip – Begriffsbestimmungen, Anwendungsbereiche und Steuerung, 2015, S. 23.
[1266] *Schreiber*, S. 127.
[1267] *Bourguignon*, Das Vorsorgeprinzip – Begriffsbestimmungen, Anwendungsbereiche und Steuerung, 2015, S. 23; *Klinke/Renn*, Risk Analysis 41 (3) 2021, 544 (S. 544); *Schreiber*, S. 128.
[1268] *NRC*, Risk Assessment in the Federal Government: Managing the Process, 1983, S. 18f.; *de Sadeleer*, in: Implementing the Precautionary Principle – Approaches from the Nordic Countries, EU and USA, 10–58 (S. 19).
[1269] *Peel*, S. 83. Vgl. hierzu: *NRC*, Risk Assessment in the Federal Government: Managing the Process, 1983 und *Royal Society*, Risk Assessment: A Study Group Report, 1983.

a. Die Risikoabschätzung

Die Risikoabschätzung in Zusammenhang mit möglicherweise schädlichen chemischen oder sonstigen Substanzen vollzieht sich regelmäßig in einem vierstufigen Vorgehen, bestehend aus Gefahr- bzw. Risikoidentifizierung, Gefahrbeschreibung bzw. Dose-Wirkungs-Beurteilung, Expositionsbewertung und Risikocharakterisierung.[1270] Mithilfe wissenschaftlicher Methoden wird somit die Wahrscheinlichkeit eines Schadenseintritts ermittelt, wobei die Risikoabschätzung sowohl quantitativ als auch qualitativ vorgenommen werden kann.[1271] Während bei der quantitativen Risikoanalyse die Wahrscheinlichkeit eines Schadenseintritts beziffert wird, werden im Rahmen der qualitativen Risikoabschätzungen verschiedene Szenarien gebildet und die Eintrittswahrscheinlichkeit beispielsweise als „wahrscheinlich“ oder „unwahrscheinlich“, der Schadensumfang beispielsweise als „hoch“ oder „niedrig“ bewertet.[1272]

b. Das Risikomanagement

Das Risikomanagement umfasst zum einen die wertende Entscheidung darüber, welcher Risikograd im konkreten Einzelfall zumutbar und somit akzeptabel ist.[1273] Zum anderen fällt in die Phase des Risikomanagements die Entscheidung darüber, ob und falls ja, welche konkrete(n) Maßnahme(n) angesichts eines Risikos ergriffen werden sowie die Umsetzung der Maßnahme(n) und deren Überwachung.[1274] Erforderlich ist eine Abwägung, wobei insbesondere zwischen dem Ergreifen verschiedener Alternativmaßnahmen abzuwägen ist.[1275] Während beispielsweise die OECD den Begriff des Risikomanagements eng versteht und darunter nur die Art der Anwendung angemessener Mittel fasst, um die wissenschaftlich festgestellten Risiken zu minimieren, ohne soziopolitische Wertungen einzubeziehen[1276], wird der Begriff in der Regel weiter verstanden.[1277] In die Entscheidungsfindung einzubeziehen sind Kosten und Nutzen einer bestimmten Maßnahme, das Auftreten sekundärer Risiken und die öffentliche Mei-

---

[1270] *NRC*, Risk Assessment in the Federal Government: Managing the Process, 1983, S. 19; *Schreiber*, S. 130. Siehe hierzu beispielsweise: *Kommission der Europäischen Gemeinschaften*, Mitteilung der Kommission über die Anwendbarkeit des Vorsorgeprinzips, KOM 2000 (1) endg., Anhang III oder Anhang III Abs. 8 CP.

[1271] *de Sadeleer*, in: Implementing the Precautionary Principle – Approaches from the Nordic Countries, EU and USA, 10–58 (S. 18f.); *Zander*, S. 17f.

[1272] *Zander*, S. 17.

[1273] *Arcuri*, in: Frontiers in the Economics of Environmental Regulation and Liability, 19–63 (S. 51); *de Sadeleer*, in: Implementing the Precautionary Principle – Approaches from the Nordic Countries, EU and USA, 10–58 (S. 31).

[1274] *Arcuri*, in: Frontiers in the Economics of Environmental Regulation and Liability, 19–63 (S. 51); *de Sadeleer*, in: Implementing the Precautionary Principle – Approaches from the Nordic Countries, EU and USA, 10–58 (S. 31); *Bourguignon*, Das Vorsorgeprinzip – Begriffsbestimmungen, Anwendungsbereiche und Steuerung, 2015, S. 24; *Schreiber*, S. 133f.

[1275] *Zander*, S. 19.

[1276] *Pohl*, S. 32; OECD, 1993, S. 9.

[1277] Siehe beispielsweise: *NRC*, Risk Assessment in the Federal Government: Managing the Process, 1983, S. 18f.; *Pohl*, S. 32f.; *Zander*, S. 19 oder *Schreiber*, S. 133f.

nung.[1278]

c. Die Risikokommunikation

Das dritte Element – die Risikokommunikation – zielt darauf ab, möglichst umfassende Informationen bereitzustellen und einen Austausch zwischen Entscheidungsträgern, der Öffentlichkeit und Betroffenen sowie sonstiger Akteure wie beispielsweise Wissenschaftlern zu gewährleisten, erschöpft sich also nicht darin, lediglich Zugang zu den vorhandenen Informationen zu schaffen.[1279] Im Rahmen der Risikokommunikation erfolgt vielmehr eine Information über die Ergebnisse der Risikoabschätzung sowie eine Einbeziehung Betroffener in den Entscheidungsfindungsprozess.[1280] Des Weiteren werden das Ergebnis der Risikobewertung und die getroffene(n) Maßnahme(n) erläutert; den Beteiligten wird ermöglicht, ein bestimmtes Risiko zu erfassen und die daraufhin getroffene(n) Maßnahme(n) nachzuvollziehen.[1281]

d. Das Verhältnis von Risikoabschätzung, -management und -kommunikation

Die Trennung zwischen Risikoabschätzung und -management soll dazu beitragen, zunächst objektiv die Sachlage einschätzen und das Risiko bewerten zu können um sodann auf dieser Grundlage entscheiden zu können.[1282] Zwar lassen sich damit auf einer theoretischen Ebene die Risikoabschätzung und das Risikomanagement voneinander unterscheiden, in der Praxis ist eine trennscharfe Unterscheidung aber häufig kaum möglich, vielmehr überlappen sich der Prozess der wissenschaftlichen Risikoabschätzung und der Entscheidungsfindungs- und Umsetzungsprozess.[1283] So bildet einerseits eine politische Entscheidung häufig Ausgangspunkt für die Durchführung einer Risikoabschätzung, umgekehrt fließen im Rahmen der wissenschaftlichen Risikoabschätzung bereits getroffene Entscheidungen über hinzunehmende Risiken oder bestimmte Schwellenwerte ein.[1284] Auch existiert eine „objektive Abschätzung" möglicher Risiken in der Praxis deshalb kaum, weil auch auf Ebene des wissenschaftlichen Erkenntnisprozesses Wertungsentscheidungen getroffen werden; beispielsweise fließen in die Auswahl der zu

[1278] *Zander*, S. 19.

[1279] Siehe hierzu: *Bourguignon*, Das Vorsorgeprinzip – Begriffsbestimmungen, Anwendungsbereiche und Steuerung, 2015, S. 24; *Schreiber*, S. 134f. Im Hinblick auf das europäische Lebensmittelrecht näher: *Ortgies*, S. 274f.

[1280] *Zander*, S. 20f. *Bourguignon*, Das Vorsorgeprinzip – Begriffsbestimmungen, Anwendungsbereiche und Steuerung, 2015, S. 24.

[1281] *Bourguignon*, Das Vorsorgeprinzip – Begriffsbestimmungen, Anwendungsbereiche und Steuerung, 2015, S. 24.

[1282] *Wahl/Appel*, in: Prävention und Vorsorge: Von der Staatsaufgabe zu den verwaltungsrechtlichen Instrumenten, 1–213 (S. 109); *de Sadeleer*, in: Implementing the Precautionary Principle – Approaches from the Nordic Countries, EU and USA, 10–58 (S. 18).

[1283] *de Sadeleer*, in: Implementing the Precautionary Principle – Approaches from the Nordic Countries, EU and USA, 10–58 (S. 19); *Hill*, in: Legal Aspects of Implementing the Cartagena Protocol on Biosafety, 63–77 (S. 66).

[1284] *de Sadeleer*, in: Implementing the Precautionary Principle – Approaches from the Nordic Countries, EU and USA, 10–58 (S. 19); *Hill*, in: Legal Aspects of Implementing the Cartagena Protocol on Biosafety, 63–77 (S. 66).

untersuchenden Fragestellung oder der anzuwendenden Methode oder bei der Strukturierung der Daten Wertungsentscheidungen mit ein.[1285] Während schließlich die Risikokommunikation teilweise als eigenständiges Element verstanden wird, wird sie verschiedentlich als in die Risikoabschätzung und das Risikomanagement integriertes Verfahren betrachtet.[1286]

2. Die Bedeutung des Vorsorgeprinzips auf Ebene der Risikoabschätzung, des Risikomanagements sowie der Risikokommunikation

Teils wird das Vorsorgeprinzip als Alternativkonzept zum herkömmlichen System der Risikosteuerung angesehen.[1287] Sinn und Zweck des Vorsorgeprinzips wird darin gesehen, das Verhältnis von Wissenschaft und Regulierung neu zu definieren und staatliche Entscheidungsfindung angesichts wissenschaftlicher Ungewissheit zu ermöglichen; es sollen so mit menschlichen Eingriffen in die Umwelt verbundene Schäden vermieden oder verringert werden.[1288] Das Vorsorgeprinzip stellt danach ein neuartiges und interdisziplinär angelegtes Konzept dar und lässt sich nicht ohne Weiteres in bereits vorhandene Kategorien einordnen.[1289] Die Stärke des Vorsorgeprinzips liege darin, den beim Umgang mit Umweltschäden bislang verfolgten technologiebasierten Ansatz, demzufolge beispielsweise der Kosten-Nutzen-Analyse als Entscheidungsinstrument eine bedeutende Rolle zukommt, zu erweitern, sodass auch herkömmlicherweise nicht berücksichtigte Aspekte in die Entscheidungsfindung einbezogen werden können.[1290]

Wie die Kommission in der Mitteilung über die Anwendbarkeit des Vorsorgeprinzips exemplarisch feststellt, existieren jenseits dessen unterschiedliche Auffassungen darüber, auf welcher Ebene der Risikosteuerung dem Vorsorgeprinzip Bedeutung zukommt.[1291]

Nach Ansicht der Kommission lässt sich das Vorsorgeprinzip in das System der Risikosteuerung einordnen, findet allerdings ausschließlich auf der Ebene des Risikomanagements Berücksichtigung.[1292] Zu unterscheiden ist demnach zwischen dem Grundsatz der Vorsicht, der der wissenschaftlich-technischen Risikoabschätzung zugrunde liegt und beispielsweise dazu verpflichtet, bei der Bestimmung der zulässigen Tagesdosis einen Sicherheitsfaktor zu berücksichtigen, um Unterschiede zwischen den Arten Rechnung tragen zu können und dem Vorsorgeprin-

---

[1285] *Zander*, S. 18.

[1286] *Schreiber*, S. 134 m.w.N.

[1287] *Wiener*, in: The Oxford Handbook of International Environmental Law, 598–612 (S. 602f.).

[1288] *O'Riodoran/Jordan*, Environmental Values 4 (3) 1995, 191 (S. 192).

[1289] *O'Riodoran/Jordan*, Environmental Values 4 (3) 1995, 191 (S. 193); *Boisson de Chazournes*, in: Law of the Sea, Environmental Law and Settlement of Disputes, 21–34 (S. 30).

[1290] *O'Riodoran/Jordan*, Environmental Values 4 (3) 1995, 191 (S. 192f.).

[1291] *Kommission der Europäischen Gemeinschaften*, Mitteilung der Kommission über die Anwendbarkeit des Vorsorgeprinzips, KOM 2000 (1) endg., Ziff. 5.

[1292] *Kommission der Europäischen Gemeinschaften*, Mitteilung der Kommission über die Anwendbarkeit des Vorsorgeprinzips, KOM 2000 (1) endg., Ziff. 5.

zip.[1293] Letzteres betrifft die Entscheidung für oder gegen ein Tätigwerden und die Entscheidung, welche konkrete(n) Maßnahme(n) ergriffen werden. Auch im völkerrechtlichen Schrifttum wird Vorsorge teils ausschließlich der Ebene des Risikomanagements zugeordnet, die von der Ebene der wissenschaftlichen Risikoabschätzung zu trennen ist.[1294] Demnach handelt es sich bei der Risikoabschätzung um einen Prozess, in dem ausschließlich nach naturwissenschaftlichen Methoden Risiken im engeren Sinn bestimmt und bestehende Ungewissheiten so genau wie möglich umschrieben werden. Die Risikoabschätzung ist Voraussetzung für die Anwendung des Vorsorgeprinzips, da dieses erfordert, dass wissenschaftliche Anhaltspunkte für schädliche Folgen einer Aktivität vorhanden sind, allerdings wissenschaftliche Ungewissheit verbleibt.[1295] Das Vorsorgeprinzip gebietet und strukturiert sodann die bei Vorhandensein wissenschaftlicher Ungewissheit erforderliche Abwägung, ob und welche konkreten Maßnahmen zu treffen sind.[1296] Verschiedentlich wird darauf hingewiesen, beim Vorsorgeprinzip handle es sich um eine Ausprägung des bei einer Regulierungsentscheidung anzuwendenden Verhältnismäßigkeitsgrundsatzes.[1297]

Demgegenüber bestehen keine Bedenken, das Vorsorgeprinzip nicht nur auf Ebene des Risikomanagements, sondern auch bei der Risikoabschätzung zur Anwendung zu bringen.[1298] So findet die Auffassung, das Vorsorgeprinzip komme auf beiden Ebenen zu Anwendung und wirke sich sowohl im Rahmen der Risikoabschätzung als auch im Rahmen des Risikomanagements aus, zahlreiche Vertreter.[1299] Teilweise wird gerade in der Anwendung des Vorsorgeprinzips auch auf Ebene der Risikoabschätzung die mit dem Konzept der Vorsorge einhergehende Neuerung im internationalen Umweltrecht gesehen[1300], führt doch eine Anwendung im Rahmen der Risikoabschätzung dazu, dass bereits auf dieser Ebene ein breiterer Ansatz verfolgt wird.[1301] Im Gegensatz zur traditionellen Risikoabschätzung, wie sie insbesondere im US-amerikanischen Rechtsraum vorgenommen wird, führt die Anwendung des Vorsorgeprinzips dazu, dass in die Risikoabschätzung weitere Faktoren einbezogen werden können.[1302] Bei Anwendung des Vor-

[1293] *Kommission der Europäischen Gemeinschaften*, Mitteilung der Kommission über die Anwendbarkeit des Vorsorgeprinzips, KOM 2000 (1) endg., Ziff. 5.

[1294] *Andorno*, JIBL 1 (1) 2004, 11 (S. 17); *Gillespie*, The International Journal of Marine and Coastal Law 22 (1), 2007, 61 (S. 62.f); *Applegate*, Indiana Journal of Global Legal Studies 9 (1) 2001, 207 (S. 249ff.); *Atapattu*, S. 214; *Proelß*, in: Internationales Umweltrecht, 97–150 (S. 129, Rn. 40).

[1295] *Andorno*, JIBL 1 (1) 2004, 11 (S. 17).

[1296] *Proelß*, in: Internationales Umweltrecht, 97–150 (S. 129ff.).

[1297] *Proelß*, in: Internationales Umweltrecht, 97–150 (S. 129, Rn. 40); *Atapattu*, S. 208.

[1298] *de Sadeleer*, in: Implementing the Precautionary Principle – Approaches from the Nordic Countries, EU and USA, 10–58 (S. 19).

[1299] *Renn*, EMBO Reports 8 (4) 2007, 303 (S. 303); *Stirling*, EMBO Reports 8 (4) 2007, 309 (S. 314); *Stirling/Tickner*, in: The precautionary principle – protecting public health, the environment and the future of our children, 181–208 (S. 182f.); *Arcuri*, in: Frontiers in the Economics of Environmental Regulation and Liability, 19–63 (S. 58f.); *Fisher*, Journal of Environmental Law 13 (3) 2001, 315 (S. 319).

[1300] *Boyle/Redgwell*, S. 173.

[1301] *Arcuri*, in: Frontiers in the Economics of Environmental Regulation and Liability, 19–63 (S. 58).

[1302] *Arcuri*, in: Frontiers in the Economics of Environmental Regulation and Liability, 19–63 (S. 58).

sorgeprinzips bereits bei der wissenschaftlichen Auseinandersetzung mit Risiken wird ferner dem Schutz der Umwelt größeres Gewicht beigemessen, sodass eine konservative, also auf der sicheren Seite liegende Beurteilung der Risiken erfolgt, indem beispielsweise für bestimmte Parameter eher der Sicherheit dienende Werte verwendet werden oder wissenschaftlichen Randmeinungen ein entsprechendes Gewicht beigemessen wird.[1303] Schließlich führt die Berücksichtigung des Vorsorgeprinzips bereits auf der Ebene der Risikoabschätzung dazu, dass im Rahmen der wissenschaftlichen Analyse dem Bestehen wissenschaftlicher Ungewissheit ein angemessener Raum eingeräumt wird und die Grenzen wissenschaftlicher Erkenntnis offengelegt und aufgezeigt werden.[1304] Dafür, dass das Vorsorgeprinzip sowohl auf Ebene der Risikoabschätzung als auch auf Ebene des Risikomanagements und der Risikokommunikation zum Tragen kommt, spricht die enge Verknüpfung der drei Ebenen sowie die Tatsache, dass auch auf Ebene der Risikoabschätzung Wertungsentscheidungen zu treffen sind. Auf der Ebene der Risikokommunikation führt das Vorsorgeprinzip dazu, dass zum einen frühzeitig, zum anderen auch dazu Informationen bereitgestellt werden, inwieweit wissenschaftliche Ungewissheit gegeben ist, wo also (derzeit) die Grenzen der wissenschaftlichen Erkenntnis liegen und verschiedene Akteure in die Entscheidungsfindung einbezogen werden.[1305]

Das Vorsorgeprinzip, wie es in Zusammenhang mit der Freisetzung von Gene Drive-Organismen konkretisiert wurde, spiegelt alle drei strukturellen Elemente des Systems der Risikosteuerung wider und entfaltet Bedeutung auf der Ebene der Risikoabschätzung, des Risikomanagements und der Risikokommunikation.

Zunächst erfordert das Vorsorgeprinzip die Vornahme einer zur Analyse der voraussichtlichen, mit einem (experimentellen) Freisetzungsvorhaben mit Gene Drive-Organismen einhergehenden Auswirkungen geeigneten Risikoabschätzung, wobei Erkenntnisdefizite und wissenschaftliche Ungewissheiten zu identifizieren und zur Kenntnis zu nehmen sind. Es ist somit eine vorsorgende Entscheidung auf Grundlage der vorhandenen wissenschaftlichen Erkenntnisse und damit soweit wie möglich wissenschaftsbasiert zu treffen, wobei allerdings die Grenzen wissenschaftlicher Erkenntnis ausdrücklich anerkannt werden. Erforderlich ist sodann eine auf Grundlage der Risikoabschätzung getroffene, nach den Umständen des Einzelfalls angemessene staatliche Regulierungsentscheidung in Zusammenhang mit Freisetzungsvorhaben mit Gene Drive-Organismen. Für den Fall der Zulassung eines Freisetzungsvorhabens ist erforderlich, dass der Standard der besten verfügbaren Technik Anwendung findet. Eine einmal getroffene Entscheidung ist zudem im Falle neuer wissenschaftlicher Erkenntnisse anzupassen. Das Vorsorgeprinzip steuert somit das Risikomanagement. Schließlich bestehen umfassende Verpflichtungen zur Information und Einbeziehung von Staaten, der Öffentlichkeit und indigenen

[1303] *Renn*, in: Was ist Gesundheit? Interdisziplinäre Perspektiven aus Medizin, Geschichte und Kultur, 376–386 (S. 379); *Wiener*, in: The Oxford Handbook of International Environmental Law, 598–612 (S. 603).

[1304] *Marti*, S. 243.

[1305] *Marti*, S. 245f.

Gemeinschaften, die von einem Freisetzungsvorhaben mit Gene Drive-Organismen möglicherweise betroffen sind. Hierdurch entfaltet das Vorsorgeprinzip auch in Bezug auf das Element der Risikokommunikation Bedeutung.

Kapitel 2: Das Vorsorgeprinzip im Rahmen der Biodiversitätskonvention

Die Biodiversitätskonvention wurde als eines von insgesamt drei völkerrechtlichen Abkommen, nachdem sie im Mai 1992 im Rahmen einer eigens anberaumten Konferenz beschlossen worden war, auf der Konferenz der Vereinten Nationen für Umwelt und Entwicklung (UNCED) in Rio de Janeiro, ebenfalls im Jahr 1992, zur Unterzeichnung ausgelegt und dient im Wesentlichen drei in Art. 1 CBD festgelegten Zielen: der Erhaltung der biologischen Vielfalt, der nachhaltigen Nutzung ihrer Bestandteile sowie der Sicherstellung einer ausgewogenen und gerechten Nutzung der sich aus der Nutzung der genetischen Ressourcen ergebenden Vorteile. Zur Verfolgung dieser Ziele enthält die Biodiversitätskonvention neben Regelungen zum Umweltschutz auch Vorgaben, die Auswirkungen auf andere Themenfelder wie geistige Eigentumsrechte, den internationalen Handel, Technologie, die menschliche Gesundheit oder kulturelle Aspekte haben und ist damit weit mehr als ein umweltrechtlicher Vertrag.[1306] Im Laufe der Zeit verbreiterte sich das Spektrum der unter der Ägide der Biodiversitätskonvention diskutierten Themenfelder weiter, sodass mittlerweile eine Auseinandersetzung mit diversen Themen stattfindet, in deren Zusammenhang unmittelbar oder mittelbar Auswirkungen auf die biologische Vielfalt möglich erscheinen.[1307]

Vor dem Hintergrund der in Art. 1 CBD formulierten Ziele und dem der Biodiversitätskonvention zugrundeliegenden Ansatz, die Biodiversität durch die Bewahrung der Natur und Sicherstellung einer nachhaltigen Nutzung der natürlichen Ressourcen global und umfassend zu schützen[1308], wird im Rahmen der Biodiversitätskonvention bereits seit einigen Jahren über Entwicklungen der Biotechnologie und auf dem noch jungen Gebiet der synthetischen Biologie diskutiert. Die Biodiversitätskonvention stellt damit, nicht zuletzt deshalb, weil mit Ausnahme der USA sämtliche Staaten Vertragsparteien der Biodiversitätskonvention sind, eines der wichtigsten internationalen Vertragswerke dar, in dessen Rahmen über die Regulierung von gentechnisch veränderten Organismen sowie den Einsatz der Gene Drive-Technik debattiert wird.[1309]

Die für die Konkretisierung des Konventionstextes und deren Umsetzung zuständige Konferenz der Vertragsparteien (COP), befasste sich bereits im Rahmen der COP 10 und COP 11 in den Jahren 2010 sowie 2012 mit den Herausforderungen der synthetischen Biologie.[1310] Auf der 12. Konferenz der Vertragsstaaten im Jahr 2014 wurde erstmals grundsätzlich zu den Heraus-

[1306] *McGraw*, RECIEL 11 (1), 2002, 17 (S. 17f.); *Sdunzig*, S. 111.

[1307] *Bowman/Davies/Redgwell*, in: Lyster's International Wildlife Law, 587–629 (S. 593); *Rabitz*, RECIEL 28 (3), 2018, 339 (S. 341).

[1308] *Boyle*, in: International Law and the Conservation of Biological Diversity, 33–49 (S. 33); *Scheyli*, ZaöRV 60 (3/4), 2000, 771 (S. 772); *McGraw*, RECIEL 11 (1), 2002, 17 (S. 19f.).

[1309] *National Academy of Science Engineering and Medicine*, Gene Drives on the Horizon: Advancing Science, Navigating Uncertainty and Aligning Research with Public Values, 2016, S. 153.

[1310] COP, Decision X/13, 29.10.2010, UNEP/CBD/COP/DEC/X/13; COP, Decision XI/11, 05.12.2012, UNEP/CBD/COP/DEC/XI/11.

© Der/die Autor(en), exklusiv lizenziert an
Springer Fachmedien Wiesbaden GmbH, ein Teil von Springer Nature 2026
I. Albrecht, *Das Vorsorgeprinzip in Zusammenhang mit der absichtlichen Freisetzung von mittels Gene Drive gentechnisch veränderten Organismen*,
https://doi.org/10.1007/978-3-658-50876-0_12

forderungen der synthetischen Biologie Stellung genommen und das in diesem Zusammenhang bedeutsame Vorsorgeprinzip betont.[1311] Unter anderem wurde beschlossen, eine technische Ad-hoc-Expertengruppe, „Ad Hoc Technical Expert Group" (AHTEG) für den Bereich der synthetischen Biologie einzurichten.[1312] In dem 2017 veröffentlichten Bericht der AHTEG im Bereich der synthetischen Biologie fand an verschiedenen Stellen eine Auseinandersetzung mit Gene Drive-Organismen statt.[1313] Auf der 14. Vertragsstaatenkonferenz erfolgte eine Stellungnahme explizit zum Umgang mit Gene Drive-Organismen, wobei der Vorsorgeansatz betont wurde.[1314] Das Nebenorgan für wissenschaftliche, technische und technologische Beratung, „Subsidiary Body on Scientific, Technical and Technological Advice" (SBSTTA), stellt auch auf dem Gebiet der synthetischen Biologie Informationen bereit, auf die im Rahmen der Konferenzen der Vertragsparteien zurückgegriffen wird[1315] und auch das Sekretariat der Biodiversitätskonvention veröffentlichte bereits einen umfassenden technischen Bericht zum Themenbereich der synthetischen Biologie.[1316]
Im Folgenden soll untersucht werden, wie das Vorsorgeprinzip im Rahmen der Biodiversitätskonvention vertraglich ausgestaltet ist, durch die Organe und Instrumente der Biodiversitätskonvention bislang Umsetzung erfahren hat und welche Vorgaben sich für die Freisetzung von Gene Drive-Organismen ableiten lassen.

I. Die Anwendbarkeit der Biodiversitätskonvention in Zusammenhang mit Gene Drive-Organismen

Einleitend ist festzuhalten, dass eine Freisetzung von Gene Drive-Organismen direkte Auswirkungen auf die biologische Vielfalt, wie sind Art. 2 Abs. 1 CBD definiert ist, haben kann und der Biodiversitätskonvention daher als Instrument zur Regulierung von Gene Drive-Organismen Bedeutung zukommt, soweit deren Anwendungsbereich eröffnet ist.[1317]

1. Sachlicher Anwendungsbereich

In sachlicher Hinsicht erfasst der Regelungsbereich der Biodiversitätskonvention sämtliche Bestandteile der biologischen Vielfalt, Art. 4 lit. a) CBD. Der Begriff der biologischen Vielfalt

1311 COP, Decision XII/24, 17.10.2014, UNEP/CBD/COP/DEC/XII/24, Ziff. 3
1312 COP, Decision XII/24, 17.10.2014, UNEP/CBD/COP/DEC/XII/24, Ziff. 4.
1313 Report of the Ad Hoc Technical Expert Group on Synthetic Biology, 09.12.2017, CBD/SYNBIO/AHTEG/2017/1/3.
1314 COP, Decision 14/19, 30.11.2018, CBD/COP/DEC/14/19, Ziff. 9ff.
1315 Vergleiche beispielsweise: Report of the Eighteenth Meeting of the SBSTTA, Recommendation XVIII/7, 28.06.2014, UNEP/CBD/COP/12/3; Report of the Tewntieth Meeting of the SBSTTA, Recommendation XX/8, 30.04.2016, UNEP/CBD/SBSTTA/XX/8.
1316 *Deborah* u. a., Synthetic Biology Part I: Potential Impacts of Synthetic Biology on Biological Diversity, Technical Series No. 82, 2015.
1317 *Rabitz*, RECIEL 28 (3), 2018, 339 (S. 339).

bezeichnet ausweislich Art. 2 Abs. 1 CBD die Variabilität unter lebenden Organismen jeglicher Herkunft, darunter unter anderem Land-, Meeres- und sonstiger aquatischer Ökosysteme und die ökologischen Komplexe, zu denen sie gehören, wobei die Vielfalt innerhalb der Arten, zwischen den Arten und die Vielfalt der Ökosysteme eingeschlossen ist. Darüber hinaus finden die Vorschriften der Biodiversitätskonvention gem. Art. 4 lit. b) CBD auf Verfahren oder Tätigkeiten Anwendung, die sich auf die biologische Vielfalt auswirken können. Erfasst sind jegliche Prozesse oder Tätigkeiten, die vonseiten natürlicher oder juristischer Personen durchgeführt werden, die unter Hoheitsgewalt oder Kontrolle eines Vertragsstaats stehen.[1318]
Auch wenn – wie Art. 19 Abs. 3 CBD zeigt – in Bezug auf den Umgang mit und die Verwendung von lebenden modifizierten Organismen im Rahmen der Biodiversitätskonvention konkrete Vorgaben noch kaum enthalten sind, enthält die Biodiversitätskonvention mit Art. 8 lit. g) CBD, Art. 19 Abs. 3 CBD und Art. 19 Abs. 4 CBD doch explizit Vorschriften, die sich mit durch Biotechnologie hervorgebrachten lebenden modifizierten Organismen (LMOs) befassen. Dies verdeutlicht, dass die Freisetzung derartiger Organismen eine Tätigkeit im Sinne des Art. 4 lit. b) CBD darstellt. Zwar findet sich in der Biodiversitätskonvention keine Definition des Begriffs der durch Biotechnologie hervorgebrachten lebenden modifizierten Organismen, allerdings liegt der Biodiversitätskonvention ein weites Begriffsverständnis zugrunde – der Begriff erfasst neben herkömmlichen gentechnisch veränderten Organismen auch Gene Drive-Organismen.[1319]
Im Wege der Gene Drive-Technik werden lebende Organismen unter Einführung von Fremdgenen zu einem bestimmten Zweck gentechnisch verändert und sind daher von der Definition des Begriffs der Biotechnologie in Art. 2 Abs. 3 CBD, worunter unter anderem eine technologische Anwendung zu verstehen ist, die lebende Organismen benutzt, um Erzeugnisse oder Verfahren für eine bestimmte Nutzung herzustellen oder zu verändern, erfasst. Bei der Freisetzung von Gene Drive-Organismen zu Forschungszwecken oder im Rahmen eines Einsatzes außerhalb bloßer Forschungstätigkeit handelt es sich somit um eine Tätigkeit im Sinne des Art. 4 lit. b) CBD.

2. Räumlicher Anwendungsbereich

In räumlicher Hinsicht finden die Vorschriften nach Art. 4 lit. a) CBD im Hinblick auf Bestandteile der biologischen Vielfalt ausschließlich in Gebieten Anwendung, die innerhalb des nationalen Hoheitsbereichs einer Vertragspartei liegen. Die Verpflichtungen der Vertragsparteien beschränken sich im Hinblick auf die biologische Vielfalt damit nicht auf das jeweilige Staatsgebiet[1320], vielmehr hat ein Vertragsstaat die Verpflichtungen auch in der ausschließlichen

[1318] *Sdunzig*, S. 228.
[1319] *Ching/Lin*, in: Gene Drives – A report on their science, applications, social aspects, ethics and regulations, 254–328 (S. 259); *Rabitz*, RECIEL 28 (3), 2018, 339 (S. 339ff.).
[1320] Das Staatsgebiet wird seitlich durch die Staatsgrenzen abgegrenzt und erstreckt sich nach unten bis zum Erdmittelpunkt; zum Staatsgebiet ist daneben das Küstenmeer sowie der Luftraum über dem Festland und dem

Wirtschaftszone sowie in solchen Bereichen zu beachten, in denen er ausschließliche Nutzungsrechte innehat.[1321]

Ausweislich Art. 4 lit. b) CBD sind Staaten überall dort gehalten, die Vorgaben der Biodiversitätskonvention zu befolgen, wo Verfahren und Tätigkeiten unter ihrer Hoheitsgewalt oder Kontrolle vorgenommen werden, unabhängig davon, ob sie innerhalb ihres nationalen Hoheitsbereichs oder außerhalb der nationalen Hoheitsbereiche vorgenommen werden. Außerhalb der nationalen Hoheitsbereiche wird ein Verfahren oder eine Tätigkeit vorgenommen, wenn sie nicht nur nicht innerhalb des nationalen Hoheitsbereichs der betreffenden Vertragspartei, sondern außerhalb jeglicher nationaler Hoheitsbereiche anderer Staaten – mithin im staatsfreien Raum wie der Hohen See, des Tiefseebodenbereichs oder des Weltraums – vorgenommen wird.[1322] Darauf, wo sich die Verfahren oder Tätigkeiten auswirken, kommt es nicht an. Im Hinblick auf Verfahren und Tätigkeiten mit Auswirkungen auf die biologische Vielfalt ist der räumliche Anwendungsbereich also weit.

Die Vorgaben der Biodiversitätskonvention sind somit in Zusammenhang mit (experimentellen) Freisetzungsvorhaben mit Gene Drive-Organismen unabhängig vom Ort der Freisetzung einzuhalten, sofern diese unter der Hoheitsgewalt oder Kontrolle eines Vertragsstaats stattfindet. Unerheblich für die Frage, ob die Verpflichtungen der Biodiversitätskonvention zu beachten sind, ist, wo sich die Freisetzung eines Gene Drive-Systems auf die biologische Vielfalt auswirkt.

II. Die vertragliche Ausgestaltung des Vorsorgeprinzips

Als Rahmenübereinkommen baut die Biodiversitätskonvention auf anderen bestehenden Abkommen auf und enthält eine Reihe genereller Prinzipien, Grundsätze und Leitlinien, die der Umsetzung durch die Vertragsparteien und der näheren Ausgestaltung durch weitere Instrumente wie rechtlich bindende Protokolle oder Anhänge bedürfen.[1323]

Aufgrund der teilweise stark divergierenden Standpunkte der Verhandlungsparteien, die eine Einigung auf strikte materielle Verpflichtungen größtenteils verhinderten, sind die Vorgaben der Biodiversitätskonvention zur Umsetzung der drei oben genannten Ziele der Erhaltung der biologischen Vielfalt, der nachhaltigen Nutzung ihrer Bestandteile und der Sicherstellung einer ausgewogenen und gerechten Nutzung der sich aus der Nutzung der genetischen Ressourcen ergebenden Vorteile überwiegend verfahrensrechtlicher Natur.[1324]

Gerade in Anbetracht des Ziels der Erhaltung der biologischen Vielfalt kommt dem Vorsorge-

Küstenmeer zu zählen, *v. Arnauld*, S. 27.

[1321] *Bowman/Davies/Redgwell*, in: Lyster's International Wildlife Law, 587–629 (S. 595); *Sdunzig*, S. 227; *Markus*, in: Internationales Umweltrecht, 477–548 (S. 496, Rn. 23).

[1322] *Sdunzig*, S. 229.

[1323] *Scheyli*, ZaöRV 60 (3/4), 2000, 771 (S. 775); *McGraw*, RECIEL 11 (1), 2002, 17 (S. 18 m.w.N.); *Beyerlein/Marauhn*, S. 179.

[1324] *Sdunzig*, S. 111. Siehe zu einer ausführlichen Auseinandersetzung mit den Interessenschwerpunkten und den im Rahmen der Vertragsverhandlungen verfolgten Ziele einzelner Staaten und Staatengruppen: *Sdunzig*, S. 59ff.

prinzip im Rahmen der Biodiversitätskonvention große Bedeutung zu.[1325]

1. Die Aufnahme des Vorsorgeprinzips in die Präambel

War im Rahmen des dritten Verhandlungsentwurfs zur Biodiversitätskonvention das Vorsorgeprinzip ausdrücklich noch im operativen Vertragsteil enthalten[1326], findet sich dieses, da eine abschließende Einigung über dessen ausdrückliche Aufnahme in den operativen Vertragsteil zwischen den Vertragsparteien letztlich nicht erzielt werden konnte, in der Endfassung des Vertragstexts explizit nur noch in der Präambel wider.[1327]
Erwägungsgrund 7 betont das Problem des Mangels an Informationen und Wissen, das insbesondere in Zusammenhang mit der biologischen Vielfalt virulent ist und ruft zur Generierung zusätzlichen Wissens auf:

„*Aware* of the general lack of information and knowledge regarding biological diversity and of the urgent need to develop scientific, technical and institutional capacities to provide the basic understanding upon which to plan and implement appropriate measures,".

Erwägungsgrund 8, der fast wortgleich dem ehemals im operativen Vertragsteil enthaltenen Art. 3 Abs. 5 entspricht, hebt die Notwendigkeit hervor, die Ursachen für den Verlust der biologischen Vielfalt bereits an ihrem Ursprung zu bekämpfen:

„*Noting* that it is vital to anticipate, prevent and attack the causes of significant reduction or loss of biological diversity at source".

Erwägungsgrund 9 enthält schließlich eine an die Formulierung in Prinzip 15 der Rio-Erklärung angelehnte Fassung des Vorsorgegeprinzips, ohne allerdings den Begriff des Vorsorgeprinzips oder -ansatzes ausdrücklich zu verwenden:

„*Noting also* that where there is a threat of significant reduction or loss of biological diversity, lack of full scientific certainty should not be used as a reason for postponing measures to avoid or minimize such a threat".

Während beispielsweise Prinzip 15 der Rio-Erklärung lediglich allgemein von einem drohenden (ernsthaften oder irreversiblen) Schaden spricht, bezieht sich das Vorsorgeprinzip in Erwä-

[1325] *Bodansky*, Vanderbilt Journal of Transnational Law 28 (4) 1995, 623 (S. 627); *Scott*, Jurimetrics 56 (3) 2016, 245 (S. 246).

[1326] Third Revised Draft Convention on Biological Diversity, UNEP/Bio.Div./N5-INC.3/2, Art. 3 Abs. 5 und Abs. 6. In Art. 3 Abs. 5 wurde auf die Notwendigkeit hingewiesen, nicht nur bei bereits eingetretener Verringerung oder eingetretenem Verlust der biologischen Vielfalt Maßnahmen zu ergreifen, sondern bereits die Ursachen der Verringerung bzw. des Verlusts der biologischen Vielfalt zu bekämpfen: „While recognizing that remedying damage to biological diversity is important, it is vital to anticipate, prevent and attack the causes of reduction or loss of biological diversity at source." Art. 3 Abs. 6 enthielt eine Prinzip 15 der Rio-Erklärung ähnliche Version des Vorsorgeprinzips: „Where there is a threat of [serious or irreversible damage to] [significant reduction or loss of] biological diversity, lack of full scientific certainty shall not be used as a reason for postponing [measures] [action] to avoid or minimize such a threat."

[1327] *Boyle*, in: International Law and the Conservation of Biological Diversity, 33–49 (S. 37).

gungsgrund 9 dem Vertragsgegenstand der Biodiversitätskonvention entsprechend ausdrücklich auf eine drohende Verringerung oder einen drohenden Verlust der biologischen Vielfalt.[1328] Ausreichend, um das Vorsorgeprinzip zur Anwendung zu bringen, ist nicht jegliche Verringerung oder jeglicher Verlust der biologischen Vielfalt, dieses entfaltet aber auch nicht erst dann Wirkung, wenn die drohende Verringerung oder der drohende Verlust der biologischen Vielfalt ernsthaft oder irreversibel sind; vielmehr ist das Vorsorgeprinzip bereits im Falle einer drohenden erheblichen Verringerung bzw. eines drohenden erheblichen Verlusts der biologischen Vielfalt anwendbar. Die Formulierung des „Fehlens einer völligen wissenschaftlichen Gewissheit" lässt ferner darauf schließen, dass zumindest ein gewisses Ausmaß an Erkenntnissen über eine drohende erhebliche Verringerung der biologischen Vielfalt oder einen erheblichen Verlust derselben vorhanden sein muss. Anders als beispielsweise Prinzip 15 der Rio-Erklärung enthält die Version des Vorsorgeprinzips in Erwägungsgrund 9 keinen Hinweis auf die Kostenwirksamkeit einer Maßnahme.

Wenngleich aufgrund des Standorts in der Präambel der Biodiversitätskonvention das Vorsorgeprinzip nicht im Sinne einer Pflicht, Vorsorgemaßnahmen zu ergreifen, eine direkte Bindungswirkung für die Vertragsparteien entfaltet, entbehrt es dennoch nicht jeder rechtlichen Wirkung.[1329] Denn das Vorsorgeprinzip ist für die Interpretation von Vertragsbestimmungen der Biodiversitätskonvention von Bedeutung und darüber hinaus als Leitlinie zu berücksichtigen, wenn aufgrund der Vertragsbestimmungen Maßnahmen ergriffen werden.[1330]

2. Die Niederlegung des Vorsorgeprinzips im operativen Vertragsteil

Wenngleich das Vorsorgeprinzip wie erwähnt im operativen Vertragsteil der Biodiversitätskonvention nicht explizit enthalten ist, kommt doch in zahlreichen Bestimmungen der dem Konzept der Vorsorge inhärente Gedanke zum Ausdruck, dass zum Schutz der biologischen Vielfalt die Vertragsparteien nicht lediglich reaktiv, sondern verstärkt präventiv und insbesondere auch im Falle bestehender wissenschaftlicher Ungewissheiten zum Handeln aufgerufen sind.

In diesem Sinne dienen insbesondere die vertraglichen Regelungen zur Bestimmung und Überwachung von Tätigkeiten mit Auswirkungen auf die biologische Vielfalt in Art. 7 lit. c) und lit. d) CBD, die Verpflichtung zur Risikoregulierung, -bewältigung und -kontrolle in Zusammenhang mit durch Biotechnologie veränderten lebenden modifizierten Organismen in Art. 8 lit. g) CBD sowie die Vorschriften zur Vornahme einer Umweltverträglichkeitsprüfung in Art. 14 CBD der Verwirklichung des Vorsorgeprinzips.[1331]

[1328] *Cooney*, The Precautionary Principle in Biodiversity Conservation and Natural Resource Management – An issues paper for policy-makers, researchers and practitioners, IUCN Policy and Global Change Series No. 2, 2004, S. 12.

[1329] *de Sadeleer*, in: Research Handbook on International Environmental Law, 182–199 (S. 191).

[1330] *de Sadeleer*, in: Research Handbook on International Environmental Law, 182–199 (S. 191); *Boyle/Redgwell*, S. 689.

[1331] So auch *Maurmann*, S. 184ff. Im Hinblick auf Art. 7 lit. c) CBD und Art. 8 lit. g) CBD auch *Monien*, S. 256f.

a. Die Pflicht zur Bestimmung und Überwachung gem. Art. 7 lit. c) und d) CBD

Art. 7 lit. c) CBD verpflichtet die Vertragsparteien, soweit möglich und angebracht, Vorgänge und Kategorien von Tätigkeiten zu bestimmen, die erhebliche nachteilige Auswirkungen auf die Erhaltung und nachhaltige Nutzung der biologischen Vielfalt haben oder wahrscheinlich haben und deren Wirkungen durch Probennahmen und andere Verfahren zu überwachen. Besondere Bedeutung ist dabei den Auswirkungen auf die in Anlage I aufgeführten Ökosysteme und Lebensräume, Arten und Gemeinschaften bzw. Genome und Gene zuzuerkennen, die von besonderer sozialer, wirtschaftlicher oder kultureller Bedeutung sind.[1332] Nach Art. 7 lit. d) CBD sind die dabei gewonnenen Daten nach einem beliebigen System zu führen und zu organisieren. So soll ermöglich werden, dass die gesammelten Daten und Informationen in einer Form verfügbar sind, die eine anschließende Analyse ermöglicht und dass die Daten der Verwirklichung der Ziele der Biodiversitätskonvention tatsächlich dienen.[1333] Denn die in Art. 7 lit. c) und d) CBD verankerte Pflicht zur Bestimmung und Überwachung dient vor allem dazu, ausreichende Informationen zu gewinnen, um die in Art. 8, 9 und 10 CBD vorgesehenen Maßnahmen zur Erhaltung der biologischen Vielfalt und deren nachhaltiger Nutzung umzusetzen.[1334] Eine Pflicht zur Veröffentlichung der gesammelten Daten ist Art. 7 CBD nicht zu entnehmen.[1335]

Im Rahmen von Art. 7 lit. c) und d) CBD kommt das Vorsorgeprinzip dadurch zum Ausdruck, dass sich die Pflichten zur Identifizierung und Überwachung nicht lediglich auf Vorgänge und Tätigkeiten erstrecken, die wissenschaftlich belegbar erhebliche nachteilige Auswirkungen auf die Erhaltung und nachhaltige Nutzung der biologischen Vielfalt haben, sondern bereits eingreifen, sofern bestimmte Vorgänge oder Tätigkeiten solche Auswirkungen haben können.[1336] Demnach sind auch solche Vorgänge oder Tätigkeiten zu bestimmen und zu überwachen, bei denen wissenschaftlich noch nicht ausreichend belegt ist, ob und welche nachteiligen Auswirkungen diese auf die biologische Vielfalt haben, bei denen also in Bezug auf mögliche Folgen und deren Eintrittswahrscheinlichkeit noch wissenschaftliche Ungewissheit herrscht. Ausgelöst werden die Überwachungspflichten bereits, wenn wissenschaftliche Anhaltspunkte dafür bestehen, dass erhebliche nachteilige Auswirkungen auf die biologische Vielfalt wahrscheinlich sind.[1337]

Auswirkungen auf die biologische Vielfalt im Sinne der Vielfalt innerhalb einer Art – die ge-

Im Hinblick auf Art. 14 Abs. 1 lit. a) CBD auch *Erben*, S. 137.

1332 *Arthur*, S. 32.

1333 *Glowka/Burhenne-Guilmin/Synge*, A Guide to the Convention on Biological Diversity, 1994, S. 36.

1334 *Bowman/Davies/Redgwell*, in: Lyster's International Wildlife Law, 587–629 (S. 604).

1335 *Arthur*, S. 33.

1336 So auch *Krüger*, S. 262.

1337 *Krüger* vertritt einschränkend die Auffassung, aus dem Regelungszusammenhang der Vorschrift und dem Verweis auf die Überwachung durch Probennahmen oder andere Verfahren folge, dass die Verpflichtungen des Art. 7 lit. c) und d) CBD auf Vorgänge und Tätigkeiten im reinen Forschungsstadium ohne Außenwelteingriffe nicht anwendbar seien, *Krüger*, S. 262f.

netische Vielfalt – entstehen, wenn sich durch die Freisetzung eines Gene Drive-Systems eine spezifische genetische Veränderung innerhalb einer Population oder Art verbreitet und hinsichtlich dieses Merkmals die innerhalb einer Art bestehende genetische Variabilität nicht mehr oder jedenfalls in geringerem Ausmaß vorhanden ist.[1338] Da mittels der Gene Drive-Technik die Variabilität des Genoms zumindest hinsichtlich eines Merkmals, gegebenenfalls sogar hinsichtlich weiterer Merkmale[1339] verringert wird, nimmt die innerhalb einer Population oder Art vorhandene genetische Vielfalt ab. Die Artenvielfalt und somit die Vielfalt zwischen den Arten wird beeinflusst, wenn eine Art, möglicherweise auch nur in einem bestimmten Gebiet, ausgerottet oder erheblich dezimiert wird.[1340] Auf die Vielfalt der Ökosysteme hat die Freisetzung eines Gene Drive-Systems einen nachteiligen Einfluss, sofern freigesetzte Gene Drive-Organismen die Populationsdynamik beeinflussen und das innerhalb eines Ökosystems bestehende Gleichgewicht verändern.[1341] Zwar bedarf der Bestimmung im Einzelfall, welche Voraussetzungen gegeben sein müssen, damit eine Auswirkung im Sinne der Vorschrift die Erheblichkeitsschwelle überschreitet, allerdings spricht angesichts von Sinn und Zweck der Regelung viel dafür, bereits dann von einer Erheblichkeit auszugehen, wenn es sich nicht um völlig unwesentliche oder unbedeutende Auswirkungen handelt.[1342] Bei einer Freisetzung von Gene Drive-Organismen handelt es sich unabhängig davon, ob es sich lediglich um eine Freisetzung zu Forschungszwecken handelt, um eine Tätigkeit, bei der jedenfalls wissenschaftliche Anhaltspunkte dafür bestehen, dass sie mit erheblichen nachteiligen Auswirkungen auf die biologische Vielfalt einhergehen kann.[1343]

Die Vertragsparteien haben Freisetzungsvorhaben mit Gene Drive-Organismen folglich gründlich daraufhin zu untersuchen, ob mit einer Freisetzung erhebliche nachteilige Auswirkungen auf die biologische Vielfalt einhergehen können. Im Falle der Durchführung eines Freisetzungsvorhabens sind die mit einer (experimentellen) Freisetzung einhergehenden Wirkungen zu überwachen und die dabei gewonnenen Daten und Informationen systematisch zu erfassen und zu speichern.

Abgeschwächt werden die in Art. 7 lit. c) und d) CBD enthaltenen Pflichten durch die vorangestellte Einschränkung „soweit möglich und angemessen“, die den Vertragsparteien einen weiten Gestaltungsspielraum zugesteht sowie dadurch, dass die Überwachung nicht durch eine

[1338] *Rabitz*, RECIEL 28 (3), 2018, 339 (S. 341).

[1339] Ein solcher Fall wäre gegeben, wenn das Gene Drive-System an anderer Stelle im Genom des Zielorganismus integriert.

[1340] *Rabitz*, RECIEL 28 (3), 2018, 339 (S. 341).

[1341] *Rabitz*, RECIEL 28 (3), 2018, 339 (S. 341f.). Eine nachteilige Veränderung ganzer Ökosysteme ist dabei umso wahrscheinlicher, je eher es sich bei der beeinflussten Art um eine Schlüsselspezies und damit eine solche handelt, die eine bedeutende Rolle im Ökosystem innehat.

[1342] Insoweit kann auf die Ausführungen zum Kriterium der Erheblichkeit in Teil 3, Kapitel 4, III, 2, b, cc, (1) verwiesen werden.

[1343] *Ching/Lin*, in: Gene Drives – A report on their science, applications, social aspects, ethics and regulations, 254–328 (S. 258). Siehe hierzu auch die Ausführungen in Teil 4, Kapitel 1, I, 1, a.

unabhängige Instanz, sondern durch den betreffenden Staat selbst erfolgt.[1344]

b. Die Pflicht zu Risikoregulierung, -bewältigung und -kontrolle gem. Art. 8 lit. g) CBD

Art 8 lit. g) CBD enthält die ausschließlich auf durch Biotechnologie hervorgebrachte LMOs bezogene Verpflichtung zur Regulierung sowie der Bewältigung oder der Kontrolle von Risiken für die biologische Vielfalt sowie die menschliche Gesundheit auf nationaler Ebene. Die Vertragsparteien sollen, soweit möglich und angemessen,

„Establish or maintain means to regulate, manage or control the risks associated with the use and release of living modified organisms resulting from biotechnology which are likely to have adverse environmental impacts that could affect the conservation and sustainable use of biological diversity, taking also into account the risks to human health;".

Die Vorschrift bringt zum Ausdruck, dass in Zusammenhang mit der Nutzung und Freisetzung von durch Biotechnologie hervorgebrachten LMOs vor dem Hintergrund des Erhalts der biologischen Vielfalt ein Regelungsbedarf besteht, beschränkt sich allerdings darauf, den Vertragsparteien eine allgemein gehaltene Pflicht zur innerstaatlichen Regulierung, Bewältigung und Kontrolle von Risiken aufzuerlegen, die zudem durch den Zusatz „soweit möglich und angemessen" abgeschwächt wird.[1345]

Der Gedanke der Vorsorge kommt ähnlich wie im Rahmen von Art. 7 lit. c) CBD auch in Art. 8 lit. g) CBD dadurch zum Ausdruck, dass die Pflicht zur Regulierung und Kontrolle bereits besteht, wenn die Nutzung und Freisetzung von durch Biotechnologie hervorgebrachten LMOs wahrscheinlich nachteilige Umweltauswirkungen hat, die die Erhaltung und nachhaltige Nutzung der biologischen Vielfalt beeinträchtigen könnten, wenn also im Hinblick auf mögliche nachteilige Umweltauswirkungen wissenschaftliche Ungewissheit besteht und wissenschaftlich nicht als gesichert gilt, ob und inwieweit die durch die Nutzung und Freisetzung von durch Biotechnologie hervorgebrachten LMOs hervorgerufenen Umweltauswirkungen die Erhaltung und nachhaltige Nutzung der biologischen Vielfalt beeinträchtigen.[1346] Vor dem Hintergrund des Vertragsgegenstands der Biodiversitätskonvention greift die Regulierungs- und Kontrollverpflichtung allerdings nur dann ein, wenn mögliche nachteilige Umweltauswirkungen zugleich nachteilige Auswirkungen auf die Erhaltung und nachhaltige Nutzung der biologischen Vielfalt haben können.[1347] Eine Schwelle dahingehend, dass die Erhaltung und nachteilige Nutzung der biologischen Vielfalt erheblich beeinträchtigt wird, ist dem Wortlaut nicht zu entnehmen, die Verpflichtung zur Risikoregulierung, -bewältigung und -kontrolle besteht dem Wortlaut nach bei

[1344] *Arthur*, S. 33; *Bowman/Davies/Redgwell*, in: Lyster's International Wildlife Law, 587–629 (S. 604).
[1345] *Scheyli*, ZaöRV 60 (3/4), 2000, 771 (S. 774); *Sdunzig*, S. 142.
[1346] *Glowka/Burhenne-Guilmin/Synge*, A Guide to the Convention on Biological Diversity, 1994, S. 45; *Erben*, S. 138.
[1347] *Erben*, S. 138.

jeglicher nachteiliger Umweltauswirkung, sofern die biologische Vielfalt beeinträchtigt werden kann. Angesichts der Formulierung des Vorsorgeprinzips in Erwägungsgrund 9 der Präambel, das als Interpretationshilfe herangezogen werden kann sowie angesichts dessen, dass in sonstigen Vorschriften der Biodiversitätskonvention stets von erheblichen nachteiligen Auswirkungen auf die biologische Vielfalt die Rede ist, spricht allerdings viel dafür, auch im Rahmen von Art. 8 lit. g) CBD die Schwelle der Erheblichkeit überschritten sein muss, damit die Vertragsparteien zur Risikoregulierung und -kontrolle verpflichtet sind.
Da es sich bei mittels Gene Drive veränderten Organismen um durch Biotechnologie hervorgebrachte lebende modifizierte Organismen handelt[1348], die die Erhaltung der biologischen Vielfalt im Sinne der genetischen Vielfalt, der Artenvielfalt sowie der Ökosystemvielfalt beeinträchtigen können[1349] und auch davon auszugehen ist, dass eine erhebliche Beeinträchtigung der Erhaltung und nachhaltigen Nutzung der biologischen Vielfalt möglich ist[1350], sind die Vertragsparteien aufgerufen, den Umweltrisiken und Risiken für die menschliche Gesundheit, die mit der Nutzung und Freisetzung von Gene Drive-Organismen einhergehen können, durch aufeinander abgestimmte nationale Maßnahmen zu begegnen.
Konkrete Vorgaben, wie eine Risikoregulierung, -bewältigung oder -kontrolle ausgestaltet sein muss, enthält die Biodiversitätskonvention nicht; den Vertragsparteien kommt insoweit ein weiter Gestaltungsspielraum zu. Allerdings sind die Risiken umso stärker zu kontrollieren, umso gravierender mögliche nachteilige Auswirkungen sein können.[1351] Hat eine Vertragspartei bereits ein nationales System zur Risikoregulierung und -kontrolle biotechnologisch veränderter LMOs geschaffen, spricht angesichts der Vertragsziele der Biodiversitätskonvention und des Sinn und Zwecks der Regelung viel für eine Pflicht, bestehende Vorschriften daraufhin überprüfen zu müssen, ob sie die mit der Freisetzung von Gene Drive-Organismen einhergehenden Risiken ausreichend erfassen.

c. Die Verfahrensvorgaben des Art. 14 Abs. 1 lit. a), b), c) und d) CBD

Die Verfahrensvorgaben des Art. 14 Abs. 1 CBD gelten in Umsetzung des Vorsorgeprinzips, sofern erhebliche nachteilige Auswirkungen auf die biologische Vielfalt wahrscheinlich sind und damit auch für Aktivitäten, bei denen die Schädlichkeit noch nicht wissenschaftlich nachgewiesen ist.[1352] Art. 14 Abs. 1 CBD bringt damit in Einklang mit Erwägungsgrund 9 der Präambel zum Ausdruck, dass die Vertragsparteien etwaige nachteilige Auswirkungen ihrer Aktivitäten

[1348] Siehe hierzu die Ausführungen in Teil 4, Kapitel 2, I, 1.
[1349] Siehe hierzu die Ausführungen in Teil 4, Kapitel 2, II, 2, a.
[1350] Siehe hierzu die Ausführungen in Teil 4, Kapitel 2, I, 2, a.
[1351] *Glowka/Burhenne-Guilmin/Synge*, A Guide to the Convention on Biological Diversity, 1994, S. 46.
[1352] Allerdings würde eine Formulierung, die als Schwelle bereits „possible adverse effects" ausreichen ließe, dem Vorsorgeprinzip noch stärker Rechnung tragen, *Bowman/Davies/Redgwell*, in: Lyster's International Wildlife Law, 587–629 (S. 605).

auf die biologische Vielfalt nicht deshalb außer Acht lassen dürfen, weil hinsichtlich der Folgen (noch) keine wissenschaftliche Gewissheit besteht.

aa. Die Pflicht zur Schaffung von Vorgaben zur Durchführung einer Umweltverträglichkeitsprüfung

Art. 14 Abs. 1 lit. a) CBD vermeidet eine explizite Erwähnung des Vorsorgeprinzips, verpflichtet die Vertragsparteien aber in Umsetzung desselben zur Schaffung von Regelungen zur Durchführung einer Umweltverträglichkeitsprüfung auf nationaler Ebene[1353]:

„Each Contracting Party, as far as possible and as appropriate, shall: Introduce appropriate procedures requiring environmental impact assessment of its proposed projects that are likely to have significant adverse effects on biological diversity with a view to avoiding or minimizing such effects and, where appropriate, allow for public participation in such procedures".

Existieren bereits nationale Vorgaben zur Durchführung einer Umweltverträglichkeitsprüfung, sind die Vertragsparteien verpflichtet, diese daraufhin zu überprüfen, ob Auswirkungen auf die biologische Vielfalt dabei hinreichend Beachtung finden.[1354]

Bei der Entscheidung, welche Vorhaben Regelungen zur Umweltverträglichkeitsprüfung zu unterwerfen sind, kommt den Vertragsparteien ein weiter Gestaltungsspielraum zu.[1355] Dies ist zum einen darin begründet, dass der Begriff des „Vorhabens" nicht definiert ist.[1356] Darüber hinaus wird im Rahmen der Biodiversitätskonvention nicht konkretisiert, wann die Erheblichkeitsschwelle überschritten ist, ferner ist Art. 14 lit. a) CBD, wie eingangs erwähnt, nur „soweit möglich und angemessen" umzusetzen.[1357] Allerdings ist sowohl das in Erwägungsgrund 9 der Präambel der Biodiversitätskonvention verankerte Vorsorgeprinzip als auch der Sinn und Zweck der Vorschrift des Art. 14 Abs. 1 lit. a) CBD der Vermeidung oder Verringerung nachteiliger Auswirkungen auf die biologische Vielfalt zu berücksichtigen; eine Vertragspartei kommt der Verpflichtung jedenfalls dann nicht nach, wenn die Regelungen zur Umweltverträglichkeitsprüfung geplante Tätigkeiten, bei denen ein gewisses Maß an Erkenntnissen über erhebliche

[1353] *Epiney/Scheyli*, S. 126; *Erben*, S. 137. Der IGH hat ausdrücklich festgestellt, dass Art. 14 lit. a) CBD keine Verpflichtung zur Durchführung einer Umweltverträglichkeitsprüfung enthält, sondern die Vertragsparteien nur zur Schaffung von Regelungen zur Durchführung einer Umweltverträglichkeitsprüfung im jeweiligen nationalen Recht verpflichtet: IGH, Certain Activities Carried out by Nicaragua in the Boarder Area (Costa Rica v. Nicaragua) und Construction of a Road in Costa Rica along the San Juan River (Nicaragua v. Costa Rica), Entscheidung vom 16. Dezember 2015, ICJ Reports 2015, S. 665, Rn. 164.

[1354] *Glowka/Burhenne-Guilmin/Synge*, A Guide to the Convention on Biological Diversity, 1994, S. 71.

[1355] Zur Konkretisierung des Art. 14 Abs. 1 CBD wurden Leitlinien verabschiedet: COP, Decision VI/7, 27.05.2002, UNEP/CBD/COP/DEC/VI/7, Anhang; COP, Decision VIII/28, 15.06.2006, UNEP/CBD/COP/DEC/VIII/28, Anhang. Es besteht dabei allerdings die Gefahr, dass sich Vertragsparteien insbesondere im Falle langfristiger und schwierig vorherzusagender Auswirkungen der Einführung einer Umweltverträglichkeitsprüfung für bestimmte Vorhaben zu entziehen, *Boyle/Redgwell*, S. 689.

[1356] *Sdunzig*, S. 152.

[1357] *Boyle/Redgwell*, S. 689; *Bowman/Davies/Redgwell*, in: Lyster's International Wildlife Law, 587–629 (S. 605).

nachteilige Auswirkungen auf die biologische Vielfalt besteht, nicht erfassen. Dabei kommt es nicht darauf an, ob mit einem Vorhaben grenzüberschreitende Auswirkungen einhergehen, Art. 14 Abs. 1 lit. a) CBD ist auch im Falle potentieller rein innerstaatlicher Auswirkungen einschlägig.[1358] Wie dem Wortlaut („geplante Vorhaben") zu entnehmen ist, sind Umweltverträglichkeitsprüfungen zudem ausreichend im Vorfeld eines Vorhabens bereits während des Planungsstadiums durchzuführen.[1359]

Auf nationaler Ebene sind daher Vorgaben dahingehend erforderlich, dass im Vorfeld eines geplanten Freisetzungsvorhabens mit Gene Drive-Organismen, unabhängig davon, ob dieses lediglich zu Forschungszwecken vorgenommen werden soll, eine Umweltverträglichkeitsprüfung durchzuführen ist.[1360] Die Art und Weise der Durchführung und der Inhalt der Umweltverträglichkeitsprüfung obliegt der staatlichen Gestaltungsfreiheit. Art. 14 Abs. 1 lit. a) CBD sieht weiter vor, dass im Rahmen der Umweltverträglichkeitsprüfung die Beteiligung der Öffentlichkeit ermöglicht werden soll. Öffentlichkeit meint dabei sowohl betroffene Behörden als auch einzelne Bürger und NGOs.[1361] Im Rahmen der rechtlich unverbindlichen Leitlinien zu Art. 14 Abs. 1 lit. a) CBD plädierten die Vertragsparteien zudem dafür, dass relevante Interessengruppen und insbesondere indigene und lokale Gemeinschaften in die für sie relevanten Bewertungsprozesse und die Entscheidungsfindung einbezogen werden sollen.[1362] Eingeschränkt wird die Vorgabe zur Öffentlichkeitsbeteiligung im Rahmen der Umweltverträglichkeitsprüfung allerdings dadurch, dass eine solche nur zu erfolgen hat, sofern dies angemessen erscheint.[1363] Den Vertragsparteien kommt damit auch im Hinblick auf die Beteiligung der Öffentlichkeit ein weiter Entscheidungsspielraum zu. Rechtlich verbindliche Vorgaben zur inhaltlichen Ausgestaltung der Vorgaben zur Durchführung einer Umweltverträglichkeitsprüfung in Zusammenhang mit Freisetzungsvorhaben von Gene Drive-Organismen lassen sich Art. 14 Abs. 1 lit. a) CBD nicht entnehmen.

bb. Die Pflicht zur Einführung von Regelungen hinsichtlich übergeordneter Programme und Politiken

In Ergänzung zur vorhabenbezogenen Vorschrift des Art. 14 Abs. 1 lit. a) CBD haben die Vertragsparteien nach Art. 14 Abs. 1 lit. b) CBD in Zusammenhang mit übergeordneten Programmen und Politiken Regelungen einzuführen, damit Umweltfolgen mit wahrscheinlich erheblichen nachteiligen Auswirkungen auf die biologische Vielfalt gebührend berücksichtigt wer-

[1358] *Boyle/Redgwell*, S. 688; *Ong*, in: Research Handbook on International Environmental Law, 519–541 (S. 535).
[1359] *Glowka/Burhenne-Guilmin/Synge*, A Guide to the Convention on Biological Diversity, 1994, S. 71.
[1360] So auch *Ching/Lin*, in: Gene Drives – A report on their science, applications, social aspects, ethics and regulations, 254–328 (S. 259).
[1361] *Glowka/Burhenne-Guilmin/Synge*, A Guide to the Convention on Biological Diversity, 1994, S. 72.
[1362] COP, Decision VI/7, 22.05.2002, UNEP/CBD/COP/DEC/VI/7, Anhang, Ziff. 40; COP, Decision VIII/28, 15.06.2006, UNEP/CBD/COP/DEC/VIII/28, Anhang, Ziff. 5.
[1363] *Boyle/Redgwell*, S. 689.

den.[1364] Das der Durchführung einer Umweltverträglichkeitsprüfung zugrundeliegende Konzept wird so im Sinne des Vorsorgeprinzips auf einzelnen Vorhaben übergeordnete Programme und Politiken ausgeweitet.[1365] Erfasst sind jegliche sektorspezifische oder sektorübergreifende Programme und politische Entscheidungen.[1366] Inwiefern indes eine Berücksichtigung zu erfolgen hat, konkretisiert Art. 14 Abs. 1 lit. b) CBD nicht weiter.
Die Vertragsparteien sind demnach verpflichtet, beispielsweise im Falle von Forschungsprogrammen, die eine Freisetzung von Gene Drive-Organismen vorsehen oder dem Einsatz von Gene Drive-Organismen als Methode zur Bekämpfung von Infektionskrankheiten, zur Ertragssteigerung in der Landwirtschaft oder der Bekämpfung invasiver Arten Vorgaben vorzusehen, die eine Berücksichtigung potentieller nachteiliger Auswirkungen auf die biologische Vielfalt erlauben.

cc. Notifikations-, Informations- und Konsultationspflichten

Schließlich sind die Vertragsparteien nach Art. 14 Abs. 1 lit. c) CBD angehalten, insbesondere durch den Abschluss zusätzlicher Übereinkommen die gegenseitige Zusammenarbeit in Zusammenhang mit Tätigkeiten, die wahrscheinlich erhebliche nachteilige Auswirkungen auf die biologische Vielfalt außerhalb des eigenen Staatsgebiets haben, zu fördern:

„Promote, on the basis of reciprocity, notification, exchange of information and consultation on activities under their jurisdiction or control which are likely to significantly affect adversely the biological diversity of other States or areas beyond the limits of national jurisdiction, by encouraging the conclusion of bilateral, regional or multilateral arrangements, as appropriate".

Gegenstand der Vorgabe in Art. 14 Abs. 1 lit. c) CBD sind damit prozessuale Verpflichtungen zur Notifikation, dem Informationsaustausch sowie zur Konsultation. Allerdings sind die Vertragsparteien nicht dazu verpflichtet, im Falle potentieller grenzüberschreitender nachteiliger Auswirkungen andere Staaten zu informieren und zu konsultieren; es besteht lediglich eine Verpflichtung zur Förderung grenzüberschreitender Kooperation durch den Abschluss von Übereinkünften.
Damit sind die in der Biodiversitätskonvention enthaltenen prozessualen Verpflichtungen angesichts potentieller grenzüberschreitender Auswirkungen deutlich schwächer ausgestaltet als in anderen vertraglichen Vereinbarungen oder sogar im Völkergewohnheitsrecht.[1367]

[1364] Art. 14 Abs. 1 lit. b) CBD lautet: „Each Contracting Party, as far as possible and as appropriate, shall: Introduce appropriate arrangements to ensure that the environmental consequences of its programmes and policies that are likely to have significant adverse impact on biological diversity are duly taken into account".

[1365] *Glowka/Burhenne-Guilmin/Synge*, A Guide to the Convention on Biological Diversity, 1994, S. 72.

[1366] *Glowka/Burhenne-Guilmin/Synge*, A Guide to the Convention on Biological Diversity, 1994, S. 72.

[1367] *Glowka/Burhenne-Guilmin/Synge*, A Guide to the Convention on Biological Diversity, 1994, S. 74.

d. Die Pflicht zur Informationsweitergabe gem. Art. 19 Abs. 4 CBD

Da eine Einigung über den Umgang mit LMOs, die nachteilige Auswirkungen auf die Erhaltung und nachhaltige Nutzung der biologischen Vielfalt haben können, über die Vorschrift des Art. 8 lit. g) CBD hinaus im Rahmen der Vertragsverhandlungen der Biodiversitätskonvention nicht erzielt werden konnte, wurde ausweislich Art. 19 Abs. 3 CBD eine weitergehende Regelung und damit die Schaffung einer internationalen Regelung zum Umgang mit durch Biotechnologie hervorgebrachten LMOs im Sinne der Weitergabe, Handhabung und Verwendung einem Protokoll vorbehalten.[1368]

Art. 19 Abs. 4 CBD verpflichtet lediglich zur Informationsweitergabe in Zusammenhang mit durch Biotechnologie hervorgebrachten LMOs und hält jede Vertragspartei an, einer anderen Vertragspartei, in deren Hoheitsgebiet derartige Organismen eingeführt werden sollen, alle verfügbaren Informationen über die Verwendung und die jeweils vorgeschriebenen Sicherheitsbestimmungen für den Umgang mit LMOs sowie sämtliche verfügbare Informationen über mögliche nachteilige Auswirkungen der Organismen zu übermitteln.[1369] Auch die Pflicht zur Informationsweitergabe im Vorfeld einer Einfuhr von durch Biotechnologie hervorgebrachten LMOs in Bezug auf mögliche nachteilige Auswirkungen dient vornehmlich dem Schutz der biologischen Vielfalt und der menschlichen Gesundheit und ist, da sie bereits in einem Zeitpunkt, in dem nachteilige Auswirkungen lediglich möglich erscheinen, besteht, Ausdruck des Vorsorgeprinzips.

Im Hinblick auf Gene Drive-Organismen hat eine Vertragspartei sämtliche verfügbare Informationen über die Verwendung, die vorgesehenen Sicherheitsbestimmungen sowie über mögliche nachteilige Auswirkungen der betreffenden Organismen an die Vertragspartei, in deren Hoheitsgebiet die Organismen eingeführt werden sollen, zu übermitteln. Die zu übermittelnden Informationen beschränken sich nicht nur auf solche in Bezug auf nachteilige Auswirkungen auf die biologische Vielfalt, sondern erfassen auch nachteilige Auswirkungen auf die menschliche Gesundheit oder nachteilige ökonomische Auswirkungen.[1370]

e. Zwischenergebnis

Festzuhalten ist, dass das Vorsorgeprinzip zwar nur in der Präambel der Biodiversitätskonvention explizit verankert ist, damit allerdings als Interpretationshilfe und Leitlinie bei der Auslegung und Anwendung der Vertragsbestimmungen der Biodiversitätskonvention heranzuziehen

[1368] Siehe hierzu: *Sdunzig*, S. 178f.

[1369] „Each contracting Party shall, directly or by requiring any natural or legal person under its jurisdiction providing the organisms referred to in para. 3 above, provide any available information about the use and safety regulations required by that Contracting Party in handling such organisms, as well as any available information on the potential adverse impact of the specific organisms concerned to the Contracting Party into which those organisms are to be introduced".

[1370] *Glowka/Burhenne-Guilmin/Synge*, A Guide to the Convention on Biological Diversity, 1994, S. 99.

ist und die Biodiversitätskonvention in Gänze prägt.

Im operativen Vertragsteil wurde das Vorsorgeprinzip zwar nicht, wie zunächst im Rahmen der Vertragsverhandlungen vorgesehen, in Form der Verpflichtung zum Ergreifen von Maßnahmen auch im Falle (noch) bestehender wissenschaftlicher Ungewissheit ausdrücklich als Vertragsbestimmung aufgenommen. Es findet aber durch Verfahrensvorschriften sowohl allgemein als auch speziell in Zusammenhang mit durch Biotechnologie hervorgebrachten LMOs – und damit auch Gene Drive-Organismen – Ausdruck, indem die Verpflichtungen nicht nur im Fall wissenschaftlich belegbarer erheblicher nachteiliger Auswirkungen auf die Erhaltung und nachhaltige Nutzung der biologischen Vielfalt gelten, sondern auch dann, wenn, wie im Fall von Gene Drive-Organismen, solche Auswirkungen nur möglich erscheinen. Allerdings sind die Vertragsparteien vor dem Hintergrund der Verhandlungshistorie und des Charakters als Rahmenkonvention beim Umgang mit Gene Drive-Organismen, die nachteilige Umweltauswirkungen haben können, lediglich zur Schaffung von Regelungen, Verfahren und Kontrollmechanismen verpflichtet und verfügen bei der Umsetzung der Vorgaben und insbesondere der inhaltlichen Ausgestaltung über einen weiten Gestaltungsspielraum.[1371]

Eine generelle Pflicht zur Unterlassung von Freisetzungsvorhaben mit Gene Drive-Organismen als Vorsorgemaßnahme lässt sich der Biodiversitätskonvention nicht entnehmen.

Umgekehrt stellt die Freisetzung von Gene Drive-Organismen trotz wissenschaftlicher Ungewissheit zur Bekämpfung oder Abmilderung von Umweltschäden, die beispielsweise durch invasive Arten hervorgerufen werden, nicht selbst eine Vorsorgemaßnahme im Sinne der Biodiversitätskonvention dar.[1372] Denn das Vorsorgeprinzip, wie es in der Biodiversitätskonvention niedergelegt ist, dient dazu, nachteilige Umweltauswirkungen oder eine nachteilige Beeinflussung der menschlichen Gesundheit, die möglicherweise mit der Vornahme bestimmter Tätigkeiten – beispielsweise der Freisetzung von Gene Drive-Organismen – einhergehen, möglichst zu verhindern; die wissenschaftliche Ungewissheit bezieht sich dabei, wie Erwägungsgrund 9 der Präambel zeigt, auf die nachteilige Beeinflussung der biologischen Vielfalt oder der menschlichen Gesundheit.[1373] Hinsichtlich der Bedrohung der biologischen Vielfalt durch invasive Arten herrscht hingegen keine wissenschaftliche Ungewissheit.

[1371] *Scheyli* spricht beispielsweise in Bezug auf Art. 8 lit. g) CBD von einem „vagen Handlungspostulat“ und weist darauf hin, dass die Biodiversitätskonvention zwar die Risiken, die mit der Nutzung und Freisetzung von biotechnologisch modifizierten Organismen zusammenhängen, wie auch einen entsprechenden Regelungsbedarf auf der Ebene der einzelnen Vertragsparteien anerkennt, aber über Art. 8 lit. g) hinaus keine entsprechenden Vorgaben enthält, *Scheyli*, ZaöRV 60 (3/4), 2000, 771 (S. 774). Eine ausführliche Auseinandersetzung mit der rechtlichen Steuerungsfähigkeit und Bestimmtheit der Vorgaben der Biodiversitätskonvention und ihrer Zusatzprotokolle findet sich bei *Sdunzig*, S. 317ff.

[1372] So hingegen *Rabitz*: „Precaution would here be understood to imply that lack of scientific certainty regarding the environmental impacts of GDOs should not stand in the way of their deliberate releases for reducing harmful impacts on biological diversity from other sources“, *Rabitz*, RECIEL 28 (3), 2018, 339 (S. 343f.).

[1373] *Beck*, S. 328.

III. Die Umsetzung des Vorsorgeprinzips in Zusammenhang mit der Freisetzung von Gene Drive-Organismen durch die Organe und Institutionen der Biodiversitätskonvention

Vor dem Hintergrund, dass die Biodiversitätskonvention vor allem Zielvorgaben und allgemeine Strukturregelungen enthält, deren Konkretisierung durch nicht verbindliche Arbeitsprogramme, Richtlinien und Schutzmaßnahmen auf nationaler Ebene erfolgt, ist für die Analyse, wie das Vorsorgeprinzip im Rahmen der Biodiversitätskonvention umgesetzt ist, eine Betrachtung der Umsetzungsmaßnahmen von maßgeblicher Bedeutung.[1374]

Nähere Ausgestaltung erfährt das Vorsorgeprinzip in Zusammenhang mit Gene Drive-Organismen durch die Arbeit der Organe und Unterorgane der Biodiversitätskonvention sowie in den Entscheidungen der Vertragsparteien im Themenbereich der synthetischen Biologie bzw. der Biosicherheit.[1375] Der Begriff der synthetischen Biologie wurde bereits auf der 10. Konferenz der Vertragsparteien im Jahr 2010 als Oberbegriff für neuartige Techniken auf dem Gebiet der Biotechnologie verwendet, auf eine Arbeitsdefinition, wonach unter synthetischer Biologie

> „eine Weiterentwicklung und neue Dimension der modernen Biotechnologie, die Wissenschaft, Technologie und Ingenieurswesen kombiniert, um das Verständnis, Design, die Umgestaltung, Herstellung und/oder Modifikation von genetischem Material, lebenden Organismen und biologischen Systemen zu erleichtern und zu beschleunigen“

zu verstehen ist, einigten sich die Vertragsparteien jedoch erst sechs Jahre später.[1376] Ausdrücklich in eine Entscheidung der Konferenz der Vertragsparteien aufgenommen wurde die Gene Drive-Technik als Anwendungsfall der synthetischen Biologie erstmals auf der 13. Konferenz der Vertragsparteien im Jahr 2016.[1377]

1. Die Organisationsstruktur der Biodiversitätskonvention

Die Hauptorgane der Biodiversitätskonvention bilden die Konferenz der Vertragsparteien und das Sekretariat, des Weiteren sind das Nebenorgan für wissenschaftliche, technische und technologische Beratung (SBSTTA), die Nebenstelle für die Umsetzung (SBI), der Clearing-House-Mechanismus sowie untergeordnete Gremien in Form von Arbeitsgruppen Teil der institutionellen Struktur.

Für die Konturierung und Umsetzung des Vorsorgeprinzips in Zusammenhang mit Freisetzungsvorhaben von Gene Drive-Organismen ist insbesondere die Positionierung der Konferenz der

[1374] Siehe hierzu: *Boyle/Redgwell*, S. 685; *Markus*, in: Internationales Umweltrecht, 477–548 (S. 495, Rn. 21).

[1375] Von besonderer Bedeutung ist die im Rahmen der 14. Konferenz der Vertragsstaaten verabschiedete und im Folgenden noch näher behandelte Entscheidung 14/19: COP, Decision 14/19, 30.11.2018, UNEP/CBD/COP/14/19, Ziff. 9ff.

[1376] COP, Decision XIII/17, 16.12.2016, UNEP/CBD/COP/DEC/XIII/17, Ziff. 4.

[1377] COP, Decision XIII/17, 16.12.2016, UNEP/CBD/COP/DEC/XIII/17, Ziff. 2.

Vertragsparteien der Biodiversitätskonvention von Bedeutung. Eine vorbereitende und unterstützende wissenschaftliche Auseinandersetzung mit der Thematik erfolgt seitens des SBSTTA sowie der technischen Ad-hoc-Expertengruppe im Bereich der synthetischen Biologie.

a. Die Konferenz der Vertragsparteien

Die Konferenz der Vertragsparteien – eine Zusammenkunft sämtlicher Vertragsstaaten der Biodiversitätskonvention – bildet das Leitungsgremium der Biodiversitätskonvention und tritt regelmäßig, derzeit alle zwei Jahre, zusammen.[1378] Die Vereinten Nationen, ihre Sonderorganisationen, weitere internationale Organisationen, Vertreter der wissenschaftlichen Gemeinschaft, Vertreter indigener und lokaler Gemeinschaften sowie Staaten die nicht Vertragsparteien sind – dies betrifft derzeit lediglich die USA – können den Sitzungen der Konferenz der Vertragsparteien als Beobachter beiwohnen.[1379]

Die Hauptaufgabe der Konferenz der Vertragsparteien besteht darin, die Durchführung des Übereinkommens über die biologische Vielfalt und insbesondere Fortschritte bei der Umsetzung der Vorgaben der Biodiversitätskonvention zu überprüfen, Arbeitsprogramme anzunehmen und politische Leitlinien zur Erreichung der vertraglich vereinbarten Ziele zu verabschieden.[1380] Insbesondere „prüft und ergreift sie im Licht der bei der Anwendung des Übereinkommens gewonnenen Erfahrung weitere Maßnahme, die zur Erreichung seiner Zwecke erforderlich sind".[1381]

Entscheidungen der Konferenz der Vertragsparteien in inhaltlichen Fragen kommen in der Regel im Wege einer Übereinkunft sämtlicher Vertragsparteien zustande[1382] und dienen als wichtige Leitlinie zur Umsetzung der vertraglichen Verpflichtungen der Biodiversitätskonvention, wenngleich sie die Vertragsparteien grundsätzlich nicht rechtlich bindend zu konkreten Handlungen verpflichten; COP-Entscheidungen kommt regelmäßig der Status von *soft law* zu.[1383] Allerdings können Entscheidungen der Vertragsparteien bei der Auslegung der Vorschriften der Biodiversitätskonvention unter bestimmten, engen Voraussetzungen als „spätere Übung bei der Anwendung des Vertrags, aus der die Übereinstimmung der Vertragsparteien über seine Auslegung hervorgeht" im Sinne des Art. 31 Abs. 3 lit. b) Wiener Vertragsrechtskonvention Rechts-

[1378] Die vertragliche Grundlage bildet Art. 23 CBD. Die Häufigkeit der Sitzungen der Konferenz der Vertragsparteien sowie die Art und Weise der Durchführung der Sitzungen lassen sich der Geschäftsordnung der Konferenz der Vertragsparteien entnehmen: COP, Decision I/1, 28.02.1995, UNEP/CBD/COP/DEC/I/1, Anhang sowie COP, Decision V/20, 22.06.2000, UNEP/CBD/COP/DEC/V/20, Anhang.

[1379] Art. 23 Abs. 5 CBD i.V.m. der Geschäftsordnung der Konferenz der Vertragsparteien, Regel 6 und 7.

[1380] Art. 23 Abs. 4 CBD.

[1381] Art. 23. Abs. 4 lit. i) CBD. Siehe hierzu näher: *Sdunzig*, S. 325.

[1382] Siehe hierzu Art. 40 Abs. 1 der Geschäftsordnung der Konferenz der Vertragsparteien, der bislang jedoch lediglich in Entwurfsform vorliegt und nicht rechtskräftig von den Vertragsparteien verabschiedet wurde. Siehe hierzu näher: *Sdunzig*, S. 189ff.

[1383] *Scott*, Jurimetrics 56 (3) 2016, 245 (S. 248); *Beck*, S. 323.

verbindlichkeit entfalten.[1384] Im Übrigen kann einer Entscheidung der COP auch als „spätere Übereinkunft zwischen den Vertragsparteien über die Auslegung des Vertrags oder die Anwendung seiner Bestimmungen" im Sinne des Art. 31 Abs. 3 lit. a) Wiener Vertragsrechtskonvention Rechtsverbindlichkeit zukommen.[1385]

b. Das Nebenorgan für wissenschaftliche, technische und technologische Beratung

Unterstützt wird die Konferenz der Vertragsparteien durch ein zwischenstaatliches wissenschaftliches Beratungsgremium, das sich aus Regierungsvertretern zusammensetzt, die über einschlägiges Fachwissen verfügen.[1386]

Dessen Aufgabe besteht ausweislich Art. 25 Abs. 1, Abs. 2 CBD insbesondere darin, wissenschaftliche, technische und technologische Gutachten zu erstellen und die Konferenz der Vertragsparteien oder andere Organe hinsichtlich der Durchführung des Übereinkommens fachlich zu beraten und Empfehlungen abzugeben, die der Konferenz der Vertragsparteien vorgelegt werden. Derartige Empfehlungen werden von der Konferenz der Vertragsparteien häufig (teils in abgeänderter Form) übernommen und als Entscheidungen beschlossen.[1387] Der SBSTTA bestimmt auf Ersuchen der Konferenz der Vertragsparteien innovative, leistungsfähige und dem Stand der Technik entsprechende Technologien und Know-how in Zusammenhang mit der Erhaltung und nachhaltigen Nutzung der biologischen Vielfalt und zeigt Möglichkeiten zur Förderung der Entwicklung solcher Technologien oder zu ihrer Weitergabe auf.[1388] Außerdem obliegt dem SBSTTA die Beantwortung wissenschaftlicher, technischer, technologischer und methodologischer Fragen, die ihm von der Konferenz der Vertragsparteien und ihren Nebenorganen vorgelegt werden.[1389]

c. Die technische Ad-Hoc Expertengruppe im Bereich der synthetischen Biologie

Wie eingangs bereits erwähnt, entschied die Konferenz der Vertragsparteien im Jahr 2014, für den Themenbereich der synthetischen Biologie eine Ad-Hoc Expertengruppe einzurichten.[1390] Derartige Ad-Hoc Gremien werden für einen begrenzten Zeitraum und ein spezifisches Mandat

---

[1384] *Sdunzig*, S. 324ff., insb. S. 337ff. Voraussetzung ist allerdings zum einen, dass aus der COP-Entscheidung ein von allen Vertragsparteien befürwortetes Auslegungsverhalten hervorgeht und zum anderen, dass der COP-Entscheidung eindeutig zu entnehmen ist, dass die Auslegung als rechtlich verbindlich angesehen werden soll, *Sdunzig*, S. 353.

[1385] *Ching/Lin*, in: Gene Drives – A report on their science, applications, social aspects, ethics and regulations, 254–328 (S. 264). In der Praxis wird in der Regel nicht zwischen Art. 31 Abs. 3 lit. a) und lit. b) WVK differenziert, *Sdunzig*, S. 357.

[1386] Art. 25 Abs. 1 CBD.

[1387] In der Praxis werden etwa 90 Prozent der Empfehlungen unverändert oder mit geringfügigen Modifikationen angenommen, *Korn*, in: 10 Jahre Übereinkommen über die biologische Vielfalt, 36–54 (S. 39).

[1388] Art. 25 Abs. 2 lit. c) CBD.

[1389] Art. 25 Abs. 2 lit. e) CBD.

[1390] COP, Decision XII/24, 17.10.2014, UNEP/CBD/COP/DEC/XII/24, Ziff. 4 i.V.m. Anhang.

eingerichtet und geben ebenfalls Empfehlungen ab.[1391]
Primäre Aufgabe der Ad-Hoc Expertengruppe zum Themenkreis der synthetischen Biologie sollte sein, die Besonderheiten biotechnologischer Techniken und Verfahren herauszuarbeiten, eine Arbeitsdefinition des Begriffs der synthetischen Biologie zu entwickeln, mögliche Vor- und Nachteile von Organismen, Bestandteilen und Produkten, die mittels Techniken der synthetischen Biologie verändert wurden, zu identifizieren und angemessene Risikoabschätzungs- und -bewältigungsstrategien zu entwickeln.[1392]

2. Die Positionierung des SBSTTA, der AHTEG im Bereich der synthetischen Biologie sowie der COP

Während das Konzept der Vorsorge zunächst lediglich allgemein im Bereich der synthetischen Biologie thematisiert wurde, erfolgt seit 2015 eine Konkretisierung ausdrücklich auch in Zusammenhang mit Gene Drive-Organismen.

a. Die Bedeutung des Vorsorgeprinzips im Bereich der synthetischen Biologie

Eine Auseinandersetzung mit der Anwendung und Umsetzung des Vorsorgeprinzips in Zusammenhang mit der synthetischen Biologie erfolgte seitens der Konferenz der Vertragsparteien erstmals im Jahr 2010. Diskutiert wurde, ob das Feld der synthetischen Biologie als „New and Emerging Issue" vermehrt in den Fokus der Arbeit der Vertragsparteien genommen werden sollte.[1393] Ausdrücklich festgehalten wurde zudem erstmals, dass bei der Freisetzung synthetisch erzeugten oder veränderten Lebens, Zellen oder Erbgut in die Umwelt der Vorsorgeansatz (precautionary approach) zur Anwendung kommen sollte.[1394] Die Entscheidung, nicht den Begriff des Vorsorgeprinzips, sondern den des Vorsorgeansatzes zu verwenden, ist dabei den mit den jeweiligen Begriffen verbundenen politischen Implikationen geschuldet und rechtlich ohne Bedeutung.[1395]
Im Jahr 2012 betonte die Konferenz der Vertragsparteien die Notwendigkeit, in Umsetzung des Vorsorgeansatzes mögliche positive und negative Auswirkungen von Bestandteilen, Organismen und Produkten, die mittels Techniken der synthetischen Biologie hergestellt oder verändert wurden, auf die Erhaltung und nachhaltige Nutzung der biologischen Vielfalt in den Blick zu nehmen; des Weiteren rief sie Vertragsparteien, aber auch andere Akteure wie internationale Organisationen oder indigene und lokale Gemeinschaften auf, im Hinblick auf mittels synthetischer Biologie hergestellte oder veränderte Bestandteile, Organismen oder Produkte, die Aus-

[1391] Art. 23 CBD i.V.m. der Geschäftsordnung der Konferenz der Vertragsparteien, Regel 26 Abs. 1; siehe hierzu: *https://www.cbd.int/convention/bodies/intro.shtml*, zuletzt aufgerufen am 31.01.2024.
[1392] COP, Decision XII/24, 17.10.2014, UNEP/CBD/COP/DEC/XII/24, Ziff. 4 i.V.m. Anhang.
[1393] COP, Decision X/13, 29.10.2010, UNEP/CBD/COP/X/13, Ziff. 4.
[1394] COP, Decision X/13, 29.10.2010, UNEP/CBD/COP/X/13, Ziff. 4.
[1395] Siehe hierzu bereits die Ausführungen in Teil 3, Kapitel 4, I.

wirkungen auf die Erhaltung und nachhaltige Nutzung der biologischen Vielfalt sowie damit zusammenhängende soziale, ökonomische und kulturelle Aspekte zusätzliche Informationen zu sammeln und zur Verfügung zu stellen.[1396] Die Vertragsparteien wurden ferner angehalten, angesichts der wissenschaftlichen Ungewissheit im Hinblick auf mögliche Auswirkungen auf die biologische Vielfalt in Einklang mit dem Vorsorgeansatz, wie er in der Präambel und Art. 14 der Biodiversitätskonvention niedergelegt ist, zu handeln und dabei innerstaatliche Rechtsvorschriften und andere einschlägige internationale Verpflichtungen zu beachten.[1397]

Angesichts der Tatsache, dass mit der Anwendung und dem Einsatz der synthetischen Biologie einhergehende nachteilige Auswirkungen auf die biologische Vielfalt und damit auf die vertraglich festgelegten Ziele nicht ausgeschlossen werden konnten, gelangte der Themenbereich der synthetischen Biologie somit zwar vermehrt in den Fokus der Vertragsparteien; allerdings erfolgte zunächst lediglich die Aufforderung zur Anwendung und Umsetzung des Vorsorgeansatzes im Bereich der synthetischen Biologie, ohne näher zu konkretisieren, was unter vorsorgendem Verhalten zu verstehen ist.

Nachdem der SBSTTA in seiner Empfehlung die Vielfalt der im Bereich der synthetischen Biologie verwendeten Techniken und die Diversität der veränderten Organismen hervorgehoben und betont hatte, dass mit der Erforschung und Anwendung der synthetischen Biologie sowohl Hoffnungen als auch Risiken für die biologische Vielfalt und die menschlichen Lebensgrundlagen verbunden sein können, beide aber derzeit nur unzureichend wissenschaftlich belegt sind[1398], einigten sich die Vertragsparteien im Rahmen der 12. Konferenz der Vertragsstaaten auf eine Grundsatzentscheidung zur synthetischen Biologie.

Die Vertragsparteien wurden aufgerufen, zur Umsetzung des Vorsorgeansatzes effektive Verfahren zur Risikoabschätzung und dem Risikomanagement vorzusehen und insbesondere die Freisetzung von Organismen, Bestandteilen oder Produkten, die mittels Techniken der synthetischen Biologie hergestellt oder verändert wurden, in Einklang mit Art. 3 CBD zu regulieren.[1399] Art. 3 CBD schreibt unter anderem die Pflicht der Vertragsparteien fest, „dafür zu sorgen, dass durch Tätigkeiten, die innerhalb ihres Hoheitsbereichs oder unter ihrer Kontrolle ausgeübt werden, der Umwelt in anderen Staaten oder in Gebieten außerhalb der nationalen Hoheitsbereiche kein Schaden zugefügt wird“. Durch frühzeitiges Tätigwerden sollen somit grenzüberschreitende Schäden so weit wie möglich verhindert werden. Als wesentlich erachtet wurde insbesondere, Feldversuche mit mittels Techniken der synthetischen Biologie veränderten Organismen in Übereinstimmung mit nationalen, regionalen und/oder internationalen Vorgaben erst im Anschluss an eine angemessene Risikoabschätzung zuzulassen[1400] und Organismen, Bestand-

[1396] COP, Decision XI/11, 05.12.2012, UNEP/CBD/COP/DEC/XI/11, Ziff. 3.
[1397] COP, Decision XI/11, 05.12.2012, UNEP/CBD/COP/DEC/XI/11, Ziff. 4.
[1398] Recommendations adopted by the SBSTTA at its Eighteenth Meeting, Recommendation XVIII/7, 28.06.2014, UNEP/CBD/COP/12/3.
[1399] COP, Decision XII/24, 17.10.2014, UNEP/CBD/COP/DEC/XII/24, Ziff. 3 lit. a).
[1400] COP, Decision XII/24, 17.10.2014, UNEP/CBD/COP/DEC/XII/24, Ziff. 3 lit. b).

teile und Produkte, die mittels Techniken der synthetischen Biologie verändert wurden, einer wissenschaftlichen Bewertung zu unterziehen.[1401] Dabei sollten die Auswirkungen auf die biologische Vielfalt, aber auch auf die menschliche Gesundheit sowie in Einklang mit nationalen Vorgaben andere Bereiche wie Nahrungsmittelsicherheit oder sozioökonomische Erwägungen berücksichtigt werden. „Soweit angemessen" sollte zudem die Beteiligung indigener und lokaler Gemeinschaften erfolgen.[1402] Die Bereitstellung von Forschungsgeldern zur Finanzierung weiterer (interdisziplinärer) Forschung betreffend die Risikoabschätzung und mögliche Auswirkungen der synthetischen Biologie auf die Erhaltung und nachhaltige Nutzung der biologischen Vielfalt sollte gefördert werden.[1403] Schließlich sollten die Vertragsparteien zusammenarbeiten und in Austausch treten, um in Entwicklungs- und Schwellenländern – insbesondere in den am wenigsten entwickelten Ländern und den kleinen Inselstaaten unter den Entwicklungsländern – institutionelle Strukturen auszubauen und zu stärken, die Methodik der Risikoabschätzung zu verbessern und die Einbeziehung der Bevölkerung in Entscheidungsprozesse zu ermöglichen.[1404]

Die Vertragsparteien erachteten somit die Risikoabschätzung und das Risikomanagement in Bezug auf Freisetzungen von mittels Techniken der synthetischen Biologie veränderten Organismen als wesentliche Bestandteile vorsorgenden Verhaltens. Die Vertragsparteien sprachen sich insbesondere dafür aus, im Vorfeld eines Freisetzungsvorhabens und damit frühzeitig eine nach den Umständen angemessene Risikoabschätzung vorzunehmen und eine Vielzahl von Aspekten in die wissenschaftliche Analyse einzustellen.

b. Die Bedeutung des Vorsorgeprinzips für die Freisetzung von Gene Drive-Organismen

Nachdem seit dem Jahr 2012 die CRISPR-Cas9-Methode als einfaches und kostengünstiges Werkzeug der Genom-Editierung immer häufiger angewendet wurde und die Forschung an Gene Drive-Organismen befeuerte, stellte die Konferenz der Vertragsparteien im Jahr 2016 ausdrücklich fest, dass die Anwendung und Umsetzung des Vorsorgeansatzes entsprechend Ziff. 3 der Entscheidung XII/24 aus dem Jahr 2014 auch in Zusammenhang mit einigen lebenden modifizierten Organismen, die Gene Drives enthalten, erfolgen könne.[1405]

Bereits im Vorfeld hatte die Ad-Hoc Expertengruppe darauf hingewiesen, dass in Zusammenhang mit synthetisch veränderten lebenden Organismen infolge der größeren Eingriffstiefe auch der Grad der wissenschaftlichen Ungewissheit ansteige und dem Vorsorgeansatz eine noch größere Bedeutung zukomme.[1406] Insbesondere die Anwendung von Gene Drive-Systemen zur

[1401] COP, Decision XII/24, 17.10.2014, UNEP/CBD/COP/DEC/XII/24, Ziff. 3 lit. c).
[1402] COP, Decision XII/24, 17.10.2014, UNEP/CBD/COP/DEC/XII/24, Ziff. 3 lit. c).
[1403] COP, Decision XII/24, 17.10.2014, UNEP/CBD/COP/DEC/XII/24, Ziff. 3 lit. d).
[1404] COP, Decision XII/24, 17.10.2014, UNEP/CBD/COP/DEC/XII/24, Ziff. 3 lit. e).
[1405] COP, Decision XIII/17, 16.12. 2016, UNEP/CBD/COP/DEC/XIII/17, Ziff. 2.
[1406] Report of the AHTEG on Synthetic Biology, 07.10.2015, UNEP/CBD/SYNBIO/AHTEG/2015/1/3, Ziff. 29.

Bekämpfung von Agrarschädlingen oder Infektionskrankheiten könne sich sowohl positiv auf die biologische Vielfalt und die menschliche Gesundheit auswirken als auch nachteilige Auswirkungen auf ganze Ökosysteme mit sich bringen.[1407] Basierend hierauf wurde seitens der Konferenz der Vertragsparteien anerkannt, dass bestehende allgemeine Grundsätze und Methoden zur Risikoabschätzung auch für mit Methoden der synthetischen Biologie hergestellte oder veränderte LMOs Anwendung finden können, allerdings gegebenenfalls eine Anpassung erforderlich ist.[1408] Dem der Biodiversitätskonvention eigenen, umfassenden Ansatz wurde Ausdruck verliehen, indem die Vertragsparteien aufgerufen wurden, bei der Ermittlung möglicher positiver und negativer Auswirkungen von Organismen, Bestandteilen oder Produkten, die mittels Techniken der synthetischen Biologie verändert oder hergestellt wurden, in Einklang mit nationalen Regelungen auch sozioökonomische, kulturelle und ethische Aspekte einzubeziehen.[1409]
Die Ad-Hoc Expertengruppe nahm im Jahr 2017 ausdrücklich zur Kenntnis, dass Gene Drive-Systeme in einer Vielzahl von Organismen, unter anderem Insekten und Nagetiere, entwickelt werden und insbesondere in Zusammenhang mit Gene Drive-Organismen mögliche Vorteile, aber auch mögliche nachteilige Auswirkungen auf Ökosysteme genauerer Betrachtung bedürfen.[1410] Die Expertengruppe sprach sich für weitergehende Forschung und die Entwicklung von Leitlinien im Vorfeld etwaiger Freisetzungsvorhaben mit Gene Drive-Organismen und eine Anwendung des Vorsorgeansatzes aus:

„[...] while there could be potential benefits to the development of such organisms, it was noted that additional research and guidance were needed before any organism containing engineered gene drives could be considered for release into the environment, including into lands and territories of indigenous peoples and local communities. [...] Given the current uncertainties regarding engineered gene drives, a precautionary approach and cooperation with all countries and stakeholders that could be affected, taking into account the need for the free, prior and informed consent of indigenous peoples and local communities, might be warranted in the development and release of organisms containing engineered gene drives, including experimental releases, in order to avoid potential significant and irreversible adverse effects to biodiversity".[1411]

Zudem betonte die Expertengruppe, dass die Methoden zur Risikoabschätzung infolge mangelnder Erfahrung und der Komplexität möglicher Auswirkungen möglicherweise nicht geeignet sind, die mit der Freisetzung von Gene Drive-Organismen einhergehenden Risiken ausreichend zu erfassen und plädierte für die Entwicklung von Leitlinien zur Durchführung einer Risikoabschätzung.[1412]

[1407]Report of the AHTEG on Synthetic Biology, 07.10.2015, UNEP/CBD/SYNBIO/AHTEG/2015/1/3, Ziff. 52.
[1408]COP, Decision XIII/17, 16.12.2016, UNEP/CBD/COP/DEC/XIII/17, Ziff. 6.
[1409]COP, Decision XIII/17, 16.12.2016, UNEP/CBD/COP/DEC/XIII/17, Ziff. 8.
[1410]Report of the AHTEG on Synthetic Biology, 09.12.2017, UNEP/CBD/SYNBIO/AHTEG/2017/1/3, Ziff. 15 lit. d) und Ziff. 17.
[1411]Report of the AHTEG on Synthetic Biology, 09.12.2017, UNEP/CBD/SYNBIO/AHTEG/2017/1/3, Ziff. 25.
[1412]Report of the AHTEG on Synthetic Biology, 09.12.2017, UNEP/CBD/SYNBIO/AHTEG/2017/1/3, Ziff. 44.

Während die Konferenz der Vertragsparteien die Bedeutung des Vorsorgeansatzes zwar wiederholt betont hatte und auch die Erforschung und der Einsatz von Gene Drive-Systemen thematisiert worden war, wurden auf der 14. Konferenz der Vertragsparteien basierend auf der Empfehlung der AHTEG erstmals konkrete Vorgaben für einen am Vorsorgeprinzip ausgerichteten Umgang mit Gene Drive-Organismen verabschiedet. Anstoß gaben die seitens des Projekts Target Malaria geplanten Experimente zur Freisetzung gentechnisch veränderter, steriler Mücken in Burkina Faso, die als wichtiger Schritt auf dem Weg zu einer Entwicklung von Gene Drive-Mücken angesehen wurden[1413] und unter den Vertragsparteien der Biodiversitätskonvention eine Diskussion darüber entfachten, ob insoweit ein Moratorium erlassen werden sollte.[1414] Während einige Staaten den Erlass eines Moratoriums befürworteten, sprachen sich insbesondere zahlreiche afrikanische Länder gegen ein solches aus. Bereits im Rahmen der Empfehlung des SBSTTA herrschte Uneinigkeit dahingehend, ob in Einklang mit dem Vorsorgeansatz angesichts der bestehenden Ungewissheiten von Freisetzungsvorhaben abgesehen werden sollte.[1415] Einigkeit unter den Vertragsstaaten konnte schließlich dahingehend erzielt werden, dass vor dem Hintergrund möglicher nachteiliger Auswirkungen von Gene Drive-Organismen im Vorfeld einer Freisetzung weitere Forschung sowie wissenschaftliche Analysen erforderlich sind und zudem spezifische Leitlinien für die Durchführung einer Risikoabschätzung im Einzelfall notwendig sind.[1416] Ziffer 11 der Entscheidung enthält Vorgaben zur Anwendung und Umsetzung des Vorsorgeprinzips in Zusammenhang mit Gene Drive-Organismen:

„*Calls upon* Parties and other Governments, taking into account the current uncertainties regarding engineered gene drives, to apply a precautionary approach, in accordance with the objectives of the Convention, and *also calls* upon Parties and other Governments to only consider introducing organisms containing engineered gene drives to the environment, including for experimental releases and research and development purposes, when:

(a) Scientifically sound case-by-case risk assessments have been carried out;

(b) Risk management measures are in place to avoid or minimize potential adverse effects, as appropriate;

(c) Where appropriate the „prior and informed consent“, the „free, prior and informed consent“ or „approval and involvement“ of potentially affected indigenous peoples and local communities is sought or obtained, where applicable in accordance with national circumstances and legislation;“.[1417]

Die Vertragsparteien, andere Staaten sowie Organisationen wurden ferner aufgerufen, Informa-

[1413] Siehe hierzu: *Swetlitz/STAT*, Researcher to Release Genetically Engineered Mosquitoes in Africa for the First time, Scientific American, 05.09.2018, abrufbar unter: *https://www.scientificamerican.com/article/researchers-to-release-genetically-engineered-mosquitoes-in-africa-for-first-time/*, zuletzt aufgerufen am 31.01.2024.

[1414] *Vöneky*, in: Diskussionspapier zur wissenschaftlichen Bedeutung der Genom-Editierung und zu den potentiell damit verbundenen ethischen, rechtlichen und gesellschaftlichen Fragen, 19–26 (S. 23).

[1415] Recommendations adopted by the SBSTTA at its Twenty-Second Meeting, Recommendation 22/3, 07.07.2018, UNEP/CBD/SBSTTA/REC/22/3, Ziff. 10.

[1416] COP, Decision 14/19, 30.11.2018, UNEP/CBD/COP/DEC/14/19, Ziff. 9.

[1417] COP, Decision 14/19, 30.11.2018, UNEP/CBD/COP/DEC/14/19, Ziff. 11.

tionen hinsichtlich der Durchführung von Risikoabschätzungen in Zusammenhang mit Gene Drive-Organismen auszutauschen.[1418]

Zwar erzielten die Vertragsparteien keine Einigung dahingehend, dass angesichts der mit einer Freisetzung von Gene Drive-Organismen möglicherweise verbundenen nachteiligen Auswirkungen auf die biologische Vielfalt und damit die Ziele der Biodiversitätskonvention einzig ein Moratorium eine taugliche Vorsorgemaßnahme darstellt.[1419]

Allerdings wurden die Vertragsparteien aufgerufen, von jedem Freisetzungsvorhaben, unabhängig davon, ob dieses zu Forschungszwecken, experimentellen Zwecken oder sonstigen Zwecken vorgenommen werden soll, abzusehen, sofern nicht drei näher spezifizierte Voraussetzungen erfüllt sind. Zunächst ist im Vorfeld eines Freisetzungsvorhabens eine wissenschaftliche, auf den Einzelfall zugeschnittene Risikoabschätzung durchzuführen. Um mögliche nachteilige Auswirkungen zu verhindern oder soweit wie möglich zu verringern, müssen zweitens, soweit angemessen, ausreichende Maßnahmen zu Risikobewältigung vorgesehen sein. Drittens soll, soweit angemessen und in Einklang mit nationalen Gegebenheiten und nationaler Gesetzgebung, die freie und informierte Zustimmung, die freie, vorherige und informierte Zustimmung oder die im Anschluss an eine Beteiligung zu erteilende Genehmigung möglicherweise betroffener indigener Völker und lokaler Gemeinschaften eingeholt werden; die Vertragsparteien empfahlen somit einige Kriterien für eine gültige Zustimmung.[1420] Die Vertragsparteien verwiesen in diesem Zusammenhang auf die Entscheidung XIII/18, in deren Anhang die *Mo'otz Kuxtal Leitlinien* zur Einbeziehung indigener und lokaler Gemeinschaften enthalten waren und brachten damit zum Ausdruck, dass diese auch für die Umsetzung des Vorsorgeansatzes in Zusammenhang mit Gene Drives herangezogen werden sollen.[1421] „Frei" ist die Zustimmung ausweislich Ziff. 7 lit. a) der Leitlinien, wenn indigene Völker und lokale Gemeinschaften nicht unter Druck gesetzt, eingeschüchtert, manipuliert oder beeinflusst werden und ihre Zustimmung ohne Zwang erfolgt. Eine „vorherige" Zustimmung erfordert, dass diese ausreichend im Vorfeld der Vornahme einer Tätigkeit erfolgt und dem Entscheidungsprozess entsprechend der Gewohnheiten und Erfordernisse der indigenen Völker oder lokalen Gemeinschaften genügend Zeit eingeräumt wird, Ziff. 7 lit. b). „Informiert" erfolgt die Zustimmung, wenn sämtliche entscheidungsrele-

1418 „*Also calls upon* Parties, other Governments and relevant organizations to continue to disseminate information and share, especially through the clearing-house mechanisms of the Convention and the Biosafety Clearing-House, their experiences on scientific assessments of the potential benefits and potential adverse impacts of synthetic biology to biological diversity, including, inter alia, that of specific applications of organisms containing engineered gene drives, and from the use of living modified organisms that have been released into the environment", COP, Decision 14/19, 30.11.2018, UNEP/CBD/COP/DEC/14/19, Ziff. 13.

1419 Die Formulierung, von Freisetzungsvorhaben mit Gene Drive-Organismen abzusehen, fand unter den Vertragsparteien keine einhellige Zustimmung, *Ching/Lin*, in: Gene Drives – A report on their science, applications, social aspects, ethics and regulations, 254–328 (S. 261).

1420 *Vöneky*, in: Diskussionspapier zur wissenschaftlichen Bedeutung der Genom-Editierung und zu den potentiell damit verbundenen ethischen, rechtlichen und gesellschaftlichen Fragen, 19–26 (S. 23).

1421 COP, Decision XIII/18, 17.12.2016, UNEP/CBD/COP/DEC/XIII/18, Anhang.

vante Informationen zur Verfügung gestellt werden, Ziff. 7 lit. c).[1422] Von einer „Zustimmung" oder „Genehmigung" ist auszugehen, wenn die indigene oder lokale Gemeinschaft oder die von diesen bestimmte Autoritätsperson mit der Durchführung einverstanden ist, Ziff. 7 lit. d). „Beteiligung" meint schließlich die effektive Beteiligung indigener und lokaler Gemeinschaften am Entscheidungsprozess, Ziff. 7 lit. e). Ob im Einzelfall die freie und informierte Zustimmung, die freie, vorherige und informierte Zustimmung oder die Genehmigung und Beteiligung vorgesehen wird, ist von jeder Vertragspartei zu bestimmen. In jedem Fall soll aber die Einbeziehung in den Entscheidungsprozess von Respekt für indigene und lokale Gemeinschaften getragen sein und den jeweiligen Gewohnheiten, Praktiken und Traditionen ausreichend Rechnung tragen.[1423] Abgeschwächt werden die Kriterien dadurch, dass Maßnahmen zur Risikobewältigung nur „soweit angemessen" vorgesehen sein müssen und auch die Zustimmung oder Genehmigung potentiell betroffener indigener Völker und lokaler Gemeinschaften nur „soweit angemessen" und in Einklang mit den nationalen Vorgaben einzuholen ist – den Vertragsparteien wird hierdurch ein weiter Gestaltungsspielraum eröffnet. Zudem einigten sich die Vertragsparteien darauf, dass eine einzelfallbezogene Risikoabschätzung durchzuführen ist, ohne aber zugleich festzulegen, dass die Entscheidung über eine Freisetzung von Gene Drive-Organismen am Ergebnis der Risikoabschätzung auszurichten ist.

c. Zwischenergebnis

Die Vertragsstaaten der Biodiversitätskonvention sprechen sich damit in Zusammenhang mit Gene Drive-Organismen als einer Anwendung der synthetischen Biologie seit einigen Jahren für eine Anwendung und Umsetzung des Vorsorgeprinzips aus.[1424]

Dabei wird seitens der Vertragsparteien drei Themenkomplexen maßgebliche Bedeutung zugemessen: der Vornahme einer fundierten wissenschaftlichen Risikoabschätzung, der Schaffung geeigneter Risikobewältigungsstrategien und der Beteiligung indigener Gemeinschaften und der lokalen Bevölkerung.

Zwar sind diese Themenkomplexe, wie oben erläutert, auch bereits Gegenstand der vertraglichen Vorgaben der Biodiversitätskonvention, die der Umsetzung des Vorsorgeprinzips dienen, allerdings gehen die von den Vertragsparteien im Rahmen der Entscheidung 14/19 getroffenen Vorgaben, die zwar nicht unmittelbar rechtliche, aber jedenfalls politische Bindungswirkung entfalten[1425], teilweise über die vertraglichen Vorgaben hinaus. Während nach Art. 14 Abs. 1

[1422] Hierzu sind die indigenen und lokalen Gemeinschaften über den Zweck, die Dauer und räumliche Ausbreitung, die Ergebnisse einer vorherigen Einschätzung wahrscheinlicher wirtschaftlicher, sozialer, kultureller und umweltbezogener Auswirkungen und potentielle Risiken und das für die Durchführung bereitgestellte Personal in Kenntnis zu setzen.

[1423] Ziff. 8 der *Mo'otz Kuxtal Leitlinien*.

[1424] Zuletzt erfolgte ein Aufruf zur Verfolgung des Vorsorgeansatzes in Zusammenhang mit Gene Drive-Organismen auf der 15. Konferenz der Vertragsparteien: COP, Decision 15/31, 19.12.2022, UNEP/CBD/COP/DEC/15/31.

[1425] Siehe hierzu: *Beck*, S. 325.

lit. a) CBD den Vertragsparteien ein weiter Gestaltungsspielraum dahingehend zukommt, welche Vorhaben Regelungen einer Umweltverträglichkeitsprüfung zu unterwerfen sind, sprachen sich die Vertragsparteien im Hinblick auf Freisetzungsvorhaben mit Gene Drive-Organismen ausdrücklich für die Vornahme einer vorherigen einzelfallabhängigen Risikoabschätzung aus. Zudem ist zwar in Art. 14 Abs. 1 lit. a) CBD eine Beteiligung der Öffentlichkeit im Rahmen der Umweltverträglichkeitsprüfung vorgesehen, zusätzlich sind die Vertragsparteien in Art. 8 lit. j) CBD aufgerufen, in Einklang mit der nationalen Gesetzgebung das Wissen und die Praktiken indigener und lokaler Gemeinschaften, die für die Erhaltung und nachhaltige Nutzung der biologischen Vielfalt von Bedeutung sind, zu respektieren, zu schützen und zu bewahren, allerdings gehen die von den Vertragsparteien im Hinblick auf Freisetzungsvorhaben mit Gene Drive-Organismen vorgesehenen Maßnahmen zur Öffentlichkeitsbeteiligung darüber hinaus, indem die möglicherweise betroffene lokale Bevölkerung und möglicherweise betroffene indigene Gemeinschaften nicht lediglich beteiligt werden sollen, sondern die Vertragsparteien, wenngleich ebenfalls nur „soweit angemessen“ und in Einklang mit den jeweiligen nationalen Vorgaben, deren Zustimmung einzuholen haben. Lediglich im Hinblick auf die Vornahme von Risikomanagementmaßnahmen besteht ein Gleichlauf mit den Vorgaben des Art. 8 lit. g) CBD bzw. bleiben die im Rahmen der Entscheidung 14/19 getroffenen Vorgaben angesichts der Formulierung „soweit angemessen“ hinter der vertraglichen Vorgabe des Art. 8 lit. g) CBD zurück. Festzuhalten ist, dass die Vertragsparteien in Umsetzung des Vorsorgeprinzips nicht dazu aufgefordert werden, Freisetzungsvorhaben mit Gene Drive-Organismen angesichts der wissenschaftlichen Ungewissheiten zu unterlassen.[1426] Die Vertragsparteien haben auch nicht zumindest so lange von Freisetzungsvorhaben abzusehen, bis die mit einem Freisetzungsvorhaben einhergehenden Risiken für die biologische Vielfalt gesichert abgeschätzt werden können, also bezifferbar sind oder auf internationaler Ebene verbindliche Regelungen zu Freisetzungsvorhaben mit Gene Drive-Organismen geschaffen wurden. Allerdings formulierten die Vertragsparteien gewisse, wenn auch im Einzelnen einem weiten Gestaltungsspielraum unterliegende Voraussetzungen, die erfüllt sein müssen, um eine Freisetzung von Gene Drive-Organismen – unabhängig davon, ob die Freisetzung lediglich zu Forschungszwecken erfolgt – vornehmen zu können[1427]:

„[...] and *also calls* upon Parties and other Governments to only consider introducing organisms containing engineered gene drives into the environment, including for experimental releases and research and development purposes, when: [...];“.[1428]

[1426] Demgegenüber wurden die Vertragsparteien beispielsweise im Hinblick auf Geoenigeering-Aktivitäten, die sich nachteilig auf die Erhaltung der biologischen Vielfalt auswirken können, angehalten, diese in Einklang mit dem Vorsorgeansatz zu unterlassen, solange keine angemessene wissenschaftliche Grundlage besteht, auf Basis derer die Aktivitäten vorgenommen werden und die hiermit verbundenen Risiken für die Biodiversität sowie soziale, ökonomische und kulturelle Auswirkungen abgeschätzt werden können, COP, Decision X/33, 29.10.2010, UNEP/CBD/COP/DEC/X/33, Ziff. 8 (w).

[1427] So auch: *Rabitz*, RECIEL 28 (3), 2018, 339 (S. 343); *Beck*, S. 346.

Wenngleich die substantiellen Vorgaben, wie vorsorgendes Verhalten angesichts der risikobehafteten Gene Drive-Technik gestaltet werden kann, eher schwach ausfallen[1429] und den Vertragsparteien ein weiter Gestaltungsspielraum zugestanden wird, haben die Vertragsparteien die Vorgaben, die in den vertraglichen Regelungen der Biodiversitätskonvention zur Umsetzung des Vorsorgeprinzips angelegt und enthalten sind, jedenfalls näher konkretisiert.

[1428] COP, Decision 14/19, 30.11.2018, UNEP/CBD/COP/DEC/14/19, Ziff. 11.

[1429] So auch: *Scott*, Jurimetrics 56 (3) 2016, 245 (S. 259).

Kapitel 3: Das Vorsorgeprinzip im Rahmen des Cartagena-Protokolls

Nachdem sich die Vertragsparteien im Rahmen der Verhandlungen zur Biodiversitätskonvention in Art. 19 Abs. 3 CBD darauf verständigten, die Notwendigkeit und die näheren Einzelheiten eines Protokolls über geeignete Verfahren im Bereich der sicheren Weitergabe, Handhabung und Verwendung der durch Biotechnologie hervorgebrachten lebenden modifizierten Organismen, die nachteilige Auswirkungen auf die Erhaltung und nachhaltige Nutzung der biologischen Vielfalt haben können, zu prüfen, wurde auf Grundlage von Art. 23 Abs. 4 lit. c) CBD und Art. 28 CBD im Rahmen eines außerordentlichen Treffens der Vertragsparteien der Biodiversitätskonvention das Cartagena-Protokoll verabschiedet.[1430]
Ausweislich Art. 1 ist dessen erklärtes Ziel,

> „In Einklang mit dem Vorsorgeprinzip in Prinzip 15 der Erklärung von Rio über Umwelt und Entwicklung [...] zur Sicherstellung eines angemessenen Schutzniveaus bei der sicheren Weitergabe, Handhabung und Verwendung der durch moderne Biotechnologie hervorgebrachten LMOs, die nachteilige Auswirkungen auf die Erhaltung und nachhaltige Nutzung der biologischen Vielfalt haben können, beizutragen, wobei auch Risiken für die menschliche Gesundheit zu berücksichtigen sind und ein Schwerpunkt auf der grenzüberschreitenden Verbringung liegt".

Hauptziel des Cartagena-Protokolls ist somit der sichere grenzüberschreitende Umgang mit lebenden modifizierten Organismen und vor allem die Verringerung potentieller Risiken bei Import und Export.[1431]
Neben der Biodiversitätskonvention stellt das Cartagena-Protokoll damit ein wichtiges Forum für die Regulierung neuer Entwicklungen der Biotechnologie und für die Auseinandersetzung der internationalen Gemeinschaft mit der Frage, wie mit der Gene Drive-Technik umgegangen werden soll, dar. Im Jahr 2018 beschäftigte sich die 9. Konferenz der Vertragsparteien des Cartagena-Protokolls (COP-MOP) im Rahmen der Weiterentwicklung und Anpassung von Risikoabschätzung und -management erstmals explizit mit der Gene Drive-Technik. Betont wurde, dass bei der Anwendung der Gene Drive-Technik negative Auswirkungen möglich sind, im Vorfeld einer Freisetzung von Gene Drive-Organismen weitere Forschung und Analysen erforderlich sind und im Hinblick auf die Durchführung einer einzelfallbezogenen Risikoabschätzung spezifische Leitlinien nützlich sein können.[1432] Ferner wurde eine AHTEG mit dem Auftrag eingesetzt, zu analysieren, inwieweit die bisher erarbeiteten Leitlinien für die Risikoabschätzung die in Zusammenhang mit Gene Drive-Organismen auftretenden Besonderheiten angemessen erfassen bzw. inwieweit eine Anpassungen oder Fortentwicklung der bestehenden

---

1430 Report of the Extraordinary Meeting of the Conference of the Parties for the Adoption of the Protocol on Biosafety to the Convention on Biological Diversity, UNEP/CBD/ExCOP/1/3, 20.02.2000, S. 42ff.

1431 *Scheyli*, ZaöRV 60 (3/4), 2000, 771 (S. 775); *Sdunzig*, S. 242. Daneben enthält es in Art. 17 CP Vorgaben für den Fall einer unabsichtlichen grenzüberschreitenden Verbringung.

1432 COP-MOP, Decision CP-9/13, 30.11.2018, UNEP/CBD/BS/COP-MOP/DEC/9/13, Ziff. 3.

© Der/die Autor(en), exklusiv lizenziert an
Springer Fachmedien Wiesbaden GmbH, ein Teil von Springer Nature 2026
I. Albrecht, *Das Vorsorgeprinzip in Zusammenhang mit der absichtlichen Freisetzung von mittels Gene Drive gentechnisch veränderten Organismen*,
https://doi.org/10.1007/978-3-658-50876-0_13

Leitlinien erforderlich ist.[1433] Auf der folgenden 10. Vertragsstaatenkonferenz wurde entschieden, zur Unterstützung der Durchführung von Risikoabschätzungen in Bezug auf Gene Drive-Organismen Leitlinien zu entwickeln.[1434]
Angesichts dessen, dass das Cartagena-Protokoll als „the first international, legally-binding instrument that provides a far-reaching definition of the application of the Precautionary Principle"[1435] bezeichnet und als „the most advanced expression of the precautionary principle in any international agreement"[1436] sowie „t h e central global environmental agreement with regard to the precautionary approach"[1437] angesehen wird, soll im Folgenden untersucht werden, wie das Vorsorgeprinzip im Cartagena-Protokoll vertraglich ausgestaltet ist, bislang durch die Organe des Cargena-Protokolls Umsetzung erfahren hat und welche Vorgaben sich für die Freisetzung von Gene Drive-Organismen ableiten lassen.

I. Die Anwendbarkeit des Cartagena-Protokolls in Zusammenhang mit Gene Drive-Organismen

Auch das Cartagena-Protokoll enthält Vorgaben für den Umgang mit Gene Drive-Organismen lediglich, soweit dessen Anwendungsbereich eröffnet ist.

1. Sachlicher Anwendungsbereich

Ausweislich Art. 4 CP finden die Vorgaben des Protokolls Anwendung auf

> „die grenzüberschreitende Verbringung, Durchfuhr, die Handhabung und Verwendung aller lebenden veränderten Organismen, die nachteilige Auswirkungen auf die Erhaltung und nachhaltige Nutzung der biologischen Vielfalt haben können, wobei auch Risiken für die menschliche Gesundheit zu berücksichtigen sind."[1438]

Art. 3 lit. h) CP definiert als „lebenden Organismus" jede biologische Einheit, die genetisches Material[1439] übertragen oder vervielfältigen kann, einschließlich steriler Organismen, Viren und

[1433] COP-MOP, Decision CP-9/13, 30.11.2018, UNEP/CBD/BS/COP-MOP/DEC/9/13, Ziff. 8 i.V.m. Anlage II.
[1434] COP-MOP, Decision CP-10/10, 19.12.2022, UNEP/CBD/CP/MOP/DEC/10/10, Ziff. 5.
[1435] *Meyer*, in: Biosafety First – Holistic Approaches to Risk and Uncertainty in Genetic Engineering and Genetically Modified Organisms, 469–482 (S. 478).
[1436] *de Sadeleer*, Environmental Principles – From Political Slogans to Legal Rules, S. 98.
[1437] *Böckenförde*, ZaöRV 63 2003, 313 (S. 314f.).
[1438] Während die Mehrheit der Entwicklungsländer im Rahmen der Vertragsverhandlungen für einen weiten Anwendungsbereich plädierte, sprachen sich vor allem die Industriestaaten dafür aus, nicht sämtliche LMOs in den Anwendungsbereich des Cartagena-Protokolls einzubeziehen, *Gupta*, Environment: Science and Policy for Sustainable Development 42 (4) 2000, 22 (S. 27); *MacKenzie* u. a., S. 53.
[1439] Was unter „genetischem Material" zu verstehen ist, definiert das Cartagena-Protokoll selbst nicht, allerdings ist hierunter gem. Art. 2 CBD „jedes Material pflanzlichen, tierischen, mikrobiellen oder sonstigen Ursprungs, das funktionale Erbeinheiten enthält" zu verstehen. Im Kontext des Art. 3 lit. h) CP wird der Begriff in einer Weise verwendet, der mit der Definition des Art. 2 CBD übereinstimmt, sich aber speziell auf Nukleinsäuren bezieht, die genetische Informationen enthalten, *MacKenzie* u. a., S. 43.

Viroiden. Bei sämtlichen mittels der Gene Drive-Technik veränderten Organismen handelt es sich um lebende Organismen im Sinne des Cartagena-Protokolls, da selbst sterile Organismen von der Begriffsdefinition umfasst sind.

Unter einem „lebenden veränderten Organismus“ (LMO) ist gem. Art. 3 lit. g) CP jeder lebende Organismus zu verstehen, der eine neuartige Kombination genetischen Materials aufweist, die durch die Nutzung der modernen Biotechnologie erzielt wurde. Von einer „neuartigen Kombination genetischen Materials“ ist nach der gewöhnlichen Wortbedeutung und vor dem Hintergrund von Sinn und Zweck des Cartagena-Protokolls auszugehen, wenn das Genom eines Organismus eine bislang nicht vorhandene Kombination genetischen Materials aufweist.[1440] Dies ist der Fall, wenn lediglich ein einziges Nukleotid in einer Nukleotidsequenz abweicht, und erst recht, wenn ganze Gene, die aus einer Vielzahl von Nukleotiden bestehen, eingefügt oder entfernt werden.[1441] Unter „moderner Biotechnologie“ ist nach Art. 3 lit. i) a) CP die Anwendung von In-vitro-Nukleinsäure-Techniken, einschließlich rekombinanter Desoxyribonukleinsäure (DNA) und der Direkteinspritzung von Nukleinsäure in Zellen oder Organellen, zu verstehen, wodurch natürliche physiologische Grenzen für die Vermehrung oder Rekombination überschritten werden, sofern dies keine Techniken sind, die bei der herkömmlichen Zucht und Auswahl eingesetzt werden. Rekombinante DNA meint ein zunächst aus einem Organismus isoliertes und sodann verändertes oder künstlich erzeugtes DNA-Molekül. Bei der rekombinanten DNA-Technik wird das Erbgut somit außerhalb des betreffenden Organismus (*in vitro*) mittels gentechnischer Methoden verändert, um anschließend in einen Zielorganismus eingebracht zu werden. Da bei allen Gene Drive-Organismen mittels molekularer Techniken Fremdgene künstlich in das Genom des Zielorganismus eingebracht werden und dadurch jeweils eine Kombination genetischen Materials entsteht, wie sie unter natürlichen Bedingungen nicht vorkommt[1442], sind alle lebenden Organismen, deren Genom mithilfe der Gene Drive-Technik verändert wird, LMOs im Sinne des Cartagena-Protokolls.[1443] Denn das Erbgut jedes Gene Drive-Organismus enthält neben der beabsichtigten genetischen Veränderung einen Mechanismus, der dazu führt, dass sich die genetische Veränderung bevorzugt vererbt.

Zwar wird teilweise die Auffassung vertreten, Nachkommen einmal freigesetzter Gene Drive-Organismen seien keine Organismen im Sinne des Art. 3 lit. g) CP und nicht vom Anwendungsbereich des Cartagena-Protokolls erfasst, da keine natürlichen physiologischen Reproduktions- oder Rekombinationsbarrieren überwunden werden und eine neuartige Kombination geneti-

[1440] *MacKenzie* u. a., S. 45.
[1441] *MacKenzie* u. a., S. 46.
[1442] Siehe hierzu die Ausführungen in Teil 2, Kapitel 1, I, 3.
[1443] So auch die Einschätzung der im Jahr 2014 eingesetzten AHTEG: Report of the Ad Hoc Technical Expert Group on Synthetic Biology, 09.12.2017, CBD/SYNBIO/AHTEG/2017/1/3, Ziff. 28. Siehe ferner: *Vöneky*, in: Deutschland und die Welt 2030, 265–273 (S. 267); *Gruber/Sommer*, in: Genome Editing – Interdisziplinäre Technikfolgenabschätzung, 259–312 (S. 306); *Ching/Lin*, in: Gene Drives – A report on their science, applications, social aspects, ethics and regulations, 254–328 (S. 267); *Schreiber*, S. 193.

schen Materials folglich nicht durch die Nutzung der modernen Biotechnologie erzielt werde.[1444] Denn die genetische Veränderung werde im Wege der natürlichen Reproduktion an die nachfolgende Generation weitergegeben, bei den mittels Gene Drive hervorgerufenen Veränderungen des Genoms handle es sich zudem um Veränderungen, die auch natürlicherweise entstehen können.[1445] Übersehen wird hierbei jedoch, dass nicht nur eine bestimmte genetische Veränderung, die gegebenenfalls auch natürlicherweise entstehen könnte, an die nachfolgende Generation weitergegeben wird, sondern der Drive-Mechanismus selbst, der für die beschleunigte Vererbung eines Merkmals sorgt und der so natürlicherweise nicht vorkommt.[1446] Dieser Mechanismus sorgt dafür, dass in jedem Organismus entweder weitere Kopien eines DNA-Abschnitts im Genom angefertigt werden oder vorwiegend eine bestimmte Ausprägung eines Gens auf die Nachkommen übertragen wird und andere, davon abweichende Ausprägungen des betreffenden Gens zerstört werden oder deren Übertragung auf die nachfolgenden Generationen verhindert wird – es werden gerade natürliche Reproduktions- bzw. Rekombinationsbarrieren überwunden.[1447] Hinzu kommt, dass jeder Organismus, auf den die neuartige Kombination genetischen Materials, die ursprünglich durch die Nutzung moderner Biotechnologie hervorgerufen wurde, anschließend – im Wege der natürlichen Reproduktion – übertragen wird, unter den Begriff des lebenden modifizierten Organismus fällt.[1448] Nicht um LMOs im Sinne des Art. 3 lit. g) CP handelt es sich hingegen, wenn im Falle von Resistenzbildungen das Drive-System nicht auf sämtliche Nachkommen übertragen wird[1449] und daher einige Nachkommen die genetische Veränderung und den Drive-Mechanismus nicht tragen.[1450]

Wie bereits dargestellt, können Gene Drive-Organismen nachteilige Auswirkungen auf die Erhaltung und nachhaltige Nutzung der biologischen Vielfalt haben und Risiken für die menschliche Gesundheit hervorrufen.[1451]

Vom Anwendungsbereich des Cartagena-Protokolls erfasst sind vier Tätigkeiten in Zusammenhang mit LMOs: die grenzüberschreitende Verbringung, die Durchfuhr, die Handhabung sowie die Verwendung. Während der Begriff der grenzüberschreitenden Verbringung in Art. 3 lit. k)

[1444] *Rabitz*, RECIEL 28 (3), 2018, 339 (S. 345). Von einer natürlichen physiologischen Grenze ist auszugehen, wenn ein Austausch genetischen Materials normalerweise nicht möglich wäre, indem beispielsweise die Befruchtung verhindert würde oder der Embryo nicht überlebensfähig ist, *MacKenzie* u. a., S. 50. Der Begriff der natürlichen Reproduktionsbarriere erfasst Mechanismen, wie beispielsweise die geographische oder zeitliche Trennung, die einen Austausch genetischen Materials verhindern, während eine natürliche Rekombinationsbarriere gegeben ist, wenn unter normalen Umständen eine derartige Rekombination nicht möglich wäre, *MacKenzie* u. a., S. 50.

[1445] *Rabitz*, RECIEL 28 (3), 2018, 339 (S. 345).

[1446] Siehe hierzu die Ausführungen in Teil 2, Kapitel 1, I, 3, e.

[1447] *Beck*, S. 149.

[1448] *MacKenzie* u. a., S. 46.

[1449] Siehe hierzu näher die Ausführungen in Teil 2, Kapitel 1, III, 1.

[1450] *Rabitz*, RECIEL 28 (3), 2018, 339 (S. 345). *Beck* schlägt insoweit vor, für alle Nachkommen von Gene Drive-Organismen zu vermuten, dass es sich um LMOs im Sinne des Cartagena-Protokolls handelt, solange nicht nachgewiesen ist, dass das Erbgut des Organismus nicht mittels eines Gene Drive verändert ist, *Beck*, S. 149.

[1451] Siehe hierzu die Ausführungen in Teil 4, Kapitel 1, I, 1, a und b.

CP definiert ist und „die Verbringung eines LMO aus dem Gebiet einer Vertragspartei in dasjenige einer anderen Vertragspartei" bzw. im Anwendungsbereich der Art. 17 und 24 CP auch „die Verbringung zwischen Vertragsparteien und Nichtvertragsparteien" erfasst, sind die Begriffe der Durchfuhr, der Handhabung und der Verwendung im Cartagena-Protokoll nicht definiert. Durchfuhr bezeichnet nach der gewöhnlichen Wortbedeutung und in Einklang mit dem Ziel und Zweck des Cartagena-Protokolls die vorübergehende Durchreise eines LMO durch das Gebiet eines oder mehrerer Staaten.[1452] Die gewöhnliche Bedeutung des Begriffs Handhabung meint manuelle oder mechanische Verfahren oder Methoden, mittels derer LMOs bewegt, getragen, transportiert, geliefert oder bearbeitet werden, von einer Verwendung ist bei jedem Vorgang auszugehen, bei dem LMOs genutzt werden.[1453]

In den sachlichen Anwendungsbereich des Cartagena-Protokolls fällt damit die Verbringung von Gene Drive-Organismen in das Gebiet einer anderen Vertragspartei bzw. in das von Nichtvertragsparteien, die Durchfuhr von Gene Drive-Organismen durch das Gebiet eines oder mehrerer Vertragsparteien sowie die der Umgang mit Gene Drive-Organismen und deren Nutzung.

2. Räumlicher Anwendungsbereich

In räumlicher Hinsicht finden die Vorschriften des Cartagena-Protokolls auf die Handhabung und Verwendung von Gene Drive-Organismen im Hoheitsbereich einer Vertragspartei Anwendung sowie dann, wenn die Tätigkeiten unter der Hoheitsgewalt und Kontrolle einer Vertragspartei vorgenommen werden.[1454] Ebenfalls erfasst ist die Durchfuhr von Gene Drive-Organismen durch die Hoheitsbereiche einer oder mehrerer Vertragsparteie(n).

In Bezug auf die grenzüberschreitenden Verbringung ist zu unterscheiden. Während hiervon grundsätzlich nur die Verbringung von Gene Drive-Organismen von dem Gebiet einer Vertragspartei in das einer anderen Vertragspartei erfasst ist, umfasst die grenzüberschreitende Verbringung im Sinne des Art. 17 und 24 CP auch die Verbringung zwischen Vertragsparteien und Nichtvertragsparteien. Nicht vom Anwendungsbereich des Cartagena-Protokolls erfasst ist somit die Verbringung von Gene Drive-Organismen vom Gebiet einer Vertragspartei in Gebiete jenseits nationaler Hoheitsgewalt wie der hohen See.[1455]

II. Die vertragliche Ausgestaltung des Vorsorgeprinzips

Obwohl im Rahmen der Vertragsverhandlungen zum Cartagena-Protokoll zwischen den einzelnen Staaten sehr umstritten war, ob, inwieweit und auf welche Art und Weise das Vorsorgeprinzip integriert werden sollte, wurde der Vorsorgegedanke der verbindlichen Fassung des

[1452] *MacKenzie* u. a., S. 54.
[1453] *MacKenzie* u. a., S. 54.
[1454] Siehe zum Begriff des Hoheitsbereichs die Ausführungen in Teil 4, Kapitel 2, I, 2.
[1455] Siehe hierzu ohne Bezug zu Gene Drive-Organismen: *MacKenzie* u. a., S. 54.

Cartagena-Protokolls letztlich zugrunde gelegt und spielt als Kernbestandteil beim Umgang mit der Weitergabe, Handhabung und Verwendung von LMOs eine tragende Rolle.[1456] Insbesondere die als sogenannte „Miami-Gruppe" bekannten Staaten[1457], die Getreide in großem Umfang exportierten, standen einer allzu restriktiven Regulierung der grenzüberschreitenden Verbringung von LMOs kritisch gegenüber, befürchteten mit einer derartigen Regulierung einhergehende Verluste der Wettbewerbsfähigkeit und lehnten die Aufnahme des Vorsorgeprinzips in den Vertragstext ab.[1458] Die EU, einige skandinavische Staaten sowie die Mehrzahl der Entwicklungsländer[1459] plädierten indes für eine umfassende Berücksichtigung und Einbeziehung des Vorsorgeprinzips.[1460]

Da die Vertragsparteien letztlich übereinkamen, angesichts von möglicherweise gravierenden Auswirkungen der Verwendung von LMOs, hinsichtlich derer zugleich ein hohes Maß an Ungewissheit besteht, dem Vorsorgeprinzip besondere Bedeutung beizumessen, findet dieses in der Präambel sowie in der Zielbestimmung des Art. 1 CP Erwähnung, hat Eingang in diverse Bestimmungen im operativen Vertragsteil – insbesondere in Art. 10 Abs. 6 CP und Art. 11 Abs. 8 CP – gefunden, ist in Anhang III niedergelegt und prägt die im Rahmen des Cartagena-Protokolls vorgesehenen Verfahrensschritte und dessen Struktur.[1461] Allerdings wurde anstelle des Begriffs des Vorsorgeprinzips auf Betreiben der USA, Australien und einiger weiterer Staaten der des Vorsorgeansatzes in den Vertragstext aufgenommen.[1462] Augenfällig ist, dass das Vorsorgeprinzip nicht mit identischem Wortlaut in die einzelnen Vertragsbestimmungen aufgenommen wurde, sondern dass sich dessen Formulierung im Detail innerhalb desselben völkerrechtlichen Vertrags unterscheidet.[1463]

1456 *Scheyli*, ZaöRV 60 (3/4), 2000, 771 (S. 800); *Applegate*, Indiana Journal of Global Legal Studies 9 (1) 2001, 207 (S. 248); *Beyerlein/Marauhn*, S. 200f.; *Cooney*, The Precautionary Principle in Biodiversity Conservation and Natural Resource Management – An issues paper for policy-makers, researchers and practitioners, IUCN Policy and Global Change Series No. 2, 2004, S. 13. Zu den Vertragsverhandlungen betreffend das Vorsorgeprinzip näher: *Meyer*, in: Biosafety First – Holistic Approaches to Risk and Uncertainty in Genetic Engineering and Genetically Modified Organisms, 469–482 (S. 472f.).

1457 Der „Miami-Gruppe" gehörten Argentinien, Australien, Kanada, Chile, Uruguay und die USA an, *Falkner*, International Affairs 76 (2) 2000, 299 (S. 305).

1458 *Anuradha*, RECIEL 8 (2) 1999, 125 (S. 128); *Falkner*, International Affairs 76 (2) 2000, 299 (S. 309).

1459 Die Entwicklungsländer mit Ausnahme der Länder Chile, Argentinien und Uruguay gehörten der sogenannten „Like-minded-Gruppe" an, *Tung*, PER 17 (5) 2014, 1740 (S. 1742).

1460 *Anuradha*, RECIEL 8 (2) 1999, 125 (S. 128); *Meyer*, in: Biosafety First – Holistic Approaches to Risk and Uncertainty in Genetic Engineering and Genetically Modified Organisms, 469–482 (S. 473ff.).

1461 *Stoll*, YIEL 10 (1) 1999, 82 (S. 97); *Böckenförde*, ZaöRV 63 2003, 313 (S. 315); *Ansari/Wartini*, Advances in Environmental Biology 7 (4) 2013, 636 (S. 646); *Arruti*, AJASR 8 (1) 2022, 1 (S. 6).

1462 *Meyer*, in: Biosafety First – Holistic Approaches to Risk and Uncertainty in Genetic Engineering and Genetically Modified Organisms, 469–482 (S. 472). Es sollte damit einer Entwicklung des Vorsorgekonzepts zu einem rechtlich bindenden allgemeinen Prinzip vorgebeugt werden. Siehe hierzu bereits die Ausführungen in Teil 3, Kapitel 4, I.

1463 *Böckenförde*, ZaöRV 63 2003, 313 (S. 317f.).

1. Das Vorsorgeprinzip in der Präambel und der Zielbestimmung

Nachdem in Erwägungsgrund 2 der Präambel zunächst auf ausgewählte Vorschriften der Biodiversitätskonvention verwiesen wird, in denen das Vorsorgeprinzip zum Ausdruck kommt,[1464] und in Erwägungsgrund 5 auf die öffentlich geäußerten Bedenken im Hinblick auf mögliche nachteilige Auswirkungen der modernen Biotechnologie auf die biologische Vielfalt hingewiesen wird, findet sich in Erwägungsgrund 4 eine Bezugnahme auf das Vorsorgeprinzip, wie es in Prinzip 15 der Rio-Erklärung enthalten ist:

„*Reaffirming* the precautionary approach contained in Principle 15 of the Rio Declaration on Environment and Development“.

Neben der Bezugnahme im Rahmen der Präambel findet sich an prominenter Stelle – der Zielbestimmung in Art. 1 CP – erneut eine Bezugnahme auf das Vorsorgeprinzip, wie es in Prinzip 15 der Rio-Erklärung enthalten ist:

„In accordance with the precautionary approach contained in Principle 15 of the Rio Declaration on Environment and Development, the objective of this Protocol is to contribute to ensuring an adequate level of protection in the field of the safe transfer, handling and use of living modified organisms resulting from modern biotechnology that may have adverse effects on the conservation and sustainable use of biological diversity, taking also into account risks to human health, and specifically focusing on transboundary movements“.

Als Ziel des Cartagena-Protokolls wird somit in Einklang mit dem Vorsorgeprinzip ein insbesondere im grenzüberschreitenden Kontext sicherer Umgang mit LMOs festgelegt, um die biologische Vielfalt zu erhalten und die menschliche Gesundheit zu schützen.[1465]
Durch die Aufnahme des Vorsorgeprinzips, wie es in Prinzip 15 der Rio-Erklärung enthalten ist, in die Präambel des Cartagena-Protokolls sowie in die Zielbestimmung des Art. 1 CP erlangt dieses vor allem in Form einer Interpretations- und Auslegungshilfe rechtlich bindende Wirkung.[1466] Sämtliche Vertragsbestimmungen sind vor dem Hintergrund des Vorsorgeprinzips, wie es in Prinzip 15 niedergelegt ist, zu verstehen und anzuwenden, etwaige Ausnahmeregelungen wie beispielsweise diejenige zum vereinfachten Verfahren Art. 13 CP sind eng auszulegen.[1467]

[1464] Erwägungsgrund 2 der Präambel lautet: „*Recalling* Article 19, paragraphs 3 and 4, and Articles 8 (g) and 17 of the Convention“.
[1465] *Scheyli*, ZaöRV 60 (3/4), 2000, 771 (S. 775f.).
[1466] *Böckenförde*, ZaöRV 63 2003, 313 (S. 319); *Atapattu*, S. 238.
[1467] *Böckenförde*, ZaöRV 63 2003, 313 (S. 319).

2. Die Aufnahme des Vorsorgeprinzips in den operativen Vertragsteil

Bereits die im operativen Vertragsteil des Cartagena-Protokolls enthaltenen Regelungskomplexe, wonach eine Einfuhrentscheidung in der Regel im Rahmen eines speziell ausgestalteten Verfahrens der vorherigen Zustimmung in Kenntnis der Sachlage (Advance Informed Agreement Procedure) erfolgen muss und selbst in Fällen, in denen das AIA-Verfahren nicht anwendbar ist, einer endgültigen Einfuhrentscheidung eine Risikoabschätzung nach international einheitlichen Vorschriften vorangehen muss, die Vertragsparteien zum Risikomanagement verpflichtet sind und im Falle der unabsichtlichen grenzüberschreitenden Verbringung von LMOs Informationspflichten bestehen, spiegeln den Gedanken der Vorsorge wieder.[1468] Insbesondere das AIA-Verfahren und die Pflicht zur Vornahme einer der Einfuhr vorausgehenden Risikoabschätzung sollen dazu beitragen, negative Auswirkungen in Zusammenhang mit der Einfuhr und der Freisetzung oder sonstigen Nutzung von LMOs durch ein Tätigwerden zu einem frühen Zeitpunkt möglichst zu vermeiden.[1469]

Dass entsprechende Pflichten den Vertragsparteien zur Umsetzung der in Art. 1 CP formulierten Zielsetzung gerade auch dann auferlegt sind, wenn eindeutige wissenschaftliche Erkenntnisse hinsichtlich des Kausalzusammenhangs zwischen einer Aktivität und nachteiligen Auswirkungen auf die Erhaltung und nachhaltige Nutzung der biologischen Vielfalt (noch) nicht vorhanden sind, kommt darin zum Ausdruck, dass diese auch bei möglichen oder wahrscheinlichen negativen Auswirkungen auf die Erhaltung oder nachhaltige Nutzung der biologischen Vielfalt eingreifen. Dies zeigt die Formulierung „[...] may have adverse effects on the conservation and sustainable use of biodiversity, [...]“ in Art. 4, Art. 16 Abs. 5 lit. a) sowie Anhang III Abs. 8 lit. a) CP, die Formulierung „[...] likely to have significant adverse effects on the conservation and sustainable use of biodiversity [...]“ in Art. 17 Abs. 1 CP, die Formulierung „[...] potential adverse effects [...] on the conservation and sustainable use of biological diversity [...]“ in Art. 10 Abs. 6 sowie 11 Abs. 8 CP und die Formulierung „possible adverse effects on the conservation and sustainable use of biodiversity“ in Art. 15 Abs. 1 sowie Art. 17 Abs. 3 lit. c) CP.

a. Das Vorsorgeprinzip bei der Einfuhr von LMOs

Während Art. 11 CP das Verfahren für solche LMOs regelt, die für die direkte Verwendung als Nahrungs- oder Futtermittel oder zur Weiterverarbeitung bestimmt sind, findet das den Kern des Cartagena-Protokolls bildende, detailliert ausgestaltete AIA-Verfahren in allen Fällen Anwendung, in denen erstmals eine grenzüberschreitende Verbringung stattfinden soll und eine Freisetzung der LMOs beabsichtigt ist.

Von den Vorgaben über das AIA-Verfahren ausgenommen sind – neben LMOs, die von Art. 11

[1468] *Stoll*, YIEL 10 (1) 1999, 82 (S. 98); *Ansari/Wartini*, Advances in Environmental Biology 7 (4) 2013, 636 (S. 636).

[1469] *Ansari/Wartini*, Advances in Environmental Biology 7 (4) 2013, 636 (S. 647).

CP erfasst sind – LMOs, die Humanarzneimittel darstellen (Art. 5 CP). Keine Anwendung findet das AIA-Verfahren auch im Falle der bloßen Durchfuhr (Art. 6 Abs. 1 CP), wenn lediglich die Anwendung in geschlossenen Systemen beabsichtigt ist (Art. 6 Abs. 2 CP) oder wenn im Rahmen der Konferenz der Vertragsparteien die Entscheidung getroffen wurde, dass von LMOs wahrscheinlich keine nachteiligen Auswirkungen auf die Erhaltung und nachhaltige Nutzung der biologischen Vielfalt ausgehen (Art. 7 Abs. 4 CP). Werden mittels Gene Drive veränderte Organismen somit lediglich durch das Hoheitsgebiet einer oder mehrerer Vertragsparteien transportiert, findet das AIA-Verfahren keine Anwendung. Ebensowenig erfasst ist die grenzüberschreitende Verbringung von Gene Drive-Organismen, die beispielsweise ausschließlich zur Laborforschung und damit zur Anwendung in geschlossenen Systemen im Sinne des Art. 3 lit. b) CP bestimmt sind.

aa. Das Vorsorgeprinzip im Rahmen des AIA-Verfahrens

Das AIA-Verfahren, das seinen Ursprung im Konzept der vorherigen informierten Zustimmung hat, wie es bereits zur Regulierung gefährlicher Abfälle[1470] und im Rahmen der Rotterdamer Konvention zur Regulierung gefährlicher Chemikalien auf internationaler Ebene etabliert ist, versetzt den Einfuhrstaat in die Lage, im Vorfeld der Einfuhr lebender modifizierter Organismen die mit einer Einfuhr verbundenen nachteiligen Auswirkungen auf die biologische Vielfalt und die menschliche Gesundheit abzuschätzen und die Einfuhrentscheidung am Ergebnis der Risikoabschätzung auszurichten.[1471] Die Durchführung des AIA-Verfahrens erfolgt dabei unabhängig von wissenschaftlich gesicherten Erkenntnissen über das mit der Einfuhr und der Freisetzung von LMOs einhergehende Risiko.[1472] In Umsetzung des Vorsorgeprinzips und zur Verwirklichung eines möglichst weitreichenden Schutzes der biologischen Vielfalt und menschlichen Gesundheit ist die Ablehnung einer Einfuhr lebender modifizierter Organismen im Falle verbleibender wissenschaftlicher Ungewissheit möglich.[1473]

(1) Der Anwendungsbereich des AIA-Verfahrens in Zusammenhang mit Gene Drive-Organismen

Art. 7 Abs. 1 CP bestimmt, dass unbeschadet der Artikel 5 und 6 das in den Artikeln 8 bis 10 und 12 beschriebene AIA-Verfahren

[1470] Siehe hierzu: Basel Convention on the Control of Transboundary Movements of Hazardous Wastes and their Disposal, 22. März 1989, 1673 U.N.T.S 57, in Kraft getreten am 05.05.1992.
[1471] *Beyerlein*, S. 188, Rn. 392; *Scheyli*, ZaöRV 60 (3/4), 2000, 771 (S. 777).
[1472] *Scheyli*, ZaöRV 60 (3/4), 2000, 771 (S. 799).
[1473] *Stoll*, YIEL 10 (1) 1999, 82 (S. 89f.); *Scheyli*, ZaöRV 60 (3/4), 2000, 771 (S. 799); *Ansari/Wartini*, Advances in Environmental Biology 7 (4) 2013, 636 (S. 636).

„vor der ersten absichtlichen grenzüberschreitenden Verbringung lebender veränderter Organismen zum Zweck der absichtlichen Einbringung in die Umwelt der einführenden Vertragspartei".

Anwendung findet.

„Grenzüberschreitende Verbringung" ist gem. Art. 3 lit. e) HS. 1 CP die Verbringung eines LMO aus dem Gebiet einer Vertragspartei in dasjenige einer anderen Vertragspartei, also zwischen zwei Vertragsparteien. Die Konkretisierung, dass die grenzüberschreitende Verbringung absichtlich erfolgen muss, ist in Abgrenzung zu einer unabsichtlichen grenzüberschreitenden Verbringung zu verstehen, mit der sich die Vorschrift des Art. 17 CP befasst.[1474] Von einer ersten grenzüberschreitenden Verbringung ist auszugehen, wenn ein bestimmter LMO erstmalig vom Hoheitsbereich einer bestimmten Vertragspartei in den einer anderen transferiert wird.[1475] Während bei den Vertragsverhandlungen noch Uneinigkeit dahingehend herrschte, ob das AIA-Verfahren jedes Mal durchgeführt werden sollte, wenn ein bestimmter LMO zum ersten Mal von einer bestimmten Vertragspartei in das Hoheitsgebiet einer anderen Vertragspartei eingeführt werden sollte oder lediglich dann, wenn ein bestimmter LMO zum ersten Mal von einer beliebigen Vertragspartei in das Hoheitsgebiet einer anderen beliebigen Vertragspartei eingeführt werden sollte[1476], spricht der Wortlaut des Art. 3 lit. k) CP, der die Verbringung eines LMO aus dem Gebiet *einer* Vertragspartei in das Gebiet einer *anderen* Vertragspartei erfasst, dafür, dass das AIA-Verfahren immer durchzuführen ist, wenn ein LMO vom Hoheitsbereich einer bestimmten Vertragspartei in den einer anderen Vertragspartei transferiert werden soll. Würde das AIA-Verfahren keine Anwendung finden, wenn derselbe LMO durch andere Vertragsparteien erneut eingeführt würde, müsste zudem sichergestellt werden, dass es sich tatsächlich um denselben LMO handelt, was sich in Einzelfällen als schwierig erweisen kann.[1477] „Zum Zweck der absichtlichen Einbringung in die Umwelt der einführenden Vertragspartei" wird ein LMO in Abgrenzung zur Anwendung in geschlossenen Systemen[1478] insbesondere eingeführt, wenn Feldversuche im Hoheitsgebiet der einführenden Vertragspartei vorgesehen sind oder es sich um Pflanzensamen oder Pflanzen handelt, die in kommerziellem Umfang im

[1474] Eine unabsichtliche grenzüberschreitende Verbringung ist gegeben, wenn ein LMO die Grenzen nationaler Hoheitsgebiete versehentlich, beispielsweise infolge einer unzureichenden Abdichtung oder einer Freisetzung im Inland, überschreitet. Siehe hierzu die – rechtlich nicht bindende – Definition, auf die sich die Vertragsparteien im Jahr 2016 im Rahmen einer Konferenz der Vertragsparteien geeinigt haben: „*Unintentional transboundary movement* is a transboundary movement of a living modified organism that has inadvertently crossed the national borders of a Party where the living modified organism was released [...]", COP-MOP, Decision CP-VIII/16, 16.12.2016, UNEP/CBD/CP/MOP/DEC/VIII/16, Ziff. 1 i.V.m. der Anlage.

[1475] *MacKenzie* u. a., S. 67.

[1476] *MacKenzie* u. a., S. 67. Im Falle der Einfuhr desselben LMO seitens einer anderen Vertragspartei wäre, wenn der LMO bereits einmal durch eine beliebige Vertragspartei eingeführt wurde, das AIA-Verfahren entbehrlich.

[1477] *MacKenzie* u. a., S. 67.

[1478] Hierunter ist gem. Art. 3 lit. b) CP jede in einer Einrichtung, Anlage oder anderen Baulichkeit vorgenommene Handlung, an der LMOs beteiligt sind, die durch besondere Maßnahmen überwacht werden, die den Kontakt dieser Organismen mit der äußeren Umwelt und ihre Auswirkungen auf die wirksam begrenzen, zu verstehen.

Hoheitsgebiet der Einfuhrpartei angebaut werden sollen.[1479] Nicht unproblematisch erscheint, dass die beabsichtigte Verwendung der zur Einfuhr vorgesehenen LMOs ausschlaggebend dafür ist, ob das AIA-Verfahren Anwendung findet.[1480]

Deutlich wird, dass die Vertragsparteien bei Aushandlung der Bestimmungen zum AIA-Verfahren herkömmliche LMOs wie beispielsweise Saatgut, das bei der Aussaat notwendigerweise in die Umwelt eingebracht wird, vor Augen hatten und mit dem AIA-Verfahren ein bilaterales Verfahren zwischen dem Import- und dem Exportstaat schaffen wollten.[1481] Zu unterscheiden sind in der von den Vertragsparteien des Cartagena-Protokolls ursprünglich zur Regelung vorgesehenen Konstellation zwei Schritte: in einem ersten Schritt wird ein LMO von einem Staat in einen anderen Staat eingeführt, in dem in einem später eine Freisetzung erfolgen soll. Im Vorfeld dieses ersten Schrittes ist das AIA-Verfahren durchzuführen. In einem zweiten – nicht mehr vom AIA-Verfahren erfassten – Schritt erfolgt sodann die Freisetzung im Hoheitsgebiet des einführenden Staates. Diese kann nach innerstaatlichem Recht an besondere Voraussetzungen wie beispielsweise eine Genehmigung geknüpft sein. Hingegen waren die Bestimmungen des AIA-Verfahrens ursprünglich nicht dazu gedacht, Regelungen für LMOs wie Gene Drive-Organismen zu treffen, denen eine selbsttätige Verbreitung in freier Wildbahn wesensimmanent ist, die also gerade zum Zweck der Beeinflussung von Wildpopulationen konzipiert sind.[1482] Fraglich ist daher, wann in Zusammenhang mit Gene Drive-Organismen von einer absichtlichen grenzüberschreitenden Verbringung im Sinne des Art. 7 Abs. 1 CP auszugehen ist – ob eine solche wie bei herkömmlichen LMOs also nur gegeben ist, wenn Gene Drive-Organismen in das Hoheitsgebiet einer anderen Vertragspartei verbracht werden, um dort anschließend freigesetzt zu werden oder ob eine absichtliche grenzüberschreitende Verbringung auch dann vorliegt, wenn Gene Drive-Organismen im Hoheitsgebiet einer Vertragspartei absichtlich freigesetzt werden und sich sodann selbsttätig in Hoheitsbereiche einer oder mehrerer Vertragspartei(en) ausbreiten.[1483]

Jedenfalls in Fällen, in denen das Verbreitungsgebiet der Zielpopulation die Hoheitsbereiche mehrerer Vertragsparteien umfasst, könnte man sich auf den Standpunkt stellen, dass im Falle einer Freisetzung von Gene Drive-Organismen die grenzüberschreitende Verbringung der Gene Drive-Organismen in sämtliche Staaten, auf deren Gebiet sich die Zielpopulation erstreckt, be-

[1479] *Buechle*, Indiana University School of Law 9 (1) 2001, 283 (S. 287); *MacKenzie* u. a., S. 68.

[1480] Siehe zu diesem Problem näher: *Beck*, S. 168ff. Beispielsweise besteht die Gefahr, dass LMOs zunächst nicht für die Freisetzung vorgesehen sind und daher das AIA-Verfahren keine Anwendung findet, im Anschluss an die Einfuhr diese Entscheidung aber dahingehend abgeändert wird, dass eine Freisetzung erfolgen soll – das AIA-Verfahren wäre in diesem Fall nicht anwendbar, *Beck*, S. 169f.

[1481] *Scheyli*, ZaöRV 60 (3/4), 2000, 771 (S. 776f.); *Buechle*, Indiana University School of Law 9 (1) 2001, 283 (S. 287); *Rabitz*, RECIEL 28 (3), 2018, 339 (S. 346); *Ching/Lin*, in: Gene Drives – A report on their science, applications, social aspects, ethics and regulations, 254–328 (S. 271).

[1482] *Ching/Lin*, in: Gene Drives – A report on their science, applications, social aspects, ethics and regulations, 254–328 (S. 271).

[1483] Siehe hierzu auch: *Beck*, S. 356ff.

absichtigt ist.[1484] Das AIA-Verfahren wäre in diesem Fall (auch) im Vorfeld einer Freisetzung auf dem Hoheitsgebiet einer Vertragspartei durchzuführen, wobei die Zustimmung all derjenigen Vertragsparteien eingeholt werden müsste, in deren Hoheitsgebiet sich die freigesetzten Organismen möglicherweise verbreiten.[1485] Der Wortlaut des Art. 7 Abs. 1 CP steht einem solchen Verständnis nicht entgegen, da weder Art. 7 Abs. 1 CP, noch Art. 3 lit. e) CP konkretisierende Vorgaben zu entnehmen sind, wann von einer absichtlichen Verbringung auszugehen ist. Insbesondere ist die Art und Weise der Verbringung nicht näher bestimmt, indem etwa vorgegeben wäre, dass eine Verbringung nur in geschlossenen Systemen erfolgen kann. Das in Art. 1 CP festgelegte Ziel, nachteilige Auswirkungen auf die Erhaltung und nachhaltige Nutzung der biologischen Vielfalt sowie Risiken für die menschliche Gesundheit möglichst zu verhindern, spricht dafür, den Anwendungsbereich des AIA-Verfahrens angesichts neuartiger Techniken der Biotechnologie weit auszulegen und von einer absichtlichen grenzüberschreitenden Verbringung von Gene Drive-Organismen, die im Gegensatz zu herkömmlichen LMOs dazu konzipiert sind, sich selbsttätig zu verbreiten, bereits dann auszugehen, wenn diese sich infolge einer absichtlichen Freisetzung auf das Hoheitsgebiet anderer Vertragsparteien ausbreiten können.[1486] Nicht zuletzt das Vorsorgeprinzip, wie es in der Präambel sowie in der Zielbestimmung des Art. 1 CP niedergelegt ist und in dessen Licht die Bestimmungen des Cartagena-Protokolls auszulegen sind, streitet dafür, möglichst frühzeitig Maßnahmen zu ergreifen, um die biologische Vielfalt und die menschliche Gesundheit zu schützen und im Wege der frühzeitigen Durchführung des AIA-Verfahrens derjenigen Vertragspartei, in deren Hoheitsbereich Gene Drive-Organismen verbracht werden, die Möglichkeit zu geben, etwaige Risiken zu ermitteln und die erforderlichen Konsequenzen zu ziehen. Dem Vorsorgeprinzip entspricht eine Anwendung des AIA-Verfahrens im Vorfeld der Freisetzung von Gene Drive-Organismen auf nationalem Hoheitsgebiet insbesondere auch deshalb, da die Ausbreitung von Gene Drive-Organismen unter Umständen nicht begrenzbar ist und eine Rückholbarkeit ausscheidet. Es ist auch nicht grundsätzlich ausgeschlossen, das AIA-Verfahren zwischen mehreren Staaten gleichzeitig durchzuführen.

Demgegenüber könnte im Falle einer absichtlichen Freisetzung von Gene Drive-Organismen innerhalb des Hoheitsbereichs einer Vertragspartei die Absicht fehlen, diese in die Umwelt anderer Vertragsparteien einzubringen, sodass nicht von einer absichtlichen grenzüberschreitenden Verbringung auszugehen wäre.[1487] Hierfür spricht die Systematik des Cartagena-Protokolls,

---

1484 *Rabitz*, RECIEL 28 (3), 2018, 339 (S. 346).

1485 *Rabitz*, RECIEL 28 (3), 2018, 339 (S. 346). In diesem Sinne wohl auch: *Bundesregierung*, Antwort der Bundesregierung auf die Kleine Anfrage der Abgeordneten Ebner, Lemke, Kekeritz, weiterer Abgeordneter und der Fraktion BÜNDNIS 90/DIE GRÜNEN zu Gene Drive Organismen, BT-Drs. 19/31934, 09.08.2021, S. 7f.

1486 Hierfür spricht daneben, dass das Cartagena-Protokoll die Entscheidungsfreiheit eines Staates und damit das souveräne Recht, darüber zu bestimmen, ob ein bestimmter LMO in das Hoheitsgebiet verbracht werden soll oder nicht, zu schützen bestimmt ist, *Beck*, S. 356.

1487 So wohl: *Ching/Lin*, in: Gene Drives – A report on their science, applications, social aspects, ethics and regulations, 254–328 (S. 269f.) und *Beck*, S. 357.

wonach eine absichtliche grenzüberschreitende Verbringung in den Anwendungsbereich des AIA-Verfahrens fällt, während im Falle eines zu einer Freisetzung führenden Ereignisses unter der Hoheitsgewalt einer Vertragspartei, bei dem es zu einer unabsichtlichen grenzüberschreitenden Verbringung eines LMO kommt oder kommen kann, Art. 17 eigenständige Vorgaben enthält. Wäre jede absichtliche Freisetzung von Gene Drive-Organismen im nationalen Hoheitsbereich einer Vertragspartei zugleich eine absichtliche grenzüberschreitende Verbringung, verbliebe für die Anwendung des Art. 17 CP in Zusammenhang mit Gene Drive-Organismen wenig Raum.[1488] Systematisch spricht für ein solches Verständnis auch die Vorschrift des Art. 18 Abs. 1 CP, wonach die Vertragsparteien erforderliche Vorschriften zu erlassen haben, damit LMOs bei der absichtlichen grenzüberschreitenden Verbringung auf sichere Weise gehandhabt, verpackt und transportiert werden. Denn eine Verpackung oder ein Transport ist im Falle einer selbsttätigen Ausbreitung über Staatsgrenzen hinweg nicht möglich. Dagegen, bei der Freisetzung von Gene Drive-Organismen stets von einer absichtlichen grenzüberschreitenden Verbringung zum Zweck der absichtlichen Einbringung in die Umwelt der einführenden Vertragspartei auszugehen, spricht schließlich, dass im Rahmen des AIA-Verfahrens gem. Art. 8 Abs. 1 i.V.m. Anlage I eine schriftliche Mitteilung des Exportstaates an die einführende Vertragspartei zu erfolgen hat, in der unter anderem das geplante Datum der grenzüberschreitenden Verbringung anzugeben ist. Anders als im Falle einer herkömmlichen Einfuhr ist im Falle einer Freisetzung von Gene Drive-Organismen schwierig vorherzusagen, in welchem Zeitpunkt die Grenzüberschreitung erfolgen wird. Zum Ausdruck kommt dadurch, dass die Vorgaben des AIA-Verfahrens nicht auf die absichtliche Freisetzung von Gene Drive-Organismen, die sodann Grenzen überschreiten, zugeschnitten sind. Des Weiteren müsste das AIA-Verfahren, sofern die Zielpopulation im Hoheitsbereich mehrerer Staaten verbreitet ist, gleichzeitig parallel angewandt werden. Jede von einer Freisetzung von Gene Drive-Organismen möglicherweise betroffene Vertragspartei könnte in diesem Fall entscheiden, ob das Verfahren nach nationalem Recht oder Art. 10 CP durchgeführt werden soll. Es müssten parallel mehrere Risikoabschätzungen durchgeführt werden, was mangels Bündelung vorhandener wissenschaftlicher Erkenntnisse ineffektiv und aufwendig wäre.[1489] Auch müsste, um zu ermitteln, welche Vertragsparteien potentiell betroffen sein könnten, vor Durchführung des AIA-Verfahrens festgestellt werden, in welchen Gebieten sich die freigesetzten Gene Drive-Organismen verbreiten können; ein solches, dem AIA-Verfahren vorgeschaltetes Verfahren sieht das Cartagena-Protokoll nicht vor.

Das AIA-Verfahren, wie es derzeit ausgestaltet ist, findet daher keine Anwendung, wenn sich Gene Drive-Organismen infolge einer absichtlichen Freisetzung im nationalen Hoheitsbereich einer Vertragspartei auf das Hoheitsgebiet anderer Vertragsparteien zu verbreiten drohen; es liegt in diesem Fall keine absichtliche grenzüberschreitende Verbringung zum Zweck der Ein-

[1488] Art. 17 CP würde dann nur Fälle erfassen, in denen infolge eines Entweichens von Gene Drive-Organismen diese in den Hoheitsbereich einer anderen Vertragspartei oder einer Nichtvertragspartei zu gelangen drohen.

[1489] Auf Schwierigkeiten bei der praktischen Umsetzung weist auch *Beck* hin: *Beck*, S. 357.

führung in die Umwelt einer anderen Vertragspartei vor. Hingegen ist das AIA-Verfahren anzuwenden, wenn Gene Drive-Organismen vom Gebiet einer Vertragspartei in das einer anderen transportiert werden, um dort – beispielsweise im Rahmen von Freisetzungsversuchen – in die Umwelt eingebracht zu werden.[1490]

(2) Der Ablauf des AIA-Verfahrens

Eingeleitet wird das AIA-Verfahren durch eine schriftliche Mitteilung des Exportstaats an den Importstaat, dass eine Einfuhr lebender modifizierter Organismen beabsichtigt ist, Art. 8 Abs. 1 CP.[1491] Die Mitteilung hat die in Anhang I aufgeführten Informationen, insbesondere Angaben zu Importeur und Exporteur[1492] sowie zum LMO selbst zu enthalten.[1493]

Der Importstaat hat innerhalb einer Frist von 90 Tagen nach Empfang der Mitteilung dem Exportstaat den Empfang der Mitteilung zu bestätigen, Art. 9 Abs. 1 CP. Für das weitere Verfahren stehen dem Importstaat zwei Möglichkeiten zur Verfügung: zum einen kann das weitere Verfahren nach innerstaatlichem Recht des Importstaates erfolgen, hierbei müssen jedoch die nationalen Vorschriften mit dem Cartagena-Protokoll vereinbar sein, Art. 9 Abs. 3 CP; zum anderen kann das Entscheidungsverfahren der Art. 10ff. CP zur Anwendung kommen.[1494] Zugleich mit der Empfangsbestätigung hat der Importstaat dem Exportstaat mitzuteilen, welches Verfahren zur Anwendung gelangt, Art. 9 Abs. 2 lit. c) CP.

Sofern das im Cartagena-Protokoll ausgearbeitete Entscheidungsverfahren zur Anwendung gelangt, sieht Art. 10 Abs. 2 CP wiederum zwei Verfahrensoptionen vor. Der Importstaat kann zum einen festlegen, dass die Einfuhr ohne schriftliche Zustimmung des Importstaates nach frühestens 90 Tagen erfolgen darf, Art. 10 Abs. 2 lit. b) CP. Alternativ kann die schriftliche Zustimmung der einführenden Vertragspartei zur Voraussetzung für die Einfuhr gemacht werden, Art. 10 Abs. 2 lit. a) CP. Welche der Varianten gewählt wird, ist dem Exportstaat ebenfalls innerhalb der 90-Tages-Frist mitzuteilen. Im Fall der Einfuhr nach schriftlicher Zustimmung im Sinne des Art. 10 Abs. 2 lit. a) CP hat der Importstaat sowohl dem Exportstaat als auch der Informationsstelle für biologische Sicherheit innerhalb von 270 Tagen nach Erhalt der An-

[1490] Anzuwenden wäre das AIA-Verfahren somit, wenn im Rahmen des Projekts *Target Malaria* in einem Labor, das sich in Italien befindet, Mücken mittels Gene Drive verändert werden und diese nach Burkina Faso eingeführt werden sollen, um dort im Rahmen von Freisetzungsversuchen in die Umwelt eingebracht zu werden. Das AIA-Verfahren wäre hingegen nicht durchzuführen, wenn sich die Gene Drive-Mücken von Burkina Faso aus in das nördlich gelegene Mali zu verbreiten drohen.

[1491] Alternativ kann nach dem innerstaatlichen Recht einer Vertragspartei der Exporteur verpflichtet werden, dem Importstaat eine entsprechende Mitteilung zu machen.

[1492] Exporteur ist jede natürliche oder juristische Person unter der Hoheitsgewalt einer Vertragspartei, die die Ausfuhr eines LMO veranlasst, Art. 3 lit. d) CP.

[1493] Die Angaben betreffend den LMO umfassen insbesondere dessen Name und Identität sowie gegebenenfalls dessen Einstufung der biologischen Sicherheit im Ausfuhrstaat, das geplante Datum der grenzüberschreitenden Verbringung, eine Beschreibung der eingeführten Veränderung, der angewandten Technik und der daraus resultierenden Merkmale.

[1494] *Stoll*, YIEL 10 (1) 1999, 82 (S. 90).

meldung seine Entscheidung mitzuteilen, Art. 10 Abs. 3 CP. Dem Importstaat stehen dabei vier Entscheidungsmöglichkeiten zur Verfügung. Die Einfuhr kann gem. Art. 10 Abs. 3 lit. a) CP mit oder ohne Auflagen genehmigt oder untersagt werden, Art. 10 Abs. 3 lit. b) CP. Daneben kann der Importstaat auch zunächst weitere Angaben anfordern, Art. 10 Abs. 3 lit. c) CP. Schließlich ist es dem Importstaat möglich, den Zeitraum für die Entscheidung über die Einfuhr um einen festgelegten Zeitraum über die Frist von 270 Tagen hinaus zu verlängern, Art. 10 Abs. 3 lit. d) CP. Nach Art. 10 Abs. 4 CP ist der Exportstaat über die Gründe der jeweiligen Entscheidung in Kenntnis zu setzen; dies gilt nicht, sofern der Einfuhr uneingeschränkt zugestimmt wird.

(3) Die Risikoabschätzung gem. Art. 15 CP i.V.m. Anlage III als Grundlage für die Einfuhrentscheidung

Die Entscheidung der einführenden Vertragspartei über die Einfuhr muss nach Art. 10 Abs. 1 CP auf einer Risikoabschätzung im Sinne des Art. 15 CP beruhen. Im Anwendungsbereich des AIA-Verfahrens hat also jeder Entscheidung über die Einfuhr lebender modifizierter Organismen eine Abschätzung der damit verbundenen Risiken für die biologische Vielfalt vorauszugehen, wobei Risiken für die menschliche Gesundheit zu berücksichtigen sind. Allerdings dient die Risikoabschätzung lediglich als Grundlage für die anschließend zu treffende Einfuhrentscheidung, die Entscheidung selbst gibt das Ergebnis der Risikoabschätzung nicht vor.[1495]
Während Art. 15 Abs. 1 CP die Anforderungen an die Risikoabschätzung konkretisiert, enthält Art. 15 CP in den Absätzen 2 und 3 Regelungen, die sicherstellen, dass die Risikoabschätzung tatsächlich durchgeführt wird.[1496] Das Cartagena-Protokoll erlegt ausweislich Art. 15 Abs. 2 CP dem Einfuhrstaat die Pflicht auf, dafür Sorge zu tragen, dass eine Risikoabschätzung in Einklang mit den Vorgaben des Cartagena-Protokolls durchgeführt wird. Dadurch, dass der Importstaat zur Durchführung einer Risikoabschätzung verpflichtet ist und diese Pflicht nicht abdingbar ist, kommt zum Ausdruck, dass Ziel des Cartagena-Protokolls nicht nur der Schutz der biologischen Vielfalt des betreffenden Importstaats ist, sondern das Cartagena-Protokoll allgemein dem Schutz der biologischen Vielfalt und der menschlichen Gesundheit zu dienen bestimmt ist.[1497] Die Durchführung der Risikoabschätzung kann allerdings auf den Exportstaat bzw. Exporteur übertragen werden, Art. 15 Abs. 2 HS. 2 CP; alternativ kann der Importstaat die Risikoabschätzung durchführen und dem Exportstaat bzw. Exporteur die Kosten hierfür auferlegen, Art. 15 Abs. 3 CP.
Ziel der Risikoabschätzung ist nach Anhang III Ziff. 1 CP, mögliche nachteilige Auswirkungen von LMOs auf die Erhaltung und nachhaltige Nutzung der biologischen Vielfalt zu identifizie-

[1495] *Hill*, in: Legal Aspects of Implementing the Cartagena Protocol on Biosafety, 63–77 (S. 65). Dies kommt auch in Anhang III Abs. 2 CP zum Ausdruck, wonach die Risikoabschätzung den betreffenden Behörden dazu dient, Entscheidungen in Bezug auf LMOs in Kenntnis der Sachlage zu treffen.
[1496] *Hill*, in: Legal Aspects of Implementing the Cartagena Protocol on Biosafety, 63–77 (S. 64).
[1497] *Scheyli*, ZaöRV 60 (3/4), 2000, 771 (S. 787f.).

ren, und dabei auch Risiken für die menschliche Gesundheit zu berücksichtigen. Ein Risiko im Sinne des Cartagena-Protokolls setzt dabei – angelehnt an die klassische Risikodefinition – voraus, dass für den Eintritt nachteiliger Auswirkungen eine gewisse Wahrscheinlichkeit besteht.[1498]

Im Hinblick auf die Risikoabschätzung selbst legt das Cartagena-Protokoll in Art. 15 Abs. 1 fest, dass diese „[...] in a scientifically sound manner, in accordance with Annex III [...]" durchzuführen ist, anerkannte Methoden der Risikoabschätzung zur Anwendung zu bringen sind und die Risikoabschätzung mindestens auf die nach Art. 8 CP gemachten Angaben sowie sonstige verfügbare wissenschaftliche Erkenntnisse zu stützen ist. Allerdings sieht das Cartagena-Protokoll kein einheitliches und standardisiertes Verfahren vor; vielmehr enthält Anhang III zu berücksichtigende allgemeine Grundsätze[1499], Ausführungen zur bei der Risikoabschätzung anzuwendenden Methodik[1500] und den bei der Risikoabschätzung zu berücksichtigenden Elementen.[1501] Auch die Risikoabschätzung bei Gene Drive-Organismen hat sich an diesen Vorgaben zu orientieren.

Ausweislich Anhang III Ziff. 8 CP ist die Risikoabschätzung an das bei der Risikoabschätzung für möglicherweise schädliche chemische oder sonstige Substanzen einzuhaltende vierstufige Vorgehen, bestehend aus Gefahr- bzw. Risikoidentifizierung, Gefahrbeschreibung oder Dose-Wirkungs-Beurteilung, Expositionsbewertung und Risikocharakterisierung, angelehnt.[1502] Zunächst sind gem. Anhang III Ziff. 8 lit. a) CP die neuen geno- und phänotypischen Merkmale des LMO zu identifizieren, die nachteilige Auswirkungen auf die biologische Vielfalt der voraussichtlichen Aufnahmeumgebung haben können. Sodann ist die Wahrscheinlichkeit zu beurteilen, dass es zu diesen nachteiligen Auswirkungen kommt, Anhang III Ziff. 8 lit. b) CP. Hierbei ist zu berücksichtigen, auf welche Art und Weise und in welchem Umfang die aufnehmende Umwelt dem LMO ausgesetzt wird. In einem dritten Schritt sind die Folgen abzuschätzen, die mit den nachteiligen Auswirkungen auf die biologische Vielfalt verbunden sind, Anhang III Ziff. 8 lit. c) CP, bevor schließlich das Gesamtrisiko abgeschätzt wird, das durch den lebenden modifizierten Organismus verursacht wird, Anhang III Ziff. 8 lit. d) CP. Die in Anhang III beschriebene Methode zur Risikoabschätzung beruht damit auf einer Identifikation der neuartigen Eigenschaften des LMO, die möglicherweise nachteilige Auswirkungen mit sich bringen kann, erfordert die Abschätzung der Wahrscheinlichkeit solcher nachteiligen Auswirkungen und eine

[1498] *Hill*, in: Legal Aspects of Implementing the Cartagena Protocol on Biosafety, 63–77 (S. 66).

[1499] Anhang III Ziff. 3 bis 6.

[1500] Anhang III, Ziff. 7 und 8.

[1501] Anhang III, Ziff. 9. Hierzu zählen die biologischen Merkmale des Empfänger- oder Zielorganismus sowie des Spenderorganismus, der Vektor, die genetischen Merkmale und Funktion der eingeführten genetischen Veränderung, die Merkmale des LMO, vorgeschlagene Nachweis- und Identifizierungsverfahren sowie Angaben zur beabsichtigten Verwendung und zur aufnehmenden Umwelt. Siehe hierzu auch: *Bernasconi-Osterwalder*, in: Reconciling Environment and Trade, 645–677 (S. 652).

[1502] *Hill*, in: Legal Aspects of Implementing the Cartagena Protocol on Biosafety, 63–77 (S. 66); *Ansari/Wartini*, Advances in Environmental Biology 7 (4) 2013, 636 (S. 641).

Empfehlung dahingehend, ob die Risiken hinnehmbar sind oder bewältigt werden können.[1503] Bei den Vorgaben in Anhang III handelt es sich allerdings nicht um solche, die zwingend einzuhalten sind; dies kommt durch die Verwendung des Wortes „sollen“ in Anhang III Ziff. 3 bis 6 zum Ausdruck.[1504] Gemäß Anhang III Ziff. 8 umfasst die Risikoabschätzung lediglich „gegebenenfalls“ die aufgeführten Schritte, bei den zu berücksichtigenden Elementen gem. Anhang III Ziff. 9 CP findet sich die einen Gestaltungsspielraum eröffnende Formulierung „abhängig vom Einzelfall“.

Das Vorsorgeprinzip wird auf Ebene der Risikoabschätzung insbesondere durch Anhang III Ziff. 4 CP umgesetzt.[1505] Anhang III Ziff. 4 CP lautet:

„Lack of scientific knowledge or scientific consensus should not necessarily be interpreted as indicating a particular level of risk, an absence of risk or an acceptable risk“.

Anhang III Ziff. 4 CP erfasst sowohl wissenschaftliche Ungewissheit aufgrund von fehlenden Informationen oder fehlenden Kenntnissen in Zusammenhang mit komplexen Systemen als auch Konstellationen, in denen eine einheitliche Meinung in der Wissenschaft nicht vorhanden ist und konkretisiert, wie mit diesen Situationen im Rahmen der Risikoabschätzung umzugehen ist.[1506] Anhang III Ziff. 4 CP bietet somit eine Vorgabe für den Umgang mit wissenschaftlicher Ungewissheit, indem klargestellt wird, dass, sofern entweder die Wahrscheinlichkeit eines Schadenseintritts oder dessen Umfang oder beide Parameter ungewiss sind oder in der Wissenschaft unterschiedliche Ansichten vertreten werden, keine Aussage darüber getroffen werden kann, ob ein Risiko besteht oder nicht oder ob dieses akzeptabel ist; es darf insbesondere nicht der Schluss gezogen werden, ein Risiko sei nicht gegeben.[1507] Die Tatsache, dass wissenschaftliche Ungewissheit besteht, ist als solche anzuerkennen und darf nicht durch Vermutungen verschleiert werden.[1508] Gerade auch in Zusammenhang mit Gene Drive-Organismen ist damit wissenschaftliche Ungewissheit zur Kenntnis zu nehmen und als solche anzuerkennen.

Daneben enthält Anhang III Ziff. 8 lit. f) CP eine weitere Vorgabe zum Umgang mit Ungewissheit, ohne sich allerdings auf wissenschaftliche Ungewissheit zu beschränken[1509]:

„Where there is uncertainty regarding the level of risk, it may be addressed by requesting further in-

[1503] *Bernasconi-Osterwalder*, in: Reconciling Environment and Trade, 645–677 (S. 653).

[1504] *Scheyli* spricht diesbezüglich von allgemeinen Postulaten und nicht verbindlichen Vorgaben, *Scheyli*, ZaöRV 60 (3/4), 2000, 771 (S. 786). Eine andere Ansicht vertritt *Stoll*, der die Vorgaben als „specific obligations and points to consider which must be included in a risk assessment“ bezeichnet, *Stoll*, YIEL 10 (1) 1999, 82 (S. 94). So wohl auch *Bernasconi-Osterwalder*, in: Reconciling Environment and Trade, 645–677 (S. 653) und *Ujvari*, JAP (2) 2020, 59 (S. 65f.).

[1505] *Stoll*, YIEL 10 (1) 1999, 82 (S. 98); *Böckenförde*, ZaöRV 63 2003, 313 (S. 320f.); *MacKenzie* u. a., S. 218.

[1506] *Stoll*, YIEL 10 (1) 1999, 82 (S. 98); *Böckenförde*, ZaöRV 63 2003, 313 (S. 320).

[1507] *Scheyli*, ZaöRV 60 (3/4), 2000, 771 (S. 786). „Hence, Annex III Nr. 4 emphasizes the difference between the absence of evidence (of a risk) and the evidence of absence. The first one must not be the ground from which the second one is deduced.“, *Böckenförde*, ZaöRV 63 2003, 313 (S. 320).

[1508] *Stoll*, YIEL 10 (1) 1999, 82 (S. 98); *Hill*, in: Legal Aspects of Implementing the Cartagena Protocol on Biosafety, 63–77 (S. 76).

[1509] *Böckenförde*, ZaöRV 63 2003, 313 (S. 321).

formation on the specific issues of concern or by implementing appropriate risk management strategies and/or monitoring the living modified organism in the receiving environment".

Demnach kann im Rahmen der Risikoabschätzung (noch) verbleibender Ungewissheit im Hinblick auf das Ausmaß des Risikos begegnet werden, indem weitere Informationen zu spezifischen Punkten eingeholt werden, geeignete Risikobewältigungsstrategien eingesetzt werden und/oder der LMO in der Aufnahmeumgebung überwacht wird.[1510] In Zusammenhang mit Gene Drive-Organismen streitet das Cartagena-Protokoll somit für eine verstärkte Suche nach geeigneten Risikobewältigungsstrategien.
Die Vorgaben zur Risikoabschätzung tragen den bei der Freisetzung von Gene Drive-Organismen bestehenden wissenschaftlichen Ungewissheiten grundsätzlich Rechnung, wenngleich eine aussagekräftige Risikoabschätzung insbesondere bei räumlich und zeitlich unbegrenzt agierenden Gene Drives erheblich erschwert oder unmöglich ist.[1511] Problematisch erscheint einerseits, dass die Risikoabschätzung eine Bestimmung der voraussichtlichen aufnehmenden Umwelt erfordert.[1512] „Voraussichtlich aufnehmende Umwelt" ist jedes Ökosystem oder jeder Lebensraum, der wahrscheinlich in Kontakt mit dem freigesetzten Organismus kommt.[1513] Während bei herkömmlichen LMOs wie beispielsweise genetisch veränderten Getreidesorten die Bestimmung der voraussichtlich aufnehmenden Umwelt[1514] kaum Probleme bereitet, da diese nur bei Vorhandensein spezifischer Umweltbedingungen gedeihen, kann bei Gene Drive-Organismen, die zur Beeinflussung von Wildpopulationen bestimmt sind und sich unter Umständen global ausbreiten, diese kaum bestimmt werden.[1515] Ausweislich Anhang III Ziff. 5 CP sowie Anhang III Ziff. 9 lit. e) CP erfolgt die Risikoabschätzung zudem auf Grundlage eines Vergleichs des LMO mit dem unveränderten Organismus; bestehende Unterschiede sind dabei Ansatzpunkt für mögliche Gefährdungen. Während diese vergleichende Betrachtung bei domestizierten Tieren oder Nutzpflanzen aufgrund der erheblich reduzierten genetischen Variabilität valide Ergebnisse zutage fördert, besteht bei Wildpopulationen natürlicherweise eine große genetische Variabilität.[1516] Unterschiede zwischen Gene Drive-Organismen und den Organismen der Wildpopulation sind daher möglicherweise lediglich der Diversität der Wildpopulation und nicht der ge-

[1510] *Böckenförde* interpretiert den Begriff „level of risk" so, dass davon verschiedene Dimensionen technologischer Risiken, beispielsweise die geographische Ausbreitung, die Umkehrbarkeit oder die Dauer der Schädigung, erfasst sind, *Böckenförde*, ZaöRV 63 2003, 313 (S. 321).

[1511] *Then*, in: Gene Drives – Potenziale, Risiken, Besorgnisgründe, 134–145 (S. 134).

[1512] *MacKenzie* u. a., S. 217. Siehe zu diesem Problem bereits die Ausführungen in Teil 4, Kapitel 1, II, 2, b, aa, (2).

[1513] *MacKenzie* u. a., S. 223.

[1514] Die Bestimmung der voraussichtlich aufnehmendem Umwelt ist beispielsweise in Anhang III Ziff. 5 und 6, Ziff. 8 lit. b) sowie Ziff. 9 lit. h) CP erforderlich; auch gehört gem. Art. 15 Abs. 1 i.V.m. Anhang I lit. f) CP die Beschreibung der Lebensräume, in denen die Organismen fortbestehen oder sich vermehren können, zu den Angaben, die der Risikoabschätzung zugrunde zu legenden sind.

[1515] *Dolezel/Lüthi/Gaugitsch*, BioRisk 15 2020, 1 (S. 11).

[1516] *Then*, in: Gene Drives – Potenziale, Risiken, Besorgnisgründe, 134–145 (S. 135); *Dolezel/Lüthi/Gaugitsch*, BioRisk 15 2020, 1 (S. 12).

netischen Veränderung geschuldet.[1517] Die Risikoabschätzung auf Basis einer vergleichenden Betrachtung ist daher für Gene Drive-Organismen nur bedingt geeignet.[1518] Im Übrigen ist eine vergleichende Bewertung für Gene Drive-Anwendungen, die der Dezimierung oder Ausrottung der Zielpopulation dienen, nicht sinnvoll.[1519]

(4) Die Bedeutung des Vorsorgeprinzips bei der Einfuhrentscheidung gem. Art. 10 Abs. 6 CP

Sofern die Risikoabschätzung ergibt, dass mit der Einfuhr von LMOs erhebliche nachteilige Auswirkungen einhergehen, kann die Einfuhr mit Auflagen zur Vermeidung dieser Auswirkungen versehen oder gänzlich untersagt werden, Art. 10 Abs. 3 lit. a) und b) CP.[1520]
Bei der Entscheidung über die Einfuhr lebender modifizierter Organismen und damit auf der Ebene des Risikomanagements kommt das Vorsorgeprinzip vor allem in Art. 10 Abs. 6 CP[1521] zum Ausdruck, wonach:

„Lack of scientific certainty due to insufficient relevant scientific information and knowledge regarding the extent of the potential adverse effects of a living modified organism on the conservation and sustainable use of biological diversity in the Party of import, taking also into account risks to human health, shall not prevent that Party from taking a decision, as appropriate, with regard to the import of the living modified organism in question as referred to in paragraph 3 above, in order to avoid or minimize such potential adverse effects".

Art. 10 Abs. 6 CP enthält ausweislich des Wortlauts in Umsetzung des Vorsorgeprinzips zum Schutz der biologischen Vielfalt sowie der menschlichen Gesundheit das Recht einer Vertragspartei, im Falle wissenschaftlicher Ungewissheit eine Entscheidung nach Art. 10 Abs. 3 CP, und damit gegebenenfalls auch eine Ablehnungsentscheidung, zu treffen.[1522]
Vor dem Hintergrund der Zielbestimmung des Art. 1 CP, wonach die Vorgaben des Cartagena-Protokolls in Einklang mit dem Vorsorgeprinzip, wie es in Prinzip 15 der Rio-Erklärung niedergelegt ist, zu verstehen sind, wird die Auffassung vertreten, bei Vorliegen der strengeren Voraussetzungen des Prinzips 15 der Rio-Erklärung und damit im Falle fehlender vollständiger wissenschaftlicher Gewissheit hinsichtlich ernsthafter oder irreversibler Schäden für die Erhaltung oder nachhaltige Nutzung der biologischen Vielfalt sei eine Vertragspartei zum Handeln verpflichtet.[1523] Übersehen wird hierbei jedoch, dass zwar einiges dafür spricht, Prinzip 15

[1517] *Dolezel/Lüthi/Gaugitsch*, BioRisk 15 2020, 1 (S. 12).
[1518] *Then*, in: Gene Drives – Potenziale, Risiken, Besorgnisgründe, 134–145 (S. 134f.).
[1519] *Dolezel/Lüthi/Gaugitsch*, BioRisk 15 2020, 1 (S. 13).
[1520] *Applegate*, Indiana Journal of Global Legal Studies 9 (1) 2001, 207 (S. 243).
[1521] Im Hinblick auf LMOs, die für die direkte Verwendung als Nahrung oder Futter oder zur Weiterverarbeitung bestimmt sind, findet sich die wortgleiche Vorschrift in Art. 11 Abs. 8 CP.
[1522] *Stoll*, YIEL 10 (1) 1999, 82 (S. 98); *Böckenförde*, ZaöRV 63 2003, 313 (S. 321); *MacKenzie* u. a., S. 83; *Hill*, in: Legal Aspects of Implementing the Cartagena Protocol on Biosafety, 63–77 (S. 76).
[1523] *Bernasconi-Osterwalder*, in: Reconciling Environment and Trade, 645–677 (S. 662).

der Rio-Erklärung im Sinne einer Handlungspflicht zu verstehen, ein solches Verständnis aber jedenfalls nicht zwingend ist.[1524] Während Prinzip 15 der Rio-Erklärung ein „Fehlen vollständiger wissenschaftlicher Gewissheit" fordert, reicht im Rahmen von Art. 10 Abs. 6 CP ausweislich des Wortlauts das „Fehlen wissenschaftlicher Gewissheit" aus, hinsichtlich des Grades wissenschaftlicher Ungewissheit stellt Art. 10 Abs. 6 CP also auf den ersten Blick geringere Anforderungen.[1525] Während ferner Prinzip 15 der Rio-Erklärung nur bei „ernsthaften oder irreversiblen Schäden" anwendbar ist, findet Art. 10 Abs. 6 CP dem Wortlaut nach bei „nachteiligen Auswirkungen auf die Erhaltung und nachhaltige Nutzung der biologischen Vielfalt" Anwendung und erfasst damit jegliche nachteilige Auswirkungen auf die biologische Vielfalt. Da jedoch ausweislich Art. 1 CP die Vorgaben in Einklang mit dem Vorsorgeprinzip, wie es in der Rio-Erklärung niedergelegt ist, zu verstehen sind, ist jedenfalls erforderlich, dass die nachhaltigen Auswirkungen eine gewisse Schwelle überschreiten und nicht völlig unerheblich sind.

Wenngleich Art. 10 Abs. 6 CP als die Vorschrift angesehen wird, die das Vorsorgeprinzip, wie es im Rahmen des Cartagena-Protokolls umgesetzt ist, widerspiegelt, und in diesem Zusammenhang teils lediglich darauf verwiesen wird, auch im Falle wissenschaftlicher Ungewissheit erlaube das Cartagena-Protokoll einer Vertragspartei, die Einfuhr eines LMO zu untersagen[1526], stellt sich bei genauerer Untersuchung die Frage, ob das Vorsorgeprinzip im Sinne des Art. 10 Abs. 6 CP nicht enger zu verstehen ist als gemeinhin angenommen.[1527] Ansatzpunkt hierfür ist, dass Art. 10 Abs. 6 CP ausweislich des Wortlauts wissenschaftliche Ungewissheit wegen unzureichender wissenschaftlicher Informationen und Kenntnisse im Hinblick auf das *Ausmaß* möglicher nachteiliger Auswirkungen erfordert.[1528] Dieser einschränkende Wortlaut spricht dafür, dass Art. 10 Abs. 6 CP nicht schon anwendbar ist, wenn wissenschaftlich ungewiss ist, ob nachteilige Auswirkungen möglich sind oder welcher Art nachteilige Auswirkungen sind, sondern nur, wenn der Kausalzusammenhang zwischen einer Einbringung in die Umwelt und nachteiligen Auswirkungen wissenschaftlich belegt ist und die wissenschaftliche Ungewissheit lediglich das Ausmaß möglicher nachteiliger Auswirkungen betrifft.[1529] Für ein solches Verständnis wird

---

[1524] Denkbar ist ebenso, Prinzip 15 so zu verstehen, dass Nichthandeln nicht mit dem Verweis auf wissenschaftliche Ungewissheit, durchaus aber unter Berufung auf andere Gründe gerechtfertigt werden kann, siehe hierzu bereits die Ausführungen in Teil 3, Kapitel 4, III, 3, b, cc.

[1525] *Böckenförde*, ZaöRV 63 2003, 313 (S. 321).

[1526] *Scheyli*, ZaöRV 60 (3/4), 2000, 771 (S. 800); *Applegate*, Indiana Journal of Global Legal Studies 9 (1) 2001, 207 (S. 243).

[1527] So *Böckenförde*, ZaöRV 63 2003, 313 (S. 321ff.); *Ansari/Wartini*, Advances in Environmental Biology 7 (4) 2013, 636 (S. 646ff.).

[1528] Art. 10 Abs. 6 CP lautet: „Ist wegen unzureichender einschlägiger wissenschaftlicher Daten und Kenntnisse *das Ausmaß* möglicher nachteiliger Auswirkungen eines lebenden modifizierten Organismus auf die Erhaltung und nachhaltige Nutzung der biologischen Vielfalt [...] nicht sicher nachzuweisen [...]" (Hervorhebung durch die Verfasserin).

[1529] *Gupta*, IJGLS 9 (1) 2001, 265 (S. 278); *Böckenförde*, ZaöRV 63 2003, 313 (S. 322); *Monien*, S. 26ff.; *Ansari/Wartini*, Advances in Environmental Biology 7 (4) 2013, 636 (S. 648).

angeführt, die gewöhnliche Bedeutung des Begriffs „Ausmaß" bezeichne eine gewisse Quantität.[1530] Sei in einer früheren Vertragsfassung anstelle des Begriffs „extent" noch „the existence of" bzw. „the nature of" enthalten gewesen, habe der Widerstand der Miami-Gruppe dazu geführt, dass in der verbindlichen Vertragsfassung lediglich noch von „Ausmaß" die Rede sei und der Anwendungsbereich des Vorsorgeprinzips beschränkt worden sei.[1531] In Einklang mit Art. 1 CP sei zudem nicht das höchste, sondern lediglich ein angemessenes Schutzniveau sicherzustellen; ein enges Verständnis stehe daher in Einklang mit der Zielbestimmung.[1532] Schließlich werde so der engen Verknüpfung von Risikoabschätzung und Risikomanagement Bedeutung verliehen: ergebe die Risikoabschätzung, dass nachteilige Auswirkungen möglich sind, komme den Vertragsparteien das Recht zu, eine Entscheidung auf Basis des Art. 10 Abs. 6 CP zu treffen; sei hingegen im Rahmen der Risikoabschätzung die Identifizierung nachteiliger Auswirkungen nicht möglich, scheide Art. 10 Abs. 6 CP als Entscheidungsgrundlage aus, vielmehr könne lediglich auf Grundlage von Art. 10 Abs. 3 lit. c) CP die Anforderung weiterer Informationen erfolgen oder entsprechend Art. 10 Abs. 3 lit. d) CP der Entscheidungszeitraum verlängert werden.[1533]

Gegen ein derart eingeschränktes Verständnis des Vorsorgeprinzips spricht, dass Ausmaß im Sinne von Quantität nicht zu den in Rede stehenden Risiken in Zusammenhang mit LMOs zu passen scheint.[1534] Denn das exakte Ausmaß möglicher nachteiliger Auswirkungen auf die biologische Vielfalt oder die menschliche Gesundheit ist schwer zu bemessen und lässt sich kaum je im Vorhinein wissenschaftlich nachweisen.[1535] Regelmäßig besteht im Hinblick auf LMOs wissenschaftliche Ungewissheit im Hinblick auf das Vorhandensein eines Risikos oder dessen Natur und nicht lediglich in Bezug auf das Ausmaß.[1536] Darüber hinaus steht ein solch enges Verständnis nicht in Einklang mit den Vorgaben zur Risikoabschätzung, wie sie in Anhang III vorgesehen ist.[1537] Denn Ziel der Risikoabschätzung ist ausweislich Anhang III Ziff. 1 CP, mögliche nachteilige Auswirkungen zu identifizieren, deren Eintritt wissenschaftlich ungewiss ist. Auch Art. 1 CP spricht nicht für, sondern gegen ein allzu enges Verständnis, da das Vorsorgeprinzip, wie es in Prinzip 15 der Rio-Erklärung niedergelegt ist und durch die Bezugnahme in Art. 1 CP rechtliche Wirkung entfaltet, keine derartige Einschränkung enthält.

Art. 10 Abs. 6 CP ist damit weiter zu verstehen, sodass auf Grundlage der Risikoabschätzung Anhaltspunkte für das Bestehen nachteiliger Auswirkungen gegeben sein müssen, jedoch nicht jegliche denkbaren oder hypothetischen Befürchtungen des Einfuhrstaates, für deren Eintritt

[1530] *Böckenförde*, ZaöRV 63 2003, 313 (S. 322).
[1531] *Böckenförde*, ZaöRV 63 2003, 313 (S. 322).
[1532] *Böckenförde*, ZaöRV 63 2003, 313 (S. 322).
[1533] *Böckenförde*, ZaöRV 63 2003, 313 (S. 322f.).
[1534] *Stoll*, YIEL 10 (1) 1999, 82 (S. 98).
[1535] *Stoll*, YIEL 10 (1) 1999, 82 (S. 98).
[1536] *Beck*, S. 164.
[1537] *Stoll*, YIEL 10 (1) 1999, 82 (S. 98f.).

keinerlei Anzeichen vorhanden sind, ausreichen.[1538] Art. 10 Abs. 6 CP greift auch dann ein, wenn entweder die Wahrscheinlichkeit und/oder das Ausmaß möglicher nachteiliger Auswirkungen nicht eindeutig wissenschaftlich feststellbar sind oder die vorhandenen Informationen nicht ausreichen, um eine vollumfängliche Risikoabschätzung durchzuführen.[1539] Der Austausch der ursprünglich vorgesehenen Formulierung durch den Begriff des Ausmaßes spricht denn auch dafür, dass Beweggrund der Vertragsparteien war, Missbrauch zu verhindern, gleichzeitig aber im Falle von Anhaltspunkten für das Bestehen etwaiger Risiken für die biologische Vielfalt Raum dafür zu schaffen, Schäden an der biologischen Vielfalt oder der menschlichen Gesundheit frühzeitig zu verhindern.[1540]

Über den Zusatz „as appropriate" in Art. 10 Abs. 6 CP sind vor dem Hintergrund des Art. 1 CP Verhältnismäßigkeitserwägungen anzustellen, ferner ist die Kosteneffektivität einer Maßnahme zu berücksichtigen.[1541]

Art. 10 Abs. 6 CP ermöglicht somit auch in Zusammenhang mit Gene Drive-Organismen auf dem Vorsorgeprinzip beruhende nationale Entscheidungen, um die biologische Vielfalt und die menschliche Gesundheit zu schützen. Aufgrund der Tatsache, dass Gene Drive-Organismen jedenfalls die biologische Vielfalt im Sinne der genetischen Vielfalt schmälern, können sich Vertragsparteien im Falle eines engen Verständnisses und erst recht bei Zugrundelegung eines – hier befürworteten – weiteren Verständnisses auf Art. 10 Abs. 6 CP berufen und die Einfuhr untersagen oder lediglich unter Auflagen für zulässig erklären.

(5) Die Überprüfung von Einfuhrentscheidungen gem. Art. 12 CP

Eine Frist, innerhalb derer eine angesichts verbleibender wissenschaftlicher Ungewissheit hinsichtlich nachteiliger Auswirkungen auf die biologische Vielfalt oder die menschliche Gesundheit getroffene Einfuhrentscheidung zu überprüfen ist, enthält das Cartagena-Protokoll nicht.[1542] Art. 12 CP sieht allerdings in Umsetzung des Vorsorgeprinzips die Möglichkeit sowohl der einführenden Vertragspartei als auch des Exportstaates oder Exporteurs vor, eine einmal getroffene Einfuhrentscheidung unter bestimmten Voraussetzungen zu überprüfen bzw. überprüfen zu lassen und trägt damit der Tatsache Rechnung, dass die mit LMOs einhergehenden Risiken schwierig abzuschätzen sind und sich die Einschätzung von Risiken im Laufe der Zeit ändern kann.

Art. 12 Abs. 1 CP ermöglicht es der einführenden Vertragspartei, eine einmal getroffene Einfuhrentscheidung im Lichte neuer wissenschaftlicher Erkenntnisse über nachteilige Auswirkungen auf die Erhaltung und nachhaltige Nutzung der biologischen Vielfalt, wobei auch Risiken für

[1538] *Stoll*, YIEL 10 (1) 1999, 82 (S. 99); *Erben*, S. 147; *Ujvari*, JAP (2) 2020, 59 (S. 65). So auch *Beck*, S. 164.
[1539] *Stoll*, YIEL 10 (1) 1999, 82 (S. 99); *MacKenzie* u. a., S. 83.
[1540] So auch: *Erben*, S. 147.
[1541] *Böckenförde*, ZaöRV 63 2003, 313 (S. 320 und 331).
[1542] *Gupta*, IJGLS 9 (1) 2001, 265 (S. 277).

die menschliche Gesundheit einzubeziehen sind, jederzeit zu widerrufen oder zu ändern und damit an die neue Kenntnislage anzupassen. Wurde im Hinblick auf die Einfuhr eines bestimmten mittels Gene Drive veränderten Organismus eine Entscheidung getroffen, kann diese immer dann, wenn neue, also zum Zeitpunkt der ursprünglichen Entscheidung noch nicht vorhandene wissenschaftliche Informationen, vorliegen, geändert werden. Gemäß Art. 12 Abs. 1 CP sind in diesem Fall sämtliche Anmelder sowie die Informationsstelle für biologische Sicherheit innerhalb von 30 Tagen unter Preisgabe der Gründe über die Entscheidung in Kenntnis zu setzen. Nach Art. 12 Abs. 2 CP kann der Exportstaat oder Exporteur von der einführenden Vertragspartei verlangen, eine einmal getroffene Einfuhrentscheidung im Sinne des Art. 10 CP zu überprüfen, sofern dieser der Ansicht ist, dass entweder eine Änderung der Umstände eingetreten ist, die Auswirkungen auf das Ergebnis der Risikoabschätzung hat (Art. 12 Abs. 2 lit. a) CP) oder dass zusätzliche wissenschaftliche oder technische Informationen verfügbar sind (Art. 12 Abs. 2 lit. b) CP). Eine Änderung der Umstände im Sinne des Art. 12 Abs. 2 lit. a) CP ist beispielsweise im Falle einer Veränderung der voraussichtlichen aufnehmenden Umwelt, der Verfügbarkeit zusätzlicher Identifikationsmethoden oder einer Änderung des Verwendungszwecks der LMOs anzunehmen.[1543] Die Überprüfung einer Einfuhrentscheidung durch die ausführende Vertragspartei oder den Exporteur setzt somit jedenfalls eine Veränderung der Situation oder wissenschaftlichen Kenntnislage voraus und dient nicht schlechthin dazu, eine seitens der einführenden Vertragspartei getroffene Entscheidung überprüfbar zu machen.[1544] Die einführende Vertragspartei hat die Pflicht, die getroffene Entscheidung innerhalb von 90 Tagen einer erneuten Überprüfung zu unterziehen und dem Exportstaat bzw. Exporteur die Ergebnisse der Überprüfung schriftlich mitzuteilen, Art. 12 Abs. 3 CP. Zwar ist die einführende Vertragspartei nicht verpflichtet, im Falle eines Überprüfungsersuchens im Sinne des Art. 12 Abs. 2 CP eine getroffene Einfuhrentscheidung in einer bestimmten Weise abzuändern, das Recht der einführenden Vertragspartei, eine Einfuhrentscheidung zu treffen, erfährt aber durch Art. 12 Abs. 2 und 3 CP dennoch eine Einschränkung.[1545]

bb. Exkurs: Das Vorsorgeprinzip in Zusammenhang mit Art. 11 CP

Art. 11 CP sieht, wie bereits erwähnt, für solche LMOs, die für die unmittelbare Verwendung als Nahrungs- oder Futtermittel oder zur Weiterverarbeitung bestimmt sind, und bei denen folglich eine Freisetzung in die Umwelt nicht beabsichtigt ist, ein vom AIA-Verfahren abweichendes, vereinfachtes Vorgehen vor.[1546] Angesichts dessen, dass Gene Drive-Organismen derzeit weder dazu vorgesehen sind, als Nahrungs- oder Futtermittel, noch zur Weiterverarbeitung eingesetzt

[1543] *MacKenzie* u. a., S. 94.
[1544] *MacKenzie* u. a., S. 94.
[1545] *de Sadeleer*, in: Research Handbook on International Environmental Law, 182–199 (S. 192).
[1546] *Stoll*, YIEL 10 (1) 1999, 82 (S. 92); *Scheyli*, ZaöRV 60 (3/4), 2000, 771 (S. 871).

zu werden, kommt Art. 11 CP in Zusammenhang mit Gene Drive-Organismen keine Relevanz zu.

Allerdings kommt das Vorsorgeprinzip auch in Art. 11 CP zum Ausdruck. Nachdem im Zuge der Vertragsverhandlungen einige Verhandlungsparteien infrage gestellt hatten, ob LMOs, die für die Verwendung als Nahrungs- oder Futtermittel oder zur Weiterverarbeitung bestimmt sind, überhaupt vom Anwendungsbereich des Cartagena-Protokolls erfasst sein sollten, da eine Freisetzung in die Umwelt nicht beabsichtigt sei, auf der anderen Seite aber gefordert wurde, diese ebenfalls dem AIA-Verfahren zu unterwerfen, da nicht ausgeschlossen werden könne, dass auch LMOs im Sinne des Art. 11 CP in die Umwelt gelangen, stellt die in Art. 11 CP gefundene Lösung einen Kompromiss dar.[1547] Während für die dem AIA-Verfahren unterfallenden LMOs das AIA-Verfahren vor jeder erstmaligen grenzüberschreitenden Verbringung durchgeführt werden muss, ist das in Art. 11 CP geregelte Verfahren nicht vor jeder grenzüberschreitenden Verbringung vorzunehmen.[1548] Vielmehr ist dieses nur einzuleiten, wenn eine Vertragspartei nach Art. 11 Abs. 1 CP endgültig über die innerstaatliche Verwendung eines bestimmten LMO entscheidet, der möglicherweise grenzüberschreitend verbracht wird und damit auf nationaler Ebene eine Zulassungsentscheidung trifft, die Einfluss auf die grenzüberschreitende Verbringung haben kann.[1549] Die Entscheidung ist den anderen Vertragsparteien innerhalb einer Frist von 15 Tagen unter Beifügung der in Anlage II aufgeführten Angaben[1550] über die Informationsstelle für biologische Sicherheit mitzuteilen. Im Übrigen kann jede Vertragspartei das für die Einfuhr anzuwendende Verfahren gem. Art. 11 Abs. 4 CP in ihrem innerstaatlichen Recht ausgestalten; es besteht damit die Möglichkeit, auch in Bezug auf LMOs im Sinne des Art. 11 CP die Einfuhr in jedem Einzelfall nur nach vorheriger Zustimmung zu ermöglichen.[1551]

Das Vorsorgeprinzip kommt in Art. 11 CP zum Ausdruck, indem die Entscheidung einer Vertragspartei über die Verwendung lebender modifizierter Organismen im Sinne des Art. 11 CP im Anschluss an eine Risikoabschätzung im Sinne der Anlage III CP zu treffen ist, Art. 11 Abs. 1 i.V.m. Anlage II lit. j) CP. Auch in Zusammenhang mit LMOs im Sinne des Art. 11 CP sind somit mögliche nachteilige Auswirkungen auf die Erhaltung und nachhaltige Nutzung der biologischen Vielfalt oder die menschliche Gesundheit soweit wie möglich im Vorhinein zu ermitteln. Darüber hinaus findet sich in Art. 11 Abs. 8 CP eine Art. 10 Abs. 6 CP entsprechende Vorschrift. Eine Vertragspartei darf danach im Falle verbleibender wissenschaftlicher Ungewissheit über mögliche nachteilige Auswirkungen eines LMO auf die Erhaltung und nachhaltige Nutzung der biologischen Vielfalt oder die menschliche Gesundheit die Einfuhr eines LMO,

[1547] *Scheyli*, ZaöRV 60 (3/4), 2000, 771 (S. 784); *MacKenzie* u. a., S. 86; *Bernasconi-Osterwalder*, in: Reconciling Environment and Trade, 645–677 (S. 651).
[1548] *Scheyli*, ZaöRV 60 (3/4), 2000, 771 (S. 782).
[1549] *Scheyli*, ZaöRV 60 (3/4), 2000, 771 (S. 782); *Erben*, S. 148.
[1550] Diese Angaben entsprechen größtenteils den in Anlage I aufgeführten Angaben, insbesondere ist gem. Anlage II lit. j) CP ein Bericht über die durchgeführte Risikoabschätzung in Einklang mit Anlage III vorzulegen.
[1551] *MacKenzie* u. a., S. 88.

der zur unmittelbaren Verwendung als Lebens- oder Futtermittel oder zur Weiterverarbeitung vorgesehen ist, untersagen oder nur unter Auflagen zulassen.

Aufgrund der Tatsache, dass eine vorherige Risikoabschätzung in Zusammenhang mit LMOs im Sinne des Art. 11 CP nur durchgeführt werden muss, wenn eine Vertragspartei endgültig über deren Verwendung entscheidet und nicht in jedem Fall der grenzüberschreitenden Verbringung, ist das Vorsorgeprinzip in Zusammenhang mit zur unmittelbaren Verwendung als Nahrungs- oder Futtermittel oder zur Weiterverarbeitung bestimmten LMOs schwächer ausgestaltet.[1552] Dass das Cartagena-Protokoll in Bezug auf LMOs, die zur unmittelbaren Verwendung als Nahrungs- oder Futtermittel oder für die Weiterverarbeitung bestimmt sind und die beispielsweise in Zusammenhang mit dem Transport ebenfalls in die Umwelt gelangen können, keinen besonderen Schutzmechanismus vorsieht, zeigt, dass das Vorsorgeprinzip in Zusammenhang mit LMOs im Sinne des Art. 11 CP schwach ausgeprägt ist.[1553]

b. Die Verpflichtung zur Vornahme von Risikomanagementmaßnahmen gem. Art. 16 CP

Basierend auf Art. 8 lit. g) CBD verpflichtet Art. 16 CP die Vertragsparteien im Umgang mit sämtlichen in den Anwendungsbereich des Cartagena-Protokolls fallenden LMOs über das Verhalten in Zusammenhang mit der Einfuhrentscheidung hinaus zum Risikomanagement und dient damit in Einklang mit Art. 1 CP der Umsetzung des Vorsorgeprinzips.[1554] Im Gegensatz zu den meisten nationalen Regelwerken sind die Entscheidung über die Einfuhr einerseits und sonstige Maßnahmen zur Risikobewältigung andererseits in verschiedenen Vorschriften des Cartagena-Protokolls und damit getrennt voneinander geregelt.[1555]

Die Vertragsparteien sind nach Art. 16 Abs. 1 CP verpflichtet, angemessene Mechanismen, Strategien und Maßnahmen einzuführen, um Risiken für die biologische Vielfalt und die menschliche Gesundheit, die im Rahmen der Risikoabschätzung nach Art. 15 CP zu Tage getreten sind sowie solchen, die mit der innerstaatlichen Verwendung und Handhabung von LMOs einhergehen können, zu begegnen und haben damit ein umfassendes Regulierungssystem zu schaffen.[1556] Im Hinblick darauf, welche Mechanismen, Strategien und Maßnahmen angemessen sind und wie solche zu identifizieren sind, enthält das Cartagena-Protokoll kaum konkrete Vorgaben, den einzelnen Staaten kommt hierbei ein erheblicher Gestaltungsspielraum zu.[1557] Erforderlich ist lediglich, dass die nationalen Vorgaben im Einzelfall angemessen sind, um den

[1552] *Brown/Hassan*, JIBL 2 (1) 2005, 112 (S. 115).
[1553] *Brown/Hassan*, JIBL 2 (1) 2005, 112 (S. 115).
[1554] *Scheyli*, ZaöRV 60 (3/4), 2000, 771 (S. 795); *Atapattu*, S. 238.
[1555] *Hill*, in: Legal Aspects of Implementing the Cartagena Protocol on Biosafety, 63–77 (S. 64).
[1556] *MacKenzie* u. a., S. 111; *Ansari/Wartini*, Advances in Environmental Biology 7 (4) 2013, 636 (S. 645); *Beck*, S. 175f. Näher zu der Frage, ob ausschließlich Risiken, die im Rahmen der Risikoabschätzung nach Art. 15 i.V.m. Anhang III zu Tage getreten sind, zu begegnen ist: *Beck*, S. 174f.
[1557] *MacKenzie* u. a., S. 111; *Erben*, S. 153; *Ansari/Wartini*, Advances in Environmental Biology 7 (4) 2013, 636 (S. 646).

Risiken zu begegnen.[1558] Die Vertragsparteien haben sich bei der Auswahl der Maßnahmen somit an Verhältnismäßigkeitserwägungen zu orientieren. Bei der Verpflichtung in Art. 16 Abs. 1 CP handelt es sich um eine solche zur Anwendung der angemessenen Sorgfalt.[1559]

Konkretisiert wird die Verpflichtung in Art. 16 Abs. 1 CP insoweit, als Risikomanagementmaßnahmen sowohl zum Schutz der biologischen Vielfalt und menschlichen Gesundheit auf dem Gebiet der einführenden Vertragspartei als auch zur Verhinderung einer unabsichtlichen grenzüberschreitenden Verbringung geschaffen werden sollen.

Im Falle einer absichtlichen grenzüberschreitenden Verbringung lebender modifizierter Organismen besteht nach Art. 16 Abs. 2 CP die Verpflichtung, auf Grundlage der Risikoabschätzung Maßnahmen zu treffen oder aufrechtzuerhalten, um nachteilige Auswirkungen auf die Biodiversität und die menschliche Gesundheit im Hoheitsgebiet der einführenden Vertragspartei möglichst zu verhindern.[1560] Eingeschränkt wird die Verpflichtung, als Maßnahmen nur zu treffen sind, soweit dies erforderlich ist, um nachteilige Auswirkungen auf die biologische Vielfalt und die menschliche Gesundheit zu verhindern; insoweit müssen die zu treffenden Maßnahmen auf die durch einen LMO möglicherweise hervorgerufenen nachteiligen Auswirkungen abgestimmt sein. Die Verpflichtung des Art. 16 Abs. 2 CP richtet sich dabei nicht ausschließlich an die einführende Vertragspartei, sodass auch der Exportstaat gegebenenfalls entsprechende Maßnahmen zu treffen hat.[1561]

Ausweislich Art. 16 Abs. 3 CP sind zudem seitens jeder Vertragspartei angemessene Maßnahmen zu ergreifen, um eine unabsichtliche grenzüberschreitende Verbringung lebender modifizierter Organismen zu verhindern.[1562] Auch insoweit handelt es sich um eine Verpflichtung zur Anwendung der angemessenen Sorgfalt.[1563] Dieser wird in der Regel unter anderem durch die Durchführung einer Risikoabschätzung im Vorfeld einer absichtlichen Freisetzung Rechnung getragen. Während teils angenommen wird, die Vertragsparteien seien auf Grundlage von Art. 16 Abs. 3 CP verpflichtet, im Vorfeld jeder Freisetzung von LMOs eine Risikoabschätzung durchzuführen[1564], sprechen die besseren Argumente dafür, anzunehmen, dass es sich dabei lediglich um einen Vorschlag einer konkreten Maßnahme handelt.[1565] Einerseits lässt der

[1558] *Ansari/Wartini*, Advances in Environmental Biology 7 (4) 2013, 636 (S. 646); *Beck*, S. 176. „In the identification of risk management mechanisms, measures and strategies it is therefore important to consider the feasibility of the measures proposed in the circumstances in which they will be carried out in practice“, *MacKenzie* u. a., S. 112.

[1559] *Beck*, S. 176.

[1560] „Measures based on the risk assessment shall be imposed to the extent necessary to prevent adverse effects of the living modified organism on the conservation and sustainable use of biological diversity, taking also into account risks to human health, within the territory of the party of import.“

[1561] *Beck*, S. 177. So wohl auch: *MacKenzie* u. a., S. 112.

[1562] Siehe für eine – nicht rechtsverbindliche – Definition einer unabsichtlichen grenzüberschreitenden Verbringung die bereits erwähnte Entscheidung der Vertragsparteien: COP-MOP, Decision CP-VIII/16, 16.12.2016, UNEP/CBD/CP/MOP/DEC/VIII/16, Ziff. 1 i.V.m. der Anlage.

[1563] *Beck*, S. 179f.

[1564] So *Ansari/Wartini*, Advances in Environmental Biology 7 (4) 2013, 636 (S. 646).

[1565] So *Erben*, S. 153f.; *Beck*, S. 180f.

Wortlaut vermuten, dass es sich lediglich um eine beispielhafte Nennung handelt, andererseits spricht die wesentlich abgeschwächte Formulierung in Art. 16 Abs. 4 CP im Hinblick auf die Beobachtung über einen angemessenen Zeitraum dagegen, dass in Art. 16 Abs. 3 CP eine derart weitreichende Verpflichtung geschaffen werden sollte.[1566]

Ergänzend wird, wie bereits erwähnt, in Art. 16 Abs. 4 CP beispielhaft angeführt, dass die Verwendung eines – importierten oder auf dem Hoheitsgebiet hergestellten – LMO erst im Anschluss an einen im Einzelfall angemessenen Beobachtungszeitraum erfolgen soll.[1567] Die Vertragsparteien sind darüber hinaus gem. Art. 16 Abs. 5 CP zur Kooperation verpflichtet.

Das Cartagena-Protokoll verpflichtet die Vertragsparteien somit dazu, im Vorfeld einer Freisetzung von Gene Drive-Organismen ein angemessenes Regulierungssystem und insbesondere angemessene Risikomanagementmaßnahmen zu schaffen, um einerseits nachteilige Auswirkungen auf dem Gebiet der freisetzenden Vertragspartei selbst und anderseits eine unabsichtliche grenzüberschreitende Verbringungen der Gene Drive-Organismen so weit wie möglich zu verhindern, wobei die Vertragsparteien aber über einen weiten Gestaltungsspielraum verfügen. Eine Pflicht, Freisetzungsvorhaben mit Gene Drive-Organismen nach Durchführung einer Risikoabschätzung zuzulassen, besteht damit gerade nicht.

c. Der Einbezug sozioökonomischer Erwägungen gem. Art. 26 CP

Weiterer Ausdruck des Vorsorgeprinzips ist, dass gem. Art. 26 Abs. 1 CP bei der Entscheidung über die Einfuhr lebender modifizierter Organismen nach den Vorgaben des Cartagena-Protokolls und bei der Umsetzung der Vorgaben des Cartagena-Protokolls durch innerstaatliche Regelungen nicht lediglich nachteilige Auswirkungen auf die biologische Vielfalt und die menschliche Gesundheit Berücksichtigung finden, sondern zusätzlich sozioökonomische Erwägungen in die Entscheidung einbezogen werden können, soweit dies nicht im Widerspruch zu sonstigen internationalen – insbesondere handelsrechtlichen – Verpflichtungen steht.[1568] Art. 26 CP stellt dabei einen Kompromiss zwischen der Position der Entwicklungsländer, die im Rahmen der Vertragsverhandlungen überwiegend eine weitgehende Berücksichtigung sozioökonomischer Erwägungen befürworteten, und der Position der Exportnationen, die sich für eine Außerachtlassung sozioökonomischer Erwägungen einsetzten, dar.[1569] Gewährleistet wird,

[1566] *Beck*, S. 181.

[1567] Die Formulierung weißt jedoch wenig Schärfe auf: „[...] each Party shall endeavour to ensure that any living modified organism, [...] has undergone an appropriate period of observaion [...]".

[1568] Die Einbeziehung sozioökonomischer Erwägungen auf Basis des Art. 26 CP darf insbesondere nicht dazu führen, dass eine Vertragspartei die Verpflichtungen der unter der Ägide der WTO geschlossenen handelsrechtlichen Verträge verletzt, *MacKenzie* u. a., S. 164. Siehe hierzu: *Ludlow/Smyth/Falck-Zepeda*, Journal of International Law and Trade Policy 17 (2) 2016, 137 (S. 142ff.).

[1569] Report of the Third Meeting of the Open-Ended Ad Hoc Working Group on Biosafety, 17.10.1997, UNEP/CBD/BSWG/3/6, Rn. 29ff.; *Stoll*, YIEL 10 (1) 1999, 82 (S. 96); *MacKenzie* u. a., S. 163; *Perron-Welch*, in: Legal Aspects of Implementing the Cartagena Protocol on Biosafety, 147–163 (S. 152).

dass die Entscheidungsfindung auf Basis des Cartagena-Protokolls den Erfordernissen und Gegebenheiten diverser Staaten, Gesellschaften und Kulturen angepasst werden kann.[1570]

Wie der Wortlaut des Art. 26 CP explizit zum Ausdruck bringt, können nicht sämtliche sozioökonomische Erwägungen berücksichtigt werden; diese sind nur berücksichtigungsfähig, sofern sie durch Auswirkungen – es muss sich dabei nicht notwendigerweise um nachteilige Auswirkungen handeln – lebender veränderter Organismen auf die biologische Vielfalt beeinflusst werden oder eine derartige Beeinflussung möglich erscheint.[1571] So wird verhindert, dass eine Vertragspartei die Einfuhr lebender modifizierter Organismen ausschließlich aus anderen Gründen als dem Schutz der biologischen Vielfalt, wie beispielsweise dem Schutz wirtschaftlicher Interessen, verbietet oder mit Auflagen versieht.[1572] Ist diese Verknüpfung mit dem Schutz der biologischen Vielfalt gegeben, sind sowohl vorteilhafte als auch nachteilige sozioökonomische Auswirkungen berücksichtigungsfähig.

Ausdrückliche Erwähnung und besondere Berücksichtigung erfährt der Schutz der indigenen und lokalen Bevölkerung.[1573] In Zusammenhang mit Einfuhrentscheidungen oder innerstaatlichen Umsetzungsmaßnahmen kann insbesondere berücksichtigt werden, dass LMOs die Fähigkeit indigener und lokaler Gemeinschaften beeinflussen können, die biologische Vielfalt, die für deren Überleben und die traditionelle Lebensweise von besonderer Bedeutung ist, zu nutzen.[1574] Berücksichtigt werden können damit beispielsweise die Auswirkungen von Einfuhrentscheidungen oder nationalen Maßnahmen auf den Fortbestand und die Reichweite der biologischen Ressourcen in Gebieten, die von indigenen Gemeinschaften bewohnt werden, auf den Verlust des Zugangs zu genetischen und anderen natürlichen Ressourcen, die indigenen Gemeinschaften zur Verfügung standen oder auf den Verlust kultureller Traditionen, Kenntnisse und Praktiken infolge des Verlusts der biologischen Vielfalt.[1575]

Was im Übrigen unter sozioökonomischen Erwägungen zu verstehen ist, ist nicht abschließend geklärt.[1576] Hierzu können aber jedenfalls Nahrungsmittelsicherheit, Folgen für die menschliche Gesundheit, Auswirkungen auf den Marktzugang, ökonomische Auswirkungen von Veränderungen in der Ausbreitung von Schädlingen oder von Veränderungen bezüglich des Einsatzes

[1570] *Perron-Welch*, in: Legal Aspects of Implementing the Cartagena Protocol on Biosafety, 147–163 (S. 149).

[1571] *MacKenzie* u. a., S. 163; *Ansari/Wartini*, Advances in Environmental Biology 7 (4) 2013, 636 (S. 648). Sozioökonomischen Faktoren, die zwar unmittelbar durch LMOs beeinflusst werden, aber keinerlei Bezug zur biologischen Vielfalt aufweisen, kommt keine Relevanz zu.

[1572] *Ansari/Wartini*, Advances in Environmental Biology 7 (4) 2013, 636 (S. 648).

[1573] „The Parties, in reaching a decision on import under this Protocol or under its domestic measures implementing the Protocol, may take into account, consistent with their international obligations, socio-economic considerations arising from the impact of living modified organisms on the conservation and sustainable use of biological diversity, *especially with regard to the value of biological diversity to indigenous and local communities*" (Hervorhebung durch die Verfasserin).

[1574] *MacKenzie* u. a., S. 164.

[1575] *MacKenzie* u. a., S. 164.

[1576] *Buechle*, Indiana University School of Law 9 (1) 2001, 283 (S. 322).

von Pestiziden und Herbiziden oder die Rechte von Landwirten zählen.[1577]
Vorgaben dahingehend, auf welche Art und Weise eine Berücksichtigung der sozioökonomischen Erwägungen erfolgt, enthält das Cartagena-Protokoll nicht.[1578] Eine mögliche Art der Berücksichtigung ist jedenfalls die Einbeziehung der entsprechenden Erwägungen in die Risikoabschätzung. Art. 26 CP ermöglicht daneben mit Blick auf indigene Gemeinschaften oder die lokale Bevölkerung, Entscheidungen über die Einfuhr oder nationale Umsetzungsmaßnahmen erst im Anschluss an ein Beteiligungsverfahren zu treffen.[1579]
Da sozioökonomische Erwägungen auch in die Entscheidung über die Einfuhr lebender modifizierter Organismen einbezogen werden können, erstreckt sich der Anwendungsbereich von Art. 10 Abs. 6 bzw. Art. 11 Abs. 8 CP auf Ungewissheiten im Hinblick auf sozioökonomische Auswirkungen; dies gilt jedenfalls, soweit es sich dabei um relevante wissenschaftliche Informationen oder Erkenntnisse im Sinne des Art. 10 Abs. 6 oder Art. 11 Abs. 8 CP handelt.[1580]
Soweit die Freisetzung von Gene Drive-Organismen somit Auswirkungen auf die biologische Vielfalt hat und damit potentiell sozioökonomische Auswirkungen einhergehen, ermöglicht Art. 26 Abs. 1 CP, diese auf der Ebene der Risikoabschätzungen zu berücksichtigen, in die Entscheidung über die Einfuhr einzubeziehen oder bei der Umsetzung sonstiger Vorgaben des Cartagena-Protokolls zu berücksichtigen.[1581] In Umsetzung des Vorsorgeprinzips kann eine Vertragspartei die Einfuhr von Gene Drive-Organismen insbesondere auch dann versagen, wenn von diesen Auswirkungen auf die biologische Vielfalt ausgehen und (noch) wissenschaftliche Ungewissheit im Hinblick auf dadurch hervorgerufene sozioökonomische Auswirkungen besteht.

d. Das Vorsorgeprinzip bei der unabsichtlichen grenzüberschreitenden Verbringung von LMOs

Während sich ein Großteil der Vorschriften des Cartagena-Protokolls auf die absichtliche grenzüberschreitende Verbringung von LMOs bezieht, ist Art. 17 CP der Erkenntnis geschuldet, dass LMOs Staatsgrenzen auch unabsichtlich überschreiten und infolgedessen die biologische Vielfalt und die menschliche Gesundheit bedrohen können.
Art. 17 Abs. 1 CP verpflichtet die Vertragsparteien in Anerkennung dieser Tatsache, die erforderlichen Maßnahmen zu ergreifen, damit betroffene oder möglicherweise betroffene Staaten, die Informationsstelle für biologische Sicherheit und gegebenenfalls internationale Organisatio-

[1577] *Perron-Welch*, in: Legal Aspects of Implementing the Cartagena Protocol on Biosafety, 147–163 (S. 155).
[1578] *MacKenzie* u. a., S. 165.
[1579] *MacKenzie* u. a., S. 165.
[1580] *Perron-Welch*, in: Legal Aspects of Implementing the Cartagena Protocol on Biosafety, 147–163 (S. 160).
[1581] Berücksichtigungsfähig wäre somit beispielsweise eine Verbesserung der Nahrungsmittelsicherheit infolge einer effektiveren und zielgerichteteren Schädlingsbekämpfung durch den Einsatz von Gene Drive-Organismen. Es könnten ebenso wirtschaftliche Folgen der Ausbreitung bislang nicht relevanter, aber durch den Einsatz der Gene Drive-Technik bedeutsamer Schädlingspopulationen Berücksichtigung finden.

nen informiert werden, sobald eine Vertragspartei Kenntnis von einem Ereignis erlangt, das zu einer unabsichtlichen grenzüberschreitenden Verbringung eines LMO führt oder führen kann und hierdurch erhebliche nachteilige Auswirkungen auf die Erhaltung oder nachhaltige Nutzung der biologischen Vielfalt oder die menschliche Gesundheit wahrscheinlich sind.[1582] Es handelt sich dabei um eine due-diligence-Verpflichtung.[1583] Was unter einer unabsichtlichen grenzüberschreitenden Verbringung zu verstehen ist, ist im Cartagena-Protokoll selbst nicht näher definiert. Nach der durch die COP-MOP anerkannten Definition ist hierunter jede grenzüberschreitende Verbringung eines LMO, der versehentlich die Staatsgrenzen einer Vertragspartei überschritten hat, in der er freigesetzt wurde, zu verstehen.[1584] Ausweislich Art. 3 lit. k) CP ist auch die grenzüberschreitende Verbringung zwischen einer Vertragspartei und einer Nicht-Vertragspartei erfasst. Art. 17 Abs. 1 CP findet sowohl in Fällen Anwendung, in denen infolge der absichtlichen Freisetzung von LMOs auf dem Hoheitsgebiet einer Vertragspartei diese in den Hoheitsbereich einer anderen Vertragspartei oder einer Nicht-Vertragspartei gelangen, als auch, wenn LMOs versehentlich freigesetzt werden und infolgedessen die Grenzen überschreiten.[1585] Denn zwar ist der Begriff des Ereignisses im Sinne des Art. 17 Abs. 1 CP nicht näher definiert, allerdings ist neben der unabsichtlichen Freisetzung von LMOs auch ein Versagen von Risikomanagementmaßnahmen oder die Feststellung einer unerwarteten Verbreitung der freigesetzten LMOs zu verstehen.[1586] Art. 17 Abs. 3 CP enthält Vorgaben zu den im Rahmen der Benachrichtigung erforderlichen Informationen:

„Any notification arising from paragraph 1 above, should include: (a) Available relevant information on the estimated quantities and relevant characteristics and/or traits of the living modified organism; (b) Information on the circumstances and estimated date of the release, and on the use of the living modified organism in the originating Party; (c) Any available information about the possible adverse effects on the conservation and sustainable use of biological diversity, taking also into account risks to human health, as well as available information about possible risk management measures; (d) Any other relevant information; and (e) A point of contact for further information."

Art. 17 Abs. 4 CP enthält darüber hinaus die Verpflichtung zur Konsultation derjenigen Staaten, die möglicherweise betroffen sind.

Dem Vorsorgeprinzip wird dadurch Rechnung getragen, dass das Cartagena-Protokoll mit Art. 17 eine Vorschrift enthält, die dazu dient, erheblichen nachteiligen Auswirkungen von unab-

[1582] „Each Party shall take appropriate measures to notify affected or potentially affected States, the Biosafety Clearing-House and, where appropriate, relevant international organizations, when it knows of an occurrence under its jurisdiction resulting in a release that leads, or may lead, to an unintentional transboundary movement of a living modified organism that is likely to have significant adverse effects on the conservation and sustainable use of biological diversity, taking also into account risks to human health in such States. The notification shall be provided as soon as the Party knows of the above situation."

[1583] *MacKenzie* u. a., S. 117.

[1584] COP-MOP, Decision VIII/16, 16.12.2016, CBD/CP/MOP/DEC/VIII/16, Ziff. 1 i.V.m. der Anlage.

[1585] *MacKenzie* u. a., S. 116.

[1586] *MacKenzie* u. a., S. 118.

sichtlich grenzüberschreitend freigesetzten LMOs besser begegnen zu können. Ausdruck des Vorsorgeprinzips ist es, dass Ungewissheit im Hinblick darauf, ob eine unabsichtliche Freisetzung lebender modifizierter Organismen tatsächlich in einer grenzüberschreitenden Verbringung dieser LMOs resultiert, in Einklang mit Art. 1 CP nicht dazu führt, dass die Informations- und Konsultationspflicht entfällt.[1587] Darüber hinaus greifen die Verpflichtungen des Art. 17 Abs. 1 und Abs. 4 CP zur Information und Konsultation nicht erst, wenn erhebliche nachteilige Auswirkungen auf die Erhaltung und nachhaltige Nutzung der biologischen Vielfalt mit Sicherheit eintreten, sondern bereits, wenn solche lediglich *wahrscheinlich* sind, also in Bezug auf nachteilige Auswirkungen wissenschaftliche Ungewissheit besteht.[1588] Anders als in den bereits analysierten Vorschriften greift indes die Verpflichtung des Art. 17 Abs. 1 und Art. 17 Abs. 4 CP nur im Falle wahrscheinlicher erheblicher nachteiliger Auswirkungen. Es genügt damit nicht jede beliebige nachteilige Auswirkung auf die Erhaltung oder nachhaltige Nutzung der biologischen Vielfalt oder die menschliche Gesundheit, sondern diese muss die Schwelle der Erheblichkeit überschreiten.
Die Benachrichtigungspflicht nach Art. 17 Abs. 1 und Abs. 3 CP und die Pflicht zur Konsultation besteht also insbesondere auch dann, wenn infolge einer absichtlichen Freisetzung auf dem Hoheitsgebiet einer Vertragspartei die Gene Drive-Organismen die Grenze zu einer anderen Vertragspartei oder Nicht-Vertragspartei zu überschreiten drohen, sofern erhebliche nachteilige Auswirkungen auf die biologische Vielfalt oder die menschliche Gesundheit eintreten können. In Zusammenhang mit Freisetzungsvorhaben von Gene Drive-Organismen, die dazu bestimmt sind, sich selbsttätig in freier Wildbahn zu verbreiten, ist anzunehmen, dass den Vorgaben des Art. 17 CP, die ursprünglich für herkömmliche LMOs entwickelt wurden, bei denen eine unbeabsichtigte Grenzüberschreitung eher die Ausnahme denn die Regel war, erhebliche Relevanz zukommt.[1589]

e. Die Verpflichtung zum Informationsaustausch

Das Ziel des Cartagena-Protokolls, in Einklang mit dem Vorsorgeprinzip beim Umgang mit LMOs und insbesondere deren grenzüberschreitender Verbringung ein angemessenes Schutzniveau sicherzustellen und so die biologische Vielfalt und menschliche Gesundheit zu schützen, wird schließlich durch regelmäßige(n) Informationspflichten und -austausch sowohl auf zwischenstaatlicher Ebene als auch im Wege der Öffentlichkeitsbeteiligung gefördert.

[1587] „[...] when it knows of an occurrence under its jurisdictions resulting in a release that leads, *or may lead*, to an unintentional transboundary movement of a living modified organism [...]" (Hervorherbung durch die Verfasserin). Siehe hierzu auch *MacKenzie* u. a., S.118.

[1588] Siehe hierzu: *MacKenzie* u. a., S. 118.

[1589] *Ching/Lin*, in: Gene Drives – A report on their science, applications, social aspects, ethics and regulations, 254–328 (S. 270).

aa. Der Informationsaustausch auf zwischenstaatlicher Ebene gem. Art. 20 CP

Als Teil des Clearing-House-Mechanismus des Art. 18 Abs. 3 CBD ermöglicht die Informationsstelle für biologische Sicherheit (Biosafety Clearing House) gem. Art. 20 Abs. 1 CP den Austausch und die Bereitstellung von Informationen auf zwischenstaatlicher Ebene. Die Informationsstelle für biologische Sicherheit dient einerseits dazu, den Austausch wissenschaftlicher, technischer, umweltbezogener und rechtlicher Informationen über LMOs – und damit auch mittels Gene Drive veränderte Organismen – zu ermöglichen[1590] und soll andererseits die Vertragsparteien bei der Durchführung und Umsetzung der Vorgaben des Cartagena-Protokolls unterstützen.[1591]
Zu den Informationen, die jede Vertragspartei der Informationsstelle für biologische Sicherheit zur Verfügung stellen muss, gehören gem. Art. 20 Abs. 3 lit. a) CP alle geltenden Gesetze, Vorschriften und Leitlinien für die Durchführung des Protokolls sowie Informationen, die die Vertragsparteien für das AIA-Verfahren benötigen, gem. Art. 20 Abs. 3 lit. c) CP die Zusammenfassung der vorgenommenen Risikoabschätzungen im Sinne des Art. 15 CP und gem. Art. 20 Abs. 3 lit. d) CP die jeweiligen endgültigen Entscheidungen über die Einfuhr und Freisetzungen von LMOs.[1592]
Ausweislich Art. 20 Abs. 2 CP sammelt und systematisiert die Informationsstelle für biologische Sicherheit die betreffenden Daten und Informationen und stellt diese zur Verfügung.[1593]
Die Vertragsparteien haben damit sämtliche in Bezug auf Gene Drive-Organismen erlassenen Gesetze oder Leitlinien, die der Umsetzung vertraglicher Vorgaben dienen sowie etwaige Gene Drive-Organismen betreffende Risikoabschätzungen und Entscheidungen über die Einfuhr oder die Freisetzung zur Verfügung zu stellen.

bb. Die Beteiligung der Öffentlichkeit im Rahmen des Art. 23 CP

Art. 23 CP trägt mit dem Ziel, beim Umgang mit LMOs ein Mindestmaß an Transparenz zu gewährleisten, drei Aspekten Rechnung, denen für eine sinnvolle Öffentlichkeitsbeteiligung Relevanz zukommt: Bewusstseinsbildung der Öffentlichkeit, Aufklärung sowie die Beteiligungsmöglichkeit an Entscheidungsverfahren.[1594] Die Vertragsparteien werden zur Bewusstseinsbildung und Aufklärung sowie Einbeziehung der Öffentlichkeit aufgerufen, ein subjektives Recht auf den Zugang zu bestimmten Informationen enthält Art. 23 CP – anders als beispielsweise

[1590] Art. 10 Abs. 1 lit. a) CP.
[1591] Art. 20 Abs. 1 lit. b CP.
[1592] Weitergehende Pflichten zur Bereitstellung spezifischer Informationen finden sich an anderer Stelle des Cartagena-Protokolls, beispielsweise in Art. 10 Abs. 3 CP oder Art. 12 Abs. 1 CP.
[1593] *Scheyli*, ZaöRV 60 (3/4), 2000, 771 (S. 790).
[1594] *MacKenzie* u. a., S. 150; *Skarlatakis/Kinderlerer*, in: Legal Aspects of Implementing the Cartagena Protocol on Biosafety, 111–130 (S. 120).

Art. 4 Abs. 1 der Aarhus-Konvention – indes nicht.[1595]

Nach Art. 23 Abs. 1 lit. a) CP sind die Vertragsparteien verpflichtet, die Bewusstseinsbildung in der Öffentlichkeit, die Aufklärung sowie die Beteiligung der Öffentlichkeit in Bezug auf die sichere Weitergabe, Handhabung und Verwendung lebender modifizierter Organismen zu fördern und zu erleichtern, also entsprechende Mechanismen zu schaffen. Ausweislich Art. 23 Abs. 1 lit. b) CP bemühen sie sich zudem, sicherzustellen, dass die Bewusstseinsbildung und Aufklärung der Öffentlichkeit den Zugang zu Informationen über LMOs umfasst, die möglicherweise eingeführt werden. Wie der Wortlaut verdeutlicht, ist die Einbeziehung und Beteiligung der Öffentlichkeit eher schwach ausgestaltet.[1596] Insbesondere konnten sich die Vertragsparteien nicht darauf einigen, in Art. 23 Abs. 1 lit. b) CP auch die Öffentlichkeitsbeteiligung aufzunehmen.[1597] Konkrete Vorgaben, auf welche Art und Weise die Bewusstseinsbildung und Aufklärung zu erfolgen hat oder wie Zugang zu Informationen geschaffen werden soll, finden sich nicht.[1598]

Art. 23 Abs. 2 CP enthält demgegenüber eine konkrete Verpflichtung: die Vertragsparteien haben im Entscheidungsprozess über LMOs die Öffentlichkeit zu konsultieren und die entsprechenden Entscheidungen zu veröffentlichen. Eine wesentliche Einschränkung erfährt die Verpflichtung des Art. 23 Abs. 2 CP jedoch dadurch, dass die Konsultation der Öffentlichkeit entsprechend der jeweiligen nationalen Vorgaben zu erfolgen hat und weder hinsichtlich des Inhalts noch der Methoden das Cartagena-Protokoll Vorgaben enthält; die Konsultation der Öffentlichkeit ist somit weitgehend der Gestaltungsfreiheit der Vertragsparteien überlassen.[1599] Im Unterschied zu den Pflichten zum Informationsaustausch auf zwischenstaatlicher Ebene enthält das Cartagena-Protokoll auch keine näheren Vorgaben, welche Informationen zur Verfügung gestellt werden sollen. Vorgeschrieben ist lediglich, dass die Vertraulichkeit der Informationen nach Art. 21 CP gewahrt werden muss. Eine Öffentlichkeitsbeteiligung in Zusammenhang mit Entscheidungen über Gene Drive-Organismen ist damit nach Art. 23 Abs. 2 CP nur entsprechend der jeweiligen innerstaatlichen Vorgaben erforderlich.

f. Zwischenergebnis

Das Vorsorgeprinzip ist im Cartagena-Protokoll somit einerseits in der Präambel und in der Zielbestimmung niedergelegt und liegt diesem als rechtlich bindendes Leitkonzept zugrunde[1600],

[1595] *Scheyli*, ZaöRV 60 (3/4), 2000, 771 (S. 793f.); *MacKenzie* u. a., S. 150.

[1596] *MacKenzie* u. a., S. 150; *Skarlatakis/Kinderlerer*, in: Legal Aspects of Implementing the Cartagena Protocol on Biosafety, 111–130 (S. 120).

[1597] Hierdurch wäre die Verpflichtung begründet worden, sich zu bemühen, dass im Rahmen der Öffentlichkeitsbeteiligung Zugang zu Informationen betreffend LMOs, die möglicherweise eingeführt werden, geschaffen wird, *MacKenzie* u. a., S. 150.

[1598] *Scheyli*, ZaöRV 60 (3/4), 2000, 771 (S. 794); *Skarlatakis/Kinderlerer*, in: Legal Aspects of Implementing the Cartagena Protocol on Biosafety, 111–130 (S. 122).

[1599] *Scheyli*, ZaöRV 60 (3/4), 2000, 771 (S. 794); *MacKenzie* u. a., S. 151.

[1600] *Scheyli*, ZaöRV 60 (3/4), 2000, 771 (S. 800).

andererseits ist es – anders als in der Biodiversitätskonvention – explizit auch im operativen Vertragsteil verankert und prägt darüber hinaus die gesamte Struktur des Cartagena-Protokolls.[1601] Die Umsetzung des Vorsorgeprinzips erfolgt vor allem im Wege von Verfahrensvorschriften.[1602] Mit dem AIA-Verfahren enthält das Cartagena-Protokoll einen Mechanismus, der sicherstellt, dass bereits im Vorfeld der Einfuhr lebender modifizierter Organismen, die in die Umwelt eingebracht werden sollen, mögliche nachteilige Auswirkungen identifiziert werden.[1603] In Bezug auf LMOs – und damit auch Gene Drive-Organismen –, die zur Freisetzung in die Umwelt bestimmt sind, ist im Vorfeld der erstmaligen Einfuhr eine wissenschaftsbasierte Risikoabschätzung durchzuführen, in deren Rahmen wissenschaftliche Ungewissheit ausdrücklich anzuerkennen ist. Allerdings ist das AIA-Verfahren nur anwendbar, wenn Gene Drive-Organismen absichtlich mit dem Ziel, diese freizusetzen, in das Gebiet einer anderen Vertragspartei verbracht werden.[1604] In Fällen, in denen sich Gene Drive-Organismen infolge einer absichtlichen Freisetzung grenzüberschreitend ausbreiten und infolgedessen im Hoheitsgebiet anderer Staaten zu nachteiligen Auswirkungen auf die biologische Vielfalt oder die menschliche Gesundheit führen können, finden lediglich die allgemein gehaltenen Verpflichtungen der Art. 16 und 17 CP Anwendung. Denn die selbsttätige grenzüberschreitende Verbreitung von Gene Drive-Organismen ist nicht als absichtliche grenzüberschreitende Verbringung im Sinne des Art. 7 Abs. 1 CP anzusehen. Das AIA-Verfahren mitsamt den Bestimmungen zur Durchführung einer Risikoabschätzung trägt damit den Besonderheiten von Gene Drive-Organismen, die sich, einmal freigesetzt, selbsttätig in einer Wildpopulation verbreiten, nicht ausreichend Rechnung, da es auf herkömmliche LMOs zugeschnitten ist. Wird zudem erst im Anschluss an die Einfuhr, die noch in der Absicht erfolgte, die Organismen lediglich in geschlossenen Systemen zu verwenden, die Entscheidung getroffen, die Organismen freizusetzen, findet das AIA-Verfahren ebenfalls keine Anwendung.[1605] Im Falle einer absichtlichen Freisetzung von Gene Drive-Organismen, die im Anschluss die Grenze überschreiten und auf dem Hoheitsgebiet von anderen Vertragsparteien oder Nicht-Vertragsparteien erheblichen Schaden an der biologischen Vielfalt oder menschlichen Gesundheit anzurichten drohen, besteht nach Art 17 Abs. 1, 3 und 4 CP die Pflicht zur Information und Konsultation.

Auf der Ebene des Risikomanagements kommt das Vorsorgeprinzip dadurch zum Ausdruck, dass die Vertragsparteien, wenn die Risikoabschätzung nach Art. 15 Abs. 1 i.V.m. Anlage III ergibt, dass auf Basis der wissenschaftlichen Informationen nachteilige Auswirkungen auf die biologische Vielfalt oder die menschliche Gesundheit möglich sind, das Recht zusteht, trotz ver-

[1601] Das Vorsorgeprinzip, wie es im Cartagena-Protokoll verankert ist, enthält die Elemente „science-based trigger", „timing", „response" und „iteration", *Applegate*, William & Mary Environmental Law and Policy Review 27 (13) 2002, 13 (S. 65).

[1602] *Scheyli*, ZaöRV 60 (3/4), 2000, 771 (S. 776).

[1603] *Stoll*, YIEL 10 (1) 1999, 82 (S. 99).

[1604] Anwendung findet das AIA-Verfahren damit in Fällen der klassischen Einfuhr.

[1605] Näher zu diesem Problem: *Beck*, S. 169ff.

bleibender wissenschaftlicher Ungewissheit die Einfuhr zu versagen oder mit Auflagen zu versehen.[1606] Die Einfuhr darf dabei nicht aufgrund von bloßen Vermutungen oder Besorgnissen ohne wissenschaftliche Grundlage versagt oder mit Auflagen versehen werden.[1607] Ausdruck des Vorsorgeprinzips ist darüber hinaus, dass ausweislich Art. 12 CP eine einmal im Hinblick auf einen mittels Gene Drive veränderten Organismus getroffene Einfuhrentscheidung im Lichte neuer wissenschaftlicher Informationen abgeändert werden kann und die Vertragsparteien auch über die Einfuhrentscheidung hinaus verpflichtet sind, geeignete Risikomanagmentmaßnahmen vorzusehen, um einerseits die biologische Vielfalt und die menschliche Gesundheit innerhalb des Hoheitsgebiet des Einfuhrstaates zu schützen und andererseits eine unabsichtliche grenzüberschreitende Verbringung von Gene Drive-Organismen möglichst zu verhindern. Zudem finden sich – wenngleich diese schwach ausgestaltet sind – Vorgaben für den Informationsaustausch und die Beteiligung anderer Staaten sowie der Öffentlichkeit. Die Vertragsparteien haben zudem die Möglichkeit, bei der Einfuhrentscheidung als auch bei der Umsetzung der Vorgaben des Cartagena-Protokolls im Übrigen sozioökonomische Erwägungen zu berücksichtigen.

Neben der Biodiversitätskonvention stellt das Cartagena-Protokoll damit eines der wichtigsten Foren zur vorsorgenden Regulierung des Umgangs und insbesondere der grenzüberschreitenden Verbringung von Gene Drive-Organismen dar.

III. Die Umsetzung des Vorsorgeprinzips in Zusammenhang mit der Freisetzung von Gene Drive-Organismen durch die Organe und Institutionen des Cartagena-Protokolls

Für die Konkretisierung der vertraglichen Vorgaben und die Umsetzung des Vorsorgeprinzips in Zusammenhang mit Gene Drive-Organismen spielen auch im Rahmen des Cartagena-Protokolls die rechtlich nicht verbindlichen Entscheidungen der Konferenz der Vertragsparteien des Cartagena-Protokolls sowie die von einschlägigen Experten ausgearbeiteten Leit- und Richtlinien eine bedeutsame Rolle.

Die technische Ad-Hoc-Expertengruppe zur Risikoabschätzung und dem Risikomanagement befasste sich im Rahmen der Ausarbeitung von Leitlinien zur Risikoabschätzung bei LMOs und deren Überwachung erstmals mit dem Einsatz der Gene Drive-Technik bei Stechmücken.[1608] Ausdrückliche Aufnahme in eine Entscheidung der Vertragsparteien des Cartagena-Protokolls fand die Gene Drive-Technik zwei Jahre später im Jahr 2018.[1609]

[1606] *Hill*, in: Legal Aspects of Implementing the Cartagena Protocol on Biosafety, 63–77 (S. 76).
[1607] Zum Aspekt der engen Verknüpfung des Vorsorgegedankens mit wissenschaftlichen Analysen: *Erben*, S. 155.
[1608] Report of the AHTEG on Risk Assessment and Risk Management, 14.09.2016, UNEP/CBD/BS/COP-MOP/8/INF/3, Anhang II, Ziff. 5.
[1609] COP-MOP, Decision 9/13, 30.11.2018, CBD/CP/MOP/DEC/DEC/9/13, Ziff. 3ff.

1. Die Organisationsstruktur des Cartagena-Protokolls

Institutionell besteht zwischen der Biodiversitätskonvention und dem Cartagena-Protokoll eine enge Verbindung; wesentliche, im Rahmen der Biodiversitätskonvention geschaffene Strukturen entfalten auch für das Cartagena-Protokoll Bedeutung.[1610] Gemäß Art. 29 Abs. 1 CP dient die Konferenz der Vertragsparteien der Biodiversitätskonvention zugleich als Tagung der Vertragsparteien des Cartagena-Protokolls (COP-MOP) und stellt damit das Leitungsorgan auch des Cartagena-Protokolls dar. Das Sekretariat der Biodiversitätskonvention fungiert ausweislich Art. 31 Abs. 1 CP zugleich als Sekretariat des Cartagena-Protokolls. Sämtliche durch die Biodiversitätskonvention oder im Rahmen der Biodiversitätskonvention eingesetzte Nebenorgane können auf Beschluss der COP-MOP ihnen zugewiesene Aufgaben wahrnehmen.[1611] Daneben existieren insbesondere mit der Informationsstelle für biologische Sicherheit und den für bestimmte Themenbereiche geschaffenen Ad-Hoc Expertengruppen ausschließlich im Rahmen des Cartagena-Protokolls existierende Organe.

a. Die Konferenz der Vertragsparteien

Die COP-MOP findet gem. Art. 29 Abs. 6 CP regelmäßig zusammen mit der COP statt; in der Praxis tagt die COP-MOP alle zwei Jahre jeweils einige Tage im Vorfeld der COP.[1612] Als Beobachter können einerseits sämtliche Vertragsparteien der Biodiversitätskonvention, die nicht Vertragsparteien des Cartagena-Protokolls sind, die UN einschließlich ihrer Sonderorganisationen, die Internationale Atomenergie-Organisation sowie alle Staaten, die als Beobachter bei einer dieser Organisationen zugelassen sind, anderseits andere, sowohl nationale als auch internationale staatliche und nichtstaatliche Stellen zugelassen werden.[1613]
Entsprechend der Aufgabenzuweisung der Konferenz der Vertragsparteien im Rahmen der Biodiversitätskonvention überprüft die COP-MOP gem. Art. 29 Abs. 4 CP die Durchführung des Protokolls und trifft notwendige – nicht rechtsverbindliche – Entscheidungen, denen der Status von *soft law* zukommt.[1614] Die COP-MOP gibt insbesondere Empfehlungen in allen Fragen, die für die Durchführung des Protokolls notwendig sind, ab und setzt die zur Durchführung für notwendig erachteten Nebenorgane ein.[1615]

[1610] Siehe hierzu näher: *Sdunzig*, S. 252ff.

[1611] Art. 30 Abs. 1 CP. Insbesondere dem SBSTTA, dem SBI sowie untergeordneten Arbeitsgruppen kommt damit auch für die Umsetzung des Cartagena-Protokolls Bedeutung zu.

[1612] *Sdunzig*, S. 252.

[1613] Art. 29 Abs. 2 und 8 CP.

[1614] Die Geschäftsordnung der COP findet gem. Art. 29 Abs. 5 CP für die COP-MOP entsprechende Anwendung, sodass jede Vertragspartei eine Stimme hat und Entscheidungen betreffend inhaltliche Frage grundsätzlich einstimmig getroffen werden: siehe Art. 40 Abs. 1 der Geschäftsordnung.

[1615] Art. 29 Abs. 4 lit. a) und b) CP.

b. Die Informationsstelle für biologische Sicherheit sowie technische Ad-Hoc-Expertengruppen

Die auf Grundlage des Art. 20 Abs. 1 CP eigens im Rahmen des Cartagena-Protokolls geschaffene Informationsstelle für biologische Sicherheit dient der Sammlung und Zurverfügungstellung wissenschaftlicher, technischer, umweltbezogener und rechtlicher Informationen über LMOs sowie dem Informationsaustausch und fördert damit auch die Informationsbereitstellung im Hinblick auf die neuartige Gene Drive-Technik.

Im Bereich der für die Umsetzung des Vorsorgeprinzips bedeutsamen Risikoabschätzung sowie dem Risikomanagement im Sinne des Art. 15 i.V.m. Anhang III und 16 CP wurde seitens der COP-MOP im Jahr 2014 das Mandat der im Jahr 2008 geschaffenen Ad-Hoc-Expertengruppe aufrecht erhalten bzw. erweitert; im Jahr 2022 wurde eine weitere technische Ad-Hoc-Expertengruppe geschaffen.[1616] Die Ad-Hoc Expertengruppe sollte einen Leitfaden für die notwendigen Schritte einer Risikoabschätzung erarbeiten und dabei bestimmten LMOs und eingeführten Merkmalen sowie Aufnahmeumgebungen Beachtung schenken und auch auf die Überwachung langfristiger Auswirkungen eingehen.[1617] Im Zuge der neuerlich geschaffenen Ad-Hoc Expertengruppe sollten Experten auf dem Gebiet der Gene Drive-Technik Leitlinien für die Durchführung einer Risikoabschätzung bei Gene Drive-Organismen entwickeln und dabei den Fokus auf Gene Drive-Mücken legen.[1618]

Ebenfalls im Jahr 2014 wurde das Mandat der Ad-Hoc-Expertengruppe ausgeweitet, die sich mit der Berücksichtigung sozioökonomischer Erwägungen nach Art. 26 CP befassen sollte.[1619]

2. Die Positionierung der COP-MOP sowie der AHTEG

Die Konkretisierung und Umsetzung des Vorsorgeprinzips in Zusammenhang mit Freisetzungsvorhaben von Gene Drive-Organismen erfolgt vor allem durch die COP-MOP sowie die technischen Ad-Hoc Expertengruppen zur Risikoabschätzung und dem Risikomanagement und die technische Ad-Hoc Expertengruppe zu sozioökonomischen Erwägungen.

a. Die Bedeutung des Vorsorgeprinzips für die Risikoabschätzung und das Risikomanagement

Ausgestaltet werden die Vorgaben des Art. 15 CP i.V.m. Anhang III sowie Art. 16 CP bislang vor allem im Rahmen des Leitfadens zur Risikoabschätzung lebender modifizierter Organismen

[1616] COP-MOP, Decision VII/12, 04.10.2014, UNEP/CBD/BS/COP-MOP/DEC/VII/12, Ziff. 4; COP-MOP, Decision 10/10, 19.12.2022, CBD/CP/MOP/DEC/10/10, Ziff. 6.
[1617] COP-MOP, Decision VII/12, 04.10.2014, UNEP/CBD/BS/COP-MOP/DEC/VII/12, Anhang.
[1618] COP-MOP, Decision 10/10, 19.12.2022, CBD/CP/MOP/DEC/10/10, Anhang.
[1619] COP-MOP, Decision VII/13, 04.10.2014, UNEP/CBD/BS/COP-MOP/DEC/VII/13, Ziff. 1.

und der Überwachung im Rahmen der Risikoabschätzung (Guidance on Risk Assessment of Living Modified Organisms and Monitoring in the Context of Risk Assessment).[1620]

aa. Der Leitfaden zur Risikoabschätzung lebender modifizierter Organismen und der Überwachung im Rahmen der Risikoabschätzung

Die überarbeitete Version des Leitfadens zur Risikoabschätzung enthält Basiskonzepte für die Risikoabschätzung sämtlicher LMOs und aller Arten der Freisetzung[1621] und wurde überwiegend basierend auf den Erfahrungen mit lebenden modifizierten Pflanzen entwickelt.[1622] Im Jahr 2016 wurde der Leitfaden zur Risikoabschätzung durch die COP-MOP zur Kenntnis genommen und soll die Vertragsparteien bei der Durchführung der Risikoabschätzung unterstützen.[1623]

Betont wird zu Beginn, dass für ein belastbares, wissenschaftlich fundiertes Ergebnis der Risikoabschätzung die Art und Qualität der Informationen entscheidend ist. Zu berücksichtigende Informationen können aus einer Vielzahl an Quellen, beispielsweise Experimenten, von Fachleuten überprüfter wissenschaftlicher Literatur oder Experten stammen.[1624] Die Art und der Umfang der erforderlichen Informationen unterscheiden sich in der Regel: für eine Risikoabschätzung im Vorfeld frühzeitiger, zeitlich und räumlich begrenzter experimenteller Freisetzungsvorhaben sind andere und weniger detaillierte Informationen erforderlich als für großräumig angelegte Freisetzungsvorhaben.[1625]

Ein eigener Abschnitt ist der – für die Umsetzung des Vorsorgeprinzips besonders bedeutsamen – Identifizierung und Berücksichtigung wissenschaftlicher Ungewissheit gewidmet. Eingangs wird hervorgehoben, dass Ungewissheit der wissenschaftlichen Analyse und Risikoabschätzung immanent ist und deren Berücksichtigung für die Einordnung des Ergebnisses der Risikoabschätzung sowie ein transparentes Entscheidungsverfahren bedeutsam ist.[1626] Da international anerkannte Leitlinien zur Bestimmung des Begriffs der wissenschaftlichen Ungewissheit, deren Identifizierung und Berücksichtigung im Rahmen von Entscheidungsprozessen nicht existieren, unterscheiden sich die Rahmenbedingungen für die Berücksichtigung wissenschaftlicher Ungewissheit je nach Regelwerk.[1627] Die Ursache wissenschaftlicher Ungewissheit kann in mangelnder Information, unvollständigen Erkenntnissen oder biologischer bzw. experimentel-

[1620] Report of the AHTEG on Risk Assessment and Risk Management, 14.09.2016, UNEP/CBD/BS/COP-MOP/8/INF/3, Anhang II, im Folgenden: Leitfaden zur Risikoabschätzung.

[1621] Erfasst sind sowohl zeitlich und räumlich begrenzte Freisetzungsvorhaben als auch solche, die langfristig und weiträumig angelegt sind, Leitfaden zur Risikoabschätzung, Ziff. 1.1.

[1622] Leitfaden zur Risikoabschätzung, Ziff. 1.1.

[1623] COP-MOP, Decision VIII/12, 16.12.2016, CBD/CP/MOP/DEC/VIII/12, Ziff. 2f.

[1624] Leitfaden zur Risikoabschätzung, Ziff. 1.3.2.

[1625] Leitfaden zur Risikoabschätzung, Ziff. 1.3.2.

[1626] Leitfaden zur Risikoabschätzung, Ziff. 1.3.3.

[1627] Leitfaden zur Risikoabschätzung, Ziff. 1.3.3.

ler Variabilität bestehen; während die auf mangelnden Informationen beruhende Ungewissheit durch die Schaffung weiterer Informationen behoben werden kann, wird ausdrücklich anerkannt, dass ein Mehr an Informationen in den beiden anderen Fällen nicht notwendig zu einem valideren Ergebnis der Risikoabschätzung beiträgt.[1628] Vorzugswürdig ist nach Meinung der Experten in diesem Fall anstelle der Sammlung weiterer Informationen die Umsetzung von Risikomanagement- und/oder Überwachungsmaßnahmen in Einklang mit Anhang III Ziff. 8 lit. e) und f) des Cartagena-Protokolls.[1629] Letztlich sollten für jedes Risiko die Art und das Ausmaß der wissenschaftlichen Ungewissheit identifiziert und deren Einfluss auf das Gesamtrisiko kenntlich gemacht werden.[1630]

Ein weiterer Abschnitt beschäftigt sich mit der vergleichenden Risikoabschätzung[1631], bei der die Auswahl geeigneter Vergleichsorganismen grundsätzlich eine Herausforderung darstellt. Ausdrücklich anerkannt wird, dass in Fällen, in denen lebende Organismen mittels moderner Techniken verändert werden und geeignete Vergleichsorganismen nicht existieren, alternative Ansätze erforderlich sind; die Risikoabschätzung kann dabei ähnlich wie bei nichtheimischen Arten vorgenommen werden – der gesamte Organismus wird als neuer Genotyp betrachtet.[1632] Im Hinblick auf die Durchführung der Risikoabschätzung wird auf das schrittweise Vorgehen gem. Anhang III Ziff. 8 CP verwiesen.[1633] Betont wird, dass für die Entscheidung über die Zulassung des LMO die Abwägung zwischen akzeptablem Risiko und potentiellem Nutzen in den Bestimmungen des Cartagena-Protokolls nicht vorgesehen ist, allerdings in manchen Rechtsordnungen bei der Festlegung, ob das Risiko hinnehmbar ist, der potentielle Nutzen für die Umwelt, die biologische Vielfalt und die menschliche Gesundheit sowie die mit Alternativen einhergehenden Risiken zu berücksichtigen sind.[1634]

Aufgrund der besonderen Relevanz ist der Risikoabschätzung genetisch veränderter Stechmücken zur Eindämmung vektorübertragener Infektionskrankheiten ein eigener Abschnitt gewidmet. Unterschieden wird zwischen selbstlimitierenden Strategien, die zur Ausrottung oder

[1628] Leitfaden zur Risikoabschätzung, Ziff. 1.3.3.

[1629] Leitfaden zur Risikoabschätzung, Ziff. 1.3.3.

[1630] Leitfaden zur Risikoabschätzung, Ziff. 1.3.3.

[1631] Im Rahmen der vergleichenden Risikoabschätzung werden Risiken, die von nicht modifizierten Organismen oder Organismen der Elterngeneration ausgehen, mit denjenigen verglichen, die von modifizierten Organismen ausgehen. Ziel ist es, herauszufinden, inwieweit Veränderungen zu nachteiligen Auswirkungen führen und damit das von den betreffenden Organismen ausgehende Risiko beeinflussen, Leitfaden zur Risikoabschätzung, Ziff. 1.4.3.

[1632] Leitfaden zur Risikoabschätzung, Ziff. 1.4.3.

[1633] Nachdem Merkmale identifiziert wurden, die nachteilige Auswirkungen haben können, wird qualitativ oder quantitativ die Wahrscheinlichkeit der einzelnen möglichen nachteiligen Auswirkungen ermittelt. Bei der sich anschließenden Risikocharakterisierung ist die Dauer der direkten sowie indirekten Auswirkungen zu berücksichtigen sowie die Tatsache, ob eine Rückgängigmachung nachteiliger Auswirkungen möglich erscheint. Im Anschluss an die Abschätzung des Gesamtrisikos wird schließlich eine Empfehlung abgegeben, ob das Risiko akzeptabel oder beherrschbar ist. Die abschließende Entscheidung über die Zulassung des LMO obliegt dem Entscheider. Siehe hierzu: Leitfaden zur Risikoabschätzung, Ziff. 1.5.

[1634] Leitfaden zur Risikoabschätzung, Ziff. 1.5.5.

Reduzierung einer Population führen, indem sterile Nachkommen erzeugt werden und selbsterhaltenden, auf Gene Drive-Systemen beruhenden Strategien, die eine genetische Veränderung innerhalb einer Population verbreiten.[1635] Die Risikoabschätzung ist an den charakteristischen Merkmalen der veränderten Mücke und der im Einzelfall angewandten Strategie auszurichten.[1636] Besonders zu berücksichtigen sind die Mückenart, die konkrete genetische Veränderung, die voraussichtliche Aufnahmeumgebung und das Ziel und das Ausmaß der beabsichtigten Freisetzung.[1637] Aufgrund der Fähigkeit zur Verbreitung der Mücken ist teils das gesamte nationale Hoheitsgebiet, unter Umständen sogar das Gebiet benachbarter Staaten in die Betrachtung einzubeziehen.[1638] Als mögliche, zu berücksichtigende Aspekte werden Auswirkungen auf die biologische Vielfalt wie das Aufkommen neuer, problematischerer Krankheitsüberträger, die Reduktion anderer Arten wie Vögel, die Zerstörung ökologischer Prozesse, vertikaler sowie horizontaler Gentransfer, die Persistenz der Transgene im Ökosystem, evolutionäre Effekte und unabsichtliche grenzüberschreitende Bewegungen aufgeführt.[1639] Im Hinblick auf Gene Drive-Mücken wird herausgehoben, dass die Persistenz der Veränderung in der Umwelt zu neuartigen Interaktionen oder Mutationen führen kann, die in begrenzten Versuchen nicht zu Tage tritt.[1640] Bezogen auf die Gefahr der Grenzüberschreitung findet sich im Leitfaden ein Hinweis, dass Mücken, obwohl deren Bewegungsradius regelmäßig nur etwa 200 Meter bis 5 km beträgt, ein großes Verbreitungsgebiet haben, das Risiko besteht, dass Mücken durch menschliche Aktivitäten verbreitet werden und gerade bei mittels Gene Drive veränderten Mücken eine räumliche Begrenzung kaum möglich erscheint.[1641]

In Fällen, in denen das Risiko Risikomanagementmaßnahmen erfordert oder infolge wissenschaftlicher Ungewissheit nicht beurteilt werden kann, mahnen die Experten an, dass Strategien zur Unterbrechung der Freisetzung und/oder der Rückholung der Mücken oder Abhilfemaßnahmen für unvorhergesehene Auswirkungen[1642] erarbeitet werden sollen. In die Betrachtung eingestellt werden sollte dabei nach Auffassung der Experten, inwieweit Methoden wie vegetationsfreie Zonen, Fallen oder Gene Drive-Systeme mit hohem Schwellenwert dabei helfen können, die Ausbreitung der veränderten Mücken zu begrenzen.[1643]

Schließlich soll eine Überwachung des Freisetzungsvorhabens dabei helfen, unvorhergesehene Auswirkungen möglichst umgehend festzustellen, Risikomanagementmaßnahmen anpassen zu können und bereits getroffene Entscheidungen gegebenenfalls einer erneuten Überprüfung

[1635] Leitfaden zur Risikoabschätzung, Ziff. 5.1.
[1636] Leitfaden zur Risikoabschätzung, Ziff. 5.1.
[1637] Leitfaden zur Risikoabschätzung, Ziff. 5.1.
[1638] Leitfaden zur Risikoabschätzung, Ziff. 5.1.
[1639] Leitfaden zur Risikoabschätzung, Ziff. 5.4.
[1640] Leitfaden zur Risikoabschätzung, Ziff. 5.4.3.
[1641] Leitfaden zur Risikoabschätzung, Ziff. 5.4.7.
[1642] In Betracht kommt beispielsweise die Massenfreisetzung von Wildtyp-Mücken.
[1643] Leitfaden zur Risikoabschätzung, Ziff. 5.4.8.

zu unterziehen.[1644] Während die allgemeine Überwachung von Freisetzungsvorhaben insbesondere dazu dient, bislang nicht berücksichtigte Auswirkungen ausfindig zu machen, liegt der Fokus der fallspezifischen Überwachung experimenteller, zeitlich und räumlich begrenzter Freisetzungsvorhaben darauf, zusätzliche Informationen für spätere, großräumigere Freisetzungsvorhaben zu gewinnen.[1645] Langfristige und großräumige Freisetzungsvorhaben werden überwacht, um zu überprüfen, ob sich das Ergebnis der Risikoabschätzung als zutreffend erweist; die Überwachung von Risikomanagementmaßnahmen soll schließlich Aufschluss darüber geben, ob diese angemessen und ausreichend sind.[1646] Bereits im Vorfeld jedes Freisetzungsvorhabens ist ein Überwachungsplan zu entwickeln.[1647]

bb. Die Schaffung spezifischer Leitlinien für die Risikoabschätzung und das Risikomanagement bei Gene Drive-Organismen

Wie die COP beschäftigte sich auch die COP-MOP im Jahr 2018 explizit mit der Gene Drive-Technik und der Umsetzung des Vorsorgeprinzips im Hinblick auf Gene Drive-Organismen. Die Vertragsparteien bestätigten die Entscheidung XII/24 der COP aus dem Jahr 2014, in der die Vertragsparteien zur Anwendung des Vorsorgeansatzes in Zusammenhang mit synthetischer Biologie aufgerufen wurden.[1648] Anerkennung fand zum einen, dass aufgrund der möglichen nachteiligen Auswirkungen von Gene Drive-Organismen im Vorfeld einer Freisetzung weitere Forschung und Analysen erforderlich sind und möglicherweise spezifische Leitlinien für eine Risikoabschätzung im Einzelfall sinnvoll sind.[1649] Die Vertragsparteien sprachen sich damit implizit gegen eine Freisetzung von mittels Gene Drive veränderten Organismen aus, solange nicht weitere Informationen und auf diese neuartige Technik zugeschnittene Leitlinien existieren. Zur Kenntnis genommen wurde weiter die Einschätzung der AHTEG im Bereich der synthetischen Biologie, wonach angesichts der Ungewissheiten betreffend Gene Drive-Organismen die freie, vorherige und informierte Zustimmung indigener Gemeinschaften und lokaler Bevölkerungsgruppen „gerechtfertigt sein könnte", sofern Gene Drive-Organismen freigesetzt werden sollen, die sich auf das traditionelle Wissen und traditionelle Praktiken, den Lebensunterhalt sowie die Nutzung von Land und Wasser auswirken können.[1650] Aufgerufen wurde schließlich zur internationalen Zusammenarbeit und dem Informationsaustausch explizit auch im Hinblick auf Gene Drive-Organismen.[1651]

[1644] Leitfaden zur Risikoabschätzung, Ziff. 5.4.8 und 6.
[1645] Leitfaden zur Risikoabschätzung, Ziff. 6.3.
[1646] Leitfaden zur Risikoabschätzung, Ziff. 6.3.
[1647] Leitfaden zur Risikoabschätzung, Ziff. 6.4.
[1648] COP-MOP, Decision 9/13, 30.11.2018, CBD/CP/MOP/DEC/9/13. Siehe hierzu bereits die Ausführungen in Teil 4, Kapitel 2, III, 2, a.
[1649] COP-MOP, Decision 9/13, 30.11.2018, CBD/CP/MOP/DEC/9/13, Ziff. 3.
[1650] COP-MOP, Decision 9/13, 30.11.2018, CBD/CP/MOP/DEC/9/13, Ziff. 4.
[1651] COP-MOP, Decision 9/13, 30.11.2018, CBD/CP/MOP/DEC/9/13, Ziff. 5.

Während sich allerdings die Vertragsparteien der Biodiversitätskonvention im Jahr 2018 auf konkrete Vorgaben zur Umsetzung des Vorsorgeprinzips in Zusammenhang mit Freisetzungsvorhaben von Gene Drive-Organismen einigten, einigten sich die Vertragsparteien des Cartagena-Protokolls nur dahingehend, auf der nächsten Konferenz darüber zu befinden, ob weiteres Leitmaterial für die Risikoabschätzung bei Gene Drive-Organismen benötigt wird und forderten die Exekutivsekretärin dazu auf, eine Studie in Auftrag zu geben, die sich unter anderem damit befassen sollte, ob spezifische Fragen der Risikobewertung im Hinblick auf Gene Drive-Organismen besonders geprüft werden müssen, ob Gene Drive-Organismen somit spezielle technische oder methodische Herausforderungen für die Risikoabschätzung schaffen.[1652] In Vorbereitung auf die nächste Vertragsstaatenkonferenz sollte eine neue AHTEG die Studie prüfen, Notwendigkeiten und relevante Aspekte für die Erarbeitung weiterer Leitlinien ausmachen und eine abschließende Empfehlung geben, ob die Entwicklung von Leitlinien für die Risikoabschätzung von Gene Drive-Organismen erforderlich ist.[1653]

Obwohl das Cartagena-Protokoll keine Bestimmung enthält, wonach der potentielle Nutzen eines LMO in die Entscheidung über die Zulassung einzubeziehen ist, sprach sich die neu geschaffene AHTEG dafür aus, im Hinblick auf mögliche Anwendungsbereiche der Gene Drive-Technik damit einhergehende Vorteile zu analysieren.[1654] Hervorgehoben wurde zudem die von Gene Drive-Organismen ausgehende Gefahr, irreversible Auswirkungen auf die biologische Vielfalt auch auf globaler Ebene zu verursachen.[1655] Zwar können nach Meinung der Experten die bestehenden Leitlinien auch in Zusammenhang mit Gene Drive-Organismen herangezogen werden, allerdings bestehen hinsichtlich Gene Drive-Organismen konkrete technische und methodologische Herausforderungen, unter anderem: mangelnde Informationen als Grundlage für die Risikoabschätzung, die eingeschränkte Anwendbarkeit des schrittweisen Ansatzes bei Freisetzungsvorhaben, der vergleichenden Risikoabschätzung sowie der herkömmlichen Überwachungsmethoden, fehlende Leitlinien, wie mit Ungewissheiten umzugehen ist, ein Mangel an validierten Instrumenten zur Modellierung sowie ein Mangel an Erfahrungen.[1656] Im Hinblick auf Gene Drive-Organismen selbst sah die AHTEG die Herausforderungen darin, die genetische Stabilität, Persistenz sowie Invasivität, die genetischen Auswirkungen des Drive-Systems für nachfolgende Generationen, die Kontrollierbarkeit sowie die Veränderung freigesetzter Gene

1652 COP-MOP, Decision 9/13, 30.11.2018, CBD/CP/MOP/DEC/9/13, Ziff. 11 lit. a) i.V.m. Anhang I. Die in Auftrag gegebene Studie findet sich als Anhang des Report of the AHTEG on Risk Assessment and Risk Management, 21.02.2020, CBD/CP/RA/AHTEG/2020/1/4.

1653 COP-MOP, Decision 9/13, 30.11. 2018, CBD/CP/MOP/DEC/9/13, Ziff. 8 i.V.m. Anhang II.

1654 Report of the AHTEG on Risk Assessment and Risk Management, 15.04.2020, UNEP/CBD/-RA/AHTEG/2020/1/5, Anhang I, Ziff. 25.

1655 Report of the AHTEG on Risk Assessment and Risk Management, 15.04.2020, UNEP/CBD/-RA/AHTEG/2020/1/5, Anhang I, Ziff. 31.

1656 Report of the AHTEG on Risk Assessment and Risk Management, 15.04.2020, UNEP/CBD/-RA/AHTEG/2020/1/5, Anhang I, Ziff. 29 und 34.

Drive-Organismen vorherzusagen.[1657] Bezogen auf die Zielorganismen sahen die Experten die Probleme hauptsächlich darin, ausreichende Informationen über die genetische Diversität, die funktionale Rolle, Fortpflanzungsstrategien und Populationsdynamiken zu erlangen.[1658] Hinsichtlich der aufnehmenden Umwelt mangle es an Informationen über mögliche Interaktionen der Gene Drive-Organismen mit der Umwelt und langfristige evolutionäre Prozesse.[1659]
Herausforderungen für das Risikomanagement und die Überwachung im Anschluss an eine Freisetzung seien insbesondere gegeben, da die Auswirkungen über eine erhebliche Zeitspanne hinweg beobachtet werden müssen, infolge einer großräumigen Verbreitung Überwachungspläne auf supranationaler Ebene erforderlich sind, funktionierende Strategien zur Kontrollierbarkeit der räumlichen Ausbreitung nötig sind, sofern sich nachteilige Auswirkungen zeigen sollten und Pläne für eine mögliche Rückholung nicht existieren.[1660] Zur Kenntnis genommen wurde darüber hinaus, dass weitere Informationen erforderlich sind, inwieweit sich Freisetzungsvorhaben mit Gene Drive-Organismen auf indigene Gemeinschaften und lokale Bevölkerungsgruppen auswirken und problematisch erscheint, die freie vorherige und informierte Zustimmung und effektive Beteiligung indigener Gemeinschaften und lokaler Bevölkerungsgruppen zu gewährleisten, wenn sich mittels Gene Drive veränderte Organismen weiträumig verbreiten können.[1661]

Basierend auf der Einschätzung der AHTEG, dass spezifische Leitlinien für die Risikoabschätzung von Gene Drive-Organismen entwickelt werden sollen, befürwortete die COP-MOP deren Entwicklung und beauftragte eine neu geschaffene AHTEG damit, Leitlinien auszuarbeiten, deren Fokus auf dem Einsatz von Gene Drive-Mücken liegen sollte.[1662]

b. Die Bedeutung des Vorsorgeprinzips bei der Berücksichtigung sozioökonomischer Erwägungen

Während die technischen Ad-Hoc Expertengruppen zur Risikoabschätzung und dem Risikomanagement sich bereits explizit mit Gene Drive-Organismen befasst haben, steht eine Auseinandersetzung der Expertengruppen zur Berücksichtigung sozioökonomischer Erwägungen mit der Gene Drive-Technik bislang aus.

Die im Rahmen der sechsten COP-MOP geschaffene AHTEG, die mit der Schaffung von Leit-

[1657] Report of the AHTEG on Risk Assessment and Risk Management, 15.04.2020, UNEP/CBD/-RA/AHTEG/2020/1/5, Anhang I, Ziff. 34 lit. a).

[1658] Report of the AHTEG on Risk Assessment and Risk Management, 15.04.2020, UNEP/CBD/-RA/AHTEG/2020/1/5, Anhang I, Ziff. 34 lit. b).

[1659] Report of the AHTEG on Risk Assessment and Risk Management, 15.04.2020, UNEP/CBD/-RA/AHTEG/2020/1/5, Anhang I, Ziff. 34 lit. c).

[1660] Report of the AHTEG on Risk Assessment and Risk Management, 15.04.2020, UNEP/CBD/-RA/AHTEG/2020/1/5, Anhang I, Ziff. 34 lit. f).

[1661] Report of the AHTEG on Risk Assessment and Risk Management, 15.04.2020, UNEP/CBD/-RA/AHTEG/2020/1/5, Anhang I, Ziff. 36.

[1662] COP-MOP, Decision 10/10, 19.12.2022, CBD/CP/MOP/DEC/10/10, Ziff. 5f. i.V.m. Anhang.

linien zur Berücksichtigung sozioökonomischer Erwägungen im Sinne des Art. 26 CP beauftragt worden war, stellte im Wege einiger grundlegender Prinzipien klar, dass die Einbeziehung sozioökonomischer Erwägungen nur insoweit zulässig ist, als insbesondere handelsrechtliche, umweltrechtliche und menschenrechtliche Übereinkommen nicht entgegenstehen und die Einbeziehung in Einklang mit nationalen Regelungen und Leitlinien erfolgen soll.[1663] Der Begriff der sozioökonomischen Erwägungen wurde insoweit konkretisiert, als wirtschaftliche, soziale, ökologische, kulturelle, religiöse oder ethische Auswirkungen sowie solche für die menschliche Gesundheit für berücksichtigungsfähig erachtet wurden.[1664] In Umsetzung des Vorsorgeprinzips wurde ausdrücklich anerkannt, dass Ungewissheit oder unzureichende Informationen über sozioökonomische Auswirkungen nicht dazu führen soll, dass diese bei der Entscheidungsfindung nicht berücksichtigt werden.[1665] Mit anderen Worten erlaubt Art. 26 CP, wie die Vorschrift seitens der AHTEG interpretiert wurde, ökonomische, soziale, ökologische, kulturelle, religiöse, ethische und gesundheitsbezogene Auswirkungen auch dann zu berücksichtigen, wenn diese nicht eindeutig wissenschaftlich belegt werden können, allerdings konkrete Anhaltspunkte für deren Auftreten gegeben sind. Die Berücksichtigung sozioökonomischer Erwägungen sowie die Risikoabschätzung können sich im Entscheidungsprozess ergänzen.[1666]

Der Leitfaden für die Bewertung sozioökonomischer Erwägungen in Zusammenhang mit Art. 26 des Cartagena-Protokolls (Guidance on the Assessment of Socio-Economic Considerations in the Context of Article 26 of the Cartagena Protocol on Biosafety) aus dem Jahr 2017, der seitens der Vertragsparteien ausdrücklich zur Kenntnis genommen wurde[1667] enthält neben einer Arbeitsdefinition des Begriffs der „sozioökonomischen Erwägungen" die bereits 2014 erarbeiteten Prinzipien, erweitert diese aber in wesentlichen Punkten.[1668] Zudem enthält der Leitfaden Ausführungen zum Verfahren der Abschätzung sozioökonomischer Erwägungen und der Einbeziehung in die Entscheidung.

Ausdrücklich betont wurde, dass auch die Berücksichtigung sozioökonomischer Erwägungen

---

[1663] Report of the AHTEG on Socioeconomic Considerations, 25.02.2014, UNEP/CBD/BS/AHTEG-SEC/1/3, Anhang, Ziff. 2 und 3.

[1664] Report of the AHTEG on Socioeconomic Considerations, 25.02.2014, UNEP/CBD/BS/AHTEG-SEC/1/3, Anhang I; siehe auch die Arbeitsdefinition aus dem Jahr 2017: Report of the AHTEG on Socioeconomic Considerations, 27.10.2017, UNEP/CBD/CP/SEC/AHTEG/2017/1/3, Anhang II. Zur Konkretisierung wurde ausgeführt: „The assessment can encompass the following areas, as appropriate: economic: e.g. effects on income; social: e g. effects on food security; ecological: e.g. effects on ecosystem functions; cultural/traditional/religious/ethical: e.g. effects on seed saving and exchange practices; human health-related: e.g. effects on nutritional status", Report of the AHTEG on Socioeconomic Considerations, 27.10.2017, UNEP/CBD/CP/SEC/AHTEG/2017/1/3, Anhang II, S. 10.

[1665] Report of the AHTEG on Socioeconomic Considerations, 25.02.2014, UNEP/CBD/BS/AHTEG-SEC/1/3, Anhang, Ziff. 7.

[1666] Report of the AHTEG on Socioeconomic Considerations, 25.02.2014, UNEP/CBD/BS/AHTEG-SEC/1/3, Anhang, Ziff. 9.

[1667] COP-MOP, Decision 9/14, 30.11.2018, CBD/CP/MOP/DEC/9/14, Ziff. 1.

[1668] Report of the AHTEG on Socioeconomic Considerations, 27.10.2017, UNEP/CBD/CP/SEC/AHTEG/2017/1/3, Anhang II, im Folgenden: Leitfaden zur Berücksichtigung sozioökonomischer Erwägungen.

wissenschaftlich fundiert und evidenzbasiert erfolgen soll und diese im Rahmen eines systematischen Ansatzes ermittelt werden sollen.[1669] Für die Abschätzung der sozioökonomischen Erwägungen ist insbesondere die Beziehung zwischen den Auswirkungen des LMO und den sozioökonomischen Auswirkungen, die Tatsache, ob es sich um vorteilhafte oder nachteilige Auswirkungen handelt, die Wahrscheinlichkeit des Auftretens der Auswirkungen sowie deren Intensität und Ausmaß, die Dauer und Reversibilität der Auswirkungen sowie die Auswirkungen auf verschiedene Gemeinschaften und Gruppen, insbesondere indigene Gemeinschaften und lokale Bevölkerungsgruppen, von Bedeutung.[1670] Festgehalten wurde, dass sich die Durchführung einer Risikoabschätzung und die Berücksichtigung sozioökonomischer Erwägungen ergänzen können; beide können gleichzeitig, nacheinander oder integriert erfolgen.[1671] Im Hinblick auf die Beteiligung und Konsultation der Öffentlichkeit sowie den Zugang zu Informationen wurde lediglich festgehalten, dass dieser Teil des Prozesses sein *kann*; auch sollen indigene Gemeinschaften und lokale Bevölkerungsgruppen nur in die Entscheidung einbezogen werden und deren freie, vorherige und informierte Zustimmung zur Einbeziehung ihrer Sichtweisen nur erforderlich sein, soweit dies der nationale Regelungsrahmen vorschreibt.[1672] Den Vertragsparteien bleibt diesbezüglich also ein erheblicher Spielraum. Im Hinblick auf fehlende Kenntnisse, fehlenden wissenschaftlichen Konsens oder fehlende Informationen und damit wissenschaftliche Ungewissheit wurde entsprechend Anhang III Ziff. 4 des CP festgehalten, dass diese nicht notwendigerweise als Hinweis auf eine bestimmte positive oder negative Auswirkung oder das Fehlen einer Auswirkung interpretiert werden soll.[1673] Wissenschaftliche Ungewissheit hinsichtlich sozioökonomischer Erwägungen ist damit ausdrücklich zur Kenntnis zu nehmen und – sofern sozioökonomische Erwägungen überhaupt berücksichtigt werden – in die Entscheidungsfindung einzubeziehen.[1674] Auch hinsichtlich der sozioökonomischen Auswirkungen plädierte die AHTEG für eine Überwachung über einen längeren Zeitraum in Einklang mit nationalen Vorgaben, um gegebenenfalls eine Anpassung der Abschätzung und veränderte Berücksichtigung im Entscheidungsprozess zu ermöglichen.[1675]

3. Zwischenergebnis

Konkretisierung erfährt das Vorsorgeprinzip durch die Organe des Cartagena-Protokolls vor allem, in dem die vertraglichen Vorgaben zur Risikoabschätzung, dem Risikomanagement sowie der Einbeziehung sozioökonomischer Erwägungen nähere Ausgestaltung erfahren. Während

[1669] Leitfaden zur Berücksichtigung sozioökonomischer Erwägungen, Ziff. 4.
[1670] Leitfaden zur Berücksichtigung sozioökonomischer Erwägungen, S. 10f.
[1671] Leitfaden zur Berücksichtigung sozioökonomischer Erwägungen, Ziff. 6.
[1672] Leitfaden zur Berücksichtigung sozioökonomischer Erwägungen, Ziff. 8.
[1673] Leitfaden zur Berücksichtigung sozioökonomischer Erwägungen, Ziff. 5.
[1674] Leitfaden zur Berücksichtigung sozioökonomischer Erwägungen, S. 11.
[1675] Leitfaden zur Berücksichtigung sozioökonomischer Erwägungen, S. 11.

die Vertragsparteien der Biodiversitätskonvention allerdings verschiedentlich ausdrücklich eine Anwendung und Umsetzung des Vorsorgeprinzips befürworteten, findet sich die ausdrückliche Betonung der Anwendung und Umsetzung des Vorsorgeansatzes im Rahmen der Entscheidungen der Vertragsparteien des Cartagena-Protokolls nicht.

Zu Art. 15 Abs. 1 CP i.V.m. Anhang III Ziff. 4 führen die seitens der AHTEG zur Risikoabschätzung und Risikomanagement entwickelten und durch die COP-MOP anerkannten Leitlinien näher aus, dass wissenschaftliche Ungewissheit ihre Ursache in einem Mangel an Informationen, unzureichenden Kenntnissen sowie bestehender Variabilität haben kann und als solche im Rahmen des Entscheidungsverfahrens identifiziert und zur Kenntnis genommen werden soll. Wo wissenschaftliche Ungewissheit nicht durch ein Mehr an Informationen beseitigt oder verringert werden kann, ist dem Risikomanagement und dem Monitoring verstärkte Aufmerksamkeit zu widmen. Obwohl im Rahmen der Risikoabschätzung ausweislich Ziff. 1 des Anhangs III lediglich mögliche nachteilige Auswirkungen lebender modifizierter Organismen auf die biologische Vielfalt und die menschliche Gesundheit zu ermitteln sind und die Ermittlung möglicher, mit LMOs einhergehender Vorteile nicht vorgesehen ist, plädiert die AHTEG dafür, in Zusammenhang mit der Freisetzung von Gene Drive-Organismen mögliche Vorteile zu berücksichtigen. In Bezug auf Gene Drive-Organismen sprachen sich die Vertragsparteien zudem dafür aus, dass zusätzliche Leitlinien für die Risikoabschätzung ausgearbeitet werden sollen, die derzeit allerdings noch nicht vorliegen.

Zur der Frage, inwieweit das den Kern des Cartagena-Protokoll bildende AIA-Verfahren in Zusammenhang mit Gene Drive-Organismen anwendbar und ausreichend ist, äußerten sich die Vertragsparteien bislang nicht.

Im Hinblick auf Art. 26 CP erfolgte seitens der Vertragsparteien eine Konkretisierung, welche Kategorien von Auswirkungen der Begriff der „sozioökonomischen Auswirkungen“ erfassen soll und sprachen sich ausdrücklich dafür aus, wissenschaftliche Ungewissheit auch im Hinblick auf mögliche sozioökonomische Auswirkungen zur Kenntnis zu nehmen und im Rahmen der Entscheidungsfindung zu berücksichtigen.

In Bezug auf das Risikomanagement herrscht derzeit wohl die Auffassung vor, dass in Umsetzung des Vorsorgeprinzips im Vorfeld einer Freisetzung weitere Forschung und Analysen erforderlich sind. Betont wird, dass Strategien zur Unterbrechung eines Freisetzungsvorhabens, der Rückholung freigesetzter Organismen oder Abhilfemaßnahmen für den Fall nachteiliger Auswirkungen erforderlich sind. Nach Auffassung der Vertragsparteien kommt zudem der Überwachung maßgebende Bedeutung zu. Konkrete, auf einzelne Gene Drive-Anwendungen oder Systeme zugeschnittene Vorschläge zu Risikomanagementmaßnahmen finden sich in den bisherigen Stellungnahmen und Expertenempfehlungen nicht.

Festzuhalten ist nach alldem, dass die Konkretisierung der bestehenden vertraglichen Vorgaben seitens der Vertragsparteien vor allem in technischer Hinsicht erfolgt.

Kapitel 4: Die Fortentwicklung des Regelungsrahmens für die Freisetzung von Gene Drive-Organismen im Lichte des Vorsorgeprinzips

Wenngleich bislang kein auf die Gene Drive-Technik und die Besonderheiten von Gene Drive-Organismen zugeschnittener völkerrechtlicher Vertrag existiert, hat sich gezeigt, dass mit den in der Biodiversitätskonvention und dem Cartagena-Protokoll enthaltenen Regelungen auf internationaler Ebene umfangreiche, dem Vorsorgegedanken verpflichtete, vertragliche Vorgaben vorhanden sind, die für die Freisetzung von Gene Drive-Organismen Bedeutung entfalten.[1676] Die Gene Drive-Technik war Gegenstand der Arbeit von Expertengruppen im Rahmen der Biodiversitätskonvention und des Cartagena-Protokolls, wurde im Rahmen der COP sowie der COP-MOP verschiedentlich thematisiert und explizit in Entscheidungen der Konferenzen der Vertragsparteien aufgenommen.[1677] Sowohl in Empfehlungen von Expertengremien als auch in Entscheidungen der Vertragsparteien wird betont, dass in Zusammenhang mit der neuartigen Gene Drive-Technik vorsorgendem Agieren eine große Bedeutung zukommt.

In einem letzten Schritt soll herausgearbeitet werden, ob und inwieweit im Lichte des Vorsorgeprinzips, wie es in Bezug auf die Freisetzung von Gene Drive-Organismen konkretisiert wurde und völkergewohnheitsrechtliche Anerkennung gefunden hat, eine Anpassung, Erweiterung und Fortentwicklung der Vorgaben erforderlich ist und wie eine solche gestaltet sein könnte.

I. Der Anpassungs- und Erweiterungsbedarf der Vorgaben der Biodiversitätskonvention und des Cartagena-Protokolls

Obgleich in den Vertragstexten der Biodiversitätskonvention und des Cartagena-Protokolls, in Empfehlungen von Expertengremien und in Entscheidungen der Vertragsparteien betont wird, dass vorsorgendem Tätigwerden in Zusammenhang mit der neuartigen Gene Drive-Technik eine entscheidende Bedeutung zukommt, werden die vertraglich vorgesehenen Mechanismen, insbesondere das den Kern des Cartagena-Protokolls bildende AIA-Verfahren sowie die bestehenden Vorgaben zur Risikoabschätzung und dem Risikomanagement – die mit Blick auf herkömmliche LMOs ausgehandelt wurden – den Besonderheiten der neuartigen Gene Drive-Technik und den spezifischen Eigenschaften von Gene Drive-Organismen nicht vollständig gerecht.

Einer Anpassung, Erweiterung und Fortentwicklung bedürfen insbesondere die Vorgaben zur

[1676] Ein Überblick über die Regulierung der Biotechnologie auf der Ebene des Völkerrechts findet sich bei: *Beck*, S. 131ff. Einen Überblick über die für die Regulierung von Gene Drive-Organismen bedeutsamen völkerrechtlichen Instrumente bietet: *Ching/Lin*, in: Gene Drives – A report on their science, applications, social aspects, ethics and regulations, 254–328 (S. 258ff.).

[1677] Siehe insbesondere die bereits behandelten Entscheidungen: COP, Decision 14/19, 30.11.2018, UNEP/CBD/COP/DEC/14/19 und COP-MOP, Decision 9/13, 30.11.2018, CBD/CP/MOP/DEC/9/13.

© Der/die Autor(en), exklusiv lizenziert an Springer Fachmedien Wiesbaden GmbH, ein Teil von Springer Nature 2026
I. Albrecht, *Das Vorsorgeprinzip in Zusammenhang mit der absichtlichen Freisetzung von mittels Gene Drive gentechnisch veränderten Organismen*,
https://doi.org/10.1007/978-3-658-50876-0_14

Risikoabschätzung und zum Risikomanagement sowie die Vorgaben zur Beteiligung möglicherweise betroffener anderer Staaten, der möglicherweise betroffenen Öffentlichkeit sowie möglicherweise betroffener indigener und lokaler Gemeinschaften.

1. Verpflichtung zur Durchführung einer auf Gene Drive-Organismen abgestimmten, erweiterten Risikoabschätzung im Vorfeld jedes Freisetzungsvorhabens

Art. 14 Abs. 1 lit. a) CBD verpflichtet die Vertragsparteien zur Schaffung nationaler Vorgaben für die Durchführung einer Umweltverträglichkeitsprüfung im Vorfeld von Freisetzungsvorhaben mit Gene Drive-Organismen.[1678] Ein Anspruch auf Durchführung einer Umweltverträglichkeitsprüfung im Einzelfall ergibt sich aus Art. 14 Abs. 1 lit. a) CBD allerdings nicht.[1679] Zudem ist die Verpflichtung des Art. 14 Abs. 1 lit. a) CBD nur „soweit möglich und angemessen" umzusetzen, sodass nicht ausgeschlossen ist, dass in Einzelfällen von der Schaffung derartiger Vorgaben abgesehen wird. Die Biodiversitätskonvention enthält des Weiteren keine konkretisierenden Vorgaben dahingehend, wie die Umweltverträglichkeitsprüfung im Hinblick auf die Freisetzung von Gene Drive-Organismen ausgestaltet sein muss, sodass den Vertragsparteien bei der Ausgestaltung ein erheblicher Gestaltungsspielraum zukommt. Zwar sprachen sich die Vertragsparteien im Rahmen der COP 14 dafür aus, eine Freisetzung von Gene Drive-Organismen auch zu Forschungszwecken erst im Anschluss an eine Risikoabschätzung im Einzelfall durchzuführen, auf nähere Vorgaben, welchen Anforderungen die Risikoabschätzung in Bezug auf Freisetzungsvorhaben mit Gene Drive-Organismen genügen muss, einigten sich die Vertragsparteien bislang allerdings nicht.[1680]

Art. 15 Abs. 1 CP i.V.m. Anlage III verpflichtet demgegenüber zwar zur Durchführung einer Risikoabschätzung und enthält in Anhang III konkretisierende Vorgaben für die Art und Weise der Durchführung und der dabei anzuwendenden Methodik. Allerdings sind die Vertragsparteien des Cartagena-Protokolls nur im Rahmen des AIA-Verfahrens zur Einhaltung des Art. 15 CP verpflichtet, das im Falle einer absichtlichen grenzüberschreitenden Verbringung von Gene Drive-Organismen mit dem Ziel, diese anschließend freizusetzen, nicht aber im Falle einer Freisetzung von Gene Drive-Organismen auf nationalem Hoheitsgebiet anzuwenden ist.[1681] Zudem sind, wie die Verwendung des Begriffs „sollen" in Anlage III, Ziff. 3 bis 6, sowie der Zusatz „soweit angemessen" in Anlage III, Ziff. 8 deutlich machen, nicht sämtliche in Anhang III enthaltenen Vorgaben zwingend einzuhalten; darüber hinaus sind die Vorgaben auf herkömmliche

[1678] Siehe hierzu die Ausführungen in Teil 4, Kapitel 2, II, 2, c, aa.

[1679] Siehe hierzu: IGH, Certain Activities Carried Out by Nicaragua in the Border Area (Costa Rica v. Nicaragua) and Construction of a Road in Costa Rica along the San Juan River (Nicaragua v. Costa Rica), Entscheidung vom 16. Dezember 2015, ICJ Reports 2015, S. 665, Rn. 164. Hierzu auch: *Krüger*, S. 264.

[1680] Die Vertragsparteien und weitere Regierungen wurden dabei zur Vornahme einer Risikoabschätzung nicht lediglich „eingeladen", sondern „aufgefordert": „*Calls upon* Parties and other Governments [...]".

[1681] Siehe hierzu die Ausführungen in Teil 4, Kapitel 3, II, 2, a, aa, (1).

LMOs zugeschnitten und tragen den Besonderheiten der Gene Drive-Technik nicht hinreichend Rechnung.[1682] So erweist sich insbesondere die vergleichende Risikoabschätzung im Sinne der Ziff. 5 in Bezug auf Gene Drive-Organismen für nur bedingt geeignet. Auch die nähere Bestimmung der Aufnahmeumgebung, wie sie in Ziff. 8 lit. a) vorausgesetzt wird, ist bei sich global ausbreitenden Gene Drive-Organismen kaum möglich. Im Rahmen der 10. COP-MOP kamen die Vertragsparteien überein, dass auf die Besonderheiten von Gene Drive-Organismen abgestimmte Leitlinien ausgearbeitet werden sollen.

Dem Vorsorgeprinzip ist nur ausreichend Rechnung getragen, wenn im Vorfeld jeder Freisetzung von Gene Drive-Organismen und damit sowohl vor experimentellen Freisetzungsvorhaben als auch vor kommerziellen Freisetzungen eine an die Besonderheiten der Gene Drive-Technik angepasste wissenschaftliche Risikoabschätzung durchgeführt wird, die zur Analyse der voraussichtlichen Auswirkungen geeignet ist.[1683] Erforderlich ist, dass die hierbei angewandte Methodik die mit Gene Drive-Organismen einhergehenden Besonderheiten berücksichtigt. Beispielsweise ist eine vergleichende Risikoabschätzung, bei der Organismen des Wildtyps als Vergleichsorganismen herangezogen werden, ebenso ungeeignet wie im Falle von Gene Drive-Systemen, die sich global ausbreiten sollen eine Risikoabschätzung, die eine präzise Abgrenzung der Aufnahmeumgebung erfordert.[1684] Da sich die genetische Veränderung im Falle von Gene Drive-Organismen selbsttätig in freier Wildbahn auf nachfolgende Generationen verbreitet, Wildpopulationen über eine große genetische Variabilität verfügen sowie einer Vielzahl unterschiedlicher Umwelteinflüsse ausgesetzt sind und Organismen einer Wildpopulation auf verschiedenste Weise mit dem Ökosystem interagieren, in das sie eingebunden sind[1685], ist denkbar, dass eine Risikoabschätzung, die eine verlässliche Informationsgrundlage liefert, nicht möglich ist.[1686] Für diesen Fall und jedenfalls, solange keine anerkannten Analysemethoden existieren, die geeignet sind, die Auswirkungen eines Freisetzungsvorhabens mit Gene Drive-Organismen abzuschätzen und den Besonderheiten angemessen Rechnung zu tragen, ist von einem Freisetzungsvorhaben abzusehen bzw. ein solches zu untersagen.[1687]

[1682] Siehe hierzu die Ausführungen in Teil 4, Kapitel 3, II, 2, a, aa, (3).

[1683] Siehe hierzu die Ausführungen in Teil 4, Kapitel 1, II, 2, b, aa. Die Tatsache, dass Gene Drive-Organismen sich von herkömmlichen LMOs unterscheiden und eine Risikoabschätzung Analysemethoden erfordert, die typischerweise nicht verwendet werden, betont auch die National Academies of Sciences, Engineering and Medicine in ihrem 2016 erschienenen Bericht zu Gene Drive-Organismen: *National Academy of Science Engineering and Medicine*, Gene Drives on the Horizon: Advancing Science, Navigating Uncertainty and Aligning Research with Public Values, 2016, S. 110. Siehe hierzu auch: *Simon/Otto/Engelhard*, EMBO Reports 19 (5), 2018, 1 (S. 3f.); *EFSA GMO Panel*, Adequacy and sufficiency evaluation on existing EFSA guidelines for the molecular characterisation, environmental risk assessment and post-market environmental monitoring of genetically modified insects containing engineered gene drives, 2020, S. 67ff.

[1684] Siehe hierzu die Ausführungen in Teil 4, Kapitel 1, II, 2, b, aa, (2).

[1685] Siehe hierzu die Ausführungen in Teil 2, Kapitel 1, IV.

[1686] *Then*, in: Gene Drives – Potenziale, Risiken, Besorgnisgründe, 134–145 (S. 135ff.).

[1687] In diese Richtung auch: *Simon/Otto/Engelhard*, EMBO Reports 19 (5), 2018, 1 (S. 3); *Ching/Lin*, in: Gene Drives – A report on their science, applications, social aspects, ethics and regulations, 254–328 (S. 310).

a. Verpflichtende Ermittlung und Berücksichtigung positiver und negativer sozioökonomischer Auswirkungen

Vor dem Hintergrund, dass Art. 14 Abs. 1 lit. a) CBD die Vertragsparteien verpflichtet, nationale Vorgaben zu schaffen, um im Rahmen einer Umweltverträglichkeitsprüfung nachteilige Auswirkungen von Aktivitäten auf die biologische Vielfalt und die menschliche Gesundheit zu ermitteln, die Art und Weise der Durchführung und der Inhalt der Umweltverträglichkeitsprüfung allerdings der Gestaltung der Vertragsparteien überlassen ist, sprachen sich diese in Zusammenhang mit LMOs dafür aus, bei der Ermittlung der vorteilhaften und nachteiligen Auswirkungen sozioökonomische, kulturelle und ethische Erwägungen zu berücksichtigen.[1688] Allerdings wurden die Vertragsparteien hierzu nur „eingeladen", zudem sollte die Berücksichtigung lediglich „soweit angemessen" und in Einklang mit den jeweiligen nationalen Regelungen erfolgen.[1689]

Die Risikoabschätzung, wie sie in Anhang III des Cartagena-Protokolls näher ausgestaltet ist, dient ausweislich Anhang III Ziff. 1 ausschließlich dazu, nachteilige Auswirkungen auf die biologische Vielfalt und die menschliche Gesundheit zu ermitteln. Nach Art. 26 CP können die Vertragsparteien zwar bei der Einfuhrentscheidung und sonstigen nationalen Umsetzungsmaßnahmen, soweit internationale Verpflichtungen nicht entgegenstehen, positive und negative sozioökonomische Auswirkungen einer Freisetzung von Gene Drive-Organismen berücksichtigen – Art. 26 CP ist dabei jedoch als Recht und nicht als Verpflichtung ausgestaltet. Ferner können sozioökonomische Erwägungen nur berücksichtigt werden, wenn Gene Drive-Organismen nachteilige Auswirkungen auf die biologische Vielfalt haben und hierdurch sekundär sozioökonomische Faktoren beeinflusst werden (können).[1690] Im Rahmen der Konferenzen der Vertragsparteien des Cartagena-Protokolls kamen die Vertragsparteien lediglich überein, dass die Einbeziehung sozioökonomischer Erwägungen in Einklang mit nationalen Vorgaben und Leitlinien erfolgen soll.[1691] Eine Konkretisierung fand insoweit statt, als dass der Begriff der sozioökonomischen Erwägungen wirtschaftliche, soziale, ökologische, kulturelle, religiöse und ethische Auswirkungen erfasst.[1692]

Im Lichte des Vorsorgeprinzips sind bei der Entscheidungsfindung die mit einer Vorsorgemaßnahme verbundenen Kosten und Gegenrisiken zu berücksichtigen.[1693] Die Entscheidung, die Freisetzung eines bestimmten Gene Drive-Organismus zu einem bestimmten Zweck zu unter-

[1688] Siehe hierzu die Ausführungen in Teil 4, Kapitel 2, III, 2, a und insbesondere COP, Decision XIII/17, 16.12.2016, UNEP/CBD/COP/DEC/XIII/17, Ziff. 8.

[1689] „*Invites* Parties, in accordance with their applicable domestic legislation or national circumstances, to take into account, as appropriate, socio-economic, cultural and ethical considerations [...]", COP, Decision XIII/17, 16.12.2016, UNEP/CBD/COP/DEC/XIII/17, Ziff. 8.

[1690] Siehe hierzu die Ausführungen in Teil 4, Kapitel 3, II, 2, c.

[1691] Siehe hierzu die Ausführungen in Teil 4, Kapitel 3, III, 2, b.

[1692] Siehe hierzu die Ausführungen in Teil 4, Kapitel 3, III, 2, b.

[1693] Siehe hierzu die Ausführungen in Teil 4, Kapitel 1, II, 2, a, bb, (2).

sagen, steht beispielsweise nur in Einklang mit dem Vorsorgeprinzip, wenn die damit verbundenen Kosten und Gegenrisiken angemessen sind. Da Voraussetzung einer solchen Bewertung ist, dass die mit einer Vorsorgemaßnahme einhergehenden Kosten und Gegenrisiken ermittelt werden, ist im Vorfeld eines Freisetzungsvorhabens zu untersuchen, inwieweit mit einer Freisetzung positive und negative wirtschaftliche, soziale, ökologische, kulturelle oder ethische Auswirkungen einhergehen.[1694] Mit einem Freisetzungsvorhaben einhergehende sozioökonomische Auswirkungen sind damit verpflichtend – und nicht lediglich fakultativ – zu ermitteln und im Rahmen des Entscheidungsverfahrens zur Kenntnis zu nehmen. Die Ermittlungspflicht umfasst auch sozioökonomische Auswirkungen, die nicht erst Folge einer Auswirkung der Gene Drive-Organismen auf die biologische Vielfalt sind. Beispielsweise sind im Falle eines Gene Drive-Systems zur Bekämpfung vektorübertragener Erkrankungen Auswirkungen auf das Gesundheitssystem zu berücksichtigen.

b. Verpflichtung zur Alternativenprüfung

Wie bereits dargestellt, enthält Art. 14 Abs. 1 lit. a) CBD keine konkretisierenden Vorgaben dazu, welchen inhaltlichen Vorgaben eine Risikoabschätzung genügen muss. In den zu Art. 14 Abs. 1 lit. a) CBD entwickelten, nicht rechtsverbindlichen, Leitlinien wurde verschiedentlich auf die Notwendigkeit hingewiesen, Alternativen zum geplanten Vorgehen und die damit verbundenen Auswirkungen in die Betrachtung einzubeziehen.[1695] Dafür, dass auch im Vorfeld eines geplanten Freisetzungsvorhabens mit Gene Drive-Organismen stets eine Alternativenprüfung vorzunehmen ist, sprachen sich die Vertragsparteien indes nicht explizit aus.

Auch findet sich die Vorgabe, dass eine Risikoabschätzung nach Art. 15 CP i.V.m. Anlage III eine Alternativenprüfung beinhalten muss, weder in Anlage III selbst, noch in dem zur Unterstützung der Risikoabschätzung in Zusammenhang mit LMOs ausgearbeiteten Leitfaden.[1696]

Das Vorsorgeprinzip erfordert, dass im Rahmen der Risikoabschätzung Alternativen zu dem anvisierten Vorhaben zu ermitteln und zu beschreiben sind und die mit den alternativen Handlungsmöglichkeiten einhergehenden positiven und negativen Auswirkungen analysiert werden.[1697]

[1694] So auch: *Long* u. a., Science 370 (6523) 2020, 1417 (S. 1418); *Ching/Lin*, in: Gene Drives – A report on their science, applications, social aspects, ethics and regulations, 254–328 (S. 310). Siehe ferner: *Giese*, in: „Grand Challenges" meistern – Der Beitrag der Technikfolgenabschätzung, 159–170 (S. 166).

[1695] COP, Decision VI/7, 22.05.2002, UNEP/CBD/COP/DEC/VI/7, Anhang, Ziff. 1 lit. a) (iv), Ziff. 18 lit. a), Ziff. 23 lit. b); COP, Decision VIII/28, 15.06.2006, UNEP/CBD/COP/DEC/VIII/28, Anhang, Ziff. 21. Zudem wurde festgehalten, dass die Umweltverträglichkeitsprüfung in verschiedenen Phasen durchzuführen ist: im Anschluss an ein Screenig-Verfahren, mithilfe dessen festgestellt wird, welche Vorhaben eine detaillierte Abschätzung erfordern, ist ein Scoping vorzunehmen, um festzustellen, welche potentiellen Auswirkungen für die weitere Prüfung von Bedeutung sind. An die eigentliche Umweltverträglichkeitsprüfung soll sich eine Phase anschließen, in der Abhilfemaßnahmen wie der Verzicht auf die Vorhabendurchführung oder die Suche nach Alternativstandorten untersucht werden. Im Anschluss an die Entscheidung, ob ein Vorhaben verwirklicht wird, ist, sofern das Vorhaben durchgeführt wird, die Durchführung zu überwachen.

[1696] Eine Darstellung der wesentlichen Inhalte des Leitfadens findet sich in Teil 4, Kapitel 3, III, 2, a, aa.

[1697] Siehe hierzu die Ausführungen in Teil 4, Kapitel 1, II, 2, b, aa, (2).

Im Rahmen der Risikoabschätzung im Vorfeld eines geplanten Freisetzungsvorhabens müssen somit zwingend Alternativen zu dem geplanten Vorhaben ermittelt und untersucht und die mit den jeweiligen Alternativen einhergehenden positiven und negativen Auswirkungen eruiert werden.[1698] In Betracht zu ziehen sind – je nach Einzelfall – beispielsweise die Infektion von Krankheitserreger übertragenden Insekten mit Wolbachia-Bakterien, die Freisetzung von Insekten, die einen dominanten Lethal-Faktor an die Nachkommen übertragen, aber nicht mit einem Gene Drive-System ausgestattet sind, der Einsatz der sterilen Insekten Technik (SIT) oder im Falle des Einsatzes von Gene Drive-Organismen zur Schädlingsbekämpfung in der Landwirtschaft die Verwendung klassischer Methoden wie der Ausbringung von Pestiziden.[1699]

c. Verpflichtung zur Identifizierung und Berücksichtigung von wissenschaftlicher Ungewissheit

Während weder Art. 14 Abs. 1 lit. a) CBD, noch die in diesem Zusammenhang entwickelten Leitlinien sich explizit damit befassen, wie mit wissenschaftlicher Ungewissheit im Rahmen der Risikoabschätzung umzugehen ist[1700], enthält Anhang III, Ziff. 4 des Cartagena-Protokolls eine Vorgabe zum Umgang mit wissenschaftlicher Ungewissheit und bestimmt, dass diese als solche anzuerkennen ist.[1701] Im Rahmen des nicht rechtsverbindlichen Leitfadens zur Risikoabschätzung bei LMOs wird ebenfalls betont, dass für jedes Risiko die Art und das Ausmaß der wissenschaftlichen Ungewissheit identifiziert und deren Einfluss auf das Gesamtrisiko kenntlich gemacht werden sollte.[1702]

Im Lichte des Vorsorgeprinzips ist wissenschaftliche Ungewissheit im Rahmen der Risikoabschätzung so präzise wie möglich zu identifizieren; dabei ist jeweils zu ergründen, inwieweit wissenschaftliche Ungewissheit besteht und worin deren Ursache liegt.[1703] Herauszuarbeiten ist somit beispielsweise, inwieweit in Bezug auf Non-Target-Effekte wissenschaftliche Ungewissheit besteht und ob diese auf fehlenden Daten – beispielsweise Informationen zum Genom oder zum Verbreitungsgebiet in Betracht kommender Organismen – beruht und damit durch Schaffung zusätzlicher Informationen grundsätzlich beseitigt werden kann, aufgrund komplexer

---

1698 So auch: *Simon/Otto/Engelhard*, EMBO Reports 19 (5), 2018, 1 (S. 3); *Ching/Lin*, in: Gene Drives – A report on their science, applications, social aspects, ethics and regulations, 254–328 (S. 312); *Devos* u. a., Biotechnology Advances 54, 2022, 1 (S. 6).

1699 *Liebert/Wölcher*, in: „Grand Challenges" meistern – Der Beitrag der Technikfolgenabschätzung, 171–182 (S. 176f.).

1700 Im Rahmen der Leitlinien zur Risikoabschätzung wird lediglich pauschal darauf hingewiesen, bei der Entscheidungsfindung in Fällen wissenschaftlicher Ungewissheit im Hinblick auf das Risiko eines erheblichen Schadens für die biologische Vielfalt sei der Vorsorgeansatz anzuwenden, je größer die Risiken und je erheblicher mögliche Schäden seien, desto eher sei wissenschaftliche Gewissheit erforderlich, wohingegen im Falle eines minimalen Risikos ein größeres Maß an wissenschaftlicher Ungewissheit akzeptiert werden könne, COP, Decision VIII/28, 15.06.2006, UNEP/CBD/COP/DEC/VIII/28, Anhang, Ziff. 42.

1701 Siehe hierzu die Ausführungen in Teil 4, Kapitel 3, II, 2, a, aa, (3).

1702 Siehe hierzu die Ausführungen in Teil 4, Kapitel 3, III, 2, a, aa.

1703 Siehe hierzu die Ausführungen in Teil 4, Kapitel 1, II, 2, b, aa, (2).

Zusammenhänge besteht und allein durch zusätzliche Daten und Informationen nicht aufgelöst werden kann oder in der Wissenschaft lediglich unterschiedliche Ansichten vertreten werden.

2. Die Einbeziehung möglicherweise betroffener Akteure im Vorfeld jedes Freisetzungsvorhabens

Neben der Vornahme einer umfassenden und im Vergleich zu den bestehenden Vorgaben erweiterten Risikoabschätzung erfordert das Vorsorgeprinzip einen transparenten Entscheidungsprozess unter Beteiligung diverser möglicherweise betroffener Akteure. Sichergestellt wird so, dass im Entscheidungsprozess unterschiedliche Sichtweisen und Perspektiven berücksichtigt werden.

Zwar finden sich sowohl in der Biodiversitätskonvention als auch im Cartagena-Protokoll verschiedentlich Vorgaben zur Beteiligung anderer Staaten, der Öffentlichkeit und indigener oder lokaler Gemeinschaften. Die Mitwirkung diverser Akteure am Entscheidungsprozess wurde auch in von Expertengruppen entwickelten Leitlinien sowie den Vertragsparteien des Cartagena-Protokolls und der Biodiversitätskonvention im Rahmen der COP und COP-MOP thematisiert, sodass das Vorsorgeprinzip insoweit Umsetzung erfahren hat. Allerdings sind die Vorgaben in Bezug auf die Freisetzung von Gene Drive-Organismen nicht ausreichend.

a. Verpflichtung zur Beteiligung möglicherweise betroffener Staaten

Während Art. 14 Abs. 1 lit. c) CBD die Vertragsparteien allgemein dazu aufruft, im Hinblick auf Aktivitäten, die nachteilige Auswirkungen auf die biologische Vielfalt im Hoheitsgebiet anderer Staaten oder jenseits nationaler Hoheitsgewalt haben können, durch den Abschluss bilateraler, regionaler oder multilateraler Abkommen den Austausch von Informationen und gegenseitige Konsultationen zu fördern, enthält Art. 19 Abs. 4 CBD die auf LMOs bezogene, bilaterale Verpflichtung, Informationen zur Verwendung eines LMO, sämtlichen innerstaatlich geltenden Regelungen und zu möglichen nachteiligen Auswirkungen bereitzustellen. Die Vertragsparteien sind nach Art. 14 Abs. 1 lit. c) CBD allerdings lediglich zur „Förderung“ von Informationsaustausch und Konsultationen, nicht aber zur Notifikation, Informationsbereitstellung und Konsultation im spezifischen Einzelfall verpflichtet. Die in Art. 19 Abs. 4 CBD enthaltene Verpflichtung zur Bereitstellung von Informationen ist konkreter und umfassender, besteht allerdings lediglich im Vorfeld einer geplanten Einfuhr und ausschließlich gegenüber der einführenden Vertragspartei. Im Rahmen der COP 14 wurden die Vertragsparteien, andere Regierungen und Organisationen explizit, allerdings nicht rechtsverbindlich, zum Informations- und Erfahrungsaustausch im Hinblick auf Gene Drive-Organismen, insbesondere über die Informationsstelle für biologische Sicherheit, aufgefordert.[1704]

[1704] Siehe hierzu die Ausführungen in Teil 4, Kapitel 2, III, 2, b.

Das im Cartagena-Protokoll vorgesehene AIA-Verfahren verlangt die Vornahme einer Risikoabschätzung und Zustimmung der einführenden Vertragspartei zur Einfuhr auf Basis der verfügbaren Informationen, findet allerdings lediglich im Verhältnis zwischen dem Einfuhrstaat und der ausführenden Vertragspartei Anwendung und ist nur im Vorfeld einer geplanten Einfuhr anwendbar, wenn im Anschluss die Freisetzung des eingeführten LMO beabsichtigt ist.[1705] Art. 20 Abs. 3 lit. c) und d) CP verpflichtet die Vertragsparteien dazu, Informationen zu einer etwaigen, in Zusammenhang mit Gene Drive-Organismen vorgenommenen Risikoabschätzung und die endgültige Entscheidung, Gene Drive-Organismen einzuführen oder freizusetzen, an die Informationsstelle für biologische Sicherheit weiterzugeben. Allerdings ist ein Zeitpunkt für die Weitergabe dieser Informationen nicht vorgesehen. Eine Pflicht zur Konsultation und damit Einholung von Stellungnahmen von Vertragsparteien, die möglicherweise von einem Freisetzungsvorhaben betroffen sind, enthält Art. 20 CP ebenfalls nicht. Nach Art. 17 Abs. 1 und Abs. 4 CP ist schließlich jede Vertragspartei verpflichtet, in dem Zeitpunkt, in dem sie von einem Freisetzungsvorhaben unter ihrer Hoheitsgewalt Kenntnis erhält, das zu einer unabsichtlichen grenzüberschreitenden Verbringung von Gene Drive-Organismen und in der Folge zu erheblichen nachteiligen Auswirkungen für die biologische Vielfalt und die menschliche Gesundheit führt oder führen kann, diejenigen Staaten, die möglicherweise betroffen sind, zu informieren und zu konsultieren. Allerdings entsteht die Verpflichtung, wie der Wortlaut des Art. 17 Abs. 1 CP deutlich macht, erst in dem Zeitpunkt, in dem das zu einer grenzüberschreitenden Verbringung führende Ereignis – beispielsweise die absichtliche Freisetzung – bereits stattgefunden hat.[1706] Zum anderen kann im konkreten Einzelfall Uneinigkeit dahingehend bestehen, ob eine Grenzüberschreitung der Gene Drive-Organismen zu erheblichen nachteiligen Auswirkungen auf die biologische Vielfalt oder die menschliche Gesundheit führen kann. Vor dem Hintergrund, dass jedenfalls bestimmte Gene Drive-Systeme, einmal freigesetzt, nicht mehr rückholbar oder begrenzbar sein können, ist Art. 17 Abs. 1 und Abs. 4 CP unzureichend.[1707]

Das Vorsorgeprinzip verpflichtet dazu, sämtliche möglicherweise betroffene Staaten möglichst frühzeitig und jedenfalls im Vorfeld eines Freisetzungsvorhabens mit Gene Drive-Organismen über das geplante Vorhaben in Kenntnis zu setzen, verfügbare Informationen zur Verfügung zu stellen, Stellungnahmen einzuholen und sich im Rahmen des Entscheidungsprozesses mit den Einwänden oder Bedenken auseinanderzusetzen.[1708] Verschiedentlich wird darüber hinausgehend gefordert, Staaten, deren Hoheitsgebiet infolge einer Freisetzung von Gene Drive-

1705 Siehe hierzu die Ausführungen in Teil 4, Kapitel 3, II, 2, a, aa.

1706 „[...] when it knows of an occurrence under its jurisdiction resulting in a release that leads, or may lead, to an unintentional transboundary movement of a living modified organism [...].“

1707 „When unintentional and illegal transboundary movements occur, the country into which the GDO has entered will not be able to make its own assessment and decision on organisms that will likely be impossible to recall“, *Ching/Lin*, in: Gene Drives – A report on their science, applications, social aspects, ethics and regulations, 254–328 (S. 306).

1708 Siehe hierzu die Ausführungen in Teil 4, Kapitel 1, II, 2, b, cc.

Organismen möglicherweise nachteilig betroffen ist, müsse ein Veto-Recht zukommen.[1709] Eine Freisetzung müsse demnach unterbleiben, wenn nicht sämtliche, von einem Freisetzungsvorhaben mit Gene Drive-Organismen möglicherweise betroffene Staaten im Vorfeld ihre Zustimmung zu einem Freisetzungsvorhaben abgegeben haben.[1710] Ein solches Veto-Recht folgt aus dem Vorsorgeprinzip, wie es völkergewohnheitsrechtliche Anerkennung gefunden hat, jedoch nicht.[1711] Unbenommen bleibt die Möglichkeit, dass sich die Staatengemeinschaft im Rahmen eines völkerrechtlichen Vertrags darauf verständigt, in Zusammenhang mit Freisetzungsvorhaben mit Gene Drive-Organismen oder möglicherweise auch nur bestimmten Gene Drive-Systemen, ein solches Veto-Recht anzuerkennen.

b. Verpflichtung zur Beteiligung der möglicherweise betroffenen Öffentlichkeit

Zwar sollen die Vorgaben zur Umweltverträglichkeitsprüfung nach Art. 14 Abs. 1 lit. a) CBD die Möglichkeit zur Beteiligung der Öffentlichkeit vorsehen – der Begriff der Öffentlichkeit ist weit zu verstehen und umfasst neben einzelnen Bürgern auch NGOs und Behörden. Allerdings gilt dies nur „soweit angemessen“, sodass den Vertragsparteien ein erheblicher Gestaltungsspielraum eingeräumt ist, ob eine Einbeziehung der Öffentlichkeit stattfindet und wie die Öffentlichkeitsbeteiligung gegebenenfalls ausgestaltet ist. Während sich die Vertragsparteien im Rahmen der Vertragsstaatenkonferenzen zu Beteiligungsmöglichkeiten indigener und lokaler Gemeinschaften in Zusammenhang mit mittels synthetischer Biologie hergestellten oder veränderten Organismen verschiedentlich äußerten, erfolgte eine Auseinandersetzung mit Beteiligungsmöglichkeiten der möglicherweise von einem Freisetzungsvorhaben von Gene Drive-Organismen betroffenen Bürger, NGOs oder Behörden bislang nicht.

Im Rahmen des Cartagena-Protokolls findet sich zwar in Art. 23 CP eine Vorschrift, die sich mit der Beteiligung der Öffentlichkeit befasst. Nach Art. 23 Abs. 2 CP sind die Vertragsparteien verpflichtet, die möglicherweise von einem Freisetzungsvorhaben betroffene Öffentlichkeit von einem solchen Vorhaben in Kenntnis zu setzen sowie Konsultationen durchzuführen. Allerdings besteht eine derartige Verpflichtung nur entsprechend der jeweiligen nationalen Vorgaben, konkretisierende Informationen dahingehend, welche Informationen zur Verfügung gestellt werden müssen, finden sich nicht.

[1709] „Applied to gene drives, this means that every country has a right to give or withhold its approval for a GDO release in another jurisdiction that could directly or indirectly impact its territory“, *Ching/Lin*, in: Gene Drives – A report on their science, applications, social aspects, ethics and regulations, 254–328 (S. 305). So auch: *Sustainability Council New Zealand*, A Constitutional Moment – Gene Drive and International Governance, 2018, S. 24ff. Für ein vorheriges Einverständnis sämtlicher möglicherweise betroffener Staaten auch: *Esvelt/Gemmell*, PLOS Biology 15 (11) 2017, 1 (S. 3).

[1710] *Sustainability Council New Zealand*, A Constitutional Moment – Gene Drive and International Governance, 2018, S. 24ff. *Ching/Lin*, in: Gene Drives – A report on their science, applications, social aspects, ethics and regulations, 254–328 (S. 304).

[1711] Siehe hierzu die Ausführungen in Teil 4, Kapitel 1, II, 2, b, cc.

Das Vorsorgeprinzip erfordert, die möglicherweise von einem Freisetzungsvorhaben mit Gene Drive-Organismen betroffene Öffentlichkeit im Sinne einzelner Bürger im Vorfeld von dem geplanten Vorhaben in Kenntnis zu setzen, verfügbare Informationen zur Verfügung zu stellen, Stellungnahmen einzuholen und die abgegebenen Stellungnahmen im Entscheidungsprozess zur Kenntnis zu nehmen und sich damit auseinanderzusetzen.[1712] Der Kreis der möglicherweise betroffenen Öffentlichkeit kann sich dabei auch auf die im Staatsgebiet eines benachbarten Staates ansässige Bevölkerung erstrecken. Zur Verfügung zu stellen sind grundsätzlich sämtliche das Freisetzungsvorhaben betreffende Informationen einschließlich der Ergebnisse der erweiterten, auf die Besonderheiten von Gene Drive-Organismen zugeschnittenen Risikoabschätzung.

c. Verpflichtende Zustimmung der möglicherweise betroffenen indigenen und lokalen Gemeinschaften

Wenngleich in Art. 14 Abs. 1 lit. c) CBD lediglich gefordert wird, dass die nationalen Vorgaben zur Umsetzung einer Umweltverträglichkeitsprüfung „soweit angemessen" die Einbeziehung der Öffentlichkeit ermöglichen sollen und die Beteiligung indigener und lokaler Gemeinschaften keine explizite Erwähnung findet, sprachen sich die Vertragsparteien im Rahmen der nicht bindenden Leitlinien zur Vornahme einer Umweltverträglichkeitsprüfung dafür aus, indigene und lokale Gemeinschaften einzubeziehen[1713] und betonten die Notwendigkeit der Einbeziehung indigener und lokaler Gemeinschaften im Rahmen der Risikoabschätzung bei mittels synthetischer Biologie hergestellten oder veränderten Organismen, wenngleich diese nur „soweit angemessen" erfolgen sollte.[1714] Auf der COP 14 wurde die vorherige Zustimmung möglicherweise betroffener indigener und lokaler Gemeinschaften als Voraussetzung für die Durchführung eines Freisetzungsvorhabens mit Gene Drive-Organismen für notwendig erachtet. Allerdings kommt der entsprechenden Entscheidung lediglich politische Bindungswirkung zu. Die Zustimmung der indigenen und lokalen Gemeinschaften steht zudem unter einem doppelten Vorbehalt. Die vorherige Zustimmung ist einerseits nur „soweit angemessen" „anzustreben oder zu erlangen", nicht aber zwingend einzuholen. Zum anderen ist die vorherige Zustimmung nur „in Einklang mit den jeweiligen nationalen Gegebenheiten und Rechtsvorschriften" anzustreben oder zu erlangen.[1715]

Im Rahmen des Cartagena-Protokolls findet sich in Art. 23 Abs. 2 CP lediglich die bereits erwähnte Verpflichtung, die Öffentlichkeit in Kenntnis zu setzen sowie Konsultationen durch-

[1712] Siehe hierzu die Ausführungen in Teil 4, Kapitel 1, II, 2, b, dd, (2).

[1713] COP, Decision VI/7, 22.05.2002, UNEP/CBD/COP/DEC/VI/7, Anhang, Ziff. 40; COP, Decision VIII/28, 15.06.2006, UNEP/CBD/COP/DEC/VIII/28, Anhang, Ziff. 5.

[1714] COP, Decision XII/24, 17.10.2014, UNEP/CBD/COP/DEC/XII/24, Ziff. 3 lit. d).

[1715] „*Where appropriate* the „prior and informed consent", the „free, prior and informed consent" or „approval and involvement" of potentially affected indigenous peoples and local communities *is sought or obtained, where applicable in accordance with national circumstances and legislation*" (Hervorhebungen durch die Verfasserin).

zuführen. Dabei findet weder die Beteiligung indigener und lokaler Gemeinschaften explizite Erwähnung, noch ist die Einholung der Zustimmung vorgesehen.

Das Vorsorgeprinzip verpflichtet in Zusammenhang mit der Freisetzung von Gene Drive-Organismen dazu, möglicherweise von einem Freisetzungsvorhaben betroffene indigene und lokale Gemeinschaften möglichst frühzeitig und jedenfalls im Vorfeld von dem geplanten Vorhaben in Kenntnis zu setzen, die verfügbaren Informationen zur Verfügung zu stellen und die freie, vorherige und informierte Zustimmung der möglicherweise betroffenen indigenen oder lokalen Gemeinschaft einzuholen.[1716] Die Beteiligungsrechte gehen damit über diejenigen der möglicherweise betroffenen Öffentlichkeit, die lediglich zu konsultieren ist, hinaus. Nähere Vorgaben dazu, auf welche Art und Weise die Zustimmung zu einem Freisetzungsvorhaben mit Gene Drive-Organismen einzuholen ist, lassen sich aus dem Vorsorgeprinzip nicht ableiten. Als Anhaltspunkte können insoweit die Mo'otz Kuxtal Voluntary Guidelines dienen, auf die die Vertragsparteien in der Biodiversitätskonvention in der Entscheidung 14/19 auch ausdrücklich Bezug nehmen.[1717]

3. Konkretisierung des Risikomanagements

Art. 8 lit. g) CBD verpflichtet die Vertragsparteien ausdrücklich zur Regulierung, Bewältigung und Kontrolle von Risiken, die mit der Freisetzung von LMOs und damit auch Gene Drive-Organismen einhergehen, unterliegt allerdings, da die Verpflichtung nur „soweit möglich und angemessen" besteht, einer erheblichen Einschränkung und enthält keine präzisierenden Vorgaben dahingehend, wie eine solche Regulierung, Bewältigung oder Kontrolle ausgestaltet sein muss. Zwar wurden die Vertragsparteien im Jahr 2014 „nachdrücklich aufgefordert" und andere Regierungen „ersucht", in Zusammenhang mit mittels synthetischer Biologie hergestellten oder veränderten Organismen effektive Verfahren zur Risikobewältigung und/oder regulatorische Vorgaben zu etablieren, eine Einigung auf gewisse Mindestvoraussetzungen erfolgte jedoch nicht.[1718] Im Rahmen der 14. Vertragsstaatenkonferenz wurden die Vertragsparteien und weitere Regierungen aufgerufen, Freisetzungsvorhaben mit Gene Drive-Organismen erst vorzunehmen, wenn Maßnahmen zur Risikobewältigung vorhanden sind, allerdings erfolgte auch hier keine Konkretisierung, wie das Risikomanagement in Bezug auf Gene Drive-Organismen ausgestaltet sein muss. Zudem sind Maßnahmen zur Risikobewältigung nur „soweit angemessen" zu schaffen.[1719]

Das Cartagena-Protokoll verpflichtet die Vertragsparteien in Art. 16 Abs. 1, Abs. 2 und Abs.

[1716] Siehe hierzu die Ausführungen in Teil 4, Kapitel 1, II, 2, b, ee.

[1717] *Ching/Lin*, in: Gene Drives – A report on their science, applications, social aspects, ethics and regulations, 254–328 (S. 308).

[1718] Siehe hierzu die Ausführungen in Teil 4, Kapitel 2, III, 2, a.

[1719] „Risk management measures are in place to avoid or minimize potential adverse effects, *as appropriate*" (Hervorhebung durch die Verfasserin).

3 CP zur Schaffung innerstaatlicher Vorgaben, um den mit LMOs einhergehenden Risiken zu begegnen und verlangt die Vornahme angemessener Maßnahmen. Konkretisierende Vorgaben zur Ausgestaltung enthält Art. 16 CP nur insoweit, als im Vorfeld einer Freisetzung möglichst eine Risikoabschätzung durchgeführt werden soll und sich die Vertragsparteien bemühen sollen, sicherzustellen, dass jeder LMO im Vorfeld der Verwendung für einen im konkreten Einzelfall angemessenen Zeitraum beobachtet wurde. Der Leitfaden zur Risikoabschätzung hält – wenngleich lediglich in Bezug auf mittels Gene Drive veränderte Mücken – dazu an, Strategien zur Unterbrechung eines Freisetzungsvorhabens und/oder der Rückholung einmal freigesetzter Gene Drive-Mücken zu erarbeiten.[1720] Darüber hinaus wird die Überwachung eines Freisetzungsvorhabens für erforderlich erachtet.[1721]

Das Vorsorgeprinzip verpflichtet dazu, im Falle der Freisetzung von Gene Drive-Organismen angemessene Maßnahmen zur Risikobewältigung und -kontrolle zu ergreifen, lässt den Staaten im Hinblick auf Risikomanagementmaßnahmen aber grundsätzlich einen weiten Gestaltungsspielraum.[1722]

Als Mindestvoraussetzungen haben die Staaten im Falle einer Freisetzung von Gene Drive-Organismen den Standard der besten verfügbaren Technik einzuhalten bzw. dessen Einhaltung zu fordern, zu fordern, dass freigesetzte Gene Drive-Organismen identifiziert werden können, das Freisetzungsvorhaben einer kontinuierlichen Überwachung zu unterstellen und die Entscheidung im Lichte neuer wissenschaftlicher Erkenntnisse einer Überprüfung zu unterziehen.

Ein Freisetzungsvorhaben mit Gene Drive-Organismen ist damit unter Berücksichtigung der neuesten wissenschaftlichen und technischen Erkenntnisse und Möglichkeiten durchzuführen, um mögliche nachteilige Auswirkungen zu verhindern oder auf ein Minimum zu begrenzen. Derzeit entsprechen jedenfalls Gene Drive-Systeme, die dazu bestimmt sind, sich zeitlich und räumlich unbegrenzt in einer Wildpopulation auszubreiten und eine Population vollständig auszurotten, nicht dem Standard der besten verfügbaren Technik.[1723] Vielmehr sind Gene Drive-Systeme, die eine Population lediglich modifizieren oder die Populationsgröße verringern, einen hohen Schwellenwert aufweisen und selbstlimitierend sind, derzeit vorzugswürdig.

Es ist im Vorfeld eines geplanten Freisetzungsvorhabens mit Gene Drive-Organismen ein Überwachungsplan zu erarbeiten, der auf die Besonderheiten des spezifischen Gene Drive-Systems abgestimmt ist. Voraussetzung hierfür ist, dass die freigesetzten Organismen sowie deren Nachkommen so gekennzeichnet sind, dass diese erkannt werden können und deren Ausbreitung verfolgt werden kann.

Schließlich ist eine im Hinblick auf ein Freisetzungsvorhaben getroffene Entscheidung im Lichte neuer wissenschaftlicher Erkenntnisse einer Überprüfung zu unterziehen.

[1720] Siehe hierzu die Ausführungen in Teil 4, Kapitel 3, III, 2, a, aa.
[1721] Siehe hierzu die Ausführungen in Teil 4, Kapitel 3, III, 2, a, aa.
[1722] Siehe hierzu die Ausführungen in Teil 4, Kapitel 1, II, 2.
[1723] Siehe hierzu die Ausführungen in Teil 4, Kapitel 1, II, 2, a, cc.

II. Die rechtlichen Möglichkeiten der Anpassung des Regelungsrahmens

Vor dem Hintergrund, dass das Vorsorgeprinzip eine auf die Besonderheiten der Gene Drive-Technik abgestimmte, erweiterte Risikoabschätzung, die Einbeziehung sämtlicher möglicherweise betroffenen Staaten und der möglicherweise betroffenen Öffentlichkeit in das Entscheidungsverfahren über ein geplantes Freisetzungsvorhaben, die Zustimmung möglicherweise betroffener indigener und lokaler Gemeinschaften im Vorfeld eines Freisetzungsvorhabens sowie ein Mindestmaß an Risikomanagementmaßnahmen und damit eine Anpassung der bestehenden Vorgaben der Biodiversitätskonvention und des Cartagena-Protokolls erfordert, stellt sich in einem zweiten Schritt die Frage, welche rechtlichen Möglichkeiten bestehen, den bestehenden Regelungsrahmen anzupassen.

Zu unterscheiden ist zwischen der Möglichkeit, ein gänzlich neues völkerrechtliches Übereinkommen zu schaffen, das unabhängig von der Biodiversitätskonvention und dem Cartagena-Protokoll existiert und der Möglichkeit, die bestehenden Regelungen der Biodiversitätskonvention bzw. des Cartagena-Protokolls weiterzuentwickeln.

1. Schaffung eines unabhängigen völkerrechtlichen Übereinkommens

Da die Staaten neue völkerrechtliche Übereinkommen jederzeit schließen können, kommt die Schaffung eines neuen, von der Biodiversitätskonvention und dem Cartagena-Protokoll losgelösten und damit unabhängigen völkerrechtlichen Vertrags, der verbindliche Vorgaben zum Umgang mit Gene Drive-Organismen enthält, in Betracht.

Vorteilhaft wäre, dass ein Rahmen für die vorsorgende Regulierung der Gene Drive-Technik und insbesondere die Freisetzung von Gene Drive-Organismen geschaffen werden könnte, ohne die Vorgaben in das durch die Biodiversitätskonvention geschaffene Regelungssystem einpassen zu müssen. Der Gestaltungsspielraum wäre damit besonders groß.

Gegen die Aushandlung eines unabhängigen völkerrechtlichen Vertrags sprechen allerdings eine Reihe praktischer Erwägungen. Zunächst erfordert die Schaffung eines neuen völkerrechtlichen Übereinkommens den entsprechenden politischen Willen. Ob der politische Wille, im Rahmen eines neuen völkerrechtlichen Instruments Vorgaben für den Umgang mit Gene Drive-Organismen zu schaffen, vorhanden ist, erscheint zweifelhaft. Zudem könnte nicht auf bereits vorhandene Strukturen wie die Konferenzen der Vertragsparteien der Biodiversitätskonvention und des Cartagena-Protokolls, das Sekretariat oder die Informationsstelle für biologische Sicherheit und unter der Ägide der Biodiversitätskonvention geschaffene Expertengremien zurückgegriffen werden, sodass der Aufwand erheblich wäre und bereits vorhandene Ressourcen ungenutzt blieben.[1724] Selbst wenn sich einige Staaten zur Aushandlung eines unabhän-

[1724] *Sustainability Council New Zealand*, A Constitutional Moment – Gene Drive and International Governance, 2018, S. 47.

gigen völkerrechtlichen Übereinkommens entschließen würden, erscheint unwahrscheinlich, dass deren Anzahl mit der Anzahl der Vertragsparteien der Biodiversitätskonvention oder des Cartagena-Protokolls vergleichbar wäre; die Anzahl der Staaten, für die die Regelungen eines neu geschaffenen Übereinkommens Bindungswirkung entfalten würden, wäre somit verglichen mit der Anzahl derjenigen Staaten, die den Vorgaben der Biodiversitätskonvention oder des Cartagena-Protokolls unterfallen, voraussichtlich deutlich geringer. Das Wesen von Gene Drive-Organismen, sich, einmal freigesetzt, (auch) über Staatsgrenzen hinweg ausbreiten zu können, erfordert aber, dass sich möglichst viele Staaten auf gemeinsame Regelungen einigen. Hinzu kommt, dass sich die Aushandlung eines eigenständigen völkerrechtlichen Vertrags aller Voraussicht nach über einen Zeitraum von einigen Jahren erstrecken würde. Angesichts der schnell voranschreitenden Fortentwicklung der Gene Drive-Technik besteht die Gefahr, dass ein Übereinkommen erst im Anschluss an erste Freisetzungsversuche rechtliche Wirkung entfaltet.

2. Anpassung der Vorgaben der Biodiversitätskonvention und/oder des Cartagena-Protokolls

Die Biodiversitätskonvention mitsamt ihrer Protokolle stellt mit ihren dem Vorsorgeprinzip verpflichteten Vorgaben für den Umgang mit LMOs grundsätzlich ein geeignetes Forum für die internationale Regulierung von Freisetzungsvorhaben mit Gene Drive-Organismen und den Einsatz der Gene Drive-Technik dar.[1725] In praktischer Hinsicht gilt dies für die Biodiversitätskonvention insbesondere deshalb, da zu den Vertragsparteien sämtliche Vertragsparteien der UN mit Ausnahme der USA – die aber als Beobachter bei Konferenzen der Vertragsparteien zugelassen sind – gehören.[1726] Es existiert damit eine Diskussionsplattform, an der sämtliche Staaten teilnehmen können, die vertraglichen Vorgaben entfalten zudem für alle Staaten mit Ausnahme der USA Bindungswirkung. Hinzu kommt, dass auf existierende Strukturen, vorhandenes Wissen im Bereich der synthetischen Biologie und von Expertengruppen erarbeitetes Leitmaterial zurückgegriffen werden kann.

Die Befugnis zur Fortentwicklung und Anpassung der Vorgaben der Biodiversitätskonvention findet sich in Art. 23 Abs. 4 CBD. Die Vertragsparteien der Biodiversitätskonvention können gem. Art. 23 Abs. 4 lit. c) CBD neue Protokolle schaffen, gem. Art. 23 Abs. 4 lit. d) CBD die Vorgaben der Biodiversitätskonvention oder ihrer Anlagen abändern und nach Art. 23 Abs. 4 lit. f) CBD zusätzliche Anlagen zur Biodiversitätskonvention schaffen.

[1725] So auch: *Simon/Otto/Engelhard*, EMBO Reports 19 (5), 2018, 1 (S. 4); *Sustainability Council New Zealand*, A Constitutional Moment – Gene Drive and International Governance, 2018, S. iii; *Ching/Lin*, in: Gene Drives – A report on their science, applications, social aspects, ethics and regulations, 254–328 (S. 296); *Letzos* u. a., Science 375 (6576) 2022, 31 (S. 33).

[1726] Die Zulassung der USA als Beobachter hat ihre Grundlage in Art. 23 Abs. 5 CBD i.V.m. Regel 6 Abs. 1 der Geschäftsordnung der Konferenz der Vertragsparteien der Biodiversitätskonvention und ermöglicht die Teilnahme an den Konferenz der Vertragsparteien; ein Stimmrecht kommt den USA nicht zu, siehe Regel 6 Abs. 2 der Geschäftsordnung der Konferenz der Vertragsparteien der Biodiversitätskonvention.

Art. 23 Abs. 4 lit. e) CBD sieht ferner vor, dass die COP die Änderung von im Rahmen der Biodiversitätskonvention geschaffener Protokolle sowie deren Anlagen prüfen und den Vertragsparteien des betreffenden Protokolls empfehlen kann, die Änderung zu beschließen. Die Befugnis der COP-MOP zur Änderung des Cartagena-Protokolls mitsamt seiner Anlagen sowie zur Schaffung zusätzlicher Anlagen folgt aus Art. 29 Abs. 4 lit. e) i.V.m. Art 32 CP i.V.m. Art. 29 und 30 CBD.

Daneben können die Vorgaben der Biodiversitätskonvention und des Cartagena-Protokolls im Rahmen von Entscheidungen der Vertragsparteien fortentwickelt werden.

a. Schaffung von Vorgaben mittels Entscheidung der COP oder COP-MOP

Die bisherigen Beschlüsse und Entscheidungen der Vertragsparteien der Biodiversitätskonvention zum Themenbereich der synthetischen Biologie und Gene Drive-Organismen – und damit insbesondere die Entscheidung 14/19 aus dem Jahr 2018 – wurden auf Grundlage von Art. 23 Abs. 4 lit. i) CBD (gegebenenfalls in Verbindung mit Art. 23 Abs. 4 lit. g) CBD) erlassen. Danach prüft und ergreift die Konferenz der Vertragsparteien weitere Maßnahmen, die zur Erreichung der Ziele der Biodiversitätskonvention erforderlich sind und setzt zur Durchführung für erforderlich erachtete Nebenorgane ein.[1727] Die Konferenz der Vertragsparteien des Cartagena-Protokolls kann gem. Art. 29 Abs. 4 lit. a) CP Empfehlungen für die Umsetzung des Protokolls abgeben und auf Grundlage von Art. 29 Abs. 4 lit. f) CP sonstige Schritte ergreifen, die für die Umsetzung erforderlich sind.

Zwar ist vor diesem Hintergrund naheliegend, eine Fortentwicklung der Vorgaben im Hinblick auf Gene Drive-Organismen im Wege einer Entscheidung der Konferenz der Vertragsparteien der Biodiversitätskonvention oder des Cartagena-Protokolls zu forcieren.[1728] Wie bereits die Entscheidung 14/19 der Konferenz der Vertragsparteien der Biodiversitätskonvention gezeigt hat, wären die Vertragsparteien möglicherweise zur Schaffung von Vorgaben im Hinblick auf Gene Drive-Organismen bereit.[1729] Allerdings kommt einer Entscheidung der Konferenz der Vertragsparteien der Biodiversitätskonvention zu inhaltlichen Fragen, wie oben dargestellt, regelmäßig lediglich der Status von *soft-law* zu, sodass zwar eine politische Bindungswirkung besteht und die Vorgaben Einfluss auf die Verpflichtungen der Vertragsparteien entfalten können,

[1727] Auch unabhängig vom Themenbereich der synthetischen Biologie sind fast sämtliche nicht nur verwaltungsinterne Vorgaben betreffende Entscheidungen auf Basis von Art. 23 Abs. 4 lit. i) CBD ergangen, *Sdunzig*, S. 325.

[1728] Vorgeschlagen wurde insbesondere, im Rahmen einer Entscheidung der Konferenz der Vertragsparteien des Cartagena-Protokolls klarzustellen, dass die Freisetzung eines Gene Drive-Organismus, der wahrscheinlich die Staatsgrenze überquert, eine absichtliche grenzüberschreitende Verbringung darstellt und damit dem AIA-Verfahren unterfällt, *Beck*, S. 358f.

[1729] Hintergrund ist, dass diejenigen Staaten, die weitreichenden Regelungen im Bereich der synthetischen Biologie in der Vergangenheit eher kritisch gegenüberstanden, nicht Vertragsparteien der Biodiversitätskonvention bzw. des Cartagena-Protokolls sind. So sind die USA nicht Vertragspartei der Biodiversitätskonvention, die USA, Kanada, Argentinien, Australien und Chile haben das Cartagena-Protokoll nicht unterzeichnet.

allerdings konkrete rechtsverbindliche Verpflichtungen nicht unmittelbar begründet werden.[1730] Anderes kann vor dem Hintergrund des Art. 31 Abs. 3 lit. b) WVK nur dann gelten, wenn die Vertragsparteien in der entsprechenden Entscheidung über die Auslegung einer Vorgabe übereinstimmen und zugleich ausdrücklich erklären, dass dieses Verständnis rechtlich verbindlich sein soll. Entsprechendes gilt im Rahmen des Cartagena-Protokolls.

b. Änderung der Biodiversitätskonvention

Eine Fortentwicklung des Regelungsrahmens in Bezug auf Gene Drive-Organismen durch eine Änderung des Vertragstextes der Biodiversitätskonvention oder ihrer Anlagen scheidet aus. Zwar kann eine Änderung des Vertragstextes der Biodiversitätskonvention gem. Art. 23 Abs. 4 lit. d) i.V.m. Art. 29 Abs. 1 bis 3 CBD auf Vorschlag jeder Vertragspartei mittels eines Beschlusses der Vertragsparteien im Rahmen einer Konferenz der Vertragsparteien erfolgen und soll einstimmig, muss aber wenigstens mit Zweidrittelmehrheit der anwesenden und stimmberechtigten Vertragsparteien beschlossen werden. Allerdings steht eine Änderung, wodurch spezifische Vorgaben insbesondere für die Freisetzung von Gene Drive-Organismen geschaffen werden, im Widerspruch sowohl zum Regelungsansatz als auch zur Struktur der Biodiversitätskonvention.[1731] Denn bei der Biodiversitätskonvention handelt es sich um ein Rahmenübereinkommen zum Schutz der biologischen Vielfalt, das neben Zielbestimmungen allgemein gehaltene Vorgaben enthält, die durch weitere Instrumente wie beispielsweise Zusatzprotokolle und nationale Vorgaben der Vertragsparteien nähere Ausformung erfahren.[1732]
Die Erweiterung der Biodiversitätskonvention um eine zusätzliche Anlage, die spezifische Vorgaben zu Gene Drive-Organismen enthält, scheidet aus, da Anlagen ausweislich Art. 30 Abs. 1 CBD auf verfahrensmäßige, wissenschaftliche, technische oder verwaltungsmäßige Angelegenheiten beschränkt sind.

c. Schaffung einer neuen Anlage zum Cartagena-Protokoll

Der Erweiterung des Cartagena-Protokolls auf Grundlage von Art. 29 Abs. 4 lit. e) und Art. 32 CP i.V.m. Art. 30 Abs. 1 CBD um eine Anlage IV, die konkrete Voraussetzungen festschreibt, die im Vorfeld einer Freisetzung von Gene Drive-Organismen erfüllt sein müssen, steht ausweislich Art. 30 Abs. 1 CBD entgegen, dass Anlagen auf verfahrensmäßige, wissenschaftliche, technische oder verwaltungsmäßige Angelegenheiten beschränkt sind.[1733]

[1730] Siehe hierzu die Ausführungen in Teil 4, Kapitel 2, III, 1, a.

[1731] *Sustainability Council New Zealand*, A Constitutional Moment – Gene Drive and International Governance, 2018, S. 45.

[1732] Siehe hierzu: *McGraw*, RECIEL 11 (1), 2002, 17 (S. 18).

[1733] *Sustainability Council New Zealand*, A Constitutional Moment – Gene Drive and International Governance, 2018, S. 46.

Möglich wäre die Schaffung einer neuen Anlage zum Cartagena-Protokoll, die in Bezug auf Gene Drive-Organismen zusätzliche Verpflichtungen enthält, also allenfalls, wenn zuvor Art. 30 Abs. 1 CBD geändert und die Beschränkung im Hinblick auf den Inhalt von Anlagen beseitigt würde.[1734]

d. Schaffung eines neuen Protokolls

Wenngleich mit dem Cartagena-Protokoll bereits ein Protokoll existiert, das der sicheren Weitergabe, Handhabung und Verwendung der durch moderne Biotechnologie hervorgebrachten LMOs und damit auch Gene Drive-Organismen zu dienen bestimmt ist, könnte ein neues Protokoll ausgehandelt werden, das sich ausschließlich mit der Regulierung von Gene Drive-Organismen befasst.[1735] Die rechtliche Grundlage für die Schaffung eines zusätzlichen Protokolls findet sich in Art. 23 Abs. 4 lit. c) i.V.m. Art. 28 CBD.

Zwar sprechen gegen die Schaffung eines neuen Protokolls einige praktische Erwägungen, ähnlich denjenigen, die gegen die Aushandlung eines unabhängigen völkerrechtlichen Übereinkommens ins Feld zu führen sind. Angesichts dessen, dass bereits die Aushandlung des Cartagena-Protokolls einen Zeitraum von etwa fünf Jahren, diejenige des Nagoya-Protokolls etwa acht Jahre in Anspruch nahm, ist davon auszugehen, dass auch die Schaffung eines neuen Protokolls mehrere Jahre in Anspruch nimmt. Vor dem Hintergrund des schnellen technischen Fortschritts in Zusammenhang mit der Gene Drive-Technik und der Tatsache, dass sich bereits vorhandene Problemlagen wie die Verbreitung vektorübertragener Infektionskrankheiten oder Ertragsausfälle in der Landwirtschaft im Zuge der klimatischen Veränderungen in den kommenden Jahren eher noch verschärfen werden, besteht die Gefahr, dass erste Freisetzungsvorhaben mit Gene Drive-Organismen vorgenommen werden, bevor verbindliche Vorgaben in Form eines neuen Protokolls bestehen. Fraglich ist auch, ob der politische Wille einer möglichst großen Anzahl von Staaten vorhanden ist, ein neues Protokoll auszuhandeln.[1736]

Allerdings wäre der Vorteil der Schaffung eines neuen Protokolls, dass Staaten wie die USA, Kanada, Australien oder Argentinien, die als Exportnationen einer strikten Regulierung von LMOs ablehnend gegenüberstehen und daher das Cartagena-Protokoll bislang nicht unterzeichnet haben, möglicherweise einem Protokoll, dass sich ausschließlich mit der Regulierung von Gene Drive-Organismen befasst, nicht gleichermaßen ablehnend gegenüberstehen.[1737] Zudem

[1734] *Sustainability Council New Zealand*, A Constitutional Moment – Gene Drive and International Governance, 2018, S. 46.

[1735] *Sustainability Council New Zealand*, A Constitutional Moment – Gene Drive and International Governance, 2018, S. 46.

[1736] *Sustainability Council New Zealand*, A Constitutional Moment – Gene Drive and International Governance, 2018, S. 47.

[1737] Die USA, die als einziger Staat nicht Vertragspartei der Biodiversitätskonvention sind, könnten allerdings nur Vertragspartei eines neuen Protokolls werden, wenn gleichzeitig ein Beitritt zur Biodiversitätskonvention erfolgt, Art. 32 Abs. 1 CBD.

könnten die bereits bestehenden Strukturen der Biodiversitätskonvention und die vorhandenen Ressourcen genutzt werden.

III. Zusammenfassung

Einer Fortentwicklung bedürfen die bestehenden Vorgaben der Biodiversitätskonvention sowie des Cartagena-Protokolls im Lichte des Vorsorgeprinzips, wie es in Bezug auf Freisetzungsvorhaben mit Gene Drive-Organismen konkretisiert wurde und völkergewohnheitsrechtliche Anerkennung gefunden hat, hinsichtlich der Vorgaben zur Risikoabschätzung, zum Risikomanagement sowie hinsichtlich der Vorgaben zur Beteiligung von Akteuren, die von einem Freisetzungsvorhaben möglicherweise betroffen sind.

Zunächst ist vor jedem Freisetzungsvorhaben mit Gene Drive-Organismen verpflichtend eine erweiterte wissenschaftliche Risikoabschätzung durchzuführen, die auf die Besonderheiten von Gene Drive-Organismen abgestimmt und zur Analyse der mit einem Freisetzungsvorhaben einhergehenden voraussichtlichen Auswirkungen geeignet sein muss.[1738] Im Rahmen der Risikoabschätzung sind verpflichtend – und nicht lediglich fakultativ – die mit einer Vorsorgemaßnahme einhergehenden Kosten und Gegenrisiken, insbesondere auch sozioökonomische Auswirkungen zu ermitteln und zu berücksichtigen. Dabei sind sozioökonomische Auswirkungen im Sinne von wirtschaftlichen, sozialen, ökologischen, kulturellen und ethischen Auswirkungen nicht erst zu berücksichtigen, wenn sie Folge von Auswirkungen eines Freisetzungsvorhabens mit Gene Drive-Organismen auf die biologische Vielfalt sind. Im Rahmen der Risikoabschätzung sind zwingend Alternativen zu dem geplanten Freisetzungsvorhaben zu ermitteln und die mit den Alternativen einhergehenden positiven und negativen Auswirkungen zu analysieren. Verbleibende wissenschaftliche Ungewissheiten sind hinsichtlich ihrer Ursachen und dem jeweiligen Ausmaß so genau wie möglich zu identifizieren und zu beschreiben.

Um einen transparenten und eine Vielzahl von Aspekten berücksichtigenden Entscheidungsprozess zu gewährleisten, sind sämtliche möglicherweise von einem Freisetzungsvorhaben mit Gene Drive-Organismen betroffene Staaten, unter Umständen die gesamte Staatengemeinschaft, die möglicherweise betroffene Öffentlichkeit und möglicherweise betroffene indigene Gemeinschaften – unter Umständen auch die (indigene) Bevölkerung auf dem Staatsgebiet eines benachbarten Staates – so frühzeitig wie möglich über ein geplantes Freisetzungsvorhaben in Kenntnis zu setzen.[1739] Es sind die verfügbaren Informationen zur Verfügung zu stellen und Stellungnahmen einzuholen, mit denen sich die Entscheidungsträger im Rahmen des Entscheidungsprozesses zwingend auseinandersetzen müssen. Während allerdings ohne eine entsprechende vertragliche Vereinbarung weder möglicherweise betroffenen Staaten, noch der möglicherweise betroffenen Öffentlichkeit für geplante Freisetzungsvorhaben ein Veto-Recht zu-

[1738] Siehe hierzu und zum Folgenden die Ausführungen in Teil 4, Kapitel 4, I, 1.
[1739] Siehe hierzu und zum Folgenden die Ausführungen in Teil 4, Kapitel 4, I, 2.

kommt, ist mit Blick auf möglicherweise betroffene indigene Gemeinschaften die freie, vorherige und informierte Zustimmung einzuholen. Nähere Vorgaben dazu, auf welche Art und Weise die Zustimmung zu Freisetzungsvorhaben mit Gene Drive-Organismen einzuholen ist, lassen sich aus dem Vorsorgeprinzip indes nicht ableiten.

Auf der Ebene des Risikomanagements kommt den Staaten ein Gestaltungsspielraum zu.[1740] Sofern Freisetzungsvorhaben mit Gene Drive-Organismen nach der Entscheidung eines Staates nicht grundsätzlich ausgeschlossen sind, ist im Lichte des Vorsorgeprinzips als Mindestvoraussetzung zwingend der – in Abhängigkeit von den verfügbaren wissenschaftlichen Informationen variable – Standard der besten verfügbaren Technik einzuhalten. Auf Grundlage der derzeit verfügbaren wissenschaftlichen Informationen sind nur Gene Drive-Systeme zur Populationsmodifikation einsetzbar, die einen hohen Schwellenwert aufweisen und selbstlimitierend sind. Erforderlich ist zudem, dass die Gene Drive-Organismen so gekennzeichnet sind, dass sie identifizierbar sind. Es sind mehrfache und verschiedenartige Sicherungsmechanismen vorzusehen, um eine unkontrollierte zeitlich-räumliche Verbreitung so weit wie möglich auszuschließen. Im Vorfeld jedes Freisetzungsvorhabens ist zudem ein detaillierter und auf die Besonderheiten des spezifischen Gene Drive-Systems abgestimmter Überwachungsplan zu erarbeiten. Schließlich ist eine einmal getroffene staatliche Entscheidung angesichts neuer wissenschaftlicher Erkenntnisse einer Überprüfung zu unterziehen.

Um die dargestellten Vorgaben für Freisetzungsvorhaben mit Gene Drive-Organismen umzusetzen, kommt einerseits die Schaffung eines unabhängigen völkerrechtlichen Übereinkommens, andererseits die Anpassung der bestehenden Vorgaben der Biodiversitätskonvention und/oder des Cartagena-Protokolls in Betracht.[1741] Dabei erscheint angesichts der schnell fortschreitenden Fortentwicklung der Gene Drive-Technik und der voraussichtlichen Zeitdauer für die Aushandlung und Verabschiedung eines neuen völkerrechtlichen Übereinkommens die Fortentwicklung der Vorgaben im Rahmen der bereits bestehenden Vertragsregime vorzugswürdig. Auch gehen mit der Schaffung eines neuen völkerrechtlichen Übereinkommens zahlreiche praktische Nachteile einher – insbesondere könnten bereits vorhandene Ressourcen und Strukturen nicht genutzt werden.

Eine Anpassung und Fortentwicklung der bestehenden Vorgaben ist im Wege von Entscheidungen der Konferenzen der Vertragsparteien der Biodiversitätskonvention oder des Cartagena-Protokolls, der Schaffung einer neuen Anlage zum Cartagena-Protokoll oder der Verabschiedung eines neuen Protokolls denkbar.[1742] Die Schaffung eines neuen Protokolls unter der Ägide der Biodiversitätskonvention, das sich ausschließlich mit der Regulierung von Freisetzungsvorhaben mit Gene Drive-Organismen befasst, vereint dabei den Vorteil, vorhandene Ressourcen und Strukturen nutzen zu können mit demjenigen, dass rechtlich bindende Vorgaben geschaffen

[1740] Siehe zur Konkretisierung des Risikomanagements die Ausführungen in Teil 4, Kapitel 4, I, 3.
[1741] Siehe hierzu die Ausführungen in Teil 4, Kapitel 4, II, 1. und 2.
[1742] Siehe hierzu die Ausführungen in Teil 4, Kapitel 4, II, 1. und 2, a., b., c. und d.

werden und zudem Staaten wie Kanada, die nicht Vertragspartei des Cartagena-Protokolls sind, einem solchen Protokoll beitreten können.

Teil 5: Die Umsetzung des Vorsorgeprinzips in Zusammenhang mit der Freisetzung von Gene Drive-Organismen im US-amerikanischen Recht

Kapitel 1: Der Regelungsrahmen für den Umgang mit Gene Drive-Organismen

Derzeit werden Gene Drive-Systeme vor allem in Laboren in Europa und in den USA erforscht und entwickelt. Beispielsweise befinden sich die Labore, in denen mittels Gene Drive veränderte Mücken im Rahmen des Projekts „Target Malaria" entwickelt werden, in Italien, Großbritannien und den USA. Unter der Federführung des California Cherry Board forschen Wissenschaftler an der University of California an Gene Drive-Systemen zur Bekämpfung der Kirschessigfliege. Als einzige Nation sind die USA nicht Vertragspartei der Biodiversitätskonvention und haben auch die unter der Ägide der Biodiversitätskonvention ausgearbeiteten Protokolle – insbesondere das Cartagena-Protokoll – nicht ratifiziert, die für die internationale Regulierung der Biotechnologie und eine vorsorgende Regulierung von Freisetzungsvorhaben mit Gene Drive-Organismen auf internationaler Ebene von herausragender Bedeutung sind.

Die USA verfügen nicht über ein allgemeines Gentechnikgesetz, die Regulierung gentechnisch veränderter Produkte erfolgt vielmehr im Rahmen einer Vielzahl von Gesetzen und Bundesverordnungen und ausgehend von der Annahme, dass bestehende gesetzliche Vorgaben an die Besonderheiten und Problemstellungen, die die Gentechnik mit sich bringt, angepasst werden können.[1743] Bisherige Vorschläge, ein einheitliches Gesetz zur Regulierung der Biotechnologie und gentechnisch hergestellter bzw. veränderter Produkte zu schaffen, wurden abgelehnt.[1744] Auf Bundesebene ist damit die Freisetzung von Organismen, die mittels gentechnischer Methoden verändert wurden, nicht flächendeckend auf eine bestimmte Art und Weise reguliert.[1745] Infolgedessen existiert auch eine klare und eindeutige Regulierung der Freisetzung von mittels Gene Drive veränderten Organismen nicht.[1746]

Da derzeit unklar ist, inwieweit die in den USA vorhandenen Regelungen die Gene Drive-Technik erfassen, soll zunächst untersucht werden, welche Regelungen in den USA auf die Gene Drive-Technik Anwendung finden und ob und inwieweit Regelungslücken bestehen.

I. Das „Coordinated Framework for Regulation of Biotechnology"

Das erstmals 1986 durch das im Weißen Haus angesiedelte Büro für Wissenschafts- und Technologiepolitik (Office of Science and Technology Policy, OSTP), das die US-Regierung sowie

[1743] *Glosser/Gorham*, OIE Revue Scientifique et Technique 9 (3) 1990, 681 (S. 683); *Hohmeyer* u. a., S. 51; *Wolt/Wang/Yang*, Plant Biotechnology Journal 14 (2) 2016, 510 (S. 513).

[1744] *Pohl*, S. 51f. m.w.N.

[1745] *National Academy of Science Engineering and Medicine*, Gene Drives on the Horizon: Advancing Science, Navigating Uncertainty and Aligning Research with Public Values, 2016, S. 144.

[1746] *National Academy of Science Engineering and Medicine*, Gene Drives on the Horizon: Advancing Science, Navigating Uncertainty and Aligning Research with Public Values, 2016, S. 144; *Dooley*, The Georgetown Environmental Law Review 30 (2) 2018, 547 (S. 559); *West/Buchman/Medina*, Science and Public Policy 49 (6) 2022, 843 (S. 845).

© Der/die Autor(en), exklusiv lizenziert an
Springer Fachmedien Wiesbaden GmbH, ein Teil von Springer Nature 2026
I. Albrecht, *Das Vorsorgeprinzip in Zusammenhang mit der absichtlichen Freisetzung von mittels Gene Drive gentechnisch veränderten Organismen*,
https://doi.org/10.1007/978-3-658-50876-0_15

den US-Präsidenten in Fragen der Wissenschafts- und Technologiepolitik berät und unterstützt, veröffentlichte „Coordinated Framework for Regulation of Biotechnology“ (CFRB) bildet im US-amerikanischen Rechtsraum den ordnungspolitischen Rahmen für die Regulierung von mittels Biotechnologie hergestellten oder veränderten Produkten und stellt Leitlinien für die behördlichen Zuständigkeiten im Bereich der Biotechnologie und den Umgang mit Produkten auf, die mittels Biotechnologie verändert oder hergestellt werden.[1747]

Um die fortschreitenden wissenschaftlichen Erkenntnisse, Methoden und Verfahren im Bereich der Biotechnologie angemessen widerzuspiegeln sowie bisherigen Erfahrungen im Umgang mit biotechnologischen Produkten Rechnung zu tragen, wurde das CFRB im Jahr 1992[1748] sowie in Umsetzung eines 2015 veröffentlichten Memorandums des Exekutivbüros der US-Regierung zuletzt im Jahr 2017 überarbeitet und aktualisiert.[1749] Das CFRB in seiner ursprünglichen Fassung befasste sich mit dem Zuständigkeitsbereich fünf verschiedener Bundesbehörden: der Umweltschutzbehörde (Environmental Protection Agency, EPA), der Behörde für Lebens- und Arzneimittel (Food and Drug Administration, FDA), des Landwirtschaftsministeriums (U.S. Department of Agriculture, USDA), der Nationalen Gesundheitsinstitute (National Institutes of Health, NIH) sowie der Arbeitssicherheits- und Gesundheitsbehörde (Occupational Safety and Health Administration, OSHA).

Gegenstand des CFRB in seiner aktuellen Fassung ist die Regulierung biotechnologisch hergestellter oder veränderter Produkte im Zuständigkeitsbereich der EPA, der FDA sowie des USDA. Ziel ist es, die Koordination und Kooperation der Behörden zu fördern und die Sicherheit biotechnologischer Produkte auf der Basis ihres Verwendungszwecks zu gewährleisten.[1750] Das CFRB bildet damit auch den Rahmen für die Regulierung von mittels Gene Drive veränderten Organismen, enthält aber keine verbindlichen materiell-rechtlichen Vorgaben.[1751]

[1747] Coordinated Framework for Regulation of Biotechnology, 26. Juni 1986, Fed.Reg. Bd. 51 (Nr. 123), 26.06.1986, S. 23302ff., im Folgenden: CFRB 1986. Siehe zur Ermächtigungsgrundlage und Anwendbarkeit des CFRB 1986 näher: *Pohl*, S. 59f.

[1748] 1992 Update to the Coordinated Framework, 27. Februar 1992, Fed.Reg. Bd. 57 (Nr. 39), 27.02.1992, S. 6753ff., im Folgenden: 1992 Update CFRB.

[1749] Modernizing the Regulatory System for Biotechnology Products: Final Version of the 2017 Update to the Coordinated Framework for the Regulation of Biotechnology, 30. Januar 2017, abrufbar unter: *https://obamawhitehouse.archives.gov/sites/de fault/files/microsites-/ostp/2017_coordinated_framework_update.pdf*, zuletzt aufgerufen am 31.01.2024, im Folgenden 2017 Update CFRB.

[1750] *National Academy of Science Engineering and Medicine*, Gene Drives on the Horizon: Advancing Science, Navigating Uncertainty and Aligning Research with Public Values, 2016, S. 142; *Dooley*, The Georgetown Environmental Law Review 30 (2) 2018, 547 (S. 549).

[1751] *National Academy of Science Engineering and Medicine*, Gene Drives on the Horizon: Advancing Science, Navigating Uncertainty and Aligning Research with Public Values, 2016, S. 142; *Dooley*, The Georgetown Environmental Law Review 30 (2) 2018, 547 (S. 556); *Kelsey* u. a., American Journal of Tropical Medicine and Hygiene 103 (3) 2020, 976 (S. 978); *NExTRAC*, Gene Drives in Biomedical Research Report, 2021, S. 26; *Denney*, Virginia Environmental Law Journal 39 (1) 2021, 120 (S. 136f.). Laborexperimente mit mittels Gene Drive veränderten Organismen fallen im Gegensatz zu Freisetzungsvorhaben überwiegend in den Regulierungsbereich der NIH, hierbei handelt es sich um die wichtigste Behörde im Bereich der biomedizinischen Forschung, die dem US-Gesundheitsministerium unterstellt ist. Die Beaufsichtigung der Laborforschung er-

Dem Regulierungsansatz im Bereich der Biotechnologie sind drei Grundsätze bzw. Annahmen immanent. Zum einen erfolgt die Regulierung produktbezogen; ausschlaggebend für die Art und Weise der Regulierung sowie die behördliche Zuständigkeit ist nicht, ob ein Produkt mittels Biotechnologie verändert oder hergestellt wurde, sondern die Art des Produkts sowie dessen beabsichtigter Verwendungszweck.[1752] Das Regelungssystem ist zweitens von der Annahme getragen, dass mit biotechnologisch hergestellten oder veränderten Produkten nicht grundsätzlich andere oder größere Risiken einhergehen als mit herkömmlichen Produkten.[1753] Die Regulierung biotechnologisch hergestellter oder veränderter Produkte erfolgt damit im Rahmen bereits bestehender Vorschriften – es wurde weder ein eigenständiges Bundesgesetz, noch eine eigenständige Behörde geschaffen.[1754] Schließlich besteht in Abwesenheit eines wissenschaftlich verifizierbaren Risikos kein Grund, eine Technologie zu verbieten oder zu beschränken.[1755] Es sollen so die Gesundheit und Umwelt geschützt werden, ohne durch übermäßige regulatorische Hürden Innovationen einzudämmen, die Entwicklung und Verwendung neuer Technologien unnötig einzuschränken oder Handelshindernisse zu schaffen.[1756] Die Folge ist allerdings, dass bestehende Vorschriften, die nicht mit Blick auf gentechnisch veränderte Organismen geschaffen wurden, erheblich ausgedehnt und teils überstrapaziert werden.[1757]

Mittels Gene Drive veränderte Organismen werden somit auf der Grundlage des beabsichtigten Nutzens des Genantriebs reguliert. Die Tatsache, dass die Veränderung mittels Gene Drive vorgenommen wurde, ist für die Frage, welche Behörde für die Regulierung zuständig ist und auf welche Art und Weise die Regulierung erfolgt, unerheblich.[1758]

Zwar finden sich im CFRB Leitlinien für die behördlichen Zuständigkeiten, einen zentralen Mechanismus, um die behördlichen Aufgabenbereiche voneinander abzugrenzen und die Zusammenarbeit der verschiedenen Behörden zu koordinieren, etabliert das CFRB jedoch nicht.[1759]

---

folgt dabei durch Institutional Biosafety Committees (IBCs). Siehe hierzu: *National Academy of Science Engineering and Medicine*, Gene Drives on the Horizon: Advancing Science, Navigating Uncertainty and Aligning Research with Public Values, 2016, S. 142; *Dooley*, The Georgetown Environmental Law Review 30 (2) 2018, 547 (S. 555).

1752 *Glosser/Gorham*, OIE Revue Scientifique et Technique 9 (3) 1990, 681 (S. 683); *Marden*, Boston College Law Review 44 (3) 2003, 733 (S. 734); *Donovan*, Missouri Environmental Law and Policy Review 17 (1) 2009, 64 (S. 87f.); *Dooley*, The Georgetown Environmental Law Review 30 (2) 2018, 547 (S. 556). Allerdings differenzieren die meisten Behörden dennoch zwischen biotechnologisch herstellten und sonstigen Produkten; insbesondere bei der Freisetzung von gentechnisch veränderten Pflanzen, Tieren und Mikroorganismen wird der produktbezogene Regelungsansatz nicht vollumfänglich durchgehalten, *Hohmeyer* u. a., S. 52; *Donovan*, Missouri Environmental Law and Policy Review 17 (1) 2009, 64 (S. 89).

1753 *Glosser/Gorham*, OIE Revue Scientifique et Technique 9 (3) 1990, 681 (S. 682); *Marden*, Boston College Law Review 44 (3) 2003, 733 (S. 734); *Donovan*, Missouri Environmental Law and Policy Review 17 (1) 2009, 64 (S. 88).

1754 *Marden*, Boston College Law Review 44 (3) 2003, 733 (S. 738).

1755 *Marden*, Boston College Law Review 44 (3) 2003, 733 (S. 734).

1756 *Dooley*, The Georgetown Environmental Law Review 30 (2) 2018, 547 (S. 556).

1757 *Homer*, Columbia Journal of Law and Social Problems 45 (1) 2011, 83 (S. 101); *Lin*, University of California Law Review 51 (1) 2017, 205 (S. 213).

1758 *Dooley*, The Georgetown Environmental Law Review 30 (2) 2018, 547 (S. 565).

1759 *Dooley*, The Georgetown Environmental Law Review 30 (2) 2018, 547 (S. 549).

Für den Fall, dass in Zusammenhang mit einer Produktkategorie oder spezifischen Verwendung der Zuständigkeitsbereich mehrerer Bundesbehörden eröffnet war, wurde im Vorfeld der Aktualisierung des CFRB im Jahr 2017 im gegenseitigen Einverständnis sämtlicher betroffener Behörden eine „federführende Behörde“ (lead agency) bestimmt.[1760] Seit 2017 ist für den Fall überlappender Zuständigkeiten lediglich vorgesehen, dass die betroffenen Behörden einander konsultieren.[1761] Möglich ist daneben die Schaffung von Ad-Hoc Arbeitsgruppen für bestimmte Bereiche oder der Abschluss von „Memoranda of Understanding“ zwischen verschiedenen Behörden, akademischen oder anderen betroffenen Einrichtungen, denen allerdings keine rechtliche Bindungswirkung zukommt.[1762]

II. Die Regulierung im Bereich der Biotechnologie durch EPA, FDA sowie USDA

Wenngleich derzeit erhebliche Unsicherheiten dahingehend bestehen, wie die US-Bundesbehörden Gene Drives im Einzelfall regulieren werden, lässt sich festhalten, dass hauptzuständige Behörden im Bereich der Biotechnologie und damit auch in Zusammenhang mit der Regulierung von mittels Gene Drive veränderten Organismen die EPA, die FDA sowie das USDA sind.[1763] Die Regulierung von Freisetzungsvorhaben mit gentechnisch veränderten Organismen und damit auch mit mittels Gene Drive veränderten Organismen obliegt der EPA sowie dem USDA.[1764]

1. Die Regulierung von Gene Drives durch die EPA

In den Zuständigkeitsbereich der EPA fallen der Federal Insecticide, Fungicide and Rodenticide Act (FIFRA)[1765], der Toxic Substances Control Act (TSCA)[1766] sowie Teile des Federal Food, Drug and Cosmetic Act (FDCA)[1767], die EPA reguliert biotechnologische Produkte gemäß den dort gewährten Regulierungsbefugnissen und soll dabei den Umweltschutz und den Schutz der menschlichen Gesundheit sicherstellen.
Ergänzende Vorgaben finden sich in den von der EPA erlassenen zugehörigen Bundesverordnungen, die im Code of Federal Regulations (C.F.R.) veröffentlicht werden.

[1760] CFRB 1986.
[1761] 2017 Update CFRB, S. 36.
[1762] 2017 Update CFRB, S. 36f.
[1763] *Dooley*, The Georgetown Environmental Law Review 30 (2) 2018, 547 (S. 556); *Warmbrod* u. a., Health Security 20 (1) 2022, 43 (S. 44).
[1764] Siehe zur Regulierung von Freisetzungsvorhaben mit gentechnisch veränderten Organismen: *Allen*, Florida Law Review 42 (3) 1990, 531 (S. 542).
[1765] 7 U.S.C. §§ 136ff.
[1766] 15 U.S.C. §§ 53ff.
[1767] 21 U.S.C. §§ 9ff.

a. Die Regulierung im Rahmen des FIFRA

Im Rahmen des FIFRA obliegt der EPA die Regulierung biotechnologischer Produkte, die Schädlingsbekämpfungsmittel darstellen und als solche eingesetzt werden sollen. Zuständig ist das Büro für Pestizidprogramme (OPP) als Teil des übergeordneten Büros für Chemikaliensicherheit und Verschmutzungsverhütung (OCSPP)[1768].
Der Begriff des Schädlingsbekämpfungsmittels ist im Rahmen des FIFRA weit zu verstehen, „Pestizid" bezeichnet ausweislich der Legaldefinition insbesondere jede Substanz oder Substanzmischung, die dazu bestimmt ist, Schädlinge zu verhindern, zu vernichten oder abzuwehren.[1769] „Schädlinge" sind insbesondere Insekten, Nagetiere, Nematoden, Pilze oder Unkräuter.[1770]
Im Rahmen des FIFRA reguliert die EPA insbesondere chemische Schädlingsbekämpfungsmittel, Mikroorganismen[1771], die zur Schädlingsbekämpfung eingesetzt werden, pestizidbildende Pflanzen, die selbst die schädliche Substanz produzieren (Plant Incorporated Protectants, PIPs) und Pflanzenregulatoren[1772].[1773] Auch zur Schädlingsbekämpfung eingesetzte Tiere, worunter alle Wirbeltiere und wirbellosen Tiere zu fassen sind[1774], und damit beispielsweise Insekten gehören, können den Regelungen des FIFRA unterfallen.[1775]
Da die für herkömmliche Produkte geltenden Vorschriften auch auf mittels Gentechnik hergestellte oder veränderte Produkte Anwendung finden, fallen Schädlingsbekämpfungsmittel, die mittels gentechnischer Methoden hergestellt oder verändert wurden, in den Regulierungsbereich des FIFRA.[1776] Bei gentechnisch veränderten pestizidbildenden Pflanzen oder Tieren, die zur Schädlingsbekämpfung eingesetzt werden sollen, ist reguliertes Produkt allerdings nicht die Pflanze oder das Tier als solches, sondern das genetische Material, das die Pestizideigenschaft hervorruft bzw. diejenige Eigenschaft, die der Schädlingsbekämpfung zu dienen bestimmt ist.[1777]

[1768] Ehemals bekannt als Büro für Prävention, Pestizide und toxische Stoffe (OPPTS).
[1769] 7 U.S.C. § 136 (u) (1).
[1770] 7 U.S.C. § 136 (t) (1). Daneben unterfällt dem Schädlingsbegriff infolge einer entsprechenden Erklärung jede andere Form terrestrischen oder aquatischen pflanzlichen oder tierischen Lebens, jedes Virus, jede Bakterie oder jeder andere Mikroorganismus mit Ausnahme von Viren, Bakterien oder anderen Mikroorganismen auf oder in lebenden Tieren oder Menschen, 7 U.S.C. § 136 (t) (2).
[1771] Hierunter sind Bakterien, Viren, Pilze, Algen und Einzeller zu verstehen, Online-Kompaktlexikon der Biologie, Spektrum Akademischer Verlag, Stichwort Mikroorganismus, abrufbar unter: *https://www.spektrum.de/lexikon/biologie/mikroorganismen/42982*, zuletzt aufgerufen am 31.01.2024.
[1772] „Pflanzenregulatoren" bezeichnen ausweislich der Legaldefinition Stoffe oder Stoffgemische, die durch ihre physiologische Wirkung das Wachstum oder die Reifung beschleunigen oder verzögern sollen oder auf andere Weise das Verhalten von Pflanzen oder Pflanzenerzeugnissen verändern, 7 U.S.C. § 136 (v).
[1773] 2017 Update CFRB, S. 10.
[1774] 7 U.S.C. § 136 (d).
[1775] *Mellon*, in: Animal Biotechnology – Opportunities & Challenges, 165–169 (S. 168).
[1776] 2017 Update CFRB, S. 10.
[1777] *Pew Initiative on Food and Biotechnology*, Guide to U.S. Regulation of Genetically Modified Food and Agricultural Biotechnology Products, 2001, S. 12; *Mandel*, William and Mary Law Review 45 (5) 2004, 2167 (S.

Erfolgt die Beschleunigung der Vererbung eines spezifischen Merkmals im Falle von Tieren oder Mikroorganismen wie beispielsweise Hefen, die zur Schädlingsbekämpfung eingesetzt werden, mittels eines Gene Drive-Systems, spricht viel dafür, dass der Zuständigkeitsbereich der EPA eröffnet ist.[1778] In Betracht kommt eine Regulierung im Rahmen des FIFRA beispielsweise, wenn Mäuse eines Wildtyps Schädlinge darstellen und das Gene Drive-Konstrukt im Sinne von 7 U.S.C § 136 (u) (1) als Substanz oder Substanzmischung, die dazu bestimmt ist, Schädlinge zu verhindern, zu vernichten, oder abzuwehren, anzusehen ist.[1779] Als Vorbild für die Regulierung von mittels Gene Drive veränderten Organismen kann die Regulierung von gentechnisch veränderten Mücken dienen, wenngleich diese bislang kein Gene Drive-System enthielten.[1780] Im Jahr 2020 erlaubte die EPA die experimentelle Freisetzung gentechnisch veränderter männlicher Mücken der Art *Aedes Aegypti* (OX5034), die Krankheiten wie Malaria, Dengue-Fieber und das Zika-Virus übertragen können, in Florida und Texas.[1781] Die männlichen Mücken waren so verändert worden, dass sie ein Protein in sich trugen, dass im Falle der Paarung der gentechnisch veränderten Männchen mit unveränderten Weibchen dafür sorgte, dass weibliche Nachkommen nicht überlebensfähig sind; mangels weiblicher Nachkommen sollte die Mückenpopulation verringert werden. Die Freisetzungsgenehmigung wurde im Jahr 2022 verlängert und angepasst, erlaubt wurden bis Ende April 2024 erneute Freisetzungsversuche in Florida und Kalifornien.[1782]

b. Die Regulierung im Rahmen des TSCA

Biotechnologische Produkte fallen in den Regulierungsbereich des TSCA, wenn es sich um chemische Substanzen handelt. Für die Umsetzung der Vorgaben des TSCA zuständig ist das dem OCSPP untergeordnete Büro für Verschmutzungsverhütung und Giftstoffe (OPPT).
„Chemische Substanz" im Sinne des TSCA ist jeder organische oder anorganische Stoff mit einer bestimmten molekularen Identität einschließlich jeder Kombination solcher Stoffe, die ganz oder teilweise Ergebnis einer chemischen Reaktion ist oder in der Natur vorkommt sowie jedes Elements oder jedes ungebundenen Rests.[1783] Vom Anwendungsbereich des TSCA ausgenom-

2222).

1778 Für eine Regulierung von Gene Drives im Rahmen des FIFRA: *National Academy of Science Engineering and Medicine*, Gene Drives on the Horizon: Advancing Science, Navigating Uncertainty and Aligning Research with Public Values, 2016, S. 147; *Dooley*, The Georgetown Environmental Law Review 30 (2) 2018, 547 (S. 559). Die Forschung an Gene Drives in Pflanzen befindet sich demgegenüber noch am Anfang, ein in einer Pflanze funktionierender Gene Drive wurde bislang nicht entwickelt, siehe die Ausführungen in Teil 2, Kapitel 1, III.

1779 *National Academy of Science Engineering and Medicine*, Gene Drives on the Horizon: Advancing Science, Navigating Uncertainty and Aligning Research with Public Values, 2016, S. 147.

1780 *Warmbrod* u. a., Health Security 20 (1) 2022, 43 (S. 44).

1781 *EPA*, Experimental Use Permit, 93167-EUP-2, 30.04.2020. Siehe hierzu: *Schairer* u. a., Pathogens and Global Health 115 (6) 2021, 365 (S. 365ff.).

1782 *EPA*, Experimental Use Permit, 93167-EUP-2, 07.05.2022.

1783 15 U.S.C. § 2602 (2) (A) (i) und (ii).

men sind Produkte, die in den Zuständigkeitsbereich anderer Behörden fallen. Hierzu gehören unter anderem Nahrungsmittel und Nahrungsmittelzusatzstoffe, Arzneimittel, Kosmetika und Medizinprodukte, die im Rahmen des FDCA reguliert werden und Pestizide, die dem FIFRA unterfallen.[1784]

Den Vorgaben des TSCA unterliegen als organische Stoffe mit einer bestimmten molekularen Identität DNA und RNA.[1785] Auch Mikroorganismen – dabei insbesondere solche, die durch die absichtliche Kombination von genetischem Material aus Organismen verschiedener taxonomischer Gattungen gebildet werden – fallen in den Anwendungsbereich des TSCA.[1786] Zwar ist angesichts der Legaldefinition des Begriffs „chemische Substanz" nicht ausgeschlossen, als Kombination organischer Stoffe sämtliche lebende Organismen und somit auch Tiere und Pflanzen als vom Anwendungsbereich des TSCA umfasst anzusehen.[1787] Allerdings wäre dies mit einer sehr weiten Auslegung verbunden und liefe der Auffangfunktion des TSCA zuwider.[1788] Unter Zugrundelegung dessen verbleibt für die Regulierung von mittels Gene Drive veränderten Organismen im Rahmen des TSCA kein praktisch relevanter Anwendungsbereich. Da Gene Drive-Systeme nur bei Organismen funktionsfähig sind, die sich geschlechtlich fortpflanzen[1789], scheidet die Anwendung von Gene Drive-Systemen bei sich ungeschlechtlich vermehrenden Mikroorganismen wie Bakterien und Viren sowie sich ungeschlechtlich vermehrenden Pilzen, Algen und Einzellern aus. Funktionsfähige Gene Drives in Pflanzen wurden bislang nicht entwickelt.[1790] Ein Begriffsverständnis, wonach gentechnisch veränderte Tiere vom Anwendungsbereich des TSCA erfasst sind, ist abzulehnen, sodass mittels Gene Drive veränderte Tiere den Vorgaben des TSCA nicht unterfallen. Im Übrigen ist der Anwendungsbereich des TSCA jedenfalls dann nicht eröffnet, wenn eine Regulierungszuständigkeit anderer Behörden besteht. Da die Gene Drive-Technik zur Bekämpfung von Infektionskrankheiten, zur Schädlingsbekämpfung in der Landwirtschaft oder Bekämpfung invasiver Arten und damit zum Schutz der Biodiversität eingesetzt werden soll, ist kein Raum für die insoweit als Auffangregelungen dienenden Vorgaben des TSCA.

[1784] 15 U.S.C. § 2602 (B).

[1785] *Dederer*, S. 228.

[1786] 2017 Update CFRB, S. 13; *Belson*, AgBioForum 3 (4) 2000, 268 (S. 273); *Pohl*, S. 53. In den Regulierungsbereich des TSCA fallen insbesondere intergenerische mikrobielle Biotechnologieprodukte, beispielsweise für die Umwandlung von Biomasse, für die Abfallsanierung und Verschmutzungskontrolle sowie nicht-pestizide landwirtschaftliche Anwendungen wie Biodünger, 2017 Update CFRB, S. 13.

[1787] *Mellon*, in: Animal Biotechnology – Opportunities & Challenges, 165–169 (S. 168); *Belson*, AgBioForum 3 (4) 2000, 268 (S. 273); *Donovan*, Missouri Environmental Law and Policy Review 17 (1) 2009, 64 (S. 96). Für ein solches Verständnis auch: *Pohl*, S. 52.

[1788] 2017 Update CFRB, S. 15. Ablehnend auch: *Dederer*, S. 228.

[1789] Siehe hierzu die Ausführungen in Teil 2, Kapitel 1, I, 3, c.

[1790] Siehe hierzu die Ausführungen in Teil 2, Kapitel 1, III.

c. Die Regulierung im Rahmen des FDCA

Wenngleich im Bereich des FDCA hauptzuständige Behörde die FDA ist, obliegt es der EPA, sicherzustellen, dass chemische Rückstände keinen Schaden verursachen und Nahrungsmittel sowie landwirtschaftliche Rohstoffe im Hinblick auf derartige Rückstände unbedenklich sind.[1791] Die EPA hat somit insbesondere dafür Sorge zu tragen, dass Rückstände von Schädlingsbekämpfungsmitteln, worunter nach der Legaldefinition Rückstände einer Pestizidchemikalie[1792] in oder auf landwirtschaftlichen Rohstoffen[1793] oder verarbeiteten Lebensmitteln[1794] zu verstehen sind, keine Gefahr für Mensch oder Tier darstellen.[1795]
Erfüllt eine gentechnische Veränderung mittels Gene Drive die Definition eines Schädlingsbekämpfungsmittels im Rahmen des FIFRA, reguliert die EPA eventuell vorhandene Rückstände in oder auf landwirtschaftlichen Rohstoffen und verarbeiteten Lebensmitteln. Praktische Bedeutung kommt dem FDCA vor diesem Hintergrund derzeit kaum zu. Denn Rückstände einer Pestizidchemikalie in landwirtschaftlichen Rohstoffen und verarbeiteten Lebensmitteln kommen vor allem in Bezug auf mittels Gene Drive veränderte pestizidbildende Pflanzen oder Pflanzenregulatoren in Betracht, bislang steht die Entwicklung eines funktionierenden Gene Drives in Pflanzen allerdings aus.[1796]

2. Die Regulierung von Gene Drives durch die FDA

Die Zuständigkeit der FDA erstreckt sich auf den FDCA, soweit nicht der Zuständigkeitsbereich der EPA eröffnet ist, und im Übrigen auf den Public Health Service Act (PSH)[1797]. Aufgabe der FDA ist es unter anderem, die Sicherheit menschlicher sowie tierischer Arzneimittel, Humanbiologika sowie menschlicher und tierischer Nahrungsmittel und Kosmetika zu gewährleisten, die mittels Gentechnik hergestellt werden und so die öffentliche Gesundheit zu schützen.[1798]
Auch im Hinblick auf die Vorgaben des FDCA sowie des PSH finden sich ergänzende Regelungen in den von der FDA erlassenen Bundesverordnungen, die im C.F.R. veröffentlicht werden.

[1791] Gemäß 21 U.S.C. § 346a (a) (1) muss entweder eine bestimmte, vorher festgesetzte Toleranzschwelle eingehalten sein oder eine Ausnahme von dem Erfordernis einer Toleranzschwelle gewährt werden.
[1792] Pestizidchemikalie meint jede Substanz, die ein Pestizid im Sinne des FIFRA darstellt, 21 U.S.C. § 321 (q) (1) (A).
[1793] Siehe hierzu die Legaldefinition in 21 U.S.C. § 321 (r).
[1794] Eine Legaldefinition des Begriffs „verarbeitetes Lebensmittel“ findet sich in 21 U.S.C. § 321 (gg).
[1795] *Dederer*, S. 227; 2017 Update CFRB, S. 12.
[1796] Siehe hierzu die Ausführungen in Teil 2, Kapitel 1, III.
[1797] 42 U.S.C. § 6A.
[1798] 21 U.S.C. § 393 (b) (2) (B).

a. Die Regulierung im Rahmen des FDCA

Im Rahmen des FDCA reguliert die FDA Lebensmittel für Menschen und Tiere sowie Lebensmittelzusatzstoffe, die mittels Gentechnik verändert oder hergestellt wurden.[1799] In den Regulierungsbereich fallen außerdem Medizinprodukte[1800], Arzneimittel für Tiere und Menschen[1801] und Kosmetika[1802]. Zuständig für die Regulierung von Tierarzneimitteln, tierischen Lebensmitteln und Tierfutter sowie Medizinprodukte für Tiere ist das Zentrum für Veterinärmedizin (CVM).

Um regulatorische Lücken in Bezug auf gentechnisch veränderte Tiere zu schließen, reguliert die FDA diese basierend auf den Vorgaben für die Zulassung neuer Tierarzneimittel.[1803] Ein bekanntes Beispiel aus der Regulierungshistorie stellt gentechnisch veränderter Lachs dar.[1804]

„Neues Tierarzneimittel" ist jedes Arzneimittel, das zur Verwendung für andere Tiere als den Menschen bestimmt ist.[1805] Arzneimittel sind unter anderem solche Artikel, die für die Diagnose, Heilung, Linderung, Behandlung oder Vorbeugung von Krankheiten bei Menschen und anderen Tieren bestimmt sind sowie Gegenstände, die dazu bestimmt sind, die Struktur oder eine Funktion des Körpers eines Tieres oder Menschen zu beeinflussen.[1806] Unter dem Gesichtspunkt, dass genetisches Material oder ein rekombinantes DNA-Konstrukt, das in die DNA eines tierischen Organismus eingefügt wird, dazu bestimmt ist, eine Struktur- oder Funktionsänderung des Organismus herbeizuführen, könnten gentechnische Veränderungen bei tierischen Organismen und damit insbesondere bei tierischen Organismen vorgenommene Veränderungen mittels Gene Drive als neue Tierarzneimittel im Sinne des FDCA anzusehen sein.[1807] Andererseits dient die gentechnische Veränderung – im Gegensatz zu einem herkömmlichen tierischen Arzneimittel – nicht dem gentechnisch veränderten Tier selbst dazu, eine Krankheit zu behandeln oder einer Krankheit des Organismus selbst vorzubeugen.[1808] Im Rahmen der seitens der FDA veröffentlichten, rechtlich nicht bindenden Leitlinien für die Industrie zur Regulierung absichtlich veränderter genomischer DNA bei Tieren bekräftigte die FDA, reguliert werde die

[1799] Eine Legaldefinition des Begriffs „Lebensmittel" findet sich in 21 U.S.C. § 321 (f).
[1800] 21 U.S.C. § 321 (h) (1).
[1801] 21 U.S.C. § 321 (g) (1).
[1802] 21 U.S.C. § 321 (i).
[1803] *Lin*, University of California Law Review 51 (1) 2017, 205 (S. 215).
[1804] *Mandel*, William and Mary Law Review 45 (5) 2004, 2167 (S. 2220).
[1805] 21 U.S.C. § 321 (v). „Neu" ist ein Tierarzneimittel insbesondere, wenn der Stoff, aus dem das Arzneimittel ganz oder teilweise besteht, neu ist, es sich um eine Kombination zweier oder mehrerer Stoffe, von denen für sich genommen keiner neu ist, für einen neuartigen Verwendungszweck handelt oder das Arzneimittel für einen bislang nicht vorgesehenen Zweck eingesetzt werden soll, 21 C.F.R. § 510.3 (i).
[1806] 21 U.S.C. § 321 (u) (B) und (C).
[1807] *Oye* u. a., Science 345 (6197), 2014, 626 (S. 628); *National Academy of Science Engineering and Medicine*, Gene Drives on the Horizon: Advancing Science, Navigating Uncertainty and Aligning Research with Public Values, 2016, S. 145; *Meghani/Kuzma*, Journal of Responsible Innovation 5 (1) 2018, 203 (S. 203); *Dooley*, The Georgetown Environmental Law Review 30 (2) 2018, 547 (S. 559).
[1808] *Lin*, University of California Law Review 51 (1) 2017, 205 (S. 220).

mittels moderner Techniken[1809] absichtlich veränderte DNA.[1810] Der Regulierung unterliege – ähnlich wie im Bereich des FIFRA – nicht das mittels Gentechnik veränderte Tier als solches, sondern die spezifische DNA-Veränderung; jede Veränderung des Genoms stellt somit ein eigens reguliertes neues Tierarzneimittel dar.[1811] Bezogen auf Gene Drive-Organismen ist Regulierungsgegenstand somit das Gene Drive-System. Ist ein neues Tierarzneimittel zugelassen, gilt die Zulassung auch für Tiere, die die Genomveränderung als Folge einer Kreuzung zwischen einem absichtlich veränderten Tier und seinem nicht absichtlich veränderten Gegenstück erhalten haben.[1812]

Von der Regulierung ausgenommen sind gentechnische Veränderungen, die an Tieren vorgenommen werden, die keiner Lebensmittel produzierenden Art angehören und in den Regulierungsbereich anderer Behörden fallen oder ausschließlich in geschlossenen Einrichtungen Verwendung finden.[1813] Basierend auf einer Risikoabschätzung nimmt die FDA ferner spezifische gentechnische Veränderungen bei bestimmten Arten von nicht Lebensmittel produzierenden Tieren vom Zulassungserfordernis aus.[1814] Beispielsweise nahm die FDA die gentechnische Veränderung des Zebrafischs, sodass dieser fluoreszierende Eigenschaften erlangte (GloFish), von der Regulierung aus. Zur Begründung führte sie an, eine gegenüber nicht veränderten Exemplaren erhöhte Gefahr für die Umwelt sei nicht gegeben, auch eine Gefährdung der menschlichen Gesundheit sei ausgeschlossen.[1815]

Nachdem zur Populationskontrolle entwickelte gentechnisch veränderte Mücken der Art *Aedes aegypti* (OX513A) zunächst durch die FDA reguliert worden waren, veröffentlichte diese rechtlich nicht bindende Leitlinien für die Regulierung von gentechnisch veränderten Mücken, um klarzustellen, wann gentechnisch veränderte Mücken bzw. die spezifischen Genomveränderungen als neue Tierarzneimittel in den Regulierungsbereich der FDA fallen oder als Schädlingsbekämpfungsmittel im Rahmen des FIFRA durch die EPA reguliert werden[1816]: Ist Ziel die

[1809] Explizit erwähnt wird in diesem Zusammenhang die Veränderung des Genoms mittels ZFN, TALENs sowie CRISPR-Cas.

[1810] *FDA*, Guidance of Industry #187, Regulation of Intentionally Altered Genomic DNA in Animals, Januar 2017, S. 7f., im Folgenden: *FDA*, Guidance of Industry #187.

[1811] So auch: *National Academy of Science Engineering and Medicine*, Gene Drives on the Horizon: Advancing Science, Navigating Uncertainty and Aligning Research with Public Values, 2016, S. 145.

[1812] *FDA*, Guidance of Industry #187, S. 8.

[1813] *FDA*, Guidance of Industry #187, S. 8.

[1814] *FDA*, Guidance of Industry #187, S. 8.

[1815] *Brooks*, University of Illinois Journal of Law, Technology & Policy 1 2020, 201 (S. 210). Eine Umweltverträglichkeitsprüfung wurde seitens der FDA nicht vorgenommen und auch gerichtlich für nicht erforderlich erachtet, da die Vorgaben des NEPA nur im Hinblick auf bedeutsame Maßnahmen auf Bundesebene einzuhalten seien, die Ablehnung der Regulierung aber keine behördliche Handlung darstelle: *International Center for Tech. Assess. v. Thomson*, 421 F. Supp. 2d 1 (D.D.C. 2006).

[1816] *FDA*, Guidance for Industry #236 – Clarification of FDA and EPA Jurisdiction Over Mosquito-Related Products, Oktober 2017, im Folgenden: *FDA*, Guidance for Industry #236. Während zunächst sowohl die EPA als auch die FDA für die Regulierung zuständig waren, wurde die Definition des Schädlingsbekämpfungsmittels so abgeändert, dass solche Veränderungen, die neue Tierarzneimittel im Sinne des FDCA darstellen, keine Schädlingsbekämpfungsmittel im Sinne des FIFRA darstellen, *FDA*, Guidance for Industry #236, S. 5.

Populationskontrolle von Mücken, indem diese getötet werden, infolge der genetischen Veränderung nicht überlebensfähig sind oder in ihrer Fortpflanzung beeinträchtigt werden, ist der Zuständigkeitsbereich der EPA eröffnet.[1817] Ist Ziel, die Virus- oder Erregerlast in der Mücke bzw. die Übertragbarkeit von Krankheitserregern auf den Menschen zu reduzieren oder durch Mücken übertragbare Krankheiten bei Menschen oder Tieren zu verhindern, ist der Regulierungsbereich der FDA eröffnet.[1818] Ist ein Produkt sowohl zur Populationskontrolle, als auch der Verhinderung von Erkrankungen beim Menschen bestimmt, ist eine Abstimmung zwischen EPA und FDA erforderlich.[1819]

Mittels Gene Drive veränderte Mücken können somit sowohl durch die EPA als auch durch die FDA reguliert werden.[1820] Der Zuständigkeitsbereich der EPA ist eröffnet, wenn das Gene Drive-System der Populationskontrolle dient, indem infolge der gentechnischen Veränderung, die beschleunigt vererbt wird, die Mücken sterben oder etwaige (weibliche) Nachkommen nicht überlebensfähig sind. Dient das Gene Drive-System hingegen dazu, die Übertragungswahrscheinlich eines Krankheitserregers zu verringern oder die Übertragung gänzlich zu verhindern, indem der Erreger in der Mücke abgetötet oder die Vermehrung des Erregers in der Mücke unterbunden wird oder die Mücke so gentechnisch zu verändern, dass sie als Überträgerorganismus nicht mehr in Betracht kommt, ist der Zuständigkeitsbereich der FDA eröffnet. Anhaltspunkte für die Regulierung von Gene Drive-Systemen in Tieren im Übrigen kann die Regulierung des gentechnisch veränderten Atlantischen Lachses zur Wachstumsbeschleunigung (AquAdvantage Salmon) durch die FDA bieten, für den die Behörde im Jahr 2015 die Marktzulassung erteilte.[1821]

Im Jahr 2021 wurde schließlich zwischen der FDA und dem USDA im Wege eines Memorandums of Understanding vereinbart, dass gentechnisch veränderte Tiere, die für landwirtschaftliche Zwecke verwendet werden sollen[1822] zukünftig in den Regulierungsbereich des Landwirtschaftsministeriums fallen sollen.[1823] Vor dem Hintergrund, dass der Anwendungsbereich der Gene Drive-Technik primär Wildpopulationen und keine Nutztiere betrifft, entfaltet die Vereinbarung in Bezug auf Gene Drive-Organismen allenfalls eine untergeordnete Bedeutung.

[1817] *FDA*, Guidance for Industry #236, S. 6.
[1818] *FDA*, Guidance for Industry #236, S. 5.
[1819] *FDA*, Guidance for Industry #236, S. 6.
[1820] *Meghani/Kuzma*, Journal of Responsible Innovation 5 (1) 2018, 203 (S. 204); *Kelsey* u. a., American Journal of Tropical Medicine and Hygiene 103 (3) 2020, 976 (S. 978).
[1821] Siehe hierzu: *Homer*, Columbia Journal of Law and Social Problems 45 (1) 2011, 83 (S. 106).
[1822] Hierunter fallen Nutztiere wie Schafe, Hühner oder Rinder, FDA/USDA, Memorandum of Understanding, 13.01.2021, Ziff. I.
[1823] *FDA/USDA*, Memorandum of Understanding, 13.01.2021, Ziff. III, E.

b. Die Regulierung im Rahmen des PSH

Regelungsgegenstand des PSH sind biologische Produkte für die Anwendung beim Menschen. Angesichts dessen, dass „biologische Produkte", worunter Viren, therapeutische Seren, Toxine, Antitoxine, Impfstoffe, Blutbestandteile, allergene Produkte, Proteine oder analoge Produkte zu verstehen sind, die zur Vorbeugung, Behandlung, Heilung von menschlichen Krankheiten oder Leiden eingesetzt werden sollen[1824], stets voraussetzen, dass sie in den menschlichen Körper eingebracht werden, kommt den Bestimmungen des PHS für die Regulierung von Gene Drives keine Bedeutung zu.

3. Die Regulierung von Gene Drives durch das USDA

Die Zuständigkeit des USDA erstreckt sich unter anderem auf den Plant Protection Act (PPA)[1825], den Animal Health Protection Act (AHPA)[1826] sowie den Virus-Serum-Toxin-Act (VSTA)[1827]. Aufgabe des Landwirtschaftsministerium ist es, die Sicherheit und Gesundheit landwirtschaftlich genutzter Pflanzen und Tiere sicherzustellen. Das USDA reguliert im Zuge dessen mittels Biotechnologie hergestellte oder veränderte Produkte, die eine Gefahr für die Pflanzen- oder Tiergesundheit darstellen können.[1828]

Wie auch die EPA und die FDA hat das USDA im Rahmen des Zuständigkeitsbereichs ergänzende Regelungen in Form von Bundesverordnungen erlassen, die im C.F.R. veröffentlicht werden.

a. Die Regulierung im Rahmen des PPA

Mit dem Ziel, Pflanzen und pflanzliche Produkte zu schützen, enthält der PPA Vorgaben auch für biotechnologische Produkte, die Pflanzenschädlinge oder schädliche Unkräuter darstellen oder darstellen können. Die Ausbreitung von Pflanzenschädlingen oder schädlichen Unkräutern soll erkannt, kontrolliert und möglichst verhindert oder verzögert werden.[1829] Darüber hinaus überträgt der PPA die Regulierungsbefugnis für biologische Kontrollorganismen.[1830] Für die Umsetzung des PPA zuständig ist das Büro für Tier- und Pflanzengesundheit (APHIS).

Als „Pflanzenschädlinge" gelten Protozoen, sämtliche Tiere mit Ausnahme des Menschen, parasitäre Pflanzen, Bakterien, Pilze, Viren oder Viroide, infektiöse Erreger oder andere Pathogene

[1824] 42 U.S.C. § 262 (i) (1).
[1825] 7 U.S.C. §§ 7701ff. Der PPA ersetzt seit dem Jahr 2000 den Plant Pest Act (PPA) sowie den Plant Quarantine Act (PQA).
[1826] 7 U.S.C §§ 8301ff.
[1827] 21 U.S.C. §§ 151ff.
[1828] 2017 Update CFRB, S. 22.
[1829] 7 U.S.C. § 7701 (1).
[1830] 7 U.S.C. § 7712 (a).

sowie andere ähnliche Organismen in jedem lebenden Stadium, die eine Pflanze[1831] oder ein Pflanzenerzeugnis direkt oder indirekt schädigen oder schädigen können oder für eine Krankheit ursächlich sind oder sein können.[1832] Bis zum 17. August 2020 waren Wirbeltiere dem Wortlaut nach von der Definition des Pflanzenschädlings ausgenommen.[1833] Wenngleich infolge der Gesetzesänderung auch Wirbeltiere dem Wortlaut nach als Pflanzenschädlinge reguliert sind, stellen diese APHIS zufolge keine Pflanzenschädlinge dar.[1834] Zur Begründung wird ausgeführt, dies entspreche der ständigen Praxis, da andernfalls auch Pflanzen- und Allesfresser wie beispielsweise Kühe, Schafe und Pferde als Pflanzenschädlinge reguliert werden müssten.
Organismen, die mittels gentechnischer Methoden hergestellt oder verändert werden, sind gemäß der seitens des USDA erlassenen Bundesverordnung reguliert, wenn es sich um eine Pflanze handelt, die eine Kombination aus Pflanzeneigenschaft und Wirkmechanismus aufweist, die nicht ausdrücklich den Status der Nichtregulierung erhalten hat, der Organismus einen Pflanzenschädling darstellt, es sich bei dem Organismus zwar nicht um eine Pflanze handelt, der Organismus aber DNA eines Pflanzenschädlings erhalten hat und die DNA des Spenderorganismus in der Lage ist, einen infektiösen Erreger zu produzieren, der Pflanzenkrankheiten verursacht oder für eine Verbindung kodiert, die Pflanzenkrankheiten verursachen kann oder es sich bei dem Organismus um einen Mikroorganismus, der zur Bekämpfung von Pflanzenschädlingen verwendet wird oder einen wirbellosen Räuber oder Parasiten, der zur Bekämpfung von wirbellosen Pflanzenschädlingen verwendet wird, handelt, der ein Pflanzenschädlingsrisiko mit sich bringt.[1835] Damit handelt es sich bei einem gentechnisch veränderten Organismus nicht mehr wie nach den zuvor geltenden Regelungen um einen regulierten Artikel, wenn der Empfänger- bzw. Spenderorganismus oder der Vektor bzw. Agens auf Basis der Klassifikationsliste einen Pflanzenschädling darstellt; die Klassifikationsliste wurde im Zuge der Überarbeitung der Bundesverordnung und deren Anpassung an aktuelle wissenschaftliche Erkenntnisse abgeschafft.[1836]
Mittels Gene Drive veränderte wirbellose Tiere werden somit durch das Landwirtschaftsmi-

[1831] Als „Pflanze" ist jede Pflanze einschließlich jedes Pflanzenteils anzusehen, die zur Vermehrung bestimmt ist, 7 U.S.C. § 7702 (13).

[1832] 7 U.S.C. § 7702 (14), 7 C.F.R. § 340.3.

[1833] 7 C.F.R. § 340.1 in der Fassung vom 16.08.2020.

[1834] Fed.Reg. Bd. 84 (Nr. 109), 06.06.2019, S. 26522; Fed.Reg. Bd. 85 (Nr. 96), 18.05.2020, S. 29806.

[1835] 7 C.F.R. § 340.2 (a) bis (d). Vom Anwendungsbereich ausgeschlossen sind gentechnisch veränderte Pflanzen, wenn die genetische Veränderung durch einen gezielt hervorgerufenen DNA-Bruch erzeugt wird und die Reparatur ohne von außen bereitgestellte Reparaturvorlage erfolgt, in einer gezielten Substitution eines einzelnen Basenpaares besteht oder ein Gen eingeführt wird, das im Genpool der Pflanze vorkommt bzw. in der Änderung einer Gensequenz besteht, die einem bekannten Allel eines solchen Gens oder einer bekannten strukturellen Variation im Genpool entspricht, 7 C.F.R. § 340.1 (a), (b) (1) bis (3). Die Vorgaben finden ferner keine Anwendung auf genetisch veränderte Pflanzen mit einer Kombination aus Pflanzeneigenschaft und Wirkmechanismus, die bereits durch APHIS analysiert wurden oder als dereguliert eingestuft wurden, 7 C.F.R. § 340.1 (c) (1) und (2) sowie (d). In Zusammenhang mit Veränderungen mittels Gene Drive sind die aufgeführten Ausnahmen nicht von Bedeutung.

[1836] Siehe zu den Hintergründen: Fed.Reg. Bd. 84 (Nr. 109), 06.06.2019, S. 26521; Fed.Reg. Bd. 85 (Nr. 96), 18.05.2020, S. 29791ff.

nisterium reguliert, wenn es sich um Pflanzenschädlinge handelt oder wenn im Wege der gentechnischen Veränderung mittels Gene Drive auch die DNA eines Pflanzenschädlings übertragen wird und diese Pflanzenkrankheiten verursachen kann oder für eine Verbindung kodiert, die Pflanzenkrankheiten verursachen kann. Mittels Gene Drive veränderte Wirbeltiere unterfallen der Regulierungszuständigkeit nicht. Als Vorbild kann insoweit die Regulierung eines Freisetzungsvorhabens mit gentechnisch veränderten Kohlschaben durch APHIS dienen; die Kohlschaben wurden gentechnisch verändert, um rote Fluoreszenz und weibliche Letalität zu erzeugen und so die Schädlingspopulation zu verringern.[1837] Mittels Gene Drive veränderte Mikroorganismen sind reguliert, sofern es sich bei dem Mikroorganismus um einen solchen handelt, der zur Pflanzenschädlingsbekämpfung eingesetzt wird.

Der Definition von „schädlichem Unkraut“ unterfällt jede Pflanze oder jedes pflanzliche Produkt, die bzw. das direkt oder indirekt Schäden an Getreide, Vieh, Geflügel oder anderen landwirtschaftlichen Gütern hervorruft oder hervorrufen kann sowie der Bewässerung, der Schifffahrt, der natürlichen Ressourcen der Vereinigten Staaten, der öffentlichen Gesundheit oder der Umwelt schadet oder Schaden zufügen kann.[1838] Eine abschließende Liste mit sämtlichen derzeit als schädliche Unkräuter anzusehenden Pflanzen findet sich in der im Rahmen des PPA erlassenen Bundesverordnung. Ohne Rücksicht darauf, ob es sich um eine gentechnisch veränderte Pflanze handelt oder nicht erfolgt eine Regulierung als schädliches Unkraut somit ausschließlich im Falle der gelisteten Pflanzen[1839] In die Liste aufgenommen werden Pflanzen, die besonders aggressiv sind, erhebliche nachteilige Auswirkungen auf die Umwelt mit sich bringen und – einmal etabliert – besonders schwer zu kontrollieren sind.[1840]

Vor dem Hintergrund, dass funktionierende Gene Drives in Pflanzen bislang nicht entwickelt wurden[1841], kommt eine Regulierung als schädliches Unkraut derzeit nicht in Betracht. Im Übrigen wäre eine mittels Gene Drive veränderte Pflanze nur als schädliches Unkraut reguliert, wenn es sich um eine gelistete Pflanze handeln würde.

„Biologische Kontrollorganismen“ sind Feinde, Antagonisten oder Konkurrenten, die zur Bekämpfung eines Pflanzenschädlings oder schädlichen Unkrauts eingesetzt werden.[1842] Da gentechnisch veränderte Organismen, die einen Pflanzenschädling beseitigen oder eindämmen sollen, als Feind des Pflanzenschädlings grundsätzlich der Definition des biologischen Kontrollorganismus unterfallen, könnte beispielsweise eine mittels eines Gene Drive-Systems veränderte Kirschessigfliege oder Mittelmeerfruchtfliege als biologischer Kontrollorganismus reguliert werden.[1843] Allerdings sind gentechnisch veränderte biologische Kontrollorganismen von den

[1837] *USDA*, Proposal to permit the field release of genetically engineered diamondback moth in New York, Juni 2017.
[1838] 7 U.S.C. § 7702 (10).
[1839] 7 C.F.R. § 360.200.
[1840] Fed.Reg. Bd. 76 (Nr. 130), 07.07.2011, S. 39811.
[1841] Siehe hierzu die Ausführungen in Teil 2, Kapitel 1, III.
[1842] 7 U.S.C. § 7702 (2).
[1843] Siehe im Hinblick auf gentechnisch veränderte Insekten: *Donovan*, Missouri Environmental Law and Policy

für biologische Kontrollorganismen geltenden Regelungen ausgeschlossen.[1844]

b. Die Regulierung im Rahmen des AHPA

In Ergänzung zum PPA dient der AHPA dem Schutz von Nutztieren vor Schädlingen und Krankheiten. Biotechnologische Produkte fallen in den Regulierungsbereich des AHPA, wenn sie sich nachteilig auf die Gesundheit von Nutztieren auswirken können, indem sie Krankheiten hervorrufen oder Schädlinge darstellen oder darstellen können. Auch für die Umsetzung des AHPA ist APHIS zuständige Behörde.

Der Begriff des „Schädlings" bezeichnet sämtliche Protozoen, Pflanzen, Bakterien, Pilze, Viren oder Viroide, infektiöse Erreger oder andere Pathogene, Gliederfüßer[1845], Parasiten, Prione, Vektoren und ähnliche andere Organismen, die Nutztieren direkt oder indirekt Schaden zufügen können.[1846] Vom Schädlingsbegriff des AHPA nicht erfasst sind Wirbeltiere. „Nutztiere" sind all diejenigen Tiere, die in landwirtschaftlichen Betrieben gezüchtet werden, also insbesondere Pferde, Rinder, Schafe, Ziegen, Schweine, Puten und Fische.[1847]

Von der Regulierungsmöglichkeit hat das USDA im Hinblick auf Organismen sowie Vektoren Gebrauch gemacht.[1848] Organismen sind solche, die eine ansteckende oder infektiöse Nutztierkrankheit einführen oder verbreiten können[1849], Vektoren sind alle Tiere, die mit Organismen behandelt wurden oder an einer ansteckenden, infektiösen oder übertragbaren Nutztierkrankheit erkrankt oder infiziert sind oder die einer solchen Krankheit ausgesetzt waren.[1850] Gentechnisch veränderte Organismen und Tiere sind der allgemeinen Regelungssystematik folgend ebenso erfasst.

Mittels Gentechnik und auch mittels Gene Drive veränderte Organismen sind damit reguliert, wenn sie Nutztierkrankheiten hervorrufen oder Nutztieren Schaden zufügen können.[1851]

c. Die Regulierung im Rahmen des VSTA

Mittels des VSTA reguliert das Landwirtschaftsministerium biotechnologische Produkte, die veterinärmedizinische Biologika darstellen.[1852]

Review 17 (1) 2009, 64 (S. 101).

1844 7 C.F.R. § 330.200 (d).

1845 Zum Stamm der Gliederfüßer gehören unter anderem Insekten.

1846 7 U.S.C. § 8302 (13).

1847 2017 Update CFRB, S. 23.

1848 9 C.F.R. § 122.2.

1849 9 C.F.R. § 122.1 (d).

1850 9 C.F.R. § 122.1 (e).

1851 Insbesondere gentechnisch veränderte Insekten sind reguliert wie nicht gentechnisch veränderte Insekten, 2017 Update CFRB, S. 23. Sofern sich gentechnisch veränderte Insekten, beispielsweise Mücken, also beispielsweise von Tieren ernähren müssen, unterfallen sie der Regulierung, *Donovan*, Missouri Environmental Law and Policy Review 17 (1) 2009, 64 (S. 102).

1852 21 U.S.C. § 151. 2017 Update CFRB, S. 25.

Da hierunter vor allem Viren, Seren, Toxine und ähnliche Produkte zu fassen sind, die zur Behandlung von Tieren bestimmt sind[1853], kommt dem VSTA für die Regulierung von mittels Gene Drive veränderten Organismen keine Bedeutung zu.

4. Zwischenergebnis

Konsequenz des in den USA verwirklichten produktbezogenen Ansatzes zur Regulierung biotechnologischer Erzeugnisse ist, das mittels Gene Drive veränderte Organismen diversen Gesetzen und Regelungen im Zuständigkeitsbereich der EPA, der FDA sowie des USDA unterfallen können.

Welcher Behörde die Regulierung obliegt, ist eine Frage des Einzelfalls und abhängig davon, was für eine Art von Organismus mit welchem Ziel gentechnisch verändert wird und wie sich die gentechnische Veränderung auswirken kann.[1854] Denkbar und in der Praxis nicht unwahrscheinlich ist, dass der Zuständigkeitsbereich mehrerer Behörden zugleich eröffnet ist. In diesem Fall ist erforderlich, dass sich die jeweiligen Behörden gegenseitig konsultieren; eine darüber hinausgehende Kooperation ist möglich, allerdings nicht zwingend vorgeschrieben. Ein allgemeingültiger Koordinationsmechanismus ist nicht vorhanden.[1855]

Beispielsweise könnte ein Gene Drive-Konstrukt, das in das Genom einer Maus eingefügt wurde[1856], in den Regulierungsbereich der FDA fallen, da das Gene Drive-Konstrukt die Definition eines neuen Tierarzneimittels erfüllt. Die Regulierung einer mittels Gene Drive gentechnisch veränderten Maus durch das Landwirtschaftsministerium ist zwar, wenn von dieser eine Gefahr für die Gesundheit von Pflanzen und/oder Nutztieren ausgeht oder ausgehen kann, grundsätzlich möglich, allerdings unterfallen jedenfalls nach Auffassung von APHIS dem PPA keine Wirbeltiere. Die mittels Gene Drive veränderte Maus könnte damit allenfalls den Regelungen des AHPA unterfallen, sofern die Gefahr der Verbreitung von Nutztierkrankheiten besteht. Die EPA könnte, sofern die mittels Gene Drive veränderte Maus zur Schädlingsbekämpfung – insbesondere zur Populationskontrolle invasiver Mäuse – eingesetzt werden soll, im Rahmen des FIFRA für die Regulierung zuständig sein; Gegenstand der Regulierung wäre auch hier allerdings nicht die gentechnisch veränderte Maus als solche, sondern diejenige Eigenschaft, die der Schädlingsbekämpfung dient.

Im Falle einer mittels eines Gene Drive-Systems in Form eines Suppression Drive gentechnisch veränderten Mücke, die Krankheitserreger auf den Menschen oder Tiere übertragen kann, ist aller Wahrscheinlichkeit nach der Regulierungsbereich der EPA im Rahmen des FIFRA eröffnet, da das Gene Drive-Konstrukt der Populationskontrolle der Mückenpopulation dient. Dient hin-

[1853] Als Beispiele lassen sich vor allem Impfungen, Bakterine, Allegerne anführen, 9 C.F.R. § 101.2.
[1854] *Denney*, Virginia Environmental Law Journal 39 (1) 2021, 120 (S. 137); 2017 Update CFRB, S. 39ff.
[1855] *Dooley*, The Georgetown Environmental Law Review 30 (2) 2018, 547 (S. 549).
[1856] Siehe hierzu: *National Academy of Science Engineering and Medicine*, Gene Drives on the Horizon: Advancing Science, Navigating Uncertainty and Aligning Research with Public Values, 2016, S. 148.

gegen eine unter Einsatz eines Gene Drive-Systems in Form eines Modification Drive hervorgerufene genetische Modifikation dazu, die Vermehrung der betreffenden Erreger in der Mücke zu verhindern oder zu verringern oder zu verhindern, dass die Mücke überhaupt Trägerorganismus des Krankheitserregers sein kann, handelt es sich bei der gentechnischen Veränderung um ein neues Tierarzneimittel; der Anwendungsbereich des FDCA und damit der Regulierungsbereich der FDA ist eröffnet. Stellt darüber hinaus die mittels Gene Drive veränderte Mücke eine Gefahr für die Gesundheit von Pflanzen und/oder Nutztieren dar, kann im Rahmen des PPA und/oder AHPA zusätzlich der Zuständigkeitsbereich des USDA eröffnet sein.

Die anhand der Beispiele dargestellten Unsicherheiten im Hinblick darauf, welche Behörde für die Regulierung zuständig ist, werden besonders virulent, da je nach behördlicher Zuständigkeit die Art und Weise der Regulierung unterschiedlich ausfällt.[1857] Denn zum einen verfügen die verschiedenen Behörden über unterschiedliche fachliche Ausrichtung und damit fachliche Kompetenz, zum anderen unterscheiden sich die Prüfungsverfahren und Kriterien, anhand derer die Produkte im Einzelfall beurteilt werden, erheblich.[1858]

III. Die Verfahrensvorgaben des NEPA

Neben den dargestellten Vorgaben kommt in Zusammenhang mit mittels Gene Drive veränderten Organismen dem NEPA[1859] Bedeutung zu. Es handelt sich dabei um ein Verfahrensgesetz, das sicherstellen soll, dass sämtliche Bundesbehörden die Umweltauswirkungen ihrer Maßnahmen im Rahmen des Entscheidungsprozesses berücksichtigen und die Öffentlichkeit über die Maßnahmen informiert wird.[1860] Relevante Umweltinformationen sollen möglichst frühzeitig ermittelt und berücksichtigt werden, um eine fundierte Entscheidungsfindung zu gewährleisten.[1861] Zu berücksichtigen sind die Umweltauswirkungen geplanter bedeutsamer Maßnahmen auf Bundesebene (major federal actions), worunter beispielsweise Entscheidungen über Genehmigungs- und Zulassungsanträge zu verstehen sind.[1862]

Zwar müssen die Behörden sich im Rahmen des Entscheidungsprozesses mit potenziellen Umweltauswirkungen befassen, NEPA verpflichtet jedoch nicht dazu, eine Entscheidung basierend auf den Erkenntnissen über mit einer Maßnahme verbundene Umweltauswirkungen zu tref-

[1857] *Lin*, University of California Law Review 51 (1) 2017, 205 (S. 220f.).

[1858] *Lin*, University of California Law Review 51 (1) 2017, 205 (S. 221); *Denney*, Virginia Environmental Law Journal 39 (1) 2021, 120 (S. 137).

[1859] 42 U.S.C. §§ 4321ff. Der Council on Environmental Quality (CEQ), eine im Rahmen des NEPA geschaffene Abteilung des Exekutivbüros des Präsidenten der Vereinigten Staaten, hat konkretisierende Vorgaben zur Umsetzung der NEPA-Bestimmungen erarbeitet: 40 C.F.R. §§ 1500.1ff.

[1860] 40 C.F.R. § 1500.1 (a). *Baltimore Gas & Electric Co. v. Natural Resources Defense Council*, 462 U.S. 87, 97 (1983).

[1861] 40 C.F.R. § 1500.1 (b), 40 C.F.R. § 1501.2 (a).

[1862] 40 C.F.R. § 1508.1 (q). *Carter* u. a., Synthetic Biology and the U.S. Biotechnology Regulatory System: Challenges and Options, 2014, S. 19.

fen.[1863] Ebensowenig schreibt NEPA inhaltlich ein bestimmtes Ergebnis vor.[1864] Die Vorgaben des NEPA verleihen einer Behörde für sich genommen auch nicht die Befugnis, eine beantragte Genehmigung oder Zulassung infolge von Umweltauswirkungen zu versagen, da NEPA keine über die fachgesetzlichen Regelungen hinausgehenden Versagungsgründe enthält.[1865] Sofern allerdings das entsprechende Fachgesetz ausdrücklich ermöglicht, Umweltauswirkungen in die Entscheidungsfindung einzubeziehen oder unklar ist, ob Bedingungen zum Schutz der Umwelt auferlegt werden können oder ein Genehmigungsantrag aufgrund von Umweltbedenken abgelehnt werden kann, spricht das Vorhandensein des NEPA für ein weites Verständnis der behördlichen Befugnisse.[1866] Anderes gilt, wenn fachgesetzlich die Berücksichtigung von Umweltauswirkungen ausdrücklich untersagt ist.[1867]

Als Bundesbehörden sind grundsätzlich sowohl die EPA als auch die FDA und das USDA an die Vorgaben des NEPA gebunden, sodass die Vorgaben des NEPA im Rahmen des CFRB und somit bei der Entscheidungsfindung in Zusammenhang mit Genehmigungen oder Zulassungen von mittels gentechnischer Methoden veränderter Produkte zu beachten sind.[1868] Die FDA sowie APHIS als dem Landwirtschaftsministerium zugehörige Behörde haben die Vorgaben des NEPA im Rahmen von Bundesverordnungen umgesetzt.[1869] Sowohl die FDA als auch APHIS in ihrem Zuständigkeitsbereich betreffend die Biotechnologie können Umweltauswirkungen abgesehen von den Vorgaben des NEPA nur begrenzt berücksichtigen. APHIS kann eine Zulassung für Feldversuche mit gentechnisch veränderten Organismen oder die Gewährung des Status der Nichtregulierung für bestimmte Produkte beispielsweise nur versagen, wenn schädliche Auswirkungen auf Pflanzen oder die Pflanzengesundheit möglich erscheinen; die Zulassung eines neuen Tierarzneimittels kann durch das bei der FDA angesiedelte CVM nur versagt werden, wenn damit nachteilige Auswirkungen auf die menschliche oder tierische Gesundheit einhergehen können.[1870] Demgegenüber trifft die EPA Regulierungsentscheidungen im Bereich der Biotechnologie unter Berücksichtigung von Auswirkungen auf die menschliche oder tierische Gesundheit, Ökosysteme sowie zahlreiche andere Faktoren wie beispielswei-

[1863] *Pew Initiative on Food and Biotechnology*, Guide to U.S. Regulation of Genetically Modified Food and Agricultural Biotechnology Products, 2001, S. 3; *Monast*, North Carolina Law Review 97 (5) 2019, 1329 (S. 1348); *Natural Resources Defense Council, Inc. v. EPA*, 859 F.2d 156 (D.C. Cir. 1988).

[1864] Fed.Reg. Bd. 85 (Nr. 137), 16.07.2020, S. 43306.

[1865] *Carter* u. a., Synthetic Biology and the U.S. Biotechnology Regulatory System: Challenges and Options, 2014, S. 19.

[1866] *Institute for Fisheries Res. v. FDA*, 499 F. Supp. 3d 657 (N.D. Cal. 2020).

[1867] *Institute for Fisheries Res. v. FDA*, 499 F. Supp. 3d 657 (N.D. Cal. 2020).

[1868] *National Academy of Science Engineering and Medicine*, Gene Drives on the Horizon: Advancing Science, Navigating Uncertainty and Aligning Research with Public Values, 2016, S. 142.

[1869] Die Verpflichtung zur Schaffung derartiger Umsetzungsregelungen durch einzelne Behörden findet sich in 40 C.F.R. § 1507.3. Siehe 21 C.F.R. §§ 25ff. für die Umsetzung durch die FDA sowie 7 C.F.R. § 1b für die Umsetzung durch das Landwirtschaftsministerium und 7 C.F.R. §§ 372ff. für die Umsetzung speziell durch APHIS.

[1870] *Carter* u. a., Synthetic Biology and the U.S. Biotechnology Regulatory System: Challenges and Options, 2014, S. 18f. Siehe hierzu die Ausführungen in Teil 5, Kapitel 3, II, 2, b sowie III, 2, b.

se ökonomische oder soziale Auswirkungen.[1871] Da nach der Lehre der funktionalen Gleichwertigkeit die Einhaltung der Vorgaben des NEPA nicht erforderlich ist, wenn eine Behörde in erster Linie Umweltfragen prüft und die materiell-rechtlichen sowie verfahrensrechtlichen Standards eine angemessene und den Vorgaben des NEPA funktionell entsprechende Berücksichtigung von Umweltfragen gewährleisten, ist die EPA bei der Regulierung von mittels Gentechnik hergestellten oder veränderten Produkten nicht zur Einhaltung der Vorgaben des NEPA verpflichtet.[1872] Da im Rahmen des FIFRA die Registrierung eines Pestizids aufzuheben ist, wenn mit dessen Verwendung schädliche Auswirkungen auf den Menschen oder die Umwelt einhergehen und darüber hinaus die verfahrensrechtlichen Vorgaben eine umfassende Berücksichtigung von Umweltbelangen ermöglichen und die fünf NEPA inhärenten Kernaspekte – die Umweltauswirkungen einer Maßnahme, mögliche unvermeidbare nachteilige Umweltauswirkungen, mögliche Alternativen, das Verhältnis zwischen langfristigen und kurzfristigen Nutzungen und Ziele sowie die unwiderrufliche Inanspruchnahme von Ressourcen – während des Entscheidungsprozesses berücksichtigt werden, sei eine Ausnahme von der Pflicht zur Einhaltung der NEPA-Anforderungen angemessen.[1873] Teils wurde zwar die Heranziehung der Lehre der funktionalen Gleichwertigkeit kritisch beurteilt, die Einhaltung der NEPA-Regelungen bei der Registrierung von Pestiziden aber dennoch nicht für erforderlich gehalten.[1874]

1. Das Verfahren zur Berücksichtigung von Umweltauswirkungen

Finden die Vorgaben des NEPA Anwendung, hat die zuständige Behörde für jede bedeutsame Bundesmaßnahme zu bestimmen, ob eine Analyse der mit der Maßnahme einhergehenden Umweltauswirkungen erforderlich ist und gegebenenfalls mögliche erhebliche Umweltauswirkungen zu ermitteln.[1875] Im Rahmen des CFRB verpflichtet NEPA die jeweils zuständige Bundesbehörde, zu ermitteln, ob die absichtliche Freisetzung von gentechnisch veränderten Produkten – und damit auch Gene Drive-Organismen – zu experimentellen oder kommerziellen Zwecken erhebliche Umweltauswirkungen mit sich bringt.[1876]

Zu unterscheiden sind drei Verfahrensstufen.[1877] Zunächst kann für bestimmte Maßnahmen,

[1871] *Carter* u. a., Synthetic Biology and the U.S. Biotechnology Regulatory System: Challenges and Options, 2014, S. 18. Siehe hierzu die Ausführungen in Teil 5, Kapitel 3, I, 2, b.

[1872] *Environmental Defense Fund, Inc. v. EPA*, 489 F.2d 1247 (D.C. Cir. 1973); *San Luis & Delta-Mendota Water Auth. v. Jewell*, 747 F.3d 581 (9th. Cir. 2014). Siehe hierzu auch: 2017 Update CFRB, S. 16.

[1873] *Environmental Defense Fund, Inc. v. EPA*, 489 F.2d 1247 (D.C. Cir. 1973). In der Entscheidung *Foundation on Economic Trends v. Heckler*, 587 F. Supp. 753 (D.D.C. 1984), wurde unter Berufung auf die Lehre der funktionalen Gleichwertigkeit die Einhaltung der Anforderungen des NEPA bei der Erteilung einer experimentellen Freisetzungsgenehmigung für nicht erforderlich angesehen.

[1874] *Merrell v. Thomas*, 807 F.2d 776 (9th Cir. 1986).

[1875] *National Academy of Science Engineering and Medicine*, Gene Drives on the Horizon: Advancing Science, Navigating Uncertainty and Aligning Research with Public Values, 2016, S. 146.

[1876] *National Academy of Science Engineering and Medicine*, Gene Drives on the Horizon: Advancing Science, Navigating Uncertainty and Aligning Research with Public Values, 2016, S. 146.

[1877] 40 C.F.R. § 1501.3 (a).

die unter normalen Umständen keine erheblichen Umweltauswirkungen nach sich ziehen, mittels eines kategorischen Ausschlusses (categorical exclusion, CE) festgelegt werden, dass diese den Anforderungen des NEPA nicht unterliegen.[1878] Die Bestimmung derjenigen Kategorien von Maßnahmen, die normalerweise keine erheblichen Umweltauswirkungen mit sich bringen, obliegt den jeweiligen Behörden.[1879] Bei Maßnahmen, die nicht kategorisch von den NEPA-Anforderungen ausgeschlossen sind und die wahrscheinlich keine erheblichen Umweltauswirkungen mit sich bringen oder bei denen die Auswirkungen ungewiss sind, wird im Rahmen einer Umweltverträglichkeitsprüfung (EA) geprüft, ob diese möglicherweise erhebliche Umweltauswirkungen hervorrufen können.[1880] Ergibt die Umweltverträglichkeitsprüfung, dass erhebliche Auswirkungen auf die Umwelt nicht hervorgerufen werden können, wird dies im Rahmen eines Finding of No Significant Impact (FONSI) festgestellt.[1881] Ergibt die Umweltverträglichkeitsprüfung hingegen, dass erhebliche Auswirkungen auf die Umwelt hervorgerufen werden können, ist im Rahmen einer Umweltverträglichkeitserklärung (EIS) zu ermitteln, ob die Umwelt erheblich beeinträchtigt wird.[1882]

2. Von einem kategorischen Ausschluss erfasste Maßnahmen im Zuständigkeitsbereich des USDA

Im Zuständigkeitsbereich des Landwirtschaftsministeriums ist die Durchführung einer Umweltverträglichkeitsprüfung oder Umweltverträglichkeitserklärung unter anderem in Zusammenhang mit Forschungsaktivitäten und Studien nicht erforderlich, sofern diese in ihrer Intensität begrenzt sind und nur begrenzte Auswirkungen auf andere Bereiche mit sich bringen.[1883] Ergänzend und konkretisierend findet sich ein kategorischer Ausschluss von den Anforderungen des NEPA für eine Reihe von Maßnahmen im Regulierungsbereich von APHIS.[1884] Im Bereich der Forschungs- und Entwicklungstätigkeiten sind Vorhaben, die zwar im Freien stattfinden, aber im Hinblick auf Größe, Häufigkeit und Umfang begrenzt sind, von einem kategorischen Ausschluss erfasst.[1885] Daneben unterliegt insbesondere die Entwicklung und Freisetzung in die Umwelt von sterilen Insekten einem kategorischen Ausschluss.[1886] Ein kategorischer Aus-

[1878] 40 C.F.R. § 1501.3 (a) (1), 40 C.F.R. § 1501.4. Die Behörde ist im Falle eines kategorischen Ausschlusses jedoch verpflichtet, zu prüfen, ob außergewöhnliche Umstände gegeben sind, unter denen die normalerweise von den NEPA-Anforderungen ausgeschlossene Maßnahme erhebliche Umweltauswirkungen haben kann, 40 C.F.R. § 1501.4 (b).
[1879] 40 C.F.R. § 1501.4 (a).
[1880] 40 C.F.R. § 1501.3 (a) (2), 40 C.F.R. § 1501.5.
[1881] 40 C.F.R. § 1501.6 (a).
[1882] 40 C.F.R. § 1501.3 (a) (3), 40 C.F.R. § 1502.
[1883] 7 C.F.R. § 1b.3 (a) (3). Jeder Behörde, und damit auch APHIS, steht es jedoch frei, abweichende Regelungen zu treffen.
[1884] 7 C.F.R. § 372.5 (c).
[1885] 7 C.F.R. § 372.5 (c) (i).
[1886] 7 C.F.R. § 372.5 (c) (2) (ii).

schluss besteht des Weiteren für die Genehmigung von Freisetzungsvorhaben von gentechnisch veränderten Organismen und Produkten in begrenztem Umfang im Freiland.[1887] In Fällen, in denen eine eigentlich einem kategorischen Ausschluss unterliegende Maßnahme möglicherweise erhebliche Umweltauswirkungen mit sich bringen kann, kann die Durchführung einer Umweltverträglichkeitsprüfung oder einer Umweltverträglichkeitserklärung verlangt werden; in Betracht kommt dies insbesondere im Hinblick auf ein Freisetzungsvorhaben in begrenztem Umfang mit gentechnisch veränderten Organismen oder Produkten, sofern neuartige Veränderungen vorgenommen werden, die neue Fragen aufwerfen.[1888]

Da es sich bei einer Veränderung mittels Gene Drive um eine neuartige Veränderung handelt, die sich selbsttätig innerhalb einer Wildpopulation verbreiten soll, ist davon auszugehen, dass die Durchführung einer Umweltverträglichkeitsprüfung oder Umweltverträglichkeitserklärung verlangt wird, sofern mittels Gene Drive veränderte Organismen im Rahmen von Forschungs- oder Entwicklungstätigkeiten freigesetzt werden.

3. Von einem kategorischen Ausschluss erfasste Maßnahmen im Zuständigkeitsbereich der FDA

Im Zuständigkeitsbereich der FDA besteht ein kategorischer Ausschluss für eine Vielzahl von Maßnahmen, insbesondere solche des CVM.[1889] Die NEPA-Anforderungen sind regelmäßig nicht einzuhalten, wenn eine Zulassung für ein neues Tierarzneimittel für nicht der Lebensmittelproduktion dienende Tiere erteilt wird.[1890] Darüber hinaus unterliegen Maßnahmen in Zusammenhang mit der Verwendung von Tierarzneimitteln zu Forschungszwecken nicht den NEPA-Anforderungen.[1891]

Wenngleich in Fällen, in denen ein neues Tierarzneimittel im Sinne einer gentechnischen Veränderung mittels Gene Drive zu Forschungszwecken verwendet werden soll oder eine Marktzulassung für die gentechnische Veränderung mittels Gene Drive in nicht der Lebensmittelproduktion dienenden Tieren beantragt wird, damit grundsätzlich ein kategorischer Ausschluss in Betracht kommt, wird ein solcher aufgrund des Vorliegens außergewöhnlicher Umstände regelmäßig nicht anzunehmen sein.[1892] Denn solche liegen bereits vor, wenn auf Grundlage vorhandener Daten nicht ausgeschlossen werden kann, dass infolge der Tätigkeit möglicherweise erhebliche

[1887] 7 C.F.R. § 372.5 (c) (3) (iii).

[1888] 7 C.F.R. § 372.5 (d) (3).

[1889] 21 C.F.R. §§ 25.30ff. CVM, Office of New Animal Drug Evaluation Reviewer's Chapter, Processing Environmental Impact Submissions for New Animal Drugs, 1243.7220, 04.08.2022, S. 1. Wird ein kategorischer Ausschluss beantragt, muss einerseits dargelegt werden, dass die Kriterien eines kategorischen Ausschlussgrundes vorliegen und andererseits keine außergewöhnlichen Umstände vorliegen, die das Erstellen einer Umweltabschätzung erforderlich machen, 21 C.F.R. § 25.15 (a), FDA, Guidance of Industry #187, S. 13.

[1890] 21 C.F.R. § 25.33 (d) (1).

[1891] 21 C.F.R. § 25.33 (e).

[1892] Siehe hierzu allgemein: *CVM*, Office of New Animal Drug Evaluation Reviewer's Chapter, Processing Environmental Impact Submissions for New Animal Drugs, 1243.7220, 04.08.2022, S. 1.

Schäden für die Umwelt drohen.[1893] Zwar sind im Falle von gentechnisch veränderten Tieren außergewöhnliche Umstände regelmäßig nicht gegeben, wenn durch ausreichende Sicherheitsvorkehrungen ein Entweichen in die Umwelt ausgeschlossen ist.[1894] Bei Freisetzungsversuchen mit Gene Drive-Organismen liegen diese Voraussetzungen allerdings gerade nicht vor, zudem ist nicht ausgeschlossen, dass sich das Gene Drive-System anders als vorhergesehen verhält.

IV. Die Vorgaben des ESA

Schließlich kann neben den Vorgaben des NEPA in Zusammenhang mit Gene Drive-Organismen das Gesetz über gefährdete Arten[1895], Bedeutung erlangen, das dem Schutz gefährdeter und bedrohter Tier- und Pflanzenarten dient.[1896]

Als gefährdet gilt, abgesehen von Insekten, die als Schädlinge eingestuft sind, jede Art, die in ihrem gesamten Verbreitungsgebiet oder in einem Teil davon vom Aussterben bedroht ist[1897], während eine Art als bedroht anzusehen ist, wenn sie in absehbarer Zeit in ihrem gesamten Verbreitungsgebiet oder in einem bedeutenden Teil hiervon zu einer gefährdeten Art werden könnte.[1898] Dem Schutz des ESA unterfällt eine Art ab dem Zeitpunkt, in dem sie als gefährdete oder bedrohte Art gelistet ist.[1899]

Zum Schutz von als gefährdet oder bedroht eingestuften Arten sind zahlreiche Verhaltensweisen untersagt.[1900] Grundsätzlich verboten ist insbesondere, Organismen, die einer gefährdeten oder bedrohten Tierart angehören, zu schädigen oder zu töten.[1901] Während damit der Einsatz eines Gene Drive-Systems, das dazu bestimmt ist, eine bereits als gefährdet oder bedroht eingestufte und damit gelistete Art zu schädigen oder Exemplare einer solchen Art zu töten, grundsätzlich untersagt ist, ist der Einsatz eines Gene Drive-Systems zur Populationsverringerung oder -ausrottung einer Art, die (noch) nicht gelistet ist, regelmäßig zulässig.[1902] Zwar könnte eine Art infolge des Einsatzes eines der Populationsverringerung oder -ausrottung dienenden Gene Drive-Systems als gefährdete Art anzusehen sein, da sie wenigstens in einem Teil des Verbreitungsgebiets vom Aussterben bedroht wäre. Allerdings unterfällt eine Zielart dem Schutz des ESA erst, wenn sich der Genantrieb bereits in der Population ausbreitet und das Verfahren zur Unterschutzstellung beendet ist.[1903] Die Vorschriften des ESA sind damit nicht

---

[1893] 21 C.F.R. § 25.21 (a).

[1894] *FDA*, Guidance of Industry #187, S. 13f.

[1895] 16 U.S.C. §§ 1531ff.

[1896] 16 U.S.C. § 1531 (b).

[1897] 16 U.S.C. § 1532 (6).

[1898] 16 U.S.C. § 1532 (20).

[1899] 16 U.S.C. § 1533 (a) (1), (b).

[1900] 16 U.S.C. § 1538 (a) (1). *Monast*, North Carolina Law Review 97 (5) 2019, 1329 (S. 1343).

[1901] 16 U.S.C. § 1538 (a) (1) (B), (C), 16 U.S.C. § 1532 (19). Im Hinblick auf gefährdete und bedrohte Pflanzen findet sich eine entsprechende Regelung in 16 U.S.C. § 1538 (a) (2) (B).

[1902] *Monast*, North Carolina Law Review 97 (5) 2019, 1329 (S. 1345f.).

[1903] *Monast*, North Carolina Law Review 97 (5) 2019, 1329 (S. 1345).

auf schnelle Populationszusammenbrüche, wie sie durch funktionierende Gene Drive-Systeme hervorgerufen werden können, ausgerichtet, sondern gehen von einem allmählichen und langsamen Verschwinden einer Art aus.[1904]

Im Übrigen hat jede Bundesbehörde festzustellen, ob eine zu genehmigende Tätigkeit den Fortbestand einer gefährdeten oder bedrohten Art gefährdet oder zur Zerstörung oder nachteiligen Veränderung des Lebensraums einer solchen Art führt.[1905] Im Rahmen der Umweltverträglichkeitsprüfung, Umweltverträglichkeitserklärung oder Risikoabschätzung sind somit Auswirkungen eines genehmigungsbedürftigen Freisetzungsvorhabens von (mittels Gene Drive) gentechnisch veränderten Organismen auf gelistete Arten und deren Lebensraum zu ermitteln.[1906] Ist nicht ausgeschlossen, dass eine behördlich zu genehmigende Tätigkeit nachteilige Auswirkungen auf gefährdete oder bedrohte Arten oder deren Lebensraum hat, muss die Genehmigungsbehörde Konsultationen mit der Fisch- und Wildtierbehörde der Vereinigten Staaten (United States Fish and Wildlife Service, FWS) bzw. dem nationalen Seefischereidienst (National Marine Fisheries Service, NMFS) durchführen.[1907]

[1904] *Monast*, North Carolina Law Review 97 (5) 2019, 1329 (S. 1345).
[1905] 16 U.S.C. § 1536 (a) (2), 50 C.F.R. § 402.14.
[1906] *Brooks*, University of Illinois Journal of Law, Technology & Policy 1 2020, 201 (S. 213).
[1907] 16 U.S.C. § 1536 (a) (2) bis (4), 50 C.F.R. § 402.14.

Kapitel 2: Das US-amerikanische Verständnis von Vorsorge

Anders als in der Europäischen Union existiert das Vorsorgeprinzip als unabhängiges, allgemeines rechtliches Konzept in den USA nicht, es ist als solches weder in der Verfassung der Vereinigten Staaten oder in den Verfassungen einzelner Bundesstaaten verankert, noch wurde es als solches seitens des U.S. Supreme Court anerkannt.[1908]

Dennoch hat vorsorgendes Handeln und Regulieren auch in den USA eine lange Tradition. Ausgehend vom Bereich der Arbeitssicherheit und -gesundheit wurde der Vorsorgegedanke seit den 1970er Jahren durch Behörden und Gerichte zunehmend auch im Bereich des Umwelt- und Gesundheitsschutzes umgesetzt.[1909] Die gesetzlichen Regelungen, wonach erst im Falle eines Schadenseintritts dieser Schaden ausgeglichen werden musste oder Schäden allenfalls in einem Zeitpunkt, in dem sie als unmittelbar drohend angesehen wurden, verhindert werden mussten, wurden im Sinne des Vorsorgegedankens ausgelegt und ergänzt; Maßnahmen zum Schutz von Umwelt und Gesundheit sollten nicht erst vorgenommen werden, wenn ein Schadenseintritt eindeutig wissenschaftlich belegt werden konnte, sondern bereits im Falle eines Risikos für die Umwelt oder die Gesundheit.[1910] Bereits im Jahr 1999 nahm die mit der Umsetzung von Bundesrecht beauftragte Exekutive im Rahmen einer Erklärung zu Umwelt und Handel zum Konzept der Vorsorge wie folgt Stellung:

„Precaution is an essential element of the US regulatory system given that regulators often have to act on the frontiers of knowledge and in the absence of full scientific certainty. [...].“[1911]

Ein prominentes Beispiel für eine frühe, dem Vorsorgegedanken verpflichtete gesetzliche Regelung stellt der ESA dar, wonach nicht nur solche Arten, die aufgrund wissenschaftlich gesicherter Erkenntnisse vom Aussterben bedroht waren, geschützt werden sollten, sondern auch solche, die in naher Zukunft wahrscheinlich vom Aussterben bedroht sein würden.[1912] In der Entscheidung *TVA v. Hill* verwies der U.S. Supreme Court unter Bezugnahme auf die Gesetzgebungsgeschichte darauf, der Schutz bedrohter Arten und der genetischen Vielfalt erscheine nach Ansicht des Kongresses bereits deshalb sinnvoll, da es sich bei jeder Art um eine mögliche zukünftige Ressource handele, deren Nutzen derzeit ungewiss sei; die Fischart *Percina tanasi* sei vor diesem Hintergrund zu schützen.[1913] Wenngleich die wissenschaftliche Ungewissheit sich dabei nicht auf die Frage bezog, ob die Fischart vom Aussterben bedroht war oder nicht, son-

---

[1908] *Zander*, S. 268; *Vogel*, S. 252; *Wiener*, in: Human and Ecological Risk Assessment: Theory and Practice, 1509–1531 (S. 1510).

[1909] *Jasanoff*, Journal of Risk Research 3 (3) 2000, 277 (S. 278); *Ashford*, in: Implementing the Precautionary Principle – Approaches from the Nordic Countries, EU and USA, 352–378 (S. 361).

[1910] *Jasanoff*, Journal of Risk Research 3 (3) 2000, 277 (S. 278).

[1911] White House Policy on Environment and Trade, 16.11.1999, zitiert nach *Wirth*, Precaution in International Environmental Policy and United States Law and Practice, 2002, S. 249.

[1912] *Zander*, S. 269.

[1913] *TVA v. Hill*, 437 U.S. 153, 178f. (1978).

© Der/die Autor(en), exklusiv lizenziert an
Springer Fachmedien Wiesbaden GmbH, ein Teil von Springer Nature 2026
I. Albrecht, *Das Vorsorgeprinzip in Zusammenhang mit der absichtlichen Freisetzung von mittels Gene Drive gentechnisch veränderten Organismen*,
https://doi.org/10.1007/978-3-658-50876-0_16

dern lediglich Ungewissheit hinsichtlich möglicher zukünftiger Vorteile der Erhaltung der Art bestand, wurde die Entscheidung als Ausdruck des Vorsorgegedankens aufgefasst.[1914] Neben dem Gesetz über gefährdete Arten sind auch das Gesetz zur Reinhaltung der Luft (Clean Air Act, CAA)[1915] sowie das Gesetz zur Reinhaltung des Wassers (Clean Water Act, CWA)[1916] Ausdruck vorsorgender Regulierung. Auch hier wurde der Begriff „gefährden“ von Behördenvertretern und Gerichten so ausgelegt, dass sowohl nachweisbare gegenwärtige Schäden, als auch zukünftige, derzeit noch nicht eindeutig wissenschaftlich belegbare Schäden Berücksichtigung finden mussten.[1917] Rechtlich bedeutsam waren damit sämtliche Risiken, die auf der Grundlage verfügbarer wissenschaftlicher Erkenntnisse vernünftigerweise vermutet werden konnten – den Behörden war in diesen Fällen ein Eingreifen gestattet.[1918] Auch in der im Jahr 1958 in den FDCA eingefügten sog. „Delaney Clause“[1919], wonach unter anderem im Fall von Rückständen von Pestizidchemikalien in verarbeiteten Lebensmitteln, die beim Menschen oder bei Tieren Krebs auslösen können, diese nicht verwendet werden durften, kommt der Gedanke der Vorsorge zum Ausdruck. Zum einen wurde im Hinblick auf Lebensmittelzusatzstoffe, die Krebs auslösen können, ein sog. Null-Risiko-Standard umgesetzt, zum anderen durfte wissenschaftliche Ungewissheit hinsichtlich der Auswirkungen krebserregender Substanzen auf den Menschen nicht als Grund für behördliches Nichthandeln herangezogen werden.[1920] Schließlich ist NEPA mit seinen umfangreichen Verfahrensregelungen für bedeutsame Maßnahmen auf Bundesebene, die möglicherweise Auswirkungen auf die Umwelt haben, Ausdruck einer vorsorgenden Regulierung.[1921]

I. Der „science-based approach“

Wenngleich sich insbesondere seit den 1970er Jahren Beispiele für eine vorsorgende Regulierung auch in den USA finden lassen, erfolgt die Risikoregulierung im US-amerikanischen Rechtsraum unter dem Stichwort des „science-based approach“. Behörden sind danach verpflichtet, wissenschaftlich fundierte, auf einer ausreichenden Datengrundlage basierende Entscheidungen zu treffen, die Anforderungen an die wissenschaftliche Begründung staatlicher

[1914] *Zander*, S. 270; *Applegate*, Human and Ecological Risk Assessment 6 (3) 2000, 413 (S. 420).
[1915] 42 U.S.C. §§ 7401ff.
[1916] 33 U.S.C. §§ 1251ff.
[1917] *Jasanoff*, S. 36.
[1918] *Jasanoff*, S. 36.
[1919] 21 U.S.C. § 348 (c) (3) (A) lautete: „*Provided*, that no additive shall be deemed to be safe if it is found to induce cancer when ingested by man or animal, or if it is found, after tests wich are appropriate for the evaluation of the safety of food additives, to induce cancer in man or animal“.
[1920] *Vogel*, S. 253. Kritik war die Delaney Clause insbesondere deshalb ausgesetzt, da die Verwendung als Lebensmittelzusatzstoff ausschied, wenn ein Risiko dafür bestand, dass der Zusatzstoff krebserregend ist, mochte das Risiko auch noch so gering sein, *Zander*, S. 270.
[1921] *Vogel*, S. 253.

Entscheidungen und Maßnahmen sind in der Regel hoch.[1922] Zum Ausdruck kommt dieses Verständnis beispielsweise in einer seitens der US-Handelskammer veröffentlichten Erklärung:

„The U.S. Chamber of Commerce supports a science-based approach to risk management where risk is assessed based on scientifically sound and technically rigorous analysis. Under this approach, regulatory actions are justified where there are legitimate, scientifically ascertainable risks to human health, safety or the environment. That is, the greater the risk, the greater the degree of regulatory scrutiny.“[1923]

1. Die Erforderlichkeit wissenschaftlicher Nachweise für die behördliche Regulierung

Nachdem über einen langen Zeitraum Voraussetzung einer behördlichen Regulierung der Eintritt eines Schadens oder jedenfalls eine unmittelbar drohende Gefahr gewesen war, gaben zwei wegweisende gerichtliche Entscheidungen im Bereich des Umweltrechts aus den 1970er Jahren den Rahmen für die Vornahme behördlicher Maßnahmen angesichts wissenschaftlicher Ungewissheit vor.[1924]

Im Mittelpunkt der Entscheidung *Reserve Mining v. EPA* stand die Frage, ob die bei der Verarbeitung minderwertigen Eisenerzes anfallenden Abwässer eine Gefahr für die menschliche Gesundheit darstellten, sodass seitens der EPA Abhilfemaßnahmen vorgenommen werden mussten.[1925] Belastbare wissenschaftliche Belege für nachteilige gesundheitliche Auswirkungen der Abwässer, in denen Fasern ähnlich Asbestfasern gefunden worden waren, waren nicht vorhanden, das Bestehen nachteiliger Auswirkungen sowie der Umfang nachteiliger Auswirkungen war mit erheblichen wissenschaftlichen Unsicherheiten behaftet.[1926] Das mit der Frage befasste Gericht legte, nachdem eine begriffliche Konkretisierung weder im CWA selbst zu finden war, noch der U.S. Supreme Court sich zu einem Begriffsverständnis geäußert hatte, den Begriff „gefährden“ in einem vorsorgenden Sinne aus, sodass sowohl wissenschaftliche Belege für tatsächliche Schäden, als auch Belege für potenzielle Schäden ausreichend waren, um eine behördliche Handlungspflicht auszulösen.[1927] Das Gericht erkannte an, dass die vorhandenen wissenschaftlichen Studien die Gefahr von Erkrankungen infolge der Aufnahme der Fasern nicht nachweisen konnten, stellte allerdings fest, dass die Frage, ob von den Fasern eine irgendwie geartete Gesundheitsgefahr ausgehe, damit nicht in einem negativen Sinne beantwortet worden sei.[1928] In der Entscheidung *Ethyl Corp. v. EPA* war Streitpunkt, ob Bleiemissionen in Kraftstof-

---

[1922] *Scherzberg*, ZUR 6, 2010, 303 (S. 306); *Rudenko/Palmer/Oye*, Pathogens and Global Health 112 (4) 2018, 162 (S. 162); *Peel*, S. 168.

[1923] U.S. Handelskammer, zitiert nach *Scherzberg*, ZUR 6, 2010, 303 (S. 306).

[1924] *Jasanoff*, S. 36ff.

[1925] *Reserve Mining Co. v. EPA*, 514 F.2d 492 (8th. Cir. 1975).

[1926] *Jasanoff*, S. 38; *Zander*, S. 272.

[1927] „[...] we believe that Congress used the term „endangering“ in a precautionary or preventive sense, and, therefore, evidence of potential harm as well as actual harm comes within the purview of that term“, *Reserve Mining Co. v. EPA*, 514 F.2d 492 (8th. Cir. 1975).

[1928] „[...] the negative results do not dispose of the broader issue of whether the ingestion of fibers poses some danger fen ein Risiko für die menschliche Gesundheit darstellen und deren Verwendung daher seitens der EPA verboten werden musste.[1929] Unter Berufung auf die Entscheidung *Reserve Mining Co. v. EPA* entschied das Gericht, der im Rahmen des CAA verwendete Begriff der „Gefährdung“ sei im Sinne vorsorgenden Handelns zu verstehen und verlange keine wissenschaftlichen Belege für einen tatsächlichen Schadenseintritt, um eine Maßnahme vornehmen zu können.[1930] Sowohl ein geringes Risiko für einen erheblichen Schaden als auch ein hohes Risiko für einen geringen Schaden könne eine Gefährdung der menschlichen Gesundheit darstellen.[1931]

Das Ergreifen behördlicher Maßnahmen wurde somit im Sinne vorsorgenden Agierens für zulässig erachtet, sofern hinsichtlich eines drohenden Schadens wissenschaftliche Ungewissheit bestand; ausreichend war die begründete Besorgnis für ein Schadensrisiko.[1932] Die Anforderungen an die wissenschaftlichen Nachweise, um regulierend tätig zu werden, waren niedrig: anstatt stichhaltige Beweise für das Vorliegen eines Schadens zu fordern, gestatteten die Gerichte es den Behörden, die Beweisanforderungen zu lockern, um die Gesundheit oder Umwelt zu schützen.[1933]

Die Anforderungen an das Vorliegen wissenschaftlicher Beweise, um zum Schutz der Gesundheit und Umwelt regulierend tätig werden zu können, wurden im Zuge der sog. *Benzene*-Entscheidung des U.S. Supreme Court deutlich verschärft.[1934] Die *Benzene*-Entscheidung wird vor diesem Hintergrund als Abkehr von der zuvor verbreiteten vorsorgenden Regulierungspolitik verstanden.[1935] Im Kern war umstritten, welche Nachweise im Rahmen des Occupational Safety and Health Act (OSHA) für die Festlegung des niedrigsten technisch möglichen Expositionsgrenzwertes für die Regulierung von Karziogenen seitens der regulierenden Behörde vorgebracht werden mussten. Der U.S. Supreme Court betonte, eine Regulierung könne nicht auf Grundlage bloßer Vermutungen über ungewisse Risiken erfolgen, erforderlich sei vielmehr, dass die Regulierungsentscheidung auf der Basis ausreichender wissenschaftlicher Belege vorgenommen werde und auf einer wissenschaftlichen Risikoabschätzung beruhe.[1936]

Im Nachgang an die *Benzene*-Entscheidung war zwar nach wie vor anerkannt, dass eine Behörde nicht lediglich im Falle eines tatsächlichen Schadenseintritts oder unmittelbar drohenden Schadens, sondern bereits bei Bestehen eines erheblichen Risikos regulierend eingreifen darf.

to public health [...]“, *Reserve Mining Co. v. EPA*, 514 F.2d 492 (8th. Cir. 1975).

1929 *Ethyl Corp. v. EPA*, 541 F.2d 1 (D.C. Cir. 1976).

1930 „[...] we conclude that the „will endanger“ standard is precautionary in nature and does not require proof of actual harm before regulation is appropriate“, *Ethyl Corp. v. EPA*, 541 F.2d 1 (D.C. Cir. 1976).

1931 *Ethyl Corp. v. EPA*, 541 F.2d 1 (D.C. Cir. 1976).

1932 Siehe auch: *Natural Resources Defense Council, Inc. v. EPA*, 824 F.2d 1146 (D.C. Cir. 1987): „[...] EPA's standards must protect against incompletely understood dangers to public health, in addition to well-known risks“.

1933 *Ashford*, in: Implementing the Precautionary Principle – Approaches from the Nordic Countries, EU and USA, 352–378 (S. 355); *Zander*, S. 282.

1934 *Industrial Union Dept. v. American Petrol. Inst.*, 448 U.S. 607 (1980). Siehe auch: *Zander*, S. 279.

1935 *Charnley/Elliott*, Environmental Law Reporter 32 (3) 2002, 10363 (S. 10364).

1936 *Industrial Union Dept. v. American Petrol. Inst.*, 448 U.S. 607, 653ff. (1980). Siehe hierzu näher: *Wiener*, in: Human and Ecological Risk Assessment: Theory and Practice, 1509–1531 (S. 1510); *Vogel*, S. 255.

Ausreichend war aber nicht eine begründete Besorgnis, sondern es mussten stichhaltige wissenschaftliche Nachweise für dessen Bestehen vorgebracht werden können. Im Rahmen der Entscheidung *Gulf South Insul. v. Consumer Product Safety Commission* wurde eine dem Verbraucherschutz dienende Vorschrift mit dem Argument bemängelt, die Vorschrift basiere nicht auf ausreichenden wissenschaftlichen Erkenntnissen im Sinne stichhaltiger Nachweise.[1937] Im Verfahren *Corrosion Proof Fittings v. EPA* wurde das Verbot asbesthaltiger Produkte für nicht gerechtfertigt erachtet, da es der EPA nicht gelungen war, stichhaltige Beweise dafür vorzubringen, dass die asbesthaltigen Produkte ein unangemessenes Risiko darstellen.[1938]

a. Die Festlegung einer Risikoschwelle

Wie in der *Benzene*-Entscheidung deutlich wurde, ist Voraussetzung für eine behördliche Regulierung, dass eine gewisse Risikoschwelle überschritten ist. Je nach Themenbereich und gesetzlicher Vorgabe ist erforderlich, dass ein erhebliches Risiko (significant risk) oder unzumutbares Risiko (unreasonable risk) besteht, um regulierend eingreifen zu können.

Die Richter des U.S. Supreme Court stellten sich in der *Benzene*-Entscheidung auf den Standpunkt, „sicher" im Sinne des OSHA bedeute nicht, dass kein Risiko bestehe, sondern lediglich, dass „kein erhebliches Risiko" gegeben sei – die Festlegung, wann ein erhebliches Risiko gegeben sei, obliege der zuständigen Behörde.[1939] Wissenschaftliche Ungewissheit allein vermag eine Regulierungsentscheidung damit nicht zu rechtfertigen.[1940]

In einigen Bundesgesetzen – beispielsweise FIFRA oder TSCA – ist Voraussetzung einer Regulierung das Bestehen eines unzumutbaren Risikos. Im Rahmen von Gesetzen, die den Risikostandard eines unzumutbaren Risikos verlangen, erfordert eine Regulierung nicht das Bestehen eines tatsächlichen Schadens, andererseits ist Regulierungsziel aber auch nicht vollständige Sicherheit im Sinne eines Null-Risiko-Standards.[1941] Es handelt es sich vielmehr um eine Risikoschwelle, die im Wege einer Einzelfallentscheidung anhand der konkreten Umstände bestimmt wird; Auswirkungen auf die Gesundheit werden hierbei mit anderen Faktoren, wie beispielsweise Kosten, in Ausgleich gebracht.[1942] Ein unzumutbares Risiko liegt vor, wenn einerseits der Schadenseintritt nicht sicher ist, andererseits aber auch nicht bloß ein im konkreten

[1937] *Gulf South Insul. v. Consumer Product Safety Commission*, 701 F.2d 1137 (5th. Cir. 1983).
[1938] *Corrosion Proof Fittings v. EPA*, 947 F.2d 1201 (5th. Cir. 1991).
[1939] *Industrial Union Dept. v. American Petrol. Inst.*, 448 U.S. 607, 655 (1980). Siehe auch: *Wiener*, in: Human and Ecological Risk Assessment: Theory and Practice, 1509–1531 (S. 1510); *Vogel*, S. 255.
[1940] *Zander*, S. 283.
[1941] *Applegate*, Columbia Law Review 91 (2) 1991, 261 (S. 268 und 271).
[1942] *Applegate*, Columbia Law Review 91 (2) 1991, 261 (S. 268); *Applegate*, University of Cincinnati Law Review 63 (4) 1995, 1643 (S. 1648).

Fall noch hinnehmbares de-minimis Risiko[1943] gegeben ist.[1944]

b. Das Erfordernis stichhaltiger wissenschaftlicher Nachweise

In der Regel wird in verwaltungsrechtlichen Angelegenheiten das Vorliegen stichhaltiger Nachweise (substantial evidence) verlangt: die relevanten Beweise müssen von einem vernünftigen Menschen als angemessen akzeptiert werden können, um eine Schlussfolgerung zu stützen.[1945] Zu der Frage, welche Art wissenschaftlicher Nachweise bzw. welcher Grad an wissenschaftlichen Nachweisen erforderlich ist, um von einem erheblichen Risiko auszugehen, sind der *Benzene*-Entscheidung des U.S. Supreme Court keine präzisen Vorgaben zu entnehmen.[1946] Klargestellt wurde einerseits, dass wissenschaftliche Gewissheit oder annähernde wissenschaftliche Gewissheit nicht erforderlich ist.[1947] Die Behörde musste ihre Maßnahme, im konkreten Fall die Festlegung eines bestimmten Expositionsniveaus, andererseits mit einem gewissen Maß an wissenschaftlichen Nachweisen rechtfertigen.[1948] Die Position dreier Richter, wonach es wahrscheinlicher sein musste, dass die betreffende Handlung zur Realisierung des Risikos führt, als dass sich das Risiko nicht verwirklicht, wurde von der Mehrheit der Richter nicht befürwortet.[1949] Im Rahmen der *Benzene*-Entscheidung legte der U.S. Supreme Court in Abkehr von der zuvor geltenden Praxis der 1970er Jahre fest, dass gewisse, wenngleich nicht zwangsläufig schlüssige Beweise für das Bestehen eines Risikos erforderlich sind, damit eine Regulierungsmaßnahme Bestand haben kann.[1950]

Der im Jahr 2000 verabschiedete Information Quality Act (IQA) forderte die beim Weißen Haus angesiedelte Behörde für Verwaltung und Haushaltswesen (Office of Management and Budget, OMB) dazu auf, Leitlinien für die Bundesbehörden auszuarbeiten, durch die sichergestellt werden sollte, dass die seitens einer Behörde verwendeten und veröffentlichten Informationen objektiv, nützlich und integer sind.[1951] Die Bundesbehörden sollten so angehalten werden, ihre

---

[1943] Unter Regulierungsgesichtspunkten ist ein de-minimis-Risiko mit einem nicht vorhandenen Risiko gleichzusetzen, *Peterson*, Risk Management 4 (2) 2002, 47 (S. 47); *Vogel*, S. 258. Zur Vermeidung einer Überregulierung wurde die Regulierung von de-minimis-Risiken von Gerichten regelmäßig zurückgewiesen, so beispielsweise in der Entscheidung *Natural Resources Defense Council, Inc. v. EPA*, 824 F.2d 1146 (D.C. Cir. 1987).

[1944] *Applegate*, Columbia Law Review 91 (2) 1991, 261 (S. 274).

[1945] „[...] this was „more than a mere scintilla. It means such relevant evidence as a reasonable mind might accept as adequate to support a conclusion.“ [...]“, *Richardson v. Perales*, 402 U.S. 389, 401 (1971).

[1946] *Zander*, S. 282.

[1947] *Industrial Union Dept. v. American Petrol. Inst.*, 448 U.S. 607, 656 (1980).

[1948] *Zander*, S. 282.

[1949] *Zander*, S. 282. „The burden was on OSHA to show, on the basis of substantial evidence, that it is at least more likely than not that long-term exposure to 10 ppm of benzene presents a significant risk of material health impairment“, *Industrial Union Dept. v. American Petrol. Inst.*, 448 U.S. 607, 653 (1980).

[1950] *Zander*, S. 283.

[1951] Die Einhaltung der Leitlinien durch Behörden ist gerichtlich überprüfbar, *Shapiro*, William & Mary Environmental Law and Policy Review 28 (2) 2004, 339 (S. 349); *Vogel*, S. 254. Auch einzelne Bundesbehörden haben entsprechende Leitlinien ausgearbeitet, siehe beispielsweise: *EPA*, Guidelines for Ensuring and Maximizing the Quality, Objectivity, Utility, and Integrity, of Information Disseminated by the Environmental Protection

Regulierungsentscheidungen basierend auf einer möglichst umfassenden und belastbaren Datengrundlage und damit „guter Wissenschaft“ zu treffen. Insbesondere im Bereich des Umwelt- und Gesundheitsschutzes, in dem Regulierungsentscheidungen auch im Anschluss an die *Benzene*-Entscheidung des U.S. Supreme Court häufig in einem Zeitpunkt getroffen werden, in dem noch keine wissenschaftliche Gewissheit vorhanden ist, besteht bei einem zu engen Verständnis des IQA die Gefahr, dass die Anforderungen an die wissenschaftlichen Nachweise so verschärft werden, dass eine Regulierung angesichts wissenschaftlich (noch) nicht eindeutig belegbarer Risiken ausscheidet und lediglich wissenschaftlich nachgewiesene Risiken reguliert werden können.[1952]

c. Die Verteilung der Beweislast

Den Nachweis, dass die jeweilige Risikoschwelle erreicht und eine behördliche Regulierungsmaßnahme erforderlich ist, hat die zuständige Behörde zu führen.[1953] Die Beweislast für das Vorliegen eines Risikos für die Umwelt oder Gesundheit liegt damit regelmäßig aufseiten der Behörde. Im Rahmen der *Benzene*-Entscheidung hatte die OSHA als zuständige Behörde nachzuweisen, dass oberhalb eines bestimmten Expositionsniveaus ein erhebliches Risiko gegeben war.[1954]

Im Einzelfall kann das angeordnete Beweismaß allerdings so gering ausfallen, dass fälschlicherweise der Eindruck entsteht, die Beweislast liege nicht bei der Behörde, sondern bei der regulierten Partei.[1955]

d. Die Pflicht zur Durchführung einer Risikoabschätzung

Infolge der *Benzene*-Entscheidung waren Behörden schließlich angehalten, etwaige Risiken im Rahmen detaillierter wissenschaftlicher Risikoabschätzungen zu analysieren.[1956] So deutete die Entscheidung stark darauf hin, dass eine Form der quantitativen Risikoabschätzung erforderlich ist, um zu entscheiden, ob ein Risiko groß genug ist, um eine Regulierung zu rechtfertigen.[1957] Wenngleich zahlreiche Gesetze, die dem Schutz der menschlichen Gesundheit oder der Umwelt zu dienen bestimmt sind, geschaffen wurden, bevor Methoden der quantitativen Risikoabschät-

Agency, EPA/260R-02-008, Oktober 2002.

[1952] *Shapiro*, William & Mary Environmental Law and Policy Review 28 (2) 2004, 339 (S. 349ff.); *Zander*, S. 284. *Shapiro* verdeutlicht dies mit folgendem Beispiel: Weist eine wissenschaftliche Studie nach, dass ein erhöhter Bleigehalt im Blut einer Person gesundheitsschädliche Auswirkungen hat, fehlt es aber an wissenschaftlichen Erkenntnissen, in welchem Ausmaß Blei aus der Luft in den Blutkreislauf aufgenommen wird, könnte die wissenschaftliche Studie unter Berufung auf mangelhafte wissenschaftliche Qualität angegriffen werden und eine Regulierung zum Schutz vor Blei in der Luft ausscheiden.

[1953] *Zander*, S. 284.

[1954] *Vogel*, S. 255.

[1955] *Zander*, S. 284.

[1956] *Charnley/Elliott*, Environmental Law Reporter 32 (3) 2002, 10363 (S. 10363); *Peel*, S. 121.

[1957] *Charnley/Elliott*, Environmental Law Reporter 32 (3) 2002, 10363 (S. 10364).

zung etabliert waren, führten die in diesen Gesetzen enthaltenen Erfordernisse, Expositionsgrenzwerte festzulegen, um die öffentliche Gesundheit oder Umwelt zu schützen, dazu, dass Methoden zur Risikoabschätzung entwickelt wurden.[1958]

Bereits im Jahr 1983 wurden seitens des Nationalen Forschungsrats (National Research Council, NRC) rechtlich unverbindliche Leitlinien für die Durchführung von Risikoabschätzungen durch Bundesbehörden veröffentlicht.[1959] Beispielsweise die EPA und andere Behörden entwickelten Methoden der quantitativen Risikoabschätzung, um festzulegen, ob ein mit einer chemischen Substanz einhergehendes Risiko unzumutbar ist.[1960] Zwar scheiterten in den 1990er Jahren Versuche des Kongresses, allgemeine gesetzliche Vorgaben für die Durchführung behördlicher Risikoabschätzungen zu erlassen, verpflichtende Vorgaben zur Durchführung einer quantitativen Risikoabschätzung wurden lediglich vereinzelt in Gesetze – beispielsweise das Gesetz über sicheres Trinkwasser – aufgenommen.[1961] Allerdings werden seit der *Benzene*-Entscheidung behördliche Regulierungsmaßnahmen auch ohne explizite gesetzliche Verpflichtung von einer Zusammenstellung sämtlicher wissenschaftlicher Daten und Expertenmeinungen begleitet, die quantitative Risikoabschätzung hat sich bei der Regulierung von Risiken für die Umwelt und Gesundheit als bedeutsames Instrument und „quasi-prozessuale Voraussetzung“ etabliert.[1962] Dem liegt der in der U.S.-amerikanischen Regulierungstradition tief verwurzelte Gedanke zugrunde, dass die Risiken willkürlicher, nicht ausreichend faktenbasierter Regulierungsentscheidungen so groß sind, dass es vorzugswürdig ist, die mit einer faktenbasierten Entscheidungsmethodik einhergehenden Verzögerungen und Kosten in Kauf zu nehmen.[1963]

Die quantitative Risikoabschätzung als analytische Methode zur Abschätzung von mit einer bestimmten Aktivität einhergehenden Risiken soll eine möglichst objektive Analyse der Risiken ermöglichen und wird in der Regel in vier Schritten vorgenommen.[1964] Beginnend mit einer Gefahr-Identifizierung erfolgen eine Dosis-Wirkungs-Modellierung sowie eine Expositionsabschätzung, um schließlich ein etwaiges Risiko beschreiben zu können.[1965] Bezogen auf chemische Substanzen wird im Rahmen der Gefahr-Identifizierung zunächst festgestellt, ob eine Substanz giftig ist.[1966] Im Rahmen der Dosis-Wirkung-Modellierung wird ermittelt, wel-

---

1958 *Charnley/Elliott*, Environmental Law Reporter 32 (3) 2002, 10363 (S. 10364).

1959 *NRC*, Risk Assessment in the Federal Government: Managing the Process, 1983, S. 83ff.

1960 *Applegate*, Columbia Law Review 91 (2) 1991, 261 (S. 277).

1961 *Ashford*, in: Implementing the Precautionary Principle – Approaches from the Nordic Countries, EU and USA, 352–378 (S. 358).

1962 *Applegate*, University of Cincinnati Law Review 63 (4) 1995, 1643 (S. 1651); *Vogel*, S. 257; *Scherzberg*, ZUR 6, 2010, 303 (S. 308); *Charnley/Elliott*, Environmental Law Reporter 32 (3) 2002, 10363 (S. 10363).

1963 *Charnley/Elliott*, Environmental Law Reporter 32 (3) 2002, 10363 (S. 10364).

1964 *Applegate*, Columbia Law Review 91 (2) 1991, 261 (S. 278); *Scherzberg*, ZUR 6, 2010, 303 (S. 308). Siehe hierzu auch: *NRC*, Risk Assessment in the Federal Government: Managing the Process, 1983, S. 3 sowie *EPA*, Guidelines for Ecological Risk Assessment, 14.05.1998, EPA/630/R-95/002F.

1965 *Applegate*, Columbia Law Review 91 (2) 1991, 261 (S. 278).

1966 *Applegate*, Columbia Law Review 91 (2) 1991, 261 (S. 278).

che Mengen der chemischen Substanz wie giftig sind.[1967] Die Expositionsabschätzung dient der Ermittlung, inwieweit und welchen Mengen der giftigen Substanz die Menschen oder die Umwelt ausgesetzt ist.[1968] Auf Basis der vorhandenen Erkenntnisse wird abschließend unter Berücksichtigung getätigter Annahmen und vorhandener Ungewissheiten das Gesamtrisiko abgeschätzt.[1969]

2. Die Berücksichtigung von Kosten, Nutzen und Gegenrisiken

Kennzeichnend für den „science-based approach“ ist daneben die Berücksichtigung von Kosten und Nutzen sowie Gegenrisiken.
Ziel ist, sicherzustellen, dass der mit einer Regulierungsentscheidung einhergehende Nutzen die damit verbundenen Kosten überwiegt und so eine Überregulierung verhindert wird.[1970] Eine Regulierung soll, einem sog. „Auswahlansatz“ folgend, am ehesten in Bereichen mit hohem Risikopotential erfolgen und auf eine Art und Weise vorgenommen werden, die möglichst kosteneffektiv ist.[1971]

a. Die Einbeziehung von Kosten-Nutzen-Erwägungen

Die U.S.-Behörden treffen Regulierungsentscheidungen im Bereich des Umwelt- und Gesundheitsschutzes regelmäßig unter Einbezug von Kosten-Nutzen-Erwägungen.[1972]
Im Rahmen der klassischen Kosten-Nutzen-Analyse werden sämtliche positive und negative Folgen, worunter in der Regel Auswirkungen auf die Wirtschaft, die Gesundheit und Sicherheit sowie die Umwelt gefasst werden, einer Regulierungsentscheidung aufgezählt, bevor die Eintrittswahrscheinlichkeit jeder Folge sowie der Nutzen oder Verlust für die Gesellschaft, sollte die jeweilige Folge eintreten, geschätzt und in Geld bemessen wird.[1973] Der erwartete soziale Nutzen oder Verlust jeder möglichen Folge wird berechnet, indem der Betrag des damit verbundenen Nutzens oder Verlusts mit der Eintrittswahrscheinlichkeit multipliziert wird.[1974]
Die Durchführung einer Kosten-Nutzen-Analyse ist im Rahmen mancher Gesetze zwingend vorgeschrieben, teils ausdrücklich untersagt; in der Regel sind die Behörden aber jedenfalls verpflichtet, sowohl die mit einer Regulierung einhergehenden Vorteile als auch Nachteile –

[1967] *Applegate*, Columbia Law Review 91 (2) 1991, 261 (S. 278).
[1968] *Applegate*, Columbia Law Review 91 (2) 1991, 261 (S. 278).
[1969] *Applegate*, Columbia Law Review 91 (2) 1991, 261 (S. 278f.).
[1970] *Peel*, S. 119.
[1971] *Pohl*, S. 98f.
[1972] *Ashford*, in: Implementing the Precautionary Principle – Approaches from the Nordic Countries, EU and USA, 352–378 (S. 366); *Masur/Posner*, The University of Chicago Law Review 85 (4) 2018, 935 (S. 937).
[1973] *Ashford*, in: Implementing the Precautionary Principle – Approaches from the Nordic Countries, EU and USA, 352–378 (S. 366).
[1974] *Ashford*, in: Implementing the Precautionary Principle – Approaches from the Nordic Countries, EU and USA, 352–378 (S. 366).

wenn auch nicht zwingend mittels einer klassischen Kosten-Nutzen-Analyse – zu berücksichtigen.[1975]

Im Wege von seitens des U.S.-Präsidenten erlassenen Durchführungsverordnungen (Executive Orders) wird von Behörden, soweit gesetzlich zulässig, die Vornahme von Kosten-Nutzen-Abwägungen verlangt.[1976] Die durch Präsident Reagan veröffentlichte Durchführungsverordnung zur Regulierung auf Bundesebene forderte für sämtliche bedeutsame Regelungen die Vornahme einer Kosten-Nutzen-Analyse; die mit einer Regelung einhergehenden Vorteile mussten dabei die Nachteile überwiegen.[1977] Obwohl die durch Präsident Clinton erlassene Durchführungsverordnung 12866 die zuvor durch Präsident Reagan erlassene und von demokratischer Seite stark kritisierte Durchführungsverordnung ersetzte, behielt sie viele der Kernbestandteile und insbesondere das Erfordernis der Vornahme einer Kosten-Nutzen-Abwägung bei.[1978] Ergänzt wird die Durchführungsverordnung 12866 durch die von Präsident Obama erlassene Durchführungsverordnung zur Verbesserung der Regulierung und regulatorischen Überprüfung, die ebenfalls verlangt, dass die mit einer Regulierungsentscheidung verbundenen Vorteile die Nachteile überwiegen[1979] sowie durch die jüngst durch Präsident Biden erlassene Durchführungsverordnung zur Modernisierung der Regulierung.[1980]

Überwacht wird das behördliche Regulierungshandeln seitens des innerhalb des OMB angesiedelten Büros für Regulierung und Regulierungsangelegenheiten (Office of Regulation and Regulatory Affairs, OIRA), das insbesondere die Kosten-Nutzen-Abwägung im Hinblick auf bedeutsame Regelungen auf Bundesebene überprüft.[1981] Im Rahmen eines Leitfadens stellte

---

[1975] *Sunstein*, Michigan Law Review 99 (7) 2001, 1651 (S. 1663ff.); *Masur/Posner*, The University of Chicago Law Review 85 (4) 2018, 935 (S. 944).

[1976] *Vogel*, S. 256; *Masur/Posner*, The University of Chicago Law Review 85 (4) 2018, 935 (S. 944) Die Befugnis des U.S. Präsidenten, als Leiter der Exekutive Durchführungsverordnungen zu erlassen, ist zwar nicht ausdrücklich verfassungsrechtlich verankert, wird aber aus der Verfassung abgeleitet; Durchführungsverordnungen enthalten, sofern sie sich auf eine Ermächtigung des Kongresses stützen, für die Behörden rechtlich bindende Vorgaben und werden in der Regel im Bundesanzeiger veröffentlicht, *Schmidt-Aßmann*, S. 78f., Rn. 27f.

[1977] Executive Order 12291, 17.02.1981, Fed.Reg. Bd. 46 (Nr. 33), 19.02.1981, S. 13193ff., Sec. 2 (b) und (d). Siehe hierzu auch: *Ashford*, in: Implementing the Precautionary Principle – Approaches from the Nordic Countries, EU and USA, 352–378 (S. 359).

[1978] Executive Order 12866, 30.09.1993, Fed.Reg. Bd. 58 (Nr. 190), 04.10.1993, S. 51735ff., Sec. 1 (b) (6), im Folgenden: Executive Order 12866: „Each agency shall assess both the costs and the benefits of the intended regulation and, recognizing that some costs and benefits are difficult to quantify, propose or adopt a regulation only upon a reasoned determination that the benefits of the intended regulation justify its costs“.

[1979] Executive Order 13563, 18.01.2011, Fed.Reg. Bd. 76 (Nr. 14), 21.01.2011, S. 3821, Sec. 1 (b), im Folgenden: Executive Order 13563: „As stated in that Executive Order and to the extent permitted by law, each agency must, [...]: (1) propose or adopt a regulation only upon a reasoned determination that its benefits justify its costs (recognizing that some benefits and costs are difficult to quantify); (2) tailor its regulations to impose the least burden on society, consistent with obtaining regulatory objectives, taking into account, among other things, and to the extent practicable, the costs of cumulative regulations; [...]“.

[1980] Executive Order 14094, 06.04.2023, Fed.Reg. Bd. 88 (Nr. 69), 11.04.2023, S. 21879ff., im Folgenden: Executive Order 14094.

[1981] *Ashford*, in: Implementing the Precautionary Principle – Approaches from the Nordic Countries, EU and USA, 352–378 (S. 359). Die Befugnis des OIRA zur Aufsicht über regulatorische Maßnahmen wurde im Rahmen das OMB Leitlinien zur Analyse regulatorischer Entscheidungen und insbesondere zur Durchführung einer Kosten-Nutzen-Analyse auf.[1982] Kosten sowie Nutzen sollen danach soweit möglich in Geldwert bemessen werden; wo dies nicht möglich erscheint, können auch nicht in Geld messbare Auswirkungen Berücksichtigung finden, es soll dann aber möglichst eine qualitative Beschreibung erfolgen.[1983] Ein eigener Abschnitt ist dem Umgang mit wissenschaftlicher Ungewissheit gewidmet.[1984] Festgestellt wird eingangs, dass wissenschaftliche Ungewissheit analysiert und in die Entscheidungsfindung eingestellt werden muss.[1985] Lassen sich aufgrund erheblicher wissenschaftlicher Ungewissheiten beispielsweise in Bezug auf Umweltauswirkungen keine Wahrscheinlichkeiten schätzen, sind die Behörden angehalten, diverse mögliche Szenarien so umfassend wie möglich darzulegen.[1986] Während zunächst noch vorzugswürdig empfunden wurde, die Regulierungsentscheidung zurückzustellen, sofern infolge wissenschaftlicher Ungewissheit eine belastbare Aussage dahingehend, ob die mit einer Regulierungsentscheidung verbundenen Vorteile überwiegen, nicht möglich ist[1987], findet sich in der überarbeiteten Version des Leitfadens der Hinweis, dass insbesondere dann, wenn die Regulierung der Vermeidung irreversibler Schäden dient, die mit einer zeitlichen Verzögerung einhergehenden Kosten besonders hoch sein können und dies berücksichtigt werden soll.[1988]

Bekanntestes Beispiel für das Verbot, im Rahmen einer Regulierungsentscheidung Kosten zu berücksichtigen, stellt die mittlerweile aufgehobene Delaney Clause dar.[1989] Auch im Rahmen des CAA und des CWA ist eine Berücksichtigung der mit der Regulierung verbundenen Kosten untersagt.[1990] In der Entscheidung *Whitman v. American Trucker Associations Inc.* wurden die seitens der EPA erlassenen Luftqualitätsstandards mit der Begründung angegriffen, es hätten die mit der Festlegung bzw. Umsetzung etwaiger Standards verbundenen Kosten berücksichtigt werden müssen. Der U.S. Supreme Court entschied, die in Rede stehende Vorschrift des Gesetzes zur Reinhaltung der Luft erlaube nicht, beim Erlass der Luftqualitätsstandards mit der Umsetzung einhergehende Kosten zu berücksichtigen; entscheidend sei allein der Schutz der Gesundheit.[1991]

---

der Durchführungsverordnung 12291 geschaffen.

1982 *OMB*, Circular A-4, 17.09.2003. Mit Datum vom 06.04.2023 veröffentlichte das OMB einen an die aktuellen Herausforderungen angepassten Entwurf des Leitfadens: OMB, Circular A-4, 06.04.2023.

1983 *OMB*, Circular A-4, 17.09.2003, D; OMB, Circular A-4, 06.04.2023, Ziff. 2a.

1984 *OMB*, Circular A-4, 17.09.2003, E; OMB, Circular A-4, 06.04.2023, Ziff. 11.

1985 *OMB*, Circular A-4, 17.09.2003, E.

1986 *OMB*, Circular A-4, 17.09.2003, E; *OMB*, Circular A-4, 06.04.2023, Ziff. 11.

1987 *OMB*, Circular A-4, 17.09.2003, E.

1988 *OMB*, Circular A-4, 06.04.2023, Ziff. 11.

1989 *Sunstein*, Michigan Law Review 99 (7) 2001, 1651 (S. 1163). Wie bereits erwähnt war danach die Verwendung von Pestizidchemikalien, die beim Mensch oder Tier Krebs auslösen konnten, verboten, wenn in verarbeiteten Lebensmitteln Rückstände vorhanden waren. Die mit einem derartigen Verbot verbundenen Kosten blieben unberücksichtigt.

1990 *Sunstein*, Michigan Law Review 99 (7) 2001, 1651 (S. 1664); *Zander*, S. 287.

1991 *Whitman v. American Trucking Assns., Inc.*, 531 U.S. 457, 465 (2001).

Während einige Gesetze, beispielsweise das Gesetz über sicheres Trinkwasser[1992], die Behörden dazu aufrufen, bei der Entscheidungsfindung verschiedene Aspekte und damit auch etwaige Kosten zu berücksichtigen, ist sowohl im Rahmen des TSCA[1993] als auch im Rahmen des FIFRA[1994] die Berücksichtigung von Kosten und Nutzen erforderlich.[1995] Anknüpfungspunkt ist das Verbot unzumutbarer Risiken – die Frage, ob ein Risiko unzumutbar ist, ist unter Einbeziehung der Kosten und des Nutzens zu beantworten.[1996]

In jüngerer Vergangenheit wurde die seitens des U.S. Supreme Court in der Entscheidung *Whitman v. American Trucker Associations Inc.* vertretene restriktive Position fortentwickelt.[1997] Nachdem seitens der EPA die mit einer Regulierung verbundenen Kosten und der damit einhergehende Nutzen in Ausgleich gebracht wurden, obwohl die im konkreten Fall anwendbare Vorschrift des Gesetzes über sauberes Trinkwasser[1998] eine Berücksichtigung von Kosten nicht ausdrücklich vorsah, vertrat der U.S. Supreme Court in der Entscheidung *Entergy Corp. v. Riverkeeper, Inc.* die Auffassung, die Behörde sei zur Berücksichtigung von Kosten befugt, solange dies nicht ausdrücklich gesetzlich untersagt war.[1999] In einer weiteren Entscheidung stellte der U.S. Supreme Court sogar fest, eine Behörde sei im Falle einer gesetzlichen Bestimmung, die im Hinblick auf die Frage, ob Kosten und Nutzen Kosten in Ausgleich zu bringen sind, keine eindeutige Antwort liefert und die Berücksichtigung von Kosten nicht explizit erwähnt[2000], zur Berücksichtigung von Kosten nicht lediglich berechtigt, sondern verpflichtet.[2001] Hintergrund ist, dass eine Regulierungsentscheidung, die erheblich mehr Nachteile bzw. Kosten als Vorteile mit sich bringt, nicht mehr angemessen ist und eine Behörde daher sicherzustellen hat, dass die mit der Entscheidung verbundenen Kosten den Nutzen nicht erheblich übersteigen.[2002] Hieraus wird teils zusätzlich gefolgert, der U.S. Supreme Court halte Behörden damit implizit, auch wenn dies gesetzlich nicht eindeutig bestimmt ist, dazu an, Kosten und Nutzen zu vergleichen, also in Geldwert zu bemessen.[2003]

[1992] 42 U.S.C. §§ 300ff., siehe insbesondere 42 U.S.C. § 300g-1.

[1993] Siehe insbesondere 15 U.S.C. § 2605 (a).

[1994] Siehe insbesondere 7 U.S.C. § 136a (a).

[1995] *Sunstein*, Michigan Law Review 99 (7) 2001, 1651 (S. 1666); *Zander*, S. 287.

[1996] *Sunstein*, Michigan Law Review 99 (7) 2001, 1651 (S. 1666).

[1997] *Masur/Posner*, The University of Chicago Law Review 85 (4) 2018, 935 (S. 971).

[1998] 33 U.S.C. § 1326 (b).

[1999] *Entergy Corp. v. Riverkeeper Inc.*, 556 U.S. 208, 209 (2009). Einen ähnlichen Standpunkt vertrat der U.S Supreme Court auch in der Entscheidung *Environmental Protection Agency v. EME Homer City Generation, L.P.*, 134 U.S. 1584, 1587 (2014). Siehe hierzu auch: *Masur/Posner*, The University of Chicago Law Review 85 (4) 2018, 935 (S. 972f.).

[2000] Streitgegenständlich war eine Vorschrift des Gesetzes über saubere Luft: 42 U.S.C. § 7412 (n) (1) (A).

[2001] *Michigan v. EPA*, 576 U.S. 743, 756 (2015): „The Agency must consider cost – including, most importantly, cost of compliance – before deciding whether regulation is appropriate and necessary.“ Betont wurde, dass jedenfalls eine klassische Kosten-Nutzen-Analyse nicht zwingend erforderlich ist. Siehe hierzu: *Masur/Posner*, The University of Chicago Law Review 85 (4) 2018, 935 (S. 973f.).

[2002] *Masur/Posner*, The University of Chicago Law Review 85 (4) 2018, 935 (S. 975).

[2003] *Masur/Posner*, The University of Chicago Law Review 85 (4) 2018, 935 (S. 974).

b. Die Einbeziehung von Gegenrisiken

Auch die Berücksichtigung von Gegenrisiken ist eine Frage der gesetzlichen Regelung im Einzelfall. Während gesetzliche Vorgaben die Berücksichtigung von Gegenrisiken teils untersagen, verlangen andere Regelungen von den jeweils zuständigen Behörden ausdrücklich, Gegenrisiken in die Entscheidungsfindung einzubeziehen.[2004]

In letzterem Fall haben die Behörden zu ermitteln, ob bzw. inwieweit eine Regulierungsentscheidung, die der Reduzierung eines konkreten Risikos dient, andere Risiken hervorruft.[2005] Beispielsweise hat die EPA im Rahmen des CAA Gegenrisiken zu berücksichtigen, indem mit der Festlegung eines Emissionsstandards verbundene Auswirkungen auf die Gesundheit sowie die Umwelt Beachtung finden müssen.[2006] Im Falle einer Maßnahme, die dazu dient, die Luftverschmutzung einzudämmen, muss ermittelt werden, inwieweit im Gegenzug nachteilige Auswirkungen auf die Umwelt, Wirtschaft oder Energieversorgung hervorgerufen werden.[2007] Auch der TSCA ruft dazu auf, neben Auswirkungen auf die Umwelt und die Wirtschaft auch soziale Auswirkungen zu berücksichtigen.[2008]

Im Rahmen der seitens der U.S-Präsidenten erlassenen Durchführungsverordnungen wird betont, dass diejenige Regulierungsalternative vorzugswürdig ist, die unter Berücksichtigung sämtlicher Auswirkungen, insbesondere ökologischer, wirtschaftlicher und sozialer Natur, die größten Vorteile bietet.[2009] Der seitens des OMB erarbeitete Leitfaden zur Analyse regulatorischer Entscheidungen widmet sich in einem eigenen Abschnitt der Berücksichtigung mittelbarer Vorteile und Gegenrisiken; Gegenrisiken sind danach alle nachteiligen ökonomischen, gesundheitlichen bzw. die Sicherheit betreffenden oder ökologischen Auswirkungen einer Regelung, die der Verhinderung oder Minderung eines konkreten Risikos dient.[2010] Soweit gesetzlich zulässig, sollen Gegenrisiken in die Entscheidungsfindung einbezogen werden.[2011] Wie Kosten und Nutzen sollen auch Gegenrisiken möglichst in Geldwert bemessen werden.[2012] Wo dies nicht möglich ist, soll auch in Bezug auf Gegenrisiken eine anderweitige Quantifizierung erfolgen.[2013]

2004 *Sunstein*, Michigan Law Review 99 (7) 2001, 1651 (S. 1664); *Zander*, S. 289.

2005 *Sunstein*, Michigan Law Review 99 (7) 2001, 1651 (S. 1664).

2006 42 U.S.C. § 7411 (a) (1).

2007 *American Petroleum Institute v. EPA*, 52 F.3d 1113 (D.C. Cir. 1995): „Section 7545 (k) (1) authorizes the adoption of regulations to achieve the greatest reduction in emissions of VOCs and toxics and the consideration of nonair-quality factors listed in the section is only to ensure that any emission reduction steps do not have inordinate economic, environmental, or energy effects.“

2008 15 U.S.C. § 2601 (c).

2009 Executive Order 12866; Executive Order 13563, Sec. 1 (b) (3): „[...] select, in choosing among alternative regulatory approaches, those approaches that maximize net benefits (including potential economic, environmental, public health and safety, and other advantages; distributive impacts; and equity) [...]“.

2010 *OMB*, Circular A-4, 17.09.2003, E. Ausführungen zur Berücksichtigung von mittelbaren Vorteilen und Gegenrisiken finden sich auch im überarbeiteten Leitfaden: *OMB*, Circular A-4, 06.04.2023, Ziff. 7g.

2011 *OMB*, Circular A-4, 17.09.2003, E; *OMB*, Circular A-4, 06.04.2023, Ziff. 7g.

2012 *OMB*, Circular A-4, 17.09.2003, E; *OMB*, Circular A-4, 06.04.2023, Ziff. 7g.

2013 *OMB*, Circular A-4, 17.09.2003, E; *OMB*, Circular A-4, 06.04.2023, Ziff. 7g.

Nur, sofern weder eine Bemessung in Geldwert, noch eine anderweitige Quantifizierung ausscheidet, sind Gegenrisiken als nicht quantifizierbare Gegenrisiken in die Entscheidungsfindung einzustellen.[2014]

Ähnlich wie bei der Berücksichtigung von Kosten-Nutzen-Erwägungen ist auch im Hinblick auf die Berücksichtigung von Gegenrisiken eine Entwicklung erkennbar, wonach eine Behörde Gegenrisiken, auch wenn dies nicht ausdrücklich gesetzlich vorgeschrieben ist, berücksichtigen darf oder gar muss.[2015] In der Entscheidung *Corrosion Proof Fittings v. EPA* vertrat das Gericht den Standpunkt, die EPA habe bei der Regulierung von asbesthaltigen Produkten nicht nur zu ermitteln, welche nachteiligen Auswirkungen von Asbest ausgehen, sondern müsse darüber hinaus berücksichtigen, welche Risiken mit alternativ zu verwendenden Materialien einhergehen.[2016] In die gleiche Richtung deutet die Entscheidung *American Trucking Assn., Inc. v. EPA*, wonach bei der Festlegung nationaler Luftqualitätsstandards neben den mit Ozon verbundenen Risiken auch etwaige Vorteile für die menschliche Gesundheit, beispielsweise die Reduktion des Hautkrebsrisikos, Berücksichtigung finden mussten.[2017] Schließlich ist anerkannt, dass bei der Festlegung von Normen zum Kraftstoffverbrauch damit einhergehende nachteilige Auswirkungen auf die Verkehrssicherheit in die Entscheidung einbezogen werden müssen.[2018]

Auch im Hinblick auf die Berücksichtigung von Gegenrisiken müssen Behörden, wie die aufgeführten Beispiele zeigen, zunehmend sicherstellen, dass eine zur Reduzierung eines konkreten Risikos vorgesehene Regulierungsentscheidung nicht andere gleichwertige Risiken hervorruft.[2019]

II. Die gerichtliche Prüfungsdichte

Von maßgeblicher Bedeutung dafür, ob und inwieweit U.S. Behörden auf Bundesebene vorsorgendes Handeln möglich ist, ist schließlich, wie behördliche Entscheidungen gerichtlich überprüft werden und inwieweit Behörden bei der Entscheidungsfindung ein Spielraum zukommt. Grundlegende Vorgaben für die gerichtliche Überprüfung von Verwaltungshandeln auf Bundesebene finden sich im Verwaltungsverfahrensgesetz (Administrative Procedure Act, APA)[2020]. Anknüpfungspunkt ist die Rechtswidrigkeit einer behördlichen Entscheidung.[2021] Diese kann sich zum einen aus einer fehlerhaften Sachverhaltsermittlung ergeben und ist insbesondere gegeben, wenn die Behörde zugrundeliegende Daten und Informationen nicht ausreichend oder

2014 *OMB*, Circular A-4, 17.09.2003, E; *OMB*, Circular A-4, 06.04.2023, Ziff. 7g.
2015 *Sunstein*, Michigan Law Review 99 (7) 2001, 1651 (S. 1673).
2016 *Corrosion Proof Fittings v. EPA*, 947 F.2d 1201 (5th. Cir. 1991).
2017 „Legally, then, EPA must consider positive identifiable effects of a pollutant's presence in the ambient air [...]", *American Trucking Assn., Inc. v. EPA*, 175 F.3d 1027 (D.C. Cir. 1999).
2018 *Competitive Enterprise Institute v. NHTSA*, 956 F.2d 321 (D.C. Cir. 1992).
2019 *Sunstein*, Michigan Law Review 99 (7) 2001, 1651 (S. 1676).
2020 5 U.S.C. §§ 551ff.
2021 *Schmidt-Aßmann*, S. 273, Rn. 100.

korrekt ermittelt, bewertet und dokumentiert und damit die der Entscheidung zugrunde gelegten Tatsachenannahmen und Beweise nicht ausreichen.[2022] Das Gericht ermittelt den Sachverhalt indes nicht selbst, sondern prüft lediglich, ob die seitens der Behörde – in der Regel im Rahmen eines sog. „record" – zugrundegelegten Tatsachen die Entscheidung ausreichend stützen.[2023] Zum anderen können Rechtsfehler zu einer Aufhebung der Entscheidung führen.[2024] Behördliches Ermessen (discretion) kann sowohl auf Tatbestands- als auch auf Rechtsfolgenseite bestehen und wird gerichtlich auf Ermessensfehler überprüft.[2025]
Aufzuheben ist eine behördliche Entscheidung, wenn sie willkürlich oder ermessensfehlerhaft ist oder anderweitig nicht mit dem Gesetz in Einklang steht[2026] oder wenn sie nicht auf stichhaltigen Beweisen beruht[2027]. Der „substantial evidence"-Standard, der Behörden einen erheblichen Spielraum zugesteht, findet allerdings ausschließlich auf behördliche Entscheidungen Anwendung, die im Wege des „formal rulemaking" im Sinne von 5 U.S.C. § 556 bzw. § 557 ergangen sind und hat daher einen beschränkten Anwendungsbereich; im Übrigen ist der „arbitrary and capricious"-Standard maßgeblich.[2028]
Im Laufe der Zeit haben U.S.-Gerichte ausgehend hiervon unterschiedliche Anforderungen an die gerichtliche Prüfungsdichte gestellt.[2029]

1. Der weite behördliche Entscheidungsspielraum nach dem „arbitrary and capricious"-Standard

Zunächst wurde den Behörden im Rahmen des „informal rulemaking" ein erheblicher Entscheidungsspielraum zugestanden.[2030] In der Entscheidung *Pacific States Box & Basket Co. v. White* erachtete es der U.S. Supreme Court für ausreichend, dass ein vernünftigerweise vorstellbarer Sachverhalt die behördliche Regulierung zu stützen vermochte.[2031]
Im Rahmen des sog. „notice-and-comment rulemaking"[2032] – welches das Standardverfah-

[2022] *Schmidt-Aßmann*, S. 274, Rn. 102.
[2023] *Schmidt-Aßmann*, S. 275, Rn. 102.
[2024] *Schmidt-Aßmann*, S. 278, Rn. 108.
[2025] 5 U.S.C. § 706 (2) (A): „The reviewing court shall hold unlawful and set aside agency action, findings, and conclusions found to be arbitrary, capricious, *an abuse of discretion*, or otherwise not in accordance with law", (Hervorhebung durch die Verfasserin). Siehe zur Kontrolle von Ermessensfehlern näher: *Schmidt-Aßmann*, S. 282ff., Rn. 115.
[2026] 5 U.S.C. § 706 (2) (A): „The reviewing court shall hold unlawful and set aside agency action, findings, and conclusions found to be arbitrary, capricious, an abuse of discretion, or otherwise not in accordance with law".
[2027] 5. U.S.C. § 706 (2) (E): „The reviewing court shall hold unlawful and set aside agency action, findings, and conclusions found to be unsupported by substantial evidence [...]".
[2028] *Garry*, Nevada Law Journal 7 (1) 2006, 151 (S. 151); *Schmidt-Aßmann*, S. 276, Rn. 104f.
[2029] *Garry*, Nevada Law Journal 7 (1) 2006, 151 (S. 151); *Zander*, S. 275; *Shapiro/Murphy*, Notre Dame Law Review 92 (1) 2016, 331 (S. 333).
[2030] *Shapiro/Murphy*, Notre Dame Law Review 92 (1) 2016, 331 (S. 333). Neben dem „informal rulemaking" besteht im Bereich der Normsetzung das bereits erwähnte Verfahren des „formal rulemaking", gemäß 5 U.S.C. § 556f.
[2031] *Pacific States Box & Basket Co. v. White*, 296 U.S. 176, 185 (1935).
[2032] 5 U.S.C. § 553ff. Siehe hierzu allgemein: *Schmidt-Aßmann*, S. 170ff., Rn. 65ff. sowie *Shapiro/Murphy*, Notre

ren für administrative Rechtssetzung darstellt[2033] – hatte eine Behörde lediglich einen allgemein gehaltenen Regulierungsvorschlag mit Beschreibung der betreffenden Themen und Problemstellungen zu erstellen und Kommentare entgegenzunehmen, ohne dass vorgeschrieben war, wie mit abgegebenen Kommentaren umzugehen war.[2034] Der finale Regulierungsvorschlag bestand regelmäßig lediglich aus einer knappen Erklärung seiner Grundlage(n) sowie seines Zwecks.[2035] Der gerichtliche Prüfungsmaßstab blieb, ähnlich dem vor Inkrafttreten des APA in der Entscheidung *Pacific States Box & Basket Co. v. White*, stark zurückgenommen.[2036] An das Vorliegen wissenschaftlicher Belege wurden somit keine hohen Anforderungen gestellt.

2. Die sog. „hard-look"-Doktrin

Ab Beginn der 1960er Jahre wurden im Verfahren des „notice-and-comment rulemaking" erlassene behördliche Regelungen höheren Anforderungen unterworfen und einer verstärkten gerichtlichen Kontrolle unterzogen.[2037]

Die „hard-look"-Doktrin erlegte den Behörden eine Reihe „quasi-prozessualer" Verpflichtungen auf.[2038] Die Mitteilung der Behörde betreffend den Regulierungsvorschlag musste bereits sämtliche, dem Regulierungsvorschlag zugrundeliegende wissenschaftliche und technische Daten enthalten, die Behörde war zu umfangreicher Dokumentation der Informationen und Daten verpflichtet.[2039] Auch im Rahmen des „informal rulemaking" mussten sämtliche für die Regulierungsentscheidung bedeutsame und dieser zugrundeliegende Daten, Informationen und Stellungnahmen im Wege eines „record" zusammengestellt werden.[2040] In Bezug auf Risiken bestehende wissenschaftliche Ungewissheiten sollten möglichst quantifiziert werden.[2041] Darüber hinaus waren Behörden nicht mehr lediglich aufgerufen, Tatsachen zur Kenntnis zu nehmen und die Regulierungsentscheidung mit einer plausiblen Erklärung zu versehen, sodass diese

Dame Law Review 92 (1) 2016, 331 (S. 336).

[2033] *Schmidt-Aßmann*, S. 170, Rn. 65.

[2034] 5 U.S.C. § 553 (b) und (c).

[2035] 5 U.S.C. § 553 (c).

[2036] *Shapiro/Murphy*, Notre Dame Law Review 92 (1) 2016, 331 (S. 337) mit Verweis auf weitere gerichtliche Entscheidungen.

[2037] *Garry*, Nevada Law Journal 7 (1) 2006, 151 (S. 151); *Shapiro/Murphy*, Notre Dame Law Review 92 (1) 2016, 331 (S. 338). „Consequently, [...], courts engage in a judicial review that is much more searching and skeptical than that of the traditionally deferential „arbitrary and capricious" review provided for in the APA", *Garry*, Nevada Law Journal 7 (1) 2006, 151 (S. 153).

[2038] *Garry*, Nevada Law Journal 7 (1) 2006, 151 (S. 156). In der Entscheidung *Vermont Yankee Nuclear Power Corp. v. NRSC* sprach sich der U.S. Supreme Court dagegen aus, dass Gerichte Behörden über die im Rahmen des APA bestehenden prozessualen Vorgaben hinaus weitere Vorgaben auferlegten, *Vermont Yankee Nuclear Power Corp. v. NRDC*, 435 U.S. 519, 548f. (1978). Dagegen waren Gerichte nach wie vor befugt, die durch die betreffende Behörde zugrunde gelegten Informationen und Daten einer genauen Prüfung zu unterziehen, *Zander*, S. 276; *Garry*, Nevada Law Journal 7 (1) 2006, 151 (S. 158) unter Verweis auf die Entscheidung *Motor Vehicle Mfrs. Assn. v. State Farm Mut.*, 463 U.S. 29 (1983).

[2039] *Shapiro/Murphy*, Notre Dame Law Review 92 (1) 2016, 331 (S. 339f.).

[2040] *Garry*, Nevada Law Journal 7 (1) 2006, 151 (S. 156).

[2041] *Peel*, S. 121.

nicht gänzlich irrational zu sein hatte.[2042] Vielmehr mussten die Behörden sämtliche für die Entscheidung zusammengestellte Informationen und Materialien angemessen berücksichtigen und eine vernünftige Erklärung für die getroffene Entscheidung liefern.[2043] Schließlich waren Behörden angehalten, zu den eingegangenen und als erheblich eingestuften Kommentaren umfassend Stellung zu nehmen.[2044]

Waren somit zunächst die Behörden in Zusammenhang mit der Entscheidungsfindung angehalten, einen „genauen Blick" auf sämtliche, in Zusammenhang mit einer Regulierungsentscheidung stehende Informationen zu werfen, wurde die Anwendung eines „hard-look" auf die Gerichte ausgeweitet, sodass diese einen erhöhten gerichtlichen Prüfungsmaßstab anlegten.[2045] Der „arbitrary and capricious"-Standard wurde seitens der Gerichte durch die „hard-look"-Doktrin verschärft.[2046] Die gerichtliche Überprüfung einer Regelung war nicht wie zuvor erst in Zusammenhang mit deren Anwendung durch die Behörde, sondern bereits im Vorfeld möglich.[2047] Die Gerichte waren angehalten, auf Grundlage sämtlicher, durch die Behörde zusammengestellter Informationen und Daten zu überprüfen, ob diese einen „genauen Blick" auf die in Rede stehenden Probleme geworfen hat und basierend auf den der Regulierungsentscheidung zugrundegelegten Tatsachen zu einer ausreichend begründeten Entscheidung gelangt ist.[2048] Die Gerichte mussten sich damit Punkt für Punkt mit den von der Behörde vorgelegten Unterlangen und vorgetragenen Erwägungen beschäftigen und sie auf ihre Konsistenz prüfen; erforderlich war, dass das prüfende Gericht sich in die Sachfragen, wie sie sich nach den Prozessunterlagen darstellen, umsichtig und intensiv einarbeitet.[2049]

Verwehrt ist es den Gerichten trotz der Verpflichtung zur gründlichen und sorgfältigen Prüfung des Sachverhalts, das eigene Urteil an die Stelle der behördlichen Einschätzung zu setzen.[2050] Ebensowenig ist es den Gerichten erlaubt, fehlende Tatsachen anstelle der Behörde zu ermitteln

[2042] *Garry*, Nevada Law Journal 7 (1) 2006, 151 (S. 156).

[2043] *Garry*, Nevada Law Journal 7 (1) 2006, 151 (S. 156).

[2044] *Shapiro/Murphy*, Notre Dame Law Review 92 (1) 2016, 331 (S. 341f.).

[2045] *Schmidt-Aßmann*, S. 277, Rn. 106f.; *Shapiro/Murphy*, Notre Dame Law Review 92 (1) 2016, 331 (S. 346). „Although Judge Leventhal conceived of hard look review as requiring courts to check whether *agencies* have taken „hard-looks", it rather quickly became associated with the idea that *courts* should take „hard-looks" at agency explanations", *Shapiro/Murphy*, Notre Dame Law Review 92 (1) 2016, 331 (S. 346f.).

[2046] *Schmidt-Aßmann*, S. 177f. Siehe hierzu insbesondere: *Citizens to Preserve Overton Park, Inc. v. Volpe*, 401 U.S. 402, 416f. (1971) sowie *Motor Vehicle Mfrs. Assn. v. State Farm Mut.*, 463 U.S. 29, 41ff. (1983).

[2047] *Abbot Laboratories v. Gardner*, 387 U.S. 136, 140ff. (1967).

[2048] *Zander*, S. 276; *Shapiro/Murphy*, Notre Dame Law Review 92 (1) 2016, 331 (S. 346); *Schmidt-Aßmann*, S. 178, Rn. 81. „Section 706 (2) (A) requires a finding that the actual choice made was not „arbitrary, capricious, an abuse of discretion, or otherwise not in accordance with law". [...] To make this finding the court must consider whether the decision was based on a consideration of the relevant factors and whether there has been a clear error of judgement", *Citizens to Preserve Overton Park, Inc. v. Volpe*, 401 U.S. 402, 416 (1971).

[2049] *Schmidt-Aßmann*, S. 178, Rn. 81.

[2050] „Although this inquiry into the facts is to be searching and careful, the ultimate standard of review is a narrow one. The court is not empowered to substitute its judgement for that of the agency", *Citizens to Preserve Overton Park Inc. v. Volpe*, 401 U.S. 402, 416 (1971).

und als Grundlage der Regulierungsentscheidung heranzuziehen.[2051]

3. Der eingeschränkte gerichtliche Prüfungsumfang in Fällen wissenschaftlicher Ungewissheit

Trotz der Tatsache, dass die „hard-look"-Doktrin zu einer verstärkten gerichtlichen Kontrolle behördlicher Regulierungsentscheidungen geführt hat und nach wie vor Anwendung findet, verbleibt Behörden dort, wo eine Regulierungsentscheidung mit erheblichen wissenschaftlichen Ungewissheiten behaftet ist, ein beachtlicher Entscheidungsspielraum und Raum für vorsorgende Regulierung.[2052]

In der Entscheidung *Baltimore Gas & Electric Co. v. Natural Resources Defense Council* setzte sich der U.S. Supreme Court mit der Frage auseinander, ob seitens der Atomaufsichtsbehörde (Nuclear Regulatory Commission, NRC) erlassene Regelungen in Zusammenhang mit der Zulassung von Kernkraftwerken, Bestand haben können.[2053] Das Gericht führte aus, dort, wo spezifische Fachkenntnisse erforderlich sind, über die typischerweise die betreffende Fachbehörde verfügt, oder die Grenzen wissenschaftlicher Erkenntnis erreicht sind, habe die gerichtliche Überprüfung zurückhaltend zu erfolgen.[2054] Ähnlich positionierte sich das Gericht in der Entscheidung *Texas Oil & Gas Assn. v. EPA*.[2055] Streitgegenständlich waren eine Reihe von seitens der EPA erlassenen Regelungen zur Begrenzung von Abwässern für die Öl- und Gasindustrie in Küstengebieten. Auch hier wurde vertreten, die gerichtliche Prüfungsdichte sei gering, wenn die behördliche Regulierungsentscheidung auf einer Einschätzung komplexer wissenschaftlicher Daten beruht und gerade die der zuständigen Behörde eigene Fachkompetenz von besonderer Bedeutung ist.[2056]

Die Betonung der behördlichen Fachkompetenz und eingeschränkte gerichtliche Überprüfungsmöglichkeit ist dabei Ausdruck der Rolle der Verwaltungsbehörden als Regulierungsbehörden, die die in Zusammenhang mit komplexen Regulierungsentscheidungen grundsätzlich über einen großen Gestaltungsspielraum verfügen.[2057]

[2051] „The reviewing court should not attempt itself to make up for such deficiencies; we may not supply a reasoned basis for the agency's action that the agency itself has not given", *Motor Vehicle Mfrs. Assn. v. State Farm Mut.*, 463 U.S. 29, 43 (1983).

[2052] *Zander*, S. 276ff.; *Schmidt-Aßmann*, S. 277f., Rn. 107.

[2053] *Baltimore Gas & Electric Co. v. Natural Resources Defense Council*, 462 U.S. 87, 87 (1983).

[2054] „Third, a reviewing court must remember that the Commission is making predictions, within its area of special expertise, at the frontiers of science. When examining this kind of scientific determination, as opposed to simple findings of fact, a reviewing court must generally be at its most deferential", *Baltimore Gas & Electric Co. v. Natural Resources Defense Council*, 462 U.S. 87, 103 (1983).

[2055] *Texas Oil & Gas Assn. v. EPA*, 161 F.3d 923 (5th. Cir. 1998).

[2056] „In assessing the validity of the Coastal Subcategory ELGs, the EPA's decision „is entitled to a presumption of regularity". [...] This is particularily true where – as here – the agency's decision rests on an evaluation of complex scientific data within the agency's technical expertise".

[2057] Siehe hierzu auch: *Schmidt-Aßmann*, S. 273, Rn. 98.

4. Die Überprüfung von Rechtsfehlern

Die Rechtsauslegung ist genuine Aufgabe der Gerichte.[2058] Auch die Überprüfung von Rechtsfehlern erfolgt grundsätzlich anhand des „arbitrary and capricious"-Standards.[2059]
Über einen langen Zeitraum war die gerichtliche Prüfungsdichte im Bereich behördlichen Fachrechts in zahlreichen Konstellationen erheblich zurückgenommen, sog. „judicial deference".[2060] Beschränkt war der gerichtliche Prüfungsmaßstab nach der *Chevron USA v. Natural Resources Defense Council*-Entscheidung des U.S. Supreme Court und der danach benannten sog. „Chevron"-Doktrin insbesondere bei der Überprüfung fachgesetzlicher rechtsverbindlicher Regulierungsentscheidungen.[2061] War seitens des Kongresses die inhaltliche Reichweite eines Gesetzes und damit das behördliche Verhalten eindeutig konkretisiert worden, oblag es dem überprüfenden Gericht, dem Willen des Kongresses Ausdruck zu verleihen, der Behörde kam in diesen Fällen kein Auslegungsspielraum zu; fehlte es hingegen an einer derartigen Konkretisierung, oblag die Auslegung eines Fachgesetzes der jeweils zuständigen Behörde.[2062] Die Gerichte hatten nur sicherzustellen, dass das seitens der Behörde zugrunde gelegte Verständnis „vernünftig" ist.[2063]
Im Rahmen der Grundsatzentscheidung *Loper Bright Enterprises v. Raimondo* des U.S. Supreme Court erfolgte die Abkehr von der bislang geltenden „Chevron"-Doktrin, die bereits im Vorfeld zunehmender Kritik ausgesetzt war.[2064] Der U.S. Supreme Court betonte, sowohl verfassungsrechtlich als auch nach dem Verfahrensrecht des APA liege die Überprüfung sämtlicher Rechtsfragen in den Händen der Gerichte.[2065] Indem nach der „Chevron"-Doktrin, sofern nicht der Kongress die inhaltliche Reichweite eines Gesetzes eindeutig konkretisiert habe, die Auslegung eines Fachgesetzes der jeweils zuständigen Behörde obliege, sei der Vorgabe des APA, wonach das überprüfende Gericht alle relevanten Rechtsfragen zu entscheiden habe, nicht ausreichend Rechnung getragen.[2066] Vielmehr sei es in Fällen, in denen eine gesetzliche Vorgabe durch den Kongress nicht eindeutig konkretisiert sei, Aufgabe der Gerichte, die gesetzliche Vor-

[2058] *Schmidt-Aßmann*, S. 278, Rn. 109.
[2059] Siehe 5 U.S.C. § 706 (2) (A).
[2060] Ein Überblick über die bedeutendsten Bereiche zurückgenommener gerichtlicher Prüfung bei der Rechtsauslegung findet sich bei *Schmidt-Aßmann*, S. 279f., Rn. 112.
[2061] *Pohl*, S. 248ff; *Schmidt-Aßmann*, S. 279, Rn. 112; *Chevron USA v. Natural Resources Defense Council*, 467 U.S. 837 (1984).
[2062] *Sunstein*, Michigan Law Review 99 (7) 2001, 1651 (S. 1667); *Zander*, S. 277f. Siehe hierzu ausführlich: *Schmidt-Aßmann*, S. 288ff., Rn. 124ff.
[2063] *Chevron USA v. Natural Resources Defense Council*, 467 U.S. 837, 842ff. (1984).
[2064] *Loper Bright Enterprises v. Raimondo*, 603 U.S. 369 (2024). Ausgangspunkt der Entscheidung war die behördliche Vorgabe, wonach Fischer bei Ausfahrten Inspekteure mitzunehmen und hierfür eine durch die zuständige Behörde (National Marine Fisheries Service) festgelegte Gebühr zu entrichten hatten. Siehe zu Vorbehalten und Kritik an der „Chevron"-Doktrin: *Schmidt-Aßmann*, S. 291ff., Rn. 128ff.; *Silverman*, Vermont Law Review 49, 2024, 248 (S. 251).
[2065] *Loper Bright Enterprises v. Raimondo*, 603 U.S. 369 (2024).
[2066] *Loper Bright Enterprises v. Raimondo*, 603 U.S. 369 (2024).

gabe – unter Berücksichtigung der Auffassung der Exekutive – auszulegen.[2067] Den Gerichten bleibt es in Einklang mit den Grundsätzen, wie sie in der Entscheidung *Skidmore v. Swift & Co.*[2068] aufgestellt wurden, jedoch unbenommen, bei der Auslegung einer gesetzlichen Vorgabe auf behördliche Einschätzungen zurückzugreifen.[2069] Weiter haben die Gerichte einen der Behörde durch den Kongress zugesprochenen Spielraum zu respektieren.[2070]

Bei der Anwendung einer Norm auf einen Sachverhalt, also der Subsumtion, handelt es sich um eine sog. „mixed question".[2071] Abgesehen von Ausnahmefällen, in denen das Gericht seine eigene Entscheidung an die Stelle der behördlichen Entscheidung zu setzen befugt ist, sog. „de novo review", bestimmt sich die Prüfungsdichte danach, ob die betreffende Behörde oder das Gericht eher zur Subsumtion in der Lage ist: In Fällen, in denen die Behörde die Subsumtion aufgrund der behördlichen Fachkompetenz vornehmen kann, erfolgt die gerichtliche Prüfung anhand des „arbitrary and capricious"-Standards, wohingegen in Fällen, in denen rechtliche Erwägungen im Vordergrund stehen, eine vollständige gerichtliche Überprüfung der Anwendung der Norm erfolgt.[2072] Der Behörde obliegt es insbesondere, im konkreten Einzelfall festzustellen, ob ein bestimmter, gesetzlich vorgesehener Standard als erfüllt anzusehen ist.[2073]

In der Entscheidung *Loper Bright Enterprises v. Raimondo* vertrat Richterin Kagan im Rahmen ihres Sondervotums von der Mehrheit unwidersprochen die Auffassung, die in der Entscheidung aufgestellten Grundsätze beträfen lediglich reine Rechtsfragen.[2074]

III. Einbeziehung der Öffentlichkeit

Auf Bundesebene erfolgt die Einbeziehung der Öffentlichkeit in den Regulierungsprozess in Zusammenhang mit der Schaffung sog. „rules"[2075] vor allem im Rahmen des „notice-and-

---

2067 *Loper Bright Enterprises v. Raimondo*, 603 U.S. 369 (2024). Siehe hierzu: *Sohoni*, Harvard Law Review 138 (3), 2025, 66 (S. 67). Kritisiert wurde die *Loper Bright Enterprises v. Raimondo*-Entscheidung des U.S. Supreme Court insbesondere insoweit, als dem einschlägigen fachlichen Verständnis der Behörden keine ausreichende Bedeutung mehr beigemessen werde: *Clement/Wasankar/Elliott*, Perspectives of Earth and Space Scientists 6 (1), 2025, 1 (S. 2). Allerdings bleibt auch im Nachgang an die Entscheidung *Loper Bright Enterprises v. Raimondo* eine Übertragung von Befugnissen auf Behörden möglich, *Sohoni*, Harvard Law Review 138 (3), 2025, 66 (S. 70). Siehe zum Verhältnis von Gerichten und behördlichen Entscheidungsspielräumen infolge der Entscheidung *Loper Bright Enterprises v. Raimondo* auch: *Desai*, University of Wisconsin Legal Studies Research Paper 1819, 2024, 1 (S. 33).

2068 *Skidmore v. Swift & Co.*, 323 U.S. 134 (1944).

2069 *Sohoni*, Harvard Law Review 138 (3), 2025, 66 (S. 71). Siehe zu der Entscheidung *Skidmore v. Swift & Co.* auch: *Schmidt-Aßmann*, S. 279, Rn. 112.

2070 *Loper Bright Enterprises v. Raimondo*, 603 U.S. 369 (2024).

2071 Siehe hierzu näher: *Pohl*, S. 250ff.

2072 *Schmidt-Aßmann*, S. 281f., Rn. 114.

2073 Beispielsweise oblag es der Behörde, im Einzelfall festzustellen, ob ein Freisetzungsvorhaben „unzumutbare nachteilige Umweltauswirkungen" hervorzurufen in der Lage ist, *Pohl*, S. 251f.

2074 Zu „mixed questions" und der Entscheidung *Loper Bright Enterprises v. Raimondo*: *Desai*, University of Wisconsin Legal Studies Research Paper 1819, 2024, 1 (S. 35ff.).

2075 5 U.S.C. § 551 (4).

comment rulemaking".[2076] Darüber hinaus können Bundesbehörden zusätzliche Möglichkeiten für die Öffentlichkeitsbeteiligung schaffen.[2077]

Demgegenüber unterliegt der Erlass von Einzelfallentscheidungen (orders)[2078] und damit auch die Einbeziehung der Öffentlichkeit in Zusammenhang mit behördlichen Einzelfallentscheidungen überwiegend fachgesetzlichen Vorgaben und nicht den Vorgaben des APA.[2079] Die Möglichkeit, auf den Erlass vorsorgender Maßnahmen hinzuwirken, kommt der Öffentlichkeit somit auf der Grundlage konkreter fachlicher Vorgaben im Rahmen von Einzelentscheidungen zu. Während die Öffentlichkeitsbeteiligung auf Bundesebene insgesamt jedoch eher begrenzt ist, findet sich auf lokaler und regionaler Ebene eine weitergehende Einbeziehung der Öffentlichkeit.[2080]

1. Öffentlichkeitsbeteiligung im Rahmen des „notice-and-comment rulemaking"

Im Rahmen des „notice-and-comment rulemaking", das aus der Ankündigung der Regelungsabsicht (general notice), der Möglichkeit zur Äußerung (comment) sowie dem Erlass der Regelung unter Berücksichtigung der eingegangenen Stellungnahmen (consideration of the relevant matter) besteht[2081], erfolgt eine Beteiligung der Öffentlichkeit regelmäßig erst spät im Regulierungsprozess.[2082]

Zunächst erarbeitet die jeweilige Behörde intern einen Regelungsentwurf; hierbei werden zwar regelmäßig Konsultationen mit organisierten Interessengruppen und Experten, nicht hingegen mit der breiten Öffentlichkeit durchgeführt.[2083] Erst im Anschluss an diese erste Phase und nachdem die Behörde die Regulierungsabsicht im Bundesanzeiger öffentlich bekannt gemacht hat[2084], ist in einem zweiten Schritt die interessierte Öffentlichkeit aufgerufen, sich zu dem konkreten Regelungsvorschlag zu äußern.[2085] Der Begriff der interessierten Öffentlichkeit ist weit zu verstehen, zur Äußerung ist grundsätzlich jedermann berechtigt.[2086] Neben Bürgern und Bürgerinnen sollen insbesondere auch Vertreter der bundesstaatlichen, regionalen und lokalen Ebene sowie Stammesbeamte in die Entscheidungsfindung einbezogen werden.[2087] Spe-

[2076] 5 U.S.C. §§ 553ff. Siehe hierzu: *Schmidt-Aßmann*, S. 170ff., Rn. 65ff. sowie *Dietz/Stern*, S. 37.

[2077] *Zander*, S. 292f.

[2078] 5 U.S.C. § 551 (6).

[2079] 5 U.S.C. § 554 (a). *Schmidt-Aßmann*, S. 157. Siehe auch: *Harrington/Sheffner*, Informal Administrative Adjudication: An Overview, 2021, S. 1.

[2080] *Zander*, S. 293.

[2081] *Schmidt-Aßmann*, S. 171.

[2082] *Applegate*, Indiana Law Journal 73 (3) 1998, 903 (S. 906f.).

[2083] *Applegate*, Indiana Law Journal 73 (3) 1998, 903 (S. 907); *Zander*, S. 292.

[2084] 5 U.S.C. § 553 (b). Die öffentliche Bekanntmachung muss die in 5 U.S.C. § 553 (b) aufgeführten Mindestangaben enthalten, sodass die Öffentlichkeit in die Lage versetzt wird, sich mit dem Regulierungsvorschlag auseinanderzusetzen.

[2085] 5 U.S.C. § 553 (c).

[2086] *Applegate*, Indiana Law Journal 73 (3) 1998, 903 (S. 907); *Schmidt-Aßmann*, S. 173, Rn. 70.

[2087] Executive Order 12866, Sec. 6 (a) (1); Executive Order 13563, Sec. 2 (a); Executive Order 14094, Sec. 2 (a).

zielle inhaltliche Anforderungen werden an die Äußerungen nicht gestellt, jedermann ist berechtigt, gegenüber der zuständigen Behörde zu dem Regelungsvorschlag Stellung zu nehmen und schriftlich etwaige Daten, Ansichten oder Argumente vorzubringen.[2088] Die Abgabe von Stellungnahmen erfolgt mittlerweile größtenteils online.[2089] Die Behörde ist sodann in einem dritten Schritt verpflichtet, die abgegebenen Stellungnahmen zur Kenntnis zu nehmen und sich mit den vorgebrachten Argumenten auseinanderzusetzen und kann erst im Anschluss die endgültige Regelung erlassen.[2090] Wird der öffentlich bekanntgemachte Regelungsentwurf seitens der Behörde infolge der im Zuge der Öffentlichkeitsbeteiligung vorgebrachten Einwände oder Anregungen abgeändert, ist, soweit die Änderung nicht bereits im ursprünglich bekannt gemachten Regelungsentwurf angedeutet war, die Öffentlichkeit erneut zu beteiligen.[2091]

Die so ausgestaltete Öffentlichkeitsbeteiligung wurde vor allem mit dem Argument kritisiert, der Einfluss der interessierten Öffentlichkeit sei gering, da die jeweilige Behörde die Regulierungsentscheidung bereits intern treffe und erst im Anschluss, also zu einem Zeitpunkt, in dem die Regulierungsentscheidung bereits getroffen ist, die Öffentlichkeit überhaupt in die Lage versetzt werde, sich zu der beabsichtigten Regelung zu äußern.[2092] Nichtsdestotrotz erachtete der U.S. Supreme Court die Öffentlichkeitsbeteiligung im Rahmen des „notice-and-comment rulemaking" für ausreichend.[2093] Infolge der Kritik, die Einbeziehung der Öffentlichkeit erfolge zu spät, findet sich im Rahmen der durch Präsident Clinton erlassenen Durchführungsverordnungen zur behördlichen Regulierung auf Bundesebene allerdings ein Abschnitt, wonach Behörden, soweit angemessen, im Vorfeld der Bekanntmachung eines Regulierungsentwurfs im Bundesanzeiger – und damit zu einem früheren Zeitpunkt – die Beteiligung der betroffenen Öffentlichkeit ermöglichen sollen.[2094] Auch in den nachfolgenden Durchführungsverordnungen wurde betont, es sei eine „sinnvolle" Öffentlichkeitsbeteiligung zu ermöglichen.[2095]

2088 *Applegate*, Indiana Law Journal 73 (3) 1998, 903 (S. 907).

2089 *Schmidt-Aßmann*, S. 173f., Rn. 72. Siehe hierzu die durch Präsident Obama erlassene Durchführungsverordnung: „To the extent feasible and permitted by law, each agency shall afford the public a meaningful opportunity to comment through the Internet on any proposed regulation [...]", Executive Order 13563, Sec. 2 (b).

2090 5 U.S.C. § 553 (c): „After consideration of the relevant matter presented, the agency shall incorporate in the rules adopted a concise general statement of their basis and purpose".

2091 *Schmidt-Aßmann*, S. 174, Rn. 73.

2092 *Applegate*, Indiana Law Journal 73 (3) 1998, 903 (S. 908). Schlagwortartig wird das Verfahren mit den Worten „decide, announce, and defend" kritisch beschrieben, *Applegate*, Indiana Law Journal 73 (3) 1998, 903 (S. 908).

2093 *Vermont Yankee Nuclear Power Corp. v. NRDC*, 435 U.S. 519, 556ff. (1978).

2094 Executive Order 12866, 30.09.1993, Fed.Reg. Bd. 58 (Nr. 190), 04.10.1993, S. 51735, Sec. 6 (a) (1).

2095 Executive Order 13563, Sec. 2 (a), (b), (c) sowie Executive Order 14094, Sec. 2 (a): „[...] Opportunities for public participation shall be designed to promote equitable and meaningful participation by a range of interested or affected parties, including underserved communities".

2. Beteiligung der Öffentlichkeit im Rahmen von Einzelfallentscheidungen

Da die Vorgaben des APA nur in wenigen Fällen auf Einzelfallentscheidungen, wozu insbesondere die Erteilung von Genehmigungen gehört[2096], Anwendung finden, richtet sich auch der Umfang der Öffentlichkeitsbeteiligung in Zusammenhang mit Zulassungsentscheidungen wie beispielsweise der Erteilung von Genehmigungen regelmäßig nach den einschlägigen Fachgesetzen.[2097]

Während die Öffentlichkeit teilweise lediglich mittels einer öffentlichen Bekanntmachung im Bundesregister über eine Entscheidung informiert wird, ist verschiedentlich die Möglichkeit zur Abgabe von Stellungnahmen im Vorfeld der Entscheidung und innerhalb einer bestimmten Frist vorgesehen.

IV. Einbeziehung indigener Gemeinschaften

Eine besondere Stellung kommt der in den USA ansässigen indigenen Bevölkerung (Native Americans) zu.[2098] Die Native American Nations genießen Souveränität und unterhalten Regierungsbeziehungen (government-to-government relationships) mit der U.S.-Regierung.[2099] Zum Ausdruck kommt die Sonderstellung unter anderem durch die Erwähnung in der U.S.-Verfassung[2100], zahlreichen Bundesgesetzen und Verordnungen, Durchführungsverordnungen und Memoranden des U.S. Präsidenten und (un)verbindlichen Leitlinien sowie Gerichtsentscheidungen, die sich mit der Zusammenarbeit zwischen staatlichen Behörden und der indigenen Bevölkerung sowie der Durchführung von Konsultationen mit der indigenen Bevölkerung befassen.[2101]

Zwar erwähnt NEPA selbst indianische Stämme (Indian Tribes) nicht, allerdings sind die Bundesbehörden beispielsweise auf Grundlage der durch den CEQ erarbeiteten Vorgaben verpflichtet, die Stammesregierungen bei der Erstellung einer Umweltverträglichkeitsprüfung oder Umweltverträglichkeitserklärung einzubeziehen.[2102] Ferner wurden die Bundesbehörden bereits auf Grundlage der durch Präsident Clinton erlassenen Durchführungsverordnung 12875 an-

[2096] 5 U.S.C. § 551 (6) und (8).

[2097] Siehe hierzu beispielhaft die Ausführungen in Teil 5, Kapitel 3, I, 5. zur Öffentlichkeitsbeteiligung in Zusammenhang mit Einzelentscheidungen im Rahmen des FIFRA.

[2098] Eine ausführliche Darstellung findet sich bei *Cole*, S. 383ff.

[2099] *Miller*, North Dakota Law Review 91 (1) 2015, 37 (S. 40ff.); *Bailey*, Colorado Natural Resources, Energy & Environmental Law Review 29 (1) 2018, 196 (S. 208).

[2100] U.S. Constitution, Art. I, § 8, Cl. 3.

[2101] Siehe hierzu die nicht abschließende Liste der Bundesgesetze, -verordnungen, -vorschriften sowie Politiken, Handbücher, Protokolle und Leitlinien zur Konsultation mit der indigenen Bevölkerung: White House – Indian Affairs Executive Working Group, List of Federal Tribal Consultation Statutes, Orders, Regulations, Rules, Policies, Manuals, Protocols and Guidance, Januar 2009, abrufbar unter: *https://www.sciencelawenvironment.com/files/2017/01/fed-consultation-authorities-2-09-ACHP-version_6-09.pdf*, zuletzt aufgerufen am 31.01.2024.

[2102] 40 C.F.R. § 1501.2 (b) (4) (ii), 40 C.F.R. § 1501.8 (a).

gehalten, Verfahren zu entwickeln, die unter anderem eine Konsultation und Zusammenarbeit mit Stammesbehörden ermöglichen.[2103] Infolge der Durchführungsverordnung 13175 sind darüber hinaus sämtliche Bundesbehörden aufgerufen, in Zusammenhang mit Regulierungsmaßnahmen, die wesentliche direkte Auswirkungen auf einen oder mehrere indianische Stämme haben, Konsultationen durchzuführen und mit Stammesvertretern zusammenzuarbeiten.[2104] Regulierungsmaßnahmen können insbesondere Verordnungen, Gesetzesvorschläge oder sonstige behördliche Maßnahmen darstellen, sodass eine Einbeziehung der Stammesvertreter auch jenseits des formal rulemaking erforderlich ist.[2105] Ferner wurden seitens der U.S.-Präsidenten verschiedentlich Memoranden zur Konsultation mit der indigenen Bevölkerung erlassen.[2106] Allerdings werden durch die Durchführungsverordnungen sowie Memoranden keine seitens der indianischen Stämme bzw. Stammesregierungen einklagbaren rechtlichen Verpflichtungen begründet.[2107] In Umsetzung der Vorgabe, dass jede Bundesbehörde Verfahren etablieren muss, die eine sinnvolle und rechtzeitige Beteiligung der Stammesvertreter ermöglichen, haben insbesondere die EPA, die FDA sowie das USDA entsprechende Vorgaben erarbeitet. Bei der Ausgestaltung der Konsultation und Zusammenarbeit wird den Behörden jedoch ein großer Spielraum zuerkannt.[2108]

Wenngleich damit die Pflicht zur Konsultation und Zusammenarbeit an zahlreichen Stellen im U.S.-amerikanischen Rechtssystem verankert ist, ist in der Regel die Zustimmung (consent) nicht erforderlich.[2109]

V. Zusammenfassung

Wenngleich der Vorsorgegedanke im U.S.-amerikanischen Rechtsraum nicht im Sinne eines übergeordneten Prinzips verankert ist, kommt er bei der Regulierung im Bereich des Umwelt- und Gesundheitsschutzes doch an zahlreichen Stellen zum Ausdruck. Umsetzung erfährt der

[2103] Executive Order 12875, 26.10.1993, Fed. Reg. Bd. 58 (Nr. 207), 28.10.1993, S. 58093, Sec. 1 (b).

[2104] Executive Order 13175, 06.11.2000, Fed. Reg. Bd. 65 (Nr. 218), 09.11.2000, S. 67249ff., im Folgenden: Executive Order 13175. Indianische Stämme in diesem Sinne sind solche, die von der U.S.-Regierung anerkannt sind, Executive Order 13175, Sec. 1 (b).

[2105] Executive Order 13175, Sec. 1 (a). *Blumm/Pennock*, Lewis & Clark Law School Digital Commons 33 (1) 2022, 101 (S. 112).

[2106] Presidential Memorandum on Tribal Consultation, 05.11.2009; Memorandum on Tribal Consultation and Strengthening Nation-to-Nation Relationships, 26.01.2021; Memorandum on Uniform Standards for Tribal Consultation, 30.11.2022.

[2107] *Miller*, North Dakota Law Review 91 (1) 2015, 37 (S. 66); *Bailey*, Colorado Natural Resources, Energy & Environmental Law Review 29 (1) 2018, 196 (S. 210). Siehe beispielsweise Sec. 10 der Durchführungsordnung 13175: „This order is intended only to improve the internal management of the executive branch, and is not intended to create any right, benefit, or trust responsibility, substantive or procedural, enforceable at law by a party against the United States, its agencies, or any person".

[2108] Beispielsweise definiert die Durchführungsverordnung 13175 nicht näher, was unter einer rechtzeitigen und frühzeitigen Konsultation zu verstehen ist, *Blumm/Pennock*, Lewis & Clark Law School Digital Commons 33 (1) 2022, 101 (S. 122).

[2109] *Miller*, North Dakota Law Review 91 (1) 2015, 37 (S. 64ff.).

Vorsorgegedanke mittels der Gesetzgebung des U.S.-Kongresses und der Regulierung durch die Bundesbehörden sowie durch gerichtliche Entscheidungen.[2110]

Zwar sind die behördlichen Möglichkeiten, im Falle wissenschaftlicher Ungewissheit der Schadensvermeidung dienende Regulierungsentscheidungen zu treffen, im Vergleich zu den 1970er Jahren, in denen Behörden vor allem im Rahmen des CAA, CWA, ESA, OSHA sowie TSCA Regelungen zum Schutz der Umwelt bzw. Gesundheit erließen und Maßnahmen vornahmen, ohne dass diese durch eindeutige wissenschaftliche Belege gestützt werden konnten und Gerichte den Behörden einen weiten Einschätzungsspielraum gewährten, heute infolge erhöhter rationaler Begründungserfordernisse und dem Konzept der „sound science" eingeschränkter.[2111] Allerdings ist der Vorsorgegedanke auch gegenwärtig durch Verfahrensanforderungen und materielle Standards an zahlreichen Stellen im U.S.-Recht betreffend den Schutz der Umwelt und der Gesundheit verankert.[2112]

Dazu, drohende Schäden im Vorfeld auszuschließen und Risiken zu vermindern, dient beispielsweise die Verpflichtung zur Genehmigungs-, Erlaubnis- oder Zulassungserteilung bestimmter Vorhaben.[2113] Gleiches gilt für die Verpflichtung zur Vornahme einer Risikoabschätzung bzw. Abschätzung der Umweltauswirkungen nach NEPA.[2114] In materieller Hinsicht kommt der Vorsorgegedanke insbesondere durch die Festlegung von Risikoschwellen zum Ausdruck; während im manchen Bereichen Null-Toleranz-Grenzen gelten und folglich jedes Risiko für das betreffende Schutzgut ausgeschlossen werden muss, gilt es in anderen Bereichen, jedes erhebliche oder unzumutbare Risiko auszuschließen.[2115] Daneben dient die im U.S-amerikanischen Recht tief verwurzelte Verpflichtung zur Einbeziehung von Kosten-Nutzen-Erwägungen und Gegenrisiken der Umsetzung des Vorsorgegedankens.[2116]

Die Gerichte prüfen zwar in Anwendung der „hard-look"-Doktrin, ob eine Behörde auf Basis der zur Verfügung stehenden Informationen und Daten zu einer angemessenen Entscheidung gelangt ist, wodurch Behörden angehalten sind, ihre Maßnahmen durch detaillierte wissenschaftliche Belege zu untermauern und verbleibende Ungewissheiten möglichst zu quantifizieren.[2117] Im Bereich behördlicher Fachkompetenz und dort, wo wissenschaftliche Zusammenhänge unklar sind, wird den Behörden aber ein beträchtlicher Einschätzungsspielraum zuerkannt.[2118]

Wenngleich auf Bundesebene eine Beteiligung der Öffentlichkeit sowohl im Rahmen des „notice-

---

[2110] *Wirth*, Precaution in International Environmental Policy and United States Law and Practice, 2002, S. 249.

[2111] *Zander*, S. 294f.; *Peel*, S. 117.

[2112] *Wirth*, Precaution in International Environmental Policy and United States Law and Practice, 2002, S. 250; *Kannan*, William & Mary Environmental Law and Policy Review 31 (2) 2007, 409 (S. 430).

[2113] *Wirth*, Precaution in International Environmental Policy and United States Law and Practice, 2002, S. 251.

[2114] *Wirth*, Precaution in International Environmental Policy and United States Law and Practice, 2002, S. 252f. Siehe hierzu auch die Ausführungen in Teil 5, Kapitel 2, I, 1, d.

[2115] *Wirth*, Precaution in International Environmental Policy and United States Law and Practice, 2002, S. 254f. Siehe hierzu auch die Ausführungen in Teil 5, Kapitel 2, I, 1, a.

[2116] Siehe hierzu die Ausführungen in Teil 5, Kapitel 2, I, 2, a und b.

[2117] *Peel*, S. 121.

[2118] Siehe hierzu die Ausführungen in Teil 5, Kapitel 2, II, 3.

and-comment rulemaking“ als auch in Zusammenhang mit Einzelentscheidungen vorgesehen ist, wird die Öffentlichkeit hauptsächlich in die Lage versetzt, von Regelungen und Entscheidungen Kenntnis zu nehmen; sofern Stellungnahmemöglichkeiten bestehen, können Stellungnahmen regelmäßig eher spät im Entscheidungsprozess abgegeben werden, was deren Einfluss auf die Entscheidungsfindung schmälert.[2119] Allerdings wird der Begriff der Öffentlichkeit weit verstanden, sodass, wenn Stellungnahmemöglichkeiten bestehen, grundsätzlich jedermann zur Äußerung berechtigt ist. Die Zusammenarbeit und Konsultation mit der in den USA ansässigen indigenen Bevölkerung genießt einen besonderen Stellenwert und ist durch zahlreiche, seitens des U.S.-Kongresses verabschiedete Regelungen, Anordnungen des U.S.-Präsidenten sowie durch einzelne Bundesbehörden erlassene Verordnungen verpflichtend vorgeschrieben.[2120] Festhalten lässt sich, dass das Vorhandensein wissenschaftlicher Ungewissheit im U.S.-amerikanischen Rechtsraum gegenwärtig nicht ausreicht, um eine Regulierungsentscheidung zu treffen, sondern ein beträchtliches Maß an wissenschaftlichen Nachweisen dafür erforderlich ist, dass die im Einzelfall vorgesehene Risikoschwelle überschritten ist.[2121] Kennzeichnend ist ferner die Bedeutung rationaler und analytischer Konzepte wie der Durchführung von quantitativen Risikoabschätzungen, Kosten-Nutzen-Analysen und der methodischen Berücksichtigung von Gegenrisiken.[2122] Die detaillierte gerichtliche Überprüfung behördlicher Entscheidungen in Anwendung der „hard-look“-Doktrin führt häufig zu ausufernden und langwierigen behördlichen Verfahren, die als „paralysis by analysis“ kritisiert werden.[2123] Wenngleich im U.S.-amerikanischen Rechtsraum eine vorsorgende Regulierung regelmäßig höheren Begründungserfordernissen unterliegt, um den gesetzlichen Anforderungen zu genügen und der gerichtlichen Prüfung standzuhalten, lässt auch das U.S.-Recht Raum für eine dem frühzeitigen Umwelt- und Gesundheitsschutz dienende, vorsorgende Regulierung.

[2119] Siehe hierzu die Ausführungen in Teil 5, Kapitel 2, III.
[2120] *Miller*, North Dakota Law Review 91 (1) 2015, 37 (S. 51f.).
[2121] *Zander*, S. 295.
[2122] *Zander*, S. 295.
[2123] *Peel*, S. 121f.

Kapitel 3: Vorsorge in Zusammenhang mit der Freisetzung von Gene Drive-Organismen

Angesichts der Fortschritte bei der Entwicklung funktionierender Gene Drive-Systeme in Laborexperimenten und den mit einer Anwendung der Gene Drive-Technik möglicherweise verbundenen Vorteilen aber auch Risiken erfolgt zunehmend eine Auseinandersetzung mit der Frage, wie Gene Drives und insbesondere Freisetzungsvorhaben mit mittels Gene Drive veränderten Organismen im U.S.-amerikanischen Recht reguliert sind bzw. inwieweit die Regelungen für einen verantwortungsvollen Umgang mit der neuartigen Gene Drive-Technik der Anpassung bedürfen.[2124]

Betont wird die Notwendigkeit der Vornahme einer umfassenden Risikoabschätzung unter Einbeziehung von Expertenwissen verschiedener Wissenschaftsdisziplinen und bestehender Ungewissheiten sowie der Einbeziehung der Öffentlichkeit und der betroffenen lokalen Bevölkerung und einer hinreichenden Transparenz etwaiger Regulierungsentscheidungen.[2125] Für erforderlich erachtet wird zudem, einmal getroffene Regulierungsentscheidungen dem wissenschaftlichen Fortschritt anzupassen.[2126]

Nachdem eingangs untersucht wurde, welche Regelungen in den USA auf die Gene Drive-Technik Anwendung finden und dargestellt wurde, wie das Konzept der Vorsorge im U.S.-amerikanischen Rechtsraum verstanden wird, soll nun analysiert werden, inwieweit der Vorsorgegedanke bei der Regulierung von Freisetzungsvorhaben mit Gene Drive-Organismen derzeit umgesetzt ist.

I. Die Regulierung von Freisetzungsvorhaben durch die EPA

Infolge des Vorabgenehmigungssystems des FIFRA und der sog. „Delaney Clause" des FDCA, die in Bezug auf möglicherweise krebserregende Pestizidrückstände in verarbeiteten Lebensmitteln einen Null-Risiko-Standard festlegte, war die Marktzulassung und Verwendung von Pestiziden sehr strikt reguliert.[2127] Die Abschaffung der sog. „Delaney Clause" im Jahr 1996 ermöglichte der EPA eine differenziertere Regulierung von Schädlingsbekämpfungsmitteln unter Berücksichtigung der mit dem Einsatz eines Pestizids einhergehenden Vor- und Nachteile.[2128]

[2124] Siehe insbesondere: *National Academy of Science Engineering and Medicine*, Gene Drives on the Horizon: Advancing Science, Navigating Uncertainty and Aligning Research with Public Values, 2016, S. 141; *Lin*, University of California Law Review 51 (1) 2017, 205 (S. 211ff.); *Dooley*, The Georgetown Environmental Law Review 30 (2) 2018, 547 (S. 547); *Collins*, BMC Proceedings 12 (8), 2018, 37 (S. 39).

[2125] *National Academy of Science Engineering and Medicine*, Gene Drives on the Horizon: Advancing Science, Navigating Uncertainty and Aligning Research with Public Values, 2016, S. 140f.

[2126] *National Academy of Science Engineering and Medicine*, Gene Drives on the Horizon: Advancing Science, Navigating Uncertainty and Aligning Research with Public Values, 2016, S. 141.

[2127] *Zander*, S. 296.

[2128] *Zander*, S. 296.

© Der/die Autor(en), exklusiv lizenziert an Springer Fachmedien Wiesbaden GmbH, ein Teil von Springer Nature 2026
I. Albrecht, *Das Vorsorgeprinzip in Zusammenhang mit der absichtlichen Freisetzung von mittels Gene Drive gentechnisch veränderten Organismen*,
https://doi.org/10.1007/978-3-658-50876-0_17

Angesichts dessen, dass eine Regulierungsentscheidung im Hinblick auf ein Gene Drive-System bislang aussteht, und allenfalls die Regulierung der durch das Unternehmen Oxitec gentechnisch veränderten Mücken einen Anhaltspunkt für die Regulierung von Gene Drive-Systemen durch die EPA bietet, ist Gegenstand des folgenden Abschnitts, inwieweit derzeit eine dem Vorsorgegedanken entsprechende Regulierung von Gene Drive-Systemen, die als Pestizide im Sinne des FIFRA gelten und freigesetzt werden sollen, existiert.

1. Erlaubnisvorbehalte für Freisetzungen in die Umwelt im Rahmen des FIFRA

Schädlingsbekämpfungsmittel bedürfen im Vorfeld ihrer Vermarktung grundsätzlich einer Zulassung (registration).[2129] Ist ein Pestizid für einen bestimmten Verwendungszweck zugelassen, kann es verwendet, d.h. in die Umwelt eingebracht werden.[2130]

Zur Vermeidung unzumutbarer nachteiliger Auswirkungen dürfen (noch) nicht zugelassene Pestizide nicht in die Umwelt eingebracht werden; ebenso untersagt ist die Einbringung in die Umwelt eines zugelassenen Pestizids für einen nicht von der Zulassung umfassten Zweck.[2131]

a. Erfordernis einer Versuchsgenehmigung für experimentelle Freisetzungsvorhaben

Soll ein noch nicht zugelassenes Schädlingsbekämpfungsmittel oder ein für eine bestimmte Verwendung nicht zugelassenes Pestizid versuchsweise in die Umwelt eingebracht werden, ist grundsätzlich die Erteilung einer Versuchsgenehmigung (experimental use permit, EUP), erforderlich.[2132]

Eine Versuchsgenehmigung wird für den kontrollierten Einsatz eines bestimmten Schädlingsbekämpfungsmittels zu einem bestimmten Zweck auf einer im Vorhinein festgelegten Fläche erteilt und kann mit Auflagen versehen werden.[2133] Die Versuchsgenehmigung dient dazu, die für eine spätere Pestizidzulassung erforderliche Daten- und Informationsgrundlage zu schaffen.[2134] Mit dem Freisetzungsvorhaben einhergehende unzumutbare nachteilige Auswirkungen auf die Umwelt und die menschliche Gesundheit sollen verhindert werden, indem das Freisetzungsvorhaben behördlich kontrolliert und überwacht und gegebenenfalls mit Auflagen versehen wird.[2135] Soll ein Tier, beispielsweise ein Insekt oder eine Maus, oder ein Mikroorganismus wie zum Beispiel Hefe zur Schädlingsbekämpfung eingesetzt werden und erfolgt die Beschleu-

[2129] 7 U.S.C. § 136a (a), 40 C.F.R. § 152.15. Eine Definition des Begriffs „Vertrieb und Verkauf“ findet sich in 7 U.S.C. § 136 (gg).

[2130] Die Verwendung des Pestizids selbst bedarf dann keiner erneuten Zulassung, *Angelo*, in: Chemical Risk Governance, 290–310 (S. 294).

[2131] 7 U.S.C. § 136c (a), 40 C.F.R. § 172.3 (a). *Kannan*, William & Mary Environmental Law and Policy Review 31 (2) 2007, 409 (S. 451f.).

[2132] 7 U.S.C. § 136c (a), 40 C.F.R. § 172.3 (a).

[2133] 2017 Update CFRB, S. 11.

[2134] 2017 Update CFRB, S. 11.

[2135] 2017 Update CFRB, S. 11.

nigung der Vererbung einer bestimmten Eigenschaft mittels eines Gene Drive-Systems, bedarf grundsätzlich jeder Freisetzungsversuch einer Versuchsgenehmigung.
In Ausnahme hierzu wird bei Versuchen in kleinem Maßstab widerleglich vermutet, dass unzumutbare nachteilige Auswirkungen nicht hervorgerufen werden.[2136] Die Erteilung einer Versuchsgenehmigung ist danach nicht erforderlich, wenn ein Freisetzungsvorhaben auf einer Gesamtfläche von weniger als 10 Hektar Land- bzw. einem Hektar Wasserfläche pro getestetem Schädling durchgeführt werden soll.[2137] Wenngleich in den aufgeführten Fällen eine Versuchsgenehmigung entbehrlich ist, kann die EPA, sofern sie im konkreten Einzelfall die regulatorische Aufsicht für erforderlich erachtet, festlegen, dass ein bestimmtes Vorhaben einer Versuchsgenehmigung bedarf.[2138]
Die widerlegliche Vermutung, dass unzumutbare Auswirkungen nicht hervorgerufen werden, besteht grundsätzlich auch bei experimentellen Freisetzungsvorhaben mit Gene Drive-Organismen in kleinem Maßstab. Leuchtet diese Regelung bei chemischen Schädlingsbekämpfungsmitteln oder pestizidbildenden Pflanzen ein, erscheint sie bei Freisetzungsversuchen mit mittels Gene Drive veränderten Tieren problematisch. Denn insbesondere bei Gene Drives mit niedrigem Schwellenwert reicht bereits eine geringe Anzahl veränderter Organismen aus, um eine ganze Population zu verändern; darüber hinaus ist nicht sichergestellt, dass sich ein freigesetzter Gene Drive-Organismus und damit die genetische Veränderung nicht außerhalb des Versuchsgebiets verbreitet. Der EPA verbleibt lediglich die Möglichkeit, für jeden experimentellen Freisetzungsversuch im kleinen Maßstab, bei dem ein mittels Gene Drive verändertes Tier freigesetzt wird, im Einzelfall festzulegen, dass die Erteilung einer Versuchsgenehmigung erforderlich ist. Besteht die Pflicht zur Erteilung einer Versuchsgenehmigung, entscheidet das OPP innerhalb einer Frist von 120 Tagen ab Eingang des entsprechenden Antrags, ob die Genehmigung – gegebenenfalls unter Auflagen – erteilt oder abgelehnt wird.[2139]

b. Erfordernis einer Anmeldung und Genehmigung für Versuche in kleinem Maßstab

Experimentelle Freisetzungsvorhaben in kleinem Maßstab müssen allerdings im Vorhinein angemeldet und genehmigt werden, wenn es sich um einen Versuch in kleinem Maßstab handelt, bei dem ein mikrobielles Pestizid absichtlich in die Umwelt eingebracht wird oder der Versuch in einer Einrichtung vorgenommen werden soll, die nicht über ausreichende Vorkehrun-

[2136] 40 C.F.R. § 172.3 (a), (b) und (c) (1) und (2).
[2137] 40 C.F.R. § 172.3 (c) (1), (2). Weiterhin ist die Erteilung einer Versuchsgenehmigung entbehrlich, wenn ein bestimmtes Schädlingsbekämpfungsmittel ausschließlich an Versuchstieren getestet wird, die nicht als Lebens- oder Futtermittel verwendet werden, 40 C.F.R. § 172.3 (c) (3). Versuchstiere sind einzelne Tiere oder Gruppen von Tieren, die ausschließlich zu Forschungszwecken eingesetzt werden und nicht für Lebensmittelzwecke verwendet werden sollen, 40 C.F.R. § 172.1.
[2138] 40 C.F.R. § 172.3 (e).
[2139] 7 U.S.C. § 136c (a).

gen verfügt, um ein Entweichen in die Umwelt zu verhindern.[2140] Relevanz gewinnt in diesem Zusammenhang die Vorschrift des 40 C.F.R. § 172.45 (e), wonach Voraussetzung für die Zulässigkeit eines Kleinversuchs mit einem mikrobiellen Schädlingsbekämpfungsmittel ist, dass Begrenzungs- und Inaktivierungsmethoden vorhanden sind, die im Vorfeld eines Freisetzungsvorhabens seitens der EPA für ausreichend erachtet wurden. Alternativ kann in diesen Fällen die Erteilung einer Versuchsgenehmigung beantragt werden.[2141] So soll der Tatsache Rechnung getragen werden, dass mikrobielle Pestizide lebende Organismen darstellen, die sich vermehren und in der Umwelt verbreiten können.[2142]

Mikrobielles Pestizid meint jeden mikrobiellen Wirkstoff, der zur Vorbeugung, Vernichtung, Abwehr oder Milderung von Schädlingen bestimmt ist, der ein eukaryotischer oder prokaryotischer Mikroorganismus oder ein sich parasitär replizierendes mikroskopisches Element, einschließlich, aber nicht beschränkt auf, Viren, ist.[2143] Mikrobielle Pestizide in diesem Sinne bedürfen jedoch nur dann einer Anmeldung und Genehmigung, sofern deren pestizide Eigenschaften durch die Einbringung von absichtlich verändertem genetischen Material – indem also Nukleotidsequenzen hinzugefügt, verändert oder entfernt werden – vermittelt oder verstärkt wurden.[2144]

Zwar handelt es sich bei Veränderungen mittels Gene Drive nicht um mit Viren vergleichbare, sich parasitär replizierende mikroskopische Elemente. Allerdings könnten beispielsweise mittels Gene Drive veränderte Hefen, die eukaryotische Mikroorganismen darstellen, als mikrobielle Pestizide dem Anmeldungs- und Genehmigungserfordernis unterliegen, wenn die Hefen zur Bekämpfung von Schädlingen eingesetzt werden sollen und pestizide Eigenschaften durch die Einbringung von absichtlich verändertem genetischen Material hervorgerufen oder verstärkt werden. Für experimentelle Freisetzungsvorhaben in kleinem Maßstab mit mittels Gene Drive veränderten Tieren ist eine derartige Anmelde- und Genehmigungspflicht nicht vorgesehen.

Unterfällt ein mikrobielles Pestizid der Anmelde- und Genehmigungspflicht, muss die Anmeldung mindestens 90 Tage vor Durchführung des Freisetzungsversuchs eingereicht werden.[2145] Das OPP hat innerhalb von 90 Tagen über die Genehmigungserteilung zu entscheiden.[2146] Es können dabei zunächst zusätzliche Informationen gefordert werden, um über die Durchführung des Versuchs entscheiden zu können, das OPP kann die Genehmigung (ggf. unter der Bedin-

2140 40 C.F.R. § 172.45 (a) (1) und (2).
2141 40 C.F.R. § 172.45 (b).
2142 *Angelo*, in: Chemical Risk Governance, 290–310 (S. 307).
2143 40 C.F.R. § 172.43.
2144 40 C.F.R. § 172.45 (c) (i), 40 C.F.R. § 172.43. Eine Rückausnahme gilt wiederum für solche gentechnisch veränderten mikrobiellen Pestizide, bei denen lediglich eine Deletion oder Veränderung eines einzelnen Gens vorgenommen wurde, 40 C.F.R. § 172.45 (d) (1) (i). Eine Anmeldung und Genehmigung ist ferner erforderlich für nicht einheimische mikrobielle Pestizide, gegen die das U.S. Landwirtschaftsministerium keine Maßnahmen ergriffen hat und die in die Vereinigten Staaten eingebracht wurden, 40 C.F.R. § 172.45 (c) (ii).
2145 40 C.F.R. § 172.46 (a).
2146 40 C.F.R. § 172.50 (a).

gung, dass der geplante Versuch abgeändert wird) erteilen oder ablehnen oder verlangen, dass eine Versuchsgenehmigung beantragt wird.[2147]

c. Zulassungspflicht

Im Anschluss an eine experimentelle Freisetzung, die mittels einer Versuchsgenehmigung oder – im Falle bestimmter gentechnisch veränderter mikrobieller Pestizide – einer genehmigten Anmeldung durch das OPP autorisiert wurde, kann die endgültige Zulassung eines Pestizids beantragt werden.[2148]

Wurden in Bezug auf Veränderungen mittels eines Gene Drive-Systems im Zuge von experimentellen Freisetzungsvorhaben ausreichend Informationen und Daten zusammengetragen und eine ausreichende Datengrundlage geschaffen, kann die Zulassung beantragt werden, die eine Vermarktung und die anschließende Verwendung erlaubt.

Das OPP kann die Genehmigung entweder erteilen oder ablehnen.[2149] Alternativ kann bei Vorliegen der entsprechenden Voraussetzungen auch eine bedingte Genehmigung erteilt werden.[2150]

d. Die Möglichkeit der Erteilung von Ausnahmen von der Genehmigungspflicht

In bestimmten Notsituationen kann eine Befreiung von den Vorgaben des FIFRA und damit auch von der Verpflichtung, für die Einbringung eines Schädlingsbekämpfungsmittels in die Umwelt eine vorherige Erlaubnis einzuholen, gewährt werden.[2151]

Eine derartige Ausnahmesituation ist gegeben, wenn ein erheblicher wirtschaftlicher Verlust oder ein erhebliches Risiko für gefährdete oder bedrohte Arten, Nützlinge oder die Umwelt abgewendet werden soll, die Einschleppung oder Ausbreitung eines Schädlings bekämpft werden soll, der eine invasive Art darstellt oder bislang auf dem Gebiet der in den Vereinigten Staaten nicht vorkam, ein Schädling kontrolliert werden muss, der ein erhebliches Risiko für die menschliche Gesundheit darstellt oder der Zeitraum zwischen dem Auftreten einer Notlage und der Notwendigkeit eines Pestizideinsatzes zu kurz ist, um eine anderweitige Befreiung zu erlangen.[2152]

Ist im Falle eines gentechnisch veränderten mikrobiellen Pestizids für die Vornahme eines Kleinversuchs die vorherige Anmeldung und Genehmigung erforderlich, kann von Amts wegen oder auf Antrag eine Ausnahme von der Anmelde- und Genehmigungspflicht für ein bestimmtes

[2147] 40 C.F.R. § 172.50 (b) (1) bis (5).
[2148] 7 U.S.C. § 136a (a); 40 C.F.R. § 152.42.
[2149] 7 U.S.C. § 136a (c) (5) und (6).
[2150] 7 U.S.C. § 136a (c) (7).
[2151] 7 U.S.C. § 136p, 40 C.F.R. § 166.1 (a).
[2152] 40 C.F.R. § 166.2 (a) bis (d).

mikrobielles Pestizid oder eine Klasse von Pestiziden erteilt werden.[2153]
Erfordert der Schutz der Umwelt eine vorherige Zulassung nicht, kann eine Ausnahme von der Zulassungspflicht erteilt werden.[2154] Voraussetzung ist, dass von einem Schädlingsbekämpfungsmittel eine niedrige Wahrscheinlichkeit eines Risikos für die Umwelt ausgeht und der Eintritt unangemessenen nachteiliger Auswirkungen für die Umwelt selbst in Abwesenheit regulatorischer Aufsicht unwahrscheinlich ist.[2155]

2. Die Vornahme einer Risikoabschätzung

Um die mit einer Genehmigungserteilung einhergehenden Risiken für die Umwelt und die menschliche Gesundheit abzuschätzen, nimmt die EPA in der Regel eine ökologische Risikoabschätzung vor.[2156] Mittels einer ökologischen Risikoabschätzung werden die ökologischen Auswirkungen der Exposition gegenüber einem oder mehreren Stressoren bewertet.[2157] Vorteil ist, dass sowohl negative als auch positive Auswirkungen analysiert werden können.[2158]
An eine Planungsphase schließt sich die Phase der Problemformulierung an, in der der zeitliche und räumliche Umfang der Risikoabschätzung sowie die in die Abschätzung einzubeziehenden Stressoren und Endpunkte ermittelt werden.[2159] Im Rahmen der sich anschließenden Analyse erfolgt eine Expositions- und Folgenabschätzung.[2160] Bei der Expositionsbewertung wird bestimmt, welche Umweltbestandteile den Umweltstressoren in welchem Ausmaß ausgesetzt oder wahrscheinlich ausgesetzt sind.[2161] Im Zuge der Folgenabschätzung wird geprüft, inwieweit die ermittelte Exposition zu möglichen schädlichen Auswirkungen führen kann.[2162] Schließlich werden die Risiken charakterisiert, also beschrieben und das Gesamtrisiko abgeschätzt, wobei berücksichtigt wird, inwieweit wissenschaftliche Ungewissheiten die Bewertung beeinflussen.[2163] Die EPA selbst betont, dass wissenschaftliche Ungewissheit im Rahmen der Risikoabschätzung so genau wie möglich zu identifizieren und einzuordnen ist.[2164]

[2153] 40 C.F.R. § 172.52 (a).
[2154] 7 U.S.C. § 136w (b) (2).
[2155] 40 C.F.R. § 152.25.
[2156] *National Academy of Science Engineering and Medicine*, Gene Drives on the Horizon: Advancing Science, Navigating Uncertainty and Aligning Research with Public Values, 2016, S. 109.
[2157] *EPA*, Ecological Risk Assessment, abrufbar unter: *https://www.epa.gov/risk/ecological-risk-assessment*, zuletzt aufgerufen am 31.01.2024, im Folgenden: *EPA*, Ecological Risk Assessment. Siehe hierzu auch: *National Academy of Science Engineering and Medicine*, Gene Drives on the Horizon: Advancing Science, Navigating Uncertainty and Aligning Research with Public Values, 2016, S. 108ff.; *Brooks*, University of Illinois Journal of Law, Technology & Policy 1 2020, 201 (S. 216ff.).
[2158] *National Academy of Science Engineering and Medicine*, Gene Drives on the Horizon: Advancing Science, Navigating Uncertainty and Aligning Research with Public Values, 2016, S. 108f.
[2159] *EPA*, Ecological Risk Assessment.
[2160] *EPA*, Ecological Risk Assessment.
[2161] *EPA*, Ecological Risk Assessment.
[2162] *EPA*, Ecological Risk Assessment.
[2163] *EPA*, Ecological Risk Assessment.
[2164] *EPA*, An Examination of EPA Risk Assessment Principles and Practices, 2004, S. 30ff.

Im Rahmen der Risikoabschätzung in Zusammenhang mit der Freisetzung der gentechnisch veränderten Mücken der Art *Aedes aegypti* wurden lediglich mögliche negative Auswirkungen untersucht.[2165] Die EPA kam zu dem Ergebnis, die geplante Freisetzung führe nicht zu unzumutbaren nachteiligen Umweltauswirkungen.[2166] In Bezug auf die menschliche Gesundheit wurde untersucht, ob die in den Mücken mittels Gentechnik vorhandenen Substanzen giftig sind oder ein Allergierisiko besteht und ob die Freisetzung der gentechnisch veränderten Mücken zu einer erhöhten Krankheitsübertragungsrate, einer Vergrößerung der Mückenpopulationen oder widerstandsfähigeren Mücken führen kann.[2167] Im Rahmen der Untersuchung der Umweltauswirkungen wurden mögliche Auswirkungen auf diverse Nichtzielorganismen untersucht. Entsprechend der Vorgaben des ESA wurde auch untersucht, ob Auswirkungen auf gelistete Arten oder kritische Lebensräume möglich sind.[2168]

Die EPA wendet grundsätzlich eine quantitative Risikoabschätzung an, in deren Rahmen Ursache-Wirkungs-Zusammenhänge analysiert und wissenschaftliche Ungewissheiten berücksichtigt werden können.[2169] Gegenüber einer qualitativen Risikoabschätzung, bei der ein Risiko als hoch, mittel oder niedrig eingestuft wird und die Charakterisierung und Berücksichtigung wissenschaftlicher Ungewissheit regelmäßig unterbleibt, ist die wahrscheinlichkeitsbezogene quantitative Risikoabschätzung exakter und nachvollziehbarer.[2170] Vor diesem Hintergrund wird die Vornahme einer quantitativen Risikoabschätzung auch in Zusammenhang mit Freisetzungsvorhaben mit Gene Drive-Systemen im Ausgangspunkt für angemessen angesehen.[2171] Problematisch erscheint hingegen, dass die mit Blick auf chemische Pestizide entwickelte Risikoabschätzung anstelle zahlreicher Wechselwirkungen, Mehrfachstressoren und Endpunkten nur wenige konkrete Auswirkungen in einem begrenzten Gebiet berücksichtigt und eine mögliche Veränderung der Auswirkungen im Laufe der Zeit kaum Beachtung erfährt.[2172]

[2165] *EPA*, Human Health and Environmental Risk Assessment of OX5034 *Aedes aegypti*, 30.04.2020, S. 49f.; *EPA*, Human Health and Environmental Risk Assessment of OX5034 *Aedes aegypti*, 03.03.2022, S. 4f.

[2166] *EPA*, Human Health and Environmental Risk Assessment of OX5034 *Aedes aegypti*, 30.04.2020, S. 49f.; *EPA*, Human health and Environmental Risk Assessment of OX5034 *Aedes aegypti*, 03.03.2022, S. 4f.

[2167] *EPA*, Human Health and Environmental Risk Assessment of OX5034 *Aedes aegypti*, 30.04.2020, S. 49f.; *EPA*, Human health and Environmental Risk Assessment of OX5034 *Aedes aegypti*, 03.03.2022, S. 4f.

[2168] *EPA*, Human Health and Environmental Risk Assessment of OX5034 *Aedes aegypti*, 30.04.2020, S. 49f.; *EPA*, Human health and Environmental Risk Assessment of OX5034 *Aedes aegypti*, 03.03.2022, S. 4f.

[2169] *National Academy of Science Engineering and Medicine*, Gene Drives on the Horizon: Advancing Science, Navigating Uncertainty and Aligning Research with Public Values, 2016, S. 109; *Brooks*, University of Illinois Journal of Law, Technology & Policy 1 2020, 201 (S. 217).

[2170] *Brooks*, University of Illinois Journal of Law, Technology & Policy 1 2020, 201 (S. 217).

[2171] *National Academy of Science Engineering and Medicine*, Gene Drives on the Horizon: Advancing Science, Navigating Uncertainty and Aligning Research with Public Values, 2016, S. 109f. Angesichts dessen, dass sich Gene Drive-Systeme in freier Wildbahn verbreiten sollen, sei die in Zusammenhang mit invasiven Arten vorgenommene Risikoabschätzung allerdings möglicherweise eher geeignet, als Vorbild zu dienen als die bezüglich gentechnisch veränderter Organismen erstellten Risikoabschätzungen, *National Academy of Science Engineering and Medicine*, Gene Drives on the Horizon: Advancing Science, Navigating Uncertainty and Aligning Research with Public Values, 2016, S. 110.

[2172] *National Academy of Science Engineering and Medicine*, Gene Drives on the Horizon: Advancing Science, Navigating Uncertainty and Aligning Research with Public Values, 2016, S. 110f.; *Brooks*, University of Illinois

3. Voraussetzungen für die Genehmigungserteilung

Neben der Frage, ob und inwieweit Freisetzungsvorhaben mit Gene Drive-Organismen im Vorfeld seitens der EPA geprüft werden, ist für die Umsetzung des Vorsorgegedankens bei der Genehmigungserteilung von entscheidender Bedeutung, wie die Darlegungs- und Beweislast verteilt ist und welche Voraussetzungen erfüllt sein müssen, damit die Genehmigung erteilt wird.

a. Die Verteilung der Darlegungs- und Beweislast

Begehrt ein Antragsteller die Erteilung einer Versuchsgenehmigung, einer Genehmigung für die Vornahme eines Kleinversuchs mit einem mikrobiellen Pestizid oder die Zulassung eines Pestizids, hat er sämtliche Informationen beizubringen, die für die Entscheidung, ob das Schädlingsbekämpfungsmittel die Genehmigungsvoraussetzungen erfüllt, also keine unzumutbaren nachteiligen Auswirkungen auf die Umwelt hervorruft, erforderlich sind.[2173] Hintergrund dieser bei Vorabgenehmigungsverfahren häufig anzutreffenden Verpflichtung zur Informationsbereitstellung durch den Antragsteller ist, dass dieser typischerweise am ehesten über die betreffenden Informationen verfügt.[2174] Der Dokumentationsaufwand für den Antragsteller im Rahmen des FIFRA ist damit hoch.[2175]

Mit dem Antrag auf Erteilung einer Versuchsgenehmigung für die Freisetzung von mittels Gene Drive veränderten Tieren oder Mikroorganismen sind insbesondere Angaben zu Ziel und Zweck des Vorhabens, dessen Ablauf und der Versuchsparameter, zu den betroffenen Schädlingsorganismen, zu der Menge der freizusetzenden Organismen sowie zur Versuchsumgebung und der von dem Versuch betroffenen oder möglicherweise betroffenen Pflanzen- und Tierwelt erforderlich.[2176] Mitzuteilen ist, in welchem zeitlichen Rahmen der Freisetzungsversuch geplant ist und wie der Freisetzungsversuch überwacht werden soll.[2177] Um die Auswirkungen auf die Zielorganismen selbst und auf Pflanzen, Tiere und Insekten, die im Bereich des Freisetzungsstandorts vorkommen und mögliche nachteilige Auswirkungen auf die Umwelt abschätzen zu können, sind dem Antrag die Ergebnisse etwaiger früherer Versuche beizufügen.[2178] Weitere Informationen, insbesondere zur exakten Zusammensetzung und Funktionsweise des

Journal of Law, Technology & Policy 1 2020, 201 (S. 218).

2173 *Angelo*, in: Chemical Risk Governance, 290–310 (S. 292). Die Anforderungen betreffend die Erteilung einer Versuchsgenehmigung finden sich in 40 C.F.R. § 172.4 (b), im Hinblick auf die Anmeldung und Genehmigung eines Kleinversuchs enthält 40 C.F.R. § 172.48 entsprechende Vorgaben. Welche Informationen für Erteilung einer Zulassung erforderlich sind, ergibt sich aus 7 USC § 136a (c), 40 C.F.R. § 152.50 (b) bis (i). Vorgaben zur Beibringung von Daten und Informationen sind ferner 40 C.F.R. §§ 158ff. zu entnehmen.

2174 *Zander*, S. 305.

2175 *Hohmeyer* u. a., S. 71.

2176 40 C.F.R. § 172.4 (b) (1) (iii).

2177 40 C.F.R. § 172.4 (b) (1) (iii).

2178 40 C.F.R. § 172.4 (b) (1) (vi).

Schädlingsbekämpfungsmittels, sind erforderlich, sofern es sich um bislang nicht zugelassene Schädlingsbekämpfungsmittel handelt.[2179] Der Anmeldung eines mikrobiellen Schädlingsbekämpfungsmittels sind eine Vielzahl an Informationen betreffend den Mikroorganismus, dessen genetische Veränderung sowie die Auswirkungen auf die Umwelt, beispielsweise das Potenzial eines Gentransfers auf andere Organismen, beizufügen.[2180]

Auf Basis der seitens des Antragstellers beigebrachten Informationen obliegt es der EPA, mögliche Auswirkungen auf die Umwelt und Gesundheit festzustellen.[2181] Möchte die EPA die Genehmigung versagen, muss die Behörde Nachweise dafür vorbringen, dass mit dem (versuchsweisen) Einsatz des Schädlingsbekämpfungsmittels nachteilige Auswirkungen auf die Umwelt einhergehen.[2182] Erst in einem zweiten Schritt obliegt es dem Antragsteller, Nachweise dahingehend vorzubringen, dass die nachteiligen Umweltauswirkungen nicht unzumutbar sind.[2183] Allein wissenschaftliche Ungewissheit hinsichtlich möglicher nachteiliger Folgen rechtfertigt die Versagung einer Genehmigung nicht.[2184] Dadurch, dass zunächst die EPA Nachweise für das Bestehen nachteiliger Umweltauswirkungen vorbringen muss, wird verhindert, dass eine Genehmigung basierend auf bloßen Vermutungen schädlicher Auswirkungen versagt wird.[2185] Es besteht allerdings gerade dann, wenn – wie bei der Freisetzung von mittels Gene Drive veränderten Organismen – die Ungewissheit hinsichtlich möglicher nachteilige Folgen besonders groß ist, die Gefahr, dass der EPA ein entsprechender Nachweis nicht gelingt und ein Freisetzungsvorhaben behördlich nicht untersagt werden kann.[2186] Indem der Antragsteller, sofern der EPA der Nachweis schädlicher Umweltauswirkungen gelingt und er die Genehmigung dennoch erhalten möchte, nachweisen muss, dass die Umweltrisiken jedenfalls nicht unzumutbar sind, wird die Umwelt davor geschützt, dass angesichts bestehender Ungewissheiten fälschlicherweise davon ausgegangen wird, die Risikoschwelle sei nicht erreicht.[2187]

[2179] 40 C.F.R. § 172.4 (b) (3).

[2180] 40 C.F.R. § 172.48 (a) bis (m).

[2181] 2017 Update CFRB, S. 11.

[2182] *Allen*, Florida Law Review 42 (3) 1990, 531 (S. 546); *Applegate*, Columbia Law Review 91 (2) 1991, 261 (S. 268); *Kannan*, William & Mary Environmental Law and Policy Review 31 (2) 2007, 409 (S. 452); *Zander*, S. 305.

[2183] *Zander*, S. 305. Beabsichtigt die EPA hingegen, eine bereits erteilte Zulassung aufzuheben oder zu suspendieren, obliegt ihr der Nachweis, dass das Schädlingsbekämpfungsmittel erhebliche Sicherheitsbedenken (substantial question of safety) verursacht: „The legislative history supports the conclusion that congress intended any substantial question of safety to trigger the issuance of cancellation notices, shifting to the manufacturer the burden of proving the safety of his product", *Environmental Defense Fund v. Ruckelshaus*, 439 F.2d 584 (D.C. Cir. 1971).

[2184] *Allen*, Florida Law Review 42 (3) 1990, 531 (S. 546).

[2185] *Kannan*, William & Mary Environmental Law and Policy Review 31 (2) 2007, 409 (S. 452).

[2186] Siehe hierzu allgemein: *Applegate*, Columbia Law Review 91 (2) 1991, 261 (S. 265f.); *Allen*, Florida Law Review 42 (3) 1990, 531 (S. 546). In diesem Fall ist der Anreiz für den Antragsteller, etwaige Ungewissheiten durch weitere Forschung zu beseitigen, gering, *Allen*, Florida Law Review 42 (3) 1990, 531 (S. 546).

[2187] *Kannan*, William & Mary Environmental Law and Policy Review 31 (2) 2007, 409 (S. 452).

b. Kein Hervorrufen „unzumutbarer nachteiliger Auswirkungen auf die Umwelt“

Voraussetzung dafür, dass die Genehmigung für experimentelle Freisetzungsvorhaben, Kleinversuche mit mikrobiellen Pestiziden sowie die Zulassung eines Schädlingsbekämpfungsmittels erteilt wird, ist, dass keine unzumutbaren nachteiligen Auswirkungen auf die Umwelt (unreasonable adverse effects on the environment) verursacht werden.[2188]

Ausweislich der Legaldefinition ist unter unzumutbaren nachteiligen Auswirkungen auf die Umwelt jedes unzumutbare Risiko für den Menschen oder die Umwelt zu verstehen, wobei ökonomische, soziale und umweltbezogene Kosten und Vorteile des Einsatzes des Schädlingsbekämpfungsmittels zu berücksichtigen sind.[2189] Umwelt meint in diesem Zusammenhang Wasser, Luft, Boden, sowie Pflanzen, Menschen und Tiere und die zwischen ihnen bestehenden Wechselbeziehungen.[2190]

Es handelt sich nicht um einen Null-Risiko-Standard, demzufolge die Genehmigung nur erteilt würde, wenn keinerlei nachteilige Umweltauswirkungen hervorgerufen werden, sondern es wird gewisses Maß an Sicherheit gefordert.[2191] Bei der Beurteilung, ob unzumutbare nachteilige Umweltauswirkungen gegeben sind, hat die EPA nicht nur Risiken für die menschliche Gesundheit und die Umwelt zu berücksichtigen, sondern im Einzelfall Kosten und Nutzen des Einsatzes des Schädlingsbekämpfungsmittels und etwaige Gegenrisiken gegeneinander abzuwägen; ökonomische und soziale Vor- und Nachteile sind in die Betrachtung einzustellen.[2192] An den mit einem Freisetzungsvorhaben einhergehenden Nutzen werden in diesem Zusammenhang keine hohen Anforderungen gestellt, berücksichtigungsfähig sind vielfältige (un)mittelbare vorteilhafte Auswirkungen.[2193] Ob ein mit der Freisetzung einhergehendes Risiko im Einzelfall unzumutbar ist, ist somit im Rahmen einer Gesamtbetrachtung und umfassenden Abwägung sämtlicher Kosten und Nutzen festzulegen, bei der der EPA ein gewisser Spielraum zukommt.[2194] Je eher das Gefahrenpotential durch den Einsatz eines Schädlingsbekämpfungsmittels reduziert wird, desto eher kann ein verbleibendes Gefährdungspotential to-

---

2188 7 U.S.C. § 136a (c) (5), 40 C.F.R. § 152.112 (e), 40 C.F.R. § 172.5 (a), 40 C.F.R. § 172.50 (b) (5).

2189 7 U.S.C. § 136 (bb) (1). Von unzumutbaren nachteiligen Umweltauswirkungen ist ferner auszugehen, wenn der Einsatz des Schädlingsbekämpfungsmittels zu Rückständen in oder auf Lebensmitteln führt, die nicht den Vorgaben des FDCA entsprechen und hierdurch ein Risiko für die menschliche Ernährung besteht, 7 U.S.C. § 136 (bb) (2). Dieses mit Blick auf chemische Pestizide entwickelte Kriterium hat im Hinblick auf Gene Drive-Systeme in lebenden Organismen kaum Relevanz, *Brooks*, University of Illinois Journal of Law, Technology & Policy 1 2020, 201 (S. 215).

2190 7 U.S.C. § 136 (j).

2191 *Applegate*, Columbia Law Review 91 (2) 1991, 261 (S. 268); *Zander*, S. 302.

2192 *Applegate*, Columbia Law Review 91 (2) 1991, 261 (S. 269); *Pohl*, S. 176; *Zander*, S. 302; *Angelo*, in: Chemical Risk Governance, 290–310 (S. 291).

2193 *Pohl*, S. 178.

2194 *Zander*, S. 302; *Angelo*, in: Chemical Risk Governance, 290–310 (S. 291). Beispielsweise führt die Tatsache, dass bereits ein ähnliches Produkt für den US-Markt zugelassen ist, für sich genommen nicht zur Versagung der Zulassung; allerdings kann dies im Rahmen der Abwägungsentscheidung, ob im Einzelfall unzumutbare nachteilige Umweltauswirkungen gegeben sind, berücksichtigt werden, *Zander*, S. 306 und 308.

leriert werden.[2195] Überwiegen die ökonomischen und sozialen Vorteile eines Pestizideinsatzes im Einzelfall die damit einhergehenden ökologischen Nachteile, ist die Genehmigung zu erteilen.[2196] FIFRA erlaubt es damit beispielsweise, ein Pestizid zuzulassen, das Wildtieren schadet, sofern die mit seinem Einsatz einhergehenden Vorteile überwiegen.[2197] Bei Schädlingsbekämpfungsmitteln, die der Kontrolle von Krankheitserregern dienen sollen, sind die mit dem Einsatz des Pestizids einhergehenden Risiken mit den Gesundheitsrisiken ohne Pestizideinsatz abzuwägen.[2198]

Zwar ist die Genehmigungsversagung auch dann möglich, wenn hinsichtlich möglicher nachteiliger Auswirkungen (noch) wissenschaftliche Ungewissheit besteht.[2199] Allerdings kann wissenschaftliche Ungewissheit hinsichtlich nachteiliger Auswirkungen eines Pestizids mit den in der Regel bezifferbaren Kosten der Genehmigungsversagung aufgewogen werden; sind die Kosten einer Genehmigungsversagung entsprechend hoch, kann die Genehmigung erteilt werden, auch wenn etwaige nachteilige Umweltauswirkungen wissenschaftlich ungewiss sind.[2200] In der Praxis wird in Fällen wissenschaftlicher Ungewissheit hinsichtlich nachteiliger Umweltauswirkungen mangels Zeit und Ressourcen eine Genehmigung in der Regel eher erteilt als versagt.[2201] Sind beispielsweise die seitens des Antragstellers beigebrachten Testergebnisse inkonsistent oder die Informationen unzureichend oder unvollständig, obliegt es der EPA, dies festzustellen; gelingt dies der EPA nicht oder nicht in ausreichendem Maße, läuft eine Entscheidung, wonach die Genehmigung dennoch versagt wird, Gefahr, in einem gerichtlichen Verfahren mangels entsprechender stichhaltiger Beweise aufgehoben zu werden.[2202] Zu einer Praxis, wonach eine beantragte Genehmigung eher erteilt als versagt wird, trägt zudem bei, dass die Feststellung unzumutbarer nachteiliger Umweltauswirkungen eine auf einer Vielzahl von Informationen beruhende komplexe Abwägung im Einzelfall erfordert und nicht etwa spezifische Emissions- oder Expositionsstandards existieren; fehlt es an entsprechenden Nachweisen

[2195] *Hohmeyer* u. a., S. 54.

[2196] *Cook*, Ecology Law Quarterly 37 (2) 2010, 451 (S. 456).

[2197] *Angelo*, in: Chemical Risk Governance, 290–310 (S. 301).

[2198] 7 U.S.C. § 136 (bb).

[2199] „[...] requires the Administrator to determine that the use of a pesticide in a particular application creates unreasonable risks, though not necessary actual adverse consequences [...]“, *Ciba-Geigy Corporation v. EPA*, 874 F.2d 277 (5th. Cir. 1989).

[2200] Hierzu in Zusammenhang mit der Aufhebung einer erteilten Zulassung: „[...] the Administrator himself [...] might determine after an administrative hearing [...] that scientific uncertainty as to the danger of a particular pesticide (combined perhaps with the economic impact of cancellation on „agricultural commodities, retail food prices and [ ] the agricultural economy,“) [...] indicates that the registration should not be cancelled.“, *National Coalition Against Misuse of pesticides et al. v. EPA*, 867 F.2d 636 (D.C. Cir. 1989).

[2201] *Graf*, Ecology Law Quarterly 28 (3) 2001, 463 (S. 692): „In many situations, risk that is „uncertain“ will not be considered „unreasonable“, particularly when compared to the readily quantifiable economic impacts to farmers and consumers resulting from regulation. Even more significantly, uncertainty in risk assessment may substantially hinder regulation when the regulatory agency bears the burden of establishing the „risk“ posed by a particular activity.“ Siehe ferner: *Kuzma/Meghani*, EMBO Reports 10 (12) 2009, 1288 (S. 1288f.).

[2202] *Graf*, Ecology Law Quarterly 28 (3) 2001, 463 (S. 693).

oder sind diese lückenhaft, wird die Genehmigung erteilt.[2203]
Sind im Falle eines Antrags auf Erteilung einer Genehmigung zur Freisetzung von mittels Gene Drive veränderten Organismen die Kosten einer Genehmigungsversagung entsprechend hoch, könnte trotz wissenschaftlicher Ungewissheit hinsichtlich möglicher Auswirkungen auf die Umwelt oder die menschliche Gesundheit eine Genehmigung erteilt werden. Die Problematik, dass wissenschaftliche Ungewissheit hinsichtlich nachteiliger Auswirkungen auf die Umwelt durch die einfacher feststellbaren Kosten der Genehmigungsversagung aufgewogen werden, ist hierbei besonders virulent. Auch ist gerade bei der Freisetzung von mittels Gene Drive veränderten Organismen die Risikoabschätzung besonders komplex und informationsintensiv[2204], sodass die Gefahr besteht, dass bestimmte nachteilige Auswirkungen nicht oder nur unzureichend ermittelt und analysiert werden und die Genehmigung ohne ausreichende Berücksichtigung wissenschaftlicher Ungewissheiten erteilt wird.

4. Die Überprüfung einer einmal getroffenen Zulassungsentscheidung

Von der erstmaligen Erteilung einer Genehmigung nach den Vorgaben des FIFRA ist die Frage zu trennen, inwieweit eine genehmigte Tätigkeit im Anschluss zu überwachen ist und wann eine erteilte Genehmigung überprüft bzw. widerrufen, aufgehoben oder suspendiert werden kann.

a. Zeitlich begrenzte Zulassungsentscheidung

Sämtliche nach den Vorgaben des FIFRA getroffenen Zulassungsentscheidungen sind zeitlich begrenzt und bedürfen gegebenenfalls einer Verlängerung.
Eine Versuchsgenehmigung wird für einen begrenzten Zeitraum von in der Regel einem Jahr erteilt.[2205] Die Genehmigung eines Kleinversuchs mit mikrobiellen Pestiziden wird ohnehin lediglich für ein konkretes, zeitlich begrenztes Vorhaben erteilt.[2206] Die Marktzulassung eines Schädlingsbekämpfungsmittels wird grundsätzlich für 15 Jahre erteilt und sodann alle 15 Jahre periodisch überprüft.[2207] Hierdurch soll sichergestellt werden, dass ein einmal zugelassenes Pestizid aktuellen Standards genügt und wissenschaftliche Fortschritte sowie neuartige Informationen, insbesondere auch bezogen auf die Auswirkungen auf die menschliche Gesundheit und die Umwelt, ausreichend Berücksichtigung finden.[2208]

2203 *Graf*, Ecology Law Quarterly 28 (3) 2001, 463 (S. 694). Beispielsweise war das Insektizid Chlorpyrifos seit dem Jahr 1965 zugelassen, bis die Zulassung für bestimmte Verwendungen im Jahr 2000 auslief, nachdem Studien ergeben hatten, dass von dem Insektizid eine schädliche Wirkung auf das Gehirn Neugeborener ausgeht, *Graf*, Ecology Law Quarterly 28 (3) 2001, 463 (S. 694).

2204 Siehe hierzu: *National Academy of Science Engineering and Medicine*, Gene Drives on the Horizon: Advancing Science, Navigating Uncertainty and Aligning Research with Public Values, 2016, S. 109f.

2205 40 C.F.R. § 172.5 (b).

2206 40 C.F.R. § 172.48 (k) (11).

2207 7 U.S.C. § 136a (g) (1) (A) (i) (iii) (iv), 40 C.F.R. § 155.40 (a).

2208 40 C.F.R. § 155.40 (a) (1). *Angelo*, in: Chemical Risk Governance, 290–310 (S. 296).

Im Hinblick auf die Freisetzung von mittels Gene Drive veränderten Organismen erscheint problematisch, dass sich bestimmte Gene Drive-Systeme, einmal freigesetzt, zeitlich und räumlich unbegrenzt innerhalb einer Zielpopulation verbreiten und dort auf unbestimmte Zeit fortbestehen.[2209] Selbst wenn nach Ablauf der im Einzelfall festgesetzten Frist keine weiteren Gene Drive-Organismen freigesetzt werden, verbleibt im Falle von sich selbst erhaltenden, örtlich nicht begrenzbaren Gene Drives, die die Zielpopulation verändern, das freigesetzte Gene Drive-System in der Umwelt. Freisetzungsvorhaben mit derartigen Gene Drive-Systemen können daher grundsätzlich nicht zeitlich begrenzt werden.

b. Überwachungspflichten und Verpflichtung zur Weitergabe zusätzlicher Informationen

Dem Ziel der Anpassung an den wissenschaftlichen Fortschritt dient auch die Verpflichtung des Antragstellers, der EPA im Falle eines zugelassenen Schädlingsbekämpfungsmittels etwaige neue Informationen und Erkenntnisse betreffend unzumutbare nachteilige Auswirkungen auf die Umwelt zu übermitteln.[2210] Gleiches gilt für die entsprechende Verpflichtung zur Informationsweitergabe an die EPA im Falle eines Kleinversuchs mit mikrobiellen Schädlingsbekämpfungsmitteln[2211] bzw. einer Versuchsgenehmigung[2212].
Um etwaige nachteilige Auswirkungen frühzeitig festzustellen, unterliegt der Antragsteller der Verpflichtung, experimentelle Freisetzungsvorhaben kontinuierlich zu überwachen und die erlangten Testergebnisse zu bewerten.[2213] Zu Zwecken der Überwachung ist Mitarbeitern der EPA jederzeit Zugang zum Testgelände sowie zu sämtlichen Informationen zu gewähren.[2214] Spätestens 180 Tage nach Ablauf der Versuchsgenehmigung ist der EPA ein finaler Bericht mit sämtlichen erlangten Daten und Informationen zu übermitteln.[2215] Da auch bei Kleinversuchen mit mikrobiellen Schädlingsbekämpfungsmitteln Erkenntnisse über mögliche nachteilige Auswirkungen auf die Umwelt oder Gesundheit der EPA übermittelt werden müssen, ist auch deren Durchführung kontinuierlich zu überwachen.

c. Widerruf, Aufhebung oder Aussetzung einer Genehmigung bzw. Zulassung

Eine erteilte Versuchsgenehmigung kann vor allem dann widerrufen werden, wenn sich nachträglich herausstellt, dass die darin getroffenen Bestimmungen oder Bedingungen bzw. Auflagen nicht ausreichen, um unzumutbare nachteilige Umweltauswirkungen zu verhindern.[2216]

[2209] Siehe hierzu die Ausführungen in Teil 2, Kapitel 1, I, 3, e, bb.
[2210] 7 U.S.C. § 136d (a) (2), 40 C.F.R. § 159.152ff.
[2211] 40 C.F.R. § 172.57.
[2212] 40 C.F.R. § 172.8 (a).
[2213] 40 C.F.R. § 172.8 (a).
[2214] 40 C.F.R. § 172.8 (e) und (f).
[2215] 40 C.F.R. § 172.8 (b).
[2216] 40 C.F.R. § 172.10 (b).

Bei solchen Gene Drive-Systemen, die, einmal freigesetzt, zeitlich und räumlich unbegrenzt innerhalb einer Zielpopulation fortbestehen, besteht auch hier die Problematik, dass eine Rückholung der Organismen oder Rückgängigmachung der Umweltauswirkungen nicht möglich ist, sofern sich sich nachträglich herausstellt, dass die seitens der EPA zum Schutz vor nachteiligen Auswirkungen erlassenen Bestimmungen oder Bedingungen bzw. Auflagen unzureichend sind. Entsprechend stellt sich die Situation dar, sofern seitens der EPA beispielsweise die Bestimmung getroffen wird, ein Gene Drive-System dürfe nur dann versuchsweise freigesetzt werden, wenn eine zeitliche und räumliche Begrenzbarkeit gegeben ist, der Begrenzungsmechanismus aber infolge von Umwelteinflüssen oder evolutionären Mechanismen versagt. Der Widerruf der Versuchsgenehmigung wäre in diesen Fällen praktisch wirkungslos.

Im Hinblick auf die Marktzulassung eines Schädlingsbekämpfungsmittels besteht die Möglichkeit einer Aufhebung (cancellation) oder Aussetzung (suspension).[2217] Da das Schädlingsbekämpfungsmittel im Falle der Aufhebung bis zum Abschluss des Aufhebungsverfahrens auf dem Markt bleibt und verwendet werden darf, besteht mit der Aussetzung die Möglichkeit, einem Pestizid angesichts einer unmittelbaren Gefahr mit sofortiger Wirkung die Zulassung zu entziehen.[2218]

Soll eine Zulassung aufgehoben werden, sind seitens der EPA Nachweise dafür vorzubringen, dass ein Pestizid erhebliche Sicherheitsbedenken (substantive question of safety) mit sich bringt.[2219] Verglichen mit der erstmaligen Zulassungserteilung werden höhere Anforderungen an die Begründung gestellt. Soll eine Aussetzung erfolgen, sind die Begründungsanforderungen verglichen mit der Aufhebung einer Zulassung weiter erhöht: die Aussetzung muss erforderlich sein, um eine unmittelbare Gefahr (imminent hazard) für die menschliche Gesundheit oder die Umwelt abzuwenden.[2220] Anzunehmen ist dies, wenn während des Zeitraums, in dem über die Aufhebung der Zulassung entschieden wird, ein Schaden für Mensch oder Umwelt wahrscheinlich ist.[2221] Während auch im Falle einer Aussetzung grundsätzlich Kosten und Nutzen abgewogen werden müssen, ist dies bei Erlass einer sog. Notfallaussetzung (emergency suspension)[2222] nicht erforderlich.[2223]

[2217] 7 U.S.C. § 136d (b) und (c).

[2218] Siehe hierzu: *Angelo*, in: Chemical Risk Governance, 290–310 (S. 299).

[2219] *Environmental Defense Fund Inc. v. Rueckelshaus*, 439 F.2d 584 (D.C. Cir. 1971); *National Coalition Against the Misuse of Pesticides v. EPA*, 867 F.2d 636 (D.C. Cir. 1989).

[2220] *National Coalition Against the Misuse of Pesticides v. EPA*, 867 F.2d 636 (D.C. Cir. 1989).

[2221] *National Coalition Against the Misuse of Pesticides v. EPA*, 867 F.2d 636 (D.C. Cir. 1989); *Angelo*, in: Chemical Risk Governance, 290–310 (S. 299).

[2222] 7 U.S.C. § 136d (3).

[2223] *Love v. Thomas*, 858 F.2d 1347 (9th. Cir. 1988).

5. Die Einbeziehung der Öffentlichkeit

Genehmigungen als Einzelfallentscheidungen werden im Rahmen des FIFRA mittels informal adjudication erteilt.[2224] Nach den Vorgaben des FIFRA wird die Öffentlichkeit im Rahmen der Genehmigungserteilungsverfahren durch Bekanntmachungen im Bundesanzeiger informiert und erhält die Möglichkeit, Stellungnahmen abzugeben.[2225]

Im Verfahren zur Erteilung einer Versuchsgenehmigung wird der Antragseingang, sofern diesem regionale oder nationale Bedeutung zuzumessen ist, im Bundesanzeiger veröffentlicht.[2226] Hierdurch soll der Öffentlichkeit Gelegenheit gegeben werden, sich über geplante Freisetzungsversuche zu informieren.[2227] Die Veröffentlichung ist mit dem Hinweis zu versehen, dass die interessierte Öffentlichkeit, also grundsätzlich jedermann, um Stellungnahmen gebeten wird.[2228] Beispielsweise nahmen zu dem Antrag auf Erteilung einer EUP durch das Unternehmen Oxitec für die Durchführung eines Freisetzungsvorhabens mit gentechnisch veränderten Mücken Industrievertreter, Wissenschaftler, Vertreter von Handelsorganisationen, Mitarbeiter staatlicher Regulierungsbehörden, private Interessengruppen sowie Privatpersonen Stellung.[2229] Eine Verpflichtung der EPA, abgegebene Stellungnahmen bei der Entscheidungsfindung im Ergebnis zu berücksichtigen, besteht nicht. Wird infolge der eingegangenen Stellungnahmen oder aus anderen Gründen eine öffentliche Anhörung seitens der EPA für erforderlich erachtet, kann sie eine solche durchführen.[2230] Erteilt die EPA die Versuchsgenehmigung, ist dies im Bundesanzeiger öffentlich bekannt zu geben; beizufügen sind Informationen zum genehmigten Freisetzungsversuch sowie die Angabe, wo die erteilte Versuchsgenehmigung öffentlich eingesehen werden kann.[2231]

Im Gegensatz dazu ist im Verfahren zur Anmeldung und Genehmigung eines Versuchs in kleinem Maßstab mit einem mikrobiellen Pestizid eine Öffentlichkeitsbeteiligung nicht vorgesehen.[2232]

Im Verfahren zur Erteilung der Marktzulassung eines Pestizids ist der Zulassungsantrag mit dem

[2224] *Shapiro*, Ecology Law Quaterly 17 (1) 1990, 1 (S. 50).

[2225] *Shapiro*, Ecology Law Quaterly 17 (1) 1990, 1 (S. 50).

[2226] 40 C.F.R. § 172.11 (a). Der Veröffentlichung sind Angaben zu den Wirkstoffen, dem Versuchsablauf, der Menge des Pestizideinsatzes sowie zu Größe und Lokalisierung des Versuchsgebiets beizufügen.

[2227] *Shapiro*, Ecology Law Quaterly 17 (1) 1990, 1 (S. 51).

[2228] 40 C.F.R. § 172.11 (a) (6).

[2229] *EPA*, Response to Comments to the Notice of Receipt of an Application for an Experimental Use Permit Number 93167-EUP-E, 2019.

[2230] 40 C.F.R. § 172.11 (b). Datum und Ort der öffentlichen Anhörung sind ebenfalls im Bundesregister bekanntzumachen.

[2231] 40 C.F.R. § 172.11 (c).

[2232] Lediglich im Rahmen des Verfahrens zur Erteilung einer Ausnahme von der Anmelde- und Genehmigungspflicht für einen Kleinversuch mit einem mikrobiellen Pestizid ist der Vorschlag für die Erteilung einer Ausnahme (ggf. unter Bedingungen und Auflagen) im Bundesanzeiger zu veröffentlichen, 40 C.F.R. § 175.56 (b) (4) (i), (ii). Innerhalb einer 45-tätigen Frist ist die interessierte Öffentlichkeit aufgerufen, Stellungnahmen zu dem Vorschlag abzugeben, 40 C.F.R. § 175.56 (b) (4) (i), (ii).

Hinweis auf eine 30-tägige Frist zur Abgabe von Stellungnahmen im Bundesanzeiger zu veröffentlichen.[2233] Während die sich anschließende Entscheidung über die Erteilung der Marktzulassung nicht im Bundesanzeiger zu veröffentlichen ist, ist die Tatsache, dass ein Zulassungsantrag abgelehnt wurde, unter Angabe der Gründe für die Ablehnung im Bundesanzeiger zu veröffentlichen.[2234]

Wenngleich verschiedentlich betont wird, dass bei der Entscheidung über die Freisetzung von Gene Drive-Organismen die frühzeitige Einbeziehung der Öffentlichkeit von elementarer Bedeutung ist[2235], ist die Öffentlichkeitsbeteiligung im Rahmen des FIFRA eher schwach ausgestaltet. Im Falle der Beantragung einer EUP für die experimentelle Freisetzung eines Gene Drive-Systems, einer Ausnahme für die Durchführung eines Kleinversuchs mit einem mikrobiellen Pestizid sowie im Zulassungsverfahren erhält die interessierte Öffentlichkeit die Möglichkeit, sich über das geplante Vorhaben zu informieren und zu dem Vorhaben Stellung zu nehmen.[2236] Der Kreis derjenigen, die zur Abgabe von Stellungnahmen berechtigt sind, ist denkbar weit. Allerdings setzt die Beteiligung voraus, dass die im Bundesanzeiger veröffentlichte Bekanntmachung zu Kenntnis genommen wird.[2237] Dies gilt selbst für die im Bereich des geplanten Freisetzungsvorhabens lebende Bevölkerung, da eine Verpflichtung zur Einholung von Stellungnahmen der lokalen Bevölkerung im Rahmen des FIFRA nicht existiert.[2238] Auch die Tatsache, dass die Durchführung einer öffentlichen Anhörung im Vorfeld der Erteilung einer EUP im Ermessen der EPA steht und die EPA nicht verpflichtet ist, die abgegebenen Stellungnahmen in die Entscheidungsfindung einzubeziehen, lässt die Öffentlichkeitsbeteiligung schwach erscheinen. Soll lediglich ein Kleinversuch mit einem mittels Gene Drive veränderten Organismus, der zur Schädlingsbekämpfung eingesetzt werden soll, stattfinden, ist keine Beteiligung der Öffentlichkeit vorgesehen.

Im Gegensatz dazu ist bei der Aufhebung oder Aussetzung einer Marktzulassung die Öffentlichkeit zu informieren. Die Absicht, eine erteilte Zulassung aufzuheben, sowie die hierzu abgege-

---

[2233] 7 U.S.C. § 136a (c) (4).

[2234] 7 U.S.C. § 136a (c) (6).

[2235] *National Academy of Science Engineering and Medicine*, Gene Drives on the Horizon: Advancing Science, Navigating Uncertainty and Aligning Research with Public Values, 2016, S. 121; *West/Buchman/Medina*, Science and Public Policy 49 (6) 2022, 843 (S. 844).

[2236] Das einschränkende Kriterium, dass es sich bei dem Vorhaben, für das eine EUP beantragt wird, um ein Vorhaben von nationaler oder regionaler Bedeutung handelt, dürfte bei der Freisetzung von Gene Drive-Organismen erfüllt sein.

[2237] Problematisch erscheint aus praktischer Sicht, dass die im Bundesanzeiger veröffentlichten Informationen von der Mehrheit der Bevölkerung regelmäßig nicht registriert werden, *West/Buchman/Medina*, Science and Public Policy 49 (6) 2022, 843 (S. 844).

[2238] *Shapiro*, Ecology Law Quaterly 17 (1) 1990, 1 (S. 55). Die Notwendigkeit der aktiven Einbeziehung der lokalen Bevölkerung wurde bereits in Zusammenhang mit dem durch Oxitec geplanten Freisetzungsvorhaben mit gentechnisch veränderten Mücken in Florida und Texas betont, *Kofler/Kuzma*, Before genetically modified mosquitoes are released, we need a better EPA, The Boston Globe, 22.06.2020, abrufbar unter: *https://www.bostonglobe.com/2020/06/22/opinion/before-genetically-modified-mosquitoes-are-released-we-need-better-epa/*, zuletzt aufgerufen am 31.01.2024.

bene Stellungnahme des Landwirtschaftsministers und des Leiters der EPA sind im Bundesanzeiger zu veröffentlichen.[2239] Im Übrigen sind sowohl die Absicht, eine Zulassung auszusetzen als auch die Aussetzung selbst im Bundesanzeiger bekanntzugeben.[2240] Die Abgabe von Stellungnahmen durch die Öffentlichkeit ist nicht vorgesehen.

6. Die Einbeziehung indigener Gemeinschaften

FIFRA selbst enthält keine Vorgaben zur Einbeziehung der indigenen Bevölkerung, im Rahmen der von der EPA erlassenen Bundesverordnung ist lediglich bei der Überprüfung eines bereits zugelassenen Schädlingsbekämpfungsmittels vorgesehen, dass sich die EPA informell mit Stammesbehörden über eine bevorstehende oder laufende Zulassungsüberprüfung austauschen kann.[2241]
In Umsetzung der präsidentiellen Durchführungsverordnungen hat die EPA allerdings, basierend auf den im Rahmen der im Jahr 1984 erarbeiteten Richtlinie zur Durchführung von Umweltprogrammen in Indianerreservaten aufgestellten Prinzipien, Vorgaben zur Konsultation und Zusammenarbeit mit indianischen Stämmen erarbeitet; Ziel ist es, mit den anerkannten Stammesregierungen, deren Interessen durch eine Maßnahme oder Entscheidung der EPA berührt sein können, im Vorfeld geplanter Maßnahmen oder Entscheidungen sinnvolle Konsultationen durchzuführen und zusammenzuarbeiten.[2242] Die EPA bestimmt dabei zunächst, ob eine geplante Maßnahme möglicherweise Interessen indianischer Stämme berühren kann und teilt dies den möglicherweise betroffenen Stämmen unter Beifügung sämtlicher erforderlicher Informationen mit.[2243] Im Anschluss an einen Austausch mit den jeweiligen Stammesregierungen, der auf diversen Wegen erfolgen kann, teilt die EPA den Stammesregierungen mit, inwieweit die vorgebrachten Anmerkungen, Einwände oder Bedenken in der endgültigen Entscheidung berücksichtigt worden sind.[2244]
Vor dem Hintergrund, dass die Erteilung von Genehmigungen ausdrücklich als eine Tätigkeit aufgeführt ist, die Konsultationen mit den Stammesregierungen erfordern kann, ist nicht ausgeschlossen, dass die EPA Konsultationen mit von einem Freisetzungsvorhaben mit Gene Drive-Systemen möglicherweise betroffenen Stammesregierungen in Austausch tritt bzw. im Vorfeld der Zulassung eines Gene Drive-Systems zur Schädlingsbekämpfung Konsultationen durchführt. Eine mögliche Betroffenheit ist insbesondere gegeben, wenn sich ein in die Umwelt freigesetztes Gene Drive-System in Bereiche ausbreiten kann, in denen indianische Stämme an-

[2239] 7 U.S.C. § 136d (b). Auch der alternativ mögliche Erlass etwaiger Beschränkungen ist im Bundesregister zu veröffentlichen, 7 U.S.C. § 136d (b).
[2240] 7 U.S.C. § 136d (f) (2).
[2241] 40 C.F.R. § 155.52.
[2242] *EPA*, EPA Policy on Consultation and Coordination with Indian Tribes, 04.05.2011, S. 1.
[2243] *EPA*, EPA Policy on Consultation and Coordination with Indian Tribes, 04.05.2011, S. 4f.
[2244] *EPA*, EPA Policy on Consultation and Coordination with Indian Tribes, 04.05.2011, S. 4f.

sässig sind. Allerdings verfügt die EPA zum einen über einen Beurteilungsspielraum, ob überhaupt Konsultationen erforderlich sind, zum anderen existieren konkrete Vorgaben, zu welchem Zeitpunkt und wie Stammesregierungen einbezogen werden, nicht. Im Übrigen ist, sofern Konsultationen durchgeführt werden, jedenfalls nicht erforderlich, dass die Stammesregierungen ihre Zustimmung erteilen.

7. Zwischenergebnis

Zusammenfassend reguliert FIRFA gentechnische Veränderungen mittels Gene Drive sowohl bei Tieren als auch bei Mikroorganismen, solange diese der Bekämpfung von Schädlingen dienen. Der Schädlingsbegriff ist weit zu verstehen. Zwar wurden bislang lediglich im Hinblick auf gentechnisch veränderte Mücken Leitlinien verabschiedet, um die Regulierungsbereiche der EPA und der FDA voneinander abzugrenzen[2245], allerdings spricht vor dem Hintergrund, dass gemäß 7 U.S.C. § 136u neue Tierarzneimittel keine Pestizide im Sinne des FIFRA darstellen, viel dafür, die für gentechnische Veränderungen bei Mücken vorgenommene Abgrenzung entsprechend für andere gentechnisch veränderte tierische Organismen heranzuziehen, sodass Gene Drive-Systeme in Tieren von der EPA reguliert werden, wenn sie der Populationsverkleinerung oder -ausrottung dienen.

Als Ausdruck vorsorgender Regulierung unterliegt die Freisetzung von Organismen, die mittels Gene Drive gentechnisch verändert wurden, einem umfassenden Erlaubnisvorbehalt. Für Freisetzungsversuche mit Gene Drive-Systemen ist grundsätzlich eine Versuchsgenehmigung zu erteilen; wo eine solche ausnahmsweise entbehrlich ist, besteht die Verpflichtung zur vorherigen Anmeldung und Genehmigung, im Übrigen steht es der EPA frei, die Beantragung einer Versuchsgenehmigung zu verlangen.[2246] Ist ein Gene Drive-System zur Bekämpfung von Schädlingen marktreif, ist im Vorfeld der Vermarktung eine Zulassung erforderlich.[2247] Den Umständen des konkreten Einzelfalls kann im Genehmigungsverfahren Rechnung getragen werden, indem eine Genehmigung entweder erteilt, versagt, oder mit spezifischen Bedingungen oder Auflagen versehen wird. Beispielsweise wurde die Versuchsgenehmigung für die Freisetzung der gentechnisch veränderten Mücken der Art *Aedes aegypti* in Florida und Kalifornien unter der Bedingung erteilt, dass Freisetzungen in einem Umkreis von 500 m um Abwasseraufbereitungsanlagen, Zitrusfrucht-, Apfel-, Birnen-, Nektarinen- und Pfirsichanbaugebiete sowie Rinder-, Geflügel- und Schweinezuchtanlagen nicht vorgenommen werden dürfen.[2248] Des Weiteren forderte die EPA auf das konkrete Vorhaben abgestimmte Überwachungsmaßnahmen, in diesem Fall das Aufstellen von Fallen für adulte Mücken.[2249] Für den Fall, dass im Zuge

[2245] *FDA*, Guidance for Industry #236, S. 4f.
[2246] Siehe hierzu die Ausführungen in Teil 5, Kapitel 3, I, 1, a und b.
[2247] Siehe hierzu die Ausführungen in Teil 5, Kapitel 3, I, 1, c.
[2248] *EPA*, Experimental Use Permit, 93167-EUP-2, 07.05.2022, Ziff. 1.
[2249] EPA, Experimental Use Permit, 93167-EUP-2, 07.05.2022, Ziff. 2.

der Überwachung bekannt wird, dass gentechnisch veränderte weibliche Mücken das Erwachsenenalter erreichen, wurde Oxitec aufgegeben, unverzüglich spezifische Abhilfemaßnahmen vorzunehmen, bis keine gentechnisch veränderten Mücken mehr nachgewiesen werden können.[2250] Dass die Bestimmungen dennoch nur unzureichend auf experimentelle Freisetzungvorhaben mit sich selbsttätig verbreitenden Gene Drive-Systemen zugeschnitten sind, zeigt sich darin, dass eine Versuchsgenehmigung regelmäßig für den kontrollierten Einsatz eines Pestizids auf einer festgelegten Fläche erteilt wird.

Im Gegensatz zu der Risikoabschätzung, wie sie durch die FDA und das USDA im Rahmen des NEPA vorgenommen wird, zeichnet sich die seitens der EPA vorgenommene Risikoabschätzung dadurch aus, dass mögliche Umweltauswirkungen quantitativ erfasst und Ungewissheiten berücksichtigt werden und erscheint damit im Ausgangspunkt auch in Zusammenhang mit Gene Drive-Systemen geeignet.[2251] Da die Leitlinien für die Risikoabschätzung allerdings mit Blick auf chemische Pestizide entwickelt wurden, werden mit der Freisetzung lebender tierischer Organismen einhergehende Aspekte nicht ausreichend berücksichtigt.[2252]

Bei der Frage, ob eine beantragte Genehmigung mangels eines unzumutbaren Risikos für die Umwelt erteilt wird, erfolgt aus Ausdruck einer vorsorgenden Regulierung eine umfassende Abwägung sämtlicher mit dem Einsatz des Gene Drive-Systems verbundenen Kosten und Nutzen. Gene Drive-Systeme könnten zur Bekämpfung von Schädlingen, die erhebliche Schäden hervorrufen, eingesetzt werden, sofern der Nutzen eines Einsatzes die damit verbundenen Kosten bzw. Gegenrisiken überwiegt.[2253] Auch hier wird allerdings augenfällig, dass die Regelungen des FIFRA ursprünglich zur Regulierung chemischer Pestizide geschaffen und nicht auf die Regulierung lebender Organismen zugeschnitten sind.[2254] Besonders im Hinblick auf sich selbsttätig verbreitende Gene Drive-Systeme, deren Einsatz mit einem hohen Maß an wissenschaftlicher Ungewissheit behaftet ist, erscheint problematisch, dass in der Regulierungspraxis eine Genehmigung regelmäßig eher erteilt als versagt wird.[2255] Ursächlich hierfür ist einerseits,

[2250] *EPA*, Experimental Use Permit, 93167-EUP-2, 07.05.2022, Ziff. 3. Oxitec wurde aufgegeben, das betreffende Gebiet solange mit Pestiziden zu behandeln, bis keine gentechnisch veränderten ausgewachsenen Mücken mehr nachgewiesen werden können.

[2251] *National Academy of Science Engineering and Medicine*, Gene Drives on the Horizon: Advancing Science, Navigating Uncertainty and Aligning Research with Public Values, 2016, S. 108f.; *Brooks*, University of Illinois Journal of Law, Technology & Policy 1 2020, 201 (S. 216).

[2252] Siehe hierzu die Ausführungen in Teil 5, Kapitel 3, I, 2.

[2253] Beispielsweise könnte eine Versuchsgenehmigung für ein Freisetzungsvorhaben mit Gene Drive-Systemen in Mäusen, die der Ausrottung oder erheblichen Dezimierung der Population dienen, erteilt werden, wenn die Kosten der Genehmigungsversagung sehr hoch sind und die Mäuse massive Schäden hervorrufen.

[2254] *Brooks*, University of Illinois Journal of Law, Technology & Policy 1 2020, 201 (S. 215). Zum Ausdruck kommt dies beispielsweise darin, dass die EPA bei der Frage, ob unzumutbare Umweltauswirkungen hervorgerufen werden, prüft, ob durch Rückstände, die sich aus der Verwendung des Pestizids in oder auf einem Lebensmittel ergeben, ein ernährungsbedingtes Risiko für die menschliche Gesundheit besteht, 2017 Update CFRB, S. 10; *Brooks*, University of Illinois Journal of Law, Technology & Policy 1 2020, 201 (S. 215).

[2255] Ein aktuelles Beispiel stellt die im Jahr 2020 erteilte und im Jahr 2022 verlängerte EUP für die Freisetzung von – allerdings nicht mittels Gene Drive – gentechnisch veränderten Mücken der Art *Aedes aegypti* (OX5034) zur Populationsverringerung dar, siehe hierzu die Ausführungen in Teil 5, Kapitel 1, II, 1, a.

dass für die Versagung der Genehmigung behördlicherseits mit ausreichenden wissenschaftlichen Nachweisen zu belegen ist, dass mit dem Einsatz des Gene Drive-Systems nachteilige Umweltauswirkungen einhergehen können und an die behördlichen Nachweise im Falle einer gerichtlichen Überprüfung hohe Anforderungen zu stellen sind und andererseits, dass im Falle hoher (ökonomischer oder sozialer) Kosten einer Genehmigungsversagung trotz erheblicher Ungewissheiten hinsichtlich nachteiliger Auswirkungen auf Ökosysteme, andere Arten oder Populationen eine Genehmigung erteilt werden kann.[2256] Gerade bei Gene Drive-Systemen werden die mit einer Freisetzung in die Umwelt verbundenen Auswirkungen nicht abschließend zu beurteilen sein, während die Kosten des Nichteinsatzes gut abschätzbar sein dürften.

Ausdruck vorsorgender Regulierung ist es, dass sämtliche Genehmigungen zeitlich begrenzt erteilt werden und während der Durchführung von Freisetzungsvorhaben eine Überwachung und Weitergabe etwaiger neuer Erkenntnisse zu erfolgen hat.[2257] Allerdings ist gerade im Falle der Freisetzung solcher Gene-Drive-Systeme, die sich, einmal freigesetzt, selbsttätig in der Umwelt verbreiten, unzureichend, eine etwaige Genehmigung zeitlich begrenzt zu erteilen, da hierdurch zwar die Freisetzung weiterer Organismen mit Gene Drive-Systemen verhindert, nicht aber eine Verbreitung bereits freigesetzter Gene-Drive-Systeme eingedämmt wird. Der Problematik einer unerwünschten oder unkontrollierten Ausbreitung kann mittels Begrenzungs- und Inaktivierungsmechanismen begegnet werden, deren Vorhandensein bei Versuchsgenehmigungen – anders als bei Genehmigungen für Kleinversuche mit mikrobiellen Schädlingsbekämpfungsmitteln – nicht ausdrücklich vorgeschrieben ist, seitens der EPA aber zur Bedingung für die Erteilung einer Versuchsgenehmigung gemacht werden kann.

Schließlich bestehen im Anwendungsbereich des FIFRA im Hinblick auf die Einbeziehung der Öffentlichkeit Defizite.[2258] Zwar meint Öffentlichkeit grundsätzlich jedermann und ermöglicht eine Einbeziehung von Privatpersonen, Interessengruppen, indigenen Bevölkerungsgruppen sowie Behörden, allerdings besteht bei der Erteilung einer Versuchsgenehmigung keine Verpflichtung zur Beteiligung der Öffentlichkeit. Selbst die Bevölkerung, die im Gebiet des geplanten Freisetzungsvorhabens ansässig ist, wird lediglich mittels einer öffentliche Bekanntmachung im Bundesanzeiger in Kenntnis gesetzt, wobei Interessierte aufgerufen sind, Stellungnahmen abzugeben. Ob über ein Freisetzungsvorhaben im Rahmen einer Anhörung oder einer öffentlichen Sitzung ein Austausch stattfindet, liegt im Ermessen der EPA. Bei der Genehmigung eines Kleinversuchs ist eine Öffentlichkeitsbeteiligung nicht vorgesehen. Im Hinblick auf die Einbeziehung indigener Gemeinschaften verfügt die EPA über einen beträchtlichen Beurteilungsspielraum; die Erteilung einer Zustimmung im Falle einer möglichen Betroffenheit ist nicht erforderlich.

[2256] Siehe hierzu die Ausführungen in Teil 5, Kapitel 3, I, 3, a und b.
[2257] Siehe hierzu die Ausführungen in Teil 5, Kapitel 3, I, 4, a und b.
[2258] Siehe hierzu die Ausführungen in Teil 5, Kapitel 3, I, 5.

II. Die Regulierung von Freisetzungsvorhaben durch das USDA

Das Landwirtschaftsministerium verfolgt teilweise einen von der EPA abweichenden Regelungsansatz, der als in stärkerem Maße dem Vorsorgegedanken verpflichtet angesehen wird.[2259] In Ausnahme vom produktbezogenen Ansatz, demzufolge die Regelungen, die für auf herkömmliche Weise hergestellten Produkte gelten, ebenso auf Produkte anzuwenden sind, die mittels Gentechnik hergestellt oder verändert werden, wurden im Anwendungsbereich des PPA durch Bundesverordnung eigenständige Regelungen für Produkte geschaffen, die mittels Gentechnik hergestellt oder verändert werden.[2260] Dass ein Organismus mittels Gentechnik hergestellt oder verändert wurde, führt somit dazu, dass dessen absichtliche Freisetzung einem Erlaubnisvorbehalt unterworfen ist.[2261] Hingegen existieren im Anwendungsbereich des APHA der allgemeinen Regelungssystematik folgend keine eigenständigen Regelungen für gentechnisch hergestellte oder veränderte Produkte.

Im Folgenden wird dargestellt, wie der Vorsorgegedanke bei der Regulierung von Freisetzungsvorhaben mit Gene Drive-Organismen, die den Regelungen des PPA oder des APHA unterfallen, umgesetzt ist.

1. Erlaubnisvorbehalte für Freisetzungen in die Umwelt im Rahmen des PPA sowie des APHA

Zum Schutz von Pflanzen und pflanzlichen Produkten bedarf nach den Vorgaben des PPA die Ein- und Ausfuhr von Pflanzenschädlingen sowie deren Verbringung in den U.S.-Markt oder in den zwischenstaatlichen Handel einer vorherigen Genehmigung.[2262] Einer Genehmigung bedarf zudem die absichtliche Freisetzung von bestimmten gentechnisch veränderten Organismen, die Pflanzen schädigen oder schädigen können.[2263] Die Erteilung einer Erlaubnis ist ohne Rücksicht auf den Zweck des Freisetzungsvorhabens und damit auch erforderlich, wenn eine Einbringung in die Umwelt lediglich versuchsweise erfolgt.

APHA unterwirft zum Schutz von Nutztieren lediglich die Einfuhr und die zwischenstaatliche Verbringung von Organismen, die Nutztierschädlinge, Tierseuchenerreger oder Überträgerorganismen für Krankheiten darstellen oder darstellen können, einem Erlaubnisvorbehalt.[2264]

2259 *Marden*, Boston College Law Review 44 (3) 2003, 733 (S. 767f.).

2260 7 C.F.R. §§ 340.1ff. Das Landwirtschaftsministerium stellt sich auf den Standpunkt, der im CFRB verfolgte, produktbezogene Regelungsansatz sei eingehalten, da die Regelungen lediglich auf Produkte Anwendung finden, die Pflanzenschädlinge darstellen (können), Fed.Reg. Bd. 52 (Nr. 115), 16.06.1987, S. 22892.

2261 7 C.F.R. § 340.1. *Marden*, Boston College Law Review 44 (3) 2003, 733 (S. 769).

2262 7 US.C. § 7711 (a).

2263 7 C.F.R. § 330.200 (a) (2), 7 C.F.R. § 340.5 (a). Siehe hierzu: *National Academy of Science Engineering and Medicine*, Gene Drives on the Horizon: Advancing Science, Navigating Uncertainty and Aligning Research with Public Values, 2016, S. 144.

2264 7 U.S.C. § 8303 (a), 9 C.F.R. § 122.2.

a. Erfordernis einer Genehmigung für die Freisetzung gentechnisch veränderter Organismen

Die Freisetzung von gentechnisch hergestellten oder veränderten Organismen bedarf einer vorherigen Genehmigung (permit), sofern es sich um Organismen handelt, die vom Anwendungsbereich der seitens des USDA erlassenen Bundesverordnung erfasst sind.[2265] Das Anmeldeverfahren, wonach für manche gentechnisch hergestellten oder veränderten Organismen die Erteilung einer Genehmigung nicht erforderlich war und die bloße Anmeldung 30 Tage im Vorfeld eines Freisetzungsvorhabens genügte, wurde im Jahr 2020 gestrichen.[2266] Die regulatorischen Kontrolle sollte nur noch diejenigen Organismen erfassen, deren Freisetzung ein Pflanzenschädlingsrisiko mit sich bringt oder bringen kann; Ziel war, in allen anderen Fällen die Entwicklung neuer gentechnisch veränderter Organismen zu vereinfachen und regulatorische Hürden zu beseitigen.[2267]

Der Begriff der Gentechnik ist in diesem Zusammenhang denkbar weit gefasst; erfasst sind sämtliche Techniken, die rekombinante, synthetisierte oder amplifizierte Nukleinsäuren verwenden, um das Genom zu verändern oder herzustellen.[2268] Vom Begriff der Freisetzung ist ausweislich der Legaldefinition jede Verwendung eines Organismus außerhalb der physikalischen Beschränkungen einer geschlossenen Einrichtung erfasst.[2269] Nach dem weit gefassten Erlaubnisvorbehalt ist somit jegliche Art der Verwendung von mittels Gene Drive veränderten Organismen im Sinne von Pflanzen, wirbellosen Tieren oder Mikroorganismen, die Pflanzenschädlinge darstellen oder darstellen können oder von denen ein Pflanzenschädlingsrisiko ausgeht[2270], die außerhalb physikalischer Beschränkungen erfolgen soll, im Vorhinein durch APHIS zu genehmigen.[2271]

Die Freisetzung ist innerhalb einer Frist von 120 Tagen ab Antragstellung zu genehmigen oder zu untersagen; ist eine Umweltverträglichkeitsprüfung oder Umweltverträglichkeitserklärung erforderlich, kann die Frist verlängert werden.[2272]

[2265] 7 C.F.R. § 340.5 (a). Auf welcher Grundlage die Vorgaben zur Freisetzung von gentechnisch veränderten Organismen erlassen wurden, ist nach wie vor unklar, da 7 U.S.C. § 7711 (a) dem Wortlaut nach lediglich die Einfuhr, das Inverkehrbringen, die Ausfuhr und die Verbringung in den zwischenstaatlichen Handel erfasst, siehe *Dederer*, S. 254 zur Vorgängervorschrift des 7 U.S.C. § 150bb.

[2266] Siehe hierzu: Fed.Reg. Bd. 84 (Nr. 109), 06.06.2019, S. 26516.

[2267] Fed.Reg. Bd. 84 (Nr. 109), 06.06.2019, S. 26516. Für solche Organismen, deren Freisetzung kein Pflanzenschädlingsrisiko mit sich bringt, wurde die Möglichkeit der Befreiung von der Genehmigungspflicht geschaffen, 7 C.F.R. § 340.4. Siehe hierzu die Ausführungen in Teil 5, Kapitel 3, II, 1, c.

[2268] 7 C.F.R. § 340.3.

[2269] 7 C.F.R. § 340.3.

[2270] Siehe hierzu die Ausführungen in Teil 5, Kapitel 1, II, 4, a.

[2271] Die seit langem bestehende Überlegung, die Vorgaben des 7 C.F.R. § 340 auf die Freisetzung gentechnisch veränderter oder hergestellter Organismen, die möglicherweise schädliche Unkräuter darstellen, zu erstrecken, wurde bislang nicht umgesetzt, *West/Buchman/Medina*, Science and Public Policy 49 (6) 2022, 843 (S. 846). Siehe zu dieser Überlegung: Fed.Reg. Bd. 69 (Nr. 15), 23.01.2004, S. 3271.

[2272] 7 C.F.R. § 340.5 (h) (5) (ii) (iii).

Wird die Genehmigung erteilt, sind standardisierte Bedingungen bzw. Auflagen einzuhalten[2273]: neben der Verpflichtung, das Freisetzungsvorhaben unter Angabe der Örtlichkeiten, an denen eine Freisetzung stattgefunden oder nicht stattgefunden hat, zu dokumentieren[2274] und APHIS-Mitarbeitern Zugang zu den mit dem Vorhaben in Verbindungen stehenden Örtlichkeiten zu gewähren[2275] müssen Maßnahmen angewandt werden, um eine unbefugte Freisetzung, Verbreitung, Ausbreitung oder Persistenz der freigesetzten Organismen in der Umwelt zu verhindern; welche konkreten Maßnahmen hierzu ergriffen werden müssen, wird im Einzelnen durch APHIS festgelegt.[2276] Erfolgt trotz der getroffenen Maßnahmen eine unbefugte Freisetzung, ist dies APHIS innerhalb von 24 Stunden ab Kenntniserlangung mitzuteilen.[2277] Ziel ist es, eine unkontrollierte Ausbreitung und ein Verbleiben der freigesetzten Organismen in der Umwelt ausschließen.[2278] Die Freisetzung solcher Gene Drive-Systeme, die gerade dazu bestimmt sind, sich, einmal freigesetzt, selbsttätig in Wildpopulationen zu verbreiten und dauerhaft in der Umwelt zu verbleiben, steht hierzu in Widerspruch.[2279]

b. Erfordernis einer Genehmigung für die Einfuhr und Verbringung von Organismen und Vektoren

Im Anwendungsbereich des AHPA unterliegt die Einfuhr sowie die Verbringung innerhalb der USA von Organismen sowie Vektoren der Genehmigungspflicht, sofern damit die Verbreitung einer Nutztierkrankheit verbunden sein kann.[2280] Liegt eine solche Genehmigung vor, bedarf die absichtliche Freisetzung keiner (weiteren) Genehmigung.

Mittels Gene Drive veränderte Mikroorganismen, Tiere oder Pilze bedürfen damit, wenn sie eine Nutztierkrankheit hervorrufen können, im Falle der Einfuhr und Verbringung innerhalb der USA der Genehmigung, nicht jedoch, wenn derartige Organismen absichtlich in die Umwelt eingebracht werden sollen. Wenn derartige Organismen in den USA gentechnisch verändert oder hergestellt wurden und absichtlich freigesetzt werden sollen, unterliegt die Freisetzung keiner Genehmigungspflicht.

2273 7 C.F.R. § 340.5 (h) (2), (i) (1) bis (10). Im Einzelfall kann das Freisetzungsvorhaben darüber hinaus zusätzlichen Anforderungen unterworfen werden, 7 C.F.R. § 340.5 (i).

2274 7 C.F.R. § 340.5 (i) (6) (i).

2275 7 C.F.R. § 340.5 (i) (7).

2276 7 C.F.R. § 340.5 (i) (8).

2277 7 C.F.R. § 340.5 (i) (9).

2278 Fed.Reg. Bd. 85 (Nr. 96), 18.05.2020, S. 29812. So auch: *National Academy of Science Engineering and Medicine*, Gene Drives on the Horizon: Advancing Science, Navigating Uncertainty and Aligning Research with Public Values, 2016, S. 144.

2279 *National Academy of Science Engineering and Medicine*, Gene Drives on the Horizon: Advancing Science, Navigating Uncertainty and Aligning Research with Public Values, 2016, S. 144f.

2280 7 U.S.C. § 8303 (a), 9 C.F.R. § 122.2. Siehe hierzu die Ausführungen in Teil 5, Kapitel 1, II, 4, b.

c. Die Möglichkeit der Erteilung einer Ausnahme von der Regulierung

Sowohl auf Antrag als auch von Amts wegen können gentechnisch veränderte Organismen, die von der durch das USDA erlassenen Bundesverordnung erfasst sind, weil es sich um Pflanzenschädlinge handelt oder handeln kann oder von ihnen ein Pflanzenschädlingsrisiko ausgeht, von der Regulierung ausgenommen werden.[2281]
Im Verfahren zur Erteilung des sog. „Status der Nichtregulierung“, worin sich der dem US-amerikanischen Recht zugrundeliegende Ansatz zeigt, Bereiche oder Tätigkeiten mit geringem Risiko zu deregulieren, wird geprüft, ob der gentechnisch veränderte Organismus oder eine kreuzbare Verwandte im Vergleich zu einem nicht gentechnisch veränderten Organismus ein erhöhtes Pflanzenschädlingsrisiko aufweist.[2282] Ist dies nicht der Fall, wird der Status der Nichtregulierung erteilt.[2283] Es sind dann sämtliche für die Freisetzung gentechnisch veränderter Organismen grundsätzlich anwendbare Regelungen nicht anzuwenden, insbesondere bedarf eine absichtliche Freisetzung keiner Genehmigung.[2284]
In Zusammenhang mit der Freisetzung von Gene Drive-Organismen kommt der Regelung derzeit allerdings keine Bedeutung zu, weil lediglich gentechnisch modifizierten Pflanzen der Status der Nichtregulierung verliehen werden kann.[2285]

2. Voraussetzungen für die Erteilung einer Freisetzungsgenehmigung im Rahmen des PPA

Neben der Frage, in welchen Fällen überhaupt ein Erlaubnisvorbehalt besteht, kommt auch für die Beurteilung, wie der Vorsorgegedanke im Zuständigkeitsbereich des USDA Umsetzung erfahren hat, der Verteilung der Darlegungs- und Beweislast sowie den Anforderungen an die Genehmigungserteilung Bedeutung zu.

a. Die Verteilung der Darlegungs- und Beweislast

Wie im Rahmen des FIFRA obliegt dem Antragsteller auch im Rahmen des PPA die Aufgabe, die für die Beurteilung der Genehmigungsfähigkeit des Freisetzungsvorhabens erforderlichen Informationen beizubringen.[2286] Neben generellen Informationen insbesondere zu Gattung, Art und Unterart des Organismus sowie zum veränderten Merkmal und dessen Genotyp sind im Falle eines Freisetzungsvorhabens Angaben zu den geplanten Freisetzungsorten einschließlich

[2281] 7 C.F.R. § 340.4 (a) (1) und (3).
[2282] 7 C.F.R. § 340.4 (b) (1).
[2283] 7 C.F.R. § 340.4 (b) (2).
[2284] 7 C.F.R. § 340.4 (b) (2) (iii).
[2285] 7 C.F.R. § 340.4 (c).
[2286] 7 C.F.R. § 340.5 (b).

deren Größe, Koordinaten und deren bisheriger Nutzung zu übermitteln.[2287] Auffällig ist, dass es sich bei den beizubringenden Informationen ausschließlich um beschreibende Informationen handelt.[2288]

Möchte APHIS die beantragte Genehmigung versagen, ist seitens der Behörde nachzuweisen, dass im Zuge des geplanten Freisetzungsvorhabens die unbefugte Freisetzung, Verbreitung, Ausbreitung und/oder Persistenz des Organismus in der Umwelt nicht verhindert werden kann und infolgedessen ein nicht hinnehmbares Pflanzenschädlingsrisiko besteht, dass die materiellen Vorschriften des Teils 340 bzw. sonstige der Umsetzung des PPA dienende Vorschriften oder des PPA nicht eingehalten werden oder dass der Antragsteller nicht schriftlich sein Einverständnis mit den Genehmigungsbedingungen erklärt hat.[2289] Die Genehmigung kann hingegen nicht lediglich mit der Begründung versagt werden, dass wissenschaftlich ungewiss ist, ob ein beantragtes Freisetzungsvorhaben ein Pflanzenschädlingsrisiko mit sich bringt.

b. Kein Vorliegen von Versagungsgründen – das hinnehmbare Risiko

Ziel des Genehmigungsverfahrens ist es allein, sicherzustellen, dass Pflanzen oder pflanzliche Produkte nicht geschädigt werden.[2290] Ob mit dem Freisetzungsvorhaben sonstige Umweltauswirkungen einhergehen, indem beispielsweise bedrohte Arten nachteilig beeinflusst werden, nachteilige klimatische Auswirkungen gegeben sind oder ein Gentransfer auf Nichtzielorganismen stattfindet, ist ebensowenig Gegenstand der durch APHIS vorgenommenen Prüfung wie die Frage, ob infolge des Freisetzungsvorhabens nachteilige wirtschaftliche oder soziale Auswirkungen gegeben sind.[2291] Eine Gesamtbetrachtung und Kosten-Nutzen-Abwägung wie im Rahmen des FIFRA findet nicht statt.[2292]

Ein Pflanzenschädlingsrisiko ist nach der Legaldefinition gegeben, wenn die Einführung oder Verbreitung eines Pflanzenschädlings direkte oder indirekte Verletzungen, Schäden oder Krankheiten an einer Pflanze oder einem Pflanzenerzeugnis hervorrufen kann; dem steht es gleich, wenn die Möglichkeit besteht, dass die Auswirkungen eines Pflanzenschädlings verschlimmert werden.[2293] Während ein Pflanzenschädlingsrisiko im Rahmen des 2019 veröffentlichten Regelungsvorschlags noch als „the possibility of harm to plants" definiert werden sollte, wurde

[2287] 7 C.F.R. § 340.5 (b) (1) und (3).

[2288] *Allen*, Florida Law Review 42 (3) 1990, 531 (S. 550).

[2289] 7 C.F.R. § 340.5 (j) (1) (i), (ii) und (iii).

[2290] Fed.Reg. Bd. 85 (Nr. 96), 18.05.2020, S. 29814. *Carter* u. a., Synthetic Biology and the U.S. Biotechnology Regulatory System: Challenges and Options, 2014, S. 18f.; *West/Buchman/Medina*, Science and Public Policy 49 (6) 2022, 843 (S. 846).

[2291] Fed.Reg. Bd. 85 (Nr. 96), 18.05.2020, S. 29816. *West/Buchman/Medina*, Science and Public Policy 49 (6) 2022, 843 (S. 864).

[2292] *Dederer*, S. 281; *Pohl*, S. 182.

[2293] 7 C.F.R. § 340.3. Ein indirektes Pflanzenschädlingsrisiko ist denkbar, wenn ein gentechnisch veränderter Organismus Nichtzielorganismen, die für eine Pflanze vorteilhaft sind, nachteilig beeinflusst, Fed.Reg. Bd. 85 (Nr. 96), 18.05.2020, S. 29804.

die Formulierung „the potential for [...] injury to, damage to or disease in any plant or plant product" für vorzugswürdig erachtet.[2294] APHIS schloss sich der in einigen Stellungnahmen vorgebrachten Kritik an, die Formulierung „the possibility of" könne so verstanden werden, dass in einer Vielzahl von Szenarien ein Pflanzenschädlingsrisiko anzunehmen wäre, wenngleich keinerlei plausible Anhaltspunkte dafür gegeben seien, dass derartige Szenarien auch mit einer gewissen Wahrscheinlichkeit eintreten.[2295] Hervorgehoben wurde, dass im Rahmen der Risikoabschätzung infolge der standardmäßig angewendeten Methodik ohnehin nicht jedes denkbare Ereignis als Risiko aufgefasst wird, sondern lediglich plausible Risiken, also solche Ereignisse, die mit einer gewissen Wahrscheinlichkeit eintreten und eine gewisse Erheblichkeit aufweisen.[2296]

APHIS prüft vor diesem Hintergrund in jedem Einzelfall und abhängig von dem konkret beantragten Vorhaben, den spezifischen Eigenschaften des Organismus und der vorgenommenen gentechnischen Veränderung, ob in ausreichendem Maße sichergestellt ist, dass eine unbefugte Freisetzung, Aus- oder Verbreitung bzw. Persistenz in der Umwelt verhindert wird; kommt die Behörde zu dem Schluss, dass eine solche trotz etwaiger Genehmigungsbedingungen nicht verhindert werden kann und infolgedessen ein nicht hinnehmbares Pflanzenschädlingsrisiko besteht, wird die Genehmigung versagt.[2297] Ist hingegen in ausreichendem Maße sichergestellt, dass eine unbefugte Freisetzung, Verbreitung, Ausbreitung oder Persistenz in der Umwelt der gentechnisch veränderten Organismen verhindert wird, sind die Vorschriften des Teils 340 der Bundesverordnung, sonstige der Umsetzung des PPA dienende Vorschriften sowie diejenigen des PPA eingehalten und hat der Antragsteller sich schriftlich mit der Einhaltung der im konkreten Fall auferlegten Bedingungen und Auflagen einverstanden erklärt, wird das mit der Freisetzung einhergehende Pflanzenschädlingsrisiko für hinnehmbar erachtet und die Genehmigung erteilt. Es ist damit kein Null-Risiko-Standard verwirklicht.[2298]

Im Falle eines Freisetzungsvorhabens mit Gene Drive-Organismen, die Pflanzen oder pflanzliche Produkte schädigen können, ist das Risiko damit insbesondere hinnehmbar, wenn im konkreten Einzelfall in ausreichendem Maß sichergestellt werden kann, dass sich die einmal freigesetzten Gene Drive-Organismen nicht unbefugt in der Umwelt verbreiten, ausbreiten oder in der Umwelt verbleiben. Jedenfalls im Hinblick auf solche Gene Drive-Organismen, die sich zeitlich und räumlich unbegrenzt selbsttätig in Wildpopulationen und damit der Umwelt verbreiten, ist davon auszugehen, dass die Genehmigungsvoraussetzungen nicht erfüllt sind.[2299]

2294 Fed.Reg. Bd. 85 (Nr. 96), 18.05.2020, S. 29806.

2295 Fed.Reg. Bd. 85 (Nr. 96), 18.05.2020, S. 29806. Es bestehe somit die Gefahr, dass eine risikobasierte Zulassungsentscheidung mit der Begründung angefochten werde, dass nicht alle Schadensmöglichkeiten berücksichtigt worden seien und dabei der Frage, wie wahrscheinlich ein Schadenseintritt sei, keinerlei Bedeutung zugemessen werde, Fed.Reg. Bd. 85 (Nr. 96), 18.05.2020, S. 29806.

2296 Fed.Reg. Bd. 85 (Nr. 96), 18.05.2020, S. 29806.

2297 7 C.F.R. § 340.5 (j) (1) (i). Fed.Reg. Bd. 84 (Nr. 109), 06.06.2019, S. 26531.

2298 Fed.Reg. Bd. 85 (Nr. 96), 18.05.2020, S. 29812.

2299 In diese Richtung auch: *National Academy of Science Engineering and Medicine*, Gene Drives on the Horizon:

3. Einhaltung der Verfahrensvorgaben des NEPA

Da in Zusammenhang mit der Genehmigung von Freisetzungsvorhaben mit Gene Drive-Organismen die Anforderung des NEPA einzuhalten sind[2300] ist eine Umweltverträglichkeitsprüfung durchzuführen, an die sich gegebenenfalls eine Umweltverträglichkeitserklärung anschließt.[2301] Die Durchführung einer Umweltverträglichkeitsprüfung ist typischerweise bei Tätigkeiten mit begrenztem Umfang und begrenzten Auswirkungen erforderlich und damit insbesondere, wenn lediglich ein bestimmter Standort oder eine konkrete Art betroffen ist oder es sich um eine spezifische Maßnahme handelt und die Umwelt nur in geringem Maß beeinflusst wird.[2302] Beispielhaft genannt wird die Erteilung von Genehmigungen und Zulassungen für regulierte gentechnisch veränderte Produkte und Organismen, sodass im Vorfeld der Erteilung einer Genehmigung für die Freisetzung von Gene Drive-Organismen eine Umweltverträglichkeitsprüfung durchzuführen ist.[2303]

Im Falle eines Programms, das die Freisetzung von Gene Drive-Organismen beinhaltet, kann es sich um eine Maßnahme handeln, die infolge des breiten Geltungsbereichs und ihrer potenziellen vielfältigen Auswirkungen eine Umweltverträglichkeitserklärung erfordert.[2304]

a. Das Erstellen einer Umweltverträglichkeitsprüfung

Ziel einer Umweltverträglichkeitsprüfung ist es, auf Grundlage fundierter Nachweise zu entscheiden, ob wegen wahrscheinlich erheblicher Auswirkungen eine Umweltverträglichkeitserklärung anzufertigen ist; neben der Notwendigkeit der in Rede stehenden Maßnahme sollen mögliche Alternativen und die jeweils hervorgerufenen Umweltauswirkungen näher untersucht werden sowie eine Liste der beteiligten Behörden und Personen angefertigt werden.[2305]

Auswirkungen sind sämtliche, durch die geplante Maßnahme ausgelöste Veränderungen der menschlichen Umwelt, die vernünftigerweise vorhersehbar[2306] sind; hierzu zählen neben direkten auch indirekte Auswirkungen, die in gewissem zeitlichen Abstand oder in räumlicher Distanz zum Maßnahmestandort eintreten, sowie kumulative Auswirkungen.[2307] Neben ökologischen Auswirkungen sind ökonomische, soziale oder gesundheitliche Effekte zu berücksichti-

Advancing Science, Navigating Uncertainty and Aligning Research with Public Values, 2016, S. 144f.

2300 Siehe hierzu die Ausführungen in Teil 5, Kapitel 1, III, 1.

2301 7 C.F.R. § 372.5 (a) und (b) (4).

2302 7 C.F.R. § 372.5 (b).

2303 7 C.F.R. § 372.5 (b) (4).

2304 7 C.F.R. § 372.5 (a) (1).

2305 40 C.F.R. § 1501.5 (v) (1), (2). Eine detaillierte Analyse sämtlicher in Betracht kommender Alternativen ist jedoch nicht erforderlich, Fed.Reg. Bd. 85 (Nr. 137), 16.07.2020, S. 43323.

2306 „Vernünftigerweise vorhersehbar" ist eine Auswirkung, wenn sie mit einer so großen Wahrscheinlichkeit eintritt, dass eine vernünftige Person diese in die Entscheidungsfindung einbeziehen würde, 40 C.F.R. § 1508.1 (z) (aa).

2307 40 C.F.R. § 1508.1 (g) (1) bis (3).

gen.[2308] Die Bandbreite der untersuchten Auswirkungen ist damit erheblich, eine Abschätzung, welche Umweltauswirkungen mit welcher Wahrscheinlichkeit eintreten, ist jedoch nicht vorgesehen.[2309] Um zu entscheiden, ob mit einem Freisetzungsvorhaben erhebliche Auswirkungen in diesem Sinne einhergehen, ist eine umfassende Untersuchung der möglicherweise betroffenen Umgebung und ihrer Bestandteile vorzunehmen und das Ausmaß der Auswirkungen einer Maßnahme zu ermitteln.[2310] Letzteres erfordert die Berücksichtigung kurz- und langfristiger, sowohl positiver als auch negativer Auswirkungen sowie Auswirkungen auf die öffentliche Gesundheit und Sicherheit.[2311] Methodisch bietet sich an, die Auswirkungen im Falle des Nichthandelns mit den Auswirkungen bei Vornahme der geplanten Maßnahme zu vergleichen.[2312]

Da die Behörden die Öffentlichkeit in die Vorbereitung und Umsetzung des NEPA-Verfahrens möglichst umfassend einbeziehen sollen, soll über Anhörungen, öffentliche Sitzungen oder Möglichkeiten zur Beteiligung in einer Weise informiert werden, dass interessierte Personen oder Behörden hiervon Kenntnis nehmen können.[2313] Im Rahmen der Erstellung einer Umweltverträglichkeitsprüfung sind neben der interessierten Öffentlichkeit, staatliche, lokale oder Stammesregierungen, diejenigen Behörden, die Informationen beizusteuern in der Lage sind und gegebenenfalls der Antragsteller selbst einzubeziehen.[2314] Eine spezifische Vorgabe, bereits den Entwurf der Umweltverträglichkeitsprüfung zu veröffentlichen und Stellungnahmen entgegenzunehmen, existiert nicht.[2315] Allerdings ist jede im Regulierungsbereich von APHIS angefertigte Umweltverträglichkeitsprüfung, die nicht lediglich regionale oder lokale Bedeutung hat, in ihrer Endfassung im Bundesanzeiger zu veröffentlichen.[2316] Zu veröffentlichen sind auch sämtliche Dokumente und hierzu eingegangene Stellungnahmen.[2317] Abgegebene Stellungnahmen sind durch APHIS zur Kenntnis zu nehmen, gegebenenfalls kann die Umweltverträglichkeitsprüfung angepasst werden.[2318]

Bezüglich der Freisetzung von gentechnisch veränderten Kohlschaben zur Populationskontrolle kam APHIS auf Basis der Umweltverträglichkeitsprüfung zu der Einschätzung, erhebliche

2308 40 C.F.R. § 1508.1 (g) (4).

2309 *National Academy of Science Engineering and Medicine*, Gene Drives on the Horizon: Advancing Science, Navigating Uncertainty and Aligning Research with Public Values, 2016, S. 107. Siehe hierzu beispielhaft: USDA, Proposal to permit the field release of genetically engineered diamondback moth in New York, 06.2017, S. 41ff.

2310 40 C.F.R. § 1501.3 (b) (1) und (2).

2311 40 C.F.R. § 1501.3 (2).

2312 Fed.Reg. Bd. 85 (Nr. 137), 16.07.2020, S. 43323.

2313 40 C.F.R. § 1506.6 (a) und (b). Abhängig von den Umständen des Einzelfalls kann die Teilhabe mittels einer öffentlichen Veranstaltung oder einer ausführlichen Bekanntmachung ermöglicht werden, Fed.Reg. Bd. 85 (Nr. 137), 16.07.2020, S. 43323.

2314 40 C.F.R. § 1501.5 (e), Fed.Reg. Bd. 85 (Nr. 137), 16.07.2020, S. 43323.

2315 Fed.Reg. Bd. 85 (Nr. 137), 16.07.2020, S. 43323.

2316 7 C.F.R. § 372.8 (a) (1), 7 C.F.R. § 372.7. Nicht im Bundesanzeiger zu veröffentlichende Umweltabschätzungen sind auf regionaler oder lokaler Ebene zu veröffentlichen, 7 C.F.R. § 372.7 (3).

2317 7 C.F.R. § 372.7 (b) (4).

2318 7 C.F.R. § 372.8 (a) (2), (3).

Umweltauswirkungen seien nicht zu befürchten.[2319] Untersucht wurden Auswirkungen auf die physische Umwelt wie Boden, Wasser, Luftqualität und klimatische Veränderungen, Auswirkungen auf Wildtiere und Pflanzen sowie die biologische Vielfalt, Auswirkungen auf die Gesundheit von Landwirten und der Bevölkerung im Freisetzungsgebiet und ökonomische Auswirkungen für im Freisetzungsgebiet tätige Landwirte sowohl im Falle der Erteilung der Freisetzungsgenehmigung als auch im Falle der Genehmigungsversagung. Untersucht wurde auch, ob Auswirkungen auf gelistete Arten oder deren Lebensräume möglich erscheinen. Der Fokus der Umweltverträglichkeitsprüfung lag dabei darauf, inwieweit die landwirtschaftliche Betätigung beeinflusst wird, was angesichts der Zielsetzung des Landwirtschaftsministeriums, die Landwirtschaft zu schützen und zu fördern, nicht verwundert.[2320] Eine Auseinandersetzung mit bestehenden wissenschaftlichen Ungewissheiten fand hingegen nicht statt.

b. Das Erstellen einer Umweltverträglichkeitserklärung

Ergibt die Umweltverträglichkeitsprüfung, dass eine geplante Maßnahme wahrscheinlich erhebliche Auswirkungen auf die Umwelt hat, ist eine Umweltverträglichkeitserklärung zu erstellen, an die höhere Anforderungen zu stellen sind und die verglichen mit einer Umweltverträglichkeitsprüfung die mit einem geplanten Vorhaben einhergehenden erheblichen Auswirkungen detaillierter beschreibt, aber ebenso wie eine Umweltverträglichkeitsprüfung dazu dient, die entscheidende Behörde sowie die Öffentlichkeit über vernünftige Alternativen zu informieren.[2321] Allein erhebliche wirtschaftliche oder soziale Auswirkungen machen eine Umweltverträglichkeitserklärung indes nicht erforderlich; lediglich dann, wenn wirtschaftliche oder soziale und natürliche Umweltauswirkungen miteinander verknüpft sind, sind wirtschaftliche und soziale Auswirkungen zu erörtern und angemessen zu berücksichtigen.[2322]

Um die Entscheidungsfindung zu unterstützen und nicht lediglich im Nachhinein zu rechtfertigen soll die Erklärung so frühzeitig wie möglich ausgearbeitet werden.[2323] Kernbestandteil der Umweltverträglichkeitserklärung ist neben der Beschreibung der betroffenen Umwelt und den möglichen Folgen der geplanten Maßnahme eine Alternativenprüfung.[2324] Die von der geplanten Maßnahme bzw. möglichen Alternativmaßnahmen betroffene Umwelt ist mitsamt den zukünftig erwartbaren Entwicklungen und geplanten Maßnahmen zu beschreiben.[2325] Darzu-

[2319] *USDA*, Proposal to permit the field release of genetically engineered diamondback moth in New York, Environmental Assessment, 06.2017; USDA, Finding of No Significant Impact, Field Release of Genetically Engineered Diamonback Moth Strains, 2017.

[2320] *Brooks*, University of Illinois Journal of Law, Technology & Policy 1 2020, 201 (S. 219).

[2321] 40 C.F.R. § 1502.1.

[2322] 40 C.F.R. § 1502.16 (b). Siehe hierzu: *Olmsted Citizens for a Better Community v. U.S.*, 793 F.2d 201 (8th. Cir. 1986).

[2323] 40 C.F.R. § 1502.5.

[2324] 40 C.F.R. § 1502.14, 40 C.F.R. § 1502.15, 40 C.F.R. § 1502.16.

[2325] 40 C.F.R. § 1502.15.

stellen sind Art und Umfang der Umweltauswirkungen, die von der geplanten Maßnahme und etwaigen Alternativmaßnahmen hervorgerufen werden, wobei insbesondere solche Umweltauswirkungen, die nicht verhindert werden können, aufzuführen sind.[2326] In die Umweltverträglichkeitserklärung sind schließlich sämtliche Mittel zu Verminderung nachteiliger Auswirkungen[2327] und, soweit angemessen, ökonomische und technische Erwägungen einschließlich ökonomischer Vorteile der geplanten Maßnahme aufzunehmen.[2328] In die Alternativenprüfung ist ausdrücklich die Möglichkeit des Nichthandelns einzubeziehen.[2329] Ebensowenig wie die Umweltverträglichkeitsprüfung erfordert die Umweltverträglichkeitserklärung allerdings eine quantitative Analyse der möglichen Risiken.[2330]

aa. Der Umgang mit unvollständigen oder nicht verfügbaren Informationen

Die Regelungen zur Anfertigung einer Umweltverträglichkeitserklärung enthalten einen eigenen Abschnitt zum Umgang mit unvollständigen oder nicht verfügbaren Informationen, die in Zusammenhang mit der Freisetzung von Gene Drive-Organismen besondere Bedeutung erlangen.[2331]

Die Tatsache, dass Informationen betreffend vernünftigerweise vorhersehbare erhebliche nachteilige Umweltauswirkungen unvollständig oder nicht verfügbar sind, zur Kenntnis zu nehmen und kenntlich zu machen.[2332] „Vernünftigerweise vorhersehbar" sind auch Auswirkungen, die katastrophale Folgen haben, deren Eintrittswahrscheinlichkeit aber sehr gering ist, sofern die Analyse der Auswirkungen auf glaubhaften wissenschaftlichen Erkenntnissen und nicht lediglich reinen Vermutungen basiert.[2333]

Fehlen Informationen, die für die Entscheidung, welche der Alternativen vorzugswürdig ist, maßgeblich sind und sind die Gesamtkosten für die Informationsbeschaffung nicht unverhältnismäßig hoch, ist APHIS angehalten, die Informationen zu beschaffen.[2334] Ist eine Informationsbeschaffung hingegen grundsätzlich nicht möglich oder sind die Gesamtkosten der Informationsbeschaffung unverhältnismäßig hoch, ist dies in die Umweltverträglichkeitserklärung aufzunehmen.[2335] Ergänzend ist in diesem Fall aufzunehmen, wie relevant die Informationen

---

[2326] 40 C.F.R. § 1502.16 (a) (1) und (2).
[2327] 40 C.F.R. § 1502.16 (a) (9).
[2328] 40 C.F.R. § 1502.16 (a) (9) und (10).
[2329] 40 C.F.R. § 1502.14 (c).
[2330] *National Academy of Science Engineering and Medicine*, Gene Drives on the Horizon: Advancing Science, Navigating Uncertainty and Aligning Research with Public Values, 2016, S. 108.
[2331] 40 C.F.R. § 1502.21. Die Vorgaben finden in Zusammenhang mit der Erstellung einer Umweltverträglichkeitsprüfung entsprechende Anwendung, 40 C.F.R. § 1501.5 (g) (1).
[2332] 40 C.F.R. § 1502.21 (a).
[2333] 40 C.F.R. § 1502.21 (d).
[2334] 40 C.F.R. § 1502.21 (b). Zu den „Gesamtkosten" zählt neben dem finanziellem Aufwand auch die zeitliche Verzögerung oder der zusätzliche Personalaufwand, Fed.Reg. Bd. 85 (Nr. 137), 16.07.2020, S. 43332.
[2335] 40 C.F.R. § 1502.21 (c) (1).

dafür sind, erhebliche nachteilige Auswirkungen auf die Umwelt festzustellen, welche glaubhaften wissenschaftlichen Erkenntnisse vorhanden sind und wie APHIS die Auswirkungen basierend auf allgemein anerkannten theoretischen Ansätzen oder Methoden einschätzt.[2336]
Festzuhalten ist, dass APHIS nicht angehalten ist, Forschung zu betreiben, um neue wissenschaftliche oder technische Erkenntnisse zu erlangen.[2337]

bb. Die Vornahme einer Kosten-Nutzen-Analyse

Um unter mehreren Alternativen die vorzugswürdige auszuwählen, kann APHIS auf eine Kosten-Nutzen-Abwägung zurückgreifen, diese der Umweltverträglichkeitserklärung beizufügen ist oder durch Verweis einbezogen werden kann.[2338]
Vor dem Hintergrund, dass auch nicht quantifizierbare Umweltauswirkungen und Werte in die Entscheidungsfindung einbezogen werden müssen, ist die Beziehung zwischen der vorgenommenen Kosten-Nutzen-Analyse und der Analyse der nicht quantifizierbaren Auswirkungen und Werten zu erörtern.[2339]

cc. Die Einbeziehung der Öffentlichkeit sowie indigener Gemeinschaften

Wie bei der Erstellung der Umweltverträglichkeitsprüfung sind auch bei der Erstellung einer Umweltverträglichkeitserklärung diverse Akteure einzubeziehen.[2340]
Bereits die Absicht, eine Umweltverträglichkeitserklärung anzufertigen, ist im Bundesanzeiger bekannt zu geben.[2341] Sobald APHIS den Entwurf einer Umweltverträglichkeitserklärung erarbeitet hat, ist dieser zu veröffentlichen.[2342] Sämtliche Behörden, in deren Regulierungsbereich etwaige Umweltauswirkungen fallen oder die über entsprechende Expertise verfügen, haben zu dem Entwurf der Umweltverträglichkeitserklärung Stellung zu nehmen.[2343] Staatlichen oder lokalen Behörden sowie Stammesbehörden, die Umweltstandards festlegen können oder durch die geplante Maßnahme betroffen sein können, dem Antragsteller sowie der interessierten Öffentlichkeit ist die Gelegenheit zu geben, Stellungnahmen abzugeben.[2344] In Vorbereitung der Endfassung der Umweltverträglichkeitserklärung hat APHIS sämtliche wesentliche und rechtzeitig abgegebene Stellungnahmen zur Kenntnis zu nehmen und zu veröffentlichen und kann zu

[2336] 40 C.F.R. § 1502.21 (c) (2) bis (4).
[2337] 40 C.F.R. § 1502.23; Fed.Reg. Bd. 85 (Nr. 137), 16.07.2020, S. 43332.
[2338] 40 C.F.R. § 1502.22.
[2339] 40 C.F.R. § 1502.22. Existieren wichtige qualitative Erwägungen, sind die Vor- und Nachteile der verschiedenen Alternativen vorzugsweise nicht in einer klassischen Kosten-Nutzen-Analyse darzustellen, 40 C.F.R. § 1502.22.
[2340] 40 C.F.R. §§ 1503.1ff.
[2341] 7 C.F.R. § 372.7 (b) (1).
[2342] 40 C.F.R. § 1502.20.
[2343] 40 C.F.R. § 1503.1 (a) (1).
[2344] 40 C.F.R. § 1503.1 (2).

einzelnen Stellungnahmen Stellung nehmen.[2345]
Die Endfassung der Umweltverträglichkeitserklärung ist zu veröffentlichen[2346]; APHIS steht es dabei frei, zur Umweltverträglichkeitserklärung in der Endfassung erneut Stellungnahmen einzuholen.[2347]

4. Die Überprüfung einer einmal getroffenen Zulassungsentscheidung

Auch im Rahmen des PPA besteht die für ein konkretes Freisetzungsvorhaben erteilte Genehmigung nicht unverändert für die Zukunft fort.

a. Zeitlich begrenzte Zulassungsentscheidung

In der Genehmigung wird jeweils festgelegt, für welchen konkreten Zeitraum diese erteilt wird.[2348]
Jede Freisetzungsgenehmigung für die Freisetzung von Gene Drive-Organismen wird damit grundsätzlich zeitlich begrenzt erteilt, ohne dass allerdings, wie beispielsweise im Anwendungsbereich des FIFRA, allgemein im Vorhinein festgelegt ist, wie lange eine Freisetzungsgenehmigung wirksam ist.

b. Überwachungspflichten und Verpflichtung zur Weitergabe zusätzlicher Informationen

Im Nachgang an die Genehmigungserteilung besteht die Verpflichtung, APHIS-Mitarbeitern Zugang zu sämtlichen Freisetzungsorten, Materialien, Dokumenten und Aufzeichnungen zu gewähren.[2349] Sämtliche Materialien, die mit dem Freisetzungsvorhaben in Verbindung stehen, bedürfen einer Probennahme.[2350]
Im Übrigen sind Überwachungspflichten sowie Pflichten zur Weitergabe von Informationen Gegenstand der standardisierten Bestimmungen, die jeder Freisetzungsgenehmigung beizufügen sind. Der Inhaber einer Freisetzungsgenehmigung ist verpflichtet, im Nachgang an die Freisetzung in Bezug auf jeden einzelnen genehmigten Freisetzungsort einen detaillierten Bericht anzufertigen und vorzulegen, der Informationen zum Freisetzungsort, den Umfang des durchgeführten Freisetzungsvorhabens sowie den in die Umwelt freigesetzten Organismen enthält.[2351]
Erfolgt eine nicht genehmigte Freisetzung von Organismen, muss APHIS hierüber innerhalb 24 Stunden informiert werden; zusätzlich ist innerhalb von fünf Werktagen eine Erklärung hierzu

[2345] 40 C.F.R. § 1503.4 (a) und (b).
[2346] 40 C.F.R. § 1502.20.
[2347] 40 C.F.R. § 1503.1 (b).
[2348] 7 C.F.R. § 340.5 (i) (5).
[2349] 7 C.F.R. § 340.5 (h) (3). Die Verpflichtung zur Zugangsgewährung stellt auch eine standardisierte Bestimmung dar, die jeder Genehmigung beizufügen ist: 7 C.F.R. § 340.5 (i) (7).
[2350] 7 C.F.R. § 340.5 (h) (3).
[2351] 7 C.F.R. § 340.5 (h) (6) (i).

abzugeben.[2352]

c. Widerruf oder Änderung einer erteilten Genehmigung

Eine erteilte Freisetzungsgenehmigung kann in drei verschiedenen Konstellationen widerrufen werden: der Widerruf ist möglich, wenn sich – erstens – nachträglich herausstellt, dass Gründe vorliegen, die, wären sie bereits im Zeitpunkt der Entscheidung über den Genehmigungsantrag bekannt gewesen, zu einer Versagung der Genehmigung geführt hätten, wenn – zweitens – eine genehmigte Tätigkeit zu einer nicht genehmigten Freisetzung, Verbreitung, Ausbreitung und/oder Persistenz des von der Genehmigung erfassten Organismus geführt hat oder – drittens – die Vorgaben der Bundesverordnung betreffend die Freisetzung von Organismen bzw. die in der Genehmigung enthaltenen standardisierten Bestimmungen nicht eingehalten worden sind.[2353] Insbesondere die Widerrufsgründe eins und zwei ermöglichen es, eine erteilte Genehmigung aufgrund zusätzlicher wissenschaftlicher Erkenntnisse zu widerrufen.
Liegt kein Widerrufsgrund vor, kann sowohl auf Antrag des Genehmigungsinhabers als auch von Amts wegen eine erteilte Genehmigung abgeändert werden.[2354] Ermöglicht werden soll, flexibel auf neue oder zwar bereits bestehende, aber bislang unbekannte Pflanzenschädlingsrisiken reagieren zu können.[2355]
Seitens des Genehmigungsinhabers können allerdings nur geringfügige Änderungen beantragt werden.[2356] Begehrt der Genehmigungsinhaber eine Änderung, sind mit dem Änderungsantrag sämtliche, die Änderung unterstützende Informationen beizubringen. Im Gegensatz dazu kann APHIS eine erteilte Genehmigung jederzeit ändern, wenn die Änderung erforderlich ist, um Pflanzenschädlingsrisiken angemessen zu verringern.[2357] Voraussetzung für die Änderung einer Genehmigung ist allerdings, dass APHIS über ausreichende wissenschaftliche Belege dahingehend verfügt, dass eine Änderung erforderlich ist.[2358]

5. Die Einbeziehung der Öffentlichkeit

Auch im Rahmen des PPA werden Freisetzungsgenehmigungen als Einzelfallentscheidungen mittels informal adjudication erteilt.[2359] Im Anwendungsbereich des PPA ist – abgesehen von der Öffentlichkeitsbeteiligung in Umsetzung des NEPA-Verfahrens – eine verpflichtende Öf-

[2352] 7 C.F.R. § 340.5 (h) (9).
[2353] 7 C.F.R. § 340.5 (j) (2) (i), (ii) und (iii).
[2354] 7 C.F.R. § 340.5 (l) (1) und (2).
[2355] Fed.Reg. Bd. 85 (Nr. 96), 18.05.2020, S. 29814.
[2356] 7 C.F.R. § 340.5 (l) (1). Werden Änderungen für erforderlich gehalten, die nicht mehr geringfügig sind, muss erneut ein Genehmigungsantrag gestellt werden.
[2357] 7 C.F.R. § 340.5 (l) (2).
[2358] Fed.Reg. Bd. 85 (Nr. 96), 18.05.2020, S. 29814.
[2359] *Shapiro*, Ecology Law Quaterly 17 (1) 1990, 1 (S. 52).

fentlichkeitsbeteiligung auf Bundesebene nicht vorgesehen.[2360]
Verpflichtend vorgeschrieben ist eine Öffentlichkeitsbeteiligung lediglich im – in Zusammenhang mit der Gene Drive-Technik derzeit nicht relevanten – Verfahren zur Erteilung des Status der Nichtregulierung.[2361]

6. Die Einbeziehung indigener Gemeinschaften

Anders als im Rahmen des FIFRA ist im Anwendungsbereich des PPA nach Maßgabe der konkretisierenden Bundesverordnung die Einbeziehung der anerkannten indianischen Stämme ausdrücklich vorgesehen: jeder Antrag auf Erteilung einer Freisetzungsgenehmigung ist mitsamt den Genehmigungsbestimmungen dem zuständigen Vertreter der Stammesbehörde zuzuleiten.[2362] Rechtzeitig abgegebene Stellungnahmen sind bei der Entscheidung über die Erteilung der Genehmigung zu berücksichtigen.[2363] Die Einbeziehung indigener Gemeinschaften in Zusammenhang mit Entscheidungen über die Freisetzung gentechnisch veränderter Organismen im Anwendungsbereich des PPA ist somit vorgesehen, sofern ein Freisetzungsvorhaben möglicherweise Auswirkungen auf indigenes Land mit sich bringt.[2364]
Darüber hinaus hat das Landwirtschaftsministerium nach Maßgabe der Durchführungsverordnungen Vorgaben für die Konsultation und Zusammenarbeit mit anerkannten indianischen Stämmen erarbeitet, die seitens der einzelnen, dem USDA zugeordneten Behörden spezifiziert werden sollen.[2365] Jedem Stamm soll in Bezug auf behördliche Maßnahmen, die möglicherweise Auswirkungen[2366] auf den Stamm haben können, die rechtzeitige und sinnvolle Beteiligung ermöglicht werden.[2367] Die Beteiligung kann je nach den Umständen und Anforderungen im Einzelfall verschiedene Formen annehmen; möglich sind beispielsweise persönliche Treffen oder der Austausch elektronischer Dokumente.[2368] Ausdrücklich klargestellt wird, dass Konsultation mehr als die bloße Mitteilung oder Übermittlung von Informationen beinhaltet.[2369]

[2360] *Shapiro*, Ecology Law Quaterly 17 (1) 1990, 1 (S. 52).

[2361] 7 C.F.R. § 340.4 (b) (2), (3) (ii) (iii). Stellt APHIS kein erhöhtes Pflanzenschädlingsrisiko fest, veröffentlicht die Behörde Informationen zu der Pflanze und ihren Eigenschaften auf der Website. Ist APHIS der Überzeugung, dass ein erhöhtes Pflanzenschädlingsrisiko besteht, kann seitens des Antragstellers eine weitergehende Überprüfung beantragt werden; die Ergebnisse dieser Überprüfung werden im Bundesanzeiger veröffentlicht, Stellungnahmen der interessierten Öffentlichkeit werden eingeholt und geprüft. Kommt APHIS endgültig zu dem Ergebnis, dass ein erhöhtes Pflanzenschädlingsrisiko unwahrscheinlich ist, wird dies im Bundesanzeiger sowie auf der Website bekanntgegeben.

[2362] 7 C.F.R. § 340.5 (h) (4). Zuständiger Vertreter der Stammesbehörde ist ausweislich der Legaldefinition der zuständige Vertreter des Stammes, auf dessen Land die Freisetzung vorgesehen ist, 7 C.F.R. § 340.3.

[2363] 7 C.F.R. § 340.5 (h) (4).

[2364] *Barnhill-Dilling/Rivers/Delborne*, Society & Natural Resources 2019, 1 (S. 90).

[2365] *USDA*, Tribal Consultation, Coordination, and Collaboration, 18.01.2013.

[2366] Auswirkungen in diesem Sinne sind unter anderem wesentliche direkte Auswirkungen auf einen oder mehrere indianische Stämme, *USDA*, Tribal Consultation, Coordination, and Collaboration, 18.01.2013, Ziff. 5.

[2367] *USDA*, Tribal Consultation, Coordination, and Collaboration, 18.01.2013, Ziff. 5.

[2368] *USDA*, Tribal Consultation, Coordination, and Collaboration, 18.01.2013, Ziff. 8.

[2369] *USDA*, Tribal Consultation, Coordination, and Collaboration, 18.01.2013, Ziff. 6.

Zu den behördlichen Maßnahmen, die die Durchführung von Konsultation erfordern, sind unter anderem Maßnahmen zu zählen, die die Landnutzung betreffen.[2370]
Soll ein mittels Gene Drive veränderter Organismus freigesetzt werden und kann dieser möglicherweise Auswirkungen auf Gebiete haben, in denen indianische Stämme ansässig sind, sind diese somit zu beteiligen. Die Zustimmung des möglicherweise betroffenen Stammes muss indes nicht eingeholt werden.

7. Zwischenergebnis

Im Zuständigkeitsbereich des USDA bedarf die Freisetzung von Gene Drive-Organismen der vorherigen Genehmigung, sofern hiermit ein Pflanzenschädlingsrisiko einhergehen kann. Im Gegensatz zu FIFRA existieren eigenständige Regelungen für die Freisetzung von Organismen, die gentechnisch verändert wurden, sodass etwaigen Besonderheiten Rechnung getragen werden kann. Wirbeltiere sind nach Auffassung von APHIS allerdings von der Regulierung ausgenommen, sodass lediglich mittels Gene Drive veränderte wirbellose Tiere wie beispielsweise Insekten und Mikroorganismen reguliert sind.[2371] Die Freisetzung von Organismen, die Nutztierkrankheiten hervorrufen oder Nutztiere schädigen können, unterliegt keinem Erlaubnisvorbehalt, der Erlaubnis bedarf lediglich deren Einfuhr und die Verbringung innerhalb der USA.[2372]
Im Rahmen des Genehmigungsverfahrens prüft APHIS, ob eine Freisetzung ein nicht hinnehmbares Pflanzenschädlingsrisiko mit sich bringt. Im Falle eines Freisetzungsvorhabens mit Gene Drive-Organismen, die Pflanzen oder pflanzliche Produkte schädigen können, ist das Risiko nur hinnehmbar, wenn im konkreten Einzelfall in ausreichendem Maß sichergestellt werden kann, dass sich die Gene Drive-Organismen nicht unbefugt in der Umwelt verbreiten, ausbreiten oder in der Umwelt verbleiben.[2373] Das Erfordernis der Begrenzung von Freisetzungsvorhaben zeigt, dass die Vorgaben nicht auf die Regulierung von Gene Drive-Systemen, die sich selbsttätig in der Umwelt verbreiten sollen, zugeschnitten sind, sondern mit Blick auf herkömmliche gentechnisch veränderte Organismen geschaffen wurden. Sonstige nachteilige Auswirkungen werden nicht berücksichtigt, auch eine Abwägung von Kosten und Nutzen findet nicht statt.[2374]
Zwar erfordern die Verfahrensvorgaben des NEPA in Zusammenhang mit der Genehmigungserteilung die Erstellung einer Umweltverträglichkeitsprüfung und/oder Umweltverträglichkeitserklärung, allerdings handelt es sich dabei lediglich um Verfahrensvorgaben; selbst wenn ermittelt

[2370] *USDA*, Tribal Consultation, Coordination, and Collaboration, 18.01.2013, Ziff. 6e.
[2371] Das Landwirtschaftsministerium vertrat im Jahr 2011 im Hinblick auf die gentechnisch veränderten Mücken der Art *Aedes aegypti* (OX513A) allerdings den Standpunkt, die Regulierungszuständigkeit des USDA sei nicht eröffnet, *Waltz*, Nature Biotechnology 33 (12) 2015, 1221 (S. 1221).
[2372] Siehe hierzu die Ausführungen in Teil 5, Kapitel 3, II, 1, b.
[2373] Siehe hierzu die Ausführungen in Teil 5, Kapitel 3, II, 2, b.
[2374] Siehe hierzu die Ausführungen in Teil 5, Kapitel 3, II, 2, b.

wird, dass abgesehen von Pflanzenschädlingsrisiken weitere nachteilige Auswirkungen möglich sind, verpflichtet dies APHIS nicht, eine beantragte Genehmigung abzulehnen.[2375] Wie die in Zusammenhang mit dem Freisetzungsvorhaben gentechnisch veränderter Kohlschaben vorgenommene Umweltverträglichkeitsprüfung zeigt, ist Schwerpunkt die Beeinflussung der Landwirtschaft durch ein geplantes Freisetzungsvorhaben.[2376]

Ausdruck vorsorgender Regulierung ist es, dass jede Freisetzungsgenehmigung – und damit auch eine etwaige Freisetzungsgenehmigung für die Freisetzung von Gene Drive-Organismen – für einen nach den Umständen des Einzelfalls begrenzten Zeitraum erteilt wird, das Freisetzungsvorhaben kontinuierlich überwacht werden muss und sämtliche neue Erkenntnisse an APHIS übermittelt werden müssen. Um auf neue Erkenntnisse reagieren zu können, besteht einerseits die Möglichkeit zum Widerruf einer Freisetzungsgenehmigung, andererseits kann eine erteilte Genehmigung angepasst werden. Sollte sich allerdings nachträglich herausstellen, dass die vorgeschriebenen Begrenzungs- oder Inaktivierungsmeachanismen unzureichend sind und sich die freigesetzten Gene Drive-Organismen selbsttätig in der Umwelt verbreiten oder der Rückhol- bzw. Inaktivierungsmechanismus nicht funktioniert, lässt sich hieran weder durch einen Widerruf, noch eine Anpassung der Genehmigung etwas ändern.

Da in Zusammenhang mit der Erteilung einer Freisetzungsgenehmigung – abgesehen von der Öffentlichkeitsbeteiligung im Rahmen des NEPA-Verfahrens – eine Öffentlichkeitsbeteiligung nicht vorgesehen ist, bestehen im Hinblick auf die Transparenz des Genehmigungsverfahrens und die Möglichkeit der Öffentlichkeit, die Entscheidung zu beeinflussen, Defizite. Konsultationen mit von einem Freisetzungsvorhaben möglicherweise betroffenen indianischen Stämmen sind zwar erforderlich, die Einholung einer vorherigen Zustimmung ist indes nicht vorgeschrieben.

III. Die Regulierung von Freisetzungsvorhaben durch die FDA

Zuletzt soll dargestellt werden, inwieweit der Vorsorgegedanke in Zusammenhang mit Veränderungen mittels Gene Drive, die als neue Tierarzneimittel im Sinne des FDCA gelten und freigesetzt werden sollen, umgesetzt ist.

Grundsätzlich bedürfen neue Tierarzneimittel im Vorfeld ihrer Verwendung einer Zulassung und sind weiteren Überprüfungsanforderungen unterworfen.[2377] Während allerdings sowohl im Regulierungsbereich der EPA als auch des USDA Vorgaben für die Freisetzung von gentechnisch veränderten Organismen bestehen, fehlt es hieran im Regulierungsbereich der FDA.

[2375] Siehe hierzu die Ausführungen in Teil 5, Kapitel 1, III, 1 sowie Teil 5, Kapitel 3, II, 3.
[2376] Siehe hierzu die Ausführungen in Teil 5, Kapitel 3, II, 3, a.
[2377] FDA, Guidance for Industry #236, S. 3f.

1. Erlaubnisvorbehalte für die Verwendung neuer Tierarzneimittel

Jedes neue Tierarzneimittel bedarf einer Marktzulassung und gilt, solange nicht eine Zulassung erteilt wurde, als unsicher bzw. verfälscht.[2378] Zur Gewährleistung der Sicherheit und Wirksamkeit von Tierarzneimitteln und dem Schutz der tierischen und menschlichen Gesundheit ist die Einführung oder Lieferung verfälschter Arzneimittel in den zwischenstaatlichen Handel sowie die Ein- oder Ausfuhr untersagt.[2379]
Ein neues Tierarzneimittel gilt ferner nicht als unsicher, wenn es für die Verwendung zu Forschungszwecken bestimmt ist, also dessen Sicherheit und Wirksamkeit durch Fachpersonal getestet werden soll und die hierbei zu beachtenden Voraussetzungen eingehalten sind.[2380]

a. Ausnahme von der Zulassungspflicht für die Sendung oder Lieferung neuer Tierarzneimittel zu Forschungszwecken

Um zu ermöglichen, dass neue Tierarzneimittel im Vorfeld der Marktzulassung auf ihre Sicherheit und Wirksamkeit getestet werden können, gilt ein neues Tierarzneimittel nicht als unsicher bzw. verfälscht, sofern es ausschließlich zu Versuchszwecken verwendet werden soll und die Vorgaben der Ausnahmeregelung eingehalten sind.[2381] Die Ausnahme vom Zulassungserfordernis wird als „investigational new animal drug exemption“, INAD-Ausnahme, bezeichnet.
Vom Zulassungserfordernis ausgenommen ist nach der seitens der FDA erlassenen Bundesverordnung die Sendung oder Lieferung eines neuen Tierarzneimittels, das für In-vitro-Tests und Versuche mit Laborversuchstieren oder klinische Studien an Tieren bestimmt ist.[2382] Feldversuche werden dabei von der FDA analog zu klinischen Studien mit neuen Tierarzneimitteln behandelt.[2383] Beispielsweise nahm die FDA im Jahr 2016 die Prüfung der durch das Unternehmen Oxitec hergestellten männlichen OX153A-Mücken, die so gentechnisch verändert wurden, dass sie im Falle der Paarung mit weiblichen Mücken des Wildtyps ein letales Gen an die Nachkommen übertragen und diese vor Erreichen des Erwachsenenstadiums absterben, anhand der INAD-Vorschriften vor.[2384]
Soweit es sich bei der gentechnischen Veränderung mittels Gene Drive um ein neues Tier-

2378 21 U.S.C. § 331 (a), 21 U.S.C. § 351 (a) (5), 21 U.S.C. § 360b (a) (1). *FDA*, Guidance of Industry #187 – Regulation of Intentionally Altered Genomic DNA in Animals, Januar 2017, S. 6f., im Folgenden: FDA, Guidance of Industry #187.
2379 21 U.S.C. § 331 (a), 21 U.S.C. § 321 (b). *Glosser/Gorham*, OIE Revue Scientifique et Technique 9 (3) 1990, 681 (S. 683).
2380 21 U.S.C. § 360b (a) (3), (j).
2381 21 U.S.C. § 360b (a) (3), (j).
2382 21 C.F.R. § 511.1 (a), (b).
2383 *Meghani/Kuzma*, Journal of Responsible Innovation 5 (1) 2018, 203 (S. 209).
2384 *Meghani/Kuzma*, Journal of Responsible Innovation 5 (1) 2018, 203 (S. 209); *Lin*, University of California Law Review 51 (1) 2017, 205 (S. 207) Bei dem durch Oxitec verfolgten Ansatz handelt es sich um einen selbstlimitierenden Ansatz, um die gewünschte Wirkung zu erzielen, müssen in regelmäßigen Abständen gentechnisch veränderte Mücken freigesetzt werden, *Lin*, University of California Law Review 51 (1) 2017, 205 (S. 212).

arzneimittel im Sinne des FDCA handelt[2385], ist für Tiere, deren Genom mittels eines Gene Drive-Systems absichtlich verändert worden ist und die für Feldversuche bestimmt sind, eine INAD-Ausnahme zu beantragen. Im Vorfeld einer geplanten Sendung oder Lieferung ist die FDA mittels einer „Notice of Claimed Investigational Exemption for a New Animal Drug" in Kenntnis zu setzen.[2386] Sicherzustellen ist, dass der Feldversuch durch ausreichend wissenschaftlich qualifizierte Personen durchgeführt wird.[2387] Obwohl der Ausnahmeantrag in der Regel nicht durch die FDA zu genehmigen ist, ist Voraussetzung, dass entweder ein kategorischer Ausschluss von den NEPA-Vorgaben beantragt oder eine Umweltverträglichkeitsprüfung erfolgt ist; die FDA begutachtet somit die Umweltauswirkungen des Einsatzes eines neuen Tierarzneimittels zu Versuchszwecken.[2388]

b. Zulassungspflicht für neue Tierarzneimittel

Im Anschluss an die Versuchsphase kann die Marktzulassung beantragt werden. Die Zulassung eines neuen Tierarzneimittels wird dabei stets bezogen auf einen bestimmten Verwendungszweck erteilt.[2389] Ist ein neues Tierarzneimittel im Wege einer Zulassung[2390] für einen bestimmten Verwendungszweck zugelassen, kann es eingesetzt werden. Die Verwendung im Einzelfall bedarf nach den Vorgaben des FDCA keiner zusätzlichen Genehmigung oder Zulassung, sondern wird im Verfahren für die Markzulassung berücksichtigt.[2391] Alternativ besteht unter bestimmten Voraussetzungen die Möglichkeit der Erteilung einer bedingten Zulassung[2392], In-

[2385] Siehe hierzu die Ausführungen in Teil 5, Kapitel 1, II, 3, a.

[2386] 21 C.F.R. § 511.1 (b) (4). Die Mitteilung hat unter anderem Angaben zum neuen Tierarzneimittel, andere sachdienliche Informationen sowie Informationen dazu zu enthalten, wie viele Tiere voraussichtlich behandelt werden oder welche Menge des neuen Tierarzneimittels versendet werden soll, 21 C.F.R. § 511.1 (b) (4) (i), (ii), (iv). Auf Verlangen der FDA sind zusätzliche Informationen vorzulegen, 21 C.F.R. § 511.1 (b) (6).

[2387] 21 C.F.R. § 511.1 (b) (8) (ii).

[2388] 21 C.F.R. § 511.1 (b) (10). *Lin*, University of California Law Review 51 (1) 2017, 205 (S. 217).

[2389] 21 U.S.C. § 360b (a).

[2390] 21 U.S.C. § 360b (a) (1) (A), (b). Die Zulassung kann als „approved new animal drug application", NADA, oder als „abbreviated approved new animal drug application", ANADA, beantragt und erteilt werden, 21 U.S.C § 360b (b) (2).

[2391] *Pew Initiative on Food and Biotechnology*, Guide to U.S. Regulation of Genetically Modified Food and Agricultural Biotechnology Products, 2001, S. 17.

[2392] 21 U.S.C. § 360b (a) (1) (B), 21 U.S.C. § 360ccc. Die bedingte Zulassung wird als „conditional approved new animal drug application", CNADA bezeichnet. Eine bedingte Zulassung kann insbesondere in Fällen erteilt werden, in denen ein neues Tierarzneimittel für eine geringfügige Verwendung oder untergeordnete Art bestimmt ist, 21 U.S.C. § 360ccc (a) (1) (A) (i). Um eine geringfügige Verwendung handelt es sich, wenn das Arzneimittel für eine Hauptart (Pferde, Hunde, Katzen, Schweine, Hühner, Rinder) bestimmt ist und die Indikation selten und nur bei einer kleinen Anzahl von Tieren oder in einem begrenzten geographischen Gebiet und nur bei einer kleinen Anzahl von Tieren pro Jahr auftritt, 21 U.S.C. § 321 (pp). Untergeordnete Arten sind all diejenigen Tierarten, die keine Hauptarten darstellen, 21 U.S.C. § 321 (oo). Daneben kann eine bedingte Zulassung erteilt werden, wenn das neue Tierarzneimittel dazu bestimmt ist, eine ernsthafte oder lebensbedrohliche Erkrankung zu behandeln und der Wirksamkeitsnachweis eine komplexe oder besonders schwierige Studie erfordern würde, 21 U.S.C. § 360ccc (a) (1) (A) (ii).

dexlistung[2393] oder Zulassung zum Einsatz in Notfällen[2394].

Jede Zulassung kann unter auf den Einzelfall zugeschnittenen Bedingungen erteilt werden; im Hinblick auf gentechnische Veränderungen können die Bedingungen vor allem die Erzeugung der gentechnischen Veränderung oder die Verwendung des gentechnisch veränderten Tiers betreffen. Beispielsweise wurde im Rahmen der NADA für den als „AquAdvantage Salmon" bezeichneten Atlantischen Lachs festgelegt, dass der gentechnisch veränderte Lachs nicht in Netzgehegen im Meer gehalten werden darf und die im Antrag beschriebenen spezifischen Methoden und Kontrollen zur Aufrechterhaltung der physischen Eindämmung einzuhalten sind.[2395]

Vor dem Hintergrund, dass jede gentechnische Veränderung eines Tieres, die nicht lediglich zu Forschungszwecken erfolgt, einer Marktzulassung bedarf[2396], entfaltet das Zulassungserfordernis auch für mittels Gene Drive veränderte Organismen Relevanz. Soweit die Veränderung des Genoms eines Organismus mittels eines Gene Drive-Systems ein neues Tierarzneimittel darstellt, bedarf diese Veränderung im Vorfeld der Vermarktung einer Zulassung durch die FDA. Eine Marktzulassung könnte damit beispielsweise für eine Veränderung mittels Gene Drive erforderlich sein, die dazu führt, dass die Erregerlast im veränderten Organismus reduziert oder die Übertragbarkeit eines Erregers von dem veränderten Organismus auf andere Organismen verhindert wird.[2397] Die Marktzulassung bezieht sich auf eine konkrete gentechnische Veränderung und umfasst alle Tiere, deren Genom auf dieselbe Art und Weise verändert ist; erfasst sind auch solche Tiere, die die gentechnische Veränderung infolge der Kreuzung eines gentechnisch veränderten Tiers mit einem nicht gentechnisch veränderten Tier erhalten haben.[2398] Die für eine gentechnische Veränderung mittels Gene Drive erteilte Zulassung erfasst damit dieselbe gentechnische Veränderung aller Nachkommen.

Die FDA erteilte in der Vergangenheit einigen gentechnischen Veränderungen in Tieren die Marktzulassung, allerdings war keines der Tiere dazu bestimmt, in freie Wildbahn entlassen zu werden.[2399]

Der Zulassungsantrag ist unter Beifügung sämtlicher erforderlicher Unterlagen beim CVM einzureichen.[2400] Innerhalb einer Frist von 180 Tagen, die gegebenenfalls verlängert werden kann,

[2393] 21 U.S.C. § 360b (a) (1) (C), 21 U.S.C. § 360ccc-1 (a). Eine Aufnahme in den Index kann unter bestimmten Voraussetzungen erfolgen, ist aber jedenfalls für neue Tierarzneimittel, die in einem transgenen Tier enthalten sind, ausgeschlossen, 21 U.S.C. § 360ccc-1.

[2394] 21 U.S.C. § 360b (a) (1) (D), 21 U.S.C. § 360ccc-3 (a). Eine Notfallzulassung kann bei Vorliegen außergewöhnlicher Umstände für neue Tierarzneimittel erteilt werden, die nicht (bedingt) zugelassen sind oder keine (bedingte) Zulassung für den beabsichtigten Verwendungszweck haben, 21 U.S.C. § 360bbb-3 (a) (2), (b) (1).

[2395] *FDA*, NADA 141-454, Anhang A, I, A, 2.

[2396] *FDA*, Guidance of Industry #187, S. 6f.

[2397] Siehe im Hinblick auf Mücken: *FDA*, Guidance for Industry #236, S. 5.

[2398] *FDA*, Guidance of Industry #187, S. 8.

[2399] *Clark* u. a., USDA National Wildlife Research Center 2020, 193 (S. 211). Beispielhaft zu nennen sind die gentechnisch Veränderung des Atlantischen Lachses zur Wachstumsbeschleunigung (AquAdvantage Salmon) oder die gentechnische Veränderung von Schweinen, um Wirkstoffe zu produzieren und Fleisch zu erzeugen, das mangels Alpha-Gal-Zucker auch Menschen mit Alpha-Gal-Syndrom konsumieren können (GalSafe Pigs).

[2400] 21 U.S.C. § 360b (b) (1).

kann die Zulassung – gegebenenfalls unter zusätzlichen Bedingungen – erteilt oder nach Durchführung einer Anhörung abgelehnt werden.[2401]

2. Voraussetzungen für die Erteilung der Zulassung

Voraussetzung einer Zulassung ist, dass das neue Tierarzneimittel und somit die gentechnische Veränderung mittels Gene Drive für die beabsichtigte Verwendung sicher und wirksam ist.[2402]
Um beurteilen zu können, wie der Vorsorgegedanke bei der Zulassung neuer Tierarzneimittel Umsetzung erfahren hat, ist neben der Frage, unter welchen Voraussetzungen eine gentechnische Veränderung als sicher und wirksam eingestuft wird, die Verteilung der Darlegungs- und Beweislast von Bedeutung.

a. Die Verteilung der Darlegungs- und Beweislast

Wie im Rahmen des FIFRA und des PPA muss der Antragsteller sämtliche Informationen beibringen, die für die Entscheidung, ob das neue Tierarzneimittel sicher und wirksam ist, ausschlaggebend sind.[2403] Vorzulegen sind insbesondere vollständige Berichte über durchgeführte Untersuchungen in Form von Laborstudien und klinischen Studien, die zeigen, dass das neue Tierarzneimittel im Hinblick auf die beabsichtigte Verwendung sicher und wirksam ist, eine Auflistung der Bestandteile des neuen Tierarzneimittels sowie Informationen über die chemische Struktur sowie eine Beschreibung der Herstellungsmethoden und Kontrollen.[2404]
Die Beweislast dahingehend, dass ein neues Tierarzneimittel sicher und wirksam ist, liegt beim Antragsteller.[2405] Bestehende wissenschaftliche Ungewissheit im Hinblick auf die Sicherheit und Wirksamkeit des neuen Tierarzneimittels geht zu Lasten des Antragstellers.

b. Kein Vorliegen von Versagungsgründen – das hinnehmbare Risiko

Ein neues Tierarzneimittel ist zuzulassen, wenn es für den beabsichtigten Verwendungszweck sicher und wirksam ist.[2406]
Nach der Legaldefinition bezieht sich Sicherheit ausschließlich auf die menschliche und tierische Gesundheit, sodass Auswirkungen auf die Umwelt und Ökosysteme grundsätzlich nicht erfasst sind.[2407] Primäres Ziel des CVM ist denn auch, sicherzustellen, dass ein Arzneimittel für

[2401] 21 U.S.C. § 360b (c) (1), (d).
[2402] 21 U.S.C. § 360b (a) (1).
[2403] 21 U.S.C. § 360b (b) (1), 21 C.F.R. § 514.1 (a).
[2404] 21 U.S.C. § 360b (b) (1) (A) bis (D), 21 C.F.R. § 514.1 (b) (2).
[2405] *Glosser/Gorham*, OIE Revue Scientifique et Technique 9 (3) 1990, 681 (S. 683); *Allen*, Florida Law Review 42 (3) 1990, 531 (S. 546); *Donovan*, Missouri Environmental Law and Policy Review 17 (1) 2009, 64 (S. 89).
[2406] *FDA*, Guidance of Industry #187, S. 14.
[2407] 21 U.S.C. § 321 (u). Für eine erweiternde Auslegung, die die Auswirkungen auf die Gesundheit von sämtlichen Menschen und Tieren einbezieht: Institute for Fisheries Resolution v. FDA, 499 F.Supp. 3d 657 (N.D. Cal.

das betreffende Tier selbst unbedenklich ist.[2408] Allerdings legt die FDA legt die Befugnis, die Sicherheit eines Tierarzneimittels zu prüfen, erweiternd so aus, dass nicht nur die Sicherheit für Menschen und das Zieltier geprüft wird, sondern auch durch die Verwendung des neuen Tierarzneimittels hervorgerufene Umwelteinflüsse berücksichtigt werden, sofern diese sich direkt oder indirekt auf die Gesundheit von Menschen oder Tieren auswirken.[2409] Zwar können vor diesem Hintergrund zahlreiche Umweltauswirkungen berücksichtigt werden[2410], allerdings gilt dies nicht für mögliche nachteilige Umweltauswirkungen, die kein Risiko für die menschliche oder tierische Gesundheit mit sich bringen.[2411] Um festzustellen, ob das neue Tierarzneimittel sicher ist, können insbesondere kumulative Effekte mit anderen chemischen Substanzen sowie die Tatsache berücksichtigt werden, ob die Verwendungsbedingungen aller Wahrscheinlichkeit nach eingehalten werden.[2412]

Wirksam ist ein neues Tierarzneimittel, wenn es im Zielorganismus die beabsichtigte Wirkung hervorruft.[2413]

Versagt werden kann die Zulassung vor allem, wenn die verpflichtend vorzulegenden Untersuchungen keine angemessenen Tests umfassen, die zeigen, ob ein neues Tierarzneimittel unter den spezifischen Bedingungen sicher ist[2414], die Ergebnisse solcher Tests zeigen, dass ein neues Tierarzneimittel nicht sicher ist oder nicht zeigen, dass es sicher ist[2415], auf Grundlage der vorgelegten Informationen nicht festgestellt werden kann, ob ein neues Tierarzneimittel sicher verwendet werden kann[2416] oder keine stichhaltigen Beweise dafür vorliegen, dass das neue Tierarzneimittel die behauptete oder dargestellte Wirkung hat[2417]. Stichhaltige Beweise sind gegeben, wenn auf Basis einer oder mehrerer angemessener und kontrollierter Studien beispielsweise in Form von Labor- oder Feldstudien entsprechende Experten zu dem Ergebnis kommen können, dass das neue Tierarzneimittel die behauptete und dargestellte Wirkung hat.[2418]

Die Zulassung für die Vermarktung einer gentechnischen Veränderung mittels Gene Drive zur Verringerung der Populationsgröße, Ausrottung einer Population oder Veränderung der Ziel-

---

2020).

[2408] *Brooks*, University of Illinois Journal of Law, Technology & Policy 1 2020, 201 (S. 208).

[2409] *Mandel*, William and Mary Law Review 45 (5) 2004, 2167 (S. 2210); *Carter* u. a., Synthetic Biology and the U.S. Biotechnology Regulatory System: Challenges and Options, 2014, S.18. Beispielsweise bezog das CVM bei der Zulassung des Wachstumshormons Rinder-Somatropin Auswirkungen der Verwendung auf die Landnutzung, die Wasserqualität, die Kohlendioxidemissionen ein, *Carter* u. a., Synthetic Biology and the U.S. Biotechnology Regulatory System: Challenges and Options, 2014, S. 18.

[2410] *Mandel*, William and Mary Law Review 45 (5) 2004, 2167 (S. 2210).

[2411] *Homer*, Columbia Journal of Law and Social Problems 45 (1) 2011, 83 (S. 105).

[2412] 21 U.S.C. § 360b (d) (2) (B) und (D).

[2413] Siehe hierzu: *https://www.fda.gov/animal-veterinary/animal-health-literacy/idea-marketplace-journey-animal-drug-through-approval-processanimal*, zuletzt aufgerufen am 31.01.2024.

[2414] 21 U.S.C. § 360b (d) (1) (A), 21 C.F.R. § 514.1 (b) (8) (i).

[2415] 21 U.S.C. § 360b (d) (1) (B).

[2416] 21 U.S.C. § 360b (d) (1) (D).

[2417] 21 U.S.C. § 360b (d) (1) (E), 21 C.F.R. § 514.1 (b) (8) (ii).

[2418] 21 U.S.C. § 360b (d) (3), 21 C.F.R. § 514.4 (a).

population kann danach versagt werden, wenn nachteilige Auswirkungen auf die menschliche Gesundheit oder den Zielorganismus nicht ausgeschlossen werden können. Eine Versagung der Zulassung wegen nachteiliger Umweltauswirkungen, beispielsweise nachteiliger Auswirkungen auf ein Ökosystem, kann allenfalls auf Grundlage einer erweiternden Auslegung und nur dann erfolgen, wenn sich nachteiligen Umweltauswirkungen wiederum direkt oder indirekt auf die menschliche oder tierische Gesundheit auswirken. Versagt werden kann eine Zulassung für die Vermarktung einer gentechnischen Veränderung mittels Gene Drive ferner, wenn keine stichhaltigen Beweise für die Wirksamkeit und damit das Funktionieren des Gene Drive in der beabsichtigten Weise vorhanden sind.

Entsprechende Ablehnungsgründe gelten für die bedingte Zulassung.[2419]

3. Voraussetzungen für die Erteilung einer Notfallzulassung

Zumindest denkbar ist, dass im Fall einer hinreichend gewichtigen Erkrankung, die durch Überträgerorganismen hervorgerufen wird, ausnahmsweise der Einsatz von Gene Drive-Systemen zur Reduktion der Erregerlast in den Überträgerorganismen zugelassen wird.

Voraussetzung der Zulassung eines neuen Tierarzneimittels in Notfällen ist zunächst die Ausrufung eines Notfalls, die unter anderem erfolgen kann, wenn ein öffentlicher Gesundheitsnotstand oder die erhebliche Gefahr eines öffentlichen Gesundheitsnotstands besteht, und dieser Umstand auf biologische Agens oder hierdurch hervorgerufene Erkrankungen zurückzuführen ist.[2420] Ein öffentlicher Gesundheitsnotstand oder die Gefahr eines solchen könnte beispielsweise bestehen, wenn infolge der zunehmenden Klimaerwärmung Infektionskrankheiten wie Malaria auch im Gebiet der USA gehäuft auftreten und drohen, das Gesundheitssystem an seine Grenzen zu bringen.

Erteilt werden kann die Zulassung, wenn der Agens eine ernsthafte oder lebensbedrohliche Erkrankung hervorrufen kann und auf Grundlage der vorhandenen wissenschaftlichen Erkenntnisse vernünftigerweise anzunehmen ist, dass das Tierarzneimittel zur Behandlung oder Verhinderung der Erkrankung dient und die möglichen bekannten Vorteile einer Anwendung unter Berücksichtigung der Bedrohung die möglichen bekannten Nachteile überwiegen und keine vergleichbaren zugelassenen und verfügbaren Alternativen vorhanden sind.[2421] Für die Entscheidung, ob der Einsatz von Gene Drive-Organismen im Wege einer Notfallzulassung zugelassen werden kann, ist danach entscheidend, ob zugelassene oder verfügbare Alternativen wie beispielsweise Impfungen vorhanden sind, um die Erkrankung zu verhindern oder zu bekämpfen. Zudem sind die mit einem Einsatz einhergehenden Vor- und Nachteile gegeneinander

[2419] 21 U.S.C. § 360ccc (c) (1), 21 U.S.C. § 360b (d) (1) (A) bis (D), (F). Außerdem kann eine bedingte Zulassung versagt werden, wenn die vorgebrachten Informationen nicht für die begründete Erwartung ausreichen, dass das neue Tierarzneimittel die beabsichtigte Wirkung haben wird, 21 U.S.C. § 360ccc (c) (2).

[2420] 21 U.S.C. § 360bbb-3 (a) (1), (b).

[2421] 21 U.S.C. § 360bbb-3 (c) (1), (2), (3).

abzuwägen, wobei die bekannten Vorteile die bekannten Nachteile überwiegen müssen.

4. Einhaltung der Verfahrensvorgaben des NEPA

In Zusammenhang mit einer INAD-Ausnahme für den Einsatz von Gene Drive-Organismen zu Versuchszwecken oder der Zulassung eines neuen Tierarzneimittels in Form einer gentechnischen Veränderung mittels Gene Drive sind die Vorgaben des NEPA einzuhalten; davon, dass die Voraussetzungen eines kategorischen Ausschlusses vorliegen, ist nicht auszugehen.[2422]

a. Erstellen einer Umweltverträglichkeitsprüfung

Im Vorfeld einer Sendung oder Lieferung gentechnisch veränderter Tiere auf Basis einer INAD-Ausnahme sowie der Erteilung einer Zulassung für ein neues Tierarzneimittel ist, soweit nicht die Voraussetzungen für einen kategorischen Ausschluss gegeben sind, eine Umweltverträglichkeitsprüfung vorzunehmen.[2423]

Im Hinblick auf die Vornahme einer Umweltverträglichkeitsprüfung im Regulierungsbereich der FDA können die bereits erfolgten Ausführungen zur Erstellung einer Umweltverträglichkeitsprüfung herangezogen werden.[2424] Im Unterschied zur Umweltverträglichkeitsprüfung im Regulierungsbereich von APHIS ist im Regulierungsbereich der FDA der Antragsteller aufgerufen, einen ersten Entwurf einer Umweltverträglichkeitsprüfung zu erstellen.[2425]

Soweit Maßnahmen nicht durch das Gesetz über Geschäftsgeheimnisse (Trade Secret Act) oder sonstiges geltendes Recht vor einer Offenlegung geschützt sind, wird die Öffentlichkeit bei der Erstellung einer Umweltverträglichkeitsprüfung einbezogen; Anhörungen, öffentliche Sitzungen und die Verfügbarkeit von Umweltdokumenten werden öffentlich bekannt geben.[2426]

Die Tatsache, dass eine Umweltverträglichkeitsprüfung erfolgt ist, ist mit dem Hinweis, wo diese öffentlich eingesehen werden kann, im Bundesanzeiger öffentlich bekannt zu geben.[2427]

Lediglich im Fall überwiegend lokaler Auswirkungen kann von einer öffentlichen Bekanntmachung im Bundesanzeiger abgesehen werden; Umweltverträglichkeitsprüfungen in Zusammenhang mit der Zulassung neuer Tierarzneimittel werden der Öffentlichkeit in diesen Fällen auf Anfrage zur Verfügung gestellt.[2428]

Im Hinblick auf die Marktzulassung gentechnischer Veränderungen des Atlantischen Lachses

---

[2422] Siehe hierzu die Ausführungen in Teil 5, Kapitel 1, III, 3.

[2423] 21 C.F.R. § 511.1 (b) (10), 21 C.F.R. § 514.1 (b) (14), 21 C.F.R. § 25.15 (a), 21 C.F.R. § 25.20 (m).

[2424] Siehe hierzu die Ausführungen in Teil 5, Kapitel 3, II, 3, a. Siehe im Übrigen: 21 C.F.R. § 25.40 (a) bis (e).

[2425] 21 C.F.R. § 25.40 (b).

[2426] 21 C.F.R. § 25.50 (a) und (b).

[2427] 21 C.F.R. § 25.51 (b) (1), 40 C.F.R. § 1506.6 (b) (2).

[2428] 21 C.F.R. § 25.51 (b) (2). Handelt es sich bei der Maßnahme um eine solche, die üblicherweise die Erstellung einer Umweltverträglichkeitserklärung erfordert oder um eine solche, für die es keinen Präzedenzfall gibt, kann die FDA einen Entwurf der Umweltverträglichkeitsprüfung 30 Tage vor der endgültigen Entscheidung zur öffentlichen Einsichtnahme bereitstellen, 21 C.F.R. § 25.21 (b) (3).

(AquAdvantage Salmon) sowie des Hausschweins (GalSafe Pig) erachtete die FDA angesichts der Begrenzungsmaßnahmen eine Umweltverträglichkeitsprüfung für ausreichend und kam in beiden Fällen zu dem Ergebnis, erhebliche nachteilige Umweltauswirkungen seien nicht zu befürchten.[2429] Problematisch erscheint, dass sämtliche Informationen, auf deren Basis die FDA entscheidet, durch das antragstellende Unternehmen selbst und nicht eine unvoreingenommene Instanz bereitgestellt werden.[2430] Zudem wurde im Rahmen der Umweltverträglichkeitsprüfung in beiden Fällen weder beziffert, wie hoch das Risiko eines Entweichens in die Umwelt ist, noch, in welchem exakten Ausmaß Organismen des Wildtyps oder das Ökosystem geschädigt werden können.[2431] Kritisiert wurde zudem, dass im Rahmen der Umweltabschätzung nicht sämtliche Risiken berücksichtigt wurden und beispielsweise im Rahmen der Prüfung der Umweltverträglichkeit des gentechnisch veränderten Lachses nicht berücksichtigt worden sei, welche Umweltauswirkungen eine Zunahme der Lachszucht einschließlich der zunehmenden Umweltverschmutzung und des Drucks auf wildlebende Fischbestände zur Fütterung von Zuchtfischen habe.[2432]

Auch im Fall des beabsichtigten Feldversuchs mit gentechnisch veränderten Mücken beendete die FDA das NEPA-Verfahren mit der Feststellung, dass erhebliche Umweltauswirkungen nicht hervorgerufen werden können.[2433] Nach Auffassung der FDA war die Wahrscheinlichkeit von Auswirkungen auf die menschliche oder tierische Gesundheit extrem gering, zudem wurde es als höchst unwahrscheinlich angesehen, dass eine Population der gentechnisch veränderten Mücken dauerhaft Bestand hat oder sich die veränderten Mücken mit anderen Mückenarten paaren.[2434] Problematisch erscheint, dass durch Oxitec keine Daten zu möglichen Auswirkungen auf lokale Ökosysteme zur Verfügung gestellt wurden und bestehende Ungewissheiten in Zusammenhang mit dem geplanten Freisetzungsversuch seitens der FDA nicht ausreichend berücksichtigt wurden.[2435] Weder wurde ausreichend berücksichtigt, dass gentechnisch veränderte Mücken in der Umwelt verbleiben können, noch wurde diese Möglichkeit beziffert, sodass

[2429] *FDA*, Finding of No Significant Impact In Support of an approval of a New Animal Drug Application related to AquAdvantage Salmon, 12.11.2015; *FDA*, Finding of No Significant Impact In Support of an approval of a New Animal Drug Application for the pPL657 rDNA construct in the GGTA1 in the hemizygous and homozygous GalSafe lineage of domestic pigs, 14.12.2020.

[2430] *Homer*, Columbia Journal of Law and Social Problems 45 (1) 2011, 83 (S. 116f.); *Brooks*, University of Illinois Journal of Law, Technology & Policy 1 2020, 201 (S. 210).

[2431] Siehe im Hinblick auf die gentechnische Veränderung des Atlantischen Lachses: *Homer*, Columbia Journal of Law and Social Problems 45 (1) 2011, 83 (S. 117).

[2432] *Smith* u. a., Science 330 2010, 1052 (S. 1053).

[2433] *FDA*, Finding of No Significant Impact In Support of a Proposed Field Trial of GE male *Aedes aegypti* mosquitoes of the line OX513A In Key Haven, Monroe County, Florida Under an investigational new animal drug exemption, 05.08.2016.

[2434] *FDA*, Finding of No Significant Impact In Support of a Proposed Field Trial of GE male *Aedes aegypti* mosquitoes of the line OX513A In Key Haven, Monroe County, Florida Under an investigational new animal drug exemption, 05.08.2016, S. 3ff. Untersucht wurde auch, ob Auswirkungen auf gelistete Arten oder kritische Lebensräume möglich erscheinen.

[2435] *Meghani/Kuzma*, Journal of Responsible Innovation 5 (1) 2018, 203 (S. 209f.).

die Persistenz in der Umwelt nicht abschließend geklärt wurde.[2436] Schließlich erfolgte anstelle einer quantitativen Bewertung eine qualitative, vage Einschätzung der Risiken; anstatt ein auf konkreten Daten basierendes Modell der Prävalenz der gentechnisch veränderten Mücken in und auf auf dem Versuchsgelände zu erstellen, wurden die Risiken als höchst unwahrscheinlich, gering oder marginal eingestuft.[2437]

Nicht ausgeschlossen ist, dass die FDA auch im Fall von gentechnischen Veränderungen mittels Gene Drive, die (versuchsweise) in die Umwelt eingebracht werden sollen, auf Grundlage der seitens des Antragstellers bereitgestellten Informationen vorschnell zu der Einschätzung gelangt, erhebliche nachteilige Umweltauswirkungen seien nicht zu befürchten.

b. Erstellen einer Umweltverträglichkeitserklärung

Während im Regulierungsbereich von APHIS allgemein festgelegt ist, welche Kategorien von Tätigkeiten bzw. Maßnahmen typischerweise die Erstellung einer Umweltverträglichkeitserklärung erfordern, existiert eine derartige Festlegung im Regulierungsbereich der FDA nicht; vielmehr ist eine solche immer anzufertigen, wenn die Umweltverträglichkeitsprüfung ergibt, dass erhebliche Umweltauswirkungen verursacht werden können.[2438]

Auch im Hinblick auf die Erstellung einer Umweltverträglichkeitserklärung kann auf die bereits erfolgten Ausführungen verwiesen werden.[2439]

Während im Regulierungsbereich von APHIS allerdings eine umfangreiche Einbeziehung der Öffentlichkeit erfolgt, ist im Regulierungsbereich der FDA eine weniger weitreichende Öffentlichkeitsbeteiligung vorgesehen. Eine Umweltverträglichkeitserklärung ist in allen Fällen, in denen nicht bereits eine Offenlegung eines Antrags auf Zulassung erfolgt ist, erst gemeinsam mit der Zulassung öffentlich verfügbar zu machen, auch Stellungnahmen werden folglich erst im Anschluss hieran eingeholt und können lediglich dazu führen, die erteilte Zulassung zu widerrufen.[2440]

5. Überprüfung einer einmal getroffenen Zulassungsentscheidung

Während eine erteilte Marktzulassung grundsätzlich unbefristet besteht, wird eine bedingte Zulassung zunächst für die Dauer eines Jahres erteilt und kann bis zu vier Mal jeweils um ein Jahr verlängert werden.[2441] Eine INAD-Ausnahme gilt so lange, bis ausreichende Belege für

[2436] *Meghani/Kuzma*, Journal of Responsible Innovation 5 (1) 2018, 203 (S. 212f.).
[2437] *Meghani/Kuzma*, Journal of Responsible Innovation 5 (1) 2018, 203 (S. 214); *Brooks*, University of Illinois Journal of Law, Technology & Policy 1 2020, 201 (S. 214).
[2438] 21 C.F.R. § 25.22 (a) und (b); *FDA*, Guidance of Industry #187, S. 27.
[2439] Siehe hierzu die Ausführungen in Teil 5, Kapitel 3, II, 3, b, aa und bb. Siehe im Übrigen 21 C.F.R. § 25.42 sowie 21 C.F.R. § 25.52 (a) bis (d).
[2440] 21 C.F.R. § 52 (a) bis (d).
[2441] 21 U.S.C. § 360ccc (d).

die Sicherheit und Wirksamkeit des Tierarzneimittels vorliegen.

a. Überwachungspflichten und Verpflichtung zur Weitergabe zusätzlicher Informationen

Werden auf Grundlage einer INAD-Ausnahme Feldversuche durchgeführt, bestehen umfassende Aufzeichnungs- und Überwachungspflichten. Über jede Sendung oder Lieferung des tierischen Arzneimittels sind Aufzeichnungen zu erstellen, die behördlichen Mitarbeiten zur Einsichtnahme zur Verfügung gestellt werden müssen.[2442] Auf Aufforderung der FDA sind zusätzliche Informationen beizubringen, die für notwendig erachtet werden, um zu entscheiden, ob im Interesse der öffentlichen Gesundheit Gründe für die Beendigung der Ausnahmeregelungen gegeben sind.[2443] Zudem sind über die Feldversuche selbst vollständige Aufzeichnungen zu führen und aufzubewahren.[2444] Sichergestellt werden muss zudem, dass die durchgeführten Studien laufend durch eine qualifizierte Person überwacht und die Erkenntnisse, die auf erhebliche Gefahren für die Sicherheit des neuen Tierarzneimittels hindeuten, der FDA gemeldet werden.[2445]

Umfassende Überwachungs- und Dokumentationspflichten bestehen auch im Nachgang an die Erteilung einer (bedingten) Zulassung. Insbesondere sind Aufzeichnungen mit Erfahrungsdaten und sonstigen Informationen zu dem tierischen Arzneimittel und dessen Sicherheit und Wirksamkeit anzufertigen.[2446] Innerhalb kurzer Fristen ist der FDA mitzuteilen, wenn infolge eines Produkt- oder Herstellungsfehlers schwerwiegende unerwünschte Arzneimittelwirkungen auftreten können oder schwerwiegende unerwartete nachteilige Auswirkungen auftreten.[2447] Innerhalb der ersten zwei Jahre nach Zulassung sind zudem regelmäßig Berichte mit Informationen zur Verteilung des Arzneimittels und unerwünschten Arzneimittelerfahrungen anzufertigen.[2448]

b. Beendigung einer INAD-Ausnahme sowie Widerruf und Suspendierung einer erteilten Zulassung

Eine INAD-Ausnahme kann vorzeitig beendet werden, sofern entweder die hierfür vorgeschriebenen Bedingungen nicht eingehalten sind, die Fortsetzung der Versuche unsicher ist oder in anderer Weise dem öffentlichen Interesse zuwiderläuft.[2449]

Wurde eine Marktzulassung erteilt, kann diese im Fall einer unmittelbaren Gefahr für die Gesundheit von Menschen und Tieren ausgesetzt werden; dem Antragsteller ist Gelegenheit zu

[2442] 21 C.F.R. § 511.1 (b) (3).
[2443] 21 C.F.R. § 511.1 (b) (6).
[2444] 21 C.F.R. § 511.1 (b) (7) (ii), (8) (i).
[2445] 21 C.F.R. § 511.1 (b) (8) (ii).
[2446] 21 U.S.C. § 360b (l) (1), 21 C.F.R. § 514.80 (a) (1).
[2447] 21 C.F.R. § 514.80 (b) (1) und (2).
[2448] 21 C.F.R. § 514.80 (b) (4).
[2449] 21 C.F.R. § 511.1 (d) (1), (2).

einer beschleunigten Anhörung zu geben.[2450]

Darüber hinaus besteht unter bestimmten Voraussetzungen die Verpflichtung bzw. die Möglichkeit, die Zulassung zu widerrufen.[2451] Zu widerrufen ist die Zulassung insbesondere, wenn sich auf Grundlage zusätzlicher Erkenntnisse oder Daten herausstellt, dass das tierische Arzneimittel unter den Verwendungsbedingungen, auf deren Grundlage der Antrag genehmigt wurde, nicht sicher ist, wenn sich infolge neuer, im Zeitpunkt der Zulassungsentscheidung nicht vorhandener oder nicht verfügbarer Erkenntnisse oder auf neuartigen Methoden beruhender Versuche zeigt, dass das Arzneimittel für die beabsichtigte Verwendung nicht sicher ist oder sich auf Grundlage neuer Informationen herausstellt, dass mangels stichhaltiger Nachweise die Wirksamkeit des Arzneimittels nicht belegt werden kann.[2452] Der Widerruf der Zulassung ist im Bundesanzeiger öffentlich bekannt zu geben.[2453]

6. Einbeziehung der Öffentlichkeit

Im Vergleich zur Öffentlichkeitsbeteiligung, wie sie durch die EPA und das USDA vorgenommen wird, ist die Öffentlichkeitsbeteiligung im Regulierungsbereich der FDA deutlich eingeschränkter.[2454]

Lediglich im Anschluss an die (bedingte) Zulassung eines neuen Tierarzneimittels ist eine entsprechende Mitteilung unter Angabe von Name und Adresse des Antragstellers sowie den Bedingungen für die Verwendung im Bundesanzeiger zu veröffentlichen.[2455] Hingegen findet regelmäßig weder eine Veröffentlichung des Antrags auf Erteilung einer Zulassung für ein neues Tierarzneimittel, noch einer INAD-Mitteilung statt.[2456] Die Öffentlichkeit erfährt im Vorfeld einer INAD-Ausnahme oder Zulassung typischerweise nicht, dass ein entsprechender Antrag gestellt wurde. Im Hinblick auf die Marktzulassung des gentechnisch veränderten Atlantischen Lachses erfuhr die Öffentlichkeit von dem Antrag auf Erteilung einer Marktzulassung lediglich deshalb, weil das Unternehmen AquaBounty diese Information freiwillig offenlegte.[2457] Auch weitere Antragsunterlagen werden regelmäßig erst im Anschluss an die Zulassung veröffent-

[2450] 21 C.F.R. § 514.115 (a).

[2451] Im Fall einer bedingten Zulassung sind einige der für die Zulassung geltenden Widerrufsgründe entsprechend heranzuziehen, 21 U.S.C. § 360ccc (e) (1), (2) (A). Möglich ist ein Widerruf zusätzlich dann, wenn auf Grundlage neuer Informationen keine begründete Erwartung besteht, dass das tierische Arzneimittel die beabsichtigte Wirkung hat, 21 U.S.C. § 360ccc (e) (1), (2) (B).

[2452] 21 U.S.C. § 360b (e), 21 C.F.R. § 514.115 (b).

[2453] 21 C.F.R. § 514.116.

[2454] 2017 Update CFRB, S. 41ff.; *Lin*, University of California Law Review 51 (1) 2017, 205 (S. 227). Siehe auch: *Jaffe*, Congress should improve FDA's ability to regulate GE animals, The Hill, 09.09.2010, abrufbar unter: *https://thehill.com/blogs/congress-blog/energy-a-environment/71479-congress-should-improve-fdas-ability-to-regulate-ge-animals/*, zuletzt aufgerufen am 31.01.2024.

[2455] 21 U.S.C. § 360b (i).

[2456] 21 C.F.R. § 514.11 (b), 21 C.F.R. § 514.12 (a).

[2457] *Homer*, Columbia Journal of Law and Social Problems 45 (1) 2011, 83 (S. 120).

licht.[2458]

7. Einbeziehung indigener Gemeinschaften

Im Anwendungsbereich des FDCA finden sich unter den Bestimmungen, die neue Tierarzneimittel betreffen, keine Vorgaben für die Einbeziehung indigener Gemeinschaften.
Zwar hat auch die FDA in ihrem Regulierungsbereich in Umsetzung der Durchführungsverordnungen Vorgaben zur Konsultation und Zusammenarbeit mit indianischen Stämmen erarbeitet, sodass grundsätzlich im Vorfeld jeder Maßnahme, die wesentliche direkte Auswirkungen auf anerkannte Stämme haben kann, Konsultationen durchgeführt werden müssen.[2459] Allerdings gelten behördliche Maßnahmen in Zusammenhang mit Zulassungsanträgen, die vor Offenlegung geschützt sind, ausdrücklich nicht als Maßnahmen, die Konsultationen erfordern.[2460]
Wie auch die Öffentlichkeitsbeteiligung ist somit die frühzeitige Einbeziehung indigener Bevölkerungsgruppen in Zusammenhang mit der Zulassung neuer Tierarzneimittel nicht vorgesehen.

8. Zwischenergebnis

Die FDA reguliert gentechnische Veränderungen mittels Gene Drive in sämtlichen tierischen Organismen als neue Tierarzneimittel. Im Gegensatz zu EPA und USDA existieren im Regulierungsbereich der FDA allerdings keine eigenständigen Vorgaben für die Freisetzung von mittels Gene Drive veränderten Tieren, vielmehr unterfallen Freisetzungsversuche den Regelungen der INAD-Ausnahme, während im Übrigen eine (bedingte) Zulassung erteilt werden muss.
Verglichen mit dem eingeschränkten Prüfungsmaßstab im Rahmen des PPA und der umfassenden Prüfung der EPA nach den Vorgaben des FIFRA handelt es sich bei dem durch den FDCA und die konkretisierende Bundesverordnung vorgegebenen Prüfungsmaßstab, wie ihn die FDA anwendet, um einen Mittelweg. Zwar prüft die FDA im Ausgangspunkt lediglich, ob die gentechnische Veränderung mittels Gene Drive keine nachteiligen Auswirkungen auf die menschliche Gesundheit und den Zielorganismus mit sich bringt und im Zielorganismus die beabsichtigte Wirkung hervorruft, allerdings können durch den Einsatz des Gene Drive-Systems hervorgerufene Umweltauswirkungen jedenfalls insoweit in die Prüfung einbezogen werden, als diese ihrerseits die Gesundheit von Menschen und Tieren beeinflussen können.[2461] Hingegen sind reine Umweltauswirkungen nicht berücksichtigungsfähig, sodass die Zulassung nicht al-

[2458] 21 C.F.R. § 514.11 (e) und (f), 21 C.F.R. § 514.12 (b).
[2459] *FDA*, Tribal Consultation Policy, 22.12.2016.
[2460] *FDA*, Tribal Consultation Policy, 22.12.2016, Ziff. 2.
[2461] Im Zulassungsverfahren für den gentechnisch veränderten Atlantischen Lachs AquAdvantage Salmon wurde vorgebracht, dessen Entweichen könne gravierende Umweltauswirkungen haben, die von der FDA nur unzureichend berücksichtigt werden, *FDA*, AquAdvantage Salmon – Response to Public Comments on the Environmental Assessment. Siehe hierzu auch: *Homer*, Columbia Journal of Law and Social Problems 45 (1) 2011, 83 (S. 110ff.).

lein wegen nachteiliger Umweltauswirkungen, mögen sie auch noch so gravierend sein, versagt werden kann.[2462] Problematisch erscheint weiter, inwieweit die FDA, die vor allem herkömmliche tierische Arzneimittel reguliert, über ausreichende Erfahrung verfügt, um Risiken abzuschätzen, die mit der Freisetzung von Gene Drive-Systemen in die Umwelt einhergehen.[2463] Zudem findet eine Abwägung von Kosten und Nutzen nicht statt.

Möchte ein Antragsteller für die Vermarktung eines Gene Drive-Systems eine (bedingte) Zulassung erlangen, hat er nachzuweisen, dass dieses sicher und für die beabsichtigte Verwendung wirksam ist; wissenschaftliche Ungewissheiten dahingehend, ob der Einsatz des Gene-Drive-Systems nachteilige Auswirkungen auf die menschliche Gesundheit oder den Zielorganismus bzw. die Umwelt hervorruft oder funktionsfähig ist, verhindern als Ausdruck vorsorgender Regulierung die Erteilung einer Zulassung.

Wie auch im Rahmen des PPA sind die Verfahrensvorgaben des NEPA zu berücksichtigen, sodass sowohl in Zusammenhang mit einer INAD-Ausnahme als auch mit der Erteilung einer Zulassung eine Umweltverträglichkeitsprüfung bzw. Umweltverträglichkeitserklärung zu erstellen ist.[2464] Auch hier gilt jedoch, dass es sich lediglich um Verfahrensvorgaben handelt, die keine Verpflichtung zur Genehmigungsversagung oder Auferlegung von Bedingungen zur Vermeidung etwaiger Umweltauswirkungen enthalten und für sich genommen die rechtliche Befugnis, eine beantragte Zulassung abzulehnen, nicht erweitern. Ferner ist die Umweltverträglichkeitsprüfung, wie sie von der FDA in Zusammenhang mit gentechnisch veränderten Tieren bislang vorgenommen wird, unzureichend.[2465]

Sowohl die Vorgaben zur INAD-Ausnahme als auch die Zulassung verpflichten zu einer laufenden Überwachung und Dokumentation. Um auf neue Erkenntnisse reagieren zu können, besteht die Möglichkeit zur vorzeitigen Beendigung der INAD-Ausnahme bzw. die Möglichkeit zum Widerruf der erteilten Zulassung.

Ist die Öffentlichkeitsbeteiligung bereits im Rahmen des FIFRA und des PPA eher schwach ausgestaltet, gilt dies im Anwendungsbereich des FDCA umso mehr.[2466] Vor dem Hintergrund des Schutzes von Betriebs- und Geschäftsgeheimnissen erfährt die Öffentlichkeit regelmäßig

[2462] *Homer*, Columbia Journal of Law and Social Problems 45 (1) 2011, 83 (S. 112).

[2463] Siehe bereits im Hinblick auf gentechnisch veränderte Insekten: *Donovan*, Missouri Environmental Law and Policy Review 17 (1) 2009, 64 (S. 94). Hierzu auch: *Homer*, Columbia Journal of Law and Social Problems 45 (1) 2011, 83 (S. 112).

[2464] Sowohl im Zulassungsverfahren für den gentechnisch veränderten Lachs AquAdvantage Salmon als auch im Vorfeld des Feldversuchs mit gentechnisch veränderten Mücken kam die FDA auf Grundlage der seitens der Antragsteller eingereichten Informationen zu dem Ergebnis, erhebliche Auswirkungen auf die Umwelt seien nicht zu erwarten: *FDA*, Finding of No Significant Impact In support of an approval of a New Animal Drug Application related to AquAdvantage Salmon, 12.11.2015; *FDA*, Finding of No Significant Impact In support of a proposed field trial of genetically engineered male *Aedes aegypti* mosquitoes of the line OX513A, 05.08.2016.

[2465] Siehe hierzu die Ausführungen in Teil 5, Kapitel 3, III, 4, a. Siehe auch: *Brooks*, University of Illinois Journal of Law, Technology & Policy 1 2020, 201 (S. 221).

[2466] Siehe hierzu *Donovan*, Missouri Environmental Law and Policy Review 17 (1) 2009, 64 (S. 94); *Lin*, University of California Law Review 51 (1) 2017, 205 (S. 231); *Meghani/Kuzma*, Journal of Responsible Innovation 5 (1) 2018, 203 (S. 208).

erst im Anschluss an die Zulassung, dass ein neues Tierarzneimittel zugelassen wurde.[2467] Eine Einbeziehung der Öffentlichkeit im Vorfeld und die Möglichkeit, Einfluss zu nehmen, wird bei der Regulierung von Gene Drive-Systemen als neue Tierarzneimittel regelmäßig nicht gegeben sein.[2468]

IV. Zusammenfassung

Wenngleich die USA als „persistent objector" an das Vorsorgeprinzip, wie es völkergewohnheitsrechtlich anerkannt ist, nicht gebunden sind, entsprechen die Vorgaben auf Bundesebene, wonach (experimentelle) Freisetzungsvorhaben mit mittels Gene Drive veränderten Organismen teils untersagt[2469] und im Übrigen Verboten mit Erlaubnisvorbehalt unterworfen sind[2470] der aus dem Vorsorgeprinzip herrührenden Verpflichtung, die Freisetzung von Gene Drive-Organismen einem nationalen Regelungssystem zu unterwerfen. Zwar ist das US-Recht von dem Gedanken getragen, Bereiche mit geringem Risiko von der Regulierung auszunehmen, was sich beispielsweise dadurch zeigt, dass Produkten im Zuständigkeitsbereich des Landwirtschaftsministeriums der sog. „Status der Nichtregulierung" verliehen werden kann, womit diese den sonst geltenden Regelungen nicht unterfallen.[2471] Allerdings kommt der Möglichkeit zur Deregulierung mit dem Ziel, die Kapazitäten der Verwaltung auf Bereiche zu konzentrieren, die voraussichtlich besonders risikobehaftet sind, in Zusammenhang mit Freisetzungsvorhaben mit Gene Drive-Organismen voraussichtlich keine Bedeutung zu. Demgemäß ist auch die grundsätzlich nicht zu unterschätzende Gefahr, dass im Falle eines nicht regulierten Produkts nachträglich Risiken auftreten, die unberücksichtigt bleiben, in Zusammenhang mit Gene Drive-Organismen nicht gegeben.

Eingebettet in den durch das CFRB geschaffenen ordnungspolitischen Rahmen unterfällt die Freisetzung von Gene Drive-Systemen, je nachdem, welcher Organismus gentechnisch verändert wird und welchem Zweck das Gene Drive-System zu dienen bestimmt ist, diversen bundesrechtlichen Regelungen.[2472] Kritisiert wird dieses Regelungssystem als „komplexer, stückweiser Regulierungsansatz" sowie „verworrener, unorganisierter Flickenteppich aus Verwal-

2467 *Homer*, Columbia Journal of Law and Social Problems 45 (1) 2011, 83 (S. 120); *Meghani/Kuzma*, Journal of Responsible Innovation 5 (1) 2018, 203 (S. 208). Neben der eingeschränkten Berücksichtigung von Umweltauswirkungen wurde im Zulassungsverfahren für den gentechnisch veränderten Lachs AquAdvantage Salmon vor allem die mangelnde Transparenz des Verfahrens kritisiert, *FDA*, AquAdvantage Salmon – Response to Public Comments on the Environmental Assessment.

2468 Denkbar ist nach dem Vorbild des Zulassungsverfahrens für den gentechnisch veränderten Lachs AquAdvantage Salmon allenfalls die Durchführung einer öffentlichen Sitzung des beratenden Ausschusses für Veterinärmedizin (VMAC), siehe hierzu: *Homer*, Columbia Journal of Law and Social Problems 45 (1) 2011, 83 (S. 120).

2469 Verboten ist die Freisetzung von Gene Drive-Systemen nach den Vorgaben des ESA, wenn die Zielart eines Gene-Drive-Systems mit dem Ziel der Populationsverringerung oder -ausrottung einer gelisteten Art angehört, siehe hierzu die Ausführungen in Teil 5, Kapitel 1, IV.

2470 Siehe hierzu die Ausführungen in Teil 5, Kapitel 3, I, 1, II, 1 sowie III, 1.

2471 Siehe hierzu näher: *Pohl*, S. 98ff.

2472 Siehe hierzu die Ausführungen in Teil 5, Kapitel 1.

tungsvorschriften und Gesetzen".[2473] Wie die Regulierung gentechnisch veränderter tierischer Organismen durch die FDA als neue Tierarzneimittel beispielhaft zeigt, bedarf es, damit die ursprünglich für herkömmliche Produkte geschaffenen Regelungen auf biotechnologisch hergestellte oder veränderte Produkte Anwendung finden können, eines weiten Verständnisses des Regelungsbereichs und einer erheblichen Ausdehnung der bestehenden Vorschriften.[2474] Wenngleich in der Vergangenheit der Versuch vorgenommen wurde, die auf die EPA, das USDA und die FDA verteilten behördlichen Zuständigkeiten für die Regulierung biotechnologisch hergestellter oder veränderter Produkte klarer voneinander abzugrenzen[2475] bestehen nach wie vor erhebliche Unsicherheiten in Bezug darauf, welche Behörde für die Regulierung eines gentechnisch veränderten Produkts im Allgemeinen und eines mittels Gene-Drive veränderten Organismus im Besonderen zuständig ist.[2476] Exemplarisch verdeutlicht diese Problematik die Regulierung der durch das Unternehmen Oxitec gentechnisch veränderten Mücken, die in die Umwelt freigesetzt werden sollten.[2477] Nachdem zunächst das USDA die Regulierungszuständigkeit verweigert hatte, regulierte die FDA das geplante Freisetzungsvorhaben nach den Vorgaben des FDCA als neues Tierarzneimittel.[2478] Infolge der Verabschiedung der bereits erwähnten Leitlinien ist nun die EPA im Rahmen des FIFRA für die Regulierung der geplanten Freisetzungsversuche zuständig.[2479] Der Regulierungszuständigkeit kommt Bedeutung zu, da sich zum einen die behördliche Fachkompetenz unterscheidet und zum anderen der jeweilige Prüfungsmaßstab und die Methoden zur Abschätzung von Umweltauswirkungen voneinander abweichen.[2480] Die dem CFRB zugrundeliegende Annahme, es sei nicht von entscheidender Bedeutung, welche Behörde letztlich für die Regulierung zuständig sei, erweist sich als unzutreffend.[2481] Reguliert die FDA die gentechnische Veränderung mittels Gene Drive in einem tierischen Organismus als neues Tierarzneimittel, prüft sie, ob diese sicher und für die beabsichtigte Verwendung wirksam ist.[2482] Die durch das Landwirtschaftsministerium vorgenommene Prüfung beschränkt sich darauf, ob das mittels Gene Drive veränderte wirbellose Tier oder In-

[2473] *Donovan*, Missouri Environmental Law and Policy Review 17 (1) 2009, 64 (S. 87); *Homer*, Columbia Journal of Law and Social Problems 45 (1) 2011, 83 (S. 101).

[2474] *Homer*, Columbia Journal of Law and Social Problems 45 (1) 2011, 83 (S. 101).

[2475] Diesem Ziel dienen vor allem die überarbeitete Version des CFRB aus dem Jahr 2017 sowie die seitens der FDA erarbeiteten Leitlinien im Hinblick auf die Regulierung gentechnisch veränderter Mücken, *FDA*, Guidance for Industry #236.

[2476] *Brooks*, University of Illinois Journal of Law, Technology & Policy 1 2020, 201 (S. 220); *Denney*, Virginia Environmental Law Journal 39 (1) 2021, 120 (S. 137).

[2477] *Lin*, University of California Law Review 51 (1) 2017, 205 (S. 219); *West/Buchman/Medina*, Science and Public Policy 49 (6) 2022, 843 (S. 845).

[2478] *Lin*, University of California Law Review 51 (1) 2017, 205 (S. 216f.).

[2479] FDA, Guidance for Industry #236, S. 6.

[2480] *Lin*, University of California Law Review 51 (1) 2017, 205 (S. 221); *Brooks*, University of Illinois Journal of Law, Technology & Policy 1 2020, 201 (S. 220); *Clark* u. a., USDA National Wildlife Research Center 2020, 193 (S. 208).

[2481] *Lin*, University of California Law Review 51 (1) 2017, 205 (S. 220).

[2482] Siehe hierzu die Ausführungen in Teil 5, Kapitel 3, III, 2, b. So bezüglich eines gentechnisch veränderten Insekts: *Lin*, University of California Law Review 51 (1) 2017, 205 (S. 221).

sekt geeignet ist, Pflanzen zu schädigen oder Erkrankungen hervorzurufen.[2483] Zwar sind die FDA sowie das USDA infolge der Vorgaben des NEPA verpflichtet, mögliche Umweltauswirkungen zu ermitteln, eine Verpflichtung, diese Auswirkungen bei der Entscheidungsfindung zu berücksichtigen bzw. mögliche Schäden zu vermindern oder zu verhindern, folgt hieraus allerdings nicht.[2484] FDA und USDA bleibt es lediglich möglich, den Erkenntnissen Rechnung zu tragen.[2485] Nur die EPA prüft im Falle einer gentechnischen Veränderung mittels eines Gene Drive-Systems in einem Tier, ob dieses der Schädlingsbekämpfung dient, ohne unzumutbare Umweltauswirkungen hervorzurufen.[2486]

In allen Fällen ist als Risikoschwelle kein Null-Risiko vorgesehen, erforderlich ist vielmehr, dass das mit der Freisetzung eines konkreten, für einen bestimmten Zweck vorgesehenen Gene Drive-Systems einhergehende Risiko nicht unzumutbar bzw. akzeptabel ist, was im jeweiligen Einzelfall festzustellen ist.[2487] Eine Anpassung an die Besonderheiten des Einzelfalls ist im Wege von die Genehmigung oder Zulassung begleitenden Auflagen oder Bedingungen möglich.

In verfahrensrechtlicher Hinsicht verlangt das Vorsorgeprinzip, wie es völkergewohnheitsrechtlich anerkannt ist, die Vornahme einer Risikoabschätzung bzw. Umweltverträglichkeitsprüfung, ohne genauere Vorgaben im Hinblick auf die dabei anzuwendende Methodik zu machen. Erforderlich ist lediglich, dass im Einzelfall bestehende Ungewissheiten identifiziert werden.

Reguliert die EPA die Freisetzung eines Gene Drive-Systems als Schädlingsbekämpfungsmittel nach den Vorgaben des FIFRA, nimmt sie eine quantitative Risikoabschätzung vor, um die mit der Einbringung in die Umwelt einhergehenden Auswirkungen auf die Umwelt bzw. die menschliche Gesundheit abzuschätzen und untersucht mögliche Auswirkungen auf die Umwelt und die menschliche Gesundheit umfassend.[2488] Im Hinblick auf die Freisetzung von Gene Drive-Systemen erscheint die Risikoabschätzung allerdings insofern unzureichend, als lediglich mögliche Auswirkungen des konkreten Freisetzungsvorhabens untersucht werden, ohne in ausreichendem Maß Wechselwirkungen mit anderen (Freisetzungs-)vorhaben oder Langzeitwirkungen zu berücksichtigen.[2489]

Demgegenüber ermitteln FDA und USDA mögliche Auswirkungen auf die Umwelt und die menschliche Gesundheit nach den Vorgaben des NEPA im Wege einer Umweltverträglichkeits-

2483 Siehe hierzu die Ausführungen in Teil 5, Kapitel 3, II, 2, b. So bezüglich eines gentechnisch veränderten Insekts: *Lin*, University of California Law Review 51 (1) 2017, 205 (S. 221).

2484 *Applegate*, Human and Ecological Risk Assessment 6 (3) 2000, 413 (S. 429); *Donovan*, Missouri Environmental Law and Policy Review 17 (1) 2009, 64 (S. 93); *Zander*, S. 742. *Yoon*, Redesigning Nature: A special report; Altered Salmon Leading Way to Dinner Plates, but Rules lag, New York Times, 01.05.2000, abrufbar unter: *https://www.nytimes.com/2000/05/01/us/redesigning-nature-special-report-altered-salmon-leading-way-dinner-plates-but.html*, zuletzt aufgerufen am 31.01.2024.

2485 Siehe hierzu: Institute for Fisheries Resources v. FDA, 499 F.Supp. 3d 657 (N.D. Cal. 2020).

2486 Siehe hierzu die Ausführungen in Teil 5, Kapitel 3, I, 3, b. So bezüglich eines gentechnisch veränderten Insekts: *Lin*, University of California Law Review 51 (1) 2017, 205 (S. 221).

2487 Siehe hierzu die Ausführungen in Teil 5, Kapitel 3, I, 3, b, II, 2, b sowie III, 2, b.

2488 Siehe hierzu die Ausführungen in Teil 5, Kapitel 3, I, 2.

2489 Siehe hierzu die Ausführungen in Teil 5, Kapitel 3, I, 2.

prüfung bzw. Umweltverträglichkeitserklärung.[2490] Da NEPA keine quantitative Risikoabschätzung fordert, ist nicht erforderlich, ein quantitatives Ursache-Wirkungs-Modell zu erstellen oder verbleibende Ungewissheiten zu quantifizieren.[2491] Zwar ist umgekehrt nicht untersagt, eine quantitative Risikoabschätzung vorzunehmen, allerdings ist nicht davon auszugehen, dass eine solche vorgenommen wird, sofern nicht entsprechende rechtlich bindende Vorgaben existieren.[2492] Ähnlich wie bei der Risikoabschätzung der EPA ist problematisch, dass lediglich mögliche Umweltauswirkungen des konkreten Freisetzungsvorhabens Berücksichtigung finden und langfristige Auswirkungen oder Wechselwirkungen mit etwaigen anderen Freisetzungsvorhaben außer Acht gelassen werden.[2493] Wie am Beispiel des gentechnisch veränderten „GloFish" ersichtlich ist, besteht bei in den Regulierungsbereich der FDA fallenden Gene Drive-Systemen die Gefahr, dass die FDA eine Regulierung ablehnt und weder eine Umweltverträglichkeitsprüfung, noch eine Umweltverträglichkeitserklärung vorgenommen wird.[2494]

Zwar sind die EPA, die FDA sowie das USDA auf Grundlage des CFRB aufgerufen, mit sich entwickelnden Technologien einhergehende wissenschaftliche Ungewissheiten zur Kenntnis zu nehmen, allerdings ist eine Unsicherheitsanalyse, in deren Rahmen Ungewissheiten qualitativ beschrieben oder quantitativ bemessen werden, und die gerade in Zusammenhang mit dem mit erheblichen Ungewissheiten behafteten Einsatz der Gene Drive-Technik sinnvoll erscheint, nicht vorgeschrieben.[2495] Der dem Umgang mit unvollständigen oder nicht verfügbaren Informationen gewidmete Abschnitt des NEPA erschöpft sich im Wesentlichen darin, festzulegen, unter welchen Umständen fehlende Informationen beschafft werden müssen und dass im Übrigen in die Umweltverträglichkeitsprüfung bzw. Umweltverträglichkeitsprüfung aufzunehmen ist, dass Informationen fehlen.[2496] Während die Umweltverträglichkeitsprüfung im Vorfeld des Freisetzungsversuchs mit gentechnisch veränderten Kohlschaben keinen Abschnitt enthält, der sich mit verbleibenden Ungewissheiten befasst, enthält die Umweltverträglichkeitsprüfung zum Freisetzungsversuch mit den gentechnisch veränderten *Aedes aegypti*-Mücken OX513A eine

[2490] Die Behörden verfügen über einen Spielraum, ob sie eine Umweltabschätzung oder eine detailliertere Umweltverträglichkeitserklärung für erforderlich halten; in der bisherigen Regulierungspraxis wurde in Zusammenhang mit gentechnisch veränderten Tieren regelmäßig eine Umweltabschätzung für ausreichend erachtet, *Kuzma*, The Hastings Center Report 51 (6) 2021, 25 (S. 28).

[2491] *National Academy of Science Engineering and Medicine*, Gene Drives on the Horizon: Advancing Science, Navigating Uncertainty and Aligning Research with Public Values, 2016, S. 108.

[2492] *Lin*, University of California Law Review 51 (1) 2017, 205 (S. 223).

[2493] *Lin*, University of California Law Review 51 (1) 2017, 205 (S. 224); *Monast*, North Carolina Law Review 97 (5) 2019, 1329 (S. 1349f.).

[2494] Mit der Begründung, das NEPA-Verfahren sei im Fall bedeutsamer Bundesmaßnahmen anzuwenden, bei der Entscheidung, ein Produkt nicht zu regulieren, handle es sich hingegen nicht um eine behördliche Maßnahme in diesem Sinne, hielt das Gericht die Vornahme einer Umweltabschätzung in Bezug auf die Vermarktung des GloFish für nicht erforderlich, *International Center for Technology Assessment v. Thomson*, 421 F.Supp. 2d1 (D.D.C. 2006).

[2495] *Lin*, University of California Law Review 51 (1) 2017, 205 (S. 225f.).

[2496] 40 C.F.R. § 1502.21.

kurze Auseinandersetzung mit den Ungewissheiten im Rahmen der Risikoabschätzung.[2497] Allerdings beschränken sich die Ausführungen darauf, festzuhalten, dass Ungewissheit verschiedene Ursachen haben kann und dass auf Grundlage der Experteneinschätzung ein hohes Maß an Gewissheit besteht, dass die Mücken sich nur begrenzt verbreiten und nicht dauerhaft in der Umwelt verbleiben.[2498] Hingewiesen wird lediglich darauf, dass im Hinblick auf das Auftreten ungünstiger Wetterlagen während des Freisetzungsversuchs Ungewissheit besteht.[2499]

Neben der Durchführung einer Risikoabschätzung bzw. Umweltverträglichkeitsprüfung verlangt das völkergewohnheitsrechtlich anerkannte Vorsorgeprinzip, dass eine Aktivität kontinuierlich überwacht und eine einmal getroffene Entscheidung im Lichte neuer wissenschaftlicher Erkenntnisse überprüft wird.

Diesen Anforderungen wird bei der Regulierung von Freisetzungsvorhaben mit Gene Drive-Systemen Rechnung getragen, indem Freisetzungsversuche seitens des Antragstellers kontinuierlich überwacht und neue Erkenntnisse der EPA, FDA sowie dem USDA übermittelt werden müssen.[2500] Die Genehmigung für die Vermarktung eines Gene Drive-Systems zur Schädlingsbekämpfung unterliegt keiner kontinuierlichen Überwachung, wird aber in regelmäßigen Abständen einer Überprüfung unterzogen.[2501] Im Nachgang an die Marktzulassung eines Gene Drive-Systems als neues Tierarzneimittel bestehen umfassende Überwachungspflichten sowie die Verpflichtung zur regelmäßigen Anfertigung eines Berichts.[2502] Die Pflicht zur Überwachung reicht regelmäßig allerdings nur so weit wie der Prüfumfang der Behörde, sodass im Regulierungsbereich der FDA bei Freisetzungsversuchen neue Erkenntnisse in Bezug auf die Sicherheit und Wirksamkeit des neuen Tierarzneimittels übermittelt werden müssen, während im Regulierungsbereich der EPA Informationen zu bislang nicht bekannten nachteiligen Umweltauswirkungen an die Behörde weiterzugeben sind.

Sowohl im Regulierungsbereich der EPA, als auch im Regulierungsbereich der FDA sowie des USDA besteht schließlich die Möglichkeit, eine erteilte Genehmigung oder Zulassung aufzuheben.[2503]

Schließlich erfordert das völkergewohnheitsrechtlich anerkannte Vorsorgeprinzip eine Beteiligung der Öffentlichkeit unter besonderer Berücksichtigung indigener Bevölkerungsgruppen, worunter einerseits der Zugang zu Informationen, andererseits die Möglichkeit, sich sinnvoll am Entscheidungsprozess zu beteiligen, zu verstehen ist.

Während im Regulierungsbereich der EPA die Öffentlichkeit durch öffentliche Bekanntma-

---

2497 *FDA*, Environmental Assessment for Investigational Use of *Aedes aegypti* OX513A, 05.08.2016, S. 121f.

2498 *FDA*, Environmental Assessment for Investigational Use of *Aedes aegypti* OX513A, 05.08.2016, S. 121f.

2499 *FDA*, Environmental Assessment for Investigational Use of *Aedes aegypti* OX513A, 05.08.2016, S. 121f.

2500 Siehe hierzu die Ausführungen in Teil 5, Kapitel 3, I, 4, b, II, 5, a sowie III, 5, a.

2501 Siehe hierzu die Ausführungen in Teil 5, Kapitel 3, I, 4, a.

2502 Siehe hierzu die Ausführungen in Teil 5, Kapitel 3, III, 5, a.

2503 Siehe hierzu die Ausführungen in Teil 5, Kapitel 3, I, 4, c, II, 5, c sowie III, 5, b.

chungen bereits des Genehmigungsantrags[2504] Zugang zu Informationen betreffend ein Freisetzungsvorhaben mit einem Gene Drive-System oder die Marktzulassung eines Gene Drive-Systems erhält und zur Abgabe von Stellungnahmen aufgerufen ist, erfolgt die Einbeziehung der Öffentlichkeit auf Bundesebene im Regulierungsbereich des USDA sowie der FDA regelmäßig überwiegend im Rahmen des NEPA-Verfahrens.[2505] Bemerkenswert ist allerdings, dass in Zusammenhang mit dem durch die EPA genehmigten Freisetzungsversuch mit den gentechnisch veränderten *Aedes aegypti*-Mücken OX 5304 weder die wissenschaftlichen Studien noch die Risikoabschätzung im Vorfeld der Genehmigungserteilung im Bundesanzeiger bekannt gemacht wurden.[2506] Im Regulierungsbereich des USDA erhält die Öffentlichkeit zwar Zugang zu der Umweltverträglichkeitsprüfung bzw. Umweltverträglichkeitserklärung und den hiermit zusammenhängenden Unterlagen, ist aber erst aufgerufen, Stellungnahmen abzugeben, wenn bereits der Entwurf einer Umweltverträglichkeitsprüfung bzw. Umweltverträglichkeitserklärung erstellt wurde und erhält somit erst zu einem späten Zeitpunkt die Möglichkeit, sich am Entscheidungsprozess zu beteiligen, wenn die Entscheidung über Art und Umfang des konkreten Vorhabens bereits getroffen wurde. Im Regulierungsbereich der FDA sind zahlreiche Informationen vor einer Offenlegung geschützt und werden seitens der FDA vertraulich behandelt, sodass die Öffentlichkeit regelmäßig erst im Anschluss an die Erteilung einer Zulassung Zugang zu den Informationen erhält und auch erst in diesem Zeitpunkt Stellungnahmen abgeben kann; diese können allenfalls zu einem Widerruf der bereits erteilten Zulassung führen.[2507] Die im Rahmen des CFRB vorgesehene Öffentlichkeitsbeteiligung bleibt damit hinter den Vorgaben der völkergewohnheitsrechtlich anerkannten Vorsorgeprinzips zurück.

[2504] Eine Ausnahme gilt für Versuche in kleinem Maßstab mit mikrobiellen Pestiziden, siehe hierzu die Ausführungen in Teil 5, Kapitel 3, I, 5.

[2505] *Kuzma*, The Hastings Center Report 51 (6) 2021, 25 (S. 28). Siehe beispielhaft die Fallstudien im Rahmen des CFRB: 2017 Update CFRB, S. 41ff.

[2506] *Kuzma*, The Hastings Center Report 51 (6) 2021, 25 (S. 28).

[2507] Im Rahmen der Fallstudien des CFRB ist im Hinblick auf die Öffentlichkeitsbeteiligung im Regulierungsbereich der FDA festgehalten: „[...] FDA codifies the approval of the new animal drug, publishes a Federal Register notice when the approval is codified, and posts on FDA's Website a summary of the information on which this approval was based", 2017 Update CFRB, S. 49. Siehe hierzu auch: *Lin*, University of California Law Review 51 (1) 2017, 205 (S. 231f.).

Teil 6: Zusammenfassung

Ziel der vorliegenden Arbeit war es, zu untersuchen, welche rechtlichen Vorgaben aus dem Vorsorgeprinzip in Zusammenhang mit absichtlichen (experimentellen) Freisetzungsvorhaben mit mittels Gene Drive veränderten Organismen abzuleiten sind und ob und wie das Vorsorgeprinzip staatliches Handeln zu steuern vermag.
Betrachtungsgegenstand war einerseits die völkerrechtliche Ebene und andererseits das US-amerikanische Bundesrecht.

Kapitel 1: Das Vorsorgeprinzip im Völkerrecht

Während ursprünglich eine Regulierungsentscheidung mit dem Ziel, diese auf Grundlage gesicherter wissenschaftlicher Erkenntnisse zu treffen, erst in einem Zeitpunkt erfolgte, in dem bereits schädliche Auswirkungen eingetreten waren oder auf Basis der vorhandenen wissenschaftlichen Daten und Informationen jedenfalls mit einer gewissen Wahrscheinlichkeit auf den Eintritt konkreter schädlicher Auswirkungen geschlossen werden konnte, erfolgte im Zuge des Bedeutungsgewinns des Vorsorgeprinzips auf der Ebene des Völkerrechts auch dort ein Paradigmenwechsel hin zu frühzeitigem staatlichen Tätigwerden im Kontext wissenschaftlicher Ungewissheit und nicht bezifferbarer Risiken. In Zusammenhang mit dem Aufkommen neuartiger und wirkmächtiger Technologien und angesichts der Erkenntnis, dass Umweltprobleme häufig globale Auswirkungen haben, soll nachteiligen Veränderungen der Umwelt und/oder der menschlichen Gesundheit in Zusammenhang mit menschlichen Aktivitäten bereits in einem Zeitpunkt entgegengewirkt werden, in dem nachteilige Auswirkungen möglich erschienen.[2508]
Nachdem das Vorsorgeprinzip zunächst bereichsspezifisch in rechtlich unverbindliche Erklärungen aufgenommen worden war, erlangte es durch die Niederlegung in zahlreichen internationalen Vertragswerken bereichsübergreifend Bedeutung. Fand das Vorsorgeprinzip anfangs überwiegend Eingang in die Präambel völkerrechtlicher Verträge und entfaltete als Leitlinie für die Interpretation und Umsetzung der operativen Vertragsbestimmungen Bedeutung, wurde es zunehmend in den operativen Vertragsteil aufgenommen und entwickelte sich zu einem rechtlichen bindenden Element zahlreicher Vertragsregime.[2509]

Wenngleich das Vorsorgeprinzip teils als „Vorsorgeprinzip“, teils als „Vorsorgeansatz“ bezeichnet wird oder die Staaten schlicht dazu aufgerufen werden, „vorsorgende Maßnahmen zu ergreifen“ und sich damit Bezeichnung und Ausgestaltung je nach völkerrechtlichem Instrument im Detail unterscheiden, lassen sich aus der Zusammenschau der diversen Niederlegungen des Vorsorgegedankens sowohl in völkerrechtlichen Verträgen als auch in nicht unmittelbar rechtlich bindenden Instrumenten gemeinsame Elemente ableiten.[2510] Dies lässt den Schluss zu, dass das Vorsorgeprinzip über einen gewissen Kerngehalt verfügt.[2511]

Rechtstheoretisch als Rechtsregel einzuordnen, ist zwischen den Anwendungsvoraussetzungen des Vorsorgeprinzips und dessen Rechtsfolgen zu differenzieren.[2512] Anwendung findet das Vorsorgeprinzip in Konstellationen, in denen weder wissenschaftliche Gewissheit, noch ein bezifferbares Risiko gegeben ist, allerdings plausible wissenschaftliche Anhaltspunkte für den Eintritt eines Schadens für die Umwelt und/oder die menschliche Gesundheit vorhanden sind

[2508] Siehe hierzu die Ausführungen in Teil 3, Kapitel 1, I. und II.
[2509] Siehe hierzu die Ausführungen in Teil 3, Kapitel 2, I., II. und III.
[2510] Siehe hierzu die Ausführungen in Teil 3, Kapitel 4, III.
[2511] Siehe hierzu sowie zum Folgenden die Ausführungen in Teil 3, Kapitel 4, III.
[2512] Siehe zur rechtstheoretischen Einordnung die Ausführungen in Teil 3, Kapitel 5, I. und II.

© Der/die Autor(en), exklusiv lizenziert an
Springer Fachmedien Wiesbaden GmbH, ein Teil von Springer Nature 2026
I. Albrecht, *Das Vorsorgeprinzip in Zusammenhang mit der absichtlichen Freisetzung von mittels Gene Drive gentechnisch veränderten Organismen*,
https://doi.org/10.1007/978-3-658-50876-0_18

und der drohende Schaden eine gewisse Erheblichkeitsschwelle überschreitet, also nicht völlig unbedeutend oder unerheblich ist.[2513] Das Erfordernis, dass plausible wissenschaftliche Anhaltspunkte für drohende erhebliche Schäden vorhanden sein müssen und bloße Befürchtungen nicht ausreichend sind, um das Vorsorgeprinzip zur Anwendung zu bringen, sorgt für eine Rückbindung an vorhandene wissenschaftliche Informationen und dafür, dass Vorsorgeentscheidungen wissenschaftsbasiert getroffen werden. Erfasst sind sowohl grenzüberschreitende Schäden, die in Bereichen unter der Hoheitsgewalt eines anderen Staates oder in Bereichen jenseits der nationalen Hoheitsgewalt bzw. in Staatengemeinschaftsräumen einzutreten drohen, als auch solche, die sich lediglich auf Bereiche unter der Hoheitsgewalt eines Staates beschränken.

Das Vorsorgeprinzip als eigenständiges Prinzip ergänzt und erweitert das auf internationaler Ebene seit geraumer Zeit fest verankerte Präventionsprinzip.[2514] Zwar betreffen sowohl das Präventionsprinzip als auch das Vorsorgeprinzip staatliches Handeln im Vorfeld eines Schadenseintritts. Während allerdings das Präventionsprinzip erst eingreift, wenn mit einer gewissen Wahrscheinlichkeit auf einen Schadenseintritt geschlossen werden kann, betrifft das Vorsorgeprinzip den – zeitlich vorgelagerten – Bereich. Hinzu kommt, dass das Präventionsprinzip auf Konstellationen grenzüberschreitender Schadensereignisse beschränkt ist, während das Vorsorgeprinzip auch Anwendung findet, wenn die drohenden Schäden auf das nationale Hoheitsgebiet beschränkt sind.

Ist der Anwendungsbereich des Vorsorgeprinzips eröffnet, führt das Vorsorgeprinzip zu einer Absenkung des Beweismaßes, setzt also die Schwelle für das Ergreifen von Maßnahmen herab und verlagert den Zeitpunkt staatlichen Tätigwerdens nach vorne.[2515] Staatliches Nichthandeln kann nicht (mehr) unter Berufung auf wissenschaftliche Ungewissheit gerechtfertigt werden. Zu dieser Ausprägung tritt hinzu, dass das Vorsorgeprinzip zu staatlichem Tätigwerden berechtigt und verpflichtet. Wie bei der aus dem Präventionsprinzip folgenden Verpflichtung zur Schadensvorbeugung handelt es sich um eine verhaltensbezogene Gewährleistungspflicht, sodass Staaten im Rahmen der angemessenen Sorgfalt alle im Einzelfall möglichen und zumutbaren Maßnahmen ergreifen müssen, um nachteilige Auswirkungen für die Umwelt und/oder die menschliche Gesundheit, die nicht völlig unerheblich sind, möglichst zu vermeiden.

Welche konkrete(n) Maßnahme(n) zu ergreifen sind, ist eine Frage des Einzelfalls und kann nicht abstrakt beantwortet werden. Konkretisieren lässt sich die Staaten obliegende Verpflichtung lediglich dahingehend, dass eine in zeitlicher und räumlicher Hinsicht umfassende Vorsorgeentscheidung zu treffen ist und die Vorsorgemaßnahme(n) im Hinblick auf das in Rede stehende Risiko, wie es sich auf Grundlage der vorhandenen wissenschaftlichen Informationen darstellt, im Hinblick auf die mit einer Vorsorgeentscheidung verbundenen Kosten und Gegen-

[2513] Siehe hierzu die Ausführungen in Teil 3, Kapitel 4, III., 2.

[2514] Siehe zum Verhältnis des Vorsorgeprinzips und des Präventionsprinzips die Ausführungen in Teil 3, Kapitel 3, I., 2.

[2515] Siehe hierzu sowie zum Folgenden die Ausführungen in Teil 3, Kapitel 4, III., 3.

risiken und im Hinblick auf die staatliche Leistungsfähigkeit angemessen sein müssen. Insbesondere ein (zeitweises) Verbot einer möglicherweise schädlichen Aktivität ist damit zwar eine mögliche Vorsorgemaßnahme, nicht aber in allen Fällen zwingende Folge einer Anwendung des Vorsorgeprinzips. Jede Vorsorgeentscheidung weist zudem lediglich temporären Charakter auf. Die im Einzelfall getroffene(n) Maßnahme(n) sind an fortschreitende wissenschaftliche Erkenntnisse anzupassen und allenfalls solange aufrecht zu erhalten, wie das in Rede stehende Risiko nicht bezifferbar ist. Auch hierdurch wird eine Rückbindung staatlichen Verhaltens an die verfügbaren wissenschaftlichen Informationen und damit eine wissenschaftsbasierte Entscheidungsfindung gewährleistet.

Wenngleich sich die Rechtsprechung auf internationaler Ebene und insbesondere der IGH in Bezug auf die völkergewohnheitsrechtliche Geltung des Vorsorgeprinzips nach wie vor zurückhaltend verhält, ist festzuhalten, dass das Vorsorgeprinzip in seinen Kernelementen mittlerweile völkergewohnheitsrechtliche Anerkennung erfahren hat.[2516]

Die USA, die sich im Zuge von Vertragsverhandlungen auf der internationalen Ebene mit Blick auf eine völkergewohnheitsrechtliche Geltung regelmäßig gegen eine Niederlegung als Vorsorge„prinzip“ aussprechen, sind als sog. „persistent objector“ von der völkergewohnheitsrechtlichen Geltung des Vorsorgeprinzips ausgenommen.[2517]

[2516] Siehe hierzu die Ausführungen in Teil 3, Kapitel 6, II.

[2517] Siehe hierzu die Ausführungen in Teil 4, Kapitel 6, II., 3.

Kapitel 2: Die Steuerungswirkung des Vorsorgeprinzips in Zusammenhang mit der absichtlichen (experimentellen) Freisetzung von Gene Drive-Organismen auf der Ebene des Völkerrechts

I. Die Umsetzung des völkergewohnheitsrechtlich anerkannten Vorsorgeprinzips

Auf Grundlage der derzeit verfügbaren wissenschaftlichen Informationen besteht in Bezug auf sämtliche Gene Drive-Systeme, und dabei insbesondere auch bei einer versuchsweisen Freisetzung, die begründete Besorgnis, dass infolge einer Freisetzung in die Umwelt die menschliche Gesundheit und/oder die Umwelt erheblich beeinträchtigt wird, sodass der Anwendungsbereich des Vorsorgeprinzips, wie es völkergewohnheitsrechtliche Geltung beansprucht, eröffnet ist.[2518] Denn zum jetzigen Zeitpunkt kann nicht als wissenschaftlich gesichert gelten, welche konkreten nachteiligen Auswirkungen im Falle einer Einbringung eines bestimmten Gene Drive-Systems in die Umwelt eintreten, wie gravierend die nachteiligen Auswirkungen sind und mit welcher Wahrscheinlichkeit diese eintreten. Ursächlich hierfür ist einerseits die Komplexität der Ökosysteme, Populationsdynamiken und evolutionären Prozesse, andererseits die Vielgestaltigkeit der Gene Drive-Technik und die Tatsache, dass in der natürlichen Umwelt gesichert funktionsfähige Begrenzungs- und Sicherungsmechanismen für Gene Drive-Systeme bislang nicht existieren.

Während verschiedentlich die Auffassung vertreten wird, das Vorsorgeprinzip erfordere ein Freisetzungsverbot von Gene Drive-Organismen oder jedenfalls ein Freisetzungsmoratorium, hat die vorliegende Untersuchung ergeben, dass aus dem Vorsorgeprinzip, wie es völkergewohnheitsrechtlich Anerkennung gefunden hat, derartige pauschale Rechtsfolgen nicht ableitbar sind.[2519] Angesichts der Vielgestaltigkeit der Gene Drive-Technik und der diversen Anwendungsmöglichkeiten ist dies nicht verwunderlich, sondern – im Gegenteil – einleuchtend.

Das Vorsorgeprinzip führt in Zusammenhang mit absichtlichen (experimentellen) Freisetzungsvorhaben mit Gene Drive-Organismen dazu, dass sich ein Staat erstens nicht unter Berufung auf bestehende wissenschaftliche Ungewissheit auf ein Nichthandeln zurückziehen darf, zweitens zum Tätigwerden berechtigt ist und drittens verpflichtet ist, im Rahmen der angemessenen Sorgfalt den mit der Freisetzung von Gene Drive-Organismen einhergehenden Risiken im Einzelfall zu begegnen, um mit einem Freisetzungsvorhaben möglicherweise einhergehende erhebliche nachteilige Auswirkungen auf die Umwelt und/oder die menschliche Gesundheit möglichst zu verhindern.[2520] Hinsichtlich des „Ob“ des Tätigwerdens in Zusammenhang mit Freisetzungs-

[2518] Siehe hierzu die Ausführungen in Teil 4, Kapitel 1, I.

[2519] Siehe hierzu die Ausführungen in Teil 4, Kapitel 1, II.

[2520] Siehe hierzu und zum Folgenden die Ausführungen in Teil 4, Kapitel 1., II., 1. und 2.

© Der/die Autor(en), exklusiv lizenziert an Springer Fachmedien Wiesbaden GmbH, ein Teil von Springer Nature 2026
I. Albrecht, *Das Vorsorgeprinzip in Zusammenhang mit der absichtlichen Freisetzung von mittels Gene Drive gentechnisch veränderten Organismen*,
https://doi.org/10.1007/978-3-658-50876-0_19

vorhaben mit Gene Drive-Organismen verbleibt den Staaten somit kein Spielraum.

Welche konkrete(n) Maßnahme(n) im Hinblick auf Freisetzungsvorhaben mit Gene Drive-Organismen vorzunehmen sind, lässt sich allein aus dem Vorsorgeprinzip nicht ableiten. Die materiellen Anforderungen an eine vorsorgende staatliche Entscheidung lassen sich aber unter Rückgriff auf Verhältnismäßigkeitserwägungen konkretisieren, wobei den Staaten hinsichtlich der Auswahl der konkrete(n) Maßnahme(n) ein Spielraum verbleibt.[2521]

Aus dem Kreis tauglicher Vorsorgemaßnahmen scheiden solche aus, die allein oder in Kombination mit weiteren Maßnahmen nicht geeignet sind, dem mit einem Freisetzungsvorhaben dienenden Risiko zu begegnen, also keinen Beitrag zur Risikominimierung oder -verhinderung leisten können. Die Vorsorgemaßnahme(n) müssen ferner auf das mit der Freisetzung einhergehende Risiko im Einzelfall, wie es sich auf Grundlage der wissenschaftlichen Informationen darstellt, abgestimmt werden, in einem angemessenen Verhältnis zu den hiermit hervorgerufenen Kosten und Gegenrisiken stehen und an der staatlichen Leistungsfähigkeit ausgerichtet sein. Ungeachtet der Tatsache, dass die Untersagung eines Freisetzungsvorhabens eine taugliche Vorsorgemaßnahme darstellen kann, ist jedenfalls im Falle einer Freisetzung von Gene Drive-Organismen der Standard der besten verfügbaren Technik einzuhalten. Hierbei handelt es sich um einen im Zuge fortschreitender wissenschaftlicher Erkenntnisse variablen Standard. Derzeit ist davon auszugehen, dass diesem nur entsprochen wird, wenn Gene Drive-Systeme zur Populationsmodifikation freigesetzt werden, die, abgestimmt auf das jeweilige Gene Dive-System, verschiedenartige zeitlich-räumliche Begrenzungsmechanismen enthalten.

Die Konkretisierung des „Wie" des staatlichen Tätigwerdens erfordert damit eine differenzierte Betrachtung im Einzelfall. Ein Freisetzungsverbot kann zwar im Einzelfall eine taugliche Vorsorgemaßnahme darstellen, es handelt sich dabei aber keineswegs in allen Fällen um eine solche.

Steuerungswirkung entfaltet das Vorsorgeprinzip daneben, indem auf dem Weg zu der staatlichen Regulierungsentscheidung eine Reihe prozessualer Anforderungen eingehalten werden müssen.[2522] Diese dienen dazu, eine informierte und möglichst wissenschaftsbasierte Entscheidungsfindung zu gewährleisten und die für die materielle Entscheidung bzw. deren Anpassung bedeutsamen Aspekte zu ermitteln. Zwischen der materiellen Regulierungsentscheidung und den prozessualen Anforderungen besteht damit eine Wechselwirkung.

Im Vorfeld eines Freisetzungsvorhabens ist eine auf die Besonderheiten der Gene Drive-Technik abgestimmte wissenschaftliche Risikoabschätzung vorzunehmen. Um eine einmal getroffene Entscheidung an weitergehende wissenschaftlichen Erkenntnisse anzupassen, ist, wenn ein Freisetzungsvorhaben durchgeführt wird, dieses kontinuierlich zu überwachen. Daneben ergeben sich Vorgaben für die Beteiligung sowohl anderer Staaten als auch der Öffentlichkeit im Sin-

[2521] Siehe hierzu und zum Folgenden die Ausführungen in Teil 4, Kapitel 1, II., 2., a.

[2522] Siehe hierzu und zum Folgenden die Ausführungen in Teil 4, Kapitel 1, II., 2., b.

ne einzelner Bürger und indigener Gemeinschaften. Ermöglicht werden soll so eine Berücksichtigung zahlreicher Aspekte und eine transparente Entscheidungsfindung. Möglicherweise betroffene andere Staaten sind im Vorfeld eines Freisetzungsvorhabens zu informieren und zu konsultieren. Eine Pflicht zur Einholung der Zustimmung existiert allerdings nicht, sodass einem möglicherweise nachteilig betroffenen anderen Staat kein Veto-Recht zukommt. Auch die möglicherweise betroffene Öffentlichkeit ist im Vorfeld eines Freisetzungsvorhabens zu informieren und zu konsultieren. Der Staatsangehörigkeit kommt in diesem Zusammenhang keine Bedeutung zu, sodass auch die möglicherweise betroffene Bevölkerung, die auf dem Staatsgebiet eines anderen Staates ansässig ist, informiert und konsultiert werden muss. Schließlich ist die von einem Freisetzungsvorhaben möglicherweise betroffene indigene Bevölkerung an der Entscheidungsfindung zu beteiligen, wobei deren freie, vorherige und informierte Zustimmung einzuholen ist. Konsequenz dessen ist, dass – anders als im Falle eines anderen Staates – ein Freisetzungsvorhaben nicht vorgenommen werden darf, wenn die Zustimmung verweigert wird.
Das Vorsorgeprinzip entfaltet in Zusammenhang mit absichtlichen (experimentellen) Freisetzungsvorhaben mit Gene Drive-Organismen somit auf der Ebene der Risikoabschätzung, des Risikomanagements und der Risikokommunikation Bedeutung und spiegelt alle drei Elemente des Systems der Risikosteuerung wider.[2523]

II. Das Vorsorgeprinzip im Rahmen der Biodiversitätskonvention und des Cartagena-Protokolls

Die absichtliche Freisetzung von Gene Drive-Organismen fällt in den Anwendungsbereich sowohl der Biodiversitätskonvention als auch des Cartagena-Protokolls, die sich als die bedeutsamsten völkerrechtlichen Verträge zur Steuerung des Umgangs mit Gene Drive-Organismen erweisen.[2524]
Explizit enthalten ist das Vorsorgeprinzip lediglich in der Präambel der Biodiversitätskonvention und entfaltet als solches Bedeutung für die Interpretation der operativen Vertragsbestimmungen. Trotz der fehlenden Aufnahme des Vorsorgeprinzips in den operativen Vertragsteil findet das Vorsorgeprinzip allerdings sowohl durch allgemeine Verfahrensvorschriften wie Art. 7 lit. c) und lit. d) CBD und Art. 14 lit. a), bis lit. d) CBD als auch durch explizit für lebende modifizierte Organismen und damit auch Gene Drive-Organismen geltende vertragliche Vorgaben wie Art. 8 lit. g) CBD oder Art. 19 Abs. 3 CBD Umsetzung, indem die jeweiligen Verpflichtungen auch bestehen, wenn erhebliche nachteilige Auswirkungen auf die Erhaltung und nachhaltige Nutzung der biologischen Vielfalt nur möglich erscheinen.[2525] Die Vertragsparteien haben nach Art. 7 lit. c) und lit. d) CBD Freisetzungsvorhaben mit Gene Drive-Organismen daraufhin zu

[2523] Siehe hierzu die Ausführungen in Teil 4, Kapitel 1, III.
[2524] Siehe hierzu die Ausführungen in Teil 4, Kapitel 2, I. sowie Teil 4, Kapitel 3, I.
[2525] Siehe hierzu sowie zum Folgenden die Ausführungen in Teil 4, Kapitel 2, II., 1. und 2.

untersuchen, ob mit einer Freisetzung erhebliche nachteilige Auswirkungen auf die biologische Vielfalt einhergehen können und im Falle der Durchführung eines Freisetzungsvorhabens die mit der Freisetzung einhergehenden Wirkungen zu überwachen. Nach Art. 8 lit. g) CBD sind die Vertragsparteien in Zusammenhang mit Freisetzungvorhaben mit Gene Drive-Organismen verpflichtet, den Risiken für die Umwelt und die menschliche Gesundheit durch aufeinander abgestimmte nationale Maßnahmen zu begegnen. Art. 14 lit. a) CBD verpflichtet zur Schaffung von Vorgaben für die Durchführung einer Umweltverträglichkeitsprüfung. Aufgrund des Charakters der Biodiversitätskonvention als Rahmenkonvention bestehen allerdings lediglich Verpflichtungen zur Schaffung von Regelungen, Verfahren und Kontrollmechanismen, den Vertragsparteien kommt bei der Umsetzung der Vorgaben und der inhaltlichen Ausgestaltung ein weiter Gestaltungsspielraum zu.

Vor diesem Hintergrund entfaltet die Auseinandersetzung der Vertragsparteien mit der Gene Drive-Technik und insbesondere mit der Frage, ob und falls ja, unter welchen Voraussetzungen Freisetzungsvorhaben mit Gene Drive-Organismen durchgeführt werden sollten, wie sie im Rahmen der Konferenzen der Vertragsparteien stattfindet, maßgebliche Bedeutung.[2526] Da fast alle Staaten Vertragsparteien der Biodiversitätskonvention sind, stellt die COP ein wichtiges Forum für die staatenübergreifende Auseinandersetzung mit dem Umgang mit der Gene Drive-Technik dar.

Auffällig ist, dass sich die Vertragsparteien seit geraumer Zeit für die Anwendung und Umsetzung des Vorsorgeprinzips in Zusammenhang mit Anwendungen der Biotechnologie aussprechen. Eine bedeutsame Konkretisierung und Ausgestaltung des Vorsorgeprinzips in Zusammenhang mit Freisetzungsvorhaben mit Gene Drive-Organismen erfolgte allerdings erst durch die zwar nicht unmittelbar rechtlich, aber jedenfalls politisch bindende Entscheidung 14/19 im Jahr 2018. Maßgebliche Bedeutung wurde den Themenkomplexen der Vornahme einer wissenschaftlich fundierten Risikoabschätzung, der Schaffung geeigneter Risikobewältigungsstrategien und der Beteiligung indigener Gemeinschaften und der lokalen Bevölkerung zugemessen, die auch bereits Gegenstand vertraglicher Vorgaben sind. Die im Rahmen der Entscheidung 14/19 getroffenen Vorgaben gehen dabei allerdings über die vertraglichen Vorgaben hinaus. Festzuhalten ist, dass sich die Vertragsparteien jedenfalls nicht dafür aussprachen, in Umsetzung des Vorsorgeprinzips (experimentelle) Freisetzungsvorhaben mit Gene Drive-Organismen grundsätzlich zu unterlassen; die Vertragsparteien haben auch nicht von Freisetzungsvorhaben mit Gene Drive-Organismen abzusehen, bis die damit einhergehenden Risiken für die biologische Vielfalt oder die menschliche Gesundheit gesichert abgeschätzt werden können. Es erfolgte allerdings eine Einigung auf drei Voraussetzungen, die erfüllt sein müssen, um eine Freisetzung von Gene Drive-Organismen – auch, wenn diese lediglich zu Forschungszwecken erfolgt

[2526] Siehe hierzu die Ausführungen in Teil 4, Kapitel 2, III., insbesondere die Ausführungen in Teil 4, Kapitel 2, III., 2., b.

– vornehmen zu können: es muss eine einzelfallbezogene wissenschaftlich fundierte Risikoabschätzung vorgenommen werden, es müssen ausreichende und angemessene Maßnahmen zur Risikobewältigung vorgesehen sein und es muss in Einklang mit nationalen Vorgaben die freie und informierte Zustimmung bzw. die freie, vorherige und informierte Zustimmung solcher indigener Gemeinschaften eingeholt werden, die möglicherweise von einem Freisetzungsvorhaben betroffen sind.

Im Gegensatz zur Biodiversitätskonvention hat das Vorsorgeprinzip – bezeichnet als Vorsorgeansatz – ausdrücklich Eingang sowohl in die Präambel als auch in den operativen Vertragsteil des Cartagena-Protokolls gefunden und liegt überdies als Leitprinzip der Gesamtkonzeption des Cartagena-Protokolls zugrunde, das Regelungen zur grenzüberschreitenden Verbringung, der Durchfuhr, Handhabung und Verwendung von lebenden modifizierten Organismen und damit auch Gene Drive-Organismen enthält.[2527]

Die Umsetzung des Vorsorgeprinzips erfolgt vor allem im Wege von Verfahrensvorschriften, den Kern bildet das einer Einfuhr von lebenden modifizierten Organismen vorgeschaltete AIA-Verfahren, das die Identifizierung möglicher nachteiliger Auswirkungen im Rahmen einer wissenschaftlichen Risikoabschätzung erfordert und ermöglicht, die Einfuhrentscheidung am Ergebnis der Risikoabschätzung auszurichten. Dabei kann die Einfuhr insbesondere auch dann versagt oder mit Auflagen versehen werden, wenn auf Grundlage der verfügbaren wissenschaftlichen Informationen plausible Anhaltspunkte dafür bestehen, dass möglicherweise erhebliche nachteilige Auswirkungen auf die biologische Vielfalt und/oder die menschliche Gesundheit eintreten. Zwar findet das AIA-Verfahren auch in Zusammenhang mit Gene Drive-Organismen Anwendung, allerdings erweist es sich als unzureichend, da es lediglich im Vorfeld einer absichtlichen Verbringung der Organismen in das Hoheitsgebiet einer anderen Vertragspartei mit dem Ziel der Freisetzung anwendbar ist. In Fällen, in denen sich Gene Drive-Organismen infolge einer absichtlichen Freisetzung grenzüberschreitend ausbreiten und zu nachteiligen Auswirkungen auf die biologische Vielfalt oder die menschliche Gesundheit im Hoheitsgebiet anderer Vertragsparteien führen können, sind lediglich die allgemein gehaltenen Verpflichtung des Art. 16 und Art. 17 CP anwendbar. Keine Anwendung entfaltet das AIA-Verfahren ferner, wenn die Einfuhr von Gene Drive-Organismen mit Blick auf die Verwendung in geschlossenen Systemen erfolgt und anschließend doch eine Freisetzung erfolgen soll. In den beschrieben Fällen besteht, wenn freigesetzte Gene Drive-Organismen die Grenze überschreiten und auf dem Hoheitsgebiet einer Vertragspartei oder Nichtvertragspartei erhebliche Schäden anzurichten drohen, lediglich Informations- und Konsultationspflichten nach Art. 17 Abs. 1, 3 und 4 CP. Darüber hinaus sind die Vertragsparteien nach Art. 16 Abs. 1, Abs. 2 und Abs. 3 CP verpflichtet, angemessene Mechanismen und Maßnahmen vorzusehen, um den Risiken in Zusammenhang mit der Verwendung und Handhabung von Gene Drive-Organismen zu begegnen und insbesondere einer

[2527] Siehe hierzu und zum Folgenden die Ausführungen in Teil 4, Kapitel 3, II., 1. und 2.

unabsichtlichen grenzüberschreitenden Verbringung vorzubeugen; mangels näherer Konkretisierung kommt den Vertragsparteien hier ein Gestaltungsspielraum zu. Nach Art. 26 Abs. 1 CP können bei der Einfuhr lebender modifizierter Organismen und damit auch Gene Drive-Organismen und bei der Umsetzung der Vorgaben des Cartagena-Protokolls unter bestimmten Voraussetzungen sozioökonomische Erwägungen und insbesondere Auswirkungen auf indigene Gemeinschaften Berücksichtigung finden. Zwar finden sich darüber hinaus Vorgaben zur Öffentlichkeitsbeteiligung und der Beteiligung anderer Staaten, diese sind jedoch schwach ausgeprägt.

Wie die Vertragsparteien der Biodiversitätskonvention befassten sich auch die Vertragsparteien des Cartagena-Protokolls im Rahmen von Konferenzen der Vertragsparteien mit der Umsetzung des Vorsorgeprinzips im Hinblick auf Gene Drive-Organismen.[2528] Bislang einigten sich die Vertragsparteien insbesondere darauf, dass im Hinblick auf Gene Drive-Organismen Leitlinien für die Durchführung einer Risikoabschätzung im Sinne des Art. 15 CP ausgearbeitet werden sollen. In Bezug auf das Risikomanagement wird Strategien zur Unterbrechung eines Freisetzungsvorhabens, der Rückholung freigesetzter Organismen, Abhilfemaßnahmen für den Fall nachteiliger Auswirkungen und der Überwachung eines Freisetzungsvorhabens maßgebliche Bedeutung beigemessen. Allerdings finden sich konkrete, auf einzelne Gene Drive-Anwendungen oder Systeme zugeschnittene Vorschläge zu Risikomanagementmaßnahmen nicht. Somit existiert bislang zwar kein eigenständiges Abkommen, das eigens die neuartige Gene Drive-Technik und den Umgang mit Gene Drive-Organismen erfasst, allerdings beinhalten die vorhandenen vertraglichen Vorgaben der Biodiversitätskonvention und des Cartagena-Protokolls mitsamt der Konkretisierungen, wie sie durch die Entscheidungen der Vertragsparteien und Empfehlungen einschlägiger Expertengruppen vorgenommen wurden, bereits umfangreiche Vorgaben für den Umgang mit Gene Drive-Organismen.

Einer Anpassung, Erweiterung und Fortentwicklung bedürfen im Lichte des Vorsorgeprinzips in Zusammenhang mit Freisetzungsvorhaben mit Gene Drive-Organismen allerdings die Vorgaben zur Risikoabschätzung und zum Risikomanagement sowie die Vorgaben zur Beteiligung möglicherweise betroffener Staaten, der Öffentlichkeit und indigener und lokaler Gemeinschaften.[2529]

Im Vorfeld jedes Freisetzungsvorhabens ist verpflichtend eine an die Besonderheiten der Gene Drive-Technik angepasste erweiterte wissenschaftliche Risikoabschätzung durchzuführen, die zur Analyse der voraussichtlichen Auswirkungen geeignet ist.[2530] Im Rahmen der Risikoabschätzung sind sowohl positive, als auch negative sozioökonomische Auswirkungen zu ermitteln und zu berücksichtigen. Zum anderen müssen Alternativen zu dem anvisierten Vorhaben ermittelt und beschrieben werden, wobei insbesondere zu analysieren ist, welche positiven und

[2528] Siehe hierzu sowie zum Folgenden die Ausführungen in Teil 4, Kapitel 3, III., 2.
[2529] Siehe hierzu sowie zum Folgenden die Ausführungen in Teil 4, Kapitel 4, I.
[2530] Siehe hierzu sowie zum Folgenden die Ausführungen in Teil 4, Kapitel 4, I., 1.

negativen Auswirkungen mit den alternativen Handlungsmöglichkeiten einhergehen. Darüber hinaus sind Ursache und Ausmaß verbleibender wissenschaftlicher Ungewissheit möglichst präzise zu identifizieren.

Um einen transparenten Entscheidungsprozess unter Beteiligung möglicher betroffener Akteure zu gewährleisten, müssen sämtliche möglicherweise betroffene Staaten – und damit unter Umständen die gesamte Staatengemeinschaft – sowie die möglicherweise betroffene Öffentlichkeit im Vorfeld eines Freisetzungsvorhabens mit Gene Drive-Organismen von dem Vorhaben in Kenntnis gesetzt werden, Zugriff auf die verfügbaren Informationen erhalten und um Stellungnahmen ersucht werden.[2531] Mit diesen Stellungnahmen müssen sich die Entscheidungsträger im Rahmen der Entscheidungsfindung zwingend auseinandersetzen. Sofern möglicherweise indigene Gemeinschaften betroffen sind, ist deren vorherige Zustimmung einzuholen.

Im Falle der Freisetzung von Gene Drive-Organismen ist der Standard der besten verfügbaren Technik einzuhalten.[2532] Auf Grundlage der derzeit verfügbaren wissenschaftlichen Informationen ist hierunter zu verstehen, dass lediglich Gene Drive-Systeme, die eine Population modifizieren, einen hohen Schwellenwert aufweisen und selbstlimitierend sind, einsetzbar sind. Erforderlich ist darüber hinaus deren Kennzeichnung, sodass eine Erkennbarkeit gegeben ist. Schließlich sind mehrfache und verschiedenartige Sicherungsmechanismen vorzusehen. Im Vorfeld eines Freisetzungsvorhaben ist zudem ein Überwachungsplan zu erarbeiten, der auf die Besonderheiten des spezifischen Gene Drive-Systems abgestimmt ist.

Zur Fortentwicklung der bestehenden Vorgaben im Lichte des Vorsorgeprinzips stehen grundsätzlich verschiedene Möglichkeiten zur Verfügung: die Schaffung eines unabhängigen völkerrechtlichen Übereinkommens, die Anpassung der Vorgaben der Biodiversitätskonvention bzw. des Cartagena-Protokolls entweder über die Schaffung zusätzlicher bzw. präzisierter Vorgaben im Wege von COP bzw. COP-MOP-Entscheidungen oder einer Vertragsänderung, die Schaffung einer neuen Anlage zum Cartagena-Protokoll oder die Verabschiedung eines neuen Protokolls.[2533] Am vielversprechendsten erscheint die Aushandlung eines neuen Protokolls, dass sich ausschließlich mit der Regulierung von Gene Drive-Organismen befasst. Denn zum einen könnten auch Staaten wie Kanada oder Australien, die als Exportnationen einer strikten Regulierung von LMOs ablehnend gegenüberstehen und daher das Cartagena-Protokoll bislang nicht unterzeichnet haben, einem solchen Protokoll beitreten, zum anderen können bereits bestehende Strukturen und vorhandene Ressourcen genutzt werden.

2531 Siehe hierzu sowie zum Folgenden die Ausführungen in Teil 4, Kapitel 4, I., 2.
2532 Siehe hierzu sowie zum Folgenden die Ausführungen in Teil 4, Kapitel 4, I., 3.
2533 Siehe hierzu sowie zum Folgenden die Ausführungen in Teil 4, Kapitel 4, II., 1. und 2.

Kapitel 3: Die Umsetzung des Vorsorgeprinzips in Zusammenhang mit der absichtlichen (experimentellen) Freisetzung von Gene Drive-Organismen im US-amerikanischen Bundesrecht

In den USA existiert – anders als beispielsweise in Deutschland – auf Bundesebene kein allgemeines Gentechnikgesetz, das Vorgaben für den Umgang mit lebenden modifizierten Organismen und insbesondere Gene Drive-Organismen enthält. Vielmehr fällt die Regulierungszuständigkeit für Organismen, die mithilfe der Gene Drive-Technik verändert wurden, je nach gentechnischer Veränderung, verändertem Organismus und geplantem Einsatzzweck in den Regulierungsbereich dreier verschiedener Behörden – der Umweltschutzbehörde EPA, der Behörde für Lebens- und Arzneimittel FDA und des Landwirtschaftsministeriums USDA; im Regulierungsbereich jeder Bundesbehörde existieren weitere konkretisierende Verordnungen.[2534]
Getragen ist das Regulierungssystem von dem Gedanken, dass von gentechnisch veränderten Produkten nicht grundsätzlich höhere oder andere Gefahren ausgehen als von herkömmlichen Produkten und die bestehenden Regelungen an etwaige Besonderheiten und Problemstellungen angepasst werden können. Gerade in Bezug auf Organismen, die mittels der wirkmächtigen Gene Drive-Technik gentechnisch verändert wurden und in die Umwelt freigesetzt werden sollen, erweist sich dieser Ansatz als problematisch.

Ein Gene Drive-Mechanismus in einem Tier oder einem Mikroorganismus, der zur Schädlingsbekämpfung eingesetzt werden soll, unterfällt der Regulierungszuständigkeit der EPA im Rahmen des FIFRA. Der Zuständigkeitsbereich des Landwirtschaftsministeriums im Rahmen des PPA ist im Falle wirbelloser, mittels Gene Drive veränderter Tiere eröffnet, wenn diese Pflanzen schädigen können. Um regulatorische Lücken in Bezug auf gentechnisch veränderte Tiere zu schließen, sind schließlich gentechnische Veränderungen in tierischen Organismen und damit auch Veränderungen mittels Gene Drive in einem tierischen Organismus als neue Tierarzneimittel reguliert; in diesem Fall ist die Zuständigkeit der FDA nach dem FDCA eröffnet. Explizite Vorgaben zu Freisetzungsvorhaben mit mittels Gene Drive veränderten Organismen existieren allerdings lediglich im Regulierungsbereich der EPA sowie des USDA.

Ist im Hinblick auf einen Gene Drive-Mechanismus zu einem spezifischen Einsatzzweck der Zuständigkeitsbereich mehrerer Behörden zugleich eröffnet, besteht eine gegenseitige Konsultationspflicht; ein allgemeingültiger Koordinationsmechanismus existiert nicht. Häufig schließen die Behörden allerdings untereinander Vereinbarungen, um die Regulierungszuständigkeiten voneinander abzugrenzen. In Bezug auf gentechnisch (allerdings nicht dezidiert mittels der Gene Drive-Technik) veränderte Mücken wurde in diesem Sinne zwischen der EPA und der FDA vereinbart, dass in den Regulierungsbereich der EPA eine gentechnische Veränderung

[2534] Siehe hierzu sowie zum Folgenden die Ausführungen in Teil 5, Kapitel 1, I., II. und III.

© Der/die Autor(en), exklusiv lizenziert an
Springer Fachmedien Wiesbaden GmbH, ein Teil von Springer Nature 2026
I. Albrecht, *Das Vorsorgeprinzip in Zusammenhang mit der absichtlichen Freisetzung von mittels Gene Drive gentechnisch veränderten Organismen*,
https://doi.org/10.1007/978-3-658-50876-0_20

fällt, wenn diese dem Ziel der Populationskontrolle dient, wohingegen die Regulierungszuständigkeit der FDA eröffnet ist, wenn die Vermehrung von Krankheitserregern in der Mücke verhindert werden soll oder verhindert werden soll, dass die Mücke Überträgerorganismus sein kann. Es spricht viel dafür, auch im Hinblick auf andere Organismen eine derartige Abgrenzung vorzunehmen.

Zwar lässt sich festhalten, dass eine gentechnische Veränderung mittels Gene Drive in Tieren und Mikroorganismen regelmäßig in den Regulierungsbereich einer der genannten Behörden fällt und somit nicht unregliert ist. Allerdings bestehen im Hinblick auf die Regulierungszuständigkeit, insbesondere, wenn der Regulierungsbereich mehrerer Behörden eröffnet ist, derzeit erhebliche Unsicherheiten.

In den Vorgaben zur Regulierung von Freisetzungsvorhaben mit Gene Drive-Organismen kommt der Vorsorgegedanke durch Verfahrensanforderungen und materielle Standards zum Ausdruck. Wenngleich das Vorsorgeprinzip im US-amerikanischen Rechtsraum nicht im Sinne eines übergeordneten Prinzips Anerkennung gefunden hat, verbleibt somit Raum für eine vorsorgende Regulierung von (experimentellen) Freisetzungsvorhaben mit Gene Drive-Organismen.[2535] Festzustellen ist, dass, obwohl die USA an das Vorsorgeprinzip, wie es völkergewohnheitsrechtlich anerkannt ist, nicht gebunden sind und auch nicht Vertragspartei der Biodiversitätskonvention und des Cartagena-Protokolls sind, die Freisetzung von Gene Drive-Organismen einem Regelungssystem unterworfen ist und die auf internationaler Ebene zur Umsetzung des Vorsorgeprinzips identifizierten Elemente sich auch auf der Ebene des US-Bundesrechts wiederfinden.[2536]

Im Regulierungsbereich aller drei Behörden bestehen für Freisetzungsvorhaben mit Gene Drive-Organismen umfassende Erlaubnisvorbehalte.[2537] Die im US-amerikanischen Recht verschiedentlich verankerte Möglichkeit zur Deregulierung, um Bereiche mit geringem Risiko von der Regulierung auszunehmen, indem beispielsweise einem Produkt im Regulierungsbereich des Landwirtschaftsministeriums der sog. „Status der Nichtregulierung“ verliehen werden kann und die geltenden Regelungen keine Anwendung finden, entfaltet in Zusammenhang mit der Regulierung von derzeit funktionsfähigen Gene Drive-Organismen keine Bedeutung.

In allen Fällen ist als Risikoschwelle kein Null-Risiko vorgesehen, erforderlich ist vielmehr, dass das mit der Freisetzung eines konkreten Gene Drive-Systems einhergehende Risiko nicht unzumutbar bzw. akzeptabel ist, was im jeweiligen Einzelfall festzustellen ist.[2538] Den Besonderheiten des Einzelfalls kann jeweils mit die Genehmigung oder Zulassung begleitenden Auflagen Rechnung getragen werden. Auch wird grundsätzlich im Regulierungsbereich aller drei Behörden in Zusammenhang mit der Genehmigungs- oder Zulassungserteilung eine wissen-

2535 Siehe zum US-amerikanischen Vorsorgeverständnis die Ausführungen in Teil 5, Kapitel 2, I., II. und III.
2536 Siehe hierzu und zum Folgenden die Ausführungen in Teil 5, Kapitel 3, I., II. und III.
2537 Siehe hierzu die Ausführungen in Teil 5, Kapitel 3, I., 1., II., 1. und III., 1.
2538 Siehe hierzu die Ausführungen in Teil 5, Kapitel 3, I., 3., II., 2. und III., 2.

schaftliche Risikoabschätzung durchgeführt.[2539] Ferner bestehen im Falle der Durchführung von Freisetzungsvorhaben umfassende Überwachungspflichten, wobei dabei zutage tretende neuartige Erkenntnisse der jeweils zuständigen Behörde übermittelt werden müssen. Die Anpassung an neue wissenschaftliche Erkenntnisse wird ermöglicht, indem zum einen die Genehmigung oder Zulassung jeweils für einen begrenzten Zeitraum erteilt wird und im Übrigen den Behörden unter gewissen Voraussetzungen möglich ist, erteilte Genehmigungen oder Zulassungen aufzuheben oder zu widerrufen.[2540] Im Rahmen der Verfahren zur Erlaubniserteilung wird der Öffentlichkeit und insbesondere indigenen Bevölkerungsgruppen die Möglichkeit gegeben, sich zu informieren und Stellungnahmen abzugeben, wenngleich die Öffentlichkeitsbeteiligung auf Bundesebene eher schwach ausgeprägt ist.[2541] Lediglich im Regulierungsbereich der FDA sind die Informationen regelmäßig überwiegend vor einer Offenlegung geschützt, sodass die Möglichkeit zur Information meist erst im Anschluss an die Erteilung einer Zulassung gegeben ist.

Wenngleich somit das Regulierungssystem wesentliche Elemente einer vorsorgenden Regulierung enthält und sich diese Elemente im Regulierungsbereich jeder der drei Behörden finden, unterscheidet sich zum einen die behördliche Fachkompetenz und zum anderen der jeweilige Prüfungsmaßstab und die Methodik zur Abschätzung von Umweltauswirkungen. Zwar prüfen sowohl die EPA, als auch das USDA und die FDA nach den Vorgaben des NEPA, ob mit dem geplanten Vorhaben mögliche nachteilige Umweltauswirkungen einhergehen, allerdings trägt bislang lediglich die EPA den Erkenntnissen im Rahmen einer umfassenden Abwägung Rechnung. Angesichts dessen erscheint besonders problematisch, dass hinsichtlich der Regulierungszuständigkeit im Einzelfall Unsicherheiten bestehen.

[2539] Siehe hierzu die Ausführungen in Teil 5, Kapitel 3, I., 2., II., 3. und III., 4.
[2540] Siehe hierzu die Ausführungen in Teil 5, Kapitel 3, I., 4., II., 4. und III., 5.
[2541] Siehe hierzu die Ausführungen in Teil 5, Kapitel 3, I., 5. und 6., II., 5. und 6. und III., 6. und 7.

Kapitel 4: Ausblick

Die vorliegende Untersuchung hat gezeigt, dass dem Vorsorgeprinzip bei der Regulierung der neuartigen und wirkmächtigen Gene Drive-Technik entscheidende Bedeutung zukommt und dessen Umsetzung dazu beitragen kann, in Bezug auf (experimentelle) Freisetzungsvorhaben mit Gene Drive-Organismen auf der Grundlage vorhandener wissenschaftlicher Erkenntnisse fundierte, transparente und eine Vielzahl von Aspekten berücksichtigende Entscheidungen zu treffen und insbesondere der Tatsache bestehender wissenschaftlicher Ungewissheit gebührenden Raum einzuräumen, ohne den staatlichen Entscheidungsspielraum vollständig einzuschränken.

Letztlich kann eine vorsorgebasierte Entscheidungsfindung dazu beitragen, dass sich die eingangs aufgeführten, mit dem Einsatz der Gene Drive-Technik verbundenen Hoffnungen, nicht aber die in Bezug auf den Einsatz der Gene Drive-Technik bestehenden Befürchtungen bewahrheiten.

© Der/die Autor(en), exklusiv lizenziert an
Springer Fachmedien Wiesbaden GmbH, ein Teil von Springer Nature 2026
I. Albrecht, *Das Vorsorgeprinzip in Zusammenhang mit der absichtlichen Freisetzung von mittels Gene Drive gentechnisch veränderten Organismen*,
https://doi.org/10.1007/978-3-658-50876-0_21

Literaturverzeichnis

Adler, Jonathan H., More Sorry than Safe: Assessing the Precautionary Principle and the Proposed International Biosafety Protocol, Case Western Reserve University School of Law Scholary Commons 2000, S. 173–204.

Aebi, Alexandre/ Schoenenberger, Nicola, Gene Drives – Ethische Überlegungen zum Einsatz von Gene Drives in der Umwelt, ECNH, 2019.

Ders., Gene transfers into the environment, ECNH, Juli 2016.

Akbari, Omar S. u. a., Safeguarding gene drive experiments in the laboratory – multiple stringent confinement strategies should be used whenever possible, Science 349 (6251), 2015, S. 927–929.

Alberts, Bruce u. a., Molekularbiologie der Zelle, 6. Auflage 2017, Weinheim, Wiley-VCH.

Alexy, Robert, Recht, Vernunft, Diskurs – Studien zur Rechtsphilosophie, 1995, Frankfurt a.M., Suhrkamp.

Allen, William, Current Federal Regulatory Framework for Release of Genetically Altered Organisms into the Environment, Florida Law Review 42 (3) 1990, S. 531–562.

Alphey, Luke, Genetic control of mosquitoes, Annual Review of Entomology 49, 2014, S. 205–224.

Alphey, Luke S. u. a., Standardizing the definition of gene drive, PNAS 117 (49), 2020, S. 30864–30867.

Anderson, Michelle A.E. u. a., Closing the gap to effective gene drive on *Aedes aegypti* by exploiting germline regulatory elements, Nature Communications 14 (1), 2023, S. 1–9.

Andorno, Roberto, The Precautionary Principle: A New Legal Standard for a Technological Age, JIBL 1 (1) 2004, S. 11–19.

Angelo, Mary Jane, Pesticide Regulation in the US, in: *Abelkop, Adam D. K. u. a.* (Hrsg.), Chemical Risk Governance, 2023, Cheltenham/Northampton, Edward Elgar, S. 290–310.

Ansari, Abdul Haseeb/ Wartini, Sri, Precautionary Principle under the Cartagena Protocol on Transboundary Movement of LMOs, Advances in Environmental Biology 7 (4) 2013, S. 636–652.

Anuradha, R. V., Transfer of Biological Resources under the Biodiversity Convention and the Biological Weapons Convention, RECIEL 8 (2) 1999, S. 125–134.

© Der/die Herausgeber bzw. der/die Autor(en), exklusiv lizenziert an
Springer Fachmedien Wiesbaden GmbH, ein Teil von Springer Nature 2026
I. Albrecht, *Das Vorsorgeprinzip in Zusammenhang mit der absichtlichen Freisetzung von mittels Gene Drive gentechnisch veränderten Organismen*,
https://doi.org/10.1007/978-3-658-50876-0

Applegate, John S., A Beginning and Not an End in Itself: The Role of Risk Assessment in Environmental Decision-Making, University of Cincinnati Law Review 63 (4) 1995, S. 1643–1678.

Ders., Beyond the Usual Suspects: The Use of Citizens Advisory Boards in Environmental Decisionmaking, Indiana Law Journal 73 (3) 1998, S. 903–957.

Ders., The Perils of Unreasonable Risk: Information, Regulatory Policy, and Toxic Substances Control, Columbia Law Review 91 (2) 1991, S. 261–333.

Ders., The Precautionary Preference: An American Perspective on the Precautionary Principle, Human and Ecological Risk Assessment 6 (3) 2000, S. 413–443.

Ders., The Prometheus Principle: Using the Precautionary Principle to Harmonize the Regulation of Genetically Modified Organisms, Indiana Journal of Global Legal Studies 9 (1) 2001, S. 207–263.

Ders., The Taming of the Precautionary Principle, William & Mary Environmental Law and Policy Review 27 (13) 2002, S. 13–78.

Arcuri, Alessandra, The Case for a Procedural Version of the Precautionary Principle Erring on the Side of Environmental Preservation, in: *Boyer, Marcel/ Hiriart, Yolande/ Martimort, David* (Hrsg.), Frontiers in the Economics of Environmental Regulation and Liability, 2006, Hampshire/Burlington, Ashgate, S. 19–63.

Arnauld, Andreas von, Völkerrecht, 5. Auflage 2023, Heidelberg, C.F. Müller.

Arndt, Birger, Das Vorsorgeprinzip im EU-Recht (Recht der nachhaltigen Entwicklung, Bd. 3), 2009, Tübingen, Mohr Siebeck.

Aronsson-Storrier, Marie, Exploring the Foundations: The Principles of Prevention, Mitigation, and Preparedness in International Law, in: *Samuel, Katj L. H./ Aronsson-Storrier, Marie/ Bookmiller, Kirsten Nakjavani* (Hrsg.), The Cambridge Handbook of Disaster Risk Reduction and International Law, 2019, Cambridge/New York, Cambridge University Press, S. 52–70.

Arrow, Kenneth J./ Fisher, Anthony C., Environmental Preservation, Uncertainty and Irreversibility, The Quaterly Journal of Economics 88 (2) 1974, S. 312–319.

Arruti, Carlos Ignacio Gonzáles, The Precautionary Principle and the Protection of Biological Diversity, AJASR 8 (1) 2022, S. 1–10.

Arthur, Bronwyn H., A Commentary on the Convention on Biological Diversity, 1993, Wellington, Victoria University of Wellington.

Ashford, Nicholas A., The Legacy of the Precautionary Principle in US Law: The Rise of Cost-Benefit Analysis and Risk Assessment as Undermining Factors in Health, Safety and Environmental Protection, in: *de Sadeleer, Nicolas* (Hrsg.), Implementing the Precautionary

Principle – Approaches from the Nordic Countries, EU and USA, 2007, London, Earthscan, S. 352–378.

Atapattu, Sumudu A., Emerging Principles of International Environmental Law (International Law and Development, Bd. 7), 2006, Ardsley, Transnational Publishers.

AU/ NEPAD, Gene Drives for Malaria Control and Elimination in Africa, 2019.

Ayalew, Dessie Tilahun, Shall we accept the precautionary principle in all fields of environmental protection, SSRN 2021, S. 1–19.

Bailey, Tarah, Consultation with American Indian Tribes: Resolving Ambiguity and Inconsistency in Government-toGovernment Relations, Colorado Natural Resources, Energy & Environmental Law Review 29 (1) 2018, S. 196–222.

Barboza, Julio, The Environment, Risk and Liability in International Law (Legal Aspects of Sustainable Development, Bd. 10), 2011, Leiden/Boston, Martinus Nijhoff.

Barnhill-Dilling, S. K./ Rivers, Louie/ Delborne, Jason A., Rooted in Recognition: Indigenious Environmental Justice and the Genetically Engineered American Chestnut Tree, Society & Natural Resources 2019, S. 1–18.

Barrett, Luke G. u. a., Gene drives in plants: opportunities and challenges for weed control and engineered resilience, Proceedings of the Royal Society B 286, 2019, S. 1–9.

Beck, Felix, Self-Spreading Biotechnology and International Law – Prevention, Responsibility, and Liability in a Transboundary Context (Beiträge zum ausländischen öffentlichen Recht und Völkerrecht, Bd. 316), 2022, Baden-Baden, Nomos.

Bederman, David J., Custom as a Source of Law, 2012, Cambridge, Cambridge University Press.

Beer, Bettina, Das Vorsorgeprinzip in der internationalen Verwaltung der biologischen Vielfalt: Aufnahme und praktische Umsetzung (Europäische Hochschulschriften, Bd. 4010), 2004, Frankfurt a.M., Lang.

Bekhoven, Jeroen van, Public Participation as a General Principle in International Environmental Law: Its Current Status and Real Impact, National Taiwan University Law Review 11 (2) 2016, S. 219–271.

Belson, Neil A., US Regulation of Agricultural Biotechnology: An Overview, AgBioForum 3 (4) 2000, S. 268–280.

Bernasconi-Osterwalder, Nathalie, The Cartagena Protocol On Biosafety: A Multilateral Approach To Regulate Gmos, in: *Weiss, Edith Brown/ Jackson, John H./ Bernasconi-Osterwalder, Nathalie* (Hrsg.), Reconciling Environment and Trade, 2. Aufl. 2008, Leiden, Matrinus Nijhoff, S. 645–677.

Beyerlein, Ulrich, Different Types of Norms in International Environmental Law – Policies, Principles and Rules, in: *Bodansky, Daniel/ Brunée, Jutta/ Hey, Ellen* (Hrsg.), The Oxford Handbook of International Environmental Law, 2007, Oxford/New York, Oxford University Press, S. 426–447.

Ders., Umweltvölkerrecht, 2000, München, C.H. Beck.

Beyerlein, Ulrich/ Marauhn, Thilo, International Environmental Law, 2011, Oxford, Hart.

Birkner, Umweltvölkerrecht, in: *Epping, Volker/ Heintschel von Heinegg, Wolff* (Hrsg.), Völkerrecht, 7. Auflage 2018, München, C.H. Beck, S. 1065–1130.

Bishop, Richard C., Endangered Species and Uncertainty: The Economics of a Safe Minimum Standard, American Journal of Agricultural Economics 60 (1) 1978, S. 10–18.

Blumm, Michael/ Pennock, Lizzy, Tribal Consultation: Toward Meaningful Collaboration with the Federal Government, Lewis & Clark Law School Digital Commons 33 (1) 2022, S. 101–151.

Böckenförde, Markus, The Operationalization of the Precautionary Approach in International Environmental Law Treaties - Enhancement or Façade Ten Years After Rio?, ZaöRV 63 2003, S. 313–332.

Bodansky, Daniel, Deconstructing the Precautionary Principle, in: *Caron, David D./ Scheiber, Harry N.* (Hrsg.), Bringing New Law to Ocean Waters, 2004, Leiden/Boston, Martinus Nijhoff, S. 381–391.

Ders., The Precautionary Principle in US environmental law, in: *O'Riordan, Timothy/ Cameron, James* (Hrsg.), Interpreting the Precautionary Principle, 1994, London, Earthscan, S. 203–228.

Ders., The United Nations Framework Convention on Climate Change: A Commentary, Yale Journal of International Law 18 (415) 1993, S. 451–558.

Bodansky, Daniel M., International Law an the Protection of Biological Diversity, Vanderbilt Journal of Transnational Law 28 (4) 1995, S. 623–634.

Boisson de Chazournes, Laurence, Precaution in International Law: Reflection on its Composite Nature, in: *Ndiaye, Tafsir Malick/ Wolfrum, Rüdiger* (Hrsg.), Law of the Sea, Environmental Law and Settlement of Disputes, 2007, Leiden/Boston, Martinus Nijhoff, S. 21–34.

Bourguignon, Didier, Das Vorsorgeprinzip – Begriffsbestimmungen, Anwendungsbereiche und Steuerung, 2015.

Bowman, Michael/ Davies, Peter/ Redgwell, Catherine, The Biodiversity Convention and Biosafety Protocol, in: *Ders.* (Hrsg.), Lyster's International Wildlife Law, 2. Auflage 2010, Cambridge, Cambridge University Press, S. 587–629.

Boyle, Alan/ Redgwell, Catherine, Birnie, Boyle and Redgwells International Law and the Environment, 4. Auflage 2021, Oxford, Oxford University Press.

Boyle, Alan E., The Rio Convention on Biological Diversity, in: *Bowman, Michael/ Redgwell, Catherine* (Hrsg.), International Law and the Conservation of Biological Diversity, 1996, London/Boston, Kluwer Law International, S. 33–49.

Bratspies, Rebecca M., *Trail Smelter's* (Semi)Precautionary Legacy, in: *Bratspies, Rebecca M./ Miller, Russell A.* (Hrsg.), Transboundary Harm in International Law – Lessons from the *Trail Smelter* Arbitration, 2006, Cambridge/New York, Cambridge University Press, S. 153–166.

Bremer, Nicolas, Post-environmental Impact Assessment Monitoring of Measures or Activities with Significant Transboundary Impact: An Assessment of Customary International Law, RECIEL 26 (1) 2017, S. 80–90.

Brooks, Kristen D., Gene Drive: Modern Miracle or Environmental Desaster, University of Illinois Journal of Law, Technology & Policy 1 2020, S. 201–226.

Brown, Simon/ Hassan, Daud, Application of the Precautionary Principle in the 2000 Biosafety Protocol to the 1992 Convention on Biological Diversity, JIBL 2 (1) 2005, S. 112–116.

Brunée, Jutta, The United States and International Environmental Law: Living with an Elephant, European Journal of International Law 15 (4) 2004, S. 617–649.

Buchmann, Anna u. a., Synthetically engineered Medea gene drive system in the worldwide crop pest *Drosophila suzukii*, PNAS 115 (18), 2018, S. 4725–4730.

Buechle, Kurt, The Great, Global Promise of Genetically Modified Organisms: Overcoming Fear Misconceptions, and the Cartagena Protocol on Biosafety, Indiana University School of Law 9 (1) 2001, S. 283–324.

Bundesregierung, Antwort der Bundesregierung auf die Kleine Anfrage der Abgeordneten Ebner, Lemke, Kekeritz, weiterer Abgeordneter und der Fraktion BÜNDNIS 90/DIE GRÜNEN zu Gene Drive Organismen, BT-Drs. 19/31934, 9.08.2021.

Ders., Leitlinien der Bundesregierung zur Umweltvorsorge durch Vermeidung und stufenweise Verminderung von Schadstoffen (Leitlinien Umweltvorsorge), BT-Drs. 10/6028, 19.09.1986.

Ders., Umweltbericht '76, BT-Drs. 7/5684, 14.07.1976.

Ders., Umweltprogramm der Bundesregierung, BT-Drs. VI/2710, 14.10.1971.

Burt, Austin, Site-specific selfish genes as tools for the control and genetic engineering of natural populations, Proceedings of the Royal Society B 270, 2003, S. 921–928.

Burt, Austin/ Trivers, Robert, Genes in Conflict: The Biology of Selfish Genetic Elements, 2009, Cambridge, Harvard University Press.

Callaway, Ewen, Gene drives thwarted by emergence of resistant organisms, Nature 542 (7639), 2017, S. 15.

Callies, Christian, Das Vorsorgeprinzip, in: *Grunwald, Armin* (Hrsg.), Handbuch Technikethik, 2013, Stuttgart/Weimar, J.B. Metzler, S. 390–393.

Calliess, Christian, Vorsorgeprinzip, planetare Grenzen und Climate Engineering, Berliner Online-Beiträge zum Europarecht, Nr. 142 2022, S. 1–36.

Cameron, James, The Precautionary Principle: Core Meaning, Constitutional Framework and Procedures for Implementation, in: *Harding, Ronnie/ Fisher, Elizabeth C.* (Hrsg.), Perspectives on the Precautionary Principle, 1999, Annandale, N.S.W., Federation Press, S. 29–58.

Cameron, James/ Abouchar, Juli, The Status of the Precautionary Principle in International Law, in: *Freestone, David/ Hey, Ellen* (Hrsg.), The Precautionary Principle and International Law – The Challenge of Implementation, 1996, The Hague/London/Boston, Kluwer Law International, S. 29–52.

Campbell, Karl J. u. a., The next generation of rodent eradications: Innovative technologies and tools to improve species specificity and increase their feasibility on islands, Biological Conversation 185, 2015, S. 47–58.

Carlarne, Cinnamon P./ Gray, Kevin R./ Tarasofsky, Richard G., The Oxford Handbook of International Climate Change Law, 2016, Oxford, Oxford University Press.

Carlberg, Stig R./ Evans, Sverker, Experiences of Applying the Precautionary Approach in Environmental Management in a European Framework – A Discussion Paper, 1997.

Carter, Sarah R. u. a., Synthetic Biology and the U.S. Biotechnology Regulatory System: Challenges and Options, J. Craig Venter Institute, 2014.

Champer, Jackson/ Buchmann, Anna/ Akbari, Omar S., Cheating evolution: engineering gene drives to manipulate the fate of wild populations, Nature Reviews Genetics 17, 2016, S. 146–159.

Charnley, Gail/ Elliott, Edwin D., Risk Versus Precaution: Environmental Law and Public Health Protection, Environmental Law Reporter 32 (3) 2002, S. 10363–10366.

Chen, Ling, Realizing the Precautionary Principle in Due Diligence, Dalhousie Journal of Legal Studies 25 2016, S. 1–23.

Ching, Lim L./ Lin, Lim L., Legal and regulatory issues, in: *Dressel, Holly* (Hrsg.), Gene Drives – A report on their science, applications, social aspects, ethics and regulations, 2019, Critical Scientists Switzerland, Vereinigung Deutscher Wissenschaftler, European Network of Scientists for Social and Environmental Responsibility, S. 254–328.

Christoforou, Theofanis, The Precautionary Principle, Risk Assessment, and the Comparative Role of Science in the European Community and the US Legal System, in: *Vig, Norman J./ Faure, Michael G.* (Hrsg.), Green Giants? Environmental Policies of the United States and the European Union, 2004, Cambridge/London, MIT Press, S. 17–51.

Clark, Larry u. a., Invasive Species Control and Resolution of Wildlife Damage Conflicts: A Framework for Chemical and Genetically Based Management Methods, USDA National Wildlife Research Center 2020, S. 193–222.

Clement, T. Prabhakar/ Wasankar, Nimisha/ Elliott, Heather, Lack of Scientific Expertise in US Courts Is a Cause of National Concern in the Post-Chevron Era, Perspectives of Earth and Space Scientists 6 (1), 2025, S. 1–4.

Cole, Mark D., Das Selbstbestimmungsrecht indigener Völker – Eine völkerrechtliche Bestandsaufnahme am Beispiel der Native Americans in den USA (Schriften zum Völkerrecht, Bd. 188), 2009, Berlin, Duncker & Humblot.

Collins, James P., Gene Drives in our future: challenges of and opportunities for using a self-sustaining technology in pest and vector control, BMC Proceedings 12 (8), 2018, S. 37–41.

Cook, Kara, The Middle Ground of Pesticide Regulation: Why EPA Should Use a Watershed-Based Permitting Scheme in Its New Aquatic Pesticides Rule, Ecology Law Quarterly 37 (2) 2010, S. 451–486.

Cooney, Rosie, A Long and Winding Road? Precaution from Principle to Practice in Biodiversity Conservation, in: *Fisher, Elizabeth/ Jones, Judith/ von Schomberg, René* (Hrsg.), Implementing the Precautionary Principle – Perspectives and Prospects, 2006, Cheltenham/Northampton, Edward Elgar, S. 223–244.

Ders., The Precautionary Principle in Biodiversity Conservation and Natural Resource Management – An issues paper for policy-makers, researchers and practitioners, IUCN, IUCN Policy and Global Change Series No. 2, 2004.

Courtier-Orgogozo, Virginie/ Morizot, Baptiste/ Boëte, Christophe, Agricultural pest control with CRISPR-based gene drive: time for public debate, EMBO Reports 18 (6), 2017, S. 878–880.

Craig, J. B./ Hickey, W. A./ Vandehey, R. C., An inherited Male-Producing Factor in Aedes aegypti, Science 132 (3443), 1960, S. 1887–1889.

Cranor, Carl F., Asymmetric Information, the Precautionary Principle and Burdens of Proof, in: *Raffensberger, Carolyn/ Tickner, Joel/ Jackson, Wes* (Hrsg.), Protecting Public Health and the Environment – Implementing the Precautionary Principle, 1999, Island Press, S. 75–99.

Cross, Frank, Paradoxical Perils of the Precautionary Principle, Washington and Lee Review 53 (3), 1996, S. 851–925.

Davis, Megan, To Bind or Not to Bind: The United nations *Declaration on the Rights of Indigenous Peoples* Five Years On, Australian International Law Journal 3 2012, S. 17–48.

de Fur, Peter L./ Kaszuba, Michelle, Implementing the precautionary principle, The Science of the Total Environment 288, 2002, S. 155–165.

de Sadeleer, Nicolas, Environmental Principles – From Political Slogans to Legal Rules, 2002, New York, Oxford University Press, *zitiert als*: *de Sadeleer*, Environmental Principles – From Political Slogans to Legal Rules.

Ders., Les principes du pollueur-payeur, de prévention et de précaution – Essai sur la genèse et la potée juridique de quelques principes du droit de l'environnement, 1999, Brüssel, Bruylant, *zitiert als*: *de Sadeleer*, Les principes du pollueur-payeur, de prévention et de précaution – Essai sur la genèse et la potée juridique de quelques principes du droit de l'environnement.

Ders., The Precautionary Principle in European Community Health and Environmental Law: Sword or Shield for the Nordic Countries?, in: *Sadeleer, Nicolas de* (Hrsg.), Implementing the Precautionary Principle – Approaches from the Nordic Countries, EU and USA, 2007, London/Sterling, Earthscan, S. 10–58.

Ders., The principles of prevention and precaution in international law: two heads of the same coin, in: *Fitzmaurice, Malgosia/ Ong, David M./ Merkouris, Panos* (Hrsg.), Research Handbook on International Environmental Law, 2010, Cheltenham/Northampton, Edward Elgar, S. 182–199.

Deborah, Scott u. a., Synthetic Biology Part I: Potential Impacts of Synthetic Biology on Biological Diversity, Secretariat of the Convention on Biological Diversity, Technical Series No. 82, 2015.

Ders., Synthetic Biology Part II: Gaps and Overlaps with the Provisions of the Convention and Other Agreements, Secretariat of the Convention on Biological Diversity, Technical Series No. 82, 2015.

Dederer, Hans-Georg, Gentechnikrecht im Wettbewerb der Systeme – Freisetzung im deutschen und US-amerikanischen Recht, 1998, Berlin/Heidelberg, Springer.

Ders., Options for the Regulation of Genome Edited Plants – Framing the Issues, in: *Dürnberger, Christian/ Pfeilmeier, Sebastian/ Schleissing, Stephan* (Hrsg.), Genome Editing in Agriculture – Between Precaution and Responsibility, 2019, Baden-Baden, Nomos, S. 75–122.

Denney, Robert, Ethical Consideration for the Use of Gene Drives in Wildlife, Virginia Environmental Law Journal 39 (1) 2021, S. 120–140.

Deplazes-Zemp, Anna u. a., Gene Drives: Nutzen, Risiken und mögliche Anwendungen, Swiss Academies Factsheets 15 (4), 2020, S. 1–7.

Desai, Anuj C., *Loper Bright* as Jurisprudence: Institutional Choice and the Expressive Value of Law, University of Wisconsin Legal Studies Research Paper 1819, 2024, S. 1–48.

Deuring, Silvia, Naturwissenschaftliche Einführung, in: *Taupitz, Jochen/ Deuring, Silvia* (Hrsg.), Rechtliche Aspekte der Genom-Editierung an der menschlichen Keimbahn – A Comparative Legal Study, 2020, Berlin, Springer, S. 7–18.

Deutsche Forschungsgemeinschaft/ Deutsche Akademie für Technikwissenschaften/ Deutsche Akademie der Naturforscher Leopoldina, Synthetische Biologie – Stellungnahme, Juni 2009.

Deutscher Ethikrat, Jahresbericht 2017, 2017.

Devos, Yann u. a., Risk Management recommendations for environmental releases of gene drive modified insects, Biotechnology Advances 54, 2022, S. 1–9.

Dhole, Sumit/ Lloyd, Alun L./ Gould, Fred, Gene Drive Dynamics in Natural Populations: The importance of Density Dependence, Space and Sex, Annual Review of Ecology, Evolution, and Systematics 51 (1), 2020, S. 505–531.

di Fabio, Udo, Risikoentscheidungen im Rechtsstaat: zum Wandel der Dogmatik im öffentlichen Recht, insbesondere am Beispiel der Arzneimittelüberwachung, 1994, Tübingen, Mohr Siebeck.

DiCarlo, James E. u. a., Safeguarding CRISPR-Cas9 gene drives in yeast, Nature Biotechnology 33 (12), 2015, S. 1250–1255.

Dickson, Barnabas, The Precautionary Principle in CITES: A Critical Assessment, Natural Resources Journal 39 (2), 1999, S. 211–228.

Dietz, Thomas/ Stern, Paul C., Public Participation in Environmental Assessment and Decision Making, 2008, Washington D.C., National Academies Press.

Dinneen, Nathan, Precautionary discourse – Thinking through the distinction between the precautionary principle and the precautionary approach in theory and practice, Politics and the Life Sciences 32 (1), 2013, S. 2–21.

Dolezel, Marion/ Lüthi, Christoph/ Gaugitsch, Helmut, Beyond limits – the pitfalls of global gene drives for environmental risk assessment in the European Union, BioRisk 15 2020, S. 1–29.

Dolezel, Marion u. a., Gene Drive Organisms – Implications for the Environment and Nature Conservation, EAA, 2019.

Donovan, Michael J., Genetically Modified Insects: Why Do We Need Them and How Will They Be Regulated?, Missouri Environmental Law and Policy Review 17 (1) 2009, S. 64–107.

Dooley, Carlene, Regulatory Silos: Assessing the United States' Regulation of Biotechnology in the Age of Gene Drives, The Georgetown Environmental Law Review 30 (2) 2018, S. 547–568.

Doudna, Jennifer A./ Charpentier, Emmanuelle, The new frontier of genome engineering with CRISPR-Cas9, Science 346 (6213), 2014, S. 1077.

Dovers, Stephen R./ Handmer, John W., Ignorance, sustainability, and the precautionary principle: Towards an analytical framework, in: *Harding, Ronnie/ Fisher, Elizabeth C.* (Hrsg.), Perspectives on the Precautionary Principle, 1999, Annandale, The Federation Press, S. 167–189.

Duvic-Paoli, Leslie-Anne, Principle of Prevention, in: *Krämer, Ludwig/ Orlando, Emanuela* (Hrsg.), Elgar Encyclopedia of Environmental Law – Principles of Environmental Law, 2018, Cheltenham|Northampton, Edward Elgar, S. 161–173.

Ders., The Prevention Principle in International Environmental Law, 2018, Cambridge/New York, Cambridge University Press.

Ders., The Status of the Right to Public Participation in International Environmental Law: An Analysis of the Jurisprudence, Yearbook of International Environmental Law 23 (1) 2012, S. 80–105.

Dworkin, Ronald, Taking Rights Seriously, 1977, London, Duckworth.

EASAC, Genome editing: Scientific opportunities, public interest and policy options in the European Union, März 2017.

Ebbesson, Jonas, Public Participation, in: *Rajamani, Lavanya/ Peel, Jacqueline* (Hrsg.), The Oxford Handbook of International Environmental Law, 2. Auflage 2021, Oxford/New York, Oxford University Press, S. 351–367.

ECDC, Guidelines for the surveillance of invasive mosquitoes in Europe, August 2012.

Ders., Vector control with a focus on *Aedes aegypti* and *Aedes albopictus* mosquitoes – Literature review and analysis, Oktober 2017.

Eckardt, Anne, Gene Drives – Kurzbericht, EKAH, 2018.

EFSA GMO Panel, Adequacy and sufficiency evaluation on existing EFSA guidelines for the molecular characterisation, environmental risk assessment and post-market environmental monitoring of genetically modified insects containing engineered gene drives, EFSA, 2020.

EKAH, Gene Drives – Ethische Überlegungen um Einsatz von Gene Drives in der Umwelt, 2019.

Enquete-Kommission, Chancen und Risiken der Gentechnologie, BT-Drs. 10/6775, 6.01.1987.

EPA, An Examination of EPA Risk Assessment Principles and Practices, 2004.

Epiney, Astrid, Das „Verbot erheblicher grenzüberschreitender Umweltbeeinträchtigungen“: Relikt oder konkretisierungsfähige Grundnorm?, AVR 33 (3), 1995, S. 309–360.

Ders., Umweltschutz durch Verfahren, in: *Proelß, Alexander* (Hrsg.), Internationales Umweltrecht, 2. Auflage 2022, Berlin/Boston, De Gruyter, S. 151–189.

Epiney, Astrid/ Scheyli, Martin, Strukturprinzipien des Umweltvölkerrechts (Forum Umweltrecht, Bd. 29), 1998, Baden-Baden, Nomos.

Erben, Cosima, Das Vorsorgegebot im Völkerrecht (Schriften zum Völkerrecht, Bd. 157), 2005, Berlin, Duncker & Humblot.

Erbguth, Wilfried/ Schlacke, Sabine, Umweltrecht, 4. Auflage 2012, Baden-Baden, Nomos.

Esvelt, Kevin M., Precaution: Open gene drive research, Science 355 (6325), 2017, S. 589–590.

Esvelt, Kevin M./ Gemmell, Neil J., Conservation demands safe gene drive, PLOS Biology 15 (11) 2017, S. 1–8.

Esvelt, Kevin M. u. a., Concerning RNA-guided gene drives for the alteration of wild populations, eLife, 2014, S. 1–20.

Falkner, Robert, Regulating Biotech Trade: The Cartagena Protocol on Biosafety, International Affairs 76 (2) 2000, S. 299–313.

Feintuck, Mike, Precautionary Maybe, but What's the Principle? The Precautionary Principle, the Regulation of Risk and the Public Domain, Journal of Law and Society 32 (3) 2005, S. 371–398.

Fischer, Robert, Die Europäische Union auf dem Weg zu einer vorsorgenden Risikopolitik? Ein policy-analytischer Vergleich der Regulierung von BSE und transgenen Lebensmitteln, 2009, Wiesbaden, VS Verlag für Sozialwissenschaften.

Fisher, Elisabeth, Precaution, Precaution Everywhere: Developing a Common Understanding of the Precautionary Principle in the European Community, Maastricht Journal of European and Comparative Law 9 (1) 2002, S. 7–28.

Fisher, Elizabeth, Is the Precautionary Principle Justiciable?, Journal of Environmental Law 13 (3) 2001, S. 315–334.

Fitzmaurice, Malgosia, Legitimacy of International Environmental Law. The Sovereign States Overwhelmed by Obligations: Responsibility to React to Problems Beyond National Jurisdiction?, ZaöRV 77 (2017), S. 339–370.

Francot-Timmermanns, Lyana/ de Vries, Ubaldus, Eyes Wide Shut: On Risk, Rule of Law and Precaution, Ratio Juris 26 (2), 2013, S. 282–301.

Freestone, David, The Road From Rio: International Environmental Law after the Earth Summit, Journal of Environmental Law 6 (2), 1994, S. 194–218.

Freestone, David/ Hey, Ellen, Origins and Development of the Precautionary Principle, in: *Ders.* (Hrsg.), The Precautionary Principle and International Law – The Challenge of Implementation, 1996, The Hague/London/Boston, Kluwer Law International, S. 3–15.

Freestone, David/ Ijlstra, Ton, The North Sea: Basic Legal Documents on Regional Environmental Co-operation, 1991, Dordrecht/Boston/London, Graham & Trotman/Martinus Nijhoff.

Frieß, Johannes L./ Giese, Bernd/ von Gleich, Arnim, Technikcharakterisierung von SPAGE, in: *Giese, Bernd u. a.* (Hrsg.), Gene Drives – Potenziale, Risiken, Besorgnisgründe, 2019, S. 12–22.

Gantz, Valentino M./ Bier, Ethan, The mutagenic chain reaction: a method for converting heterozygous to homozygous mutations, Science 348 (6233), 2015, S. 442–444.

Gantz, Valentino M. u. a., Highly efficient Cas9-mediated gene drive for population modification of the malaria vector mosquito Anopheles stephensi, Proceedings of the National Academy of Sciences 112 (49), 2015, S. 1–8.

Garcia, S. M., The Precautionary Approach to Fisheries and its Implications for Fishery Research, Technology and Management: An Updated Review, FAO, 1996.

Gardiner, Stephen, A Core Precautionary Principle, The Journal of Political Philosophy 14 (1) 2006, S. 33–60.

Garrood, William T. u. a., Driving down malaria transmission with engineered gene drives, Frontiers in Genetics 13, 2022, S. 1–17.

Garry, Patrick M., Judicial Review and the „Hard Look“ Doctrine, Nevada Law Journal 7 (1) 2006, S. 151–170.

George, Dalton R./ Kuiken, Todd/ Delborne, Jason A., Articulating „free prior and informed consent“ (FPIC) for engineered gene drives, Proceedings of the Royal Society B 286 2019, S. 1–8.

GESAMP, Environmental Capacity – An approach to Marine Pollution Prevention, 1986.

Gierus, Luke u. a., Leveraging a natural murine meiotic drive to suppress invasive populations, PNAS 119 (46), 2022, S. 1–11.

Giese, Bernd, Gene Drives – Eine neue Qualität der Freisetzung gentechnisch veränderter Organismen, in: *Decker, Michael u. a.* (Hrsg.), „Grand Challenges“ meistern – Der Beitrag der Technikfolgenabschätzung, 2018, Baden-Baden, Nomos, S. 159–170.

Ders., Gene Drives: Die Revolutionierung der Gentechnik, Blätter für deutsche und internationale Politik 7, 2018, S. 103–112.

Gillespie, Alexander, Environmental Impact Assessments in International Law, RECIEL 17 (2) 2008, S. 221–233.

Ders., The Precautionary Principle in the Twenty-First Century: A Case Study of Noise Pollution in the Ocean, The International Journal of Marine and Coastal Law 22 (1), 2007, S. 61–87.

Glosser, J.W./ Gorham, J.R., Regulation of biotechnology in the United States and Canada, OIE Revue Scientifique et Technique 9 (3) 1990, S. 681–693.

Glowka, Lyle/ Burhenne-Guilmin, Françoise/ Synge, Hugh, A Guide to the Convention on Biological Diversity, 1994.

Godard, Olivier, Le principe de précaution comme norme de l'action publique, ou la proportionalité en question, Revue Économique 54 (6) 2003, S. 1245–1276.

Gollier, Christian/ Jullien, Bruno/ Treich, Nicolas, Scientific progress and irreversibility: an economic interpretation of the „Precautionary Principle", Journal of Public Economics 75 (2) 2000, S. 229–253.

Graf, Michael W., Regulating Pesticide Pollution in California under the 1986 Safe Drinking Water and Toxic Exposure Act (Proposition 65), Ecology Law Quarterly 28 (3) 2001, S. 463–754.

Graham, John D./ Wiener, Jonathan B., Risk versus Risk – Tradeoffs in Protecting Health and the Environment, 1997, Harvard, Harvard University Press.

Graham, Lorie M./ Wiessner, Siegfried, Indigenous Sovereignty, Culture, and International Human Rights Law, The South Atlantic Quaterly 110 (2) 2011, S. 403–427.

Gruber, Malte/ Sommer, Andrea, Rechtlicher Kontext und Regulierung von Genome Editing, in: *Lang, Alexander u. a.* (Hrsg.), Genome Editing – Interdisziplinäre Technikfolgenabschätzung, 2019, Zürich, vdf Hochschulverlag AG an der ETH Zürich, S. 259–312.

Grunwald, Hannah A. u. a., Super-Mendelian inheritance mediated by CRISPR/Cas9 in the female mouse germline, Nature 566 (7742), 2019, S. 105–109.

Gündling, Lothar, The Status in International Law of the Principle of Precautionary Action, International Journal of Estuarine and Coastal Law 5 (1-4), 1990, S. 23–30.

Gupta, Aarti, Advance Informed Agreement: A Shared Basis for Governing Trade in genetically Modified Organisms?, IJGLS 9 (1) 2001, S. 265–281.

Ders., Governing Trade in Genetically Modified Organisms: The Cartagena-Protocol on Biosafety, Environment: Science and Policy for Sustainable Development 42 (4) 2000, S. 22–33.

Gürtler, Patrick u. a., Genome Editing, Bayerisches Landesamt für Gesundheit und Lebensmittelsicherheit, März 2019.

Hammel, Lena, Der Schutz der Menschheit vor existentiellen Risiken im Völkerrecht – Eine Untersuchung am Beispiel der künstlichen Intelligenz (Völkerrecht und internationale Beziehungen, Bd. 12), 2019, Berlin, LIT Verlag Dr. W Hopf.

Hammer, Caroline/ Spök, Armin, Gene Drive, in: *Lang, Alexander u. a.* (Hrsg.), Genome Editing – Interdisziplinäre Technikfolgenabschätzung, 2019, Zürich, vdf Hochschulverlag AG an der ETH Zürich, S. 239–258.

Hammit, James u. a., The Reality of Precaution – Comparing Risk Regulation in the United States and Europe, 2010, New York, Routledge.

Hammond, Andrew u. a., A CRISPR-Cas9 gene drive system targeting female reproduction in the malaria mosquito vector Anopheles gambiae, Nature Biotechnology 34 (1), 2016, S. 78–83.

Handl, Günther, Transboundary Impacts, in: *Bodansky, Daniel/ Brunée, Jutta/ Hey, Ellen* (Hrsg.), The Oxford Handbook of International Environmental Law, 2007, Oxford/New York, Oxford University Press, S. 532–549.

Harrington, Ben/ Sheffner, Daniel J., Informal Administrative Adjudication: An Overview, R 46930, Congressional Research Service, 2021.

Hasanyi, John C., Can the Maximin Principle Serve as a Basis for Morality? A Critique of John Rawls's Theory, The American Political Science Review 69 (2) 1975, S. 594–606.

Hay, Bruce A./ Akbari, Omar S., Spotted Wing Drosophila 2018 Final Report, California Cherry Board, 2018.

Hayes, Keith R. u. a., Identifying and detecting potentially adverse ecological outcomes associated with the release of gene-drive modified organisms, Journal of Responsible Innovation 5 (1), 2018, S. 139–158.

Heinold, Alexander, Die Prinzipientheorie bei Ronald Dworkin und Robert Alexy (Schriften zur Rechtstheorie Bd. 255), 2011, Berlin, Duncker & Humblot.

Herdegen, Matthias, Völkerrecht, 22. Auflage 2022, München, C.H. Beck.

Hey, Ellen, Advanced Introduction to International Environmental Law, 2016, Cheltenham/Northampton, Edward Elgar Publishing.

Ders., The Precautionary Principle in Environmental Law and Policy: Institutionalizing Caution, Georgetown International Environmental Law Review 4 (2), 1992, S. 303–318.

Heyvaert, Veerle, Reconceptualizing Risk Assessment, RECIEL 8 (2) 1999, S. 135–143.

Hickey, James E./ Walker, Vern R., Refining the Precautionary Principle in International Environmental Law, Virginia Environmental Law Journal 14 (3) 1995, S. 423–454.

Hill, Ryan, Risk Assessment and Risk Management, in: *Cordinier Segger, Marie-Claire/ Perron-Welch, Frederic/ Frison, Christine* (Hrsg.), Legal Aspects of Implementing the Cartagena Protocol on Biosafety, 2013, New York, Cambridge University Press, S. 63–77.

Hoffmann, Ary A. u. a., Synthetic Gene Drives in Australia: Implications of Emerging Technologies, AAS, 2017.

Hohmann, Harald, Ergebnisse des Erdgipfels von Rio – Weiterentwicklung des Umweltvölkerrechts durch die UN-Umweltkonferenz von 1992, NVwZ 12, 1993, S. 311–318.

Hohmeyer, Olav u. a., Internationale Regulierung der Gentechnik – Praktische Erfahrungen in Japan, den USA und Europa (Schriftenreihe des Fraunhofer-Instituts für Systemtechnik und Innovationsforschung, Bd. 10), 1994, Heidelberg, Physika.

Homer, Michael B., Frankenfish...It's What's for Dinner: The FDA, Genetically Engineered Salmon, and the Flawed Regulation of Biotechnology, Columbia Journal of Law and Social Problems 45 (1) 2011, S. 83–137.

Jaeckel, Aline L., The International Seabed Authority and the Precautionary Principle – Balancing Deep Seabed Mineral Mining and Marine Environmental Protection (Publications on Ocean Development, Bd. 83), 2017, Leiden/Boston, Martinus Nijhoff.

James, Stephanie u. a., Pathway to Deployment of Gene Drive Mosquitoes as a Potential Biocontrol Tool for Elimination of Malaria in Sub-Saharan Africa: Recommendations of a Scientific Working Group, American Journal of Tropical Medicine and Hygiene 98 (6) 2018, S. 1–49.

Jasanoff, Sheila, Commentary: Between risk and precaution – reassessing the future of GM crops, Journal of Risk Research 3 (3) 2000, S. 277–282.

Ders., Science at the Bar – Law, Science, and Technology in America, 1995, Cambridge, Harvard University Press.

Jinek, Martin u. a., A Programmable Dual-RNA-Guided DNA Endonuclease in Adaptive Bacterial Immunity, Science 337 (6096), 2012, S. 816–821.

Jordan, Andrew/ O'Riordan, Timothy, The precautionary principle: a legal and policy history, in: *Martuzzi, Marco/ Tickner, Joel A.* (Hrsg.), The precautionary principle: protecting public health, the environment and the future of our children, 2004, WHO Regional Office for Europe, S. 31–48.

Jung, Thomas, Der Risikobegriff in Wissenschaft und Gesellschaft, Bundesgesundheitsblatt – Gesundheitsforschung – Gesundheitsschutz 46, 2003, S. 542–548.

Kannan, Phillip M., The Precautionary Principle: More than a Cameo Appearance in United States Environmental Law?, William & Mary Environmental Law and Policy Review 31 (2) 2007, S. 409–458.

Kelsey, Adam u. a., Global Governing Bodies: A Pathway for Gene Drive Governance for Vector Mosquito Control, American Journal of Tropical Medicine and Hygiene 103 (3) 2020, S. 976–985.

Kidwell, M. G./ Ribeiro, J. M. C., Can Transposable Elements be Used to Drive Disease Refractoriness Genes into Vector Populations?, Parasitology Today 8 (10), 1992, S. 325–329.

Kiss, Alexande-Charles/ Shelton, Dinah, Guide to International Environmental Law, 2007, Leiden/Boston, Martinus Nijhoff.

Klafki, Anika, Risiko und Recht – Risiken und Katastrophen im Spannungsfeld von Effektivität, demokratischer Legitimation und rechtsstaatlichen Grundsätzen am Beispiel von Pandemien (Studien und Beiträge zum Öffentlichen Recht, Bd. 29), 2017, Tübingen, Mohr Siebeck.

Klinke, Andreas/ Renn, Ortwin, The Coming Age of Risk Governance, Risk Analysis 41 (3) 2021, S. 544–557.

Knight, Frank H., Risk, Uncertainty and Profit, 1921, Boston/New York, Houghton Mifflin Company.

Knipling, E. F., Possibilities of insect control or eradication through the use of sexually sterile males, Journal of Economic Entomology 48 (4), 1955, S. 459–462.

Köck, Wolfgang, Die rechtliche Bewältigung technischer Risiken - Bestandsaufnahme und Ausblick vor dem Hintergrund der Risiko-Debatte, Kritische Justiz 26 (2), 1993, S. 125–145.

Kolleck, Alma/ Sauter, Arnold, 10. Spotlight: Gene Drives – neuer Impuls für die Gentechnikkontroverse?, in: *Fehse, Boris u. a.* (Hrsg.), Fünfter Gentechnologiebericht – Sachstand und Perspektiven für Forschung und Anwendung, 2021, Baden-Baden, Nomos, S. 251–260.

EU-Kommission, Fragen und Antworten zu den GVO-Bestimmungen in der Europäischen Union, MEMO/07/117, 26. März 2007.

Kommission der Europäischen Gemeinschaften, Mitteilung der Kommission über die Anwendbarkeit des Vorsorgeprinzips, KOM 2000 (1) endg.

Korn, H., Institutioneller und instrumentaler Rahmen für die Erhaltung der Biodiversität, in: *Wolff, Nina/ Köck, Wolfgang* (Hrsg.), 10 Jahre Übereinkommen über die biologische Vielfalt, 2004, Baden-Baden, Nomos, S. 36–54.

Krüger, Hagen R. J., Geoengineering und Völkerrecht – Ein Beitrag zur Regulierung des klimabezogenen Geoengineerings (Ius Internationale et Europeum, Bd. 163), 2020, Tübingen, Mohr Siebeck.

Kuzma, Jennifer, Deficits of Public Deliberation in U.S. Oversight for Gene Edited Organisms, The Hastings Center Report 51 (6) 2021, S. 25–33.

Kuzma, Jennifer/ Meghani, Zahra, The public opinion – A possible change in US regulatory protocol for genetically modified organisms: compromised or enhanced objectivity?, EMBO Reports 10 (12) 2009, S. 1288–1293.

Kyrou, Kyros u. a., A CRISPR-Cas9 gene drive targeting *doublesex* causes complete population suppression in caged *Anopheles gambiae* mosquitoes, Nature Biotechnology 36 (11), 2018, S. 1062–1066.

Lang, Winfried, UN-Principles and International Environmental Law, Max Planck Yearbook of United Nations 1999, S. 157–172.

Leithschuh, Caroline M. u. a., Developing gene drive technologies to eradicate invasive rodents from islands, Journal of Responsible Innovation 5 (1), 2017, S. 121–138.

Lemons, John/ Shrader-Frechette, Kristin/ Cranor, Carl, The Precautionary Principle: Scientific Uncertainty and Type I and Type II Errors, Foundations of Science 2, 1997, S. 207–236.

Letzos, Filippa u. a., Eroding norms over release of self-spreading viruses – Risky research on lab-modified self-spreading viruses has yet to present credible paths to upsides, Science 375 (6576) 2022, S. 31–33.

Liebert, Wolfgang/ Wölcher, Jakob, Gene Drive - Auf CRISPR/Cas9 basierende mutagene Kettenreaktion als Ultima Ratio zur Bekämpfung von Malaria?, in: *Decker, Michael u. a.* (Hrsg.), „Grand Challenges" meistern – Der Beitrag der Technikfolgenabschätzung, 2018, Baden-Baden, Nomos, S. 171–182.

Lin, Albert C., Mismatched Regulation: Genetically Modified Mosquitoes and the Coordinated Framework for Biotechnology, University of California Law Review 51 (1) 2017, S. 205–232.

Long, Kanya C. u. a., Core commitments for field trials of gene drive organisms – We must ensure that trials are scientifically, politically, and socially robust, publicly accountable, and widely transparent, Science 370 (6523) 2020, S. 1417–1419.

Lowe, Vaughan, Sustainable Development and Unsustainable Arguments, in: *Boyle, Alan/ Freestone, David* (Hrsg.), International Law and Sustainable Development, 1999, Oxford, Oxford University Press, S. 19–37.

Lucchini, Laurent, Le principe de précaution en droit international de l'environnement: ombres plus que lumières, Annuaire français de droit international 45 1999, S. 710–731.

Ludlow, Karinne/ Smyth, Stuart J./ Falck-Zepeda, José, Consistency of Assessment of Socio-Economic Considerations under the Cartagena-Protocol on Biosafety with Other International Obligations, Journal of International Law and Trade Policy 17 (2) 2016, S. 137–172.

Lukindu, Martin u. a., Spatio-temporal genetic structure of *Anopheles gambiae* in the Northwestern Lake Victoria Basin, Uganda: implications for genetic control trials in malaria endemic regions, Parasites & Vectors 11 (246) 2018, S. 1–12.

M'Gonigle, R. Michael u. a., Taking Uncertainty Seriously: From Permissive Regulation to Preventative Design in Environmental Decision Making, Osgoode Hall Law Journal 32 (1), 1994, S. 99–169.

MacGarvin, Malcom, Science, Precaution, Facts and Values, in: *O'Riordan, Timothy/ Cameron, James/ Jordan, Andrew* (Hrsg.), Reinterpreting the Precautionary Principle, 2001, London, Cameron & May, S. 35–60.

MacGarvin, Malcom u. a., Late lessons from early warnings: the precautionary principle 1896-2000, EEA, 2001.

MacKenzie, Ruth u. a., An Explanatory Guide to the Cartagena Protocol on Biosafety, 2003, IUCN Environmental Policy and Law Paper No. 46, Gland/Switzerland/Cambridge, IUCN Publications Services Unit.

Maguire, Steve/ Ellis, Jaye, Redistributing the Burden of Scientific Uncertainty: Implications of the Precautionary Principle for State and Nonstate Actors, Global Governance 11 2005, S. 505–526.

Malaihollo, Medes, Due Diligence in International Environmental Law and International Human Rights Law: A Comparative Legal Study of the Nationally Determined Contributions under the Paris Agreement and Positive Obligations under the European Convention on Human Rights, Netherlands International Law Review 68 (1) 2021, S. 121–155.

Mandel, Gregory N., Gaps, Inexperience, Inconsistencies, and Overlaps: Crisis in the Regulation of Genetically Modified Plants and Animals, William and Mary Law Review 45 (5) 2004, S. 2167–2259.

Marchant, Gary E./ Mossman, Kenneth L., Arbitray and Capricious – The Precautionary Principle in the European Union Courts, 2004, Washington D.C., The AEI Press.

Marden, Emily, Risk and Regulation: U.S. Regulatory Policy on Genetically Modified Food and Agriculture, Boston College Law Review 44 (3) 2003, S. 733–788.

Markus, Till, Erhaltung und nachhaltige Nutzung der Biodiversität, in: *Proelß, Alexander* (Hrsg.), Internationales Umweltrecht, 2. Auflage 2022, Berlin/Boston, De Gruyter, S. 477–548.

Marr, Simon, The Precautionary Principle in the Law of the Sea (Publications on Ocean Development Bd. 39), 2003, The Hague, Martinus Nijhoff.

Marti, Ursula, Das Vorsorgeprinzip im Umweltrecht: am Beispiel der internationalen, europäischen und schweizerischen Rechtsordnung, 2011, Zürich, Schulthess.

Masini, R. J. u. a., The concept of „assimilative capacity“ as a management tool in temperate coastal waters of Western Australia, Januar 1992.

Masur, Jonathan S./ Posner, Eric A., Cost-Benefit Analysis and the Judicial Role, The University of Chicago Law Review 85 (4) 2018, S. 935–986.

Maurmann, Dorothee, Rechtsgrundsätze im Völkerrecht am Beispiel des Vorsorgeprinzips (Umweltrechtliche Studien, Bd. 38), 2007, Baden-Baden, Nomos.

McAllister, Lesley K., Judging GMOs: Judicial Application of the Precautionary Principle in Bazil, Ecology Law Quaterly 149 (32) 2005, S. 149–174.

McGraw, Désirée M., The CBD – Key Characteristics and Implications for Implementation, RECIEL 11 (1), 2002, S. 17–28.

McIntyre, Owen/ Mosedale, Thomas, The Precautionary Principle as a Norm of Customary International Law, Journal of Environmental Law 9 (2), 1997, S. 221–241.

Meghani, Zahra/ Kuzma, Jennifer, Regulating animals with gene drive systems: lessons from the regulatory assessment of a genetically engineered mosquito, Journal of Responsible Innovation 5 (1) 2018, S. 203–222.

Mellon, Margaret, The Regulation of Genetically Engineered Animals: Going from Bad to Worse, in: *MacDonald, June Fessenden* (Hrsg.), Animal Biotechnology – Opportunities & Challenges, 1992, New York, National Agricultural Biotechnology Council, S. 165–169.

Mendis, Chinthaka, Sovereignty vs. trans-boundary environmental harm: The evolving International law obligations and the Sethusamuduram Ship Channel Project, Nippon Foundation Fellow Papers 2006, S. 1–70.

Merkouris, Panos, Sustainable Development and Best Available Techniques in International and European Law, in: *Makuch, Karen/ Pereira, Ricardo* (Hrsg.), Environmental and Energy Law, 2012, Hoboken, Wiley-Blackwell, S. 37–60.

Meyer, Hartmut, The Precautionary Principle and the Cartagena Protocol on Biosafety: Development of a Concept, in: *Traavik, Terje/ Ching, Lim L.* (Hrsg.), Biosafety First – Holistic Approaches to Risk and Uncertainty in Genetic Engineering and Genetically Modified Organisms, 2007, Trondheim, Tapir Academic Press, S. 469–482.

Miller, Robert J., Consultation or Consent: The United States's Duty to Confer with American Indian Governments, North Dakota Law Review 91 (1) 2015, S. 37–94.

Min, John u. a., Harnessing gene drive, Journal of Responsible Innovation 5 (1) 2018, S. 40–65.

Moltke, Konrad von, Twelfth Report – Best Practicable Environmental Option, Royal Commission on Environmental Pollution, 1988.

Monast, Jonas J., Governing Extinction in the Era of Gene Editing, North Carolina Law Review 97 (5) 2019, S. 1329–1358.

Monien, Johanna, Prinzipien als Wegbereiter eines globalen Umweltrechts? Das Nachhaltigkeits-, Vorsorge- und Verursacherprinzip im Mehrebenensystem (Forum Umwelt-, Agrar- und Klimaschutzrecht, Bd. 4), 2013, Baden-Baden, Nomos.

Müller, Carolin/ Raue, Lucas/ Schäfer, Johannes, Keimbahntherapie und Genom-Editierung, in: *Kurreck, Jens/ Beck, Birgit* (Hrsg.), Kursbuch Bioethik, 2019, Berlin, Universitätsverlag der TU Berlin, S. 67–78.

National Academy of Science Engineering and Medicine (Hrsg.), Gene Drives on the Horizon: Advancing Science, Navigating Uncertainty and Aligning Research with Public Values, 2016.

Neve, Paul, Gene drive systems: do they have a place in agricultural weed management?, Pest Management Science 74 (12), 2018, S. 2671–2679.

Newton, Michael/ May, Larry, Proportionality in International Law, 2014, New York, Oxford University Press.

NExTRAC, Gene Drives in Biomedical Research Report, 2021.

Nicolau, Ingrid, Aspects concerning the Precautionary Principle in Environmental Law, Contemporary Readings in Law and Social Justice 9 (2) 2017, S. 325–329.

Noble, Charleston u. a., Current CRISPR gene drive systems are likely to be highly invasive in wild populations, eLife, 2018, S. 1–30.

Nolte, Georg, How to Identify Customary International Law? – On the Final Outcome of the Work of the International Law Commission (2018), Berlin Potsdam Research Group „The International Rule of Law – Rise or Decline?", KFG Working Paper Series No. 37, Juni 2019.

NRC, Risk Assessment in the Federal Government: Managing the Process, 1983.

O'Connor, M. u. a., Emergent Complexity and Procedural Rationality: Post-Normal Science for Sustainability, in: *Bonilla, Olman S./ Martinez-Alier, Joan/ Jasinski, Paula H.* (Hrsg.), Getting Down to Earth: Practical Application of Ecological Economics, 1996, Washington D.C., Island Press, S. 223–248.

O'Riodoran, Timothy/ Jordan, Andrew, The Precautionary Principle in Contemporary Environmental Politics, Environmental Values 4 (3) 1995, S. 191–212.

O'Riordan, Timothy/ Cameron, James, Interpreting the Precautionary Principle, 1994, London, Earthscan.

Odendahl, Kerstin, Die Umweltpflichtigkeit der Souveränität: Reichweite und Schranken territorialer Souveränitätsrechte über die Umwelt und die Notwendigkeit eines veränderten Verständnisses staatlicher Souveränität (Schriften zum Umweltrecht, Bd. 88), 1998, Berlin, Duncker & Humblot.

OECD, A Framework for Biotechnology Statistics, 2005.

Ong, David M., International environmental law governing threats to biological diversity, in: *Fitzmaurice, Malgosia/ Ong, David M./ Merkouris, Panos* (Hrsg.), Research Handbook on International Environmental Law, 2010, Cheltenham/Northampton, Edward Elgar, S. 519–541.

Ortgies, Thilo, Rechtliches Risikomanagement im Lebensmittelrecht – Die (ordnungs-)rechtliche Steuerung sicherer Lebensmittel im Kontext verfassungs- und unionsrechtlicher Anforderungen (Schriften zum Agrar-, Umwelt- und Verbraucherschutzrecht, Bd. 85), 2019, Baden-Baden, Nomos.

Oye, Kenneth A. u. a., Regulating Gene Drives, Science 345 (6197), 2014, S. 626–62.

Page, Talbot, A generic view of toxic chemicals and similiar risks, Ecology Law Quaterly 7 (2), 1978, S. 207–244.

Palmini, Dennis, Uncertainty, risk aversion, and the game theoretic foundations of the safe minimum standard: a reassessment, Ecological Economics 29 (3) 1999, S. 463–472.

Pedersen, Ole, From Abundance to Indeterminacy: The Precautionary Principle and Its Two Camps of Custom, Transnational Environmental Law 3 (2), 2014, S. 323–339.

Peel, Jaqueline, Precaution, in: *Rajamani, Lavanya/ Peel, Jacqueline* (Hrsg.), The Oxford Handbook of International Environmental Law, 2. Auflage 2021, Oxford/New York, Oxford University Press, S. 302–318.

Ders., Precaution - A Matter of Principle, Approach or Process?, Melbourne Journal of International Law 5 (2), 2004, S. 483–501.

Ders., Science and Risk Regulation in International Law, 2010, Cambridge, Cambridge University Press.

Perron-Welch, Frederic, Socioeconomics, Biosafety, and Sustainable Development, in: *Cordonier Segger, Marie-Claire/ Perron-Welch, Frederic/ Frison, Christine* (Hrsg.), Legal Aspects of Implementing the Cartagena Protocol on Biosafety, 2013, Cambridge, Cambridge University Press, S. 147–163.

Peters, Anne, Verhältnismäßigkeit als globales Verfassungsprinzip, in: *Baade, Björnstjern u. a.* (Hrsg.), Verhältnismäßigkeit im Völkerrecht, 2016, Tübingen, Mohr Siebeck, S. 1–18.

Peters, Anne/ Krieger, Heike/ Kreuzer, Leonhard, Due diligence: the risky risk management tool in international law, Cambridge International Law Journal 9 (2) 2020, S. 121–136.

Peterson, Martin, What Is a *de Minimis* Risk?, Risk Management 4 (2) 2002, S. 47–55.

Pew Initiative on Food and Biotechnology, Guide to U.S. Regulation of Genetically Modified Food and Agricultural Biotechnology Products, 2001.

Plakokefalos, Ilias, Prevention Obligations in International Environmental Law, Yearbook of International Environmental Law 23 (1) 2012, S. 3–43.

Pohl, Siegmar, Die Risikobewertung bei der Freisetzung gentechnisch veränderter Organismen: eine vergleichende Studie des Rechts der Vereinigten Staaten und der Bundesrepublik Deutschland (Schriften zum Technikrecht, Bd. 7), 2002, Berlin, Duncker & Humblot.

Price, Tom A. u. a., Resistance to natural and synthetic gene drive systems, Journal of Evolutionary Biology 33 (10), 2020, S. 1345–1360.

Proelß, Alexander, Prinzipien des internationalen Umweltrechts, in: *Ders.* (Hrsg.), Internationales Umweltrecht, 2. Auflage 2022, Berlin/Boston, De Gruyter, S. 97–150.

Pyhälä, Minna/ Brusendorff, Anne Christine/ Paulomäki, Hanna, The precautionary principle, in: *Fitzmaurice, Malgosia/ Ong, David M./ Merkouris, Panos* (Hrsg.), Research Handbook on International Environmental Law, 2010, Cheltenham/Northampton, Edward Elgar, S. 203–224.

Rabitz, Florian, Gene Drives and the international biodiversity regime, RECIEL 28 (3), 2018, S. 339–348.

Raftopoulos, Malayna/ Short, Damien, Implementing free prior and informed consent: the United Nations Declaration on the Rights of Indigenous Peoples (2007), the challenges of REDD+ and the case for the precautionary principle, The International Journal of Human Rights 23(1) 2019, S. 87–103.

Rascoff, Samuel J./ Revesz, Richard L., The Biases of Risk Tradeoff Analysis: Towards Parity in Environmental and Health-and-Safety Regulation, The University of Chicago Law Review 69 (4) 2002, S. 1763–1836.

Rat von Sachverständigen für Umweltfragen, Sondergutachten – Umwelt und Gesundheit Risiken richtig einschätzen, BT-Drs. 14/2300, 15.12.1999.

Rawls, John, A Theory of Justice – Revised Edition, 1999, Cambridge/London, Harvard University Press.

Reeves, Guy, Gene Drive und Vorüberlegungen zur Freisetzung in die Umwelt, in: *Ethikrat der Max-Planck-Gesellschaft* (Hrsg.), Diskussionspapier zur wissenschaftlichen Bedeutung der Genom-Editierung und zu den potentiell damit verbundenen ethischen, rechtlichen und gesellschaftlichen Fragen, 2019, Max-Planck-Gesellschaft, S. 10–12.

Reinard, Thomas, Molekularbiologische Methoden 2.0, 2010, Stuttgart, Eugen Ulmer.

Renn, Ortwin, Precaution and analysis: two sides of the same coin?, EMBO Reports 8 (4) 2007, S. 303–304.

Ders., Vorsorge: Ein Prinzip zur vorbeugenden Risikoreduktion am Beispiel Covid-19, in: *van der Eijk, Philip/ Ganten, Detlev/ Marek, Roman* (Hrsg.), Was ist Gesundheit? Interdisziplinäre Perspektiven aus Medizin, Geschichte und Kultur, 2021, Berlin/Boston, De Gruyter, S. 376–386.

Rosenberg, Andrew A., The Precautionary Approach in Application from a Manager's Perspective, Bulletin of Marine Science 70 (2), 2002, S. 577–588.

Royal Society, Risk Assessment: A Study Group Report, 1983.

Rudenko, Larisa/ Palmer, Megan J./ Oye, Kenneth, Considerations for the governance of gene drive organisms, Pathogens and Global Health 112 (4) 2018, S. 162–181.

Ruru, Jacinta, Indigenous Peoples, in: *Rajamani, Lavanya/ Peel, Jacqueline* (Hrsg.), The Oxford Handbook of International Environmental Law, 2. Auflage 2021, Oxford/New York, Oxford University Press, S. 733–750.

Sachs, Noah M., Rescuing the Strong Precautionary Principle from its Critics, University of Illinois Law Review 2011 (4), 2011, S. 1285–1338.

Sand, Peter H., The Precautionary Principle: A European Perspective, Human and Ecological Risk Assessment 6 (3), 2000, S. 445–458.

Sandin, Per, Dimensions of the Precautionary Principle, Human and Ecological Risk Assessment 1999 (5), 1999, S. 889–907.

Sands, Philippe/ Peel, Jaqueline, Principles of International Environmental Law, 4. Auflage 2018, Cambridge, Cambridge University Press.

Schaffner, Francis/ Medlock, Joylon M./ Bortel, Wim Van, Public health significance of invasive mosquitoies in Europe, Clinical Microbiology and Infection, 19 (8), 2013, S. 685–692.

Schairer, Cynthia E. u. a., Oxitec and MosquitoMate in the United States: lessons for the future of gene drive mosquito control, Pathogens and Global Health 115 (6) 2021, S. 365–376.

Scherzberg, Arno, Risiko als Rechtsproblem – Ein neues Paradigma für das technischer Sicherheitsrecht, VerwArch 84, 1993, S. 484–513.

Ders., Risikoabschätzung unter Ungewissheit – Preliminary risk assessment im Kontext der Nanotechnologie, ZUR 6, 2010, S. 303–311.

Ders., Risikomanagement vor der WTO, ZUR 1, 2005, S. 1–9.

Schettler, Ted/ Raffensperger, Carolyn, Why is a precautionary approach needed?, in: *Martuzzi, Marco/ Tickner, Joel A.* (Hrsg.), The precautionary principle: protecting public health, the environment and the future of our children, 2004, WHO Regional Office for Europe, S. 63–84.

Scheyli, Martin, Das Cartagena-Protokoll über biologische Sicherheit zur Biodiversitätskonvention, ZaöRV 60 (3/4), 2000, S. 771–802.

Schmidt-Aßmann, Eberhard, Das Verwaltungsrecht der Vereinigten Staaten von Amerika – Grundlagen und Grundzüge aus deutscher Sicht (Beiträge zum ausländischen öffentlichen Recht und Völkerrecht, Bd. 301), 2021, Baden-Baden, Nomos.

Schomberg, René von, Die normativen Dimensionen des Vorsorgeprinzips, in: Risikoregulierung bei unsicherem Wissen: Diskurse und Lösungsansätze, 2004, S. 91–118.

Schreiber, Katharina, Recht und Ethik der Risikoregulierung in der Grünen Gentechnik – Das Vorsorgeprinzip in der Rechtssache C-528/16 *Confédération Paysanne*, 2023, Wiesbaden, Springer.

Schröter, Jessica, Strukturprinzipien des Umweltvölkerrechts und ihr Beitrag zur Eindämmung des Klimawandels (Umwelt und Technikrecht, Bd. 130), 2015, Berlin, Erich Schmidt.

Scott, Deborah, Framing and Responding to Scientific Uncertainties: Biofuels and Synthetic Biology at the Convention on Biological Diversity, Jurimetrics 56 (3) 2016, S. 245–260.

Scott, Maxwell J. u. a., Agricultural production: assessment of the potential usw of Cas9-mediated gene drive systems for agricultural pest control, Journal of Responsible Innovation 5 (1), 2018, S. 98–120.

Sdunzig, Tobias, Die UN-Konvention über Biodiversität und ihre Zusatzprotokolle – Verhandlungshistorie, Inhalt, Kritik sowie Analyse der rechtlichen Steuerungsfähigkeit aus völkerrechtlicher und europarechtlicher Sicht (Frankfurter Schriften zum Umweltrecht, Bd. 44), 2017, Baden-Baden, Nomos.

Shapiro, Rebecca S. u. a., A CRISPR-Cas9-based gene drive platform for genetic interaction analysis in *Candida albicans*, Nature Microbiology 3 (1), 2018, S. 73–82.

Shapiro, Sidney A., Biotechnology and the Design of Regulation, Ecology Law Quaterly 17 (1) 1990, S. 1–70.

Ders., The Information Quality Act and Environmental Protection: The Perils of Reform by Appropriations Rider, William & Mary Environmental Law and Policy Review 28 (2) 2004, S. 339–374.

Shapiro, Sidney A./ Murphy, Richard W., Arbitrariness Review Made Reasonable: Structural and Conceptual Reform of the „Hard Look", Notre Dame Law Review 92 (1) 2016, S. 331–380.

Silverman, Stuart, The U.S. Supreme Court Overrules the *Chevron* Doctrine, Vermont Law Review 49, 2024, S. 248–278.

Simon, Samson/ Otto, Mathias/ Engelhard, Margret, Synthetic gene drive: between continuity and novelty – Crucial differences between gene drive and genetically modified organisms require an adapted risk assessment for their use, EMBO Reports 19 (5), 2018, S. 1–4.

Skarlatakis, Christine Toczeck/ Kinderlerer, Julian, The Importance of Public Participation, in: *Cordonier Segger, Marie-Claire/ Perron-Welch, Frederic/ Frison, Christine* (Hrsg.), Legal Aspects of Implementing the Cartagena Protocol on Biosafety, 2013, Cambridge, Cambridge University Press, S. 111–130.

Smith, Martin D. u. a., Genetically Modified Salmon and Full Impact Assessment, Science 330 2010, S. 1052–1053.

Sohoni, Mila, Chevron's Legacy, Harvard Law Review 138 (3), 2025, S. 66–88.

SRU, Vorsorgestrategien für Nanomaterialien – Sondergutachten, 2011.

Stebbing, A.R.D., Environmental Capacity and the Precautionary Principle, Marine Pollution Bulletin 24 (6), 1992, S. 287–295.

Steinbrecher, Ricarda A./ Wells, Mark, What are Gene Drives? The science, the biology, the techniques, in: *Dressel, Holly* (Hrsg.), Gene Drives – A report on their science, applications, social aspects, ethics and regulations, 2019, Critical Scientists Switzerland, Vereinigung Deutscher Wissenschaftler, European Network of Scientists for Social and Environmental Responsibility, S. 21–68.

Steinbrecher, Ricarda A. u. a., Potential applications and risks, in: *Dressel, Holly* (Hrsg.), Gene Drives – A report on their science, applications, social aspects, ethics and regulations, 2019, Critical Scientists Switzerland, Vereinigung Deutscher Wissenschaftler, European Network of Scientists for Social and Environmental Responsibility, S. 69–158.

Stirling, Andrew, On Science and Precaution In the Management of Technological Risk, An ESTO Project Report, Mai 1999.

Ders., Risk, precaution and science: towards a more constructive policy debate, EMBO Reports 8 (4) 2007, S. 309–315.

Stirling, Andrew/ Tickner, Joel A., Implementing Precaution: assessment and application tools for health and environmental decision-making, in: *Martuzzi, Marco/ Tickner, Joel A.* (Hrsg.), The precautionary principle – protecting public health, the environment and the future of our children, 2004, S. 181–208.

Stoddard, Barry L., Homing Endonucleases: From Microbial Genetic Invaders to Reagent for Targeted DNA Modification, Structure Review 19 (1), 2012, S. 7–15.

Stoll, Peter-Tobias, Controlling the Risks of Genetically Modified Organisms: The Cartagena Protocol on Biosafety and the SPS Agreement, YIEL 10 (1) 1999, S. 82–119.

Stone, Christopher, Is there a Precautionary Principle?, Environmental Law Reporter 31 (7), 2001, S. 10790–10799.

Sudweeks, Jaye u. a., Locally Fixed Alleles: A method to localize gene drive to island populations, Scientific Reports 9 (1), 2019, S. 1–10.

Sunstein, Cass R., Beyond the Precautionary Principle, University of Pennsylvania Law Review 151 (3), 2003, S. 1003–1058.

Ders., Cost-Benefit Default Principles, Michigan Law Review 99 (7) 2001, S. 1651–1723.

Ders., Laws of Fear – Beyond the Precautionary Principle, 2005, New York, Cambridge University Press.

Sustainability Council New Zealand, A Constitutional Moment – Gene Drive and International Governance, 2018.

Tanaka, Yoshifumi, Reflections on Time Elements in the International Law of Environment, ZaöRV 73 2013, S. 139–175.

Ders., Regulation of Land-Based Marine Pollution in International Law: A Comparative Analysis Between Global and Regional Legal Frameworks, ZaöRV 66 2006, S. 535–574.

Taylor, Gegory K./ Stoddard, Barry L., Structural, functional and evolutionary relationships between homing endonucleases and proteins from their host organisms, Nucleic Acids Research 40 (12), 2012, S. 5189–5200.

Tedsen, Elizabeth/ Homann, Gesa, Implementing the Precautionary Principle for Climate Engineering, Carbon & Climate Law Review 7 (2) 2013, S. 90–100.

Teetzmann, Konstantin, Schutz vor Wissen? Forschung mit doppeltem Verwendungszweck zwischen Schutzpflichten und Wissenschaftsfreiheit (Studien zu Staat, Recht und Verwaltung, Bd. 28), 2020, Baden-Baden, Nomos.

Then, Christoph, Risikobewertung von Gene Drive-Organismen und Ausschlusskriterien in Bezug auf mögliche Freisetzungen, in: *Giese, Bernd u. a.* (Hrsg.), Gene Drives – Potenziale, Risiken, Besorgnisgründe, 2019, S. 134–145.

Tomazic, Luka M., Best Available Techniques Principle: International Treaties and Drafting in National Legislation, LeXonomica 14 (2) 2022, S. 153–172.

Townley, Stephen, The Rise of Risk in International Law, Chicago Journal of International Law 18 (2), 2018, S. 596–646.

Trouwborst, Arie, Evolution and Status of the Precautionary Principle in International Law, 2002, The Hague/London/Boston, Kluwer Law International, *zitiert als*: *Trouwborst*, Evolution and Status of the Precautionary Principle in International Law.

Ders., Precautionary Rights and Duties of States, 2006, Leiden/Boston, Martinus Nijhoff, *zitiert als*: *Trouwborst*, Precautionary Rights and Duties of States.

Ders., The Precautionary Principle in General International Law: Combating the Babylonian Confusion, RECIEL 16 (2), 2007, S. 185–195.

Tung, Oj Lim, Transboundary Movements of Genetically Modified Organisms and the Cartagena-Protocol: Key Issues and Concerns, PER 17 (5) 2014, S. 1740–1787.

Ujvari, Emese, Der Schutz der Biodiversität durch Völkerrecht unter besonderer Berücksichtigung der Rolle des Übereinkommens über die biologische Vielfalt und des Cartagena- Protokolls, JAP (2) 2020, S. 59–78.

Underwood, T., Precautionary principles require changes in thinking about and planning environmental sampling, in: *Harding, Ronnie/ Fisher, Elizabeth C.* (Hrsg.), Perspectives on the Precautionary Principle, 1999, Annandale, N.S.W., Federation Press, S. 254–266.

Ungern-Sternberg, Antje von, Völkerrechtsquellen im Wandel Teil 2, JURA – Juristische Ausbildung 33 (1) 2011, S. 39–43.

Valderrama, J. Andrés u. a., A bacterial gene-drive system efficiently edits and inactivated a high copy number antibiotic resistance locus, Nature Communications 10 (1), 2019, S. 1–8.

Vergara, Michael Melesse/ Labbé, Jesse/ Tannous, Joanna, Reflection on the Challenges, Accomplishments, and New Frontiers of Gene Drives, BioDesignResearch 22, 2022, S. 1–16.

Verschuuren, Jonathan, Principles of Environmental Law – The Ideal of Sustainable Development and the Role of Principles of International, European and National Environmental Law (Umweltrechtliche Studien, Bd. 30), 2003, Baden-Baden, Nomos.

Viñuales, Jorge E. (Hrsg.), The Rio Declaration on Environment and Development – A Commentary, 1. Auflage 2015, Oxford, Oxford University, *zitiert als: Bearbeiter*, in: *Viñuales*.

Vogel, David A., The Politics of Precaution: Regulating Health, Safety and Environmental Risks in Europe and the United States, 2012, Princeton, Princeton University Press.

Vöneky, Silja, Biotechnologie und der rechtliche Rahmen der künftigen Weltgesellschaft, in: *Mair, Stefan/ Messner, Dirk/ Meyer, Lutz* (Hrsg.), Deutschland und die Welt 2030, 2018, Berlin, Econ, S. 265–273.

Ders., Rechtliche Rahmenbedingungen, in: *Ethikrat der Max-Planck-Gesellschaft* (Hrsg.), Diskussionspapier zur wissenschaftlichen Bedeutung der Genom-Editierung und zu den potentiell damit verbundenen ethischen, rechtlichen und gesellschaftlichen Fragen, 2019, Max-Planck-Gesellschaft, S. 19–26.

Voyiakis, Emmanuel, Voting in the General Aaaembly as Evidence of Customary International Law?, in: *Allen, Stephen/ Xanthaki, Alexandra* (Hrsg.), Reflections on the UN Declaration on the Rights of Indigenous Peoples, 2012, Oxford/Portland, Hart, S. 209–224.

Wahl, Rainer/ Appel, Ivo, Prävention und Vorsorge: Von der Staatsaufgabe zur rechtlichen Ausgestaltung, in: *Wahl, Rainer* (Hrsg.), Prävention und Vorsorge: Von der Staatsaufgabe zu den verwaltungsrechtlichen Instrumenten, 1995, Bonn, Economica, S. 1–213.

Walker, Vern R., The Siren Songs of Science: Toward a Taxonomy of scientific uncertainty for decisionmakers, Conneticut Law Review 23, 1991, S. 567–626.

Walter, Marius/ Verdin, Eric, Viral gene drive in herpesviruses, Nature Communications 11 (1), 2010, S. 1–11.

Waltz, Emily, A face-lift for biotech rules begins, Nature Biotechnology 33 (12) 2015, S. 1221–1222.

Ders., First genetically modified mosquitoes released in the United States, Nature 593 (7858), 2021, S. 175–176.

Ward, Rara, The Right to Free, Prior, and Informed Consent: Indigenous Peoples' Participation Rights within International Law, Northwestern Journal of International Human Rights 10 (2) 2011, S. 54–84.

Warmbrod, Kelsey Lane u. a., The Need for a Tired Registry for US Gene Drive Governance, Health Security 20 (1) 2022, S. 43–49.

Weiß, Wolfgang, Allgemeine Rechtsgrundsätze des Völkerrechts, AvR (39) 2001, S. 394–431.

West, William F./ Buchman, Leah/ Medina, Raul F., Public deliberation and the regulation of gene drive in the USA, Science and Public Policy 49 (6) 2022, S. 843–852.

Wexler, Lesley, Limiting the Precautionary Principle: Weapons Regulation in the Face of Scientific Uncertainty, UC California Law Review 39 (459) 2006, S. 461–529.

WHO, Vector-borne diseases, 2.03.2020.

Ders., World Malaria Report 2023.

Wibisana, Andri G., Three principles of environmental law: the polluter pays principle, the principle of prevention, and the precautionary principle, in: *Faure, Michael/ Niessen, Nicole* (Hrsg.), Environmental Law and Development – Lessons from the Indonesian Experience, 2006, Cheltenham/Northampton, Edward Elgar, S. 24–76.

Wiener, Jonathan B., Precaution, in: *Bodansky, Daniel/ Brunée, Jutta/ Hey, Ellen* (Hrsg.), The Oxford Handbook of International Environmental Law, 2007, Oxford/New York, Oxford University Press, S. 598–612.

Ders., Precaution in a multi-risk world, in: *Paustenbach, Dennis J.* (Hrsg.), Human and Ecological Risk Assessment: Theory and Practice, 2002, Hoboken, John Wiley & Sons, S. 1509–1531.

Ders., Precautionary principle, in: *Krämer, Ludwig/ Orlando, Emanuela* (Hrsg.), Elgar Encyclopedia of Environmental Law – Principles of Environmental Law, 2018, CheltenhamlNothampton, Edward Elgar, S. 174–185.

Wiener, Jonathan B./ Rogers, Michael D., Comparing Precaution in the United States and Europe, Journal of Risk Research 5 (4) 2002, S. 317–349.

Williamson, Gabrielle H./ Hulpke, Herwig, Das Vorsorgeprinzip – Internationaler Vergleich, Möglichkeiten und Grenzen, Lösungsvorschläge, Umweltwissenschaften und Schadstoff-Forschung 12 (1) 2000, S. 27–39.

Wirth, David A., Precaution in International Environmental Policy and United States Law and Practice, Commission for Environmental Cooperation, 2002.

Ders., The World Trade Organization Dispute concerning Genetically Modified Organisms: Precaution meets International Trade Law, Vermont Law Review 37, 2013, S. 1153–1188.

Wolt, Jeffrey D./ Wang, Kan/ Yang, Bing, The regulatory Status of Genome-edited Crops, Plant Biotechnology Journal 14 (2) 2016, S. 510–518.

Yeini, Shelly Aviv, The Persistent Objector Doctrine: Identifying Contradictions, Chicago Journal of International Law 22 (2) 2022, S. 581–620.

Zander, Joakim, The Application of the Precautionary Principle in Practice: comparative dimensions, 2010, Cambridge, Cambridge University Press.

Zavala, Nicolas Alberto Ojeda, The Precautionary Principle and the Protection of Indigenous Peoples' Rights in the Case of Activities on their Lands, 2021, The University of Edinburgh.

ZKBS, Stellungnahme der ZKBS zu neuen Techniken der Pflanzenzüchtung, Bundesamt für Verbraucherschutz und Lebensmittelsicherheit, Juni 2012.

Ders., Stellungnahme der ZKBS zur Einstufung von gentechnischen Arbeiten zur Herstellung und Verwendung von höheren Organismen mit rekombinanten Gene-Drive-Systemen, Februar 2016.

FSC
www.fsc.org
MIX
Papier | Fördert gute Waldnutzung
FSC® C083411

Kolibri 360 GmbH
Ferdinand-Jühlke-Straße 7
99095 Erfurt, Deutschland
produktsicherheit@kolibri360.de